이채문 전공체육 연간 강좌 계획

해커스임용 이채문 전공체육 2026대비 연간 계획		2026대비 이론 강의		월간 이채문 영역별 모의고사	교재 (2025대비 교재 그대로 사용
		수요일	금요일	토요일	
		이채문 전공체육 강의		이채문 전공체육 시험범위	
		* 강의 : 9시~13시 (변동이 있을 수 있음) * 질의 응답 : 13시 ~		2교시: 10시 00분 ~ 11시 00분 3교시: 11시 10분 ~ 12시 10분 해설: 12시 30분 ~ 14시 00분	
1월 체육사/철학/윤리 (3주), 15만원	1주	**1/1(개강)**	1/3	-	이채문전공체육 체육사, 체육철학 및 스포츠윤리(자운출판사), 한암치료(자운출판사), 원서
	2주	1/8	1/10	-	
	3주	1/15	1/17(종강)	-	
		이론 강의 없는 주		**1/25(토) 1월호 체육사/철학/윤리(80점)**	
2~3월 운동생리학 (5주), 25만원	1주	**2/5(개강)**	2/7	-	이채문전공체육 운동생리학(해커스임용), 한암치료(자운출판사)
	2주	2/12	2/14	-	
	3주	2/19	2/21	-	
	4주	2/26	2/28	-	
	5주	3/5	3/7(종강)	-	
		이론 강의 없는 주		**3/15(토) 3월호 운동생리학(80점)**	
3~4월 스포츠교육학2 (3주), 15만원	1주	**3/19(개강)**	3/21	-	이채문전공체육 스포츠교육학2(해커스임용), 한암치료(자운출판사)
	2주	3/26	3/28	-	
	3주	4/2	4/4(종강)	-	
		이론 강의 없는 주		**4/12(토) 4월호 스포츠교육학2(80점)**	
4~5월 운동역학 (5주), 25만원	1주	**4/16(개강)**	4/18	-	이채문전공체육 운동역학(해커스임용), 한암치료(자운출판사)
	2주	4/23	4/25		
	3주	4/30	5/2	-	
	4주	5/7	5/9	-	
	5주	5/14	5/16(종강)	-	
		이론 강의 없는 주		**5/24(토) 5월호 운동역학(80점)**	
5~6월 운동학습 및 심리 (3주), 15만원	1주	**5/28(개강)**	5/30	-	이채문전공체육 운동학습 및 심리(자운출판사), 한암치료(자운출판사)
	2주	6/4	6/6	-	
	3주	6/11	6/13(종강)	-	
		이론 강의 없는 주		**6/21(토) 6월호 운동학습 및 심리 (80점)**	
6~7월 체육측정평가 (3주), 15만원	1주	**6/25(개강)**	6/27	-	이채문전공체육 체육측정평가(해커스임용), 한암치료(자운출판사)
	2주	7/2	7/4(종강)	-	
	3주	(보강이 있을 수 있음)		**7/12(토) 7월호 체육측정평가 (80점)**	
7~8월 스포츠교육학1 (3주), 15만원	1주	**7/16(개강)**	7/18	-	이채문전공체육 스포츠교육학1(해커스임용), 한암치료(자운출판사)
	2주	7/23	7/25(종강)	-	
	3주	(보강이 있을 수있음)		**8/2(토) 8월호 스포츠교육학1 (80점)**	
8~9월 스포츠사회학 (3주), 15만원	1주	**8/6(개강)**	8/8	-	이채문 전공체육 스포츠 사회학(자운출판사), 한암치료(자운출판사)
	2주	8/13	8/15	-	
	3주	8/20	8/22	-	
		이론 강의 없는 주		**8/30(토) 스포츠사회학(80점)**	
9~11월 실전모의고사(8주), 40만원		**추후 안내**			한암치료(자운출판사), 프린트

* 직강 개강 후 다음날(주말/휴일 제외) 인강 업로드 됩니다. * 상기 일정은 학원 및 선생님의 사정에 의해 변경될 수 있습니다.
* 수강료 반환은 「학원의 설립 · 운영 및 과외 교습에 관한 법률 시행령」에서 정한 규정에 준합니다

해커스임용 이채문 전공체육 체육측정평가

해커스임용

차례

체육측정평가

제1장 | 기초 통계

차례

제 2 장 | 체육측정평가의 이해

제 3 장 | 문항분석

차례

제 4 장 | 규준지향검사의 타당도와 신뢰도

제 5 장 | 준거지향검사의 타당도와 신뢰도

차례

제 6 장 | 학교 체육에서 측정과 평가

제 7 장 | 수행평가

차례

제 8 장 | 검사구성의 원리

제 9 장 | 체력검사장

차례

부록 - 추리통계

제 1 장 | 추리통계 개관

제 2 장 | 추리통계

이 책의 구성

01 한 번에 학습하는 이론 학습과 기출문제 풀이

6 점수 분포의 모양 19 기출 23 기출

1. 왜도 (Skewness)

(1) 왜도는 분포의 비대칭 정도, 즉 분포가 기울어진 방향과 정도를 나타낸다.

(2) 어떤 변인을 대단위 집단에게 측정을 하여 점수 분포를 히스토그램으로 나타내면, 대 부분 어느 한 점을 중심으로 좌우대칭이고 꼭지가 하나인 [그림 1-13]과 같은 정규 분포(normal distribution)를 그리게 된다. 정규 분포는 정상 분포라고도 하며, 정규 분포를 이루는 경우에는 평균, 중앙값, 최빈값이 일치하게 된다.

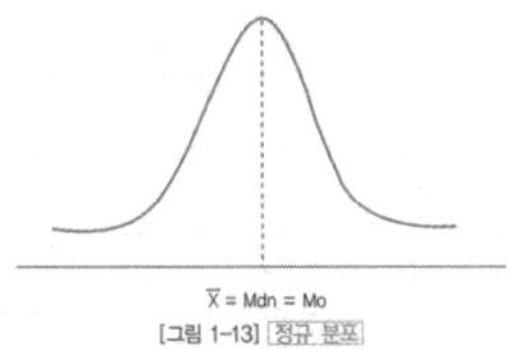

$\overline{X}$ = Mdn = Mo

[그림 1-13] 정규 분포

(3) 다양한 형태의 정규분포를 유일한 하나의 분포로 만든 것을 표준정규분포라 한다. 표준정규분포란 유일한 분포로 평균은 0, 표준편차는 1로 하는 분포를 말하며, 이를 Z분포 또는 단위정규분포라 한다.

과목별 이론 학습

과목별로 학습해야 할 이론을 체계적으로 정리하였습니다. 쉽고 상세한 설명을 통해 방대한 이론을 효과적으로 학습할 수 있습니다.

10 | 2023학년도

11. 다음의 (가)는 학생건강체력평가 측정 결과에 대해 교사들이 나눈 대화 내용이고, (나)는 측정 결과이다. 〈작성 방법〉에 따라 순서대로 서술하시오. [4점]

(가) 교사들의 대화

오 교사: 선생님, 남학생의 측정 결과에서 중심 경향값을 살펴보면 (㉠) 검사 종목의 점수 분포가 **정적 편포**의 모양을 나타냅니다. 점수 분포가 편포 현상을 나타낼 때에는 상대적으로 극단값의 영향을 덜 받는 분산도 측정치인 (㉡)을/를 통해 측정 결과를 보다 자세하게 설명할 수 있습니다. (나)의 측정 결과표에 (㉡)에 대한 정보도 추가적으로 제시하면 좋을 것 같습니다.

윤 교사: 좋습니다. 여학생의 측정 결과에서 분산도를 살펴보면 제자리멀리뛰기 검사의 표준편차가 가장 크게 나타났네요. 반면, 앉아윗몸앞으로굽히기 검사의 표준편차가 가장 낮게 나타났습니다. 이 결과를 통해 검사 종목별 분산도를 비교할 수 있습니다.

오 교사: 측정 요소 및 단위가 서로 다른 검사의 표준편차를 직접 비교하는 것은 적절하지 않습니다. 특히, 측정 단위는 같더라도 평균치가 클수록 표준편차도 커지는 경향이 나타나기 때문에 결과 해석 시 주의가 요구됩니다. 이런 경우 상대적 분산도에 해당하는 (㉢) 계수를 산출하여 분산의 정도를 비교하는 것이 적절합니다.

(나) 측정 결과

임용 기출문제

임용 기출문제를 개념별로 분류하여 수록하였습니다. 이론 학습 후 바로 풀어보는 기출문제를 통해 배운 내용을 적용하고 이론을 복습할 수 있습니다.

참고문제	2015년 지도사 1급 (체육측정평가론)

9. 신뢰도에 영향을 미치는 요인이 아닌 것은?

가. 검사집단의 동질성 정도　　나. 피험자의 수
다. 피험자의 특성　　**라. 측정자의 판단**

참고문제	2019년 건강운동관리사 (건강·체력평가)

20. 타당한 측정과 평가를 위한 일반적인 체력검사의 실행 방법으로 적절하지 않은 것은?

① 모든 대상자들이 표준적인 절차를 따라 측정되도록 한다.
② 근력·근지구력은 5분 간격으로 2회 측정하여 나중에 측정한 수치를 기록한다.
③ 직전에 실시한 검사로부터 생긴 피로감이 완전히 회복된 후 실시하도록 한다.
④ 측정자들이 많을 경우 측정 절차의 일관성을 위해 교육/협의하는 시간을 갖는다.

참고문제

임용 기출문제 외에도 스포츠지도사, 건강관리사 등의 체육 관련 자격증 시험 기출문제도 함께 수록하였습니다. 다양한 기출문제를 풀어보며 관련 이론을 폭 넓은 관점에서 파악할 수 있습니다.

02 한눈에 확인하는 이론별 핵심 키워드와 기출 선지

제1장 기초 통계

핵심어

측정변인, 명목 척도, 서열 척도, 동간 척도, 비율 척도, 연속 변인, 비연속 변인, 중심경향값, 평균, 중앙값, 최빈값, 분산도, 범위, 사분(위)편차, 분산, 표준편차, 정규 분포, 부적 편포, 정적 편포, 변환 점수, 백분위수, 백분위점수, 표준 점수, Z점수, T점수, H점수, C점수, 상관, 적률 상관계수, 공분산, 유의수준, z검정, t검정, 자유도, 표준오차, 분산 분석

문제

1. 측정의 척도를 구분하는 세 가지 특성이 무엇인지 설명하시오.
2. 대표적인 중심경향 값이 무엇이며, 이를 사용할 때 주의할 사항을 쓰시오.
3. 분산을 계산할 때 분자인 편차점수에 제곱하여 더하는 이유를 설명하시오.
4. 단위가 다른 두 검사 점수를 비교할 때 사용할 수 있는 방법을 설명하시오.
5. 공분산의 계산 공식을 쓰고 분자에 편차점수의 곱이 들어가는 이유를 설명하시오.
6. 피어슨의 적률 상관계수를 계산할 때 분모에 들어가는 것이 무엇이며, 이것이 의미하는 것은 무엇인지 쓰시오.
7. 상관계수가 검사 점수의 신뢰도와 타당도를 추정할 때 어떻게 이용될 수 있는지 간단하게 설명하시오.
8. 두 집단의 평균 차이를 검증할 때 사용하는 통계 방법을 쓰시오.
9. 독립t검증을 할 때, t값을 계산하는 공식을 쓰고, t값이 무엇을 의미하는지 쓰시오.
10. 세 집단 이상의 평균 차이를 검증할 때 사용하는 통계 방법을 쓰시오.
11. F값을 계산할 때 분모에 들어가는 것은 무엇이며, 이 부분이 오차로 간주되는 이유를 쓰시오.

핵심어

장별로 반드시 알고 가야 할 핵심 키워드를 한꺼번에 모아 수록하였습니다. 본 이론에도 키워드에 똑같은 네모 박스로 수록하여 핵심 키워드를 반복하여 눈에 익힐 수 있습니다.

문제

장별로 임용 기출문제의 기출 선지들을 한눈에 확인할 수 있습니다. 기출 경향을 쉽고 빠르게 파악할 수 있고, 장별로 어떤 부분을 살펴보아야 할지 올바른 학습 방향을 설정할 수 있도록 도와줍니다.

중등임용 시험 Timeline

* 아래 일정은 평균적인 일정이며, 각 시점은 변경될 수 있습니다.

사전예고 — 6~8월

사전예고

- **대략적 선발 규모(=가 T.O.)**: 선발예정 과목 및 인원
- **전반적 일정**: 본 시행계획 공고일, 원서접수 기간, 제1차 시험일 등
- 사전예고 내용은 변동 가능성 높음

시행계획 공고 — 9~10월

시행계획 공고

- **확정된 선발 규모(=본 T.O.)**: 선발예정 과목 및 인원
- **상세 내용**: 시험 시간표, 제1~2차 시험 출제 범위 및 배점, 가산점 등
- 추후 시행되는 시험의 변경사항 공지

☑ 아래 내용은 놓치지 말고 '꼭' 확인하세요!

- □ 응시하고자 하는 과목의 선발예정 인원
- □ 원서접수 일정 및 방법
- □ 제1차 ~ 제2차 시험 일정
- □ 스캔 파일 제출 대상자 여부, 제출 필요 서류
- □ 가산점 및 가점 대상자 여부, 세부사항

원서접수 — 10월

원서접수

- 전국 17개 시·도 교육청 중 1개의 교육청에만 지원 가능
- 시·도 교육청별 온라인 채용시스템으로만 접수 가능
- **준비물**: 한국사능력검정시험 (심화) 3급 이상, 증명사진

참고 한국사능력검정시험 관련 유의사항

- 제1차 시험 예정일로부터 역산하여 5년이 되는 해의 1월 1일 이후에 실시된 시험에 한함
- 1차 시험 예정일 이전까지 취득한 인증등급 이상인 인증서에 한하여 인정함

제1차 시험 / 제1차 합격자 발표 / 제2차 시험 / 최종 합격자 발표

11월 — **12월** — **1월** — **2월**

제1차 합격자 발표

- 제1차 시험 합격 여부
- 과목별 점수 및 제1차 시험 합격선
- 제출 필요 서류
- 제2차 시험 일정 및 유의사항

제2차 시험

- 교직적성 심층면접
- **수업능력 평가**: 교수·학습 지도안 작성, 수업실연 등(일부 과목 실기·실험 포함)
- 제1차 합격자를 대상으로 시행됨
- 시·도별/과목별로 과목, 배점 등이 상이

제1차 시험

- **준비물**: 수험표, 신분증, 검은색 펜, 수정테이프, 아날로그 시계
- 간단한 간식 또는 개인 도시락 및 음용수(별도 중식시간 없음)
- **시험과목 및 배점**

구분	1교시: 교육학	2교시: 전공 A		3교시: 전공 B	
출제분야	교육학	교과교육학(25~35%) + 교과내용학(75~65%)			
시험 시간	60분 (09:00~10:00)	90분 (10:40~12:10)		90분 (12:50~14:20)	
문항 유형	논술형	기입형	서술형	기입형	서술형
문항 수	1문항	4문항	8문항	2문항	9문항
문항 당 배점	20점	2점	4점	2점	4점
교시별 배점	20점	40점		40점	

최종 합격자 발표

- 최종 합격 여부
- 제출 필요 서류 및 추후 일정

내가 꿈을 이루면 나는 누군가의 꿈이 된다.
오늘은 최선! 내일은 최고!

체육측정평가 평가 영역 및 평가 내용 요소

구분	기본이수 과목 및 분야	평가 영역	평가 내용 요소
교과 내용학	체육측정 평가	측정기준 및 절차	인지, 심리사회적 영역(지식, 태도, 사회성 등)
			신체적 영역(인체측정, 신체활동, 체력)
			운동기술 및 기능
		자료처리	통계적 분석(기술통계)
			신뢰도와 객관도
			타당도
		검사결과의 활용	평가의 유형
			검사점수해석(규준점수, 성적부여)

해커스임용 이채문 전공체육 체육측정평가

체육측정평가

제1장 기초 통계

핵심어

측정변인, 명목 척도, 서열 척도, 동간 척도, 비율 척도, 연속 변인, 비연속 변인, 중심경향값, 평균, 중앙값, 최빈값, 분산도, 범위, 사분(위)편차, 분산, 표준편차, 정규 분포, 부적 편포, 정적 편포, 변환 점수, 백분위수, 백분위점수, 표준 점수, Z점수, T점수, H점수, C점수, 상관, 적률 상관계수, 공분산, 유의수준, z검정, t검정, 자유도, 표준오차, 분산 분석

문제

1. 측정의 척도를 구분하는 세 가지 특성이 무엇인지 설명하시오.
2. 대표적인 중심경향 값이 무엇이며, 이를 사용할 때 주의할 사항을 쓰시오.
3. 분산을 계산할 때 분자인 편차점수에 제곱하여 더하는 이유를 설명하시오.
4. 단위가 다른 두 검사 점수를 비교할 때 사용할 수 있는 방법을 설명하시오.
5. 공분산의 계산 공식을 쓰고 분자에 편차점수의 곱이 들어가는 이유를 설명하시오.
6. 피어슨의 적률 상관계수를 계산할 때 분모에 들어가는 것이 무엇이며, 이것이 의미하는 것은 무엇인지 쓰시오.
7. 상관계수가 검사 점수의 신뢰도와 타당도를 추정할 때 어떻게 이용될 수 있는지 간단하게 설명하시오.
8. 두 집단의 평균 차이를 검증할 때 사용하는 통계 방법을 쓰시오.
9. 독립t검증을 할 때, t값을 계산하는 공식을 쓰고, t값이 무엇을 의미하는지 쓰시오.
10. 세 집단 이상의 평균 차이를 검증할 때 사용하는 통계 방법을 쓰시오.
11. F값을 계산할 때 분모에 들어가는 것은 무엇이며, 이 부분이 오차로 간주되는 이유를 쓰시오.

1 통계의 의미

(1) 통계는 평가에서 필수적으로 거쳐야 할 단계로 검사 혹은 측정해서 얻은 결과를 분석, 제시하는 것이다.

(2) 자료를 분석하고 조직할 수 있는 능력 없이는, 측정결과 얻은 정보는 한낱 휴지에 불과한 것이며, 더욱이 그러한 정보는 프로그램의 효과를 평가하는 데 이용될 수 없다. 통계는 바로 이러한 문제를 해결해 줄 수 있는 방법이라고 할 수 있다.

(3) 통계 혹은 통계적 방법은 합리적이고 과학적인 방법으로 수집된 측정치들인 자료(data)를 이해시킬 목적으로 사용하는 방법으로 두 가지 기능이 있다.

1. 기술통계

(1) 기술통계는 한 집단의 특성을 수리적으로, 요약, 기술해 주는 방법이다. 기술통계란 연구자가 수집한 자료를 간단하고 편리하게 서술하는 통계로 서술통계라고도 한다. 즉, 얻어진 자료를 분석하여 그 자료를 구성하는 대상들의 속성만을 설명하는 통계이다. 그러므로 모집단[1]의 속성을 유추하지 않는 특징을 지니고 있다.

(2) 이 분류에 속하는 통계치는 집중경향치(평균치, 중앙치, 최빈치)나 변산도(범위, 사분편차, 평균편차, 표준편차), 상관계수 등이다.

㉑ 대도시 중학교 1학년 학생들의 평균 신장은 어느 정도이며, 160cm가 넘는 학생 수와 그 비율은 전체의 몇 %라는 식으로 어느 집단의 특성이나 성격을 단일 수치로 표현하는 기능을 말한다.

2. 추리통계

(1) 추리통계로서 관찰된 소수의 결과를 토대로 관찰되지 않은 전반적인 현상에 대한 일반적 결론을 내리는 기능을 가지고 있다.

(2) 추리통계는 전집으로부터 추출된 표본에 의하여 전집의 특성을 추정하는 방법이다. 다시 말하면 표본에서 얻은 통계치에 의해 전집의 모수치[2]를 추정하는 방법이다. 이 분류에 속하는 통계적 방법은 t, F 등이 있다.

㉑ 연구자는 연구를 수행하는 과정에서 어떤 현상을 관찰함에 있어서 해당되는 모든 사례 즉, 전집을 관찰하기 어려우며 또한 막대한 노력과 경비의 부담 때문에 그렇게 해야 할 이유도 없는 것이다.

(3) 실제 연구 상황에서 우리는 통계치를 계산하여 모수치를 추정하는 일이 간단하지 않음을 발견하게 된다. 모수치를 추정하고자 할 때는 먼저 모수치에 관한 가설을 설정하고 표본에서 산출된 표본통계치로부터 모수치를 추정하는 과정이 요구된다. 이러한 과정 속에는 물론 설정된 확률의 범위 내에서 통계치를 해석하는 절차가 포함된다.

㉑ 만일 연구자가 서울시 초등학교 6학년 남학생의 평균 턱걸이 횟수가 7이라는 가설을 검증하는데 관심을 가지고 있다면, 먼저 전집으로부터 표본을 추출하고 턱걸이 검사를 실시하여 평균치(표본의 통계치)를 산출하는 절차를 밟게 될 것이다. 그리고 산출된 평균치를 이용하여 전집의 평균치를 추정할 수 있을 것이다.

(4) 이상과 같이 기술통계와 추리통계는 서로 어느 정도는 차이가 있으나 확연한 차이가 있다고 말할 수 없다. 이들은 모두 기술적 과정을 필수적으로 거치기 때문이다. 추리통계는 다만 전집에서 추출된 표본자료로부터 전집을 추정하는 부가적 기능을 가지고 있을 뿐이다.

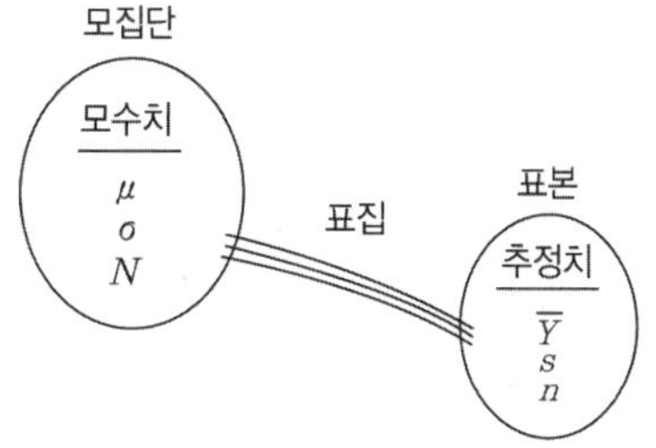

[그림 1-1] 모집단, 표본, 표집, 모수치와 추정치

1) 모집단(population)이란 연구대상이 되는 전체를 말한다.
2) 모수치(parameter)란 모집단이 지니고 있는 속성을 말한다.

2 측정 변인 04 기출 10 기출 19 기출

(1) 측정(measurement)이란 사물을 구분하기 위하여 이름을 부여하거나 사물의 속성을 구체화하기 위하여 수를 부여하는 절차를 말한다. 체육 교사나 연구자가 관심을 갖고 측정하고자 하는 대상의 속성이나 능력을 측정 변인(variable)이라 한다.

① 변인은 변수라고도 하며, 측정대상자들이 서로 다른 값을 갖는 특성이다.

② 체육 분야에서는 키, 몸무게, 50m달리기 기록 등과 같이 직접 측정이 가능한 변인과 스포츠 심리학의 각성이나 불안 수준과 같이 직접 측정이 어려운 추상적인 변인도 있다.

③ 만약 교사나 연구자가 측정하려는 변인이 추상적일 때에는 그 의미를 구체적으로 정의함으로써 변인의 의미를 명확하게 해야 측정 자료의 비교나 가치 판단이 의미가 있다.

(2) 측정 변인은 일반적으로 측정의 척도(scale)에 따라 분류된다.

(3) 수를 부여하기 위하여 단위와 수를 부여하는 규칙이 필요하며 이는 척도로 해결된다. 척도(scale)는 사물의 속성을 구체화하기 위한 측정의 단위로, 측정척도란 측정의 수준으로 측정의 단위라고도 한다.

(4) 구분(distinctiveness), 서열성(order), 동간성(same interval), 절대영점(orgin)의 네 가지 특성에 의해 구분되며 이러한 특성에 따라 측정 변인은 명목 척도, 서열 척도, 동간 척도, 비율 척도로 구분된다.

	측정 특성
구분	다른 특성을 가진 대상자들을 구분하는 것 예 성별, 인종, 이름 등은 구분의 특성을 갖는 경우이다.
서열성	측정 변인 간 질적, 양적으로 크고 작은 관계가 판단되는 특성 예 100m달리기 순위인 1등, 2등, 3등은 서열성을 가지는 경우이다.
동간성	분류와 서열의 기능뿐만 아니라 수치 간의 간격이 일정하고 동일한 동간성을 가지고 있어 가감의 수학적 조작이 가능한 척도. 임의영점[3]과 임의단위[4]를 가짐. 체육심리분야에서 쓰이는 대부분의 수치는 동간척도에 해당 예 175cm인 사람과 170cm인 사람과의 차이가 165cm인 사람과 160cm인 사람 사이의 차이와는 확실히 동일하다. (출처 이기봉저, 측정 변인의 차이를 5배 10배 더 크다/작다로 논할 수 있는 특징. 앉아 윗몸 앞으로 기록 10cm와 0cm의 차이는 0cm와 -5cm의 차이의 두 배와 같다.)
절대영점	측정 변인의 값이 '0'일 때 이 '0'의 의미가 측정하고자 하는 특성이 '없음'을 의미할 때, 이 '0'은 절대영점이라고 할 수 있음 예 윗몸일으키기 기록 0개는 윗몸일으키기 능력이 '없음'을 의미하므로 절대영점이라 할 수 있고, 윗몸일으키기 검사에서 0은 절대영점을 의미한다. 예 체중이 0kg이라면 무게가 없다는 뜻이며 따라서 30kg은 10kg보다 3배 무겁다는 해석이 가능하다.

(5) 그렇다면 측정 변인을 특성에 따라 구분하는 이유는 무엇일까? 그것은 측정치의 특성에 따라 자료 분석을 위한 통계 방법이 달라지기 때문이며, 따라서, 측정 변인은 특성에 따라 구분되어 이해되어야 할 것이다.

3) 임의영점이란 온도에서와 같이 0℃가 아무것도 없는 것이 아니라 무엇이 있는데도 임의적으로 어떤 수준을 정하여 0이라 합의하였다는 것이다. 즉, 임의영점이란 something을 의미하지 nothing을 의미하지 않는다.

4) 임의단위란 어느 정도의 변화에 얼마의 수치를 부여한다고 협약한 것이다. 온도의 단위인 1℃는 절대단위가 아니라 얼마의 열량이 소모되어 변화되는 온도를 1℃로 협약하였기에 임의단위라 할 수 있다.

(6) 구분, 서열성, 동간성, 절대영점의 네 가지 특성에 따라 척도를 구분하면 다음과 같다.

	구분	서열성	동간성	절대영점	예	수리적 조작
명명척도	O	×	×	×	성별, 등번호	불가능
서열척도	O	O	×	×	순위	크기, 대소구분
동간척도	O	O	O	×	온도, 시험점수, 유연성 측정을 위한 앉아윗몸앞으로굽히기 기록	크기, 대소구분, 가, 감
비율척도	O	O	O	O	신장, 50m 달리기	크기, 대소구분, 가, 감, 승, 제

1. 명목 척도

(1) 명목 척도(nomial scale)는 단순한 분류의 목적에서 대상물을 구분하기 위하여 이름을 부여하는 척도로, 명목 척도에서 숫자는 범주를 나타내며 숫자로서의 의미는 없다.

(2) 성, 인종, 유니폼의 번호 등이 명목 척도의 대표적인 예이다. 축구 선수 11번의 의미는 이 선수가 11정도의 양만큼 축구를 잘 한다는 것이 아니고 단지 이 선수를 11번으로 지정한 것뿐이다. 따라서 명목 척도는 구분의 특성을 갖고 있지만, 서열성, 동간성, 절대영점의 의미는 없다.

㉠ 성별, 국적, 전공학과, 등번호, 남자1, 여자2

2. 서열 척도

(1) 서열 척도(order scale)는 측정된 변인의 대소가 구분되는 것으로 'A가 B보다 크다/작다'와 같은 수리적인 조작은 가능하지만, 측정치 간 동간성이 존재하지 않아 변인의 가감승제가 불가능하다.

(2) 예를 들어, 체육 수업 시간에 측정한 농구 드리블 능력에서 A를 받은 학생과 B를 받은 학생의 차이가 B와 C를 받은 학생의 차이와 같다고 볼 수 없다.

(3) 따라서, 농구 드리블 능력으로 측정된 변인은 서열성을 갖고 있지만, 동간성의 특성이 없는 서열 척도이다.

㉠ 토너먼트, 테니스 랭킹, 체력장 등급, 학년(기능과 함께 순서를 가정), 리커트 척도

3. 동간 척도

(1) 동간 척도(interval scale)는 측정 변인 간 간격이 동일한 동간성을 가지고 있으며, 덧셈 법칙은 성립하나 곱셈 법칙은 성립하지 않는다.

① 동간 척도의 가장 대표적인 예로는 온도를 들 수 있다. 온도 5℃와 10℃의 차이가 10℃와 15℃의 차이와 동일하다고 할 수 있으므로 온도 변인은 동간성을 갖고 있다.

② 그러나, 온도 10℃가 5℃보다 5℃ 높은 온도이지만, 2배 덥다고 할 수 없으므로 덧셈 법칙은 성립하나 곱셈 법칙은 성립하지 않는다.

(2) 동간 척도인지 비율 척도인지를 구분하기 위하여 덧셈 법칙과 곱셈 법칙을 적용하여 덧셈 법칙만 성립하면 동간 척도, 두 법칙이 성립하면 비율 척도가 된다. (교육평가의 기초, 성태제)

(3) 곱셈 법칙의 성립 외에도 동간 변인이 비율 변인과 다른 점은 절대영점을 갖고 있지 않다는 것이다. 온도 0℃는 '온도가 없다'라는 의미가 아니라 온도 1℃보다 1℃ 낮은 온도를 의미하므로, 온도 0℃는 임의단위라 할 수 있다.

(4) 상기한 설명을 종합하면, 동간 척도는 변인 간 서열성과 동간성을 가지며, 덧셈 법칙은 성립하지만 곱셈 법칙은 성립하지 않고, 절대영점을 갖지 않는 특성을 보인다.
예를 들면, 영어점수 80점인 학생이 40점인 학생보다 2배 영어를 잘한다는 해석이 불가능한 것은 영어점수 0점이라고 해서 영어능력이 전혀 없다고 말할 수 없기 때문이다. 따라서 학업점수는 등간척도가 된다.

(5) 체육 심리분야에서 쓰는 대부분의 수치는 동간척도에 해당한다. 그러나 실제로는 몇 가지 단서를 붙이는 조건 하에서 동간척도도 승제를 자유롭게 할 수 있다. 위의 영어점수의 경우 해당시험 문제라는 조건 하에서 볼 때 0점은 그 시험문제에 대해 아는 바가 전혀 없다는 해석을 가능하게 하기 때문에 승제를 할 수 있다.

(6) 유연성을 측정하기 위해서 앉아윗몸앞으로굽히기 기록이 동간 척도에 해당한다. 기록이 0cm라는 것은 유연성의 정도가 '없다'의 의미가 아니라 0cm라는 것을 의미하는 임의영점이기 때문이다.
예 온도(온도 0도씨는 온도가 전혀 없다가 아니다), 지능지수, 연대, 물가지수

4. 비율 척도

(1) 동간 변인에서 이미 설명한 바와 같이, 비율 척도(ratio scale)는 서열성, 동간성, 절대영점의 특성을 모두 가지며, 덧셈 법칙과 곱셈 법칙이 모두 성립한다. 체육 분야에서 측정하는 변인 중 연속변인으로 측정되는 변인은 대부분 비율변인이라 할 수 있다.

(2) 연속변인이란 신장, 체중, 또는 팔굽혀펴기 등의 검사에서 측정된 변인처럼 수리적인 조작이 가능하도록 연속된 숫자로 이루어진 변인을 의미한다.
① 비율 변인의 예로 학생체력검사의 팔굽혀매달리기 검사를 들 수 있다. 팔굽혀매달리기 기록 10초와 20초 차이는 20초와 30초의 차이와 동일하여 동간성을 가지며, 10초를 기록한 학생보다 20초를 기록한 학생이 2배 더 높은 기록이라 할 수 있어 측정치의 가감승제가 가능하다.
② 또한, 0초를 기록한 학생은 팔굽혀매달리기 능력이 없음을 의미하므로 절대영점을 갖는다.

(3) 앞에서 언급한 것처럼, 측정 변인을 척도로 구분하는 이유는 검사를 통해 얻은 자료에 통계 방법을 적용할 경우 요구되는 가정을 만족해야 하는데, 척도에 따라 가정을 만족하는 경우가 다르기 때문이다.
① 예를 들어 서열 척도의 자료로 가감승제를 하여 재생된 점수를 연구나 분석에 이용한다면 오류를 범할 수 있다.
② 물론, 연구자의 판단에 따라 서열 척도로 측정된 변인도 동간 척도로 측정된 변인처럼 수리적인 조작을 하기도 한다.
③ 그러나, 이러한 판단은 과거 동일한 연구나 상황에서 선행 연구자들이 어떻게 판단했는지를 파악하여 판단해야 할 것이다.

(4) 이러한 관점에서 체육측정평가를 공부하거나 현장에서 검사 점수를 활용하기 위해서는 측정 변인의 이해가 선행되어야 한다.
예 체중(무게), 거리, 신장, 시간, 100m달리기 기록

(참고 * 절대척도(absolute scale)(출처: 현대교육평가 성태제)

(1) 절대영점(absolute zero, true zero)과 절대단위를 지닌다.
예 사람 수와 자동차 수를 들 수 있다.
㉠ 절대영점: 사람 수를 나타내는 측정단위로서 0일 때 이는 한 사람도 없음을 나타내며,
㉡ 절대단위: 1, 2, 3은 절대적인 단위로서 협약하지 않아도 모두가 공감하는 측정단위를 말한다.

참고문제	2015년 지도사 1급 (체육측정평가론)

5. 절대영점의 속성을 지니고 있는 척도는?

가. 명명척도　　나. 동간척도　　다. 서열척도　　**라. 비율척도**

참고문제	2017년 지도사 1급 (체육측정평가론)

7. 측정척도에 대한 설명으로 옳은 것은?

① 비율척도 변인에 대해 평균을 계산하여 해석할 수 있다.
② 서열척도 변인에 대해 곱셈계산과 그 결과의 해석은 타당하다.
③ 동간(등간)척도 변인은 명명척도 변인으로 변환할 수 없다.
④ 순위를 1, 2, 3위로 표시하는 것은 비율척도의 대표적인 적용이다.

참고문제	2018년 지도사 1급 (체육측정평가론)

10. 비율척도에 대한 설명으로 옳은 것은?

① 사물의 등위를 나타내기 위한 척도이다.
② 동간성을 지니며 임의영점과 임의단위를 가지고 있다.
③ 사물을 구분하기 위하여 이름을 부여하는 척도이다.
④ 절대영점의 속성을 지니고 있으며 가감승제가 가능하다.

참고문제	2019년 지도사 1급 (체육측정평가론)

6. 각 척도의 특징으로 옳지 않은 것은?

① 명명척도 – 수리적 서열이나 등위가 없는 척도
② 비율척도 – 가감승제(+, −, ×, ÷)가 가능한 척도
③ 동간척도 – 절대영점(absolute zero)을 갖는 척도
④ 서열척도 – 순서관계를 나타내는 척도

참고문제	2020년 지도사 1급 (체육측정평가론)

7. 척도 유형과 자료가 바르게 연결된 것은?

① 동간척도 – 100m 달리기 순위
② 서열척도 – 선수의 거주지 구분
③ 명목척도 – 오래 매달리기 기록(sec)
④ 비율척도 – 제자리멀리뛰기 기록(cm)

참고문제	2021년 지도사 1급 (체육측정평가론)

16. 척도별 예시로 옳지 않은 것은?

① 명명척도 – 성별, 거주지역, 나이
② 비율척도 – 무게, 속도, 거리
③ 동간척도 – 온도, 지능지수
④ 서열척도 – 순위, 등급

참고문제	2021년 지도사 1급 (체육측정평가론)

2. 〈보기〉의 ㉠, ㉡에 해당하는 용어가 바르게 나열된 것은?

〈보 기〉

• (㉠)척도: 분류, 순서, 동간성, 절대영점의 특성을 지닌 척도
• (㉡)척도: 분류와 순서의 성격을 지니고 동간성이 없는 척도

	㉠	㉡		㉠	㉡
①	서열	동간	③	비율	명명
②	서열	비율	**④**	**비율**	**서열**

01 | 2004학년도

16. 체육수업 중에 학생이 학습하는 과정을 관찰하면서 수행평가를 하고자 한다. 다음 질문에 답하시오.

16-1. 측정하고자 하는 대상의 속성이나 능력을 의미하는 변인은 그 형태나 특성에 따라 4가지 척도로 분류된다. 척도의 종류를 제시하고 척도에 따른 변인(변수)의 예를 빈칸에 1가지만 쓰시오.

	척도의 종류	변인(변수)의 예
①		
②		
③		
④		

[정답]

①	명명척도	성별
②	서열척도	순위
③	동간척도(등간척도)	지능지수
④	비율척도	몸무게

[해설] 〈명명척도〉 – 등번호, 성별
〈서열척도〉 – 리커트 척도, 순위, 석차(등수), 백분위
〈동간척도(등간척도)〉 – 온도, 175cm인 사람과 170cm인 사람과의 차이가 165cm인 사람과 160cm인 사람 사이의 차이와는 확실히 동일하다, 시험점수, 지능지수, 연대, 물가지수
〈비율척도〉 – 키 , 몸무게, 수입, 속도, 거리, 윗몸일으키기 기록, 50m 달리기, 시간, 100m 달리기 기록

02 | 2010학년도

36. 〈보기〉는 체육 측정에서 얻어진 자료에 관한 설명이다. 척도(scale)의 속성을 바르게 적용한 것을 고른 것은?

〈보 기〉

ㄱ. 50m달리기에서 1등과 5등의 달리기 능력 차이는 11등과 15등의 차이와 같다.
ㄴ. 표준화된 시합불안검사에서 25점과 20점의 차이는 15점과 10점의 차이와 같다.
ㄷ. 오래달리기걷기 기록이 5분에서 4분 30초로 줄면 기록이 10% 단축된 것이다.
ㄹ. 축구 포지션을 공격 1, 수비 2로 코딩했을 때 포지션의 평균은 1.5이다.

① ㄱ, ㄴ ② ㄱ, ㄷ ③ ㄴ, ㄷ ④ ㄴ, ㄹ ⑤ ㄷ, ㄹ

[정답] ③ ㄴ, ㄷ
[해설] ㄱ. 서열척도는 간격이 일정하지 않다. 서열척도는 가감승제(더하고 빼고 곱하고 나누고)를 할 수 없다.
ㄴ. 등간척도로 간격이 일정한 것으로 본다. 또한 덧셈 법칙(숫자 간격이 동일해서 '+/-'가 가능)은 성립하나 곱셈 법칙은 성립하지 않는다.
ㄷ. 오래달리기걷기 기록은 비율척도로 승/제가 가능하다.
ㄹ. 축구 포지션을 공격 1, 수비 2로 코딩했을 때는 명명척도가 된다. 따라서 평균을 사용할 수 없다. 가감승제를 할 수 없다.

7. (가)는 교사들이 학교에서 실시한 설문조사 결과를 보고 나눈 대화이고, (나)는 학생 건강 체력 측정 결과를 보고 나눈 대화이다. 괄호 안의 ㉠, ㉡에 해당하는 용어를 순서대로 쓰시오. [2점]

(가) 설문조사 결과에 대한 대화

■ 철수의 집단 응집력 측정

문항 내용	전혀 그렇지 않다	그렇지 않다	보통 이다	그렇다	매우 그렇다
1. 우리 팀 선수들은 서로 친하게 지낸다.	1	2	3	4✓	5
2. 우리 팀 선수들은 팀의 목표를 잘 알고 있다.	1	2	3	4✓	5
3. 우리 팀 선수들은 상대방의 이야기를 잘 들어준다.	1	2	3	4✓	5

■ 영수의 집단 응집력 측정

문항 내용	전혀 그렇지 않다	그렇지 않다	보통 이다	그렇다	매우 그렇다
1. 우리 팀 선수들은 서로 친하게 지낸다.	1	2✓	3	4	5
2. 우리 팀 선수들은 팀의 목표를 잘 알고 있다.	1	2✓	3	4	5
3. 우리 팀 선수들은 상대방의 이야기를 잘 들어준다.	1	2✓	3	4	5

김 교사: 철수가 리커트(Likert) 척도에 응답한 점수의 평균은 4점이고, 영수는 2점이니 철수가 영수보다 2배나 더 응집력이 좋다고 생각하는 것 같습니다.

박 교사: 원칙적으로 리커트 척도는 질적인 (㉠) 척도입니다.
따라서 응답한 학생들 점수의 평균을 산출하여 비교하고 분석하는 것에는 부적절합니다. 선생님 해석은 척도를 가감승제할 수 있는 양적인 (㉡) 척도로 잘못 적용하신 것입니다.

[정답] ㉠ 서열, ㉡ 비율 [1점]

[해설] 위 설문지 조사 결과는 리커트 5점 척도(likert scale)이다. 이 척도는 응답자가 질문에 대해 얼마나 동의하는지 물어보는 척도로, 각종 설문조사에서 자료를 수집할 때 많이 사용하는 방법입니다. 이 척도의 대표적인 특징은 응답 범주(예, '그렇다', '아니다')에 서열성이 있어 사실은 서열척도로 본다.

그러나 경우에 따라서 리커트 척도는 등간척도로 취급한다. 실제로 리커트 척도로 수집한 자료의 평균과 표준편차를 구하여 기술통계 처리한다. 하지만 리커트 척도가 등간척도의 속성을 가지고 있는지는 의문이다. 왜냐하면 리커트 척도에서 1-전혀 아니다와 2-조금 아니다의 차이가 5-아주 그렇다와 4-조금 그렇다의 차이와 같다고 할 수 있을까? 여기서 숫자상으로 차이는 1이지만 응답자인 사람이 느끼는 주관적인 생각이나 정서, 느낌의 차이가 동일하다는 것으로 보기에는 의문이 든다. 정리하면 리커트 척도는 엄밀히 원칙적으로 말하자면 서열척도가 맞지만 서열척도로 취급하여 분석할 경우 평균이나 표준편차 구하는 것이 불가하여 분석에 있어서 제약이 크다. 따라서 실제로는 사용의 편리성으로 몇 가지 단서를 붙이는 조건하에서 등간척도로 취급해서 사용하고 있는 것이 현실이다. 체육 심리분야에서 쓰는 대부분의 수치는 동간척도에 해당한다. 그러나 실제로는 몇 가지 단서를 붙이는 조건 하에서 동간척도도 승제를 자유롭게 할 수 있다.

8. 다음은 교사학습공동체에서 교사들이 BMI(체질량 지수) 수준과 질병위험율 간 상관관계에 대한 자료를 보고 나눈 대화 내용이다. 〈작성 방법〉에 따라 순서대로 서술하시오. [4점]

최 교사: 오늘 BMI 수준과 질병 위험율 자료를 보았는데요. 이런 자료 분포에서는 상관계수(r) 값이 0에 가깝다고 알고 있어요. 그러면 비만과 질병위험율 간에는 관계가 없다는 건가요?
황 교사: 그래요? BMI가 높으면 질병위험율이 높을 텐데요? 자료를 한번 봅시다.
최 교사: 두 변인 간 관계 형태가 그래프와 같이 생겼어요.

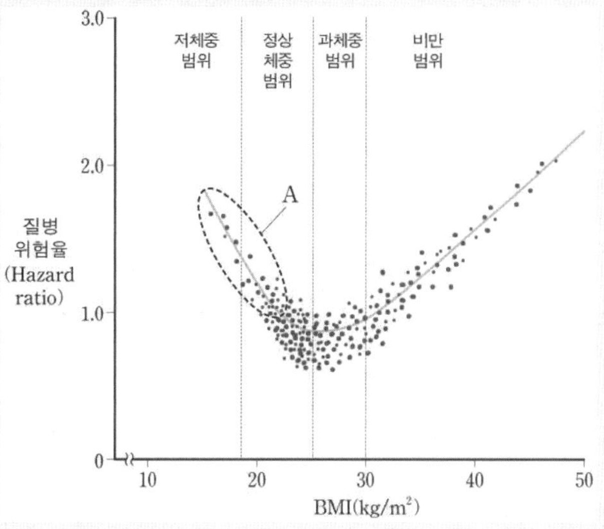

〈작성 방법〉

ㅇ 상관계수 산출에 주로 사용되는 비율척도의 특성을 설명하되, 다른 척도들(명명, 서열, 동간)에는 없는 수리적 특성을 서술할 것.

[정답] 다른 척도에 없는 절대영점이 비율척도에는 존재하며 승/제 또한 다른 척도는 할 수 없으나 비율척도에서만 가능하다. [1점]

[해설] 동간 변인에서 이미 설명한 바와 같이, 비율 척도(ratio scale)는 서열성, 동간성, 절대영점의 특성을 모두 가지며, 덧셈법칙과 곱셈법칙이 모두 성립한다. 체육 분야에서 측정하는 변인 중 연속변인으로 측정되는 변인은 대부분 비율변인이라 할 수 있다. 연속변인이란 신장, 체중, 또는 팔굽혀펴기 등의 검사에서 측정된 변인처럼 수리적인 조작이 가능하도록 연속된 숫자로 이루어진 변인을 의미한다.

3 변인의 분류

1. 속성에 따른 분류: 질적 변인과 양적 변인

(1) 질적 변인(qualitative variable): 분류를 위하여 용어로 정의되는 변인

① 비서열 질적변수: 성별, 인종

② 서열 질적변수: 학력(초졸, 중졸, 고졸), 사회경제적지위(상, 중, 하)

(2) 양적 변인(quantitative variable): 양의 크기를 나타내기 위하여 수량으로 표시되는 변인

① 연속 변인(continuous variable): 주어진 범위 내에서 어떤 값(소수점 이하)도 가질 수 있는 변인

예 체중, 키, 100m 달리기 기록

② 비연속 변인(uncontinuous variable): 특정 수치만을 갖는 변인

예 윗몸일으키기 기록, IQ 점수, 자동차 수, 휴가 일수 등

참고문제	2018년 지도사 1급 (체육측정평가론)
11. 연속변인에 해당하지 <u>않는</u> 것은? ① 체중 ② 신장 **③ 성별** ④ 체지방률	

2. 인과관계에서 변인의 분류 21 기출

(1) 독립 변인(independent variable): 실험연구나 조사연구에서 원인이 되는 변인으로, 종속변수에 영향을 미치는 변인

(2) 종속 변인(dependent variable): 실험연구나 조사연구에서 결과가 되는 변인으로 독립 변인에 의해 영향을 받는 변인. 그림처럼 교사의 트레이닝 방법에 따라 학생의 심폐지구력이 영향을 받는다면, 트레이닝 방법은 독립 변인, 심폐지구력은 종속변인이라 할 수 있다.

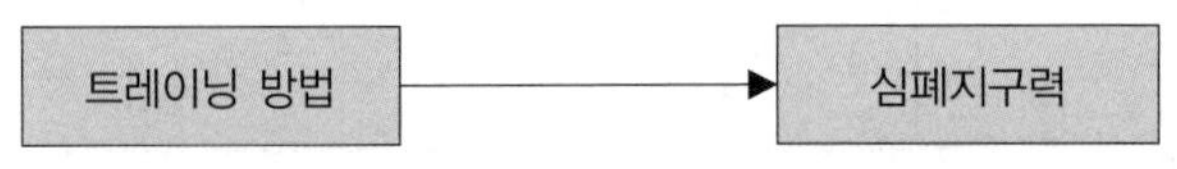

[그림 1-2] 종속 변인 예

(3) 가외 변인(extraneous variable): 주로 실험연구에서 독립 변인 이외에 종속 변인에 영향을 미치는 변인

① 실험연구에서 독립 변인이 종속 변인에 영향을 미치는가를 검증하기 위해서는 가외 변인의 통제가 적절히 이루어져야 한다.

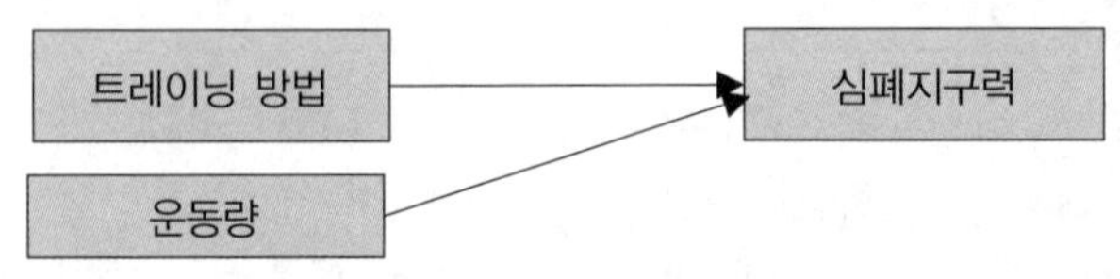

[그림 1-3] 가외 변인 예

② 그림에서처럼 교사의 트레이닝 방법 외에 학생의 운동량이 학생의 심폐지구력에 영향을 준다면, 학생의 운동량은 가외변인이라 할 수 있음. 교사의 트레이닝 방법이 학생의 심폐지구력에 영향을 주는가를 검증하려면, 실험대상자인 학생들의 운동량을 같게(일정하게 통제)하거나 측정대상자의 운동량을 트레이닝 방법과 함께 독립 변인으로 분석할 수 있음

(4) 공변인

① 실험연구에서 종속변인의 차이가 독립변인의 효과라고 추정하기 위해서는 가외변인을 통제하는 일이 무엇보다도 중요하다.

② 만일 <u>종속변인에 영향을 미치는 다른 변인이 존재하고 현실적으로 이 변인의 효과를 통제하기가 어렵다면 실험처치 후 집단 간의 평균차이를 이 변인으로 재조정</u>하여야 한다.

③ <u>이때 평균차이를 재조정하는 데 사용되는 변인을 공변인(covariate variable)</u>이라 한다.

(5) 매개 변인(mediator variable)

① 인과관계 연구에서 독립 변인과 종속 변인의 매개 역할을 하는 변인으로, 독립 변인에게 영향을 받는 종속 변인이면서 종속변인에 영향을 주는 독립 변인의 역할을 동시에 하는 변인

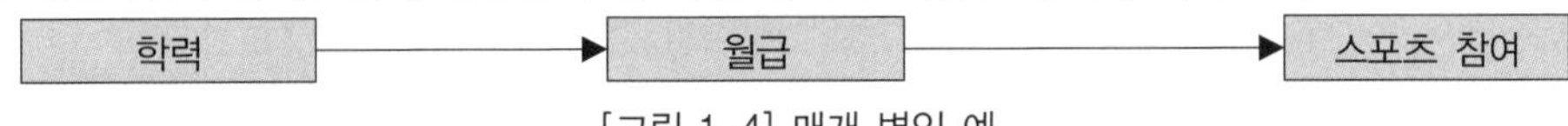

[그림 1-4] 매개 변인 예

② 그림처럼, 학력이 월급에 영향을 주고, 월급이 스포츠 참여에 영향을 준다면, 월급은 학력의 종속변인이면서, 스포츠 참여의 독립변인 역할을 동시에 하는 매개 변인임

(6) 중재 변인(moderator variable)

① 독립 변인과 종속 변인 간 관계의 강도를 다르게 하는 변인이다.

㉠ 중재변인 효과 검증 방법 1: 상관계수 크기를 비교

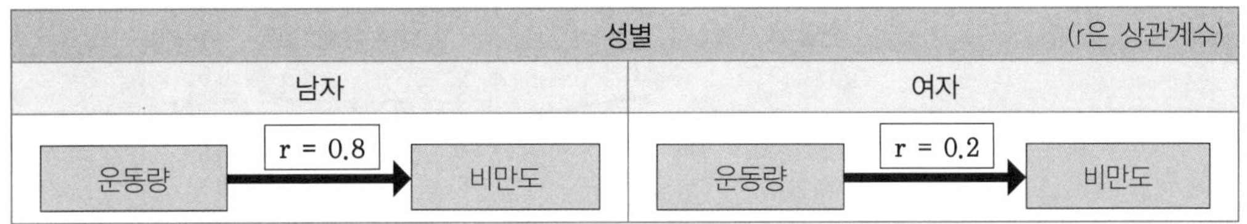

예 그림처럼, 운동량이 비만도에 미치는 영향이 여자보다 남자가 더 크다면, 운동량과 비만도의 관계에서 성별은 중재 변인임

㉡ 중재변인 효과 검증 방법 2: 그래프를 통해 쉽게 검증하는 방법

예 트레이닝 방법과 체력의 관계에서 성별의 중재 효과는 그래프를 통해 쉽게 판단할 수 있다. 트레이닝 방법을 가로축으로 체력검사 평균점수를 체력검사 평균점수를 세로축으로 한 아래 그림에서 좌측과 같이 두 집단의 트레이닝 방법별 평균점수를 연결한 선이 교차하지 않고 평행에 가까울수록 중재 효과는 없다고 할 수 있다. 반면, 우측 그림과 같이 남자는 트레이닝 방법 4에서 평균점수가 높지만 여자는 트레이닝 방법 3에서 평균점수가 높으면 두 선이 교차하여 중재(상호작용) 효과가 있는 것으로 예상된다.

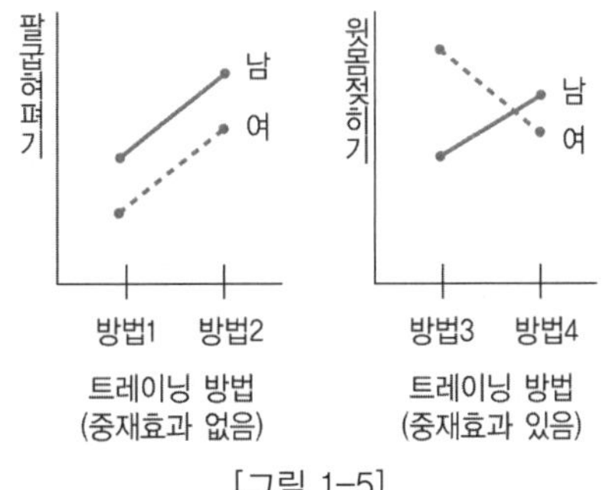

[그림 1-5]

② 독립변수와 종속변수 간의 관계를 체계적으로 변화시키는 변수를 조절변수(moderator variable) 또는 조건변수(conditional variable)라 한다.

예 [그림 1-6]처럼 체력수준이라는 조절변수에 따라서 운동강도에 따른 효과가 체계적 차이를 보일 경우 체력수준을 조절변수라 한다.

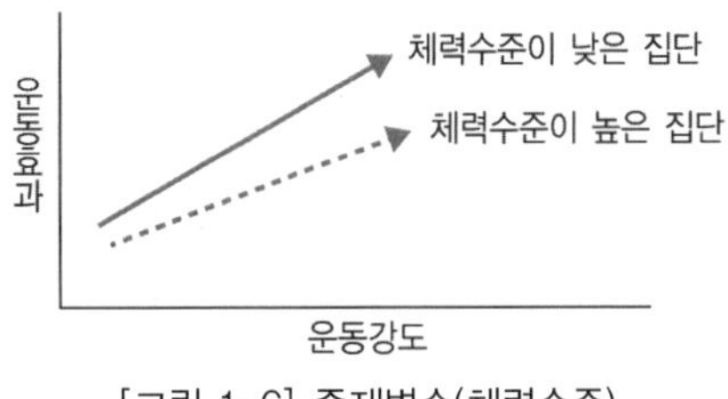

[그림 1-6] 중재변수(체력수준)

05 | 2021학년도

다음의 (가)는 체육 수업 모형의 효과성에 대한 메츨러(M. Metzler)의 주장이고, (나)는 차 교사의 연구 결과이며, (다)는 교사들이 나눈 대화 내용이다. 〈작성 방법〉에 따라 순서대로 서술하시오. [4점]

(가) 라이크먼과 그레이샤(S. Reichmann & A. Grasha) 연구에 근거한 메츨러의 주장

> "참여적 학생에게는 (㉠) 모형, 동료 교수 모형, 탐구 수업 모형이 효과적이고, 회피적 학생에게는 (㉡) 모형, 직접교수 모형, 전술 게임 모형이 효과적이다."

(나) 차 교사의 실험 연구 결과

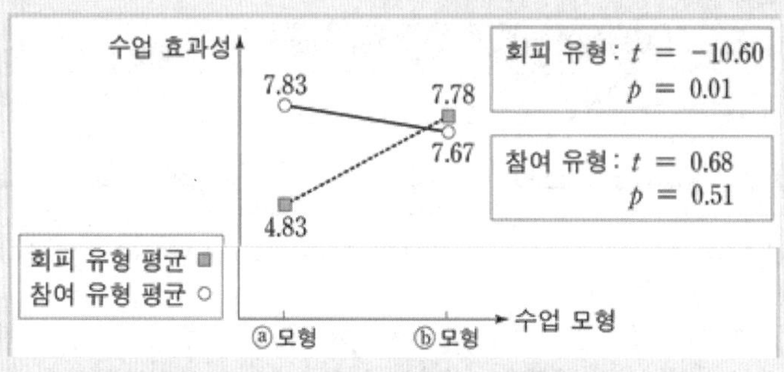

〈학습 태도에 따른 수업 모형의 수업 효과성 분석 결과〉

〈가정〉

* 수업 효과성은 10점 만점으로 측정되었음.
* t-검정의 모든 기본 가정을 만족하였음.
* p는 유의 확률이고, 통계적인 유의 수준은 0.05로 설정함

(다) 차 교사의 연구 결과에 대한 교사들의 대화

차 교사: 학습 태도의 유형(회피, 참여)에 따라 2가지 수업 모형을 적용한 후, 학생들의 수업 효과성이 차이가 있는지를 알아보았습니다.

전 교사: 수고하셨네요. (나)의 분석 결과를 보니 학습 태도가 (㉢) 유형인 경우에는 ㉣ <u>수업 모형에 따라 수업 효과성이 통계적으로 유의하게 차이가 있군요</u>.

차 교사: 맞습니다. (나)에서 학습 태도의 유형에 따라 수업 모형별 수업 효과성의 차이가 다르기 때문에 학습 태도는 (㉤) 변인입니다.

〈작성 방법〉

- 괄호 안의 ㉠, ㉡에 해당하는 체육 수업 모형의 명칭을 순서대로 쓸 것(단, 개인적·사회적 책임감 모형, 스포츠 교육 모형은 제외할 것).
- 괄호 안의 ㉤에 해당하는 명칭을 쓸 것(단, 독립 변인은 제외할 것).

[정답] ㉠은 협동학습이다. [1점] ㉡은 개별화지도이다. [1점] ㉤은 중재(=조절)이다. [1점]

4 중심경향값 05 기출 08 기출 16 기출

(1) 체육 교사나 운동과학자, 또는 연구자가 측정하고자 하는 특성을 측정하여 얻은 자료들은 어떤 특정한 값을 중심으로 몰리는 경향이 있는데, 이러한 현상을 중심경향(central tendency)이라 하며, 중심경향을 나타내는 값을 중심경향값(central tendency value)이라 한다.

(2) 중심경향값을 사용하면 하나의 수치로 그 집단의 특징을 나타낼 수 있다. 따라서, 중심경향값은 그 집단의 자료들이 갖고 있는 특성을 최대한 많이 포함시킬 수 있어야 한다. 일반적으로 중심경향값에는 평균, 중앙값, 최빈값 등이 있다.

	평균	중앙값	최빈값
개념	측정치를 모두 더한 다음 그 집단의 사례 수로 나눈 것을 의미	점수분포를 서열/크기 순으로 나열했을 때 전체 사례수의 중앙에 위치하는 수치. 즉, 백분위50에 해당하는 백분점수	한 점수분포에서 가장 빈도가 많은 점수
적용	① 신뢰할 수 있는 대표치 ② 분포가 정상분포 ③ 통계자료로 이용	① 분포가 편포되어 있을 경우 ② 극단적인 점수의 영향 제거	① 중심적 경향을 신속히 알고자 할 때 ② 대략적인 집중 경향치 필요시
효과적 집중경향	동간척도, 비율척도	서열척도	명명척도

참고문제	2017년 지도사 1급 (체육측정평가론)

5. 운동기능 점수들에 대하여 평균, 중앙치, 최빈치 등 중심경향치(내표치)를 산출하는 목적으로 옳은 것은?

① 집단 내 구성원들 간의 동질성 정도 파악
② 집단 내 구성원들 간의 변별
③ 집단 전체의 특성을 하나의 점수로 요약
④ 집단 내 점수들 중 극단 값의 선별

1. 평균(平 평평할 평, 均 고를 균)

(1) 어떤 체육 교사가 자신의 교수법이 다른 교사의 교수법보다 우수한가를 알아보기 위해서 그 교사가 가르친 학급의 체육 성적과 다른 교사가 가르친 학급의 체육 성적을 비교하게 될 것이다. 이때 두 학급의 평균 성적이 주로 비교의 대상이 된다.

(2) 평균은 가장 대표적인 중심경향값으로 보통 $\overline{X}$로 나타내며, 한 집단의 모든 점수를 더한 총합을 그 집단의 사례수로 나눈 값이다. 평균을 구하는 계산 절차를 나타내면 다음과 같다.

$$\overline{X}=\frac{\sum_{i=1}^{N} Xi}{N} \quad \cdots\cdots\cdots\cdots\cdots\cdots \ (1.1)$$

예 자료 1, 2, 3의 평균을 구해보자.
점수를 더한다: 1+2+3=6, 앞에서 구한 합을 사례수로 나눈다: 6/3=2

(3) 상기한 공식 (1.1)에서 $\bar{X}$는 X값들의 평균이고 $\sum$(시그마; Sigma)는 모든 점수의 합을 의미하며, N은 그 집단의 전체 사례 수이다.

① 따라서, $\sum_{i=1}^{N} X_i$는 $i=1$부터 $i=N$까지 점수의 합을 의미한다.

② 즉, 평균은 한 집단 전체의 점수를 모두 합하여 집단 전체의 사례수로 나누어 준 값이 된다.

(4) 평균은 자료가 변함에 따라 민감하게 반응한다.

① 예를 들어 중학교 2학년 남학생 5명의 윗몸일으키기 점수가 35, 37, 40, 41, 45였다면 평균은 39.6이 된다. 윗몸일으키기 기록이 10개인 학생이 한 명 추가된다면 평균은 34.6으로 5개나 감소한다.

② 이와 같이 평균은 중심경향값에서 멀리 떨어져 있는 극단값(outlier)일수록 영향을 크게 받으므로, 자료에서 극단값이 존재하면 중심경향을 적절하게 나타내지 못할 수 있다.

③ 특히, 사례수가 많은 때에는(보통 100이상) 큰 문제가 되지 않으나 상기한 예와 같이 사례수가 적을 때에는 극단값에 큰 영향을 받게 되므로 주의해야 한다.

(5) 일반적으로 평균은 최소한 동간 또는 비율 변인의 특성을 가진 자료에 유용하다.

(6) 그러나 빈도수가 많고[5] 분포가 대략 대칭적이라면 서열 자료에서도 사용될 수 있다.

(7) 만약, 동간성을 담보하지 못하는 서열 자료의 경우에는 집단의 특성을 대표하는 값으로 평균을 사용하는 것을 신중하게 고려해야 한다.

2. 중앙값(中 가운데 중, 央 가운데 앙)

(1) 측정된 자료를 크기 순서대로 나열했을 때, 중간에 해당하는 값을 중앙값(Median)이라 하고, Mdn으로 표기한다.

예 예를 들어, 측정된 자료의 개수가

홀수일 경우 중앙값: 자료를 서열에 따라 늘어놓았을 때, $\frac{n+1}{2}$ 번째 값이 되지만

짝수일 경우 중앙값: $\frac{n}{2}$번째 점수와 $\frac{n}{2}$+1번째 점수의 평균이 중앙값이 된다.

예 예를 들어 5명의 여학생이 비껴턱걸이를 실시하여 다음과 같은 기록이 측정되었다면, 측정된 피험자의 수는 5로 홀수이므로 $\frac{n+1}{2}$번째 즉, 세 번째 값인 23이 중앙값이 된다.

13, 19, 23, 29, 35

예 10명의 중학교 남학생의 턱걸이 기록이 3, 3, 4, 5, 5, 6, 6, 6, 7, 9 이라면 측정된 사례수는 10이므로 짝수이므로 $\frac{n}{2}$번째 즉, 다섯 번째 점수인 5와 $\frac{n}{2}$+1번째 즉, 여섯 번째 점수인 6인 평균인 5.5가 중앙값이 된다.

(2) 즉, 사례수가 짝수일 경우에 중앙값을 계산하는 공식은 다음과 같다.

$$Mdn = \frac{X_{\frac{n}{2}} + X_{\frac{n}{2}+1}}{2} \quad \cdots\cdots\cdots\cdots \quad (1.2)$$

(3) 중앙값은 측정된 원자료(raw score)의 서열에 변화가 없으면 크게 변하지 않는 장점이 있어 서열 자료에 유용하다.

---

5) 일반적으로 사회과학 연구에서 사례수가 많은 경우, 5점 리커트 척도(1. 전혀 그렇지 않다~5. 매우 그렇다)로 측정된 변인은 평균을 계산하여 분석한다.

(4) 또한, 극단값을 갖는 자료의 경우에는 동간 변인의 자료에서도 활용이 가능하다.

예 체육 성적의 평균이 85점인 두 학급에 각각 체육 성적이 30점으로 매우 나쁜 학생과 99점으로 매우 좋은 학생이 전학을 왔을 경우에, 평균을 사용하여 두 학급의 체육 성적을 비교하는 것은 적절치 않다. 왜냐하면, 두 학급의 평균이 새로 전학 온 학생으로 인하여 크게 변동될 가능성이 있기 때문이다. 이러한 경우에는 평균보다는 중앙값을 사용하여 두 집단을 비교하는 것이 더욱 타당할 것이다.

(5) 중앙치는 개방분포(open-ended distribution: 최저점수 혹은 최고점수를 알 수 없는 점수분포. 예컨대, 90점 이상 7명으로 정리된 분포)에서는 평균보다 더 적합하다.

단점: 하지만 중앙치는 평균보다 안정성이 낮고, 수리적 조작이 제약되기 때문에 널리 사용되지는 않는다.

참고문제	2016년 지도사 1급 (체육측정평가론)

7. 극단 값을 갖는 점수 분포의 대푯값으로 가장 적절한 것은?

① 평균치 ② 최빈치 **③ 중앙치** ④ 사분편차

참고문제	2020년 지도사 1급 (체육측정평가론)

18. 극단값(outlier)의 영향을 최소화하기 위한 대푯값은?

① 중앙값 ② 평균값 ③ 최빈값 ④ 변이계수

참고문제	2019년 지도사 1급 (체육측정평가론)

1. 국가대표 유도선수들의 체중을 측정한 자료를 입력하는 과정에서 기록자의 실수로 70kg인 선수의 체중 측정값을 170kg으로 입력하여 분석하였다. 다음에 제시된 자료의 대푯값 중에서 입력 오류에 가장 많이 영향을 받는 것은?

① 평균값 ② 중앙값 ③ 최빈값 ④ 최솟값

체육통계, 강상조

4. 다음의 점수분포에서 $\overline{X}$, Mdn을 각각 계산하라. $\overline{X}$: , Mdn:

26, 37, 43, 21, 58, 26, 33, 45

(풀이)

$\overline{X}$: 모든 점수를 합한 값 289를 8로 나눈다. 즉, $\overline{X}=\sum X/N$ 의 공식에 대입하면

$\overline{X}$=289/8=36.125

Mdn: ① 모든 점수를 점수 순으로 배열한다. 21, 26, 26, 33, 37, 43, 45, 58

② (N+1)/2에 의해 중앙에 위치한 사례(事例)를 찾는다. (8+1)/2=4.5이므로 4번째와 5번째 사례가 된다.

③ 두 중앙 사례의 중간점을 구한다. 33과 37의 중간점은 35. 따라서 중앙치는 35이다.

3. 최빈값(最 가장 최, 頻 자주 빈)

(1) 최빈값(Mode)은 어떤 집단의 점수 분포에서 가장 빈도수(frequency)가 많은 점수를 말하며, *mo*로 표기한다. 예를 들어 한 여자 대학교 1학년 학생 10명의 체지방률(%)이 아래와 같다고 하자.

22. 25. 33. 32. 33. 25. 33. 28. 33. 35

(2) 상기한 자료에서 가장 빈도수가 많은 점수는 33점이므로 이 대학교 1학년 학생 10명의 체지방률에서 최빈값은 33이 된다. 주의해야 할 점은 33의 값을 가진 빈도수인 4가 최빈값이 아니라, 빈도수가 가장 많은 점수인 33인 최빈값이다.

(3) 인접하지 않은 두 점수의 빈도가 가장 많으면서 빈도가 동일할 경우 최빈치는 두 점수를 평균한 값이다. 전체 사례수가 적거나 모든 대상자가 다양한 값을 가질 경우에는 최빈값이 없을 것이며, 자료의 특성상 최빈값이 두 개 또는 세 개 이상이 될 수도 있다.

(4) 따라서, 최빈값은 자료의 중심 경향값으로 자주 사용되지는 않지만, 의류 회사나 신발 업계에서 체격이나 발의 크기를 조사하는 경우에는 평균이나 중앙값보다 의미 있는 값으로 사용된다. 체육 수업 시간에 학생들이 가장 많이 나타내는 능력 수준을 알려면, 측정된 점수 중 최빈값을 참고할 수도 있다.

(5) 최빈치는 쉽게 계산할 수 있고, 극단치의 영향을 받지 않는다는 장점이 있으나, 사례수가 적을 때는 안정성이 떨어진다는 단점이 있다.

참고문제	2015년 지도사 1급 (체육측정평가론)

4. 〈보기〉에서 평균, 중앙치, 최빈치는 무엇인가?

〈보 기〉

6, 2, 2, 3, 7

가. 평균 4, 중앙치 2, 최빈치 2　　나. 평균 4, 중앙치 3, 최빈치 7
다. 평균 3, 중앙치 2, 최빈치 4　　**라. 평균 4, 중앙치 3, 최빈치 2**

참고문제	2018년 지도사 1급 (체육측정평가론)

12. 〈보기〉의 ㉠, ㉡, ㉢에 들어갈 적합한 용어는?

〈보 기〉

- (㉠): 수집된 자료의 총합을 사례수로 나눈 값
- (㉡): 수집된 자료를 크기 순서대로 나열했을 때 가장 중앙에 위치하는 값
- (㉢): 수집된 자료에서 빈도가 가장 높은 값

	㉠	㉡	㉢
④	**평균치**	**중앙치**	**최빈치**

5 분산도(分 나눌 분, 散 흩어질 산, 圖 그림 도) 16 기출 19 기출 23 기출

(1) 어떤 두 집단을 비교할 때 중심 경향값만으로 설명하는 것이 충분치 않을 경우가 있다.

(2) 예를 들어 어떤 고등학교 체육 교사가 두 반의 상완근지구력을 비교하기 위해 팔굽혀펴기 기록을 측정하였다고 가정해 보자. 그런데, 공교롭게도 두 반의 매달리기 기록의 평균값이 똑같았다면 두 반의 팔굽혀펴기 능력은 동일한 것이라고 판단할 수 있을까?

(3) 만약, 두 반의 점수 분포를 히스트그램(X축은 변인 값, Y축은 사례수인 그래프)으로 그렸을 때 아래 [그림 1-7]과 같았다면 어떻게 해석해야 할까?

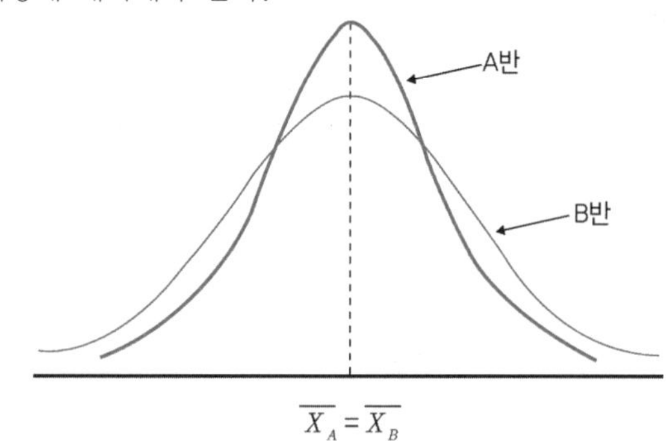

[그림 1-7] 평균은 같고 분산이 다른 두 집단의 분포 곡선

(4) 위와 같은 경우에 A반과 B반의 평균은 같지만 점수 분포의 흩어진 정도가 달라 두 집단의 특성이 완전하게 같다고 말하기 어렵다.

(5) 따라서 두 집단을 비교할 때에는 평균, 중앙값 등의 중심 경향값뿐만 아니라 점수의 흩어진 정도 즉, 분산의 정도(Variability 또는 Dispersion)를 비교할 필요가 있다. 이 분산의 정도를 분산도(Variation)라 하며 분산도를 나타내는 지수로는 범위, 사분위편차, 표준편차, 분산 등이 있다.

참고문제	2017년 지도사 1급 (체육측정평가론)
6. 여러 명의 대상자들로부터 측정된 운동기능에 대한 이질성(퍼짐 정도)을 파악하기 위한 것은? ① 최대값 ② **분산** ③ 상관계수 ④ 최소값	

분산도	특징	용도
1. 범위	① 통계적인 신뢰성이 가장 낮다. ② 양 극단치에 민감하고 안정성이 없다. ③ 계산이 가장 간편하다. 범위 = 최대치 − 최저치 + 측정단위 = 최고값의 상한계 − 최저값의 하한계	① 변산도를 빨리 알려고 할 때 ② 양극단의 점수를 알려고 할 때
2. 사분위편차 16 기출 23 기출	① 중앙치를 기준으로 하는 변산도이며 중앙부분의 50%에 해당하는 점수들이 중앙치를 기준으로 흩어져 있는 정도. ② 사분편차 $= \frac{Q_3 - Q_1}{2}$ Q_3: 백분위 75의 백분점수 Q_1: 백분위 25의 백분점수	① 집중 경향치로서 중앙치만 보고되어 있을 때 ② 분포가 양쪽에서 손상되었을 때 ③ 극단적인 점수가 있거나 극단적으로 편포되었을 때
3. 분산	① 분산(변량)은 각 평균으로 부터 거리를 측정하는 것으로 평균으로부터의 편차라고 한다. ② 분산 $= \frac{\sum(X-\overline{X})^2}{N}$ ③ 극단값의 영향을 많이 받는다.	① 분산은 점수집단의 변산도를 나타내는 정확한 지표이지만 제곱된 단위로 나타낸 것이 아쉽다. ② 따라서 이러한 제곱효과를 없애기 위해 분산값에 루트($\sqrt{\ }$)를 적용하여 표준편차를 많이 이용한다.
4. 표준편차	① 표준편차는 확률분포에서 흩어진 정도를 나타내는 척도 ② 편차가 클수록 데이터들의 흩어진 정도가 크다는 것을 의미하고, 작을수록 평균주위에 몰려 있다는 것을 의미한다. ③ 표준편차$(\sigma) = \sqrt{\frac{\sum(X-\overline{X})^2}{N}}$ ④ 극단값의 영향을 많이 받는다.	① 가장 신뢰로운 변산도를 원할 때 ② 정상분포곡선에 관련된 해석을 원할 때 ③ 통계치를 기초로 추정이나 검정 등의 다른 계산이 계속될 때
5. 변이계수 23 기출	변이계수는 표준편차를 평균의 비율로 나타낸 일종의 상대 변산도 값이다. 단위가 서로 다른 변인들의 표준편차를 비교할 때 사용한다. 변이계수 $= \frac{\text{표준편차}}{\text{평균}}$	① 변이계수는 평균과 표준편차가 함께 변화하는 경우 ② 측정단위가 상이한 자료의 집단간 변산도를 비교하고자 할 때 적절하게 사용할 수 있다.

1. 범위

(1) 범위(Range)는 분포의 흩어진 정도를 가장 간단하게 알아보는 방법으로 최고값의 상한계에서 최저값의 하한계를 뺀 값을 말한다.

(2) 상한계와 하한계의 의미는 [그림 1-7]의 예를 들어 설명하겠다. 위의 예에서 A반의 팔굽혀펴기 최고 기록이 37개, 최저 기록이 10개이고, B반의 최고 기록이 55개, 최저 기록이 2개였다고 하자. 팔굽혀펴기 기록은 실제로 소수점 이하의 숫자로 측정되지 않으므로 비연속 변인으로 표시된 것이다. 따라서, 이러한 경우에는 연속 변인으로 교정하여 계산되어야 한다.

(3) 즉, 팔굽혀펴기 37개는 36.5개와 37.5개 사이의 값, 10개는 9.5개와 10.5개 사이의 값으로 간주되어야 한다. 이러한 과정을 연속성을 위한 교정이라 하는데, 위의 설명과 같이 연속성을 위한 교정을 적용하면 최고값의 상한계에서 최저값의 하한계를 뺀 값이 범위가 된다. 따라서 A반의 팔굽혀펴기의 범위는 37.5개에서 9.5개를 뺀 28개이고, B반의 팔굽혀펴기 범위는 55.5개에서 1.5개를 뺀 54개가 된다.

(4) 위의 예에서 계산된 두 반의 범위에 의하면 어떤 반의 팔굽혀펴기 기록의 분포가 넓게 흩어져 있는가를 쉽게 파악할 수 있다.

① 즉, 범위는 분산도를 간단하게 파악할 수 있는 장점이 있다.

② 그러나, 범위는 한 집단의 여러 점수 중에서 단 두 개의 점수에 의해서만 결정되어 나머지 점수들에 의한 정보를 이용하지 못하게 되고, 극단값에 영향을 많이 받으므로 분산도 지수로서 안정적이지 못한 단점이 있다.

③ 따라서, 한 집단의 점수 분포의 흩어진 정도 즉, 분산도를 정확하게 파악하고자 할 때 범위를 사용하는 것은 적절치 않다.

참고문제	2021년 지도사 1급 (체육측정평가론)

15. 다음 표는 팔굽혀펴기검사의 점수분포이다. 점수분포의 범위(range)는?

점수	빈도	점수	빈도
35	1	19	5
24	1	20	6
65	1	23	6
43	3	26	7
33	4	37	8
27	5	38	9

① 41 ② 43 ③ 45 **④ 47**

2. 사분위편차(Q 또는 사분편차) 19 기출 23 기출

(1) 사분위편차(Quartile deviation)는 범위(Range)의 일종으로 수집된 자료를 크기 순서로 백 등분하여 배열하였을 때, 75번째 점수(Q_3)에서 25번째 점수(Q_1) 사이의 점수 범위를 2로 나눈 값을 의미한다.

(2) 범위는 점수분포 상에서 양 극단의 점수를 기초로 하여 계산하기 때문에 사례수의 크기에 따라 영향을 받으며 따라서 안정성이 낮은 변산도 값이라고 할 수 있다. 이러한 제한점은 사분편차를 사용함으로써 어느 정도는 해소시킬 수 있다. 사분편차는 집중경향치로서 중앙치 Q_2(Mdn)를 사용할 때 제시할 수 있는 가장 적합한 변산도 값이다.

① 사분범위는 75번째 점수(Q_3)에서 25번째 점수(Q_1) 사이의 점수 범위를 말한다.(즉, $Q_3 - Q_1$)

② 사분편차는 반분 사분점간 범위(= 준사분범위)라고도 부른다. 사분편차는 점수분포의 중앙에 위치한 사례수의 50%가 차지하는 점수범위의 반을 의미한다. 다시 말하면 점수분포의 아래에서부터 사례수의 25%(Q_1)에 해당하는 척도상의 점과 아래에서부터 75%(Q_3)에 해당하는 척도상의 점 사이의 거리를 2등분한 것이다.

(3) 어떤 자료를 크기 순서로 백 등분하여 배열한 점수를 백분위점수(Percentile Score)라 하는데, 사분위편차는 중앙값인 50 백분위점수를 중심으로 자료가 흩어진 정도를 나타낸다. 사분위편차를 계산하는 공식은 다음과 같다.

$$Q = \frac{Q_3 - Q_1}{2} \quad \cdots\cdots\cdots\cdots\cdots\cdots \ (1.3)$$

Q_3 = 75%에 해당하는 점수(P_{75}), 즉 3/4(N+1)번째에 해당하는 사례의 점수

Q_1 = 25%에 해당하는 점수(P_{25}), 즉 1/4(N+1)번째에 해당하는 사례의 점수

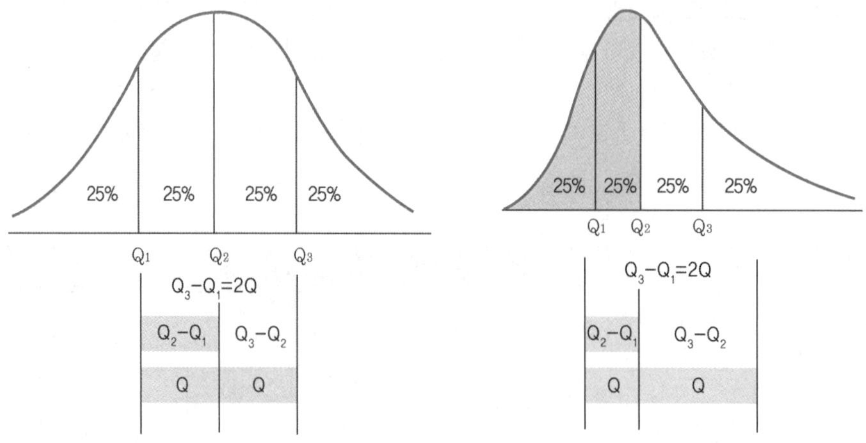

[그림 1-8] 사분편차의 도해(Q_2: Mdn)

(4) Q_2(Mdn)$-Q_1$과 $Q_3 - Q_1$(Mdn) 간의 차이는 분포의 편포도(왜도)를 나타내준다.

점수	25	30	35	40	45	47	50	50	52	55	57	60	65	70	75
순서	1	2	3	Q_1	5	6	7	Mdn	9	10	11	Q_3	13	14	15

예 전체 사례수가 15명인 점수분포를 이용하여 사분편차

Q_3 = 75%에 해당하는 점수(P_{75}), 즉 3/4(15+1)번째에 해당하는 12번째 사례의 점수: 60

Q_1 =25%에 해당하는 점수(P_{25}), 즉 1/4(15+1)번째에 해당하는 4번째 사례의 점수: 40

$$Q = \frac{Q_3 - Q_1}{2} = \frac{60 - 40}{2} = \frac{20}{2} = 10$$

① 정상분포, 즉 점수분포가 좌우 대칭이라면 [Q_3 − Mdn] = [Mdn − Q_1] = 사분편차(Q)
편포도(왜도) = 0

② 정적편포: [$Q_3 - Q_2$(Mdn)]은 [Q_2(Mdn) − Q_1]보다 크다.

③ 부적편포: [$Q_3 - Q_2$(Mdn)]은 [Q_2(Mdn) − Q_1]보다 적다.

(5) 공식 (1.3)에서 Q_3는 75 백분위점수이고, Q_1은 25 백분위점수를 의미한다. 즉, 사분위편차는 중앙값으로부터 동일한 백분율을 가진 좌우의 두 점 간의 거리에 의해 분석한 분산도 지수이다.

(6) 사분위편차는 범위에 비해 극단값의 영향을 적게 받으며 범위 내에 있는 많은 값들을 고려한 분산도 지수이다. 그러나, 25 백분위점수와 75 백분위점수를 계산해야 하는 번거로움이 있다. 원자료로부터 백분위점수를 계산하는 방법은 기초통계 서적을 참고하기 바란다.

📖 기초통계(성태제)

(1) 사분위수(quartile)는 수집된 자료를 크기 순으로 배열하여 4등분한 값을 말한다. 백분위수의 관점에서 보면 제25백분위수, 제50백분위수, 제75백분위수로 표기할 수 있다.

(2) Y_{25}는 제1사분위수로 Q_1으로 표기하고, Y_{50}은 제2사분위수로 Q_2로 표기하며, 이는 중앙값이다. Y_{75}는 제3사분위수로 Q_3로 표기한다. 즉, 누적된 사례수를 전체 사례 수에 비교하여 25%, 50%, 75% 되는 점의 값을 말한다.

(3) Q_1, Q_2, Q_3를 제1사분위수, 제2사분위수, 제3사분위수라 한다.
사분위 편차(quartile deviation)란, Q_2, 즉 중앙값을 중심으로 한 분산도이다. 사분위 편차를 Q라 표기하며, 사분위 편차를 계산하는 공식은 다음과 같다.

$$Q = \frac{Q_3 - Q_1}{2} \quad \cdots\cdots\cdots\cdots\cdots\cdots \quad (5.1)$$

(4) 이는 분산도의 정도를 분포의 중앙에 위치한 중앙값의 좌우로부터 동일한 백분율을 가진 두 점 간의 거리에 의하여 분석하고자 한다.

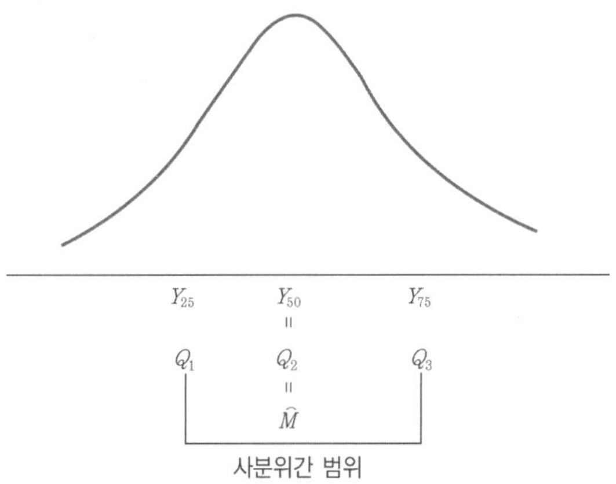

[그림 1-9] 사분위수와 사분위간 범위

(5) 제2사분위수, 즉 중앙값으로부터 제1사분위수와 제3사분위수에 의한 범위의 정도에 따라 분포의 분산도를 파악할 수 있다.

① 제3사분위와 제1사분위 수의 차이를 사분위간 범위(interquartile range)라 한다. 만약 사분위간 범위가 길면 보다 흩어진 분포이고, 짧으면 밀집된 분포임을 알 수 있다.

② 사분위수와 사분위간 범위를 그림으로 설명하면 [그림 1-9]와 같다.

(6) 사분위 편차와 사분위수에 따라 분포의 형태가 정규분포인지 부적편포 혹은 정적편포인지를 파악할 수 있다. [그림 1-9]에서와 같이 정규분포일 경우는 제2사분위수, 즉 중앙값을 중심으로 제1사분위수와 제3사분위수의 거리가 같음을 알 수 있다.

(7) 즉, 수식으로 표현하면 좌우대칭 분포를 이루기 위하여 $|Q_1 - Q_2| = |Q_3 - Q_2|$가 성립된다. 좌우대칭, 즉 정규분포가 아닌 편포의 경우는 다음과 같다.

① 부적편포: $|Q_1 - Q_2| > |Q_3 - Q_2|$

② 정적편포: $|Q_1 - Q_2| < |Q_3 - Q_2|$

8. 다음은 체육 중점 고등학교의 체육 기말 평가에 대한 최 교사와 정 교사의 대화이다. 괄호 안의 ㉠, ㉡에 해당하는 명칭을 순서대로 쓰시오. [2점]

> 최 교사: 이번 학기 학생들의 총점 분포가 지나치게 오른쪽으로 편중되어 나타났어요. 시험이 너무 쉬웠나 봐요. 이 경우 어떤 지수를 집중경향치로 선택해야 하나요?
> 정 교사: 그림과 같은 분포의 경우에는 (㉠)을/를 집중경향치로 선택하는 것이 더 적합해요.
> 최 교사: 분포의 퍼진 정도를 나타내는 분산도는 지난 학기와 같이 표준편차를 사용하려는데, 적절할까요?
> 정 교사: 아닙니다. 이번 학기처럼 성적이 그림과 같은 분포일 경우는 (㉡)을/를 사용하는 것이 더 적절합니다.

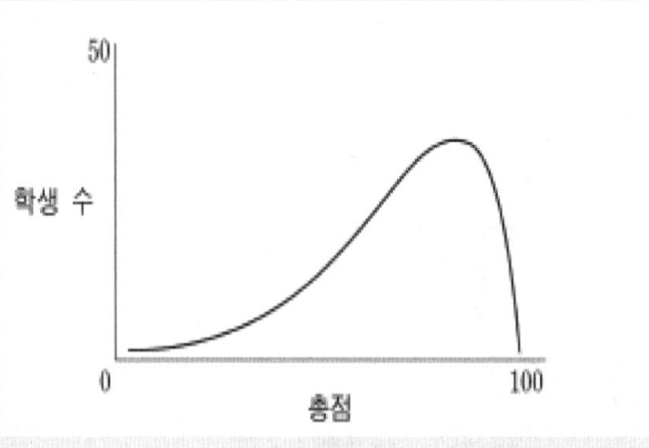

[정답] ㉠ 중앙치 [1점] ㉡ 사분위편차 [1점]

[해설] - 중앙값은 최고점부터 배열한 측정치에서 가운데(짝수일 경우 가운데 두 개 평균)값이다.
- 사분위편차는 중앙치를 기준으로 하는 변산도이며 중앙부분의 50%에 해당하는 점수들이 중앙치를 기준으로 흩어져 있는 정도이다.

3. 분산과 표준편차 20 기출

(1) 분산도를 나타내는 지수 중 분산(variance)과 표준편차(standard deviation: SD)는 가장 일반적으로 사용되며, 고급 통계 기법과 추리 통계에서 유용하게 사용될 수 있는 값이다.

① 앞에서 설명했던 범위와 사분위편차는 자료를 구성하는 모든 값을 고려하여 점수 분포의 흩어진 정도를 나타내지 못했다.

② 반면, 분산과 표준편차는 모든 자료를 고려하여 분포의 흩어진 정도를 나타냈다는 점에서 범위나 사분위편차보다 유용한 분산도 지수라 할 수 있다.

(2) 분산의 개념은 어떤 집단의 모든 점수들이 집단의 평균에서 평균적으로 떨어져 있는 거리를 요약한다면 매우 가치 있는 분산도 지수가 될 것이라는 생각에서 출발한다.

(3) 모든 자료에서 집단의 평균을 뺀 점수 즉, 편차 점수(deviation score)를 구하고, 모든 편차 점수를 더한 후에 사례수로 나누어 주면, 자료가 평균으로부터 흩어진 정도를 알 수 있을 것이다.

(4) 편차 점수를 공식으로 나타내면 공식 (1.4)와 같다.

$$\bar{d} = \frac{\sum(X_i - \overline{X})}{n} \quad \cdots\cdots\cdots \quad (1.4)$$

(5) 하지만, 공식 (1.4)와 같이 집단의 각 점수들로부터 집단의 평균을 뺀 후에 모두 더하면 항상 0이 되어 점수 분포가 얼마나 흩어져 있는가를 알 수 없게 된다.

예 5명의 남자 고등학생이 각각 33, 35, 37, 39, 41개의 윗몸일으키기 기록을 나타냈다고 하자. 이때 평균은 37이고, 각 학생들의 기록에서 평균을 뺀 편차 점수는 〈표 1-1〉과 같다. 〈표 1-1〉의 값을 공식 (1.4)에 대입하여 편차들의 평균을 계산해 보면 편차들의 총합 즉, $\Sigma(X_i - \overline{X})$인 분자가 0이 되어 편차들의 평균인 $\bar{d}$는 결국 0이 되어 5명의 학생의 윗몸일으키기 점수가 평균적으로 얼마나 흩어져 있는가를 알 수 없게 된다. 즉, 어떤 집단의 편차점수를 모두 더한 값은 항상 0이 되어 자료의 흩어진 정도를 평균적으로 계산해 내기 어렵게 된다.

〈표 1-1〉 윗몸일으키기 기록의 편차 점수

학생 번호	X_i	$d=(X_i - \overline{X})$
1	33	−4
2	35	−2
3	37	0
4	39	2
5	41	4

11. 다음은 박 교사가 2종류의 보행수 측정 기기를 사용해 얻은 자료이다. 〈작성 방법〉에 따라 순서대로 서술하시오. [4점]

보행수 측정 분석 자료

(가) 측정 방법

ㅇ A 학생이 ㉮형 보행수 측정 기기와 ㉯형 보행수 측정기기를 동시에 착용하고 1주일 동안 매일 1회 보행수를 측정함.

※ ㉮형 보행수 측정기기는 준거 기기임.

ㅇ 2종류 측정 기기의 신체 착용 위치, 측정시간 등 모든 측정 조건은 동일함.

요일	㉮형 측정 기기의 보행수 (ⓐ)	㉯형 측정 기기의 보행수 (ⓑ)	보행수의 차이 (ⓒ = ⓑ − ⓐ)	㉠ 요일별 보행수(㉯형) −1주일 평균 보행수(㉯형) (ⓔ = ⓑ − ⓓ)
월	5,518	4,435	−1,083	−773
화	4,540	4,309	−231	−899
수	… (중략) …			
목				
금				
토	3,304	3,312	+8	−1,896
일	7,107	8,212	+1,105	+3,004
평균	5,212	ⓓ 5,208	−4	(㉡)

〈작성 방법〉

ㅇ 월요일부터 일요일까지 ㉠에 해당하는 값들의 명칭을 쓸 것.

ㅇ 괄호 안의 ㉡에 해당하는 값을 쓰고, ㉡값으로 점수(보행수)의 흩어진 정도를 파악하기 불가능한 이유를 서술할 것.

[정답] ㉠은 편차점수이다. [1점] ㉡은 0 [1점], 편차점수의 합이 '0'이 되기 때문이다. [1점]

(6) 위에서 설명한 방법으로는 자료의 흩어진 정도를 계산해 내기 어렵기 때문에 편차 점수를 제곱하여 그 합을 총 사례수로 나누는 방법을 사용하게 된다.

(7) 편차 점수를 제곱한 후에 모두 더하여 총 사례수로 나눈 값을 분산이라 한다. 공식 (1.5)에서 사례수 n을 나누어주면 표본의 분산은 모집단의 분산을 정확하게 예측하지 못하는 편의된 추정치(biased estimator)라는 단점이 있다. n 대신에 n−1로 편차점수의 제곱을 나누어 주었는데, 그 이유는 표본의 분산을 계산할 때 편차점수의 제곱을 n−1로 나누어 계산한 것이 모집단 분산의 정확한 추정치, 즉 불편파 추정치(unbiased estimator)가 된다.

편의된 추정치(biased estimator)	불편파 추정치(unbiased estimator)
$E(S^2)=\frac{(n-1)}{n}\sigma^2$ 공식 (1.5)에서 사례수 n을 나누어주면 표본의 분산은 모집단의 분산을 정확하게 예측하지 못하는 편의된 추정치(biased estimator)라는 단점이 있다. 표본분산의 기댓값은 모집단의 분산에서 (N−1)/N (1보다 작다)을 곱한 것이므로 더 작아지게 된다. 모집단의 분산에 대한 추정치로 표본분산을 사용하려 할 때, 편차 점수의 제곱합을 N으로 나누어서 표본분산을 구하면 모집단의 분산을 과소 추정한다. 이는 편파 추정치이다.	$E(S^2)=\frac{(n-1)}{n-1}\sigma^2,\quad E(S^2)=\sigma^2$ 표본의 분산을 계산할 때 편차점수의 제곱을 n−1로 나누어 계산한 것

$$S^2=\frac{\sum_{i=1}^{N}(X_i-\overline{X})^2}{n-1} \quad \cdots\cdots\cdots\cdots\cdots\cdots\cdots\cdots\cdots \ (1.5)$$

(8) 공식 (1.5)에 〈표 1-1〉의 자료를 대입하면 5명 윗몸일으키기 자료의 분산은 $\frac{16+4+0+4+16}{4}=10$이 된다. 그러나, 여기에서 계산된 10은 해석하는 데 어려움이 많다. 분산은 평균적으로 자료가 흩어진 정도를 알아보기 위해 편차 점수에 제곱을 하여 구한 값이므로, 분산에 제곱근을 해 주어야 자료가 평균적으로 흩어진 정도로 해석될 수 있다.

(9) 다음 공식 (1.6)과 같이 분산에 제곱근을 해준 것을 표준편차라 하며, 표본의 표준편차는 S, 모집단의 표준편차는 σ로 표기한다. 표준편차의 계산 공식은 다음과 같다.

$$S=\sqrt{\frac{\sum_{i=1}^{N}(X_i-\overline{X})^2}{n-1}} \quad \cdots\cdots\cdots\cdots\cdots\cdots\cdots\cdots\cdots \ (1.6)$$

(10) 공식 (1.6)에 〈표 1-1〉의 자료를 대입하여 계산하면 5명의 윗몸일으키기 표준편차는 $\sqrt{10}=3.16$이 된다.

(11) 즉, 5명의 학생들의 윗몸일으키기 기록은 평균을 중심으로 평균적으로 3.16개 정도 흩어져 있음을 알 수 있다. 위의 예에서는 사례수가 5명이었으므로 분산과 표준편차를 계산하는 것이 간단하였지만, 실제로 표본의 사례수가 많을 경우에는 위의 공식으로 계산하는 데 어려움이 많을 것이다. 분산을 간단하게 계산하는 방법을 제시하면 다음과 같다. 아래 공식이 유도된 구체적인 절차는 기초 통계 서적을 참고하기 바란다.

$$S^2=\frac{\sum X_i^2}{n}-\overline{X^2} \quad \cdots\cdots\cdots\cdots\cdots\cdots\cdots\cdots\cdots \ (1.7)$$

〈표 1-2〉 예시자료

개인	X_i	x_i $(X_i-\overline{X})$	x_i^2	$(X_i-8)^2$
A	2	−4	16	36
B	3	−3	9	25
C	4	−2	4	16
D	5	−1	1	9
E	9	+3	9	1
F	13	7	49	25
$\sum$	36	0	88	112
N	6			
$\overline{X}$	6.0			
Mdn	4.5			

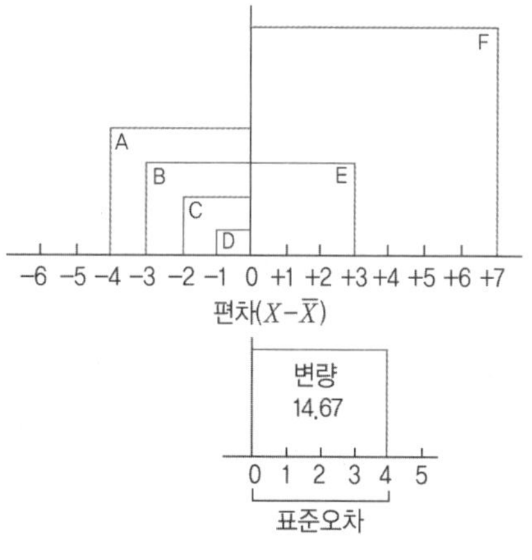

[그림 1-10] 표준편차와 변량의 도해

⑫ 표준편차 즉, '편차(x)'의 자승화의 평균의 평방근'의 의미를 〈표 1-2〉을 이용하여 그림으로 표시하면 [그림 1-10]과 같다. 개개인의 점수는 편차($X-\overline{X}$)로 표시하여 좌표 상에 표시하였다. 좌표에서 0은 평균치의 위치를 의미한다. 먼저 개개인의 편차를 자승하면 정사각형의 면적이 되고 이들 6개(A부터 F까지)의 면적을 전부 합하여 사례수로 나누면 변량이 되고 이 값의 평방근($\sqrt{\ }$)을 구하면 표준편차가 된다.

⑬ 〈표 1-2〉의 자료를 예로 하여 표준편차를 계산해보면 이미 계산된 변량(σ^2)이 14.67이므로, 변량에 평방근을 씌운 표준편차는 $\sqrt{14.67}=3.83$이 된다.

⑭ 지금까지 살펴본 분산과 표준편차는 범위나 사분위편차와 다르게 모든 자료를 포함하여 계산된 분산도 지수라는 점에서 더욱 정밀한 지수라 할 수 있다.

⑮ 또한, 표준편차는 다른 분산도 지수에 비해 표집에 따른 변화 즉, 표집오차(sampling error)가 작아 표집을 통하여 모집단의 분산도를 추정하는데 추정의 오차가 가장 작은 지수이다. 따라서, 표본의 자료로 모집단의 특성을 예측하는 추리 통계에서 유용하게 사용된다.

⑯ 그러나, 분산과 표준편차는 사분위편차에 비해 극단값의 영향을 많이 받는 특성이 있어 극단값을 갖거나 편포를 이루는 점수 분포에서 분산도 지수로 사용하는 것은 고려되어야 한다.

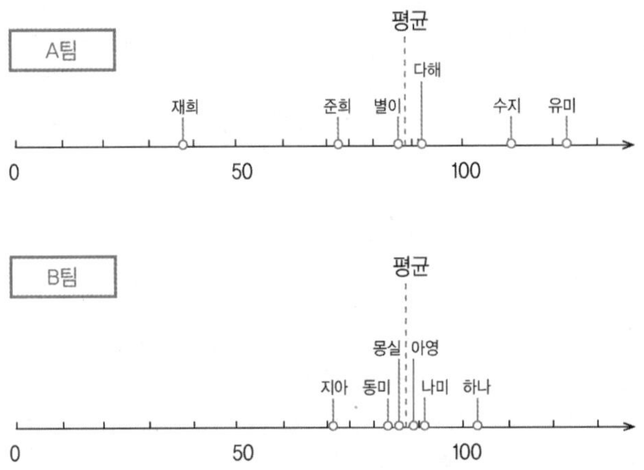

[그림 1-11] 평균과 표준편차(📖 만화로 쉽게 배우는 통계학, 성안당)

참고자료 - 평균치의 수리적 성질

평균치는 다음과 같은 두 가지 수리적 성질을 가지고 있다.
첫째, 개개인의 점수가 평균치로부터 떨어져 있는 거리, 즉 편차의 합은 0이다라는 점이다. 〈표 1-2〉에 제시된 바와 같이 편차는 소문자 x로 다음과 같이 표기할 수 있다.

$$\sum(X_i-\overline{X})=\sum x_i=0$$

둘째, 편차(x)의 자승화(제곱합)는 다른 어떠한 수치에 대한 차의 자승화보다 작다는 것이다. 〈표 1-2〉에서 $(X_i-\overline{X})$와 예로 제시한 $(X_i-8)^2$의 경우를 비교하면 쉽게 짐작할 수 있을 것이다. 즉 $(X_i-8)^2$의 자승화는 편차의 자승화보다 항상 크다. 8대신 어느 값을 넣어도 편차의 자승화보다는 크게 나타난다. 둘째의 수리적 성질은 바로 평균치가 최소자승법의 원리에 의해 유도된 집중경향치라는 점을 나타내주고 있다. 즉 제곱한 편차(x)의 합이 최소가 된다는 원리를 이용한 대표치임을 뜻한다.

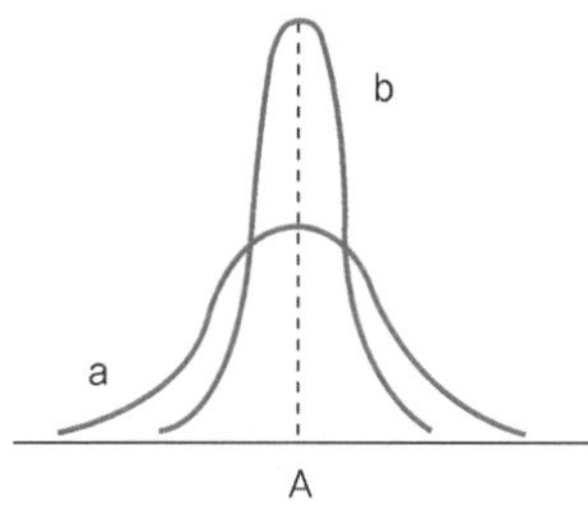

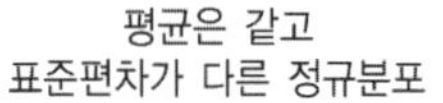

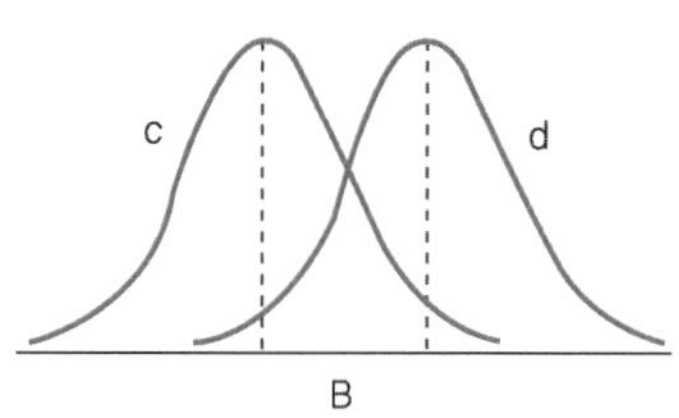

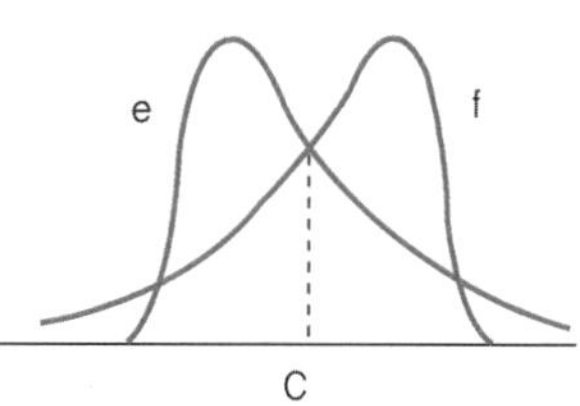

[그림 1-12] 평균과 표준편차에 따른 분포 형태

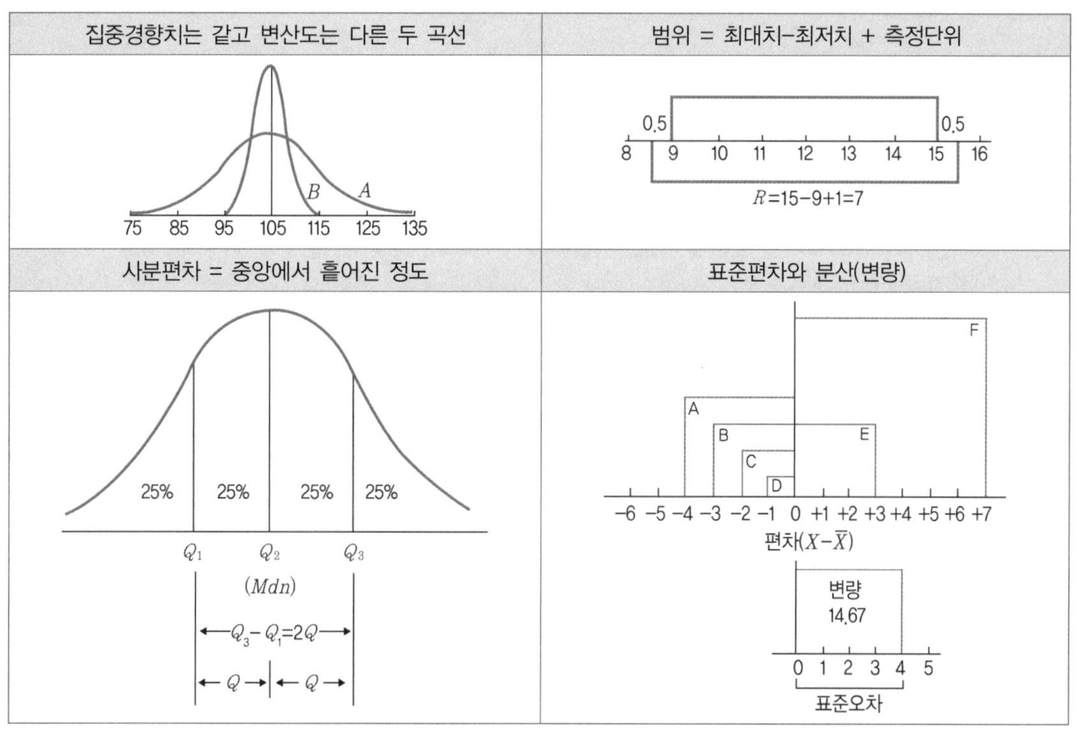

08 | 2005학년도

21. 다음 그림은 두 집단 ㉮, ㉯를 대상으로 얻은 윗몸일으키기 검사의 점수분포를 제시한 것이다. 이 때 두 분포는 점선을 중심으로 좌우 대칭이다. 두 집단간 윗몸일으키기 수준의 공통점과 차이점을 집중경향치(central tendency)와 변산도치(variability)의 관점에서 3줄 이내로 설명하시오.

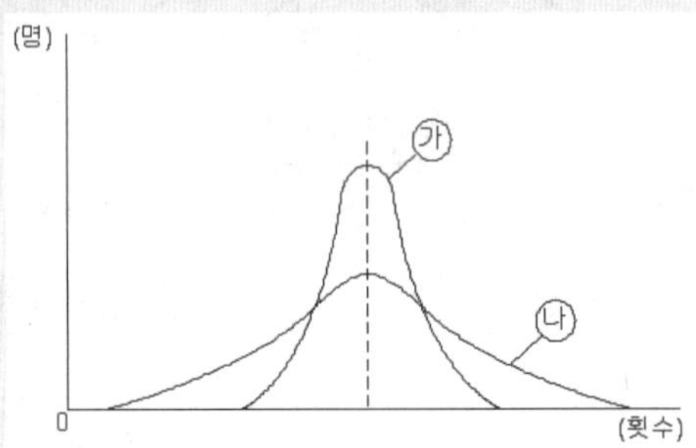

[정답] 두 집단의 공통점은 정규분포를 이루고 있어 집중경향치인 산술평균값, 최빈치, 중앙치가 같다. 두 집단의 차이점은 자료의 흩어진 정도가 상이하여 변산도인 분산, 표준편차가 다르게 나타나고 있다. ㉯집단은 ㉮집단에 비해 분산이 크다. ㉮는 ㉯에 비해 자료가 평균에 가깝게 모여 있어 동질적이나 ㉯는 이질적이다.

09 | 2008학년도

20. 다음은 김 교사가 학기 초에 실시한 운동 기능 진단 검사의 결과이다. A와 B 학급의 검사 결과를 평균치, 표준편차, 편포를 이용하여 1줄로 비교 설명하시오. 그리고 이 결과를 토대로 수준별 수업이 더 필요한 학급을 쓰고, 그 이유를 1줄로 설명하시오.

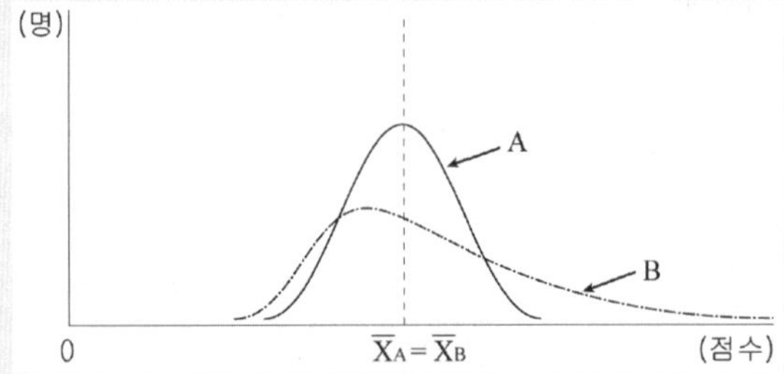

- 검사 결과 비교:
- 수준별 수업이 필요한 학급:
- 수준별 수업이 필요한 이유:

[정답] • 검사 결과 비교: A, B 학급은 평균은 같으나 자료의 흩어진 정도는 B 학급이 A 학급보다 더 크다. A 학급은 정상분포를 이루나 B학급은 정적편포를 이루고 있다.
- 수준별 수업이 필요한 학급: B 학급
- 수준별 수업이 필요한 이유: A 학급보다 분산이 큰 B 학급은 운동기능 수준이 서로 크게 다르다. 따라서 학생 수준에 맞는 수업으로 학생들의 흥미와 기능효과를 이룰 수 있다.

[해설] 분산값이 크면 안정되지는 않으나 선발이 목적일 때는 분산 값이 큰 집단에서 선택하는 것이 더 좋다.

4. 변이계수(CV) 23 기출

표준편차	변이계수	표준점수 Z
$\sqrt{\frac{\sum(X-\overline{X})^2}{N}}$ 절대 변산도 (absolute measures of variability)	$변이계수 = \frac{표준편차}{평균}$ 상대 변산도 (relative measure of variability)	$Z = \frac{원점수(X) - 평균(\overline{X})}{표준편차(S)}$

(1) 변이계수는 표준편차를 평균의 비율로 나타낸 일종의 상대 변산도 값이다. 단위가 서로 다른 변인들의 표준편차를 비교할 때 사용한다. (변이계수 = 표준편차/평균)

(2) 표준편차(S)는 집단의 점수가 흩어져있는 정도 즉, 변산 혹은 변화 정도를 측정하고 비교하는데 사용한다. 표준편차는 자료와 동일한 측정단위로 표시되기 때문에 절대 변산도(absolute measures of variability)를 나타내 준다. 동시에 관찰된 자료들이 평균으로부터 떨어져 있는 거리를 기술하기 때문에 내적 변산도를 나타내 준다.

(3) 그러나, 상이한 집단으로부터 얻은 자료의 변산도를 표준편차에 의해 비교하기 위해서는 기본적으로 갖추어야 할 조건이 있다. 즉, 비교하고자 하는 집단으로부터 얻은 자료의 측정단위가 동일해야 하고 평균이 유사해야 한다. 이러한 조건이 만족되지 못하면 직접 비교는 어렵게 된다.

예 A경기종목 선수들의 신장 평균이 160cm, 표준편차가 4cm인데 비해 B경기종목 선수들의 신장 평균은 180cm, 표준편차는 6cm로 나타났다고 하자.

① 이와 같은 결과에 의하면 B종목 선수들의 신장 변산도(S)는 A종목 선수들보다 1.5배 크다는 것을 알 수 있다. 그러나, 수집된 자료의 측정단위가 동일하다고는 할지라도 평균이 차이가 있을 경우 집단 간 표준편차의 직접 비교는 오류를 범할 수 있다.

② 왜냐하면, 신장과 같은 변인의 경우 평균치가 클수록 표준편차도 커지는 경향을 보이고 있기 때문이다. 따라서 상대적으로 볼 때 신장 평균이 각기 160cm와 180cm인 집단으로부터 동일한 표준편차(예 5)를 얻었다고 해서 이들 집단의 변산도 역시 동일하다고 할 수는 없다.

③ 이러한 자료를 비교하기 위해서는 변이계수(혹은 변동계수: coefficient of variaion: CV)를 적용해야 한다.

(4) 변이계수는 표준편차를 평균의 비율로 나타낸 일종의 상대 변산도 값(relative measure of variability)이다. 변이계수는 평균과 표준편차가 함께 변화하는 경우 혹은 측정단위가 상이한 자료의 집단간 변산도를 비교하고자 할 때 적절하게 사용할 수 있다. 변이계수의 공식은 다음과 같다.

$$변이계수(CV) = \frac{표준편차}{평균}$$

(5) 성인과 노인의 동작시간(movement time)을 조사한 결과 다음과 같은 평균치와 표준편차를 얻었다. 산출된 평균치와 표준편차만을 근거로 하면 "동작시간은 성인집단이 노인집단보다 빠르고 정확성이 높다"는 해석이 가능할 것이다. 그러나 이러한 해석에서 간과한 사실은 평균이 크면 표준편차도 커진다는 사실이다.

〈표 1-3〉 성인과 노인 집단의 동작시간(msec) 검사결과

	성인	노인
$\overline{X}$	440	620
s	75	110

따라서 상이한 연령집단으로부터 관찰된 표준편차를 비교할 때는 변이계수(상대 변산도)를 산출하여 해석해야 한다. 각 집단의 동작시간에 대한 변이계수를 계산하면

$$CV_{성인} = \frac{75}{440} = .17 \quad CV_{노인} = \frac{110}{620} = .18$$

이다. 산출된 변이계수(CV)에 의하면 두 집단의 동작시간 정확성 간에는 거의 차이가 없음을 알 수 있다.

참고문제	2020년 지도사 1급 (체육측정평가론)

10. 다음 표의 체력 측정 결과에서 선수들의 능력 차이가 가장 크게 나타난 측정 항목은?

측정 항목	배근력(kg)	100m 달리기(sec)	제자리 높이뛰기(cm)	앉아윗몸앞으로 굽히기(cm)
평균	94	14	70	15
표준편차	12	1.5	10	2

① 배근력　② 100m 달리기　**③ 제자리높이뛰기**　④ 앉아윗몸앞으로굽히기

※ 집중경향치와 변산도 계산에 적합한 척도를 예시하면 다음과 같다.

집중경향치

		척도의 종류			
		명명	서열	동간	비율
집중경향치	최빈치	○	○	○	○
	중앙치		○	○	○
	평균치			○	○
변산도	범위		○	○	○
	사분편차		○	○	○
	변량			○	○
	표준편차			○	○

11. 다음의 (가)는 학생건강체력평가 측정 결과에 대해 교사들이 나눈 대화 내용이고, (나)는 측정 결과이다. 〈작성 방법〉에 따라 순서대로 서술하시오. [4점]

(가) 교사들의 대화

오 교사: 선생님, 남학생의 측정 결과에서 중심 경향값을 살펴보면 (㉠) 검사 종목의 점수 분포가 **정적 편포**의 모양을 나타냅니다. 점수 분포가 편포 현상을 나타낼 때에는 상대적으로 극단값의 영향을 덜 받는 분산도 측정치인 (㉡)을/를 통해 측정 결과를 보다 자세하게 설명할 수 있습니다. (나)의 측정 결과표에 (㉡)에 대한 정보도 추가적으로 제시하면 좋을 것 같습니다.

윤 교사: 좋습니다. 여학생의 측정 결과에서 분산도를 살펴보면 제자리멀리뛰기 검사의 표준편차가 가장 크게 나타났네요. 반면, 앉아윗몸앞으로굽히기 검사의 표준편차가 가장 낮게 나타났습니다. 이 결과를 통해 검사 종목별 분산도를 비교할 수 있습니다.

오 교사: 측정 요소 및 단위가 서로 다른 검사의 표준편차를 직접 비교하는 것은 적절하지 않습니다. 특히, 측정 단위는 같더라도 평균치가 클수록 표준편차도 커지는 경향이 나타나기 때문에 결과 해석 시 주의가 요구됩니다. 이런 경우 상대적 분산도에 해당하는 (㉢) 계수를 산출하여 분산의 정도를 비교하는 것이 적절합니다.

(나) 측정 결과

검사 종목 (단위)	남학생 측정 결과			여학생 측정 결과		
	평균	표준편차	중앙값	평균	표준편차	중앙값
악력(kg)	35	7	30	20	4	20
앉아윗몸앞으로굽히기(cm)	6	6	10	10	2	10
제자리멀리뛰기(cm)	185	20	185	150	15	150
왕복오래달리기(회)	46	12	46	30	9	30

〈작성 방법〉

- 괄호 안의 ㉠에 해당하는 검사 종목을 쓸 것.
- 괄호 안의 ㉡에 해당하는 용어를 쓸 것.
- 괄호 안의 ㉢에 해당하는 용어를 쓰고, 여학생의 측정 결과 에서 ㉢ 계수가 가장 큰 검사 종목과 가장 작은 검사 종목을 계수의 값과 함께 서술할 것. (단, 계수의 값은 백분율(%)로 제시할 것.)

[정답] ㉠ 악력 [1점] ㉡ 사분편차(사분위편차) [1점]
㉢ 변이 [1점] ㉣ 가장 큰 검사종목은 왕복오래달리기 30%이고, 가장 작은 검사종목은 제자리멀리뛰기 10%이다. [1점]

[해설] (계산, 왕복오래달리기 9 ÷ 30 × 100 = 30%, 제자리 멀리뛰기 15 ÷ 150 × 100 = 10%)

6 점수 분포의 모양 19 기출 23 기출

1. 왜도 (Skewness)

(1) 왜도는 분포의 비대칭 정도, 즉 분포가 기울어진 방향과 정도를 나타낸다.

(2) 어떤 변인을 대단위 집단에게 측정을 하여 점수 분포를 히스토그램으로 나타내면, 대 부분 어느 한 점을 중심으로 좌우대칭이고 꼭지가 하나인 [그림 1-13]과 같은 정규 분포(normal distribution)를 그리게 된다. 정규 분포는 정상 분포라고도 하며, 정규 분포를 이루는 경우에는 평균, 중앙값, 최빈값이 일치하게 된다.

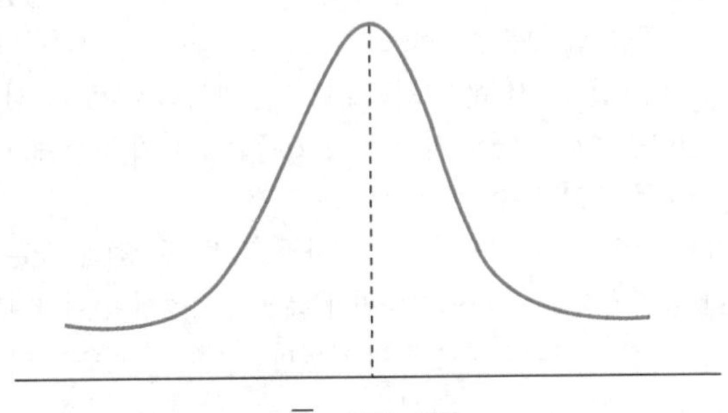

$\overline{X}$ = Mdn = Mo

[그림 1-13] 정규 분포

(3) 다양한 형태의 정규분포를 유일한 하나의 분포로 만든 것을 표준정규분포라 한다. 표준정규분포란 유일한 분포로 평균은 0, 표준편차는 1로 하는 분포를 말하며, 이를 Z분포 또는 단위정규분포라 한다.

(4) 정규 분포와 다르게 어떤 점수 분포가 한쪽으로 치우친 모양을 나타낼 수 있는데, 이와 같이 분포의 모양이 좌우 대칭인 정상 분포에서 벗어난 정도를 편포 또는 왜도(Skewness)라 한다.

① 왜도가 0이면 좌우대칭인 정규분포를 말하며, 음수이면 부적편포, 양수이면 정적편포를 말한다.

② 편포는 치우친 모양에 따라 부적 편포(negatively skewed distribution)와 정적 편포(positively skewed distribution)로 구분된다.

분포 모양 명칭	부적편포	정규분포	정적편포
왜도	음수(−)	0	양수(+)

(5) 사분편차에서 Mdn−Q_1 과 Q_3−Mdn 간의 차이는 분포의 편포도(왜도)를 나타내준다.

① 정상 분포: 즉 점수분포가 좌우 대칭이라면 [Q_3−Mdn] = [Mdn−Q_1)] = 사분편차(Q)

편포도(왜도) = 0

② 정적 편포: [Q_3−Mdn]은 [Mdn−Q_1]보다 크다.

③ 부적 편포: [Q_3−Mdn]은 [Mdn−Q_1]보다 적다.

(6) 부적 편포(= 좌향 편포)

① 만약 농구 선수인 학생들에게 일반 학생들이 연습하는 기본적인 드리블이나 패스 기능을 평가했다면, 높은 점수를 받은 학생이 많아 오른쪽으로 치우친 점수 분포를 나타낼 것이다. 이러한 분포를 부적 편포라 하여 분포의 꼬리가 왼쪽으로 길게 늘어져 있어 좌향 편포라고도 한다.

② 부적 편포에서는 평균이 가장 낮고 **최빈값이 가장 높은 점수**를 나타낸다.

(7) 정적 편포(= 우향 편포) **23 기출**

① 부적 편포와 반대로 왼쪽으로 치우친 분포를 나타내는 분포를 정적 편포라 한다.

② 만약 고등학교 일반 여학생들에게 배구 스파이크 기능을 평가했다면 낮은 점수를 나타내는 학생이 높은 점수를 얻은 학생보다 훨씬 많을 것이다. 이러한 경우에는 정적 편포를 나타내며, 분포의 꼬리가 오른쪽으로 길게 늘어져 있어서 우향 편포라고도 한다.

③ 정적 편포는 부적 편포와 반대로 최빈값이 가장 낮고 **평균이 가장 높은 점수**를 나타낸다. 중앙값은 부적 편포와 정적 편포에서 모두 평균과 최빈값 사이에 있다.

2. 집중경향치들의 비교

(1) 최빈치(Mo), 중앙치(Mdn), 평균($\overline{X}$)들은 한 점수 분포를 대표하는 수치를 나타내는 통계치라는 점에서는 같다. 그러나 그 정의나 성질, 용도는 세 가지 통계치 간에 차이가 있다.

(2) 최빈치는 한 분포에서 빈도가 가장 많은 척도상의 수치를 말한다. 따라서 최빈치를 결정할 때는 최대의 빈도를 가진 점수만을 고려하게 되며 나머지 빈도들이 척도상에서 어떻게 배열되든 최빈치는 영향을 받지 않는다.

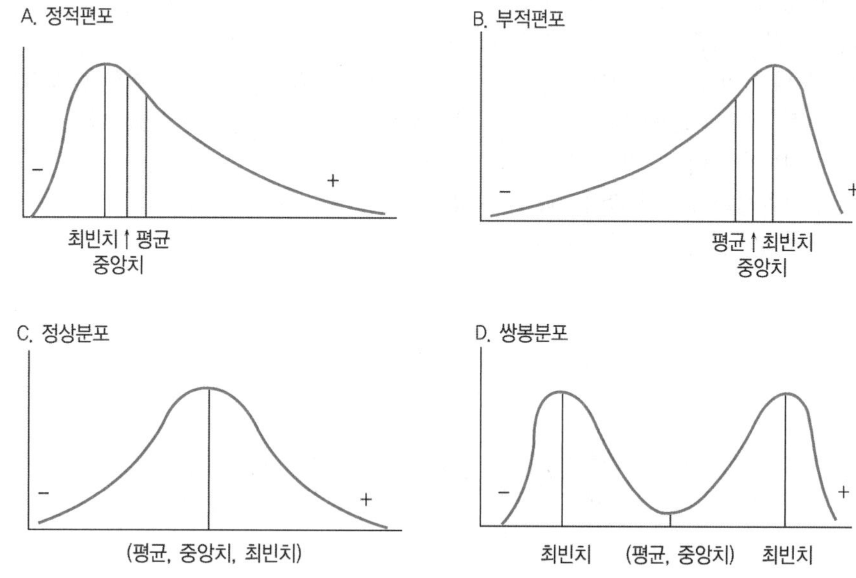

[그림 1-14] M, Mdn, Mo의 상호관계

3. 첨도 19 기출

(1) 첨도(尖度, kurtosis 커토시스[*])는 확률분포의 뾰족한 정도를 나타내는 척도이다. 관측치들이 어느 정도 집중적으로 중심에 몰려 있는가를 측정할 때 사용된다.

분포 모양 명칭	평첨	중첨	급첨
특징	분포의 봉우리가 평평함	정상분포	분포의 봉우리가 뾰족함
첨도	첨도 〈 0	첨도 = 0	첨도 〉 0
분포 모양			

Y
빈도
a 고첨도
b 중첨도
C 저첨도
점수
X

첨도 구하는 식

$$K = \sum_{i=1}^{n} \frac{[(X_i - \bar{X})/s]^4}{n-1} - 3$$

K = 0 : 표준정규분포와 뾰족한 정도가 같다.
K 〈 0 : 표준정규분포보다 납작하다.
K 〉 0 : 표준정규분포보다 뾰족하다.

(2) (추리통계) 통계적 유의도를 검증할 때 가장 중요한 단계는 분포의 정상성을 검토하는 것이다. 통계적 방법에 의한 정상성 검증은 편포도와 첨도는 모두 0의 값을 갖게 된다.

(3) 첨도란 왜도의 높이가 같고 첨도는 정점의 x좌표는 같고 정점의 y좌표가 얼마나 높고 낮은가를 보여주는 척도이다. 즉, 첨도는 분포모양이 중간 위치에서 뾰족한 정도를 나타내는 척도이다.

① 평첨은 첨도의 값이 0보다 작을 경우(K 〈 0)이다.

② 중첨(정상분포)는 첨도의 값이 0과 같을 경우(K = 0)이다.

③ 급첨은 첨도의 값이 0보다 클 경우(K 〉 0)이다.

10. (가)는 학급별 체육 수행평가 결과표의 일부이고, (나)는 (가)를 근거로 한 전체 학급의 수행평가 항목별 점수 분포이다. 그리고 (다)는 (가)의 A 반과 B 반의 수행평가 총점 분포이다. 〈작성 방법〉에 따라 순서대로 서술하시오. [4점]

(가) 학급별 체육 수행평가 결과표

학급	번호	수행평가 항목별 점수				총점
		숫자세	드리블자세	팀기여도	학습태도	
A	1	17	18	13	19	67
	2	18	18	15	19	70
	3	16	18	18	20	72
	⋮	⋮	⋮	⋮	⋮	⋮
B	1	17	18	16	19	70
	2	17	17	14	18	66
	3	16	14	15	19	64
	⋮	⋮	⋮	⋮	⋮	⋮

※ 각 수행평가 항목별 최고 점수는 20점임.
※ 각 수행평가 항목 점수는 모두 정규 분포로 가정함.
※ 위 수행평가 항목 점수 이외의 점수는 반영되지 않음.

(나) 전체 학급의 수행평가 항목별 점수 분포　　(다) A 반과 B 반의 수행평가 총점 분포

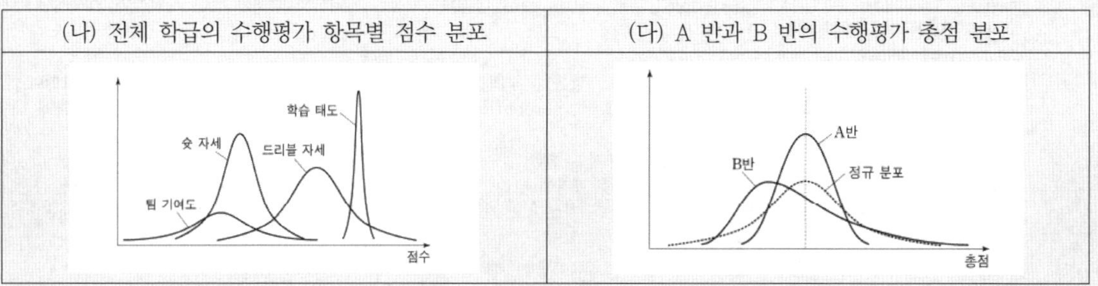

〈작성 방법〉

○ (나)에서 상대적으로 변별도가 가장 낮아 수행평가 결과에 크게 영향을 미치지 못하는 수행평가 항목을 찾아 쓸 것.
○ (다)의 B반 분포에서 중앙값, 평균값, 최빈값을 비교해서 작은 값부터 순서대로 쓸 것.
○ (다)에서 A반의 분포 모양 명칭을 첨도의 평첨, 중첨, 급첨 중에 선택하여 쓰고, B반의 분포 모양 명칭을 정적 편포, 부적 편포 중에 선택하여 쓰고, A반과 B반 중 수준별 수업이 더 많이 요구되는 반을 선택하고 그 이유를 서술할 것.

[정답] (나) 학습태도 [1점] (다) 최빈값, 중앙값, 평균값 [1점]
급첨. [1점] B반은 정적편포이다. 수준별 수업이 더 많이 요구되는 반은 B반이며, 그 이유는 B반이 A반에 비해 자료의 흩어진 정도가 더 크게 나타나고 있다. 즉, 분산도가 더 크다. 따라서 B반은 A반 보다 수준별 수업이 요구되며, 이런 수업을 함으로서 학생들의 집중도와 흥미, 수업효과를 높일 수 있다. [1점]

7 변환 점수

(1) 변환 점수란 원점수를 평균과 표준편차를 이용하여 변형한 점수로, 측정의 단위가 다른 종목 간 능력을 비교하거나 서로 다른 집단에서 동일한 점수를 얻는 피험자의 능력을 비교하는데 사용될 수 있다.

① 예를 들어, 길동이가 학교에서 체력검사를 실시했는데, 제자리멀리뛰기는 250cm, 팔굽혀펴기는 36개를 했다면, 길동이는 학급의 평균과 비교했을 때 어떤 종목을 더 잘했을까?

② 이 경우에 두 종목의 측정 단위가 틀려 직접적인 비교가 어려우므로, 두 점수 모두 변환 점수로 변형하여 측정의 단위가 동일하게 만들어 줄 필요가 있다.

③ 두 개 이상의 점수를 비교하거나 추후 다른 분석을 하고자 할 때 변환 점수를 이용할 수 있는 것이다.

(2) 대표적인 변환 점수에는 백분위수와 표준 점수가 있다.

Percentile, Percentile Rank, Percentile Score의 서적별 사용정리

영어표기	출처				
	강상조 저 「체육통계」 개정판	고흥환 저 체육의 측정평가	이기봉 저 「체육측정평가」 개정 증보판	성태제 저 「현대기초통계학」 이해와 적용 7판	권대훈 「교육평가」 3판
Percentile			백분위수1)	백분위수2)	
Percentile Rank	백분위3)	백분위		백분위수4)	백분위5)
Percentile Score	백분점수6)	백분위점	백분위점수7)	백분위 점수8)	백분위수9)

〈percentile, Percentile Rank〉

4) 성태제 저 「현대기초통계학」 이해와 적용 7판 70p, 백분위수(percentile, percentile rank)는 얻어진 자료를 크기의 순서로 늘어놓아 100등분하는 값을 말한다.

3) 강상조 저 「체육통계」 개정판 25p, 백분위(百分位: percentile rank: PR)는 어떤 점수에 해당하는 누가백분율을 말하며,

5) 권대훈 「교육평가」 3판 70p, 백분위(百分位, percentile rank: PR)는 특정점수 이하의 점수를 얻은 사람들이 전체에서 차지하는 백분율(%)을 말한다.

〈Percentile Score〉

8) 성태제 저 「현대기초통계학」 이해와 적용 7판 73p, 백분위 점수(percentile score)는 백분위에 해당하는 원점수를 말한다.

6) 강상조 저 「체육통계」 개정판 25p, 백분점수(百分點數: percentile score: P)는 점수분포에서 어떤 일정한 누가백분율에 해당하는 점수를 말한다.

1) 이기봉 저 「체육측정평가」 개정 증보판 31p, 대표적인 변환 점수에는 백분위수(Percentile)와 표준 점수(Standard Score)가 있다. 백분위수는 백분위점수라고도 하며, 측정치를 크기에 따라 백 등분 했을 때 각 등분에 해당하는 점수를 의미한다.

7) 이기봉 저 「체육측정평가」 개정 증보판 31p, 어떤 자료를 크기 순서로 백 등분하여 배열한 점수를 백분위점수(Percentile Score)라 한다.

9) 권대훈 「교육평가」 3판 71p, 백분위수(percentile score)는 특정 백분위에 해당되는 원점수를 말한다.

1. 백분위와 백분 점수 10 기출 23 기출

(1) 백분위(百分位; percentile rank: PR)는 얻어진 자료를 크기의 순서로 늘어놓아 100등분하는 값을 말한다. 원점수를 100등분하여 1등분에 해당하는 값이다.

백분위(PR) = 특정점수에 해당하는 누가백분율,

$$= \frac{\text{누가빈도}}{\text{전체사례수}(N)} \times 100 = \frac{\text{특정 점수 급간의 상한계까지 누적 사례수}}{N} \times 100$$

① 예를 들어, 기초통계학 200명 학생의 학기말 시험점수를 가장 낮은 점수부터 가장 높은 점수까지 크기의 순서로 늘어놓아 100등분한 값을 말한다.

② 만약 제50백분위수라 하면 이는 자료를 크기의 순서로 배열하여 100등분하였을 때 100등분 중 50번째 등분, 즉 정가운데 있는 수로 중앙값(median)이라 하며 P_{50}으로 표기한다.

③ 제10백분위수라 하면 P_{10}, 제20백분위수는 P_{20}이라 표기하며, 제10백분위수를 십분위수(decile)라 한다.

④ 〈표 1-4〉의 누가백분율에 의한 정보에 의하여 백분위수가 구해질 수 있으며, 기초통계학 학기말 시험의 72.5점은 제75백분위수임을 알 수 있다.

〈표 1-4〉 누가백분율도표를 그리기 위한 기초통계학 수강생 200명의 학기말 시험점수 묶음누가도수표

급간	급간 상한값	도수(f)	백분율(%)	누가백분율(%)
30.5 ~ 37.5	37.5	6	3	3
37.5 ~ 44.5	44.5	14	7	10
44.5 ~ 51.5	51.5	32	16	26
51.5 ~ 58.5	58.5	40	20	46
58.5 ~ 65.5	65.5	22	11	57
65.5 ~ 72.5	72.5	36	18	75
72.5 ~ 79.5	79.5	28	14	89
79.5 ~ 86.5	86.5	16	8	97
86.5 ~ 93.5	93.5	4	2	99
93.5 ~ 100.5	100.5	2	1	100

⑤ 백분위 점수(percentile score)는 백분위수에 해당하는 원점수를 말한다. 〈표 1-4〉에서 기초통계학 학기말 시험의 제75백분위 점수는 72.5점임을 즉각적으로 알 수 있으며, 제10백분위 점수는 44.5점임을 알 수 있다. 여기서 백분위점수는 백분위수에 대응하는 점수를 말한다. 제50백분위 점수는 Y50이라 표기하며, 위의 예에서 제75백분위 점수는 Y75로 표기하고 72.5가 된다. 즉, Y75=72.5이다.

⑥ 백분위와 백분점수는 다음과 같이 표시할 수 있다.

㉠ 백분위 50에 해당하는 백분점수(P)는 P_{50}으로 표기, 이때 P_{50}에 해당하는 점수가 49라면 P_{50}=49

㉡ 백분점수 49에 해당하는 백분위(PR)는 PR_{49}라고 표기 PR_{49}에 해당하는 백분위가 50이라면 PR_{49}=50

(2) 백분위는 집단 내에서 상대적 위치를 알 수 있으며, 비교가 가능하다. 백분위를 통하여 집단의 크기나 시험의 종류가 다르더라도 상대적인 위치(석차)를 서로 비교해볼 수도 있다. 이와 같이 전체 학생 집단 내에서 한 학생의 상대적인 위치를 나타내는 백분위는 계산이 쉽고 명료함으로, 그 의미가 단순하고 직접적이며 이해하기 쉽다는 장점을 가지고 있다.

(3) 백분위수를 이용할 때 한 가지 더 주의해야 할 사항은 백분위수에 해당하는 원점수 간 차이가 항상 동일하지 않다는 것이다.

① 예를 들어 어떤 학급의 왕복달리기 측정치에서 A, B, C 학생의 원점수가 각각 30, 50, 70 백분위수라고 할 때, A와 B의 차이가 B와 C의 차이와 다를 수 있다.

② 왜냐하면, 10 백분위수와 20 백분위수 사이의 기록을 나타낸 사례수와 80 백분위수와 90 백분위수 사이의 기록을 나타낸 사례수가 동일한 것 일뿐, 각 백분위수에 해당하는 원점수 간 차이가 항상 동일한 것은 아니기 때문이다.

(4) 백분위 간격이 일정하지 않아, 교과목의 난이도, 학생들의 능력 수준 차이를 직접 비교할 수는 없다. 그 이유는 원점수를 백분위로 변환할 때 중간점수는 과소평가되고 상하 극단의 점수는 과대평가되기 때문이다. 이와 함께 백분위는 자료의 분포가 정규분포인지 편포인지에 대한 가정을 할 수 없어 통계적 계산에 사용될 때에는 많은 제한점을 가진다.

(5) 따라서, 백분위수의 분포(X축은 백분위수, Y축은 사례수인 분포)는 정규 분포처럼 분포의 모양을 통해 편포에 대한 정보를 얻기 어렵다.

(6) 백분위는 서열척도로써 기술 통계치(예 평균, 표준편차)를 구할 수 없고, 정상분포를 가정하지 않으며, 원점수의 분포모양을 반영하지 않아서, 작은 차이도 확대 해석할 수 있다는 단점을 갖는다는 것이다. 이와 같이 백분위는 점수 간의 동간성을 가정할 수 없고 원점수 분포와 크게 다를 수 있기 때문에 원점수와 백분위 간의 관계를 해석할 때 특히 주의해야 한다.

(7) 또한, 백분위수는 두 원점수 간 대소의 비교는 가능하나 구체적으로 어느 정도 크고 작은가를 판단하기 어렵다. 이러한 난점을 극복할 수 있는 것이 표준점수라 할 수 있다.

참고문제	2018년 건강운동관리사 (건강·체력평가)

13. 다음 그래프는 남성 노인의 의자에앉았다일어서기 검사의 결과를 나타낸 것이다. 그래프에 대한 설명으로 옳은 것은? (단, 모든 연령집단의 검사 결과는 정규분포를 가정함)

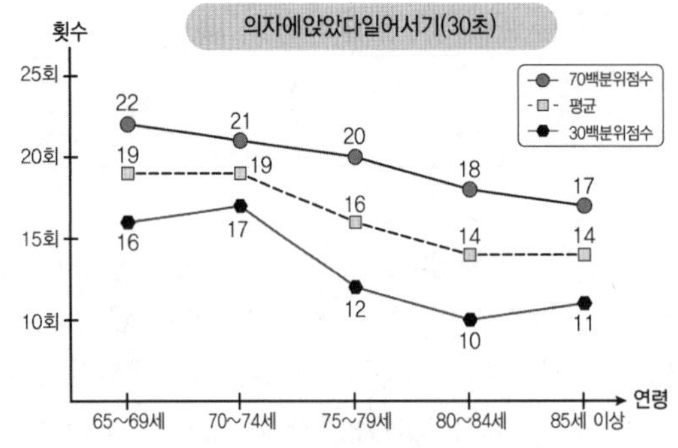

① **75~79세 측정대상자들 중 기록이 20회 이하인 비율은 70%이다.**
② 기록이 19회인 67세와 71세 측정대상자들의 z-점수는 다르다.
③ 80~84세 집단과 85세 이상 집단에서 기록이 18회 이상인 측정대상자들의 비율은 같다.
④ 기록이 16회인 78세 측정대상자와 14회인 87세 측정대상자의 백분위 점수는 다르다.

참고문제	2017년 지도사 1급 (체육측정평가론)

4. 백분위수, z점수 등 한 집단 내에서의 상대적인 위치를 나타내는 점수를 통칭하는 용어는?
① 준거점수 ② **표준점수** ③ 오차점수 ④ 진점수

참고문제	2019년 건강운동관리사 (건강·체력평가)

14. 그래프에 제시된 결과는 3개의 서로 다른 집단 A, B, C (각 집단 100명)에 대한 악력(kg) 검사 자료의 통계치를 나타낸 것이다. 자료에 극단치(outlier)는 없었으며, 그래프에는 25백분위수와 75백분위수가 제시되어 있다. 아래 결과에 대한 해석으로 옳은 것은?

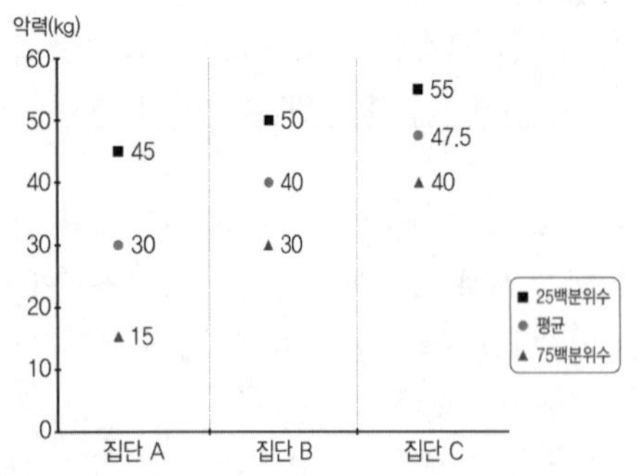

① **집단 C가 집단 A와 B에 비하여 악력이 우수한 집단이다.**
② 악력에 있어서 집단 A가 집단 C에 비하여 대상자들이 더 동질적이다.
③ 집단 B에 속한 약 50%의 대상자들의 악력이 약 50kg 또는 그 이상이다.
④ 집단 C에 속한 약 50%의 대상자들의 악력이 40kg 또는 그 이하이다.

2. 원점수(原點數)는 이론적, 실제적으로 해석의 3가지 한계점

(1) 첫째, 원점수는 해석의 근거가 되는 준거점(reference point)이 없다.

① 즉, 측정결과 얻은 원점수는 그 크기를 절대적으로 나타내 줄 수 있는 근거가 없는 셈이다. 측정결과 얻은 0cm, 0g은 길이, 무게가 전혀 없는 상태를 의미한다. 따라서 모든 길이나 무게는 이를 기초로 하여 상호비교가 가능해 진다.

② 그러나 검사결과 얻은 윗몸일으키기 65개는 실제로 근지구력을 어느 정도 나타내고 있는지를 알 수가 없다. 검사결과 얻은 0점 역시 0의 근거가 그 검사가 재는 능력이 전혀 없다는 것을 의미하지 못하기 때문에 타당한 해석을 할 수 없다.

(2) 둘째, 원점수들의 상호 비교가 어렵다.

① 한 학생이 턱걸이 검사에서 8개, 팔굽혀펴기검사에서 12개를 기록하였다고 가정해 보자. 이 검사결과를 근거로 그 학생은 턱걸이보다 팔굽혀펴기를 더 잘한다고 해석할 수 있을까?

② 이에 대한 답은 이 학생의 턱걸이, 팔굽혀펴기 기록이 각각의 점수분포에서 어디에 위치하고 있는가를 알기 전에는 불가능하다. 왜냐하면 그 학생의 턱걸이검사 기록은 반에서 가장 높은 것일 수도 있으며 상대적으로 팔굽혀펴기검사 기록은 중간 정도일 수도 있기 때문이다.

(3) 셋째, 원점수 간에는 동간성(同間性)이 없다.

① 한 시험에서 80점과 60점간의 능력 차이와 50점과 30점 간의 능력 차이는 같지 않다는 뜻이다.

② 마찬가지로 90점을 받은 학생은 45점을 받은 학생보다 어떤 능력이 두 배 우수하다는 근거가 없는 셈이다. 이와 같은 제한점 때문에 개인이 얻은 원점수를 상호 비교하기 위해서는 다른 척도점수로 환산하여 사용하게 된다. 원점수를 상호 비교가 가능하도록 환산한 척도점수를 우리는 표준점수라고 부른다. 요약, 점수분포상에서 개인의 위치는 원점수 혹은 백분위로 표시할 수 있음을 배웠다. 그러나 서로 다른 검사들로부터 얻은 원점수는 그들 집단의 평균치가 다르기 때문에 비교가 불가능하다. 백분위 역시 환산된 척도점수이지만 서열척도에 의해 얻어진 것이기 때문에 위의 세 번째 제한점을 만족시키지 못한다. 따라서 백분위로 표시된 점수들은 동간성이 결여되어 있기 때문에 평균치를 계산할 수 없을 뿐더러 상호 비교 역시 부적절하다.

3. 표준점수 03 기출 10 기출 12 기출 13 기출 14 기출 17 기출 19 기출 21 기출 23 기출

(1) 척도 간의 점수를 상호 비교가 가능하도록 하기 위해서는 어떠한 방안이 필요한가?

① 표준편차를 측정의 단위로 사용한 동간척도(同間尺度)를 만드는 것이다. 평균치는 척도상의 점을, 표준편차는 척도상의 거리를 나타내는 것임을 배웠다. 표준점수는 전체 점수분포에서 개개 점수의 상대적 위치를 기술하는 통계치로 사용된다.

② 표준점수는 비교를 가능하게 하는 준거점을 평균치에 설정한다. 즉, 표준점수로 0을 평균치에 두고 있다. 원점수를 표준점수로 환산하기 위해서는 먼저 그 점수가 평균치보다 위에 있는지 아래에 있는지를 알아야 한다.

✔표준점수 장점	① ✔측정 단위가 서로 다른 두 점수를 비교할 수 있다. ② ✔서로 다른 특징을 갖고 있는 두 집단의 동일 종목 측정치 간 비교도 할 수 있다. ③ 특정 점수 간 사례수를 계산할 수 있다.
✔원점수 단점	① 해석의 근거가 되는 준거점(reference-point)이 없다. ② ✔평균과 표준편차가 서로 다르기 때문에 두 점수를 비교할 수 없다. ③ ✔원점수의 측정 단위가 다르기 때문에 단순히 더하거나 빼서는 비교할 수가 없다. (100M의 초기록/ 멀리뛰기 cm)

12 | 2003학년도

15. 학생체력왕을 선발하기 위하여 1600m 달리기, 팔굽혀펴기, 제자리멀리뛰기, 50m 달리기, 앉아윗몸앞으로굽히기의 5개 항목으로 구성된 체력검사를 실시하였다. 5개 항목의 측정치를 합산하여 종합 체력 점수를 산출하려고 한다. 다음 질문에 답하시오.

15-1. 측정치의 원점수를 직접 합산할 수 없는 이유를 설명하시오.

15-2. 각 항목의 측정치를 합산하기 위한 가장 합리적인 방법을 쓰시오.

[정답] • 15-1: 체력 5개 항목의 측정 단위가 다르고 범위와 평균, 표준편차가 일정하지 않아 합산을 할 수 없다.
• 15-2: 평균과 표준편차를 동일하게 조정한 표준점수로 변환한다.

[해설] 체력 5개 항목의 측정 단위가 다르고 범위와 평균, 표준편차가 일정하지 않아 합산을 할 수 없다. 평균과 표준편차를 동일하게 조정한 표준점수로 변환한다.

참고문제	2019년 지도사 1급 (체육측정평가론)

15. 표준점수의 특징으로 가장 옳은 것은?

① 변환점수이므로 평균을 계산할 수 없다. **② 측정 단위가 다른 두 점수를 비교할 수 있다.**
③ 두 변인의 표준편차가 동일할 때만 사용한다. ④ 점수 분포의 흩어진 정도를 나타내는 지수이다.

참고문제	2016년 지도사 1급 (체육측정평가론)

8. 단위가 서로 다른 검사에서 얻은 점수를 비교할 때 사용되는 변환 점수는?

① 표준오차 ② 상관계수 **③ 표준점수** ④ 표준편차

참고문제	2020년 지도사 1급 (체육측정평가론)

12. 윗몸일으키기(회), 턱걸이(회), 윗몸앞으로굽히기(cm)의 3가지 체력검사를 실시한 후 종합적인 체력상태를 알아보기 위한 방법으로 옳은 것은?

① 각 종목의 기록을 합산한다.
② 각 종목의 기록을 제곱한 후 합산한다.
③ 각 종목의 기록을 표준점수로 변환한 후 합산한다.
④ 각 종목의 기록을 종목별 평균치로 나눈 후 합산한다.

(2) 표준점수는 개인의 점수에서 평균을 뺀 점수 즉, 편차 점수를 그 개인이 속한 집단의 표준편차로 나누어준 값으로, Z점수라고도 한다.

(3) 점수 분포가 정규 분포 한다면 Z점수는 원점수의 분포를 평균이 0이고 표준편차가 1인 점수의 분포로 변환된 점수이다. Z점수를 계산하는 공식은 다음과 같다.

$$Z = \frac{X - \overline{X}}{S} \quad \cdots\cdots\cdots\cdots (1.8)$$

① 만약, 어떤 대학교 입시생들의 실기 점수 평균의 80점인데, 영철이라는 학생이 80점을 얻었다면, 영철이의 실기 점수를 Z점수로 환산했을 때 0이 될 것이다.

② 왜냐하면 공식 (1.8)에서 분자에 해당하는 값 즉, 영철이의 점수에서 그 집단의 평균 점수를 뺀 값이 0이 되기 때문에 Z점수는 0이 되는 것이다. 여기에서 Z점수 0의 의미는 영철이의 실기 점수가 입시생 집단의 중앙값 즉, 50 백분위수라는 것이다.

③ 표준점수(Z)는 원점수가 평균치로부터 떨어져 있는 거리를 표준편차 단위로 표시한 통계치이다.

표준점수 Z	변이계수
$Z = \frac{원점수(X) - 평균(\overline{X})}{표준편차(S)}$	$변이계수 = \frac{표준편차}{평균}$

(4) 어떤 집단의 점수 분포가 정규 분포 한다면 원점수와 표준점수(Z점수)는 다음과 같은 관계를 갖는다.

(5) [그림 1-15]에서 $\overline{X}$는 평균이며, s는 표준편차이고, −3, −2, −1, 0, 1, 2, 3 까지의 점수는 Z점수이다.

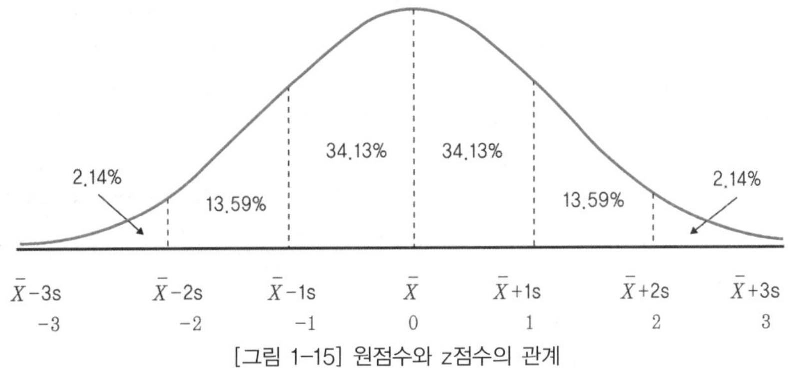

[그림 1-15] 원점수와 z점수의 관계

(6) <u>어떤 집단의 원점수가 정규 분포한다고 가정했을 때, 평균으로부터 표준편차의 거리만큼 떨어져 있는 원점수의 표준점수는 절대값이 1씩 커진다.</u>

① 즉, 평균으로부터 표준편차의 두 배 거리만큼 우측으로 떨어져 있는 원점수의 Z점수는 2가 된다. 이러한 특징 때문에 백분위수와 달리 표준 점수에서는 비교하고자 하는 두 점수를 구체적으로 비교해 볼 수 있다.

② 왜냐하면, 서로 다른 두 분포상의 점수를 Z점수로 변환할 경우 서로 다른 분포를 평균이 0이고 표준편차가 1인 동일한 척도로 변환할 수 있기 때문이다.

13 | 2021학년도

다음은 팔굽혀펴기 분석 결과에 대해 교사들이 나눈 대화 내용이다. 괄호 안의 ㉠에 해당하는 값과 ㉡에 해당하는 용어를 순서대로 쓰시오. [2점]

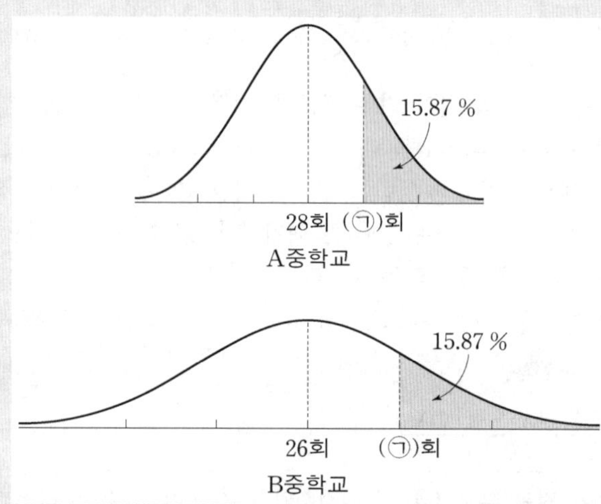

〈A중학교와 B중학교의 팔굽혀펴기 점수 분포 곡선〉

〈가정〉

* 두 학교의 팔굽혀펴기 점수 분포는 정규분포로 가정함.

정 교사: 팔굽혀펴기 평균 기록은 A중학교가 B중학교보다 높아 A중학교 학생들의 근지구력 수준이 B중학교 학생들보다 더 높은 것으로 판단됩니다.

박 교사: 꼭 그럴까요? 평균은 A중학교가 높지만 A중학교의 표준편차(3회)가 B중학교의 표준편차(5회)보다 작아서 (㉠)회보다 많은 횟수를 기록한 학생들의 비율은 두 학교가 같습니다.

[정답] 31

[해설] A중학교 ㉠ 평균+1s=28+3=31, B중학교 ㉠ 평균+1s=26+5=31

(7) 예를 들어, 중3인 길동이가 앉아윗몸앞으로굽히기 10cm, 50m 달리기 7.5초를 기록했다면, 길동이는 어떤 종목에서 더 좋은 점수를 기록한 것일까?

① 길동이 학급의 앉아윗몸앞으로굽히기 평균이 11cm, 표준편차가 2cm, 50m 달리기 평균이 7.0초, 표준편차가 2.0초였다면, 길동이가 기록한 두 종목의 Z점수는 각각 -0.5와 0.25가 될 것이다.

② 그러나, 50m 달리기는 기록이 낮을수록 좋은 기록이므로 길동이의 실제적인 50m 달리기의 Z점수는 -0.25가 된다.

③ 길동이의 50m 달리기의 Z점수는 -0.25로 앉아윗몸앞으로굽히기의 Z점수인 -0.5보다 크므로, 길동이는 학급에서 앉아윗몸앞으로굽히기보다 50m 달리기를 Z점수 단위로 0.25 정도 더 잘한다고 판단할 수 있다.

〈표 1-5〉 체육 교육과정과 평가(조미혜, 오수학 공저)

높은 측정치가 높은 성적 계산 시	$Z=\frac{X-\overline{X}}{S}$ 던지기, 멀리뛰기
낮은 측정치가 높은 성적 계산 시	$Z=\frac{\overline{X}-X}{S}$ 50m 달리기, 오래달리기

(8) [그림 1-15]에서 Z점수들 사이에 나타낸 비율은 점수가 정규 분포한다면, 각 Z점수들 사이의 원점수를 나타내는 사례수의 비율을 의미한다.

① 예를 들어 어떤 대학교 남학생 100명을 대상으로 체지방률을 측정한 결과 측정치의 분포가 정규 분포하였고, 평균이 15%, 표준편차가 2%였다고 하자. 측정에 참여한 학생 중 평균($\overline{X}$)인 15%에서 (+1) 표준편차(s)인 17% 사이의 체지방률을 나타낸 학생은 34명이라는 것이다.

② [그림 1-16]에서 정규 분포하는 점수 분포에서 Z점수가 ±2를 벗어나는 경우는 거의 없다는 것을 알 수 있다.

③ 따라서, 어떤 점수 분포에서 Z점수가 ±2점을 벗어나는 원점수는 극단의 값으로 판단하면 된다.

(9) 지금까지 알아본 바와 같이 어떤 점수 분포가 정규 분포한다고 가정할 수 있다면, 측정의 단위가 다른 두 점수를 비교하거나, 서로 다른 특징을 갖고 있는 두 집단의 동일 종목 측정치 간 비교도 가능하며, 특정 점수 간 사례수를 계산할 수 있는 장점이 있다.

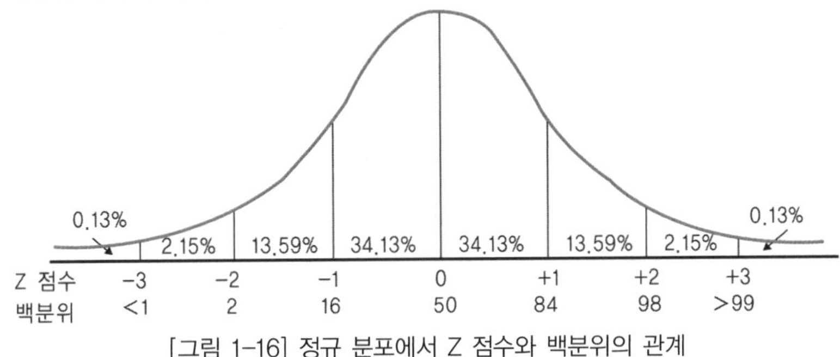

[그림 1-16] 정규 분포에서 Z 점수와 백분위의 관계

(10) 특정한 정규 분포 비율에 해당하는 Z점수

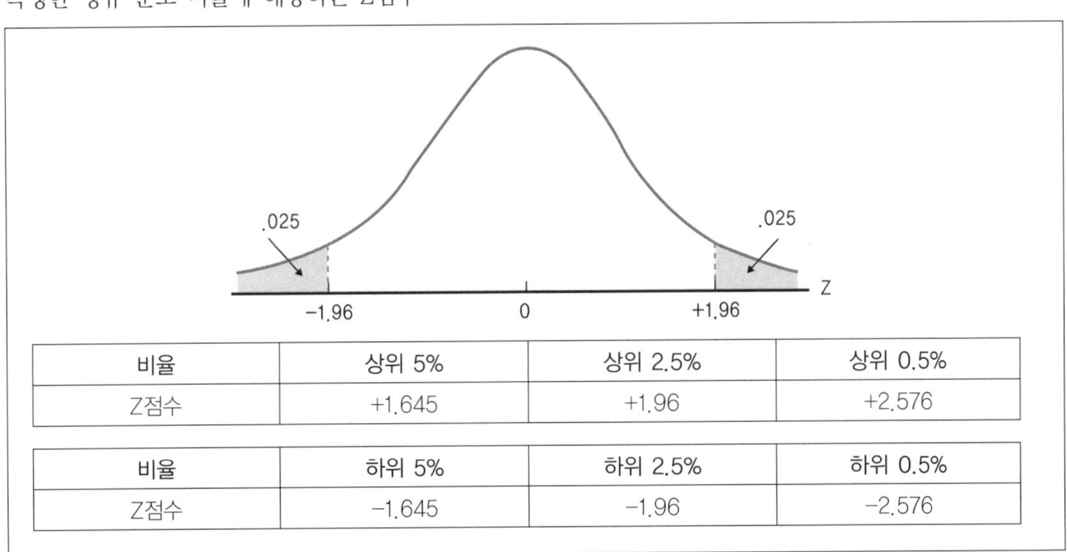

비율	상위 5%	상위 2.5%	상위 0.5%
Z점수	+1.645	+1.96	+2.576

비율	하위 5%	하위 2.5%	하위 0.5%
Z점수	-1.645	-1.96	-2.576

(11) 정규분포표 비율 찾는 방법

0과 Z점수 사이의 비율 확인하는 방법	두 개의 Z점수 사이의 비율 확인하는 방법
① 정규분포표에서 읽고자 하는 Z점수를 찾는다. ② Z점수가 음수일 경우에는 양수로 찾는다. ③ 0과 Z점수 사이의 비율을 읽는다.	① 첫 번째 Z점수를 찾아 0과 Z점수 사이의 비율을 읽는다. ② 두 번째 Z점수를 찾아 0과 Z점수 사이의 비율을 읽는다. ③ Z점수의 부호가 서로 다르면 두 비율을 더한다. ④ Z점수의 부호가 같다면, 두 비율의 차이를 계산한다.

참고문제 2018년 건강운동관리사 (건강·체력평가)

12. 〈보기〉는 A시에 소재하는 건강증진센터 성인 남자 회원 B의 팔굽혀펴기와 윗몸일으키기 기록, 정규분포 곡선에서 z-점수의 확률(p)이다. 〈보기〉에 대한 해석으로 옳은 것은? (단, A시 성인 남자 모집단의 검사 결과는 정규분포를 가정함)

〈보기〉

구분	회원 B의 기록	모집단		z-점수
		평균	표준편차	
팔굽혀펴기(회/분)	44	35	6	(㉠)
윗몸일으키기(회/분)	60	52	5	(㉡)

z-점수	p
1.40	8.08%
1.50	6.68%
1.60	5.48%
1.70	4.46%

p
z

① ㉠의 값이 ㉡의 값보다 크다.
② 회원 B의 팔굽혀펴기와 윗몸일으키기 기록은 모두 모집단의 상위 5.50%에 속한다.
③ 모집단에서 회원 B보다 팔굽혀펴기를 더 잘 하는 성인 남자의 비율은 6.68%이다.
④ 모집단에서 회원 B보다 윗몸일으키기를 더 잘 하는 성인 남자의 비율은 4.46%이다.

참고문제 2017년 건강운동관리사 (건강·체력평가)

13. 다음 〈표〉는 성인 남자 표본 100명의 체력검사 결과를 모집단과 비교하여 나타낸 것이다. 표본집단의 체력검사 결과에 대한 해석으로 옳은 것은? (단, 모집단의 결과는 정규분포를 가정함)

체력 (검사)	근지구력 (윗몸일으키기, 회/분)	심폐지구력 (1,600m오래달리기, 초)	유연성 (앉아윗몸앞으로굽히기, cm)
표본 평균	40	540	13
모집단평균	35	520	10
z-점수	18	10	08

① 표본의 심폐지구력은 모집단보다 평균적으로 더 우수하다.
② 표본의 유연성은 모집단보다 평균적으로 우수하지 않다.
③ 표본의 심폐지구력은 유연성보다 상대적으로 더 우수하다.
④ 표본의 근지구력 평균은 모집단의 상위 5%에 속한다.

37. 다음은 김 교사가 제안하는 여자 축구팀 선발 원칙이다. 김 교사의 원칙에 따라 〈보기〉에 제시한 학생들의 선발 여부를 옳게 결정한 것은? [2.5점]

〈축구팀 선발 원칙〉

☑ 체력 검사 항목으로 심폐 지구력과 민첩성을 선정

☑ 왕복 오래달리기, 사이드 스텝 검사 실시

모집단 특성	평균	표준편차
왕복 오래달리기(회)	55	5
사이드 스텝(회)	34	3

(단, 정상 분포를 가정함.)

두 검사에서 모두 상위 2.5% 이상에 해당하는 학생을 선발합니다.

〈보 기〉

개인측정결과	은희	지숙	유리	은혜
왕복 오래달리기	68	66	67	70
사이드 스텝(회)	44	41	47	42

① 은희, 지숙, 유리, 은혜 모두 선발

② 은희, 유리, 은혜는 선발, 지숙은 탈락

③ 은혜와 은희는 선발, 유리와 지숙은 탈락

④ 유리와 은희는 선발, 은혜와 지숙은 탈락

⑤ 유리와 은혜는 선발, 은희와 지숙은 탈락

[정답] ① 모두 선발한다.

[해설] 두 검사 점수 모두 상위 2.5% 이상일 때 축구 대표 팀으로 선발된다. 따라서 두 종목 모두

$Z = \frac{\text{원점수} - \text{평균}}{\text{표준편차}}$ 값이 +1.96 이상이면 합격이다.

이름	왕복	사이드	평균왕복	평균사이	왕복 표준편차	사이드 표준편차	왕복Z	사이드Z
은희	68	44	55	34	5	3	2.6	3.3
지숙	66	41	55	34	5	3	2.2	2.3
유리	67	47	55	34	5	3	2.4	4.3
은혜	70	42	55	34	5	3	3	2.7

15 | 2014학년도

15. 다음은 전국 학교스포츠클럽 창작 댄스 대회 심사 결과이다. 제시된 '표준정상분포곡선 수표'에 근거하여 심사위원 A와 B가 이○○에게 부여한 개인 점수의 백분위 차이를 구하시오. (단, 소수점 이하 둘째 자리까지 제시함.) [2점]

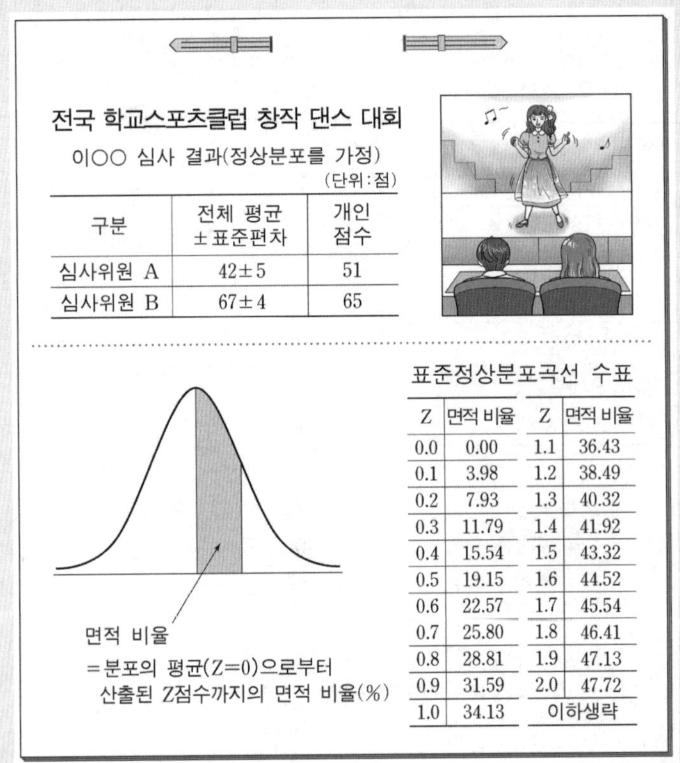

전국 학교스포츠클럽 창작 댄스 대회

이○○ 심사 결과(정상분포를 가정)

(단위: 점)

구분	전체 평균 ±표준편차	개인 점수
심사위원 A	42±5	51
심사위원 B	67±4	65

표준정상분포곡선 수표

Z	면적 비율	Z	면적 비율
0.0	0.00	1.1	36.43
0.1	3.98	1.2	38.49
0.2	7.93	1.3	40.32
0.3	11.79	1.4	41.92
0.4	15.54	1.5	43.32
0.5	19.15	1.6	44.52
0.6	22.57	1.7	45.54
0.7	25.80	1.8	46.41
0.8	28.81	1.9	47.13
0.9	31.59	2.0	47.72
1.0	34.13	이하생략	

[정답] 65.56

[해설] 심사위원 A의 z점수 $= \frac{51-42}{5} = 1.8$　　1.8 → 백분위 $50 + 46.41 = 96.41\%$

심사위원 B의 z점수 $= \frac{65-67}{4} = -0.5$　　-0.5 → 백분위 $50 - 19.15 = 30.85\%$

∴ 백분위 차이 $= 96.41 - (30.85) = 65.56\%$

37. 다음은 임 교사가 작성한 학교 스포츠클럽의 하키부 여학생 최OO에 대한 개인별 맞춤 훈련 지침이다. 임 교사의 지침에 따라 〈보기〉에 제시한 최OO의 '에너지 소비량' (가)와 '다음 날 훈련 강도' (나)로 옳은 것은?

개인별 맞춤 훈련 지침

최OO

신체 활동 에너지 소비량을 근거로하여 에너지 소비가 많았던 다음 날은 약한 강도의 훈련을 시키며, 그렇지 않은 날은 일반 강도의 훈련을 시키고자 함.

… (중 략) …

개인별 신체 활동 에너지 소비량 산출 방법

- MET점수를 이용한 간접 추정
- 체계적 관찰을 통해 실제 하키 훈련 시간 측정
- 하키 훈련의 표준 운동 강도는 8MET

※ 1MET=1kcal/kg/hour로 함(3.5mℓO_2/kg/min에서 유도됨).

개인별 다음 날의 훈련 강도 결정 방법

1. 개인별 에너지 소비량 산출
2. 팀 평균 800kcal, 표준편차 100kcal와 비교
3. 표준점수(z) +2SD 이상 : 다음 날 약한 강도로 훈련
   표준점수(z) +2SD 미만 : 다음 날 일반 강도로 훈련

〈보 기〉

체중(kg)	하키 훈련 시간	에너지 소비량(kcal)	다음 날 훈련 강도
60	2시간	(가)	(나)

	(가)	(나)
①	880	일반 강도
②	960	약한 강도
③	960	일반 강도
④	1040	약한 강도
⑤	1040	일반 강도

[정답] ③

[해설] • (가) 계산과정 및 답: 8MET × 60kg × 2hour = 8 × (1kcal/kg/hour) × 60kg × 2hour = 960kcal

• (나): $Z = \frac{960-800}{100} = 1.6 < 2SD$ 즉, (960kcal − 800kcal) ÷ 100kcal = 1.6 〈 2

∴ 표준점수가 1.6이므로 +2SD 미만이다. (나)는 일반강도이다.

7. 다음의 (가)는 ○○고등학교 학생건강체력평가 결과이고, (나)는 표준정규분포곡선과 표준정규분포표의 일부이다. (나)를 근거로 김민수 학생의 오래달리기-걷기와 제자리멀리뛰기 기록이 상위 몇 %인지를 각각 산출하여 순서대로 쓰시오(단, 소수점 이하 둘째 자리까지 제시함). [2점]

(가) 학생건강체력평가 결과

체력평가 항목 / 성명	오래달리기-걷기(초)	제자리멀리뛰기(cm)	…
이철수	405	235	…
김민수	350	260	…
박영수	360	250	…
⋮	⋮	⋮	…
전체평균±표준편차	400±50	242±10	…

※ 각 체력평가 항목 결과는 표준정규분포를 가정함

(나) 표준정규분포곡선과 표준정규분포표

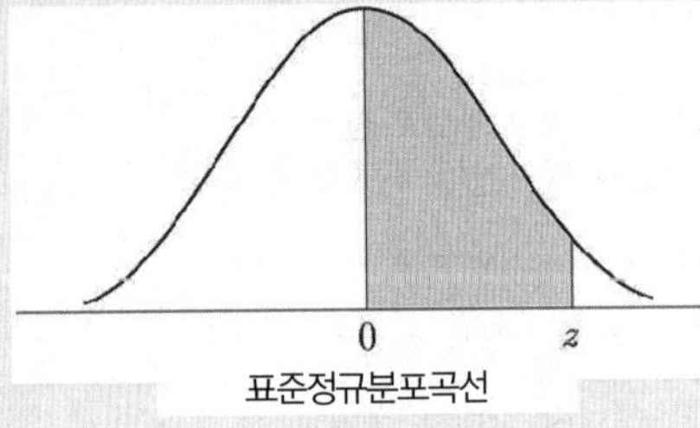

표준정규분포곡선

※ 표준정규분포표의 면적비율(%)은 표준정규분포곡선에서 0에서부터 z까지의 면적비율(%)을 나타냄.

표준정규분포표

z	면적비율(%)	z	면적비율(%)
⋮	⋮	0.00	0.00
-2.00	47.72	0.10	3.98
-1.90	47.13	0.20	7.93
-1.80	46.41	0.30	11.79
-1.70	45.54	0.40	15.54
-1.60	44.52	0.50	19.15
-1.50	43.32	0.60	22.57
-1.40	41.92	0.70	25.80
-1.30	40.32	0.80	28.81
-1.20	38.49	0.90	31.59
-1.10	36.43	1.00	34.13
-1.00	34.13	1.10	36.43
-0.90	31.59	1.20	38.49
-0.80	28.81	1.30	40.32
-0.70	25.80	1.40	41.92
-0.60	22.57	1.50	43.32
-0.50	19.15	1.60	44.52
-0.40	15.54	1.70	45.54
-0.30	11.79	1.80	46.41
-0.20	7.93	1.90	47.13
-0.10	3.98	2.00	47.72
-0.00	0.00	⋮	⋮

[정답] 오래달리기-걷기: 15.87%, 제자리멀리뛰기: 3.59%

[해설] 오래달리기-걷기: $z = \frac{(350-400)}{50} = \frac{-50}{50} = -1$,

오래달리기-걷기는 기록이 짧을수록 좋은 성적이므로, z점수는 비록-1이나 z점수를 +1로 해석한다. 이에 해당하는 면적비율은 34.13%로, 백분위는 84.13(50+34.13)%가 된다. 따라서 100-84.13=15.87% 그러므로 상위 15.87%이다.

제자리멀리뛰기: $z = \frac{260-242}{10} = \frac{18}{10} = 1.8$이므로 z점수 1.8에 해당하는 면적비율은 46.41%. 백분위는 96.41(50+46.41)이 된다. 따라서 100%-96.41%=3.59% 그러므로 상위 3.59%이다.

4. 여러 가지의 표준점수

(1) 지금까지 다룬 Z점수는 측정척도가 다른 점수들을 비교하는 데 매우 유용하지만 단위분포를 이루고 있기 때문에 소수점 이하의 수치와 "-"기호가 붙음으로써 다루기 불편한 것이 단점으로 지적되고 있다. 이러한 단점을 제거하기 위하여 일정한 수를 더하여 "-"를 없애고 또 일정한 수를 곱하여 소수점 이하를 없애게 된다.

(2) 즉 표준점수는 $\overline{X}=0$이고 $S=1$인 단위분포이므로 좌단은 항상 "-"가 나오기 때문에 좌단을 0이 되도록 교정하여도 Z점수의 구성이나 사용원리에 어긋나지 않는다. 결국은 평균과 표준편차가 단위분포 때보다 더 큰 분포로 교정하여 쓰는 것을 말하는데 그 중 가장 대표적인 방법이 T점수이다.

4-1. T점수 10 기출 19 기출 23 기출

(1) Z점수가 단위분포($\overline{X}=0$, $S=1$) 척도임에 비하여 T점수(T score)는 평균이 50이고 표준편차가 10인 척도로서 표준점수의 일종이다.

$$T = 10\times(\frac{X-\overline{X}}{S})+50,\quad T=10Z+50\ (Z:\text{점수})$$

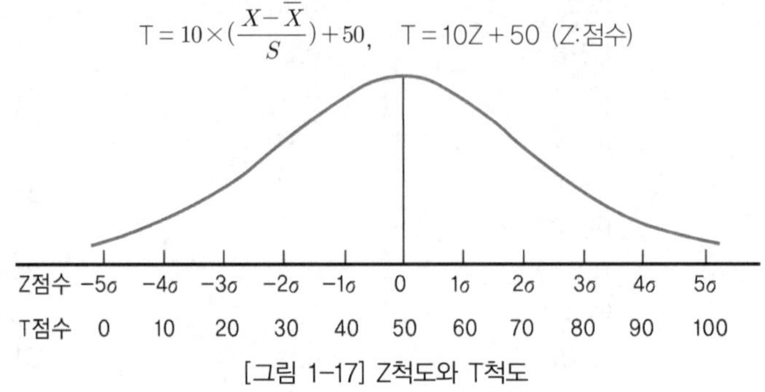

[그림 1-17] Z척도와 T척도

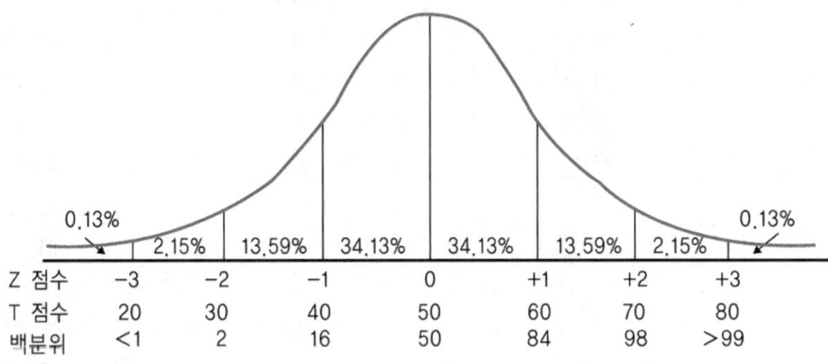

[그림 1-18] 정규분포에서 T 점수와 Z 점수 및 백분위의 관계

(2) [그림 1-17]에서 보면 T척도의 점수는 Z척도의 $-5\sigma\sim+5\sigma$ 사이를 0점~100점이 되도록 등간격으로 배치하였다. 그러나 점수분포가 정상분포일 때는 $-3\sigma\sim+3\sigma$사이에 전체의 99.74%의 사례가 포함되기 때문에 실제로는 T점수의 20점 이하와 80점 이상은 거의 사용되지 않는 범위이다.

■ Z점수와 T점수의 계산 예

과목	점수	평균	편차	표준편차	Z점수	T점수
국어	60	65	−5	5	−1.0	40
영어	60	50	10	5	+2.0	70
수학	70	65	5	10	+0.5	55
사회	60	55	5	5	+1.0	60

참고문제	2019년 지도사 1급 (체육측정평가론)

12. 다음 표는 K 선수의 3종목 체력점수를 전체 선수 40명의 평균, 표준편차와 비교한 자료이다. 자료 해석으로 옳지 않은 것은?

종 목	K 선수	팀 평균	표준편차	T점수
오래달리기(sec)	510	510	120	50
앉아윗몸앞으로굽히기(cm)	15	12	6	55
제자리멀리뛰기(cm)	260	210	50	60

① K 선수의 앉아윗몸앞으로굽히기 Z점수는 0.5 이다.
② K 선수의 백분위 점수는 제자리멀리뛰기가 가장 높다.
③ K 선수가 가장 잘한 종목은 제자리멀리뛰기이다.
④ K 선수의 오래달리기 기록은 전체에서 30등이다.

참고문제	2020년 건강운동관리사

11. 〈표〉의 건강 · 체력 검사 결과에 대한 설명으로 가장 적절한 것은? (단, 정상분포를 가정함)

자료 형태	T점수			원점수	
검사항목(단위)	A회원	B회원	C회원	회원전체평균	회원전체표준편차
체질량지수(kg/m^2)	45	50	60	25	5
악력(kg)	45	45	50	42	6
앉아윗몸앞으로굽히기(cm)	65	50	40	9	9

① A회원의 체질량지수 원점수는 20kg/m^2이다.
② A회원과 B회원의 악력 원점수는 평균보다 높다.
③ B회원의 앉아윗몸앞으로굽히기 원점수는 9cm이다.
④ C회원의 앉아윗몸앞으로굽히기 원점수는 평균보다 높다.

참고문제	2019년 건강운동관리사 (건강·체력평가)

13. 한 집단의 대상자로부터 악력을 측정한 후 측정값들을 z-점수, T-점수, 백분위수 등과 같은 표준점수로 변환하였다. 다음 중 표준점수에 대한 설명으로 옳지 않은 것은?

① 한 집단 내에서 z 점수로 변환한 점수들의 평균은 0, 표준편차는 1.0 이다.
② 분포의 모양이 정적 편포(positively skewed distribution)일 때 z 점수 0과 백분위수 50은 원점수(raw score)가 같다.
③ 백분위수 70은 집단 내에 이 점수보다 낮은 점수를 기록한 사람이 70%라는 의미이다.
④ 표준점수는 집단에 속한 다른 대상자들의 점수와 비교하여 각 점수의 상대적인 위치를 나타내기 위하여 사용한다.

38. 다음은 한 학생의 3 종목 체력 점수를 학급 평균과 비교한 자료이다. 이 자료를 잘못 해석한 것은?

종목	기록	학급 평균	표준편차	T점수
오래달리기걷기(초)	510	510	120	50
앉아윗몸앞으로굽히기(cm)	15	12	6	55
제자리멀리뛰기(cm)	260	210	50	60

① 3 종목 중 상대적으로 잘한 종목은 제자리멀리뛰기이다.
② 백분위 점수로는 제자리멀리뛰기가 가장 높다.
③ 이 학생의 3 종목 체력 점수는 학급에서 중간 이상이다.
④ Z점수로 가장 높은 점수를 받은 종목은 제자리멀리뛰기이다.
⑤ 학급의 학생 중 55%가 이 학생보다 앉아윗몸앞으로굽히기를 더 잘한다.

[정답] ⑤

[해설] 이 학생의 앉아윗몸앞으로굽히기는 학급평균보다 기록이 좋다. 또한 이 학생의 T점수는 55로 T점수의 평균인 50보다 좋다. 그리고 Z점수 또한 +0.5로 Z점수의 평균인 0보다 좋다. 따라서 이 학생보다 55%가 더 잘한다는 말은 거짓이다.

종목	기록	학급 평균	Z점수	T점수
오래달리기걷기(초)	510	510	$Z=\frac{510-510}{120}=0$	T = 10Z + 50 = 50
앉아윗몸앞으로굽히기(cm)	15	12	$Z=\frac{15-12}{6}=0.5$	T = 10Z + 50 = 55
제자리멀리뛰기(cm)	260	210	$Z=\frac{260-210}{50}=1$	T = 10Z + 50 = 60

19 | 2019학년도

7. (가)는 교사들이 학교에서 실시한 설문조사 결과를 보고 나눈 대화이고, (나)는 학생 건강 체력 측정 결과를 보고 나눈 대화이다. 괄호 안의 ㉠, ㉡, ㉢에 해당하는 용어를 순서대로 쓰시오. [2점]

(나) 학생 건강 체력 측정 결과에 대한 대화

학생 건강 체력 측정 결과

체력항목 / 성명	심폐 지구력	근지구력
	왕복오래달리기(회)	윗몸말아올리기(회)
강태훈	35	32
김태민	33	30
⋮	⋮	⋮
⋮	⋮	⋮
김민수	30	30
평균	37	31
표준편차	2	1

오 교사: 태훈이는 왕복오래달리기가 35회, 윗몸말아올리기가 32회로 심폐지구력이 더 좋은 것 같습니다.

최 교사: 측정 횟수를 표준화하여 상대적으로 비교해 봐야지요. 표준점수(Z점수)에 10을 곱하고 50을 더해서 더 편리하게 상대적 수준을 볼 수 있는 (㉢)을/를 계산해 보면, 태훈이는 왕복오래달리기가 40, 윗몸말아올리기가 60으로 산출됩니다. 따라서 태훈이는 근지구력이 심폐지구력보다 상대적으로 더 좋다고 볼 수 있습니다.

[정답] T점수

[해설] $T = 50 + 10Z = 50 + 10\frac{\text{원점수} - \text{평균}}{\text{표준편차}}$

4-2. H점수 23 기출

(1) 정상분포하에서 T점수는 단위가 너무 세밀하고 또 20이하와 80이상은 거의 사용되지 않는 단점이 있기 때문에 이를 보완하기 위하여 교정된 표준점수가 H점수와 C점수이다. H점수(H score)는 평균이 50이고 표준편차가 14인 척도이다. 따라서 -3.5σ~+3.5σ 사이를 100등분하여 점수를 분포시켰다. H점수를 구하는 공식은 다음과 같다.

$$H = 14 \times \left(\frac{X - \overline{X}}{S}\right) + 50$$

$$H = 14Z + 50 \ (Z{:}\text{점수})$$

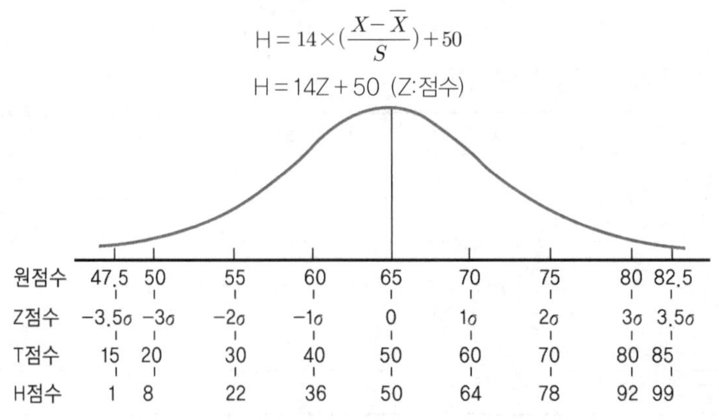

[그림 1-19] 표준점수(Z, T, H)간 비교

(2) 여기에서 Z점수, T점수, H점수를 평균 65, 표준편차 5인 분포에서 그림으로 비교해보면 [그림 1-19]와 같다.

4-3. C점수

(1) C점수(C score)는 0부터 10까지의 11단계 척도로서 평균은 5가 된다. 이 척도는 Z-scale에서는 -2.75σ ~+2.75σ 사이를 차지하게 되며 각 점수 간에는 0.5σ의 폭을 갖는다. C점수를 구하는 공식은 다음과 같다.

$$C = 2 \times \left(\frac{X - \overline{X}}{S}\right) + 5$$

$$C = 2Z + 5 \ (Z{:}\text{점수})$$

(2) [그림 1-20]은 원점수와 여러 가지 표준척도를 C척도와 비교하여 그린 것이다.

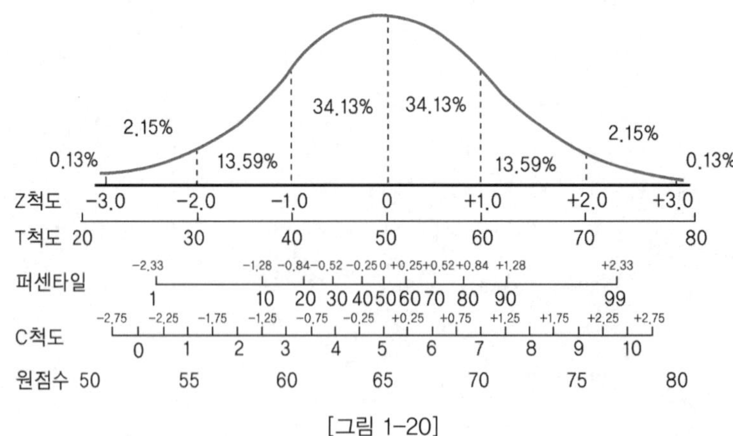

[그림 1-20]

4-4. 편차지능지수 (일반교육학)

(1) 편차지능지수(deviation intelligence quotient: IQ)는 표준점수의 일종으로 Z점수를 평균이 100, 표준편차가 15(혹은 16)가 되도록 변환시킨 것이다. 편차지능지수는 다음과 같이 정의된다.

$$IQ = 15Z + 100$$

(2) 따라서 편차지능지수 100은 평균과 같다는 것을, 편차지능지수가 100보다 낮으면 평균보다 낮다는 것을 뜻한다. 반면, 편차지능지수가 100보다 높으면 평균보다 높다는 것을 의미한다. 그러므로 편차지능지수 115는 지능지수가 평균보다 1표준편차가 높고, 따라서 백분위 84에 해당된다는 것을 의미한다.

(3) 정규분포에서 IQ와 Z점수 및 T점수, 그리고 백분위의 관계는 [그림 1-21]과 같이 나타낼 수 있다.

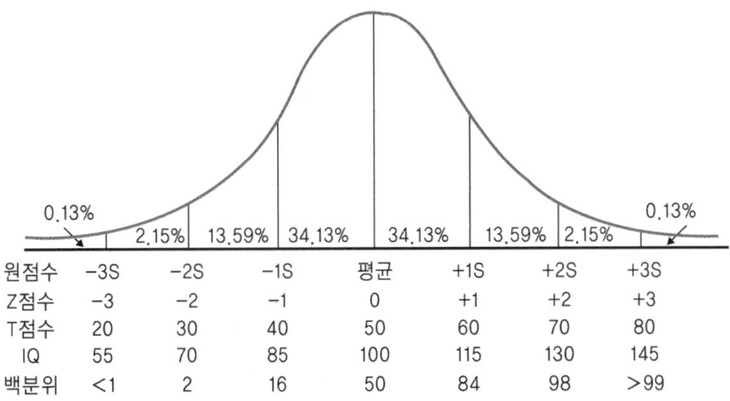

원점수	−3S	−2S	−1S	평균	+1S	+2S	+3S
Z점수	−3	−2	−1	0	+1	+2	+3
T점수	20	30	40	50	60	70	80
IQ	55	70	85	100	115	130	145
백분위	<1	2	16	50	84	98	>99

[그림 1-21] 정규분포에서 IQ와 Z점수, T점수, 백분위의 관계

4-5. 스테나인(구분척도) (일반교육학)

(1) 스테나인(stanine: standard nine - point score, 9개 범주를 가진 표준점수)은 정규분포를 .5 표준편차 너비로 9개 부분으로 나눈 다음, 순서대로 1부터 9까지를 부여한 점수를 말한다. 따라서 스테나인 5는 정규분포의 평균을 중심으로 ± .25 표준편차 범위에 해당된다는 것을 의미한다.

(2) 국내문헌에서는 스테나인을 구간척도(九間尺度) 혹은 구분척도(九分尺度)라고 부르기도 한다. 정규분포에서 스테나인에 해당하는 면적비율과 Z점수 및 T점수의 관계는 [그림 1-22]와 같다.

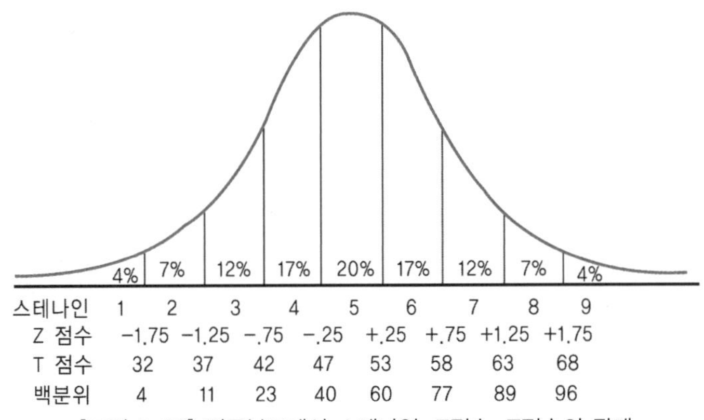

스테나인	1	2	3	4	5	6	7	8	9
Z 점수	−1.75	−1.25	−.75	−.25	+.25	+.75	+1.25	+1.75	
T 점수	32	37	42	47	53	58	63	68	
백분위	4	11	23	40	60	77	89	96	

[그림 1-22] 정규분포에서 스테나인, Z점수, T점수의 관계

(3) [그림 1-22]에 제시되어 있는 것처럼 스테나인 점수 1은 집단에서 최하위 4% 이내에 해당된다는 것을, 스테나인 5는 중간 부분 20%에 해당된다는 것을 나타낸다. 단, 수능시험에서는 스테나인 점수를 거꾸로 부여하고 있다. 즉, 1이 가장 높고, 9가 가장 낮은 방식으로 수능등급을 부여하고 있다.

(4) 스테나인은 이해하기 쉽고, 수리적인 조작이 용이하며, 점수의 범위를 나타내므로 평균을 계산할 수 있다는 장점이 있다.

(5) 스테나인은 미세한 점수 차이의 영향을 적게 받는다는 장점도 있다. 예컨대, 백분위 45에 대응되는 점수와 백분위 55에 대응되는 점수를 스테나인으로 표시하면 모두 5가 된다. 백분위 45와 55는 큰 차이가 있는 것처럼 보이지만 정규분포의 중간 부분에서 실제 점수 차이는 별로 크지 않다.

(6) 또 원점수를 스테나인 점수로 변환하면 원점수의 분포가 편포를 이룰 경우에도 정규분포로 바뀐다. 반면, Z점수 분포나 T점수 분포는 원점수의 분포형태를 변화시키지 않는다. 즉, 원점수의 분포가 편포를 이룰 때는 Z점수나 T점수로 변환하더라도 분포형태가 바뀌지 않는다.

(7) 반면에 스테나인은 단점도 있다. 우선 스테나인은 9개의 점수만 사용하므로 상대적 위치를 정밀하게 표현하기 어렵다.

(8) 또, 스테나인은 경계선에 위치하는 사소한 점수 차이를 과장할 수 있다는 문제점이 있다.

(9) 예컨대, 수능시험에서 백분위 88에 대응되는 점수의 스테나인 점수는 3이지만, 백분위 89에 대응되는 점수의 스테나인 점수는 2다. 점수 차이가 별로 없는데도 수능시험의 등급이 바뀐 셈이다. 원점수를 스테나인으로 변환하면 정보가 상실된다는 문제점도 있다. IQ가 73보다 낮은 사람들의 스테나인 점수는 모두 1이 된다. 현재 수능시험점수는 스테나인으로 상대적 위치를 표시하고 있다.

10. 다음은 학생의 축구 기술 평가 결과지이다. 〈작성 방법〉에 따라 순서대로 서술하시오.

[축구 기술 평가 결과지]

성명: 진○○

■ 결과 요약

진○○ 학생의 패스 기술은 '보통'입니다. 패스 점수를 표준점수인 (㉠)(으)로 변환하여 계산할 경우 50점을 나타냅니다. 슛 기술은 '우수' 등급입니다. 점수 빈도 분포에서 진○○ 학생의 슛 점수가 속한 급간까지의 누적(누가) 학생 수는 195명입니다. 즉, 슛 점수 90점은 (㉡) 백분위에 해당합니다. 드리블 기술은 (㉢) 등급입니다.

■ 측정 결과

구분	진○○학생		동일 학년 200명	
측정항목	점수	평가 등급	평균($\overline{X}$)	표준편차(S)
패스	71	보통	71.0	4.0
슛	90	우수	80.2	5.0
드리블	86	(㉢)	80.0	6.0

※ 결과 해석에 참고하세요.

• 동일 학년 200명의 측정 결과를 기초로 아래의 방법과 기준을 활용한 규준지향평가를 적용하였음.

• 평가 등급은 ㉣'미흡' -1.5 s 미만, '보통' -1.5 s 이상 +1.5 s 미만, '우수' +1.5 s 이상을 기준으로 함

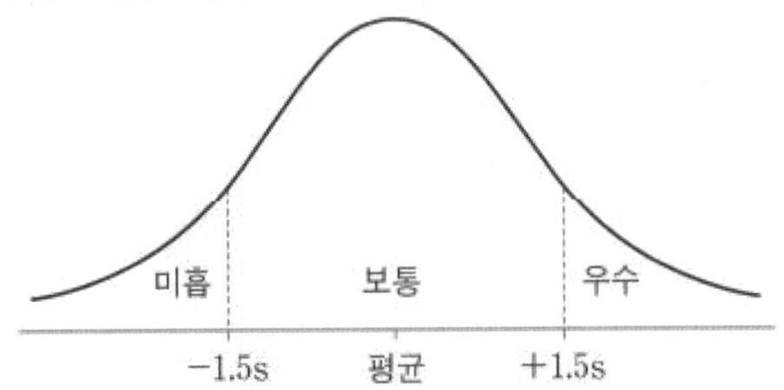

〈표준편차 방법을 활용한 평가 기준과 등급〉

• 측정 항목별 점수 분포는 정규분포를 나타냄.

• 백분위는 학생 점수에 해당하는 누적백분율을 의미함.

〈작성 방법〉

○ 괄호 안의 ㉠에 해당하는 용어를 쓸 것.

○ 괄호 안의 ㉡에 해당하는 값을 쓸 것.

○ 괄호 안의 ㉢에 해당하는 등급을 쓰고, 드리블 종목의 평가 등급 분류를 위한 기준 점수 범위들을 밑줄 친 ㉣에 근거하여 순서대로 모두 서술할 것

[정답] ㉠ T점수(H점수) [1점] ㉡ 97.5 [1점] ㉢ 보통 [1점] ㉣ 미흡 71점 미만, 보통 71점 이상 89점 미만, 우수 89점 이상 [1점]

[해설] 계산 ㉠, ㉡ 195명/200명, ㉢ 86 $Z=\frac{86-80}{6}=1$, 보통

㉣ −1.5s는 원점수가 평균(80)에서 −1.5s(표준편차만큼) 즉 −1.5 × 6 = −9 떨어져 있어서 71점
+1.5s는 평균(80)에서 +9이므로 89점

8 상관(相關)

■ 相關: 서로상 관계관, 서로 관련을 가짐. 또는 그런 관계.

1. 의미

(1) 상관(correlation)은 두 변수가 모두 연속변수일 때 두 변수 간 관계의 강도로 한 변수가 변할 때 다른 변수가 어떻게 변하는가를 의미한다.

① 예를 들어 키와 체중의 관계를 생각해 보자. 일반적으로 키와 체중은 관련성이 높은 것으로 알려져 있지만, 어떤 집단에서 키가 가장 큰 사람이 체중도 가장 많이 나간다고 확신할 수는 없다.

② 따라서, 키와 체중은 완전한 상관을 갖지는 않지만, 어느 정도의 상관을 갖는다고 할 수 있다.

(2) 그렇다면, 체육측정평가를 공부하기 위해 상관을 알아야 하는 이유는 무엇일까? 그것은 한 가지로 답하기는 어렵지만, 체육측정평가에서 다루는 신뢰도, 타당도, 그리고 그 이외의 개념을 이해하고 계산하는 데 상관 계수가 많이 활용되기 때문이다.

(3) 상관관계를 해석할 때 주의해야 할 점은 상관관계가 반드시 인과관계로만 해석되어서는 안 된다.

① 만약, 아들의 비만이 아버지의 비만의 결과로 나타난 것이라고 주장할 수 있지만, 실제로는 그 가정의 식습관이 더 큰 원인이 될 것이다.

② 따라서 아버지의 비만과 아들의 비만이 높은 상관을 나타냈다고 해서 아버지의 비만이 아들 비만의 원인이라고 해석하는 것은 위험하다.

③ 그렇다면, 상관을 어떻게 해석해야 할까? 상관관계는 인과관계보다는 상호 관계(interaction)로 해석되는 경우가 많다. 즉, 상관관계는 한 변수가 다른 변수에 영향을 주고 다른 변수가 한 변수에 영향을 주는 관계로 해석된다.

④ 예를 들어, 복근의 근지구력과 순발력 간에 높은 상관이 나타났을 때, 복근의 근지구력과 순발력 간에는 서로 영향을 미친다고 해석할 수 있다.

(4) 반면, 독립 변인 이외에 종속 변인에 영향을 미치는 가외 변인(extraneous variable)을 통제한 상태에서, 독립변인이 종속변인에 미치는 영향을 연구하는 실험연구에서는 상관관계가 인과관계로 해석될 수 있다.

① 예를 들어 한 대학교의 운동생리학 실험실에서 인삼투여량이 일반 대학생의 유산소성 운동 능력에 미치는 영향을 연구했을 때, 인삼투여량과 유산소성 운동 능력 간에 높은 상관이 나타났다면 인과관계로 해석될 수 있다.

② 즉, 유산소성 운동 능력이 향상된 것은 인삼투여량이 많았기 때문이라고 판단할 수 있다.

③ 그러나, 실험 연구가 아닌 대부분의 사회과학 연구에서 상관관계는 상호 관계로 해석되는 경우가 대부분이다.

2. 상관의 정도 13 기출 21 기출

(1) 상관의 역사는 영국의 갈톤(Francis Galton)이 부모의 신장과 자손의 신장의 관계를 연구하면서 시작되었지만 상관의 정도를 나타내는 상관계수의 공식을 개발한 사람은 갈톤의 제자였던 피어슨(Karl Pearson)에 의해 이루어졌다.

(2) 피어슨이 발전시킨 상관계수(correlation coefficient)를 흔히 피어슨의 적률상관계수(product -moment correlation coefficient)라 한다. 상관계수는 자료의 특성에 따라 여러 종류가 있으나 본서에서는 널리 이용되고 있는 피어슨의 상관계수에 대해서만 언급하겠다.

(3) 피어슨의 상관계수는 두 변인 간 상관관계를 나타내는 것으로 보통 r로 표기한다. 상관계수는 r은 관계의 정도와 방향에 따라 -1.0부터 +1.0까지의 값을 갖고 두 변인 간에 관계가 전혀 없을 때는 r=0.0이다.

① 어떤 한 고등학교 남학생의 악력과 턱걸이의 상관이 1.0으로 나타났다면, 악력이 강할수록 턱걸이도 많이 하는 관계가 완벽한 것을 의미한다.

② 반대로, 어떤 고등학교 여학생의 체지방률과 오래달리기 기록이 −0.8의 상관계수를 나타냈다면, 체지방률이 높을수록 오래달리기 기록이 저조한 역의 관계가 0.8정도의 강도임을 의미한다.

(4) 체육학 분야에서 두 변인 간에 1.0의 완벽한 상관관계를 나타내는 경우는 매우 드물다.

(5) 상관계수의 크기 즉, 두 변인 간의 관계의 강도는 산포도(scatter plot)를 그려봄으로써 쉽게 파악된다. 산포도란 두 변인의 값을 나타내는 점을 X축과 Y축으로 나타낸 도표에 표시한 것이다. [그림 1-23]은 두 변인의 관계를 나타낸 산포도와 상관계수의 크기를 나타낸 것이다.

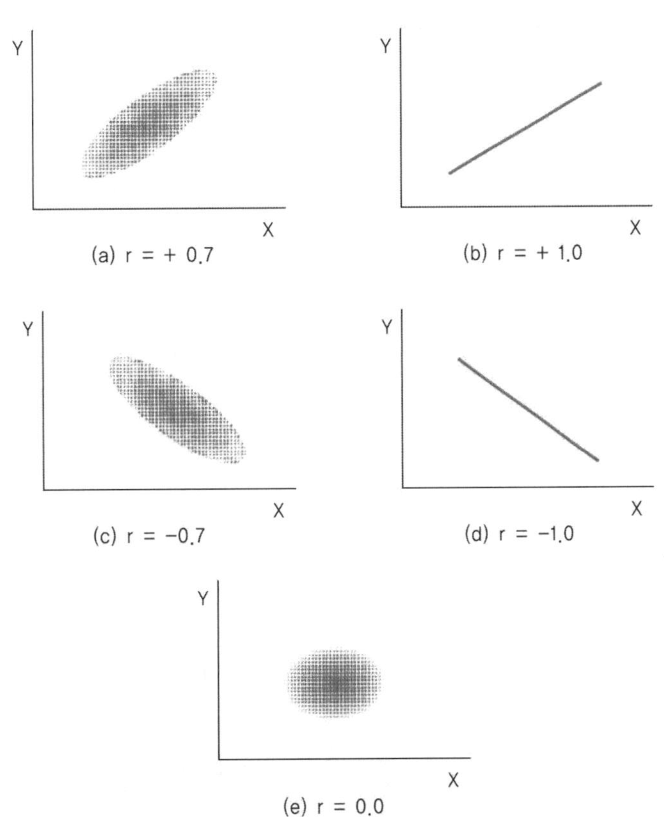

[그림 1-23] 두 변인의 산포도에 따른 상관계수의 크기와 방향

(6) [그림 1-23]에서 알 수 있듯이 X 변인의 값이 커질 때 Y 변인의 값이 커지는 경우의 상관은 양수를 나타내므로, 정적인 관계를 의미하고, X 변인의 값이 커질 때 오히려 Y 변인의 값이 작아지면 상관은 음수를 나타내므로, 부적인 관계를 의미한다.

(7) 또한, 완벽한 상관을 의미하는 ±1.0의 상관은 산포도에서 하나의 직선을 나타내며 이 때 두 변인의 변하는 방향이 서로 같으면 양수, 반대이면 음수의 상관 값을 나타낸다.

(8) 상관 값이 0.00을 나타내는 경우에는 X 변인이 변하는 양과 Y 변인이 변하는 정도의 관계가 일정하지 않고 무선적(random)으로 나타난다. 즉, 상관 값이 0에 가까우면 한 변인이 커질 때 다른 변인이 커지거나 작아지는 관계가 성립되지 않는 경우라 할 수 있다.

(9) [그림 1-23]의 (a)와 (c)는 완벽한 관계는 아니지만, 관계의 정도가 강한 경우로 산포도의 경향이 직선은 아니지만 거의 직선에 가까운 경우이다. 즉, 산포도의 경향이 직선에 가까울수록 상관은 절대값 1.0에 가까워지며, 산포도의 경향이 [그림 1-23]의 (e)와 가까워질수록 상관은 0에 가까워진다.

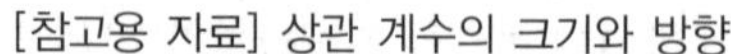
[참고용 자료] 상관 계수의 크기와 방향

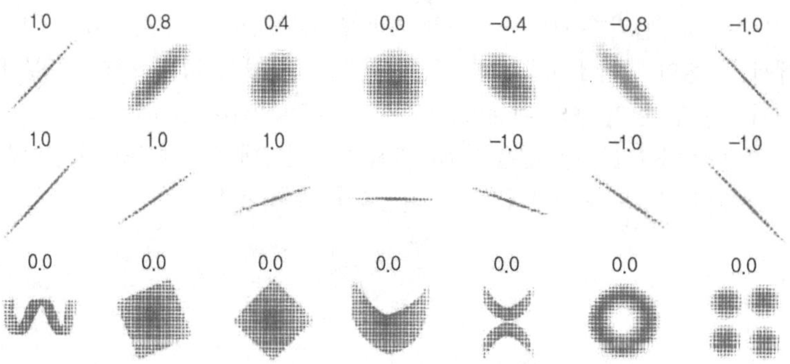

참고문제	2017년 지도사 1급 (체육측정평가론)

8. 상관계수에 대한 설명으로 옳지 않은 것은?

① 적률상관계수는 두 연속변인 간 관계를 나타낸다.
② 정적상관이란 한 변인의 값이 높아질 때 다른 변인의 값도 높아지는 것을 의미한다.
③ 부적상관이란 한 변인의 값이 높아질 때 다른 변인의 값은 낮아지는 것을 의미한다.
④ 적률상관계수의 가능 범위는 0에서 1까지이다.

참고문제	2016년 건강운동관리사 (건강·체력평가)

19. 〈보기〉의 그래프에 대한 해석으로 옳지 <u>않은</u> 것은?

〈보 기〉

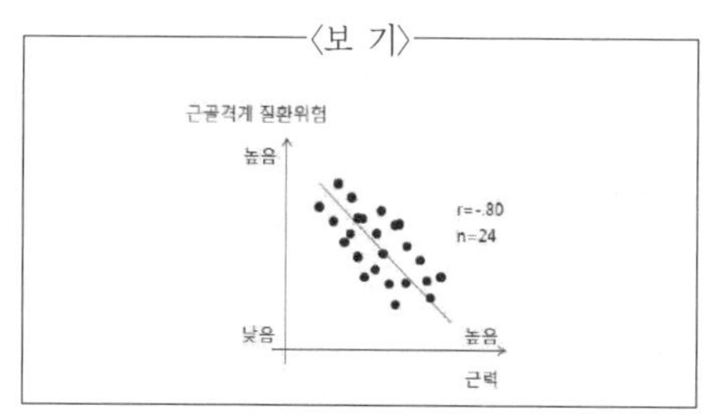

① **근력과 근골격계 질환위험은 정적상관이 있다.**
② 근력이 높을수록 근골격계 질환위험은 낮다.
③ 근력과 근골격계 질환위험은 관계가 있다.
④ 24명을 대상으로 자료를 수집한 것이다.

참고문제	2020년 건강운동관리사 (건강·체력평가)

16.〈보기〉의 2분 스텝과 2분 제자리걷기 후 측정한 심박수 자료의 해석으로 가장 적절한 것은?

〈보 기〉

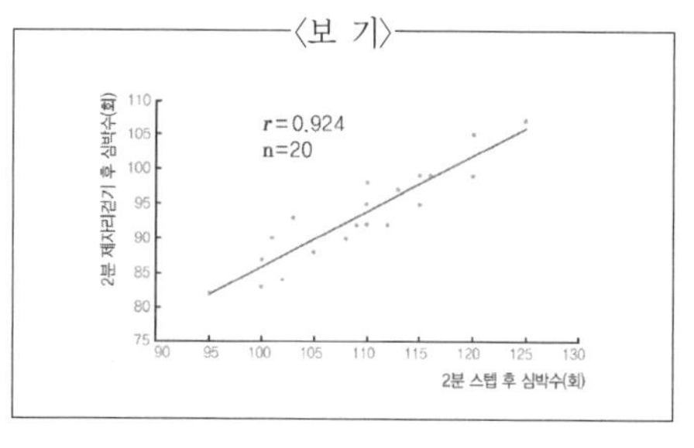

(단, 동일 환경과 시간에 측정함)
① **2분 스텝으로 2분 제자리걷기 후 심박수를 추정할 수 있다.**
② 2분 스텝과 2분 제자리걷기는 부적 상관관계이다.
③ 2분 스텝과 2분 제자리걷기 간에는 매우 낮은 상관이 있다.
④ 2분 스텝 후 심박수가 증가하면 2분 제자리걷기 후 심박수는 감소한다.

참고문제	2018년 건강운동관리사 (건강·체력평가)

11. 〈A〉는 왕복오래달리기(PACER)와 최대산소섭취량($\dot{V}O_{2max}$)의 산점도(scatter plot)이고, 〈B〉는 신체효율지수(PEI)와 최대산소섭취량의 산점도이다. 〈보기〉 중 바르게 묶인 것은?

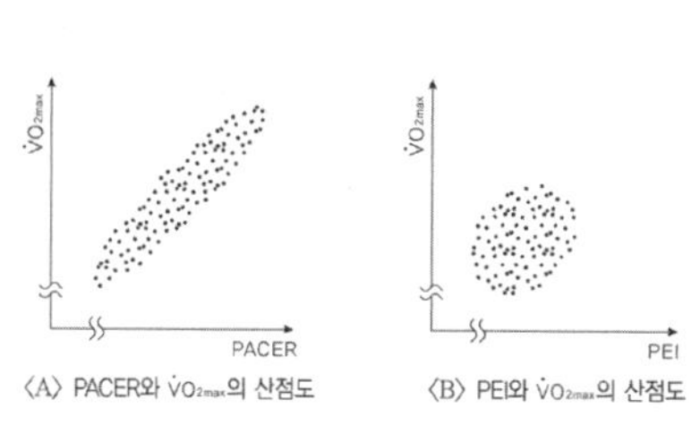

〈A〉 PACER와 $\dot{V}O_{2max}$의 산점도 〈B〉 PEI와 $\dot{V}O_{2max}$의 산점도

〈보 기〉

㉠ $\dot{V}O_{2max}$를 설명하는 분산은 PEI가 PACER보다 크다.
㉡ 심폐지구력 검사의 타당도 계수는 PACER가 PEI보다 높다.
㉢ $\dot{V}O_{2max}$를 예측할 때 추정의 표준오차(SEE)는 PACER가 PEI보다 크다.
㉣ PACER와 $\dot{V}O_{2max}$의 상관이 PEI와 $\dot{V}O_{2max}$의 상관보다 크다.

① ㉠, ㉡ ② ㉡, ㉢ ③ ㉠, ㉢ ④ ㉡, ㉣

참고문제	2018년 지도사 1급 (체육측정평가론)

14. 제자리멀리뛰기 기록과 100m달리기기록 사이의 상관계수(r)가 -.85일 때 이에 대한 해석으로 옳지 않은 것은?

① 두 종목의 운동능력은 정적 상관관계이다.
② 두 종목의 측정기록은 부적 상관관계이다.
③ 100m 달리기와 제자리멀리뛰기는 상관관계가 없다.
④ 제자리멀리뛰기 측정기록이 높으면 100m 달리기 측정기록은 낮다.

참고문제	2015년 지도사 1급 (체육측정평가론)

6. 상관관계에 대한 설명으로 적절하지 않은 것은?

가. 상관은 두 변수 간의 관계를 말한다.
나. 상관계수는 -1에서 +1까지의 범위를 가진다.
다. 상관계수 -1이 가장 작은 상관이고 +1이 가장 높은 상관이다.
라. 상관은 두 변수의 공분산을 각 변수의 표준편차로 나누어 준 값이다.

참고문제	2016년 지도사 1급 (체육측정평가론)

9. 가장 높은 상관계수는?

① 0.4　　② -0.6　　③ 0.7　　**④ -0.8**

8. 다음은 교사학습공동체에서 교사들이 BMI(체질량 지수) 수준과 질병위험율 간 상관관계에 대한 자료를 보고 나눈 대화 내용이다. 〈작성 방법〉에 따라 순서대로 서술하시오. [4점]

최 교사: 오늘 BMI 수준과 질병위험률 자료를 보았는데요. 이런 자료 분포에서는 상관계수(r) 값이 0에 가깝다고 알고 있어요. 그러면 비만과 질병위험률 간에는 관계가 없다는 건가요?

황 교사: 그래요? BMI가 높으면 질병위험률이 높을 텐데요? 자료를 한번 봅시다.

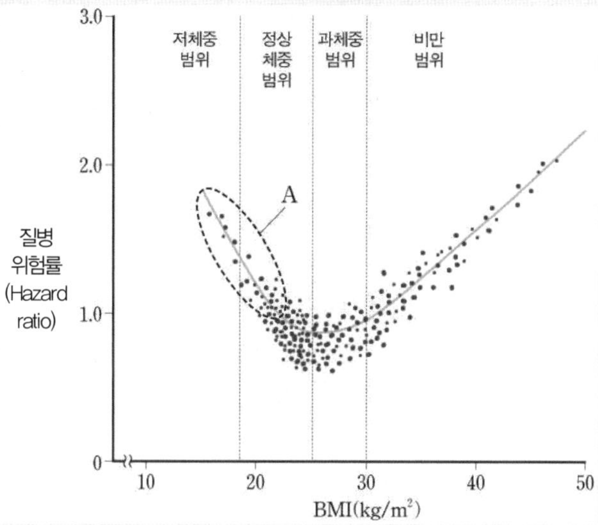

최 교사: 두 변인 간 관계 형태가 그래프와 같이 생겼어요.

〈작성 방법〉

- 위 그래프의 A 범위 자료만으로 상관계수를 산출하였을 때 예상되는 상관계수의 부호를 제시하고, 부호의 의미를 서술할 것.
- 저체중에서 비만 범위까지의 전체 자료에서 상관계수가 0에 가깝게 산출되는 이유를 자료 분포 형태에 근거하여 서술할 것.
- 상관계수 산출에 주로 사용되는 비율척도의 특성을 설명하되, 다른 척도들(명명, 서열, 동간)에는 없는 수리적 특성을 서술할 것.

[정답] ○ 음(−)이고 [1점], 부적인 관계, 즉 반비례이다.(x축 BMI가 증가할수록 y축 질병위험률은 감소한다.) [1점]
○ X축 BMI 변인이 변하는 양과 y축 질병위험률이 변하는 정도의 관계가 일정하지 않고 무선적이기 때문이다. [1점]
○ 절대영점의 속성을 지니고 있으며 승제가 가능하다. [1점]

3. 상관의 계산

(1) 상관은 두 변인이 함께 변하는 정도라 할 수 있는데, 그렇다면 상관은 어떻게 계산될 수 있을까? 이 질문에 대한 답은 한 변인이 변하는 양에 비해 다른 변인이 얼마나 변하는가 하는 양을 계산하는 것이다. 이러한 계산을 위해서는 공분산의 개념과 계산 방법을 먼저 이해해야 한다.

(2) 공분산(共分散 한가지 공, 나눌 분, 흩어질 산, covariance)은 두 변수가 동시에 변하는 정도로 상관의 의미와 비슷하다. 공분산을 구하기 위해서는 두 변인이 평균값을 중심으로 두 변인이 변하는 정도를 계산하면 된다. 공분산을 계산하는 공식은 다음과 같다.

$$S_{XY} = \frac{\sum(X_i - \overline{X})(Y_i - \overline{Y})}{n} \quad \cdots\cdots\cdots\cdots\cdots\cdots \text{(1.9)}$$

① 공식 (1.9)에서 S_{XY} 는 두 변인 X와 Y의 공분산을 의미하며, 모집단의 경우 σ_{XY}로 표기한다. 공식에 의하면, 공분산의 계산은 모든 사례수에 대해 X 변인의 편차와 Y 변인의 편차를 곱하여 모두 더한 다음 총 사례수로 나누어 주면 된다.

② 분산을 계산할 때에는 편차를 제곱하여 모두 더했지만, 공분산은 각 변인이 평균을 중심으로 하여 변하는 정도를 곱하여 모두 더한다는 점에 주의해야 한다.

③ 분산은 편차 점수를 모두 더했을 때 0이 되어 분산도의 정도를 나타낼 수 없으므로 편차 점수에 제곱을 해주었지만, 공분산은 두 변인이 동시에 변하는 정도를 알기 위해 참조점이 되는 각 변인의 평균을 중심으로 변하는 정도를 모두 더하여 사례수로 나누어 준 것이다.

예 중학생 5명의 국어·영어점수와 공분산 계산

	국어(x)	영어(y)	$(X_i - \overline{X})$	$(Y_i - \overline{Y})$	$(X_i - \overline{X})(Y_i - \overline{Y})$
A	2	1	−2	−2	4
B	3	2	−1	−1	1
C	5	4	1	1	1
D	3	3	−1	0	0
E	7	5	3	2	6
평균	$\overline{X}$=4	$\overline{Y}$=3			

$$\sum(X_i - \overline{X})(Y_i - \overline{Y}) = 12$$

$$S_{XY} = \frac{\sum(X_i - \overline{X})(Y_i - \overline{Y})}{n} = \frac{12}{5} = 2.4$$

(3) 공식 (1.9)를 자세히 살펴보면 두 변인 간 산포도에서 직선을 나타내어 1.0의 상관을 나타내는 경우 한 변수의 편차 점수가 클 때 다른 변수의 편차 점수도 크고, 한 변수의 편차 점수가 작을 때 다른 변수의 편차 점수도 작으면 공분산의 값이 커짐을 알 수 있다.

(4) 이해를 돕기 위해 가상의 두 변인 간 관계를 나타낸 산포도(Scatter plot)와 산포도에 나타낸 측정값들을 변인의 평균을 중심으로 구분했을 때 구분된 범위에 포함되는 측정값의 수를 나타내면 다음 [그림 1-24]와 같다.

		경기력 평균 이상	경기력 평균 미만
집중력	평균 이상	7	1
	평균 미만	2	10

		행복감 평균 이상	행복감 평균 미만
경기력	평균 이상	6	3
	평균 미만	5	6

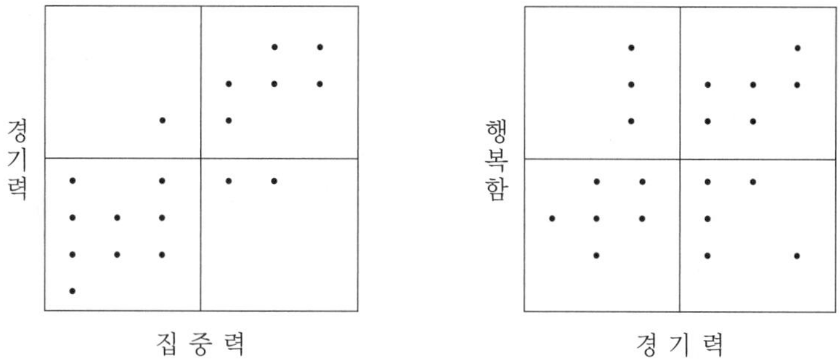

경기력 / 집 중 력

행복함 / 경 기 력

[그림 1-24] 두 변인 간 관계의 예

(5) 앞에서 설명한 것처럼 [그림 1-24]에 나타낸 두 변인 간 산포도의 모양을 보면, 경기력과 집중력은 상관이 높고 행복감과 경기력은 상관이 낮음을 알 수 있다.

① 특히, 두 변인 간 관계를 나타낸 측정값들을 각 변인의 평균을 중심으로 구분했을 때 구분된 범위에 포함되는 측정값의 수를 나타낸 결과, 상관이 높은 경기력과 집중력 변인의 경우에는 두 변인에서 모두 평균이상인 경우와 평균미만인 경우가 많았지만, 상관이 낮은 행복감과 경기력의 경우에는 평균을 중심으로 구분한 네 가지 범위에 골고루 분포하였다.

② 이와 같이, 각 변인에서 평균을 중심으로 구분했을 때, 한 변인에서 평균보다 클 때 다른 변인도 평균보다 크고, 한 변인에서 평균보다 작을 때 다른 변인도 평균보다 작으면 상관은 크게 나타난다.

(6) 두 변인 간 관계의 정도를 나타내는 공분산은 실제로 $-\infty$에서 $+\infty$의 값을 갖게 되어 해석에 어려움이 많다. 이러한 문제점을 해결하기 위해 피어슨이 상관 계수를 계산하는 공식을 유도하였다. 상관 계수 공식은 다음과 같다.

$$\gamma_{XY} = \frac{S_{XY}}{S_X S_Y} \quad \cdots\cdots\cdots\cdots\cdots\cdots (1.10)$$

① 공식 (1.10)에서 r_{XY}는 X와 Y라는 두 변인 간 상관을 나타내며, 모집단에서는 p_{XY}로 표기한다.

② 공식 (1.10)에 의하면, 상관 계수는 두 변인의 공분산을 두 변인의 표준편차로 나누어준 값이다. 표준편차로 공분산을 나누어주는 것은 Z점수를 계산할 때 표준편차로 나누어 줌으로써 단위를 통일시키는 것과 유사한 의미이다.

③ 이러한 상관계수를 피어슨의 **적률상관계수(Pearson's product-moment correlation coefficient)**라 한다. 공식 (1.10)과 같은 과정을 거친 상관계수는 원자료(raw data)의 측정 단위와 관계없이 범위가 -1.0에서 +1.0의 값을 가지게 된다.

(7) 상관계수는 공분산과 다르게 -1.0에서 +1.0의 값을 가지므로 해석하는 데 매우 편리하다. 즉, 오래달리기(단위: 초)와 체지방률(단위: %)의 관계를 공분산으로 파악한다면 해석하는 데 어려움이 따르겠지만, 두 변인 간 상관을 구한다면 -1에서 +1.0의 범위 내에서 계산이 될 것이므로 해석하는데 어려움이 없을 것이다. 상관계수 공식을 좀 더 구체적으로 분석해 보면 다음과 같다.

$$\gamma_{XY} = \frac{S_{XY}}{S_X S_Y} = \frac{\frac{1}{n}\sum(X_i - \overline{X})(Y_i - \overline{Y})}{S_X S_Y} = \frac{1}{n}\sum Z_X Z_Y \quad \cdots\cdots\cdots\cdots (1.11)$$

① 상기한 계산에서 z_x와 z_y는 두 변인의 표준 점수이다. 따라서, 두 변인 X, Y의 상관인 두 변인의 Z점수 곱의 평균이라고 해석된다.

② 즉, 한 변인의 Z점수가 클 때 다른 변인의 Z점수가 크고, 한 변인의 Z점수가 작을 때 다른 변인의 Z점수가 작으면 두 변인 간 상관은 커지게 된다.

(8) 두 변인의 관계를 상관계수로 나타내지만, 상관계수를 자주 접하지 못하는 사람은 계산된 상관계수가 어느 정도의 강도를 나타내는지는 쉽게 판단하기 어렵다. 절대적인 기준은 없지만 일반적으로 상관계수를 언어적으로 표현하면 다음과 같다.

〈표 1-6〉 상관계수의 언어적 해석

상관계수 범위	언어적 범위
±0.00 - ±0.20	상관이 거의 없다.
±0.20 - ±.040	상관이 낮다.
±0.40 - ±0.60	상관이 있다.
±0.60 - ±0.80	상관이 높다.
±0.80 - ±1.00	상관이 매우 높다.

(9) 체육측정평가 분야에서 상관계수는 다양하게 활용된다. 한 검사를 두 번 시행하여 측정된 검사 점수 간 상관이 높으면 그 검사의 신뢰도가 높은 것으로 받아들이고, 기존에 타당도가 높다고 알려진 검사(준거검사) 점수와 새로운 검사(현장 검사) 점수 간 상관이 높으면 두 검사가 동일한 것을 측정하는 것으로 판단되어 새로운 검사의 타당도가 높은 것을 의미하기도 한다.

4. 상관계수 해석 및 결정계수 13 기출 14 기출 21 기출

상관을 좀 더 쉽게 이해하려면, 다음 [그림 1-25]와 같은 다이어그램으로 두 변인의 관계를 표시해 보면 된다.

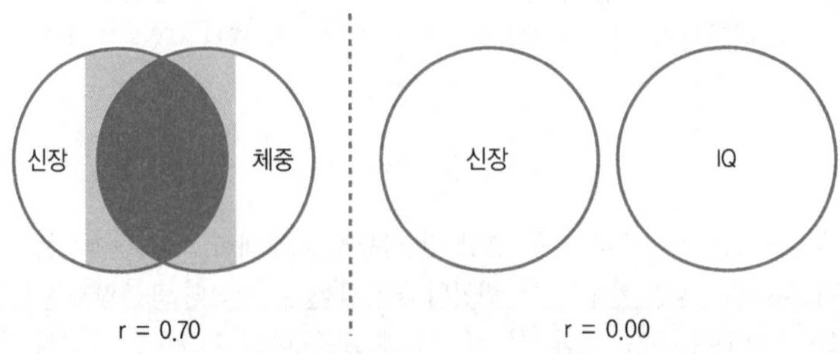

[그림 1-25] 다이어그램을 통한 두 변인의 상관 정도

① 만약, 신장과 체중의 상관이 0.70이라면, [그림 1-25]의 왼쪽에 나타낸 것처럼 두 변인이 겹치는 정도가 약 50% 정도의 면적을 나타나게 된다. (결정계수는 상관의 제곱으로 0.49)

② 즉, 어떤 사람의 신장을 알면 그 사람의 체중에 대해 약 50% 정도의 특성을 예측할 수 있음을 의미한다.

③ 반면, 신장과 IQ 간에 아무런 관련성이 없어 상관이 0.00이라면 [그림 1-25]의 오른쪽 그림과 같이 두 변인이 겹치는 부분이 전혀 없게 된다. 즉, 상관이 전혀 없는 두 변인의 경우, 어떤 한 변인으로 다른 변인을 예측하는 데 아무런 도움도 받지 못함을 의미한다.

(1) **상관계수는 두 변인이 공통으로 변하는 방향(方向)과 정도(程度)를 수치로 표시**한 것이다. 그러나 상관계수는 측정치가 아닌 일종의 지수(指數: index)이기 때문에 대소 구분은 가능하지만 계수 간에 가감승제는 할 수 없다. 즉 상관계수는 서열척도와 같은 것이다. 예를 들어 상관계수가 .50이라 해서 .25보다 배가 된다고 할 수 없으며 .50에서 .70으로의 증가량과 .20에서 .40으로의 증가량이 같다고 해석할 수 없다.

(2) 상관계수는 서열척도(仔列尺度: original scale)이다.

(3) 산출 결과 얻은 상관계수의 해석은 목적에 따라서는 아주 높은 상관계수만이 유의한 것으로 해석될 수 있다. 따라서 상관계수는 위에 제시한 여러 조건에 비추어 상대적(相對的)으로 해석해야 한다.

(4) 예를 들어 근력검사와 근지구력검사 간에 산출된 상관계수가 .70이라면 이 계수는 근력(혹은 근지구력)이 높은 사람은 근지구력(혹은 근력)도 대부분 높다는 것을 시사해 준다. 상관계수는 두 변인 간의 관계를 나타내주는 지수이기 때문에 관련 정도를 비율(혹은 백분율)로 설명할 수 있다. 상관계수를 백분율(百分率)처럼 해석하기 위해서는 상관계수를 자승(제곱)해야 한다.

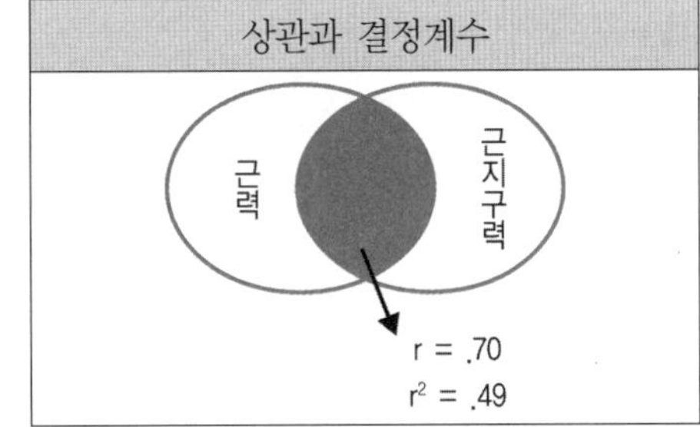

(5) 상관계수의 자승, 즉 r^2을 흔히 결정계수(決定係數)라고도 하는데 이것은 전체변량에 대한 설명변량(說明變量)의 비 혹은 전체변량 중 두 변인이 공통적으로 관련되어 있는 변량비율을 나타낸다.

(6) 예를 들어 근력검사와 근지구력검사 간에 r이 .70이라면 $r^2 = .49$이므로 전체변량(100%) 중 근력검사와 근지구력검사가 **공통적으로 관련되어 있는 변량은 49%라고 해석**한다. 혹은 **근력검사의 전체변량 중 49%는 근지구력검사에 의해 설명**된다고 할 수 있다.

(7) 상관계수의 자승(r^2)은 전체변량 중 두 변인이 공통적으로 관련되어 있는 변량비율(變量比率)을 뜻한다. 그림 중 사선 친 부분은 근력검사와 근지구력검사가 공통적으로 측정하고 있는 변량을 뜻하며 이 변량은 전체 100% 중 49%를 차지하고 있음을 의미한다.

(8) 상관계수는 두 변인 간의 관계의 정도를 나타내 준다. 그러나 이 말은 한 변인이 다른 변인의 원인이 된다는 것을 반드시 의미하지는 않는다. 왜냐하면 제3변인 혹은 몇 가지 변인들이 조합되어 두 변인 간의 상관계수에 영향을 미칠 수 있기 때문이다. 따라서 두 변인 간의 관계를 인과적(因果的)인 측면에서 해석하려면 논리적으로 인과관계가 성립되거나 인과관계를 가정한 실험조건하에서만 가능하다. 이러한 조건이 성립되지 않을 때는 서로가 원인이 되는 공인관계(共因關係)로 설명해야 한다.

참고문제	2017년 건강운동관리사(건강·체력평가))

11. 〈보기〉는 A집단과 B집단의 1,600m 오래달리기 기록(초)과 최대산소섭취량(VO_2max)의 관계를 나타낸 산점도(scatter plot)이다. 산점도와 관련된 설명으로 옳은 것은?

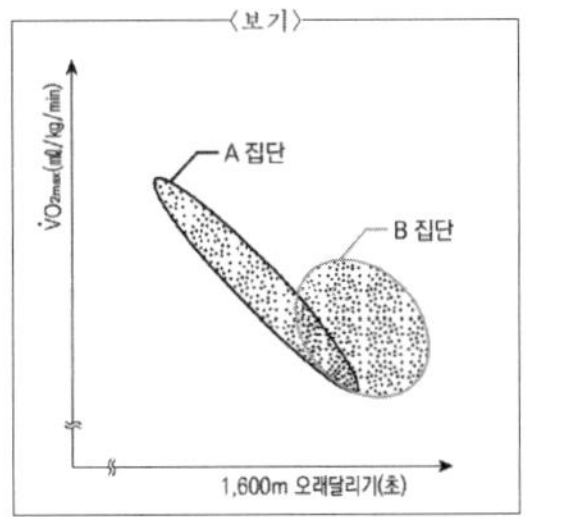

① B집단이 A집단보다 심폐지구력이 평균적으로 더 우수하다.
② B집단이 A집단보다 1,600m 오래달리기 기록의 분산도(variability)가 더 크다.
③ A집단이 B집단보다 최대산소섭취량 추정식의 결정계수(R^2)가 더 크다.
④ A집단이 B집단보다 최대산소섭취량 추정치의 신뢰구간(confidence interval)이 더 크다.

참고문제	2020년 지도사 1급 (체육측정평가론)

13. 다음 표는 준거검사와 현장검사 간의 상관계수이다. ㉠~㉣ 중 가장 타당한 현장검사는?

검사종류	㉠	㉡	㉢	㉣
상관계수(r)	0.5	0.6	0.7	0.8

① ㉠　　② ㉡　　③ ㉢　　④ ㉣

22 | 2022학년도

10. 다음은 윤 교사의 왕복오래달리기 검사에 관한 분석 보고서이다. 괄호 안의 ㉠에 해당하는 값을 쓸 것.

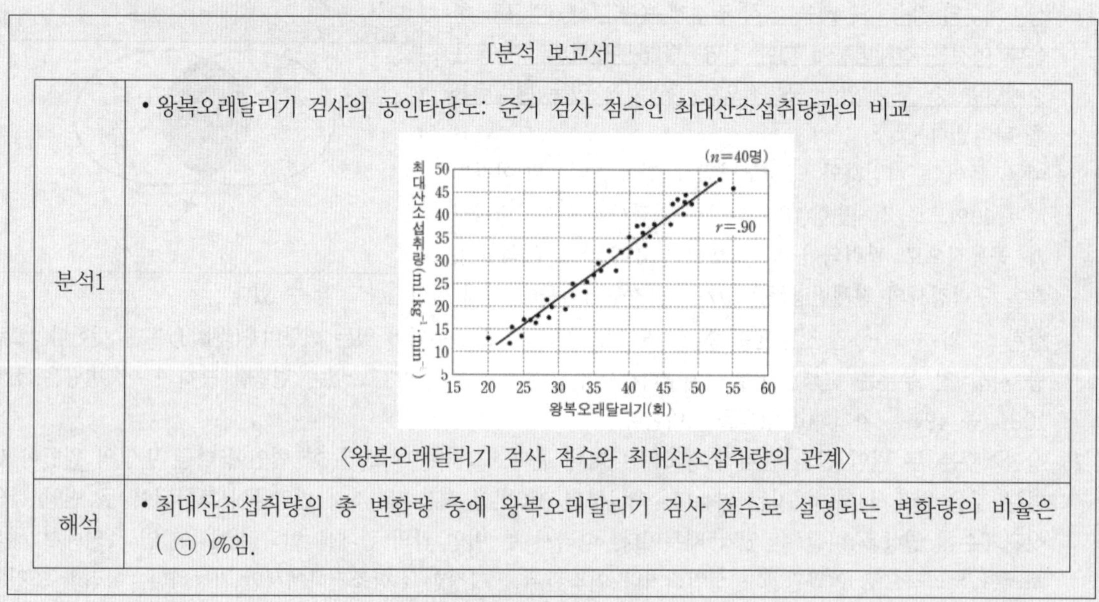

[분석 보고서]

분석1	• 왕복오래달리기 검사의 공인타당도: 준거 검사 점수인 최대산소섭취량과의 비교 〈왕복오래달리기 검사 점수와 최대산소섭취량의 관계〉
해석	• 최대산소섭취량의 총 변화량 중에 왕복오래달리기 검사 점수로 설명되는 변화량의 비율은 (㉠)%임.

[정답] 81(= 0.9^2 = 0.81 ⇒ 81%)

23 | 2021학년도

다음의 (가)는 경기력 검사에 대해 교사들이 나눈 대화 내용이고, (나)는 농구 경기력 검사 점수를 분석한 결과이다. 〈작성 방법〉에 따라 순서대로 서술하시오. [4점]

(가) 교사들의 대화

유 교사: 농구 경기력 검사 도구 개발과 관련하여 경험이 많으신 선생님께 도움을 받고 싶습니다.
이 교사: 네. 좋습니다. 먼저 농구 경기력의 검사 항목을 선정하고, 선정된 검사 항목이 경기력을 검사하는 중요한 요소로 구성되었는가를 농구 전문가인 김 교사의 주관적인 의견을 들어 타당도를 확인해야 합니다.
유 교사: 검사의 타당도를 계량적으로 확인하는 방법도 있나요?
이 교사: 검사 총점과 검사 항목의 점수 간 상관으로 타당도를 추정할 수 있습니다. (나)에서 농구 경기력을 타당하게 측정하는 데 기여도가 가장 큰 검사 항목은 (㉡)입니다.
… (중략) …

(나) 농구 경기력 검사 총점과 검사 항목별 점수 간 상관 분석 결과

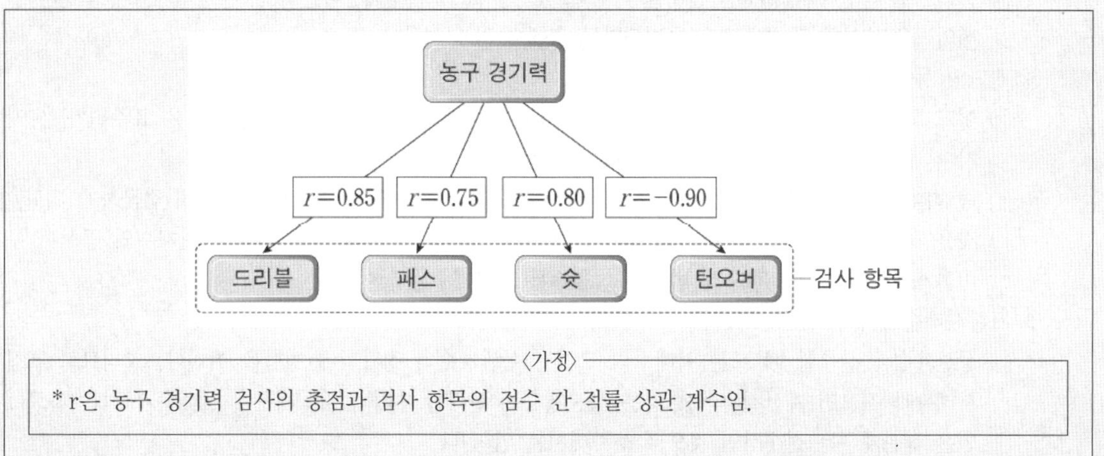

〈가정〉

* r은 농구 경기력 검사의 총점과 검사 항목의 점수 간 적률 상관 계수임.

〈작성 방법〉

ㅇ 괄호 안의 ㉡에 해당하는 검사 항목의 명칭을 쓰고, 이 항목의 결정 계수를 제시할 것.

[정답] ㉡은 턴오버이다. [1점] 결정계수는 0.81이다. [1점]

5. 상관계수 유형

5-1. 피어슨의 적률상관계수 16 기출

(1) **두 변인이 등간 또는 비율자료**에 의한 것이라면 피어슨 적률상관 방법이 사용되어야 한다. 이 절차에 의해 도출된 상관계수는 기호 r로 나타낸다. 상관절차를 사용할 때는 사례수가 30 이상이어야 극단의 점수가 계수에 영향을 주지 않는다.

예 학생 10명의 팔굽혀펴기와 턱걸이 검사점수(비율척도)를 나타낸 자료에서 정적(+) 상관임을 아는 것은 쉽다. 점수 간의 관계의 정확한 특성을 알기 위해서 적률상관계수를 구한다.

(2) 적률상관계수의 적용

① 피어슨의 적률상관은 등간 또는 비율자료에 사용되며, 상위수준의 측정을 사용하기에 선호된다.

② 그러나 서열척도가 포함된다면 스피어만의 순위상관 공식이 사용되어야 한다.

③ 상관계수가 높을 때 주어진 자료로부터 유의한 예측 값을 이끌어내기 위해 <u>회귀방정식</u>이 개발될 수 있다.

(3) r을 계산하기 위해서는

① 두 변인이 다 같이 동간척도 이상의 연속적인 것

② 회귀선이 직선적이어야 하고

③ 회귀선을 중심으로 각 급간의 동변량성이 유지되어야 한다.

(4) 적률상관계수의 크기에 영향을 미치는 요인

① <u>직선성(直線性)</u>

㉠ <u>Pearson의 적률상관계수(γ)는 두 변인 간에 직선적(直線的)인 관계를 가지고 있다는 기본 가정을 만족시킬 때 계산할 수 있다. 이것은 두 변인이 Y = bX처럼 정확하게 직선적인 관계를 의미하는 것이 아니라 자료의 전체적인 경향이 직선적인 형태를 갖추어야 한다는 것이다.</u>

㉡ 그러므로 <u>곡선적(曲線的)인 관계를 가지고 있는 자료로 γ을 계산하는 것은 부당하며, 계산 결과는 실제의 γ을 계산한 값보다 과소 추정된다는 점에 유의해야 한다.</u>

② 집단의 동질성(集團同質性)

㉠ 어느 한쪽 혹은 두 변인의 점수분포의 범위(동질성)가 좁을수록 분포의 변량(혹은 표준편차)은 적어지며, 분포의 변량이 적어지면 상관계수는 낮아진다.

㉡ 즉 하나 혹은 두 변인의 점수분포의 범위가 좁으면 좁을수록 변량은 0에 가깝게 접근하게 되고, 이것을 상관계수 공식에 의하면 0으로 나누는 결과를 초래하기 때문에 결국 상관계수의 공식이 무의미하게 된다. 따라서 점수의 범위가 좁을수록 상관계수는 낮아진다.

③ 표본사례수(標本事例數)

㉠ 상관계수를 산출할 때 표본 사례수의 크기는 상관계수의 정확성에 영향을 미친다. 그러므로 표집된 사례수가 적으면 계산결과에서 얻은 상관계수는 신뢰할 수가 없다. 때문에 사례수가 적은 자료에서 얻은 상관계수는 절대적인 것으로 생각해서는 안 된다.

㉡ 일반적으로 표본 사례수의 크기는 상관계수의 크기에 영향을 미치는 것이 아니라 상관계수의 안정성에 영향을 미친다(강상조, 1990).

5-2. 스피어만의 순위상관계수 16 기출

(1) 하나 또는 양쪽 자료가 **서열척도**인 경우에 적합한 것으로서 사례수가 30 이하일 때는 매우 편리하다. 즉 자료가 점수가 아니고 등위만 있으면 상관계수를 구할 수 있는데 이것은 각 변인의 사례가 1부터 N까지의 등위를 가질 때 Pearson의 상관계수 공식을 계산하기 용이하도록 간편화한 것이다.

예 토너먼트 경기에서의 피니시 순서나 팀 순위가 체육에서 많이 사용되는 서열자료의 예이다.

(2) 만약 한쪽 점수가 등간 또는 비율자료로 나타난다면 점수를 순서대로 정리하여 서열척도로 바꾼다.

예 라켓볼 지도자가 비율척도에서 원점수를 산출한 후 단원이 끝나고 1라운드 로빈 방식의 토너먼트를 하는 서브 테스트를 했다. 지도자는 서브 테스트의 점수가 토너먼트에서의 최종순위와 크게 연관이 있는지를 알고자 한다.

24 | 2016학년도

3. 다음은 걷기 운동의 효과를 분석하기 위한 체육 수업 컨설팅 내용이다. 괄호 안의 ㉠, ㉡에 해당하는 명칭을 순서대로 쓰시오. [2점]

체육 수업 컨설팅

> 수석 교사: 이번 걷기 운동 프로그램이 학생들의 체지방 감량에 미친 효과는 어떻게 알아보나요?
> 초임 교사: 그 효과를 알아보기 위해 1일 평균 걸음 수와 체지방 감량 정도를 측정했습니다. 그런데 〈측정 결과표〉에 나타난 것과 같이 극단값이 존재해서 1일 평균 걸음 수 순위와 체지방 감량 순위 간의 상관을 분석하는 것이 좋을 것 같습니다. 지난번에 체중과 신장 간의 관계 분석에 이용했던 (㉠) 상관분석을 적용하면 어떨까요?
> 수석 교사: 분석은 가능하지만, 이 경우는 (㉡)상관분석을 하는 것이 더 적절합니다.

〈측정 결과표〉

번호	1일 평균 걸음 수	체지방 감량 정도(g)
1	7,200	300
2	5,000	800
3	4,500	600
4	6,700	500
5	3,800	100
6	9,900	1,400
7	6,600	400
8	4,200	200
9	7,100	700
10	7,000	600

[정답] ㉠ 적률 [1점] ㉡ 순위 [1점]

5-3. 양류상관계수(point-biserial correlation coefficient 명명-비연속, 동간비율)

(1) 양류상관계수(rpb)는 한 변인은 두 유목으로 양분된 비연속 변인이고 다른 변인은 최소한 동간척도 이상일 때 적용할 수 있는 피어슨 r의 특수한 예이다. 하나의 변수가 명명척도의 형태로 양분되어 있고, 다른 변수는 양적변수일 때 두 변수의 상관관계를 산출할 때 사용하는 상관계수이다.

(2) 점이연상관계수라고도 하며, γ_{pb}라 한다.

예 실제 학교 현장에서 양류상관계수가 사용되는 경우는 흔하다. 예를 들면 성별(남, 여)과 체중의 관계, 성별(남, 여)과 체력과의 관계 등을 연구할 때 적용할 수 있다.

5-4. 양분상관계수(biserial correlation coefficient 명명-연속, 동간비율)

(1) 두 변수가 모두 양적 변수이지만, 연구자가 필요에 따라 인위적으로 하나의 변수들을 양분하여 상관을 산출할 때 사용한다. 양분상관계수(rb)는 한 변인은 두 유목으로 양분된 연속적 변인이고 다른 변인은 최소한 동간척도 이상일 때 적용할 수 있는 상관계수이다.

(2) 이연상관계수라고도 하며, γ_b라 한다.

예 실제 학교 현장에서 사회 탐구 점수와 체육 점수의 관계를 연구할 때, 사회 탐구 점수를 높은 집단과 낮은 집단으로 양분한 상태에서 체육 점수와 상관계수를 산출할 때 적용할 수 있다.

예 빈부와 건강지수와의 관계에서 건강지수는 연속변인이며 빈부의 구분은 사회계층지수 또는 수입정도라는 연속적인 변인을 적정한 기준에 의하여 양분한 것이다.

5-5. 사간상관계수(명명-연속 2분류)

(1) 사간상관계수(r_t)는 연속적이고 정상적으로 분포되어 있는 X, Y변인이 모두 두 유목으로 양분되어 있을 때 적합한 상관계수이다.

예 건강 수준과 영양 수준을 각각 상, 하로 분류하여 상관을 산출할 때 적용한다.

5-6. 파이계수(phi coefficient 사류상관계수, 명명 비연속 2분류)

(1) 파이계수는 두 변인이 비연속 변인이면서 두 유목으로 양분되어 있을 때 적용할 수 있는 피어슨 r의 특수한 예이다. 양류 상관계수의 연장으로서 두 변인이 다 질적인 두 개의 유목으로 나누어진 경우에 적용되는 상관계수. 이를 흔히 ø(파이)계수 혹은 사류상관 계수(四類相關係數)라고 부르며 r_p로 표시한다.

(2) r_p는 X, Y 변인의 두 유목에 각각 1과 0의 숫자를 할당하여 피어슨(Pearson)의 적률상관계수를 적용한 결과와 같은 값을 갖는다.

예 성별(남, 여)과 체육평가방법 선호(지식평가, 기능평가)

(3) 한 자료가 다음 표와 같이 사분빈도표를 이루는 경우에 r_p의 계산공식과 계산 예를 들면 다음과 같다.

$$r_p = \frac{BC - AD}{\sqrt{(A+B)(C+D)(A+C)(B+D)}}$$

예 예를 들어 성별과 자유결혼에 대한 찬반과의 관계가 어떠한가를 10명을 상대로 조사한 결과가 다음 사분빈도표와 같다면 rp의 값은 다음과 같다.

	성별: 여	성별: 남	
찬성	A = 2	B = 4	6
반대	C = 3	D = 1	4
	5	5	N = 10

$$r_p = \frac{12-2}{\sqrt{6x4x5x5}} = .41$$

(4) r_p는 사분 상관계수 r_t와는 달리 두 변인의 연속성과 정상성 및 직선적 관계를 요구하지 않는 장점을 갖고 있다. 그러나 r_p의 단점은 사분빈도표의 주변 빈도의 크기에 영향을 받는다는 점이다.

5-7. 유관계수(명명 비연속 3분류 이상)

(1) 유관계수(C)는 X, Y두 변인이 비연속적이면서 여러 개의 유목으로 구분돼있을 때 사용하는 상관계수이다. 그러나 유목수의 크기에 따라 C계수의 크기가 제한을 받기 때문에 Cramér가 제안한 C계수를 주로 사용한다.

예 지역(서울, 인천, 부산)과 운동종목 선호(농구, 축구, 배구) 사이의 상관을 구할 때 적용할 수 있다.

X변인의 측정치 척도

Y변인의 측정치 척도	명명-비연속	명명-연속	서열	동간/비율
명명-비연속	1. ① phi(Φ)계수 ② 유관계수	(5)	(8)	(10)
명명-연속	5. ※	2. 사간 상관계수	(6)	(9)
서열	8. 등위양분 상관계수 γrb	6. ※	3. ① 스피어먼(Spearman)의 순위상관계수(ρ) ② 켄달(Kendall)의 Tau(τ)	(7)
동간/비율	10. 양류 상관계수 γpb	9. 양분 상관계수 γb	7. ※	4. 피어슨의 적률상관계수(γ)

※ 아직 규명되지 않은 상관계수

39. 교사와 김OO이 학교 스포츠클럽 농구팀의 코트 위치별 득점을 주제로 나눈 대화이다. 〈보기〉의 그래프에 대한 김OO의 분석으로 옳지 않은 것은?

> 교 사: 그 동안 우리 팀 전적이 어떻게 되니?
> 김OO: 20게임 치렀는데 13승 7패입니다.
> 그런데 우리 팀의 득점이 주로 어느 위치에서 이루어졌는지 알 수 있나요?
> 교 사: 그럼, 알 수 있지. 코트의 득점 위치를 구분해서 X축에 위치별 득점을 Y축에 전체 득점을 놓고 위치별 득점과 전체 득점 간의 상관계수를 산출하면 알 수 있어.
> 김OO: 코트를 좌측과 우측으로 나누고 득점을 2점과 3점으로 구분해서 분석하겠습니다.

〈보 기〉

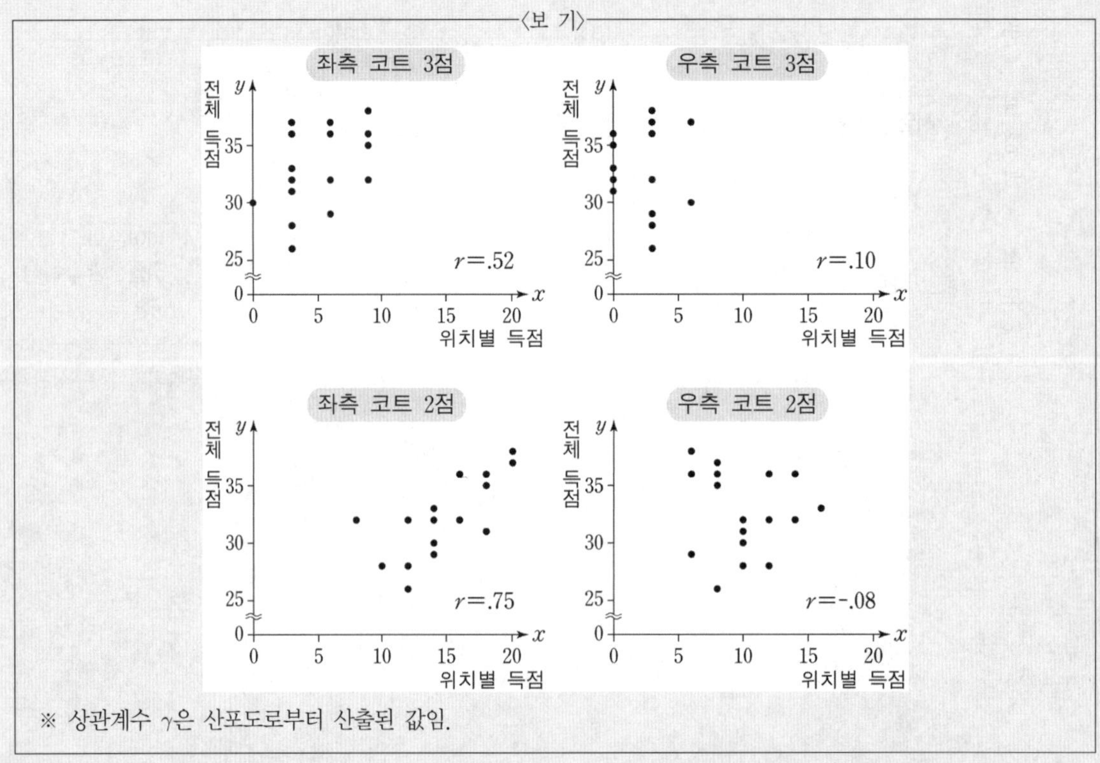

※ 상관계수 γ은 산포도로부터 산출된 값임.

① 좌측 코트 3점 득점과 전체 득점은 52%와 관련되어 있다.
② 좌측 코트 3점 득점은 전체 득점과 정적 상관이 있다.
③ 좌측 코트 2점 득점이 네 개의 코트 중에서 전체 득점과 상관이 가장 높다.
④ 좌측 코트 2점 득점이 많을수록 전체 득점이 많은 경향이 있다.
⑤ 우측 코트 2점 득점과 우측 코트 3점 득점은 전체 득점과 상관이 매우 낮다.

[정답] ① 좌측 코트 3점 득점과 전체 득점은 52%와 관련되어 있다.

[해설] ①이 옳지 않다. "좌측 코트 3점 득점과 전체 득점은 52%와 관련되어 있다."가 아니라 좌측 코트 3점 득점과 전체 득점은 상관계수값이 0.52이며, 두 변수 간의 관련성을 %로 나타낼 때는 상관계수를 제곱하면 결정계수가 되어 좌측 코트 3점 득점과 전체 득점은 약 27.04%가 관련되어 있다. 상관계수는 서열척도, 결정계수는 비율척도이다.

26 | 2014학년도

14. 다음은 김 교사가 학생들의 '건강 생활 습관'을 분석한 결과이다. 괄호 안의 ㉠에 해당하는 용어와 ㉡에 해당하는 값(수치)을 차례대로 쓰시오. [2점]

'건강 생활 습관' 분석 결과

대상	ㅇㅇ 중학교 20명
기간	12주
측정변인 및 도구	- TV 시청 및 컴퓨터 사용 시간(분/일): 질문지 - 중고강도 신체 활동 참여 시간(분/일): 가속도계
결과	(산점도: 세로축 중고강도 신체 활동(분/일) 20~80, 가로축 TV 시청 및 컴퓨터 사용(분/일) 110~150; △남학생, ○여학생) TV 시청 및 컴퓨터 사용 시간과 중고강도 신체 활동 참여 시간의 상관관계(r): 전체 -0.89, 남학생 -0.80, 여학생 -0.40
해석	- 전체적으로 TV 시청 및 컴퓨터 사용 시간이 길면 중고강도 신체 활동 참여 시간은 짧음. - 남녀를 구분할 경우 상관관계는 낮아짐. - 중고강도 신체 활동 참여 시간의 총변화량 중에 TV 시청 및 컴퓨터 사용 시간으로 설명되는 변화량의 비율을 (㉠)계수라고 함. 이 계수는 남학생이 여학생에 비해 (㉡)배 더 높음.

TV 시청 및 컴퓨터 사용 시간과 중고강도 신체 활동 참여 시간의 상관관계(r)		
전체	남학생	여학생
-0.89	-0.80	-0.40

[정답] ㉠ 결정 [1점] ㉡ 4 [1점]

[해설] ㉠ 결정계수는 두 변인의 전체 변량 중에서 공통적으로 관련된 변화량의 비율을 말한다. 즉, 중고강도 신체 활동 참여 시간의 총변화량 중에 TV 시청 및 컴퓨터 사용 시간으로 설명되는 변화량의 비율은 상관계수를 제곱한 결정계수로 나타낸다. 따라서 남학생의 중고강도 신체 활동 참여 시간의 총변화량 중에 TV 시청 및 컴퓨터 사용 시간으로 설명되는 변화량의 비율은 $r^2=(0.8)^2=0.64$로 64%의 관련성이 있으며, 여학생은 중고강도 신체 활동 참여 시간의 총변화량 중에 TV 시청 및 컴퓨터 사용 시간으로 설명되는 변화량의 비율은 $r^2=(0.4)^2=0.16$으로 16%의 관련성이 있다고 하겠다.

㉡ 4배 - $\frac{\text{남자의 결정계수}}{\text{여자의 결정계수}}=\frac{0.64}{0.16}=4$

9 회귀

1. 단순상관과 회귀

상관계수	독립변인(원인변인)과 종속변인(결과변인)의 개념이 없고 단지 두 변인 간의 관계를 나타낸다.
회귀	두 변인 간의 관계가 독립변인과 종속변인의 관계가 될 때 회귀의 문제가 된다.

(1) 회귀: 한 변인을 다른 변인으로부터 예언하는 문제를 말한다.

(2) 높은 상관계수를 가진 두 변인에 대한 자료의 평균과 표준편차를 이용하면 변인 X로부터 변인 Y값을 구할 수 있다. 이러한 과정을 두 가지 자료를 이용하여 실시하는 것을 단순회귀라고 한다.

(3) 상관계수가 높아질수록 회귀방정식의 예측이 정확해질 것이다. 상관계수가 보통이거나 낮은 자료에 의해 회귀방정식을 구하면 예측값의 오차범위가 넓어질 것이다.

(4) 신장(X)을 알고 있을 때 그에 대한 체중(Y)을 예언해 보려는 경우를 생각해 보자.

① 이때 신장은 독립변인, 체중은 종속변인으로서 단순히 두 변인 간의 상관관계가 아닌 회귀의 문제가 된 것이다. 11명에 대한 측정치를 11개의 점으로 표시했을 때 만약 두 변인이 직선적인 관계라면 이들 점들은 그들의 한 가운데를 통과하는 직선으로서 그들의 경향을 대표적으로 나타낼 수가 있다.

② 만일 20개의 점들이 하나의 직선에 완전히 포함된다면 r =1 이 되어 한 변인을 가지고 다른 변인을 정확하게 예언을 할 수 있다.

③ 그러나 실제에 있어서는 완전한 직선적 관계를 가지는 자료가 드물고 점들이 직선으로부터 많이 떨어져 있을수록 상관계수는 점점 작아져서 예언에 오차가 크다는 것을 알 수가 있다. 따라서 11개의 점들이 하나의 직선상에 포함되지 못하기 때문에 정확하게 직선을 그리려면 최적선을 찾아내어야 하는데 이 최적선을 회귀선이라 한다.

회귀방정식은 Y = bX + c

상관계수를 통한 회귀방정식

1-1. 회귀등식의 추정방법

(1) 회귀선을 그릴 때 계산하여야 할 요소는 기울기와 절편이다. 기울기는 X변수가 변할 때 Y변수가 변하는 정도로 △Y/△X로 표기할 수 있다. 직선의 등식을 설명할 때 X변수가 1단위 증가할 때 Y변수가 얼마나 증가하는가를 추정할 수 있다. 그러나 X변수와 Y변수가 각기 다른 척도일 때는 측정단위가 같지 않으므로 X변수의 변화량에 따른 Y변수의 변화량만 가지고 계산할 수 없게 된다. 예를 들어, 키에 따른 몸무게의 산포도와 회귀선을 그리면 [그림 1-26]과 같다.

(2) 키와 체중의 관계를 나타내는 회귀선을 그리기 위하여 기울기 B_1을 계산할 때 키의 변화량에 따른 체중의 변화량, 즉, 키 1cm가 증가할 때 몇 kg이 증가 혹은 감소하느냐에 의하여 기울기를 계산할 수는 없다. 측정의 단위가 다르기 때문에 X변수가 변하는 절대량에 따라 Y변수가 변하는 정도를 가지고 기울기를 추정할 수 없는 것이다.

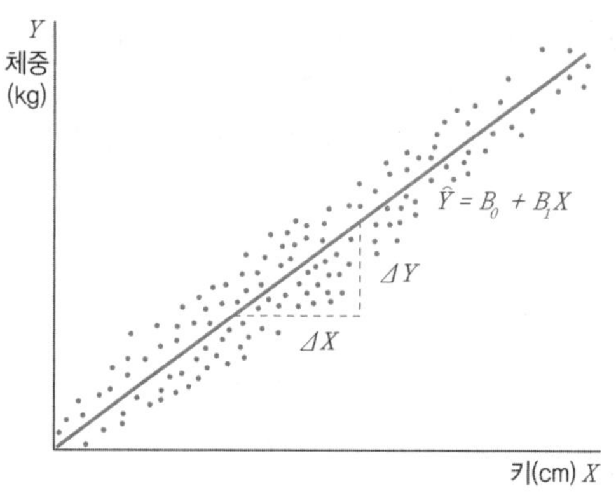

[그림 1-26] 산포도에 나타난 회귀선

① 그러므로 X변수의 변화하는 정도를 나타내는 X변수의 표준편차 s_X와 Y변수의 변화 정도를 나타내는 Y변수의 표준편차 s_Y를 고려하여야 한다. 그렇다면 회귀선의 기울기는 s_Y/s_X로 계산될 것임을 알 수 있다.

② 만약 두 변수의 상관계수가 1.0인 완벽한 상관관계를 이루고 있다면 두 변수를 대변하는 회귀선의 기울기는 s_Y/s_X로 추정할 수 있다. 왜냐하면 모든 점이 이 회귀선상에 있기 때문이다.

③ 그러나 두 변수의 관계가 완벽하지 않을 때는 산포도에 나타난 점들이 회귀선상에 있는 것이 아니라 다양하게 흩어져 있음을 알 수 있다.

④ 그러므로 회귀선의 기울기를 구하기 위해서는 흩어진 정도, 즉 상관계수를 고려하여야 한다. 상관계수를 고려하여 회귀선의 기울기를 구하는 공식은 (1.12)와 같고, 이를 회귀계수(regression coefficient)라고 한다.

$$B_1 = \gamma_{XY}\frac{s_Y}{s_X} \cdots\cdots\cdots\cdots\cdots\cdots \text{(1.12)}$$

(3) 두 변수가 완벽한 상관관계에 있다면 기울기는 s_Y/s_X가 된다. 그러나 두 변수가 상관이 전혀 없다면 상관계수가 0이므로 산포도에 의한 직선을 그린다면 수평선이었듯이 회귀선의 기울기는 0이 된다. 상관계수가 0일 때 그 자료를 대표하는 회귀선의 기울기가 0이 되는지 공식 (1.12)에 대입하여 계산하여 보자.

(4) 회귀선의 기울기가 구해지면 절편 B_0를 구해야 한다. 앞 절에서 설명하였듯이 자료를 대표하는 회귀선은 $\overline{X}$와 $\overline{Y}$인 점을 필히 지나야 한다. 그렇다면 회귀선의 등식에 X변수의 평균 $\overline{X}$와 Y변수의 평균 $\overline{Y}$를 대입하면 회귀선의 절편을 구할 수 있다. 회귀선의 절편을 계산하는 공식은 다음과 같다.

$$\overline{Y} = B_0 + B_1\overline{X}$$

$$B_0 = \overline{Y} - B_1\overline{X} \cdots\cdots\cdots\cdots\cdots\cdots \text{(1.13)}$$

(5) 이와 같이 회귀선의 절편과 기울기가 구해지면 X변수가 얼마일 때 기대되는 Y값은 쉽게 구할 수 있다. 여기서 구한 Y값은 각 사례에서 얻은 Y값이 아니라 X변수값이 특정 값일 때 기대되는 Y값을 말하므로 Y라 표기하지 않고 $\hat{Y}$이라 표기한다. 그러므로 회귀등식은 다음과 같이 표기하며, $\hat{Y}$을 기댓값 혹은 예측값이라 한다.

$$\hat{Y} = B_0 + B_1 X \quad \cdots\cdots\cdots\cdots\cdots\cdots \quad (1.14)$$

(6) 회귀등식을 구하는 절차를 요약하면 다음과 같다.

회귀등식 계산절차
1단계: 두 변수의 산포도를 그려 상관계수의 기본 가정을 충족하는지 확인한다. 2단계: $\overline{X}$, $\overline{Y}$, s_X, s_Y 그리고 γ_{XY}를 계산한다. 3단계: 회귀선의 기울기인 회귀계수를 계산한다. $B_1 = \gamma_{XY}\frac{s_Y}{s_X}$ 4단계: 회귀선의 절편을 계산한다. $B_0 = \overline{Y} - B_1\overline{X}$ 5단계: 회귀등식을 만든다. $\hat{Y} = B_0 + B_1 X$

(7) 〈표 1-7〉에 있는 중학생 5명의 국어점수와 영어점수의 자료를 이용하여 앞의 절차에 따라 회귀등식을 계산하면 다음과 같다.

〈표 1-7〉 중학생 5명의 국어·영어점수와 공분산 계산

	국어(x)	영어(y)	$(X_i - \overline{X})$	$(Y_i - \overline{Y})$	$(X_i - \overline{X})(Y_i - \overline{Y})$
A	2	1	−2	−2	4
B	3	2	−1	−1	1
C	5	4	1	1	1
D	3	3	−1	0	0
E	7	5	3	2	6
평균	$\overline{X}$=4	$\overline{Y}$=3			

⊙ 1단계

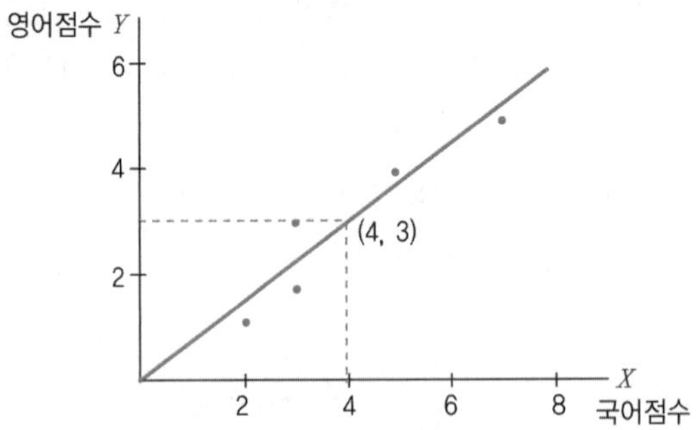

[그림 1-27] 국어점수와 영어점수의 산포도와 회귀선

⊙ 2단계

$\overline{X}=4$, $\overline{Y}=3$, $s_X=1.789$, $s_Y=1.414$, $\gamma_{XY}=0.949$

⊙ 3단계

$$B_1=(0.949)\frac{1.414}{1.789}=0.750$$

⊙ 4단계

$$B_0=3-(0.75)(4)=0$$

⊙ 5단계

$$\hat{Y}=0+0.75X=0.75X$$

(8) 이 회귀선에 의하여 국어점수를 몇 점 맞은 사람은 영어점수를 몇 점 맞을 것이라는 기대를 할 수 있다. 즉, 국어점수가 7점인 학생은 영어점수는 5.25점을 맞게 될 것이다. 그렇다면 영어점수 5점을 맞은 학생은 기대점수보다 낮은 점수를 얻은 것이다. 자료에서 국어점수를 3점 얻은 학생의 기대되는 영어점수는 2.25점인데 한 학생은 3점을, 다른 학생은 2점을 얻었다. 앞의 학생은 기대점수보다 높은 점수를 얻었고, 다른 학생은 낮은 점수를 얻은 것이 된다.

2. 다중상관과 회귀

(1) 단일척도(X)를 기초로 예측값(Y)를 구하는 것은 정확하지 않을 수가 있다. 보다 정확한 예측값(Y)을 구하기 위하여 다중척도(X1, X2, X3 • • •)를 이용하는 것을 다중회귀라고 한다.

(2) 예로, 피부두겹법 측정이 있다면 가슴, 배, 허벅지 부위의 지방을 피부두겹법으로 측정했다면 세 변인은 체지방률을 예측하는 데 이용될 수 있다.

〈상관관계의 종류〉

① 단순상관관계(simple correlation)

② 다중상관관계(multiple correlation)

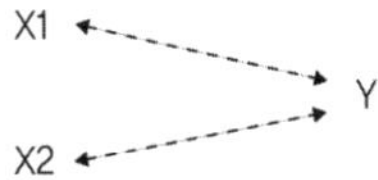

③ 부분상관관계(partial correlation)

X1 ←-----------→ Y

X2 ← 통제

X1 ← 통제

X2 ←-----------→ Y

참고문제	2016년 건강운동관리사 (건강·체력평가)

20. 〈보기〉의 운동시간(x)과 에너지소비량($\hat{y}$)의 관계를 바르게 나타낸 식은?

〈보 기〉

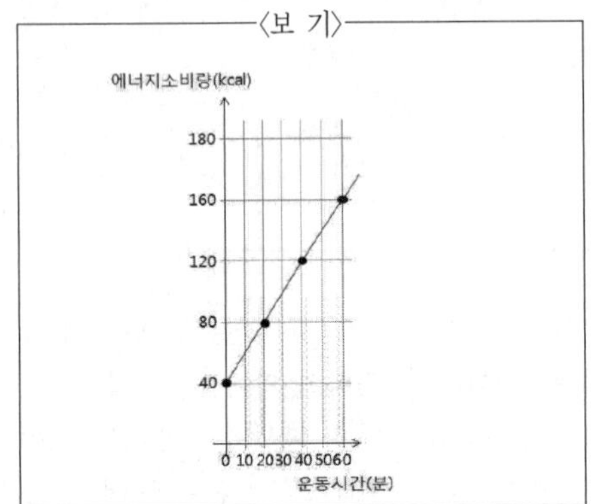

① $\hat{y}$ = 2x + 40
② $\hat{y}$ = 4x + 40
③ $\hat{y}$ = 20x + 40
④ $\hat{y}$ = 40x +40

참고문제	2018년 건강운동관리사(건강·체력평가)

14. 〈보기〉에서 피하지방 두께(X)로 체지방률(Y)을 예측하는 방정식을 선택할 때 고려해야 할 평가기준으로 바르게 묶인 것은?

〈보 기〉

㉠ 방정식을 개발하는 데 대규모 표본(약 100명 이상)이 사용되었다.
㉡ 다당도 계수의 크기는 0.5를 초과한다.
㉢ 방정식을 개발할 때 활용했던 표본과 다른 표본에서 교차검증 되었다.
㉣ 예측변수(X)가 결과변수(Y) 변화량의 36% 이상을 설명한다.

① ㉠, ㉡ ② ㉠, ㉢ ③ ㉡, ㉢ ④ ㉢, ㉣

참고문제	2021년 건강운동관리사(건강·체력평가)

15. 〈보기〉에서 운동시간(X)이 40분일 때 에너지소비량의 예측값($\hat{y}$)은?

〈보 기〉

43세 여성, 체중 54kg, 체지방률 30%인 A회원의 운동시간(X, 분)과 에너지소비량($\hat{y}$, **kcal)의 관계에 대한 선형 회귀식을 추정한 결과 절편(β_0)은 40 회귀계수(β_1)는 7로 추정되었다.**

① 260kcal ② 280kcal ③ <u>320kcal</u> ④ 340kcal

참고문제	2020년 건강운동관리사 (건강·체력평가)

15. 운동부하검사에서 얻은 심박수 반응을 통해 최대산소섭취량을 추정하기 위한 가정으로 옳지 않은 것은?

① 최대심박수의 실측값과 예측값의 차이는 매우 작아야 한다.
② 심박수와 운동량의 변화는 선형적인 관계를 갖는다.
③ 심박수 변화를 유발하는 약물을 복용하는 것은 영향을 미치지 않는다.
④ 정해진 운동량에 대한 기계적 효율은 모든 대상자들이 동일해야 한다.

1) 표준회귀계수
   - 독립변인과 종속변인의 원점수를 표준점수(Z 점수)로 환산하여 계산한 값이다.
   - 독립변이 표준편차 1 단위로 변화할 때 종속변인이 변화하는 양이다.
   - 연구목적이 독립변인들이 종속변인에 미치는 영향력의 크기를 살펴보거나 그 크기를 상호비교하는 것이라면 표준회귀계수(즉 베타)를 이용한다. 왜냐하면 만약에 두 개의 독립변인이 회귀방정식 내에서 있다면 독립변인의 원점수의 측정단위가 각각 독립변인마다 다르기 때문에 종속변인에 각각 미치는 영향력을 알 수가 없다. 따라서 그 크기를 그대로 비교할 수 없다.

2) 비표준회귀계수
   - 독립변인의 원점수를 통해 종속변수의 원점수를 예측하는 것이라면 비표준회귀계수를 이용해야 한다.

10. 다음은 ○○중학교 체육 교과 협의회 회의록이다. 괄호 안의 ㉠에 해당하는 회귀식과 ㉡에 해당하는 에너지 소비량의 추정결과를 순서대로 쓰시오. [2점]

<table>
<tr><td colspan="2">○○ 중학교 체육 교과 협의회 회의록
2014. ○○. ○○</td></tr>
<tr><td>안건</td><td>축구 종목의 블록 타임 수업의 진행 여부 결정을 위한 연구 결과 토의</td></tr>
<tr><td>배경</td><td>• 지난 교과 협의에서 최○○ 선생님께서 축구 종목을 진행하기에 45분 수업 시간이 짧다는 의견과 함께 90분 블록 타임 수업을 제안하였음.
• 박○○ 선생님은 90분 블록 타임으로 축구 종목을 진행하는 경우에 학생들의 에너지 소비량이 지나치게 높아서 다른 활동에 부정적 영향을 미칠 것이라는 의견을 개진하였음.
• 이에 따라 수업 시간과 학생들의 에너지 소비량의 관계를 확인하여 축구 종목의 블록 타임 수업의 진행 여부를 결정하기로 함.</td></tr>
<tr><td>참석자</td><td>윤○○ 선생님, 조○○ 선생님, 최○○ 선생님, 추○○ 선생님, 박○○ 선생님</td></tr>
<tr><td>협의 내용</td><td>• 수업시간(독립변수)과 에너지 소비량(종속변수)의 관계를 근거로 회귀식을 개발함. 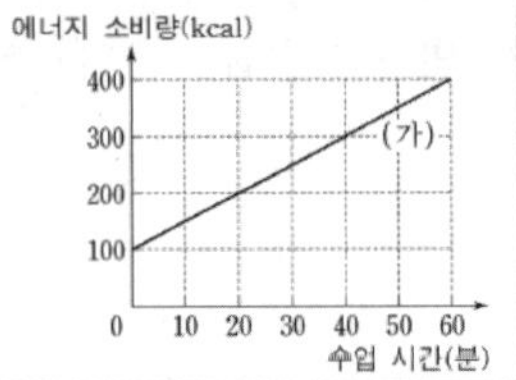
에너지 소비량(kcal)
400
300
200
100
0 10 20 30 40 50 60
수업 시간(분)
(가)
(가) 수업 시간에 따른 에너지 소비량의 회귀선
회귀분석 결과 요약
<table><tr><td>모형</td><td>비표준회귀계수</td><td>유의확률</td></tr><tr><td>(상수)</td><td>100</td><td></td></tr><tr><td>수업시간</td><td>5</td><td>.001</td></tr></table>종속변수: 에너지 소비량
회귀식 $\hat{Y}$ =(㉠)
45분 에너지 소비량 = 325kcal
90분 에너지 소비량 = (㉡)kcal</td></tr>
<tr><td>협의 결론</td><td>블록 타임 수업의 진행 여부에 대하여 다음과 같이 만장일치로 합의함.</td></tr>
</table>

[정답] ㉠ 5X+100 [1점] ㉡ 550 [1점]

[해설] ㉠ 회귀식은 $\hat{Y} = 5 \times X + 100$ (X는 수업시간) = 5×(수업시간) + 100

㉡ $\hat{Y} = 5 \times 90 + 100 = 550$ ∴ 550kcal

제 2 장 체육측정평가의 이해

핵심어

체력 검사, 측정, 검사, 평가, 규준, 준거, 규준지향검사, 준거지향검사, 심폐기능 측정, 운동기능 측정, 건강관련체력, 운동관련체력, 고전검사이론, 진단평가, 형성평가, 총괄평가, 수행평가

문제

1. 고전검사이론의 기본 전제가 무엇인지 설명하시오.
2. 학교에서 학생들의 향상도 점수로 성적을 부여했을 때 문제가 되는 것이 무엇인지 설명하고, 이에 대한 해결책을 제시하시오.
3. 검사를 실시하는 목적 중에서 선발에 대해 예를 들어 설명하시오.
4. 미래의 수행력을 예측하기 위해서 검사를 실시하기도 한다. 이때 사용될 수 있는 통계적인 방법은 무엇이며, 이 방법을 이용하여 검사점수의 예측력을 구체적으로 산출하는 방법을 설명하시오.
5. 중학교 1학년을 대상으로 농구 지그재그 드리블 검사를 실시하였다. 측정된 검사 점수를 전국 규모의 규준과 비교하여 70백분위점수보다 높은 점수를 받은 학생은 수업 목표를 달성한 것으로 판단한다면, 이 검사는 규준지향검사와 준거지향검사 중 어디에 해당되는가? 그 이유를 설명하시오.
6. 최근 학교에서 강조되는 수행평가의 관점에서 볼 때, 가장 수행평가다운 체육과의 실기평가에는 어떤 것들이 있는지 예를 들어 설명하시오.
7. 수행평가가 기존의 평가 방식과 다른 점에 대해서 설명하고, 수행평가가 교육적으로 바람직한 면을 설명하시오.

1 체육측정평가란?

1. 역사

(1) 체육측정평가 분야에서 빼놓을 수 없는 것이 체력 검사이다. 왜냐하면 체력은 국가적으로 항상 관심을 갖는 분야로, 연령별, 성별에 따른 국민들의 체력 상태를 정확하게 측정하는 검사장이 필요하기 때문이다. 한 예로, 2차 세계대전 후 아이젠하워 대통령은 미국의 초등학생보다 유럽의 초등학생들이 더 높은 체력 수준을 나타낸다는 보고에 의해 미국 전역에 체력 발달을 강조하였다. 이웃 나라 일본에서도 정기적으로 다양한 검사 종목을 포함한 체력 검사를 실시하여 국민의 체력 상태를 파악하고 있다. 국내에서도 국민체력 실태조사를 통해서 국민들의 체력 상태를 3년 주기로 파악하고 있다.

(2) 1976년 미국에서는 청소년의 체력이 강조되어 청소년을 대상으로 한 체력 검사가 강조되어 Youth Fitness Test(AAHPERD, 1976)가 개발되었다. 이 검사는 운동체력과 건강체력을 측정하는 검사들이 모두 포함되었다. 운동체력과 건강체력의 구분은 운동과 건강에 강조점이 어디 있느냐에 따라 달라지는

것으로 보통 민첩성, 평형성, 교치성 등은 운동 체력으로, 심폐지구력, 근지구력, 유연성 등은 건강 체력으로 구분된다. 그러나, 특정 체력 요소가 반드시 건강 또는 운동 체력이라고 확정지어 구분하는 것은 바람직하지 않다.

(3) 1980년대 이후에는 건강체력이 강조되면서 AAHPERD Physical Best Program(AAHPERD), FITNESSGRAM, Fit Youth Today(American Health and Fitness Foundation) 등이 개발되었다.

(4) 국내에서도 1990년대 이후 건강에 대한 관심이 급증하면서 1990년대 중반부터는 학생체력검사에 건강체력의 비중이 커지는 등 체력 검사에 운동체력보다는 건강체력의 중요성이 커졌다. 특히, 2009년부터는 학생체력검사가 비만을 포함하는 건강체력평가 체제로 개선되고 검사 후 맞춤형 신체활동 처방이 이루어져 학생 스스로 건강관리가 가능한 학생건강체력 평가시스템을 구축하기 위한 신체의 능력검사를 실시하고 있다.

2. 이론의 발전

(1) 문항과 검사의 질을 분석하는 이론을 검사이론(test theory)이라 하며, 검사이론에는 고전검사이론과 문항반응이론이 있다.

(2) 체육 분야뿐만 아니라 교육 분야에서 가장 많이 사용되며 기초가 되는 측정 모형은 고전검사이론(Classical Test theory)이다.

2 기본 개념

• 체육측정평가의 기본 개념 중 반드시 알고 넘어가야 할 것은 측정, 검사, 그리고 평가이다.

1. 측정의 개념

(1) 측정이란 각각의 측정 대상자들에게 측정하고자 하는 속성에 대해 체계적인 방법으로 수를 할당하는 것이라 정의할 수 있다.

(2) 측정은 "존재하는 모든 것은 양적으로 존재한다. 양으로서 존재하는 이상 그것은 측정될 수 있다."라는 신념에 기초하고 있다. 이러한 신념을 갖고 있었던 연구자들은 관심을 갖고 있는 한 개인이나 대상물의 속성을 파악하기 위해 숫자를 부여해서 그 속성을 측정하고자 하였는데, 이러한 과정을 측정이라 한다.

예 어떤 중학교 남학생들의 심폐기능을 측정하기 위해 A반 학생들은 오래달리기 검사를 이용하고 B반 학생들은 스텝 검사를 이용한다면 체계적인 측정이 이루어지기 어려워 검사점수를 비교할 수 없게 된다. 이와 같이 측정은 모두 측정 대상자에게 동일한 교육과 질문 또는 검사, 그리고 점수부여체계가 사용되어 점수가 할당되어야 한다.

(3) 측정평가 분야에서 측정의 대상은 인간의 개인차 즉, 변산(variability)이다.

① 어떤 집단에게 50m 달리기를 실시하면 학생들의 기록이 모두 동일하게 측정되지는 않을 것이다.

② 즉, 2명 이상의 집단에서는 개인차가 존재하며, 측정은 이러한 개인차를 재려고 하는 것이다.

(4) 체육 영역에서 측정의 대상은 크게 심동적, 인지적, 정의적 특성으로 구분된다.

예 심동적 특성은 현장검사와 실험실검사를 이용하여 측정되며 대개 직접 측정이 가능하다.

예 인지적 특성과 정의적 특성은 인간 내면에 존재하는 잠재적 특성으로 검사지나 설문지를 통해서 측정된다.

(5) 측정의 절차는 측정 대상의 선정, 측정 대상의 속성이나 행위의 구체화, 측정 단위의 설정, 수치부여 규칙 설정 등으로 이루어진다.

(6) 측정의 절차는 매우 이론적으로 보이지만 실제로 검사를 통해서 측정을 할 때 반드시 지켜져야 하는 절차이므로 검사지는 다음의 절차를 숙지하고 지켜야 한다.

① 예를 들면, 중학교 남학생의 스피드 체력 요인을 측정하려면, 검사자가 A중학교 3학년 남학생 100명을 선정하는 것처럼, 먼저 측정 대상을 선정하게 된다.

② 두 번째로 측정 대상의 속성이나 행위를 구체화해야 하는데, 스피드 요인을 재는 검사로 50m 달리기 검사를 선택할 수 있다.

③ 마지막으로 측정의 단위는 1/10초로 설정하고 '출발선에서 출발하여 결승선에 몸의 중심이 통과하는 시간'을 수치부여 규칙으로 선택할 수 있을 것이다.

참고문제	2016년 지도사 1급 (체육측정평가론)

5. 측정에 대한 설명으로 옳은 것은?

① 수집된 자료에 대한 가치판단 과정
② 문제점을 파악하고 긍정적인 피드백을 제공하는 과정
③ 개인이나 집단에 대한 정보를 수집하기 위해 사용되는 도구
④ 개인의 속성에 대해 체계적인 방법으로 점수를 부여하는 절차

참고문제	2018년 지도사 1급 (체육측정평가론)

6. 측정에 대한 설명으로 적절하지 않은 것은?

① 일정한 규칙에 따라 대상의 특성에 숫자를 부여하는 과정이다.
② 어떤 사물이나 행동, 사건의 증거를 수집하여 수량으로 표시하는 것이다.
③ 수집된 자료 또는 검사 점수에 대한 가치판단의 과정을 의미한다.
④ 검사를 통해 자료를 수집한다.

2. 검사의 개념

(1) 검사란 개인이나 집단에 대한 정보를 수집하기 위해 사용되는 도구(tool or instrument) 혹은 체계적인 측정 절차라 할 수 있다.

① 측정은 검사를 통해서 이루어진다.
② 도구에는 지필 검사, 면접, 수행력 검사, 체크리스트, 악력계나 트레드밀과 같은 기구 등이 있다.
③ 검사는 숫자로 나타내는 양적 검사와 '우수함'과 같이 단어로 나타내는 질적 검사가 있다.

(2) 만약, 관심을 갖는 속성이 복근의 근지구력이라면, 그 속성은 윗몸일으키기 검사를 통해서 측정될 수 있다. 검사는 신뢰도와 타당도가 있다.

① 검사의 신뢰도(reliability): 측정 과정에서 중요한 것은 측정하려는 속성을 안정되게 즉, 여러 번 측정해도 동일한 결과가 나올 수 있도록 측정하는 것이다.
② 검사의 타당도(validity): 측정하려는 속성을 적절하게 측정하는 것이다.

3. 평가의 개념

(1) 평가란 수집된 자료 또는 검사 점수에 대해 해석하는 즉, 가치판단(value judgement)의 과정이다.

(2) 평가는 검사를 통해서 측정된 검사 점수는 진정한 의미가 무엇인지 해석하는 것이다.

(3) 평가는 측정을 통하여 수집된 양적(quantitative) 자료를 질적(qualitative)으로 판단하는 과정(예 우수하다, 빠르다)이라 할 수 있다.

① 국가 수준의 규준(norm)을 이용하여 자신의 검사 점수를 비교 평가할 수 있다. 오래달리기를 실시한 후에 '자신의 점수가 그 학급에서 몇 번째로 좋을까?' 등에 관심을 가질 수 있다.

② 미리 설정된 준거(criterion)에 비추어 자신의 건강 상태를 확인할 수 있다. '자신의 심폐기능은 건강을 기준으로 했을 때 양호한 상태인가?' 등에 관심을 가질 수 있다. 이러한 과정을 평가라 할 수 있다.

참고문제	2019년 지도사 1급 (체육측정평가론)

11. 〈보기〉에서 (가) 영역의 용어가 (나) 영역의 정의와 바르게 모두 묶인 것은?

〈보 기〉

(가)		(나)	
㉠ 측정	㉡ 측정규칙	Ⓐ 가치판단	Ⓑ 절대평가
㉢ 평가	㉣ 준거기준	Ⓒ 수량화과정	Ⓓ 표준화과정

① ㉢-Ⓓ, ㉡-Ⓐ　② ㉡-Ⓐ, ㉣-Ⓑ　**③ ㉠-Ⓒ, ㉡-Ⓓ**　④ ㉣-Ⓒ, ㉠-Ⓑ

참고문제	2020년 지도사 1급 (체육측정평가론)

4. 측정과 평가에 대한 설명 중 옳지 <u>않은</u> 것은?

① 측정 - 기구를 이용하여 정보를 얻는 과정　② 평가 - 자료를 질적으로 판단하는 과정
③ 측정 - 정보를 얻기 위한 도구　④ 평가 - 점수를 이용한 가치 판단

참고문제	2015년 지도사 1급 (체육측정평가론)

1. 측정과 평가의 목적과 관련이 <u>없는</u> 것은?

가. 신뢰도 향상　나. 동기부여　다. 진단과 처방　라. 프로그램의 평가

3 검사를 왜 하는가? 15 기출

1. 동기 유발(Motivation)을 위해서

(1) 검사를 실시하는 가장 중요한 목적은 학생들에게 수업 목표 달성이나 운동수행력의 향상을 위해 동기를 부여하는 데 있다.

(2) 학교 체육 수업 시간에 운동기능 검사를 실시하고 교사가 평가 기준을 공개함으로써 학생들은 자신의 검사 점수를 확인하고 기능 향상을 위해 더 노력하게 될 것이다.

① 따라서, 검사는 학기 말에 한 번만 시행하는 것보다는

② 주기적으로 동일한 검사를 시행함으로써 학생들이 자신의 향상도에 관심을 갖고 노력하도록 유도해야 한다.

(3) 특히, 검사 시행 전·중·후에 체육 교사는 학생들에게 긍정적인 피드백을 제공하여 학생들의 동기 유발을 가속화시켜야 한다.

① 검사 점수가 낮게 나타난 학생에게는 원인을 과학적으로 분석하여 제공하고,

② 검사 점수가 향상된 학생들에게는 칭찬을 통해서 계속 노력하도록 유도하는 것이 바람직하다.

2. 성취(Achievement) 수준을 평가하기 위해서

(1) 성취란 정해진 기간 동안 연습하여 측정 시점에서 재고자 하는 관점에 수행되는 최종 능력 수준이라 할 수 있다.

(2) 한 학기 동안 열심히 체육 수업을 받고 연습한 학생들은 자신의 수행력이 어느 정도 향상되었는가에 대해 궁금해 할 것이다. 또한 교사는 자신의 교수법이 효과가 있었는가에 대해 관심을 갖게 될 것이다.

(3) 이러한 학생과 교사의 궁금증을 동시에 해결해 줄 수 있는 방법이 검사라 할 수 있고, 이러한 측면에서 검사는 성취 수준을 평가하는 데 목적이 있다.

3. 향상도(Improvement)를 측정하기 위해서

(1) 향상도는 정해진 한 시점과 그 이후 시점에서 측정된 수행력의 차이로 알 수 있다.

(2) 체육 교사들은 대부분 수업 초기와 학기 말에 학생들의 능력에 많은 차이를 보이는 것을 기대한다.

(3) 또한, 학생들의 수행력이 향상되는 것은 수업의 주된 목표이기도 하다.

(4) 그러나, 향상도를 측정하는 데 천정효과(ceiling effect)를 고려해야 한다.

① 향상도는 사전검사와 사후검사를 통해서 측정되는데, 사전검사에서 높은 점수를 받은 학생은 낮은 점수를 받은 학생에 비해 향상될 수 있는 범위가 좁아진다.

② 따라서, 최초의 검사에서 높은 검사를 받은 학생과 낮은 검사를 받은 학생들의 향상도 점수로 비교하는 것은 적절하지 않다. 향상도를 측정하는 것은 많은 체육 교사나 지도자들이 원하는 것이지만, 이러한 이유 때문에 실제로 현장에서 적용하는 것은 쉽지 않다.

③ 그러나, 향상도 점수를 실제성 평가에 적용하여 학생들의 동기 유발을 위한 방법으로 활용한다면 매우 효과적인 수업을 진행할 수 있을 것이다.

※ 천정효과[Ceiling Effect, 天井效果]
종속변수가 모두 너무 높은 점수 또는 범주에 있어서 독립변수의 효과를 파악하기 어려운 경우를 의미.
예 시험문제가 너무 쉬워서 대부분의 학생들이 높은 점수를 받는 경우, 이런 경우 문항들은 변별력을 가지고 있다고 보기 힘들며, 이는 검사의 타당도와도 연결된다. 즉, 시험에 대비해 열심히 공부한 학생이나 상대적으로 적게 공부한 학생이나 모두 낮은 난이도로 인하여 높은 점수를 얻게 되고, 시험의 변별도가 낮아지는 것이다. 이렇게 될 경우 종속변수들이 모두 오른쪽으로 치우치는 현상이 나타나게 되며, 정규분포의 이상적인 형태와는 거리가 멀어지게 되어 종속변수들 간의 차이, 독립변수가 종속변수에 미치는 영향에 대한 파악이 어렵게 된다.

※ 바닥효과(Floor Effect)
종속변수가 낮은 점수 범위에 몰려 있어서 독립변수의 영향력을 확인하기 어려운 경우를 의미.
예 시험문제가 너무 어려워서 대부분의 학생들이 10~20점을 받았을 경우, 학생들 간의 학업 성취도 차이를 확인하기 어렵다.

※ 척도 희석화 효과(scale attenuation effects)
천정효과와 바닥효과를 포함한다.

4. 진단(Diagnosis)을 위해서

(1) 현재 상태의 학생들이 어느 정도의 수준인가를 진단하기 위해서 검사를 하는 것이다.

(2) 학교에서 체육 교사는 학기 초에 학생들의 전체적인 수준을 파악하고 교육내용과 목표를 설정하기 위해서 검사를 실시하는 것이 보통이다.

(3) 학교나 스포츠센터에서 학생들과 고객의 체력 상태나 건강 상태를 알아보기 위해서 교사나 스포츠 지도자는 검사를 실시하여 체력을 측정하게 된다.

(4) 진단을 위해 검사를 실시할 때에는 학생들의 개인차를 확인하여 개별화된 교육 프로그램을 계획하는 것이 중요하다.

(5) 특히 진단적 과정은 효과적으로 가르치고 배우도록 도와주는 역할을 하며, 인지적 영역을 다룰 때에는 더욱 중요하다. 이외에도 한 학기 수업이 끝난 후에 수업목표를 달성하지 못했거나 향상되지 않은 사람들을 판단할 때에도 검사를 이용할 수 있다.

(6) 즉, 진단을 위한 검사는 운동을 처음 시작하는 단계나 학기 초에만 실시하기보다는 교사나 지도자가 학생이나 고객의 능력 수준을 파악하고자 할 때에는 언제든지 이용될 수 있다.

참고문제	2016년 지도사 1급 (체육측정평가론)

18. 〈보기〉에서 설명하는 측정평가의 목적으로 가장 적절한 것은?

〈보 기〉

"현재 체력수준이 어느 정도인가?", "왜 비효율적으로 백핸드 스트로크를 하는가?", "달리기 능력을 향상시키는 데 실패한 이유는 무엇인가?"

① 진단 ② 동기유발 ③ 향상도 측정 ④ 프로그램 평가

5. 처방(Prescription)하기 위해서

(1) 스포츠 센터에서 고객들을 진단하여 문제점을 교정하기 위한 처방을 내리기 위해서 자주 검사를 실시한다.

(2) 특히, 최근에는 건강과 관련된 요인들을 측정하여 현재 피험자의 상태를 판단하고 적절한 운동프로그램을 처방하는 운동처방이 많은 사람들에게 이용되고 있다.

(3) 스포츠 센터에서 운동프로그램을 처방하기 위해 검사를 실시하는 것처럼, 학교에서도 검사를 이용하여 학생들에게 개별적으로 운동수행력을 교정할 수 있다.

(4) 장애물달리기에서 허들링의 자세를 교사가 평가한 후에 개별적으로 잘못된 부분들을 지적하여 학생들에게 언어적 피드백을 제공하는 것은 학생들의 운동 교정을 위한 처방의 좋은 예라 할 수 있다.

6. 성적(Grading)을 부여하기 위해서

(1) 학생들에게 성적은 평생 동안 기억되는 중요한 부분이다. 따라서, 성적을 부여하기 위해 실시되는 검사는 객관적이면서 공정해야 한다.

(2) 최근 학교에서 실시되는 체육과 수행 평가는 평정 척도(rating scale)에 의한 검사를 이용한다.

① 이때 주의할 점은 평정 척도를 개발할 때, 개발된 평정 척도를 이용하여 비전공자가 평가를 해도 동일한 결과가 나올 수 있을 정도로 평정 척도를 내용을 분명하고 객관화시켜야 한다는 것이다.

② 또한, 개발한 평정 척도는 학생과 학부모에게 미리 공개되어야 하고 검사가 끝나면 학생들에게 점수를 알려 주어 교사 스스로 검사의 공정성을 유지하도록 최선을 다해야 한다.

(3) 상기한 설명처럼 검사는 성적을 결정할 때 이용되지만, 성적을 결정하기 위해서만 검사를 시행하는 것은 측정의 가치를 한정하는 것이 되므로, 다양한 목적에 따라 검사를 시행하는 것이 바람직하다.

• 평정 척도[評定尺度]: [교육] 학습 성적이나 행동, 태도 따위를 평가할 때 사용하는 기준. 숫자나 A, B, C, D 또는 수, 우, 미, 양, 가 등을 사용한다.

7. 교육프로그램을 평가하기 위해서

(1) 학기 초에 실시되는 검사를 통해서 교사는 과거 체육 수업에서 사용했던 교육프로그램의 효과를 평가할 수 있고, 학기 말에 실시되는 검사를 통해서 자신이 실시했던 체육 수업 프로그램이 효과가 있었는가를 평가할 수 있다.

(2) 만약, 여러 가지 교수방법의 효과를 비교하려면 학기가 끝날 때 측정한 검사점수의 결과들을 비교하면 될 것이다.

(3) 교육 프로그램에 대한 평가를 할 때 주의해야 할 사항은 한 가지 검사를 통해서 일부 수업을 단편적으로 평가하는 것보다는 다양한 검사를 통해서 프로그램 전체에 대해 평가해야 한다는 것이다.

8. 분류(Classification)와 선발(Selection)을 위해서

(1) 검사는 학생들을 유사한 능력 집단으로 분류할 때 유용하게 사용될 수 있다.

① 효과적으로 교수-학습이나 스포츠 지도를 위해서는 학생이나 대상자들이 유사한 능력 집단으로 구성되어야 한다.

② 따라서, 체육 교사나 지도자들은 학생들의 능력이 유사한 집단으로 구분되기를 원한다.

(2) 물론, 이러한 경우에 분류를 위한 기준점을 설정하는 것이 필요한데, 객관적, 주관적 방법을 적절하게 동원하여 기준을 설정해야 한다.

① 학교에서는 대개 선수를 선발할 때 기초체력검사를 실시하게 된다.

② 즉, 엘리트 선수를 위한 운동부 선발이나 특정 대회에 참가할 선수를 선발할 때 검사를 이용할 수 있다.

③ 초등학생들에게 검사를 실시하여 미래의 꿈나무를 선발하는 경우는 검사를 선수 선발에 이용하는 좋은 예라 할 것이다.

9. 미래의 수행력을 예측(Prediction)하기 위해서

(1) 검사는 미래의 운동 수행력에 대한 예측을 위해서 이용될 수 있다.

(2) 엘리트 선수들의 최대산소섭취량이나 불안 수준 등을 통해서 경기력을 예측하는 것은 미래 수행력을 예측하기 위해 검사를 사용하는 좋은 예이다.

(3) 일반인들의 경우 피부두겹 검사를 통해 측정된 체지방률을 통해서 건강 정도를 예측하거나, 꿈나무 선발을 위한 체력 검사를 통해서 미래의 선수로서 성공 정도를 예측하는 것도 좋은 예가 될 것이다.

참고문제	2016년 지도사 1급 (체육측정평가론)

13. 체력검사의 목적이 아닌 것은?

① 동기유발 **② 검사 도구 개발** ③ 운동 프로그램 평가 ④ 운동 목표의 성취도 평가

참고문제	2019년 건강운동관리사 (건강·체력평가)

18. 건강증진을 위해 운동을 실행하는 일반 성인에 대한 체력검사의 목적으로 적절하지 않은 것은?

① 현 체력상태 진단과 처방 ② 운동참여에 대한 동기유발
③ 운동프로그램의 효과성 검증 **④ 천정효과(ceiling effect) 증진**

4. 다음은 두 교사 간의 e-메일 대화 내용이다. 밑줄 친 ㉢에 해당하는 이유와 ㉣에 해당하는 단점을 기술하시오. [5점]

답장 전체답장 전달 X삭제 스팸신고 목록 | 위 | 아래	
제목	학생 평가와 관련하여 상의를 드립니다.
김 선생님 안녕하세요? 낮에 학교에서 말씀드렸던 대로 학생 평가와 관련하여 두 가지 상의드릴 내용이 있습니다. 첫 번째는 학생들의 체력 평가를 위해 체지방을 측정하는데, 측정할 때마다 값이 달라 당황스럽습니다. 같은 학생을 동일한 방법으로 2회 반복하여 측정하였음에도 두 값에 차이가 있습니다. 제가 무엇을 잘못하고 있는 것인지요? 두 번째는 내년 신입생에게 시행할 수영 실기 평가 방법에 관한 내용입니다. 올해는 자유형 25m 수행에 대한 성취도만을 평가하였습니다. 수업에 매우 적극적으로 참여하였지만, 과거에 수영을 배워 본 경험이 없었기 때문에 완주하지 못하여 좋은 평가를 받지 못했습니다. 그래서, 내년 신입생부터는 향상도를 평가에 반영하는 것이 어떤지 의견을 드립니다. 올해 발령을 받은 후 처음 시행하는 학생 평가라서 모르는 것이 많습니다. 잘 가르쳐 주십시오.	
↳답장 최 선생님 학교 일들이 재미있지요? 첫 번째, 체지방을 측정할 때마다 다른 값이 나오는 것은 당연한 일입니다. 선생님 잘못이 아니라 측정오차가 원인이지요. 두 번째, 향상도를 반영한 평가는 학생들의 학습 동기를 고취할 수 있다는 점에서 매력적이라고 생각합니다. 그러나 ㉢ <u>향상도 평가는 숙련자에게 불리</u>할 수 있으며, ㉣ <u>향상도를 평가에 중요하게 반영한다는 사실을 학생들이 사전에 인지할 경우 단점</u>도 있을 수 있습니다. 계속 의논하면서 더 좋은 학생 평가 방법을 만들어 봅시다.	

[정답] ㉢ 천장효과(천정효과) 또는 향상 정도의 폭(범위)이 좁다. [반드시 들어가야 함] 척도단위의 비동질성이다. [1점]
(사전검사의 점수가 높은 학생은 사전검사 점수가 낮은 학생에 비해 높은 향상도 점수를 동일한 단위로 해석하기 어렵다. 예를 들면, 마라톤 선수가 1,600m 달리기에서 5초 단축된 것은 의미 있는 향상도로 해석할 수 있지만, 초보자가 5초 단축된 것은 실제로 의미 있는 향상도로 해석하기 어렵다.)
㉣ 학생들이 사전검사에서 고의로 낮은 점수를 받으려고 노력할 것이다. [1점]

4 검사의 종류

1. 평가 기준에 따라 03 기출 07 + 공청회 08 기출 14 기출 20 기출

1-1. 규준지향검사(NRY; Norm-Referenced Test)

(1) 규준지향검사란 개인이 얻은 점수나 측정치를 비교집단의 규준(norm)에 비추어 상대적인 서열에 의하여 판단하는 평가를 말한다.

> [일반교육학] 규준지향평가(상대평가)는 개인의 점수를 다른 사람들의 점수와 상대적으로 비교하여 해석하는 평가방식이다. 규준은 규준집단의 평균적인 수행이나 상태를 나타낸다. 예를 들면 한국 미혼 여성들의 실제 평균체중은 규준이다.

(2) 학생들의 개인차를 변별하는 데 주된 관심을 갖는 것이 규준지향검사(NRY; Norm-Referenced Test)이다.
  ① 앞에서 설명한 것처럼 측정의 대상은 개인차이다.
  ② 만약 어떤 중3 여학생이 머리 위로 2m 이상 언더핸드패스를 연속으로 몇 회 하는가를 측정한 검사에서 10회를 기록했다면, 이 결과는 어떻게 해석해야 될까? 만약, 이 학생의 점수를 다른 학생의 점수와 비교한다면, 그 학생이 집단 내에서 어느 정도의 수준인가를 쉽게 알 수 있을 것이다.

(3) 규준지향평가를 상대비교평가 혹은 상대평가라고 부른다.
  ① 규준지향검사에 사용되고 상대적 서열에 대한 변환점수의 예로 대학수학능력시험 점수의 보고에 사용하는 백분위(percentile)나 T점수 등을 들 수 있다.
  ② 일반적으로 규준지향검사에서 얻어진 검사 점수는 국가 수준의 규준(Norm)과 비교되어 해석하는 것이 바람직하다.

(4) 규준지향검사는 준거나 목표의 도달 여부에는 관심이 없고 서열이나 상대적 위치를 부여하여 분류하는 작업에 치중하므로 무엇을 얼마만큼 알고 있는가에 관심이 있는 것이 아니라 학생의 상대적 서열에 관심을 두게 된다. 학부형들이 그들의 자녀에게 다른 질문보다는 몇 등이냐, 너보다 잘한 학생이 몇 명이냐고 서슴없이 묻는 것은 규준참조평가에 익숙한 결과이다.

(5) 우리나라의 교육제도는 일반적으로 상위학교 진학에 구속되어 있으므로 규준지향검사인 상대비교평가가 지배하고 있다고 보아도 과언이 아니다.
  예 1960년대 어린이 노래경연대회의 '누가누가 잘하나'란 프로그램의 제목은 상대비교평가를 의미한다고 할 수 있다. 왜냐하면 그 주의 장원은 노래를 잘하는 어떤 준거에 의하여 결정되는 것이 아니라 그 주에 출연한 아이들의 우열에 의하여 결정되기 때문이다.
  예 한 학생의 윗몸일으키기 점수가 35개인데, 이 점수가 그 학교에서는 80백분위수에 해당하지만, 국가 수준의 규준에 비교되었을 때 50백분위수라면, 이 학생은 국내 모든 학생의 중앙값에 해당한다고 평가할 수 있다.

(6) 하지만, 규준지향적 관점에서 평가가 이루어지려면 해당 측정치에 대한 국가 수준의 규준이 설정되어 있어야 한다. 그러나, 아직까지 국내에서는 이러한 관점에 대해 많은 노력을 기울이지 않아, 학교 체육이나 생활 체육에서 널리 활용할 수 있는 체력 검사나 운동기능 검사의 규준이 마련된 경우는 많지 않다.

1-2. 준거지향검사(CRT; Criterion-Regerenced Test): 절대평가

(1) 준거지향검사: 학습자 또는 개인이 무엇을 얼마만큼 알고 있는지를 준거에 비추어 재는 평가를 말하는데,
   ① 무엇이라 함은 학습자가 성취해야 할 과제의 영역 혹은 분야를 이른다.
   ② 규준지향검사가 학습자의 상대적 서열에 관심을 둔 평가라면 준거지향검사는 준거에 비추어 학습자들이 무엇을 얼마만큼 알고 있느냐에 관심을 두는 평가이다.

> [일반교육학] 준거지향평가: 개인의 점수를 절대적인 성취수준에 비추어 해석하는 평가방식이다. 점수를 절대적으로 해석하기 때문에 절대평가라고 한다. 점수를 절대적으로 해석한다는 것은 무엇을 어느 정도 알고 있고, 무엇을 어느 정도 할 수 있는가에 비추어 점수를 해석한다는 것을 말한다.

(2) 예컨대, 어느 학생이 수학시험을 보았을 때 미적분 분야에서 준거를 통과했다면 이때 미적분이 영역이 된다.

(3) 만약, 어떤 체육 교사가 심폐기능 강화를 목적으로 수업을 실시한 후에 1,600m 오래달리기-걷기 검사에서 7분 30초 이하의 기록을 달성한 학생을 수업 목표를 달성한 것으로 판단한다면, 이 검사는 준거지향검사라 할 수 있다.

(4) 준거지향검사에서 가장 중요한 요소는 과제의 영역과 준거이다.
   ① 과제의 영역(domain): 교육내용으로서 측정내용
   ② 과제의 준거(criterion): 교육목표를 설정할 때 도달하여야 하는 최저기준(minimum competency level)

(5) 준거지향검사에서는 무엇을 평가할 것인가에 대한 영역을 구체적으로 명시하여야 하고, 이를 근거로 준거를 설정하는 것이 매우 중요하다.
준거지향검사는 일반적으로 자격증을 부여할 때 사용되는데, 자격증이란 앞으로 어떤 일을 성공적으로 수행할 수 있다고 보장하는 증명서이기 때문에 일정한 준거에 도달하는 사람에게 발급하게 된다.

(6) 최근 건강에 대한 일반인의 관심이 급증하면서 건강과 관련하여 준거지향검사를 사용하는 경우가 증가하고 있다. 특히 다양한 방법으로 비만을 측정하여 건강 정도를 파악하는 방법이 유행하고 있는데, 준거지향검사가 제대로 시행되기 위해서는 타당도와 신뢰도가 높은 기준 설정이 우선되어야 한다.

29 | 2003학년도

16. 운동능력보다는 건강을 강조하는 건강관련체력검사를 개발하고자 한다. 다음 질문에 답하시오.
  16-1. 최우선적으로 포함시켜야 할 체력 요인을 1가지만 쓰시오.
  16-3. 건강관련체력검사의 결과를 사용하여 개인의 건강상태를 평가하고자 한다. 준거에 따른 분류에 기초하여 가장 타당한 평가방법을 쓰시오.

[정답] 16-1. 심폐지구력 [1점], 16-3. 준거지향평가 [1점]

2. 규준(norm)

(1) 규준: 대단위 표본을 통해 얻어진 어떤 검사 점수의 백분위수를 의미하는 것이다.
   예 고3 남학생의 체지방률의 규준이 미리 설정되어 있다면 학교 현장에서 학생들의 체지방률을 측정하여 규준에 비추어 자신의 비만 상태를 파악할 수 있다.

(2) 만약, 고3 남학생의 체지방률의 규준에서 50백분위수가 20%일 때, 어떤 학생의 체지방률은 우리나라 전체 고3 학생의 중앙에 위치하는 것이다.

3. 준거(criterion)

(1) 준거란 절대평가에서 합격과 불합격의 기준이 되는 것이다.

(2) 만약 중3 여학생의 건강을 기준으로 한 1,600m 오래달리기 검사의 준거가 10분 30초라면, 오래달리기 기록이 10분 30초를 넘는 학생은 건강하지 않은 것으로 판단할 수 있다.

〈표 2-1〉 일반교육학 규준지향평가와 준거지향평가의 비교 표

규준지향평가	구분	준거지향평가
선발적 교육관(정규분포)	기본 가정	발달적 교육관(부적 편포)
개인의 점수를 다른 사람들의 점수와 상대적으로 비교하여 서열 또는 순위 판정(개인차 변별)	평가목적	구체적인 지식이나 기능의 성취수준 확인, 교육목표의 도달도 확인, 개인을 목표도달-미달로 분류
일반적이고 포괄적인 지식이나 기능, 특정 목표나 기능을 측정하기 위한 문항수가 상대적으로 적다.	평가대상의 성질	매우 구체적이고 한정된 지식이나 기능, 특정 목표나 기능을 측정하기 위한 문항수가 상대적으로 많다.
상대적 위치 비교	평가방법	개인의 성취수준 판정 혹은 분할점수에 따라 도달-미달 분류
신뢰도 중시, 문항곤란도가 중간 수준인 문항을 선정하고, 너무 쉽거나 너무 어려운 문항은 배제	측정도구	내용타당도 중시(내용영역 혹은 목표와 부합되는 문항선정). 문항곤란도는 본질적인 고려사항이 아님
선발, 분류, 배치: 입학시험, 심리검사	용도	확인, 교정, 개선: 자격고사
백분위(PR): 백분위 80은 전체 집단의 80%가 그보다 낮은 점수를 받았음을 나타낸다.	예시	정답률(%): 정답률 80%는 전체 교육목표의 80%에 도달했음을 나타낸다.
광범위한 영역의 지식 혹은 기능 평가 기능, 개인차 변별	장점	교육목표에 부합되는 평가 기능, 경쟁 완화
상대적 위치정보만 제공하며 낮은 성적을 받는 학생들이 반드시 존재함. 경쟁을 심화시킬 수 있음	단점	교육목표를 명료화하고, 수행표준을 설정하기가 어려움. 일반적인 지식이나 기능 측정 곤란

〈표 2-2〉 일반교육학 규준지향평가와 준거지향평가의 성적평가방식 비교 표

성적	규준지향평가(상대평가)	준거지향평가(절대평가)
A	상위 10% 이내	교육목표 90% 이상 달성
B	상위 11~30% 이내	교육목표 80~89% 달성
C	중위 40%	교육목표 70~79% 달성
D	하위 11~30% 이내	교육목표 60~69% 달성
F	하위 10% 이내	교육목표 60% 미만 달성

30 | 2007학년도

다음은 팔굽혀펴기 평가 기준표이다. 교사 1, 2가 활용한 평가 방법의 명칭과 특징을 쓰시오.

교사 1의 평가 기준		교사 2의 평가 기준	
등급	횟수	등급	비율
수	45회 이상	수	상위 10%
우	35~44회	우	20%
미	25~34회	미	40%
양	15~24회	양	20%
가	14회 이하	가	하위 10%

■ 교사 1의 평가 방법 명칭: ____________________

특징: ____________________

■ 교사 2의 평가 방법 명칭: ____________________

특징: ____________________

[정답] ■ 교사 1의 평가 방법 명칭: 절대평가

특징: 목표의 달성 여부를 판단하는 데 그 목적이 있으며 발달적 교육관에 기초를 두고 있다.

■ 교사 2의 평가 방법 명칭: 상대평가

특징: 개인차를 변별하는 데 관심이 있으며 선발적 교육관에 기초를 두고 있다.

31 | 2008학년도

18. 홍 교사와 최 교사는 배드민턴 수업을 실시하고, 학기 말에 다음과 같이 평가하였다.

홍 교사	평가 목적	• 학생들의 학습 목표 달성 여부를 파악하고, 이를 기초로 지도법을 개선하고자 한다.
	평가 방법	• 학습 목표에 비추어 교사가 작성한 평가 기준표에 따라 평가하였다. • 평가 기준 이상의 학생은 '성공'으로, 평가 기준 이하의 학생은 '실패'로 판정하였다.
최 교사	평가 목적	• 학생들의 운동 기능을 서열화하여 학업 성취도를 제고하고, 학급 대표 5명을 선발하고자 한다.
	평가 방법	• 전체 학생들을 대상으로 리그전을 실시하여 승률로 평가하였다. • 상위 5명을 학급 대표로 선발하였다.

홍 교사와 최 교사가 사용한 검사법의 명칭을 참조 준거에 따라 구분하여 쓰시오. 그리고 교육관과 학생들의 관계 측면에서, 2가지 검사법의 특징을 비교하여 각각 1줄로 설명하시오.

• 홍 교사의 검사법: ______________________

• 최 교사의 검사법: ______________________

• 교육관 비교: ______________________

• 학생들의 관계 비교: ______________________

[정답] • 홍 교사의 검사법: 절대평가

• 최 교사의 검사법: 상대평가

• 교육관 비교: 홍 교사는 발달적 교육관이며 최 교사는 선발적 교육관이다.

• 학생들의 관계 비교: 홍 교사는 협동적 관계, 최 교사는 경쟁적 관계의 검사법이 된다.

32 | 공청회

다음은 학생들의 일련체조 실시 결과를 평가하기 위한 기준표이다. 제시된 표에 대한 설명으로 가장 올바른 것은?

평가 영역	성취기준		수준		
			상	중	하
일련 체조	일련체조를 시간과 힘의 배분에 따라 정확히 실시할 수 있다.	시간성 및 힘의 배분	동작에 따라 빠르고 느리게 그리고 힘을 적절하게 배분하여 자연스럽게 실시할 수 있다.	동작에 따라 시간성과 힘의 배분을 할 수 있으나 동작의 연결이 자연스럽지 못하다.	동작의 시간성, 힘의 배분 등이 제대로 이루어지지 않는다.
		신속성	동작이 신속하고 리듬감이 있다.	동작이 신속하나 리듬감이 없다.	동작이 신속하지 못하고 서툴다.

① 학생들의 일련체조 실시 결과를 세 수준으로 나누어 상대적으로 비교하여 평가하려는 의도가 있다.
② 제시된 성취기준 '신속성'은 성취기준의 하위 내용으로 부적절하므로 바꾸는 것이 바람직하다.
③ 수준을 상중하로 구분한 것은 학생들이 도달해야 할 규준을 세분화한 것이다.
④ 제시된 기준표에 의하면 모든 학생이 만점을 받거나 최하점을 받을 수 있기 때문에 잘못 작성된 것이다.
⑤ 수준을 다시 지식-이해-적용-분석-종합-평가로 세분하여 제시하면 현재 상태보다 우수한 평가기준표가 된다.

[정답] ②

[해설] 제시된 기준표에서 성취기준 '신속성'은 성취기준의 하위 내용으로 부적절하므로 '정확성'의 내용으로 수정한다. 상위 성취기준에서 "순서에 따라.."와 "정확히.."의 표현이 제시되었기 때문에 이에 적합한 하위 성취기준이 제시되어야 한다.

〈보기〉는 다음과 같이 수정되어야 한다.

① 본 평가기준표는 준거지향 성취평가 기준을 제시한 것이기 때문에 학생들을 비교하려는 목적이 아니고 각 개별 학생들이 도달해야 할 최소기준을 제시한 것이다.
③ 규준이 준거가 되어야 한다.
④ 진정한 규준지향평가에서는 모든 학생이 만점을 받거나 최하점을 받을 수도 있다는 것을 전제하고 있기 때문에 잘못 작성된 것은 아니다. 현행 중등학교에서 인위적으로 전원 만점이 나오지 않도록 조절하는 문제는 논외로 한다.
⑤ 지식-이해～-평가로 세분하는 것은 학생들의 인지적 영역의 행동목표를 진술할 때 사용되는 것이 바람직하다.

33 | 2014학년도

2. 다음은 '신체 활동 참여 증진 프로그램'을 반영한 ㅇㅇ중학교의 2014학년도 2학년 건강 활동 영역 교육 계획서의 일부이다. 2009 개정 교육과정에 따른 체육과 교육과정의 '평가의 방향' 중 '교육과정과의 연계성', '평가 방법과 도구의 다양성'에 근거하여 'Ⅲ. 평가 방침 및 내용'에서 잘못된 내용을 각각 2가지씩 찾아 쓰고 그 이유를 기술하시오. 또한, 〈참고 자료 1〉에서 밑줄 친 ㉠, ㉡의 내용을 계산된 신뢰도 계수와 성취기준 점수를 포함하여 기술하고, 〈참고 자료 2〉에서 괄호 안의 ㉢, ㉣에 해당하는 평가 방법을 차례대로 쓰시오. [10점]

Ⅳ. 평가결과의 활용

(1) 개인평가결과를 정리하여 학부모에게 통보한다.(〈참고자료 2〉 참조)

(2) 학생이 신체 활동 수행계획을 수립할 수 있도록 지도한다.

〈참고자료 2〉 개인평가 결과지 예시

ㅇㅇ중학교 건강 활동 교육 개인 평가 결과지

이름: 최ㅇㅇ 학년: 2학년 1반 기간: 2021년 1학기

결과

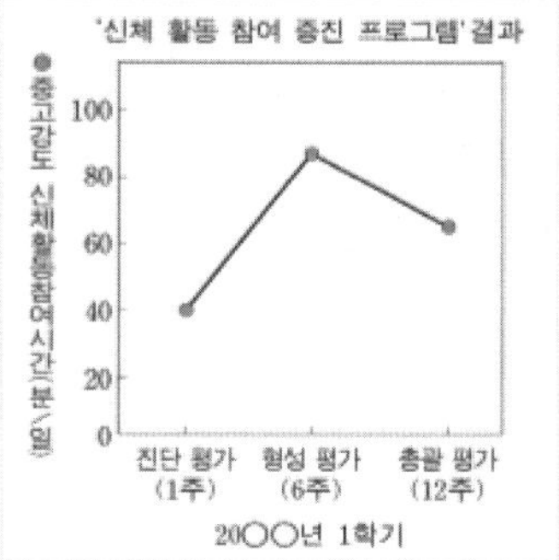

'신체 활동 참여 증진 프로그램' 결과

●중고강도 신체 활동 참여 시간(분/일)

100, 80, 60, 40, 20, 0

진단 평가 (1주) 형성 평가 (6주) 총괄 평가 (12주)

20○○년 1학기

(㉢)

중고강도 신체 활동 참여시간(분/일) 성취 등급	
90분 이상	우수
60분 이상	보통 (성취)
60분 미만	미흡

(㉣)

ㅇㅇ중학교 중고강도 신체활동 참여시간	
백분위	분/일
〉99	180
95	100
75	60
50	40
25	30
5	20
〈1	10
평균치	50
표준편차	20

해석

- 최ㅇㅇ의 주당 하루 평균 중고강도 신체 활동 참여 시간은 평균보다 높습니다.
- 자세히 살펴보면, 최ㅇㅇ의 중고강도 신체 활동 참여 시간은 진단평가 시 성취 기준보다 낮았습니다(40분/일). 하지만, 형성평가 시 신체 활동량이 증가(90분)하여 (우수등급)까지 성취하였고, 총괄평가 시 상대적으로 감소(64분)하였으나 성취 기준치에 도달하고 있습니다. 지속적인 신체 활동으로 건강을 유지하세요!

[정답] ㉢ 절대평가(준거지향평가)이며 학생의 성취도를 절대 준거에 비추어 확인하는 평가이다.

㉣ 상대평가(규준지향평가)이며 다른 학생의 성적과 비교하는 평가이다. [2개 맞아야 1점] (명칭을 물어보는 것이 아니라 평가방법을 물어본 것)

34 | 2020학년도

3. 다음은 ○○중학교에서 실시한 운동기능 검사 결과에 대해 박 교사와 김 교사가 나눈 대화 내용이다. 괄호 안의 ㉠, ㉡에 해당하는 용어를 순서대로 쓰시오. [2점]

> 박 교사: 김 선생님, 운동기능 검사는 끝났나요?
>
> 김 교사: 네, 선생님. 이번 체육 수업에서 실시한 운동기능 검사 점수를 근거로 운동기능이 숙달되지 않은 학생 집단 (가)와 운동기능이 숙달된 학생 집단 (나)로 나누었어요. 그런 다음에 Ⓐ와 같이 두 집단 간 교차가 되는 점수를 숙달 여부의 판단을 위한 기준 점수(cut-off score)로 정했어요.
>
> 박 교사: 학교스포츠클럽 대회가 얼마 안 남았는데 대회에 출전할 학생들은 선발하셨나요?
>
> 김 교사: 아니요. 그렇지 않아도 대회가 얼마 남지 않아서 걱정입니다. 이번에는 학교 간 대회이기 때문에 운동기능이 상대적으로 우수한 (나) 집단에서 Ⓑ수준 이상인 학생들을 선발하려고 합니다. 이를 위해 운동기능 검사 점수의 백분위 수를 근거로 정해지는 선발 기준인 (㉠)을/를 사용하려고 합니다.

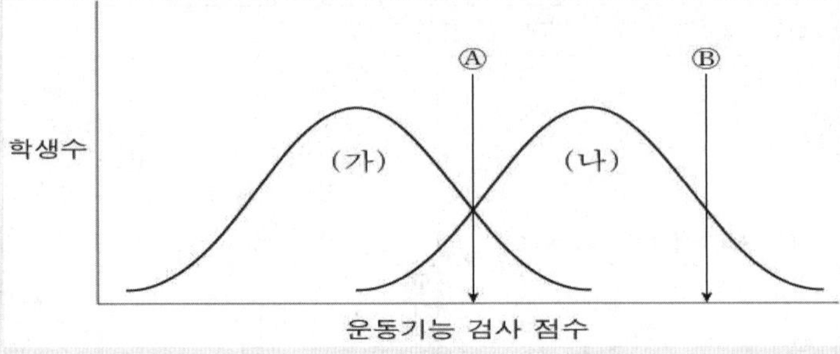

[정답] ㉠ 규준 [1점]

4. 평가의 기능에 따라 22 기출

(1) 평가는 평가가 어떤 기능을 하는지에 따라 진단, 형성, 총괄 평가로 구분된다.

4-1. 진단평가(Diagnosis Evaluation)

(1) 진단평가(Diagnosis Evaluation)는 수업 초기에 학생들의 출발점 위치를 알아보기 위해 실시한다.

참고문제	2018년 지도사 1급 (체육측정평가론)
8. 진단평가의 목적은? ① **수준별로 분류한다.** ② 향상도를 판단한다. ③ 최종성적을 부여한다. ④ 프로그램을 평가한다.	

4-2. 형성평가(Formative Evaluation)

(1) 형성평가(Formative Evaluation)는 수업 중간에 실시되는 평가로 수업 중간에 학생들의 문제점을 파악하여 긍정적인 피드백을 제공할 수 있는 평가 방법이다.

(2) 따라서, 형성평가를 이용하면 수업의 적절성을 모니터링 할 수 있고, 수업 중에 학생들이 실시하는 연습이 적절한가에 대해서 파악할 수 있다.

(3) 최근 학교 체육에서 강조되는 수행평가는 형성평가와 유사한 평가 방법이라 할 수 있다.

4-3. 총괄평가(Summative Evaluation) 22 기출

(1) 총괄평가(Summative Evaluation)는 일반적으로 수업의 마지막 시기에 실시되는 평가로 학생의 성취수준을 평가할 때 주로 사용한다.

(2) 학교에서는 총괄평가를 이용하여 성적을 부여하며, 수업의 효과를 나타내는 지표를 확인하기 위해 사용되기도 한다.

(3) 과거에 비해 최근에는 형성 평가가 많이 강조되고 있지만 형성 평가가 총괄평가보다 우수하다고 생각하는 것은 바람직하지 않다.

(4) 교사나 지도자의 목적에 맞는 평가 방법을 선택하여 사용해야 하며, 평가 방법의 효과를 극대화하기 위해서는 두 가지 평가가 모두 사용되는 것이 바람직하다.

참고문제	2018년 지도사 1급 (체육측정평가론)

7. 평가의 유형 중 총괄평가에 대한 설명으로 옳은 것은?

① 훈련이 실시되기 전 체력수준을 파악한다.
② 훈련이 모두 종료된 후 실시하는 평가이다.
③ 훈련과정 중간에 체력검사를 실시한다.
④ 훈련이 실시되기 전 훈련자의 숙련정도를 파악한다.

■ 정치평가·진단평가·형성평가·총괄평가의 비교

	정치평가	진단평가	형성평가	총괄평가
기능	수업 전 개인차를 확인하여 수업의 출발점 결정, 집단배치, 수업계획	지속적인 학습장애의 원인 확인 및 교정	피드백 제공으로 학습 촉진, 교수방법 개선	성적평가, 자격부여, 수업효과 확인
실시 시점	수업 전	수업 중 필요시	수업 중 수시	수업 후
측정 내용	선수필수지식, 교육목표 달성 여부, 기타 개인차 특성	학습장애의 원인	교육 목표 달성 여부	교육 목표 표본
문항 수준	출발점 행동(쉬움)/목표에 따라 다름	쉬움	목표에 따라 다름	다양한 수준

5. 다음의 (가)는 김 교사의 교사 전문성 신념에 관한 내용이고, (나)는 현장 개선 연구 보고서의 일부이다. 〈작성 방법〉에 따라 순서대로 서술하시오. [4점]

(가) 김 교사의 교사 전문성 신념

(㉠)적 실천주의
- 지식은 실제 속에 있으며, 이론과 실천은 분리되지 않는다.
- 교사의 역할을 이론의 적용자로 규정한 기능적 합리주의와 달리, 교사는 지식의 소비자이자 생산자이다.

(나) 현장 개선 연구 보고서

○ 주제: 건강체력교실 프로그램 개선
○ 문제파악
- 운영기간: 2021년 1학기
- 평가 항목 및 종목: 학생건강체력평가 항목 중 왕복오래달리기, 앉아윗몸앞으로굽히기, 악력, 제자리멀리뛰기

평가 항목	종목	단위
심폐지구력	왕복오래달리기	회
유연성	앉아윗몸앞으로굽히기	cm
근력 및 근지구력	악력	kg
순발력	제자리멀리뛰기	cm

- 분석 및 결과
  - 분석: 최근 10년간 학생건강체력평가의 측정 결과(4개 항목)를 전집으로 가정하여 단일 표본 t-검정을 실시함.
  - 결과: 여학생의 체력 수준이 모든 항목에서 전집 평균치보다 낮게 나타남.

○ 프로그램 개선 계획
- 여학생 신체활동 특성을 반영한 건강체력교실 프로그램 개발 …(중략)…

○ 실행
- 운영 기간: 2021년 2학기 …(중략)…

○ 실행 결과
- 평가 시기와 목적

구분	시기	목적
진단평가	프로그램 실행 전 (8월 말)	학생의 현재 수준 파악
(㉡)	프로그램 실행 후 (11월 중순)	학생의 성취도, 프로그램 효과성 등의 종합적 판단

〈작성 방법〉

○ 괄호 안의 ㉠에 해당하는 용어를 숀(D.Schön)의 주장에 근거하여 쓸 것.
○ 괄호 안의 ㉡에 해당하는 평가의 명칭을 쓸 것.

[정답] ㉠ 반성 [1점] ㉡ 총괄평가(또는 종합평가) [1점]

5 체육측정평가에서 최근 강조

1. 건강과 관련이 깊은 체력이 강조된다. 03 기출

(1) 건강관련체력(Health-related Physical Fitness)이란 건강체력이라고도 하며, 건강과 관련이 깊어 건강을 유지하는 데 필요한 체력으로 심폐지구력, 근지구력, 유연성, 신체조성 등의 요소가 주로 포함된다.

① 1980년대 이후부터 체육 분야에서는 건강에 대한 관심이 급증하였다.

② 최근 현대인들의 좌업생활로 인한 비만 증가는 성인병을 유발하고 건강을 악화시켰고, 최근 불고 있는 웰빙 바람으로 현대인들은 건강을 유지하고 체력을 향상시키는 데 많은 노력을 기울이게 되었다. 이러한 변화에 발맞춰 체육 분야에서는 건강관련체력(Health-related Physical Fitness)이 강조되고 있다.

(2) 건강관련체력과 비교되는 개념으로 운동관련체력이 있는데, 운동관련체력에서는 민첩성, 순발력, 평형성 등이 주로 포함된다.

① 한 가지 주의해야 할 것은 '심폐지구력은 운동체력이 아니고 건강체력이다.'라고 정의하는 것처럼 어떤 체력요소를 건강체력으로 단정 짓는 것은 바람직하지 않다.

② 왜냐하면, 건강체력과 운동체력의 구분은 어디까지나 강조점이 어느 체력 요소에 있는가의 문제이며 주로 검사장(test battery)을 구성할 때 사용되는 개념이기 때문이다.

③ 즉, 위의 설명처럼 심폐지구력, 근지구력, 유연성, 체지방률 등이 건강체력에 속하는 것으로 구분한 것은 미국의 FITNESSGRAM처럼 공인된 건강체력 검사장에 주로 포함되는 요소이고, 이러한 체력요소가 실제로 건강과 깊은 관련성을 갖기 때문이다.

(3) 건강체력의 강조로 건강체력 검사장의 개발이 요구되어 미국에서는 이미 1980년대부터 Institute for Aerobics Research의 FITNESSGRAM이나 AAHPERD의 Physical Best Program과 같은 다양한 건강관련체력 검사장이 개발되어 체육 현장에 보급되고 있다.

① 그러나, 국내에서는 아직까지 건강관련체력 검사장의 개발이 많지 않은 실정이다. 기존에 학교에서 사용하던 학생체력검사는 건강체력과 운동체력이 혼합되어 있는 형태이며, 현재 학교에서 실시하고 있는 건강체력 검사장의 경우에도 건강을 준거로 한 기준이 설정되어 있지 않아 학생들에게 건강에 대한 정보를 주지 못하고 있다.

② 따라서, 청소년과 성인들을 대상으로 한 건강체력 검사장의 개발이 시급하며, 아울러 학교에서 실시되고 있는 학생건강체력평가시스템(PAPS)에서도 세부 종목에 대한 건강을 기준으로 한 준거가 설정되어야 할 것이다.

(4) 건강을 기준으로 한 준거란 어떤 학생이 특정 체력검사에서 몇 점 이상을 얻으면 건강한지에 대한 기준 또는 총 몇 점 이상을 얻으면 건강한 것으로 판단할 수 있는가에 대한 기준을 의미한다. 이러한 기준이 현장에 마련되어 있다면 학생들에게 건강에 대한 진단적인 정보를 제공해 줄 수 있어 체력 검사장의 활용도가 높을 것이다.

참고문제	2017년 건강운동관리사 (건강·체력평가)

12. 건강 관련 체력검사의 결과 활용으로 바르게 묶인 것은?

〈보 기〉

㉠ 체력의 향상도 평가를 위한 기초자료로 활용한다.
㉡ 달성 가능한 건강체력 목표를 설정하는 데 활용한다.
㉢ 규준(norm)지향기준과 비교하여 신체활동 동기를 유발한다.
㉣ 준거(criterion)지향기준과 비교하여 체력의 상대적 위치를 확인한다.

① ㉠, ㉡, ㉢ ② ㉠, ㉡, ㉣ ③ ㉡, ㉢, ㉣ ④ ㉠, ㉡, ㉢, ㉣

36 | 2003학년도

16. 운동능력보다는 건강을 강조하는 건강관련체력검사를 개발하고자 한다. 다음 질문에 답하시오.

16-1. 최우선적으로 포함시켜야 할 체력 요인을 1가지만 쓰시오.

______

16-3. 건강관련체력검사의 결과를 사용하여 개인의 건강상태를 평가하고자 한다.
준거에 따른 분류에 기초하여 가장 타당한 평가방법을 쓰시오.

______

[정답] 16-1. 심폐지구력 [1점], 16-3. 준거지향평가 [1점]

2. 준거지향검사가 강조된다.

(1) 기존의 학교 체육에서는 준거지향검사보다는 규준지향검사가 많이 사용되었다.
  ① 왜냐하면, 체육 수업 시간에 실시하는 검사는 대부분 성적을 부여하기 위해 시행되었기 때문에 학생들의 능력을 상대적인 서열로 세우는 데 관심을 가졌다.
  ② 그러나, 이러한 평가 방식은 교육적으로 바람직하지 않고 교사들이 학생들을 변별하기 위해서만 검사를 사용하는 등의 단점이 지적되어 왔다.

(2) 이러한 문제점들을 해결하기 위해 최근 강조되고 있는 것이 준거지향검사이다.
  ① 학교에서 준거지향검사는 학생들이 수업 목표를 달성하는가의 여부를 평가하는 것으로, 학생들의 상대적 비교보다는 학생들의 준거 달성 여부에 관심을 두는 검사이다.
  ② 준거지향검사는 모든 학생들이 정상적으로 수업을 받는다면 수업목표를 달성할 수 있다는 발달적 교육관에 기초한다.

(3) 따라서, 학교 현장에서 검사 점수를 상대적으로 비교하여 순위를 부여하는 선발적 교육관에 입각한 규준지향검사보다 교육적으로 바람직하다.

(4) 특히, 최근 강조되고 있는 건강관련체력은 준거지향검사에 입각하여 평가되어야 할 것이다. 즉, 진술한 것처럼 건강을 기준으로 한 체력 수준이 어느 정도인지를 설정하여 준거로 제시할 필요가 있다.

3. 수행평가가 강조된다.

(1) 수행평가는 수업 활동과 평가 활동이 동시에 일어나고, 경기와 같이 실제적인 상황에서 학생들의 능력을 평가하는 것이 검사받는 사람의 진정한 능력을 평가할 수 있다는 생각에서 발달하였다.

(2) 체육 분야에서 전통적으로 사용해 오던 평가 방법

① 교사 앞에서 학생이 자신의 능력을 객관적인 평가 방법에 맞추어 펼쳐 보이면 교사가 객관적인 평가 기준에 의해 평가하는 것.

② 단점: 실제적인 상황에서 학생의 능력을 평가하지 못하였고, 학생들이 수업활동을 펼치는 동안 향상되는 부분을 평가에 반영하지 못하는 단점을 보였다.

(3) 이러한 반성에 입각하여 강조되고 있는 평가 방법이 수행 평가(Performance based evaluation)이다.

(4) 수행 평가는 객관적인 평가보다 느리게 진행되며 평정 척도를 개발할 때 세심한 주의가 요망될 뿐만 아니라 다양한 책과 자료를 통해 교사가 연구하는 자세를 가져야 성공할 수 있는 평가 방법이다.

① 수행 평가가 7차 교육과정부터 적용되면서 수행 평가와 관련된 많은 연구와 자료들이 쏟아져 나왔다. 따라서, 체육 교사나 지도자들은 수행 평가 관련 자료나 서적들을 쉽게 구할 수 있다.

② 수행 평가를 실시하는 교사나 지도자들은 관련 자료를 참고하는 것 외에도 수업 시간마다 학생들의 수업 활동에 함께 참여하는 열정과 학생들의 수업 활동을 평가할 수 있는 자료와 평가 방법에 대한 철저한 준비가 요구된다.

③ 상기한 내용 외에도 체육측정평가 분야에 불고 있는 변화의 바람 중 하나는 다양한 컴퓨터 프로그램의 활용이라 할 수 있다. 최근 컴퓨터가 급속도로 발달하면서 간단하고 쉽게 다룰 수 있는 측정용 소프트웨어가 다양하게 개발되었다(예 Excel, SPSS 등). 이러한 프로그램들을 활용하면 학생들의 검사점수를 더욱 간단하고 정확하게 해석할 수 있고, 분석된 자료로부터 향후 학생들의 수행력과 바람직한 태도 함양을 위한 정보를 도출할 수 있을 것이다.

제 3 장 문항분석

핵심어

고전진점수이론, 관찰점수, 진점수, 오차점수, 평행검사, 진점수동등검사, 측정오차, 신뢰도, 타당도

1 문항분석(Item analysis)6)

(1) 문항에 대한 평가는 크게 두 가지 방법으로 분석한다. 하나는 질적 평가이며 다른 하나는 양적 평가다.
① 문항에 대한 질적 평가: 문항이 측정의 목적에 부합되게 제작되었는지를 점검하는 방법으로 이는 내용 타당도를 확인하는 과정이며 검사 내용 전문가의 주관적 판단에 의존한다. 또한 문항이 문항 유형의 특성과 제작원리에 따라서 제작되었는지를 분석한다.
② 문항에 대한 양적 평가: 피험자의 응답결과를 검사이론에 입각하여 문항난이도, 문항변별도, 문항추측도를 분석하는 것이며, 선다형의 경우 답지의 매력도 등도 분석한다. 문항분석을 위한 검사이론에는 고진검사이론과 문항반응이론이 있다.

2 고전진점수이론에 의한 문항분석

(1) 문항과 검사의 질을 분석하는 이론을 검사이론(test theory)이라 하며, 검사이론에는 고전검사이론과 문항반응이론이 있다.
(2) 고전검사이론(Classical Test Theory)은 문항과 검사를 검사총점에 의하여 분석하는 것으로서 1920년대 이후 개발되어 많은 이론적 발전과 더불어 응용되어 왔고, 아직까지도 우리나라에서 고전검사이론이 많이 사용되고 있는 실정이다.
(3) 고전진점수이론에 의하면, 측정된 검사점수의 해석은 다음에 제시하는 고전진점수이론의 가정이 만족될 때 올바른 해석이 가능하다.

1. 고전진점수이론이란

(1) 고전진점수이론을 간단하게 수식으로 나타내면 다음과 같다.

$$X = T + E \quad \cdots\cdots\cdots\cdots\cdots\cdots\cdots\cdots\cdots \quad (3.1)$$

① 공식 (3.1)에서 X는 관찰된 검사점수이고, T는 진점수이며, E는 오차점수 즉, 측정의 오차를 의미한다.
② 즉, 측정된 검사점수는 진점수와 오차점수의 합이다.
(2) 진점수: 측정하고자 하는 속성에 있어서 대상자의 진짜 능력을 의미하며, 이는 고정된 값으로 가정.

6) 각 문항의 좋고 나쁨, 즉 문항의 양호도를 알아보는 절차를 문항분석(item analysis)이라고 한다.

(3) 오차점수: 측정 상황에서 발생하는 측정의 오차를 의미, 측정 상황에 따라 값이 달라지는 것으로 가정.

(4) 관찰점수 역시 오차점수와 같이 측정 상황에 따라 달라지게 된다.

예 고등학교 1학년 학생을 대상으로 오래달리기 검사를 실시한다고 가정해보자.

① 측정 시 현재 상태에서 대상자들의 진짜 오래달리기 능력은 고정적인 것이라 할 수 있겠지만,

② 검사일의 날씨, 검사장의 환경, 대상자의 컨디션 등 다양한 요인들에 의해 측정된 관찰점수는 기대했던 대상자의 진짜 능력을 측정하지 못할 수 있다.

③ 이와 같이 대상자마다 기대했던 진점수와 실제로 측정된 관찰점수의 차이는 오차점수 즉, 측정의 오차인 것이다.

1-1. 고전진점수이론의 가정

(1) 고전진점수이론 즉, 'X = T + E'가 성립되기 위해서는 몇 가지 가정이 필요하다. 그 첫 번째 가정은 다음과 같다.

$$\epsilon(X) = T \quad \cdots\cdots\cdots\cdots\cdots\cdots \quad (3.2)$$

① 공식 (3.2)에서 ε(X)란 관찰점수의 기댓값(expected value)으로 동일한 검사를 동일한 대상자에게 무한히 반복하여 독립적으로 시행했을 때 얻어지는 점수들의 평균을 의미한다.

② 독립적이라는 의미는 반복하여 시행하는 검사 간 관계가 독립이라는 것으로, 각각의 검사가 다른 검사에 아무런 영향을 주지 않는 것을 의미한다.

③ 즉, 특정 검사에 대한 한 대상자의 진점수는 이 검사를 그 대상자에게 무한히 반복하여 시행했을 때 측정된 검사점수들의 평균이라는 것이다.

예 예를 들어, 홍길동이가 윗몸일으키기 검사를 독립적으로 무한히 반복하여 시행했을 때, 평균 점수가 35개였다면, 홍길동이의 윗몸일으키기 진점수는 35개가 된다.

④ 하지만, 실제로 동일한 검사를 무한히 반복하여 시행하기 어렵고, 반복하여 시행하는 검사 간에 아무런 영향을 주지 않는다는 독립 시행의 가정을 만족하기 어려워 이 가정은 이론적인 것이다.

⑤ 즉, 진점수 T는 이론적인 개념이다.

⑥ 진점수의 개념은 검사점수의 타당도 측면에서 특히 고려되어야 한다.

㉠ 예 과거 학생체력검사에서 남학생의 상완근지구력을 측정하기 위해 실시했던 턱걸이 검사를 초등학생들에게 실시하면 난이도가 너무 높아 대부분의 대상자들이 낮은 기록을 나타내 실제로는 상완근지구력에 차이가 있는 대상자들 간에도 변별을 할 수 없게 된다.

㉡ 예 생활체육 지도자를 대상으로 경기규칙에 대한 검사를 할 때, 이 검사지가 영어로 만들어졌다면 영어를 잘하지 못하는 대상자는 경기규칙에 대해 잘 알고 있더라도 낮은 점수를 받게 될 것이다.

⑦ 이와 같이 대상자의 진점수를 검사를 통해 정확하게 측정해내려면, 검사를 제작할 때 검사자 대상의 진점수를 제대로 측정해낼 수 있도록 세심한 주의를 기울여야 한다.

(2) 고전진점수이론의 두 번째 가정은 다음과 같다.

$$\rho_{ET} = 0 \quad \cdots\cdots\cdots\cdots\cdots\cdots \quad (3.3)$$

① 공식 (3.3)에서 ρ_{ET} 는 오차점수와 진점수 간 모집단 상관을 의미하는 것으로, 두 번째 가정은 모집단에서 측정된 한 검사의 오차점수와 진점수 간 상관은 '0'이라는 것이다.

② 즉, 이 가정은 진점수가 높은 대상자가 낮은 대상자에 비해 오차점수가 체계적으로 높거나 낮지 않음을 의미한다.

③ (예) 검사자가 주관적으로 점수를 부여하는 체조 실기검사를 할 때, 체조 능력이 낮은 대상자들에게는 관대하게 점수를 부여하고 능력이 뛰어난 학생들에게는 엄격하게 평가하여 점수를 부여한다면, 대상자들의 진점수와 오차 점수 간에는 부적(negative) 상관이 나타날 것이다.

④ 왜냐하면, 실력이 낮은 학생들 즉, 진점수가 낮은 학생들은 진점수보다 높은 관찰점수를 나타냄으로써 오차점수가 양수(+)로 나타나고, 실력이 높은 학생들 즉, 진점수가 높은 학생들은 진점수보다 낮은 관찰점수를 나타내 오차점수가 음수(-)로 나타나, 결과적으로 오차점수와 진점수 간에는 부적 상관이 나타날 것이다.

⑤ (예) 학교에서 하루 동안 실시하는 체력검사 전 날 체력 수준이 높은 학생들에게 늦게까지 검사장 준비를 시켰다면, 체력 수준이 높은 학생들은 진점수보다 낮은 관찰점수를 나타내 오차점수가 음수(-)로 나타날 것이고, 결과적으로 진점수가 높을수록 오차점수가 음수로 큰 값을 나타나게 되므로, 오차점수와 진점수 간에는 부적 상관이 나타날 것이다.

(3) 고전진점수이론의 세 번째 가정은 다음과 같다.

$$\rho_{E1E2} = 0 \cdots\cdots\cdots\cdots\cdots\cdots (3.4)$$

① 공식 (3.4)에서 E1은 한 검사의 오차점수이고, E2는 다른 검사의 오차점수로, ρ_{E1E2}는 서로 다른 두 검사의 오차점수 간 상관을 의미한다.

② 즉, 이 가정은 서로 다른 두 검사의 오차점수 간 상관이 '0'이라는 가정이다.

③ 하지만, 이 가정은 검사점수가 대상의 피로나 연습효과, 검사 시 대상자의 컨디션, 검사 상황의 분위기, 측정 환경 등에 영향을 받을 때 만족되기 어렵다.

④ 체육분야에서 서로 다른 검사의 측정오차 간 상관에 영향을 주는 경우는 체력검사장을 예로 들 수 있다. 만약, 여러 개의 검사로 구성된 체력검사장의 경우, 대상자들의 피로로 인해 마지막 두 개의 검사에서 대상자의 능력보다 낮은 관찰점수를 나타낸다면 오차점수는 음수가 될 것이다. 이 경우 마지막 두 검사의 오차점수 간에는 정적(Positive) 상관이 나타난다.

⑤ 이와 같이 고전진점수이론을 적용하려면, 서로 다른 검사를 시행할 때 대상자의 피로나 연습효과, 검사 시 분위기나 환경조건 등이 동질적이 되도록 하여 두 검사의 측정오차 간 상관이 없도록 해야 한다.

(4) 고전진점수이론의 네 번째 가정은 다음과 같다.

$$\rho_{E1T2} = 0 \cdots\cdots\cdots\cdots\cdots\cdots (3.5)$$

① 공식 (3.5)에서 E1은 한 검사의 오차점수이고 T2는 다른 검사의 진점수로, ρ_{E1T2}는 한 검사의 오차점수와 다른 검사의 진점수 간 상관을 의미한다.

② 따라서 이 가정은 어떤 한 검사의 오차점수와 다른 검사의 진점수 간 상관이 '0'이라는 가정이다.

③ 즉, 검사2(또는 검사1)의 검사점수가 검사1(또는 검사2)의 오차점수에 영향을 받거나, 두 번째 가정인 한 검사 내에서 오차점수와 진점수 간 상관이 '0'이라는 가정을 만족하지 못할 때 네 번째 가정은 만족될 수 없다.

(5) 상기한 내용들을 종합하면, 첫 번째로 고전진점수이론이란 관찰 점수(X)가 진점수(T)와 오차점수(E)의 합이며, 두 번째로 진점수(T)는 고정된 값이지만 관찰점수(X)와 오차점수(E)는 검사 상황에 따라 달라질 수 있는 무선변인(random variable)이라는 것이다.

(6) 이러한 관찰점수에 대한 정의가 만족되려면, 진점수(T)가 무한히 반복하여 독립적으로 시행한 검사점수의 평균이며, 한 검사의 오차점수(E)와 진점수(T)의 상관이 없고, 한 검사의 진점수(T1)와 다른 검사의 오차점수(E2)는 상관이 없다는 가정이 전제되어야 한다.

(7) 고전진점수이론에서는 관찰점수만 측정되어 얻어지는 점수이며, 진점수와 오차점수는 직접 측정되지 않는 이론적인 개념이므로 쉽게 이해하기 어려운 내용이다. 하지만, 고전진점수이론의 이론적인 개념에 대한 이해 없이는 검사점수의 신뢰도와 타당도 추정을 이해하기 어려우므로, 상기한 내용들을 반복하여 읽고 반드시 이해하고 다음 단계로 넘어가도록 하자.

참고자료 – 고전검사이론의 기본가정(📖 현대교육평가, 성태제)
① 관찰점수와 진점수와 오차점수로 이루어진다. ② 피험자의 진점수는 무수히 반복하여 측정된 점수의 평균값이다. $T = \frac{\sum X}{n} = E(X)$ ③ 진점수와 오차점수의 상관은 0이다. $\rho_{Te} = 0$ ④ 한 검사에서 얻은 오차점수와 다른 검사에서 얻은 오차점수와의 상관이 0이다. $\rho_{ee'} = 0$ ⑤ 한 검사에서 얻은 진점수와 다른 검사에서 얻은 오차점수의 상관은 0이다. $\rho_{Te'} = 0$ ⑥ 오차점수의 평균은 0이다. $\bar{e} = \frac{\sum e}{n} = 0$ ⑦ 관찰점수의 분산은 진점수 분산과 오차점수 분산으로 합성된다. $\sigma_X^2 = \sigma_T^2 + \sigma_e^2$

1-2. 측정의 오차

(1) 고전진점수이론에서 관찰점수에 포함되는 오차점수는 검사를 시행할 때 발생하는 측정의 오차를 의미하는 것으로, 측정의 오차는 체계적 오차(systematic error)와 비체계적 오차(unsystematic error)로 구분한다.

(2) 체계적 오차는 검사를 받는 모든 대상자에게 동일하게 발생하는 오차로 고전진점수이론에서 체계적 오차는 오차점수로 포함되지 않는다.

① 예를 들어, 학교에서 50m 달리기 검사를 할 때 검사자인 교사가 초시계를 일관되게 늦게 누르는 경우는 체계적 오차에 해당한다.

② 일반적으로 학교에서는 결승선에서 검사자인 교사가 손을 들면 출발선 전방 5~10m에서 보조자가 깃발을 들어올려 출발신호를 하게 되는데, 이때 교사가 깃발을 들어올린 후 0.5초 늦게 초시계를 누른다면 모든 학생들의 기록은 0.5초로 빨라지게 된다.

③ 하지만, 이 경우는 모든 학생들의 기록이 일관되게 빨라진 것이므로, 오차점수로 간주하지 않는 것이다.

(3) 고전진점수이론에서는 비체계적 오차만을 오차점수로 간주한다.

① 예를 들어 50m달리기를 할 때 일부 학생들이 검사를 받는 상황에 뒷바람이 강하게 불어 기록이 단축되었다면 이는 비체계적 오차라 할 수 있다.

② 즉, 비체계적 오차는 대상자 개인의 신체적, 심리적 컨디션이나 검사 환경 등 알 수 없는 다양한 원인에 의해 발생하는 무선적인 오차로, 대상자마다 다르게 나타날 수 있는 오차이다.

37 | 2005학년도

50m 달리기 검사 중 다음과 같은 상황에서 오차들이 발생하였다. 각 오차들이 검사도구(50m 달리기)가 갖추어야 할 도구적 특성에 미친 영향을 각각 1줄 이내로 설명하시오.

오차 상황 1	일부 학생들이 달릴 때 뒷바람이 강하게 불었다.
오차 상황 2	50m 달리기 검사를 모두 마친 후 실제 거리를 확인한 결과 49m로 밝혀졌다.
오차 상황 3	기록 측정자인 교사가 일부 학생들이 골인 지점을 통과할 때 초시계를 조금 늦게 눌렀다.

• 오차 1의 영향: ____________ • 오차 2의 영향: ____________ • 오차 3의 영향: ____________

[정답] • 오차 1의 영향: 비체계적오차로 검사환경의 변화(뒷바람)에 의한 오차는 오차점수로 간주한다.
• 오차 2의 영향: 검사를 받는 모든 대상자에게 동일하게 발생하는 오차로 체계적 오차이다. 따라서 오차점수로 간주 않는다.
• 오차 3의 영향: 일부 학생에게 적용되므로 비체계적 오차에 해당된다. 오차점수로 간주한다.

[해설] • 오차 1의 영향: 비체계적 오차로 대상자 개인의 신체적, 심리적 문제나, 검사환경의 변화(뒷바람)에 의한 알 수 없는 다양한 무선적 오차는 대상자마다 다르게 나타나는 오차를 말한다. 이 오차는 오차점수로 간주한다.(비체계적 오차는 신뢰도에 영향)
• 오차 2의 영향: 검사를 받는 모든 대상자에게 동일하게 발생하는 오차로 체계적 오차이다. 따라서 오차점수로 간주 않는다. (체계적 오차는 타당도에 영향)
• 오차 3의 영향: 일부 학생에게 적용되므로 비체계적 오차에 해당된다. 오차점수로 간주한다.(개인적 오차는 객관도에 영향)

1-3. 평행검사와 진점수동등검사

(1) 전술한 고전진점수이론의 가정 외에 검사의 신뢰도와 타당도를 이해하기 위해 평행검사(parallel tests)와 진점수동등검사(essentially τ - equivalent tests)에 대한 개념을 이해하는 것이 필요하다.

(2) 두 검사의 관찰점수 평균, 분산, 그리고 두 검사의 관찰점수는 X와 X'이라고 할 때, 두 검사를 시행한 대상자들에 대해 T = T', $\sigma_E^2 = \sigma_{E'}^2$ 이라면, 두 검사는 평행검사이다.

① 다시 말해서, 두 검사의 진점수가 같고 오차점수 분산이 같다면 평행검사가 된다.

② 여기에서 두 검사의 오차점수 분산이 같다는 것은 측정의 오차를 만드는 다양한 요인들(예 검사 분위기, 검사 환경 등)이 두 검사에서 동일함을 의미한다.

(3) 평행검사와 유사하면서 덜 엄격한 경우로 진점수동등검사(essentially τ-equivalent tests)가 있다.

① 고전진점수이론의 가정 1부터 5까지를 만족하는 관찰점수 X1과 X2인 두 검사가 있고,

② 모든 대상자에 대해 T1 = T2 + c12(c12는 상수)가 성립되면, 두 검사는 진점수동등검사라 한다.

③ 만약, 턱걸이와 팔굽혀펴기가 진점수동등검사이고, 세 명의 턱걸이 진점수가 각각 5개, 8개, 10개이며, 상수(c12)가 15개라면, 세 명의 팔굽혀펴기 진점수는 각각 20개, 23개, 25개가 된다.

④ 진점수동등검사는 평행검사에서 요구하는 두 검사의 오차점수 분산이 같아야 한다는 가정이 필요 없어 평행검사보다 덜 엄격한 개념이다.

(4) 앞으로 설명할 검사의 신뢰도와 타당도 추정 방법을 이해하기 위해서는 평행 검사와 진점수동등검사의 개념을 이해하는 것이 선행되어야 하므로, 고전진점수이론의 개념 및 가정과 함께 반드시 이해하고 넘어가자.

2. 고전검사이론에 의한 문항분석 22 기출

(1) 고전검사이론은 총점에 의하여 분석되는 이론으로서 고전검사이론에 의한 문항난이도, 문항변별도, 문항추측도를 계산·추정하는 방법을 설명하면 다음과 같다.

2-1. 문항난이도(item difficulty, 문항곤란도) 22 기출

(1) 문항의 난이도: 한 문항이 얼마나 쉽고 어려운가의 정도를 말한다.
문항의 난이도 지수(P): 한 문항에 정답을 한 학생의 백분율로 나타낸다.

문항의 난이도(P)	한 문항이 얼마나 쉽고 어려운가의 정도
$P=\frac{R}{N}\times 100$ ⋯〈공식 1〉	• P = 문항난이도 지수 • R = 문항에 정답을 한 학생의 수 • N = 전체 학생 수(전체 사례수)

(2) 예컨대, 국어시험에 응시한 학생이 200명이고, 2번 문항에 대한 각 답지별 학생들의 응답이 다음과 같다고 하자.

〈표 3-1〉 국어시험 2번 문항의 답지별 반응자 수(N = 200, *정답지)

답지	①	②	③	④*
반응자 수	20	20	40	120

(3) 위의 자료를 기본공식에 대입하면 다음과 같다.

$$P=\frac{120}{200}\times 100=60(\%)$$

(4) 즉, 문항난이도 P는 60%가 된다.

2-1-1. 문항난이도 지수의 해석

(1) 문항난이도 지수는 정답의 백분율이기 때문에 난이도 지수가 높을수록 문항이 더 쉽다는 뜻이 된다.
① 즉 난이도란 말과 난이도 지수는 반대의 관계에 놓여있는 셈이다. 어느 정도의 문항난이도가 바람직한가에 대해서는 일치된 바 없지만, 대개 20~80% 사이의 문항난이도를 가지고 평균난이도가 50% 정도를 유지하는 것이 이상적이다.
② 일반적으로 한 검사 속의 문항들은 20%~80%의 난이도를 갖게 해서 문항난이도가 50%의 문항들을 가장 많이 출제하고 차츰 적은 수의 문항이 20%와 80% 수준의 난이도 쪽으로 정상분포(종을 엎어놓은 형태)를 이루게 하는 것이 바람직하다.
③ 따라서 검사를 구성할 때는 각 문항의 난이도의 정도에 따라 문항수를 적절히 배열하는 것이 좋다. 예컨대 60개 문항으로 된 검사라면 대부분의 문항이 50% 정도의 문항난이도를 유지하고, 20% 이하나 80% 이상의 난이도를 갖는 문항들은 적은 비율을 유지하도록 구성하는 것이 바람직하다.

해석	• 문항난이도 지수가 높을수록 문항은 쉽다는 뜻 • 20~80% 사이의 문항난이도와 평균난이도가 50%에 머무는 것이 이상적

(2) 그러나 규준참조평가와 준거참조평가의 문항 난이도를 보는 시각, 해석, 이용방법에서는 차이가 존재한다.
① 즉, 규준참조평가에서는 학생의 능력을 올바르고 정확하게 변별하는 것이다. 즉, 개인차를 구별하는 것이 주된 목표이다. 아주 쉬운 문항난이도를 갖는 문항은 능력이 낮은 학생의 동기 계발을 위해, 그리고 어려운 문항난이도를 갖는 문항은 상위 능력을 가진 학생의 성취감을 높이기 위해 포함시키는 것이 좋다. 규준참조평가를 위한 검사의 문항난이도는 넓은 범위에 걸쳐 있는 것이 바람직하다.

규준참조 평가	• 학생의 능력을 정확하게 변별하는 것 • 개인차를 제어해주기 위함 • 문항난이도는 넓은 범위에 분포하는 것이 바람직함

② 준거참조평가에서는 본질적으로 문항난이도가 전혀 문제되지 않는다. 문항이 아주 어려워서 모든 학생이 실패할 수도 있고, 너무 쉬워서 모든 학생이 정답을 할 수도 있다. 준거참조평가에서 중요시하는 것은 각 문항이 의도했던 교수목표를 충실하게 평가하고 있느냐에 집중된다. 그러므로 준거참조평가에서는 '문항이 얼마나 어려운가'라는 측면에서 문항난이도를 해석하지 않고 '얼마 정도의 학생이 목표를 달성했느냐'로 본다.

준거참조 평가	• 문항난이도가 문제되지 않음 • 각각의 문항이 의도했던 교수목표를 충실하게 평가했는지에 집중

(3) 규준참조검사에서는 P=100이거나 P=0일 때 문항이 어딘가에 잘못되어 있다고 보는 반면, 준거참조검사에서는 P=100이면 교수-학습이 성공한 증거로 보고 P=0이면 목표달성을 위해 교수-학습과정을 개선해야 할 증거로 보게 된다.

2-2. 문항변별도(item discrimination) 18 기출 20 기출 22 기출

(1) 문항변별도란 문항이 피험자를 변별하는 정도를 나타내는 지수를 말한다. 즉, 한 검사에서 총점이 높은 학생과 낮은 학생 간에 한 문항에 대한 통과율을 비교할 때, 검사의 총점이 높은 학생의 정답률이 높고 총점이 낮은 학생이 정답률이 낮으면 그 문항은 변별력이 큰 문항이라고 한다.

① 이러한 변별의 정도를 지수로 나타낼 때 이를 문항변별도 지수라고 한다.

② 반대로 그 문항에 능력이 낮은 피험자가 맞히고 능력이 높은 피험자가 틀렸다면, 이 문항은 피험자들을 변별하였지만 거꾸로 변별한 나쁜 문항으로 검사에 절대로 포함되어서는 안 될 문항이다.

③ 능력이 높은 학생이나 능력이 낮은 학생들이 모두 문항의 답을 맞히지 못하였거나, 모두 문항의 답을 맞혔다면, 그 문항들은 변별력이 없는 문항, 즉 문항변별도 지수가 0인 문항이 될 것이다.

(2) 문항변별도를 추정하는 방법은 피험자 집단을 상위 능력자 집단과 하위 능력자 집단으로 구분하여 상위 능력 집단의 정답비율과 하위 능력집단의 정답비율의 차이로 추정하는 것이다(Johnson, 1951).

① 검사총점의 분포를 특정기준에 의해 두 집단 혹은 세 집단으로 나누고 상위 능력집단에서의 문항 정답비율과 하위 능력집단의 문항 정답비율에 차이가 있다면, 이 문항은 피험자를 변별하는 기능이 있다고 해석한다.

② 만약, 두 집단에서의 문항 정답비율의 차이가 없다면, 그 문항은 변별력이 없는 것으로 해석된다.

(3) 1,000명이 실시한 20점 만점의 수리검사에서 12점을 준거로 상위 능력집단과 하위 능력집단으로 구분하였을 때 집단별 문항의 정답 여부는 아래와 같다.

	상위집단	하위집단	
정답	300	180	480
오답	100	420	520
	400	600	1,000

$$U-L=\frac{300}{400}-\frac{180}{600}=.45$$

문항 변별도	• 어떤 검사에서 각각의 문항이 총점이 낮은 학생과 높은 학생을 구별해주는 정도 $$문항변별도 = \frac{상위능력\ 정답자\ 수}{상위능력\ 집단\ 수} - \frac{하위능력\ 정답자\ 수}{하위능력\ 집단\ 수}$$

문항 변별도 지수	• 변별의 정도를 지수로 나타냄 • 검사의 총점이 높은 학생의 정답률이 높고 총점이 낮은 학생이 정답율이 낮으면 그 문항은 변별력이 큰 문항임

(4) 한 검사를 실시한 결과, 전체 점수가 우수한 상위집단과 점수가 낮은 하위집단으로 양분했을 때, 상부집단에 속하는 피험자가 하부집단의 피험자보다 각 문항에 대한 정답의 확률이 높아야 변별도가 있는 문항이라 할 수 있으며, 그 정도의 차이를 나타내는 것이 곧 변별도지수인 것이다.

(5) 다음은 이해를 돕기 위해 3개의 문항들을 검사 총점에 의해서 상하(1/2)로 구분하고 정답자 수와 오답자 수를 고려하여 만든 표이다. 검사집단은 100명으로 되어 있다.

문항1	정	오	계
H	10	40	50
L	30	20	50
	40	60	100

문항2	정	오	계
H	25	25	50
L	25	25	50
	50	50	100

문항3	정	오	계
H	35	15	50
L	10	40	50
	45	55	100

문항1	문항2	문항3
우수한 학생들은 잘못 맞히지만 성적이 나쁜 학생들은 잘 맞히는 결과를 빚어내는 문항	피평가자 능력차를 가려낼 수 없는 문항	피평가자 능력차를 제대로 변별해내는 바람직한 문항

위의 표의 특징을 보면,

① 〈문항1〉은 검사총점에서 좋은 성적을 딴 상위집단(H)에서는 정답보다 오답이 많고, 반대로 하위집단(L)에서는 오히려 오답보다 정답이 많아 어딘가 좀 비정상적인 문항이라는 것을 쉽게 짐작할 수 있다. 이러한 문항은 결국, 성적이 우수한 학생들은 잘못 맞히지만, 성적이 나쁜 학생들은 잘 맞히는 결과를 빚어내는 문항이다.

② 〈문항2〉에서는 공부를 잘하든 못하든 정답과 오답을 한 배율은 똑같다. 다시 말해, 전혀 능력의 차를 가려낼 수 없는 문항이다.

③ 〈문항3〉에서는 상위집단의 학생들이 정답을, 하위집단의 학생들이 오답을 많이 한 문항으로서 능력의 차를 제대로 변별해 내는 바람직한 문항이라 할 수 있다.

2-2-1. 상하 두 집단(1/2)에 의한 변별도 산출방법

(1) 이 방법은 〈공식 2〉와 같이 특정문항에 있어 상위집단의 정답자에서 하위집단의 정답자 수를 뺀 값을 전체사례수의 반으로 나눈 값을 통해 변별도 지수를 산출하게 된다.

상하(1/2)를 고려한 문항변별도의 공식	
$D.I = \frac{HR - LR}{N/2}$ … 〈공식 2〉	• D.I = 변별도 지수 • HR = 총점상위집단에서 문항에 정답 한 학생 수 • LR = 총점하위집단에서 문항에 정답 한 학생 수 • N = 사례수
• 간편한 방식: 정답지에 대한 상위집단의 정답자 수에서 하위집단의 정답자 수를 뺀 값을 전체사례수의 1/2로 나누어 준 값 • − 부호가 붙는 변별도 지수: 하위집단의 정답자 수가 상위집단의 정답자 수보다 많은 경우 • + 부호가 붙는 변별도 지수: 상위집단의 정답자 수가 하위집단의 정답자 수보다 많은 경우 • 변별도 지수가 0: 상위집단의 정답자 수와 하위집단의 정답자 수가 동일한 경우	

(2) 예컨대, 어떤 학급의 200명에게 시험을 본 후 다음과 같은 채점결과를 얻었다고 하자. 이때에 변별도 지수를 계산하는 방식은,

① 첫째, 점수 상위집단(H)과 하위집단(L)으로 각각 100명씩 이등분한다.

② 둘째, 상위집단 답안지에서 〈문항 2〉에 맞는 사람의 수와 하위집단 답안지에서 〈문항1〉에 맞는 사람의 수를 세어 다음과 같은 표를 만든다.

	정	오	
H	80	20	100
L	60	40	100
	140	60	200(=N)

③ 셋째, 표에 나타난 수치를 〈공식 2〉에 대입해 변별도 지수를 구한다.

$$\text{변별도 지수}(D.I) = \frac{80 - 60}{100} = \frac{20}{100} = .20$$

(3) 보다 간편한 방식은 단순히 ① 점수(총점)를 높은 곳에서 낮은 순으로 정리한 후, 특정문항의 정답에 대한 반응을 ② 상위집단(H)과 하위집단(L)으로 이등분, 즉 상하집단을 구분해서 변별도를 계산해 내는 방식이다. 다시 말해서 정답지에 대한 상위집단의 정답자 수에서 하위집단의 정답자 수를 뺀 값을 전체사례수의 1/2로 나누어 준 값을 말한다.

㉮ 국어시간에 어느 학급에서 40명의 학생을 대상으로 시험을 치르고 난 후 〈출제문항 5번〉의 변별도 지수를 계산해 보고자 할 때 계산 방법은 다음과 같다.

〈표 3-2〉 변별도 지수 선정을 위한 예시(1)(*표시는 정답)

답지	A	B	C*	D
상위집단(20명)	0	6	12	2
하위집단(20명)	6	4	4	6

$$\text{문항변별도}(D.I) = \frac{HR - LR}{N/2} = \frac{12 - 4}{20} = \frac{8}{20} = .40$$

〈표 3-3〉 변별도 지수 선정을 위한 예시(2)(*표시는 정답)

답지	A	B	C*	D
상위집단(20명)	5	4	5	4
하위집단(20명)	7	3	7	5

$$\text{문항변별도}(D.I) = \frac{HR-LR}{N/2} = \frac{5-7}{20} = \frac{-2}{20} = -.10$$

① 위의 예시(2)의 경우처럼 -부호가 붙는 변별도지수의 경우는 하위집단 학생의 정답자 수가 상위집단의 정답자 수보다 많을 경우에 발생한다. 일반적으로 +부호가 붙는 변별도 지수는 상위집단의 정답자 수가 하위집단의 정답자 수보다 많을 때 생기며 변별도 지수가 0이 나오는 경우는 상위집단의 정답자 수와 하위집단의 정답자의 수가 동일한 경우를 의미한다.

② 이뿐만 아니라 상·하위집단에 정답자 수가 하나도 없는 경우에는 변별도 지수는 0이 되는데 이처럼 변별도 지수에 -부호가 붙거나 0이 되는 경우에는 문항으로서 가치가 없는 것이어서 버려야 한다. 여기서 문항의 변별도 지수와 앞서 언급한 난이도 지수와의 관계를 보면 전체 정답률이 100%인 경우 상위집단과 하위집단 모두가 정답을 함으로써 상하집단의 차이가 없기 때문에 변별도 지수는 0이 되게 된다.

③ 전체 정답률이 50%인 경우 상위집단 전원이 정답을 했고 반대로 하위집단의 경우 모두가 오답을 한 경우가 되어 변별도 지수는 최고치인 1.0을 나타내게 된다.

2-2-2. 중간 점수집단 제외한 산출방법

(1) 이 방법은 상하 두 집단 점수를 모두 고려한 변별도지수(D.I)의 산출 방법보다 좀 더 엄밀한 방법으로서 상 27%, 중간 점수의 집단(46%)을 제외하고, 상하 각 집단(27%)의 비율로 고려하여 다음과 같이 변별도를 계산한다. 300명이 응시한 시험에서 상·하 27%의 정답자 및 오답자 수가 다음과 같을 때 변별도를 계산하면 .80이 된다. 이는 매우 높은 문항변별도지수라고 할 수 있다.

	정	오	
H	70	11	81
M	60	78	138
L	5	76	81
	135	165	300(=N)

$$D.I = \frac{HR-LR}{N \times .27}$$

$$D.I = \frac{70-5}{81} = .80$$

[변별도 지수와 문항평가의 준거]

문항 난이도와 변별도 지수

문항의 난이도	변별도
100	0.00
90	0.20
80	0.40
70	0.60
60	0.80
50	1.00
40	0.80
30	0.60
20	0.40
10	0.20
0	0.00

변별도 지수	문항평가
.40 또는 이상	대단히 좋은 문항
.30 ~ .39	좋은 문항
.20 ~ .29	경계선상의 문항
.19 또는 이하	좋지 못한 문항

3. 다음은 ㅇㅇ중학교에서 실시한 운동기능 검사 결과에 대해 박 교사와 김 교사가 나눈 대화 내용이다. 괄호 안의 ㉠, ㉡에 해당하는 용어를 순서대로 쓰시오. [2점]

> 박 교사: 김 선생님, 운동기능 검사는 끝났나요?
> 김 교사: 네, 선생님. 이번 체육 수업에서 실시한 운동기능 검사 점수를 근거로 운동기능이 숙달되지 않은 학생 집단 (가)와 운동기능이 숙달된 학생 집단 (나)로 나누었어요. 그런 다음에 Ⓐ와 같이 두 집단 간 교차가 되는 점수를 숙달 여부의 판단을 위한 기준 점수(cut-off score)로 정했어요.
> 박 교사: 학교스포츠클럽 대회가 얼마 안 남았는데 대회에 출전할 학생들은 선발하셨나요?
> 김 교사: 아니요. 그렇지 않아도 대회가 얼마 남지 않아서 걱정입니다. 이번에는 학교 간 대회이기 때문에 운동기능이 상대적으로 우수한 (나) 집단에서 Ⓑ수준 이상인 학생들을 선발하려고 합니다. 이를 위해 운동기능 검사 점수의 백분위 수를 근거로 정해지는 선발 기준인 (㉠)을/를 사용하려고 합니다.
>
> 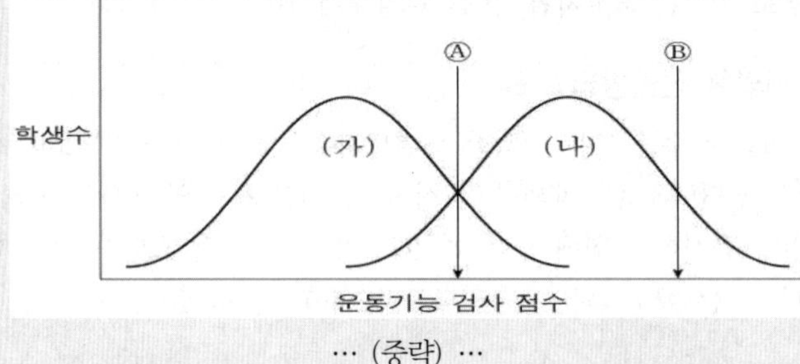
>
>
> … (중략) …
>
> 김 교사: 그런데 걱정이네요. 적용할 검사를 결정하기 전에 검사가 타당한지, 신뢰로운지 그리고 우수한 학생(예: 상위 25%)과 우수하지 않은 학생(예: 하위 25%)을 잘 구별해 내는 특성인 (㉡)을/를 가지고 있는지를 확인해야 하거든요.

[정답] ㉠ 규준 [1점] ㉡ 변별도 [1점]

8. 다음은 문항 당 배점이 1점인 체육 지필검사 결과의 일부이다. 고전검사이론을 적용하여 괄호 안의 ㉠, ㉡에 들어갈 알맞은 값을 순서대로 쓰시오. [2점]

번호	이름	문항1	문항2	…	문항10	총점
1	강○○	1	1	…	1	10
2	김○○	1	1	…	1	9
3	이○○	1	1	…	1	9
4	이○○	1	1	…	1	8
5	권○○	0	1	…	1	8
6	노○○	1	1	…	1	7
7	한○○	1	0	…	1	7
8	오○○	1	1	…	1	7
9	김○○	1	1	…	1	7
10	최○○	1	1	…	1	7
11	고○○	1	1	…	1	6
12	추○○	1	1	…	1	6
13	진○○	1	1	…	1	6
14	함○○	1	0	…	0	6
15	최○○	0	0	…	0	6
16	이○○	1	1	…	1	5
17	고○○	0	0	…	0	5
18	김○○	0	0	…	0	5
19	이○○	0	0	…	1	5
20	박○○	1	0	…	0	4
문항난이도 지수		0.75	0.65	…	(㉠)	
* 문항변별도 지수		0.4	0.8	…	(㉡)	

* 단, 문항변별도 지수는 상위 집단(상위 25%)과 하위 집단 (하위 25%) 간 정답률 차이를 의미함.

[정답] ㉠ 0.75 [1점] ㉡ 0.6 [1점]

[해설] 문항의 난이도: 한 문항이 얼마나 쉽고 어려운가의 정도를 말한다.

난이도지수 = 정답 학생 수/문항에 응한 학생 수 = 15/20 = 0.75

문항의 변별도는 문항이 피험자를 변별하는 정도를 나타내는 지수를 말한다. 즉, 한 검사에서 총점이 높은 문항변별도

= 상위능력 정답자 수/상위능력 집단 수 – 하위능력 정답자 수/하위능력 집단 수

= 5/5 – 2/5 = 0.6

11. 다음의 (가)는 배드민턴 내용 지식 검사에 대해 교사들이 나눈 대화 내용이고, (나)는 문항 내용별 정답자 수를 분석한 결과이다. 〈작성 방법〉에 따라 순서대로 서술하시오. [4점]

(가) 교사들의 대화

진 교사: 이번에 실시한 배드민턴 내용 지식 검사의 각 문항에 대한 적절성을 검토하고 싶습니다. 어떠한 방법이 있을까요?
강 교사: 고전검사이론의 문항 분석 기법을 적용하는 방법이 있습니다. 먼저, ㉠문항 난이도를 통해 문항의 쉽고 어려운 정도를 확인할 수 있습니다.
진 교사: 그럼, ㉡문항 변별도에 대한 정보도 알 수 있을까요?
강 교사: 네. (나)를 살펴보면 (㉢)을/를 측정하는 문항 내용이 변별도 지수가 가장 낮은 것으로 확인 됩니다.
진 교사: 그렇군요, 분석 결과를 토대로 문항 구성을 다시 고려해 봐야 할 것 같습니다.

(나) 배드민턴 내용 지식 검사의 문항 내용별 정답자 수

번호	문항 내용	정답자 수	상위집단의 정답자 수	하위집단의 정답자 수
1	역사	73	22	11
2	경기 방법	78	23	13
3	시설 및 기구	69	20	10
4	과학적 원리	65	20	15
5	경기 전략	61	19	11

〈가정〉
- 검사에 참여한 학생의 수는 100명임.
- 상위 집단과 하위 집단으로 학생들의 점수 총점을 기준으로 상위 25%와 하위 25%로 구분하였음.

〈작성 방법〉
- 밑줄 친 ㉠의 지수(값)가 가장 높게 나타난 문항 내용을 쓸 것.
- 밑줄 친 ㉡의 개념을 서술할 것.
- 괄호 안의 ㉢에 해당하는 문항 내용과 변별도 지수(값)를 함께 쓸 것.

[정답] ㉠ 경기방법 [1점]
㉡ 문항이 우수한 학생과 문항이 우수하지 않은 학생을 변별하는 정도이다. [1점]
㉢ 과학적 원리 [1점]
㉣ 0.2 [1점]

2-3. 문항추측도(item guessing)

(1) 진위형 문항이나 선다형 문항에서 문항의 답을 맞힌 피험자 중에는 추측에 의하여 문항의 답을 맞힌 피험자도 있다. 틀린 문항에 벌점을 주지 않는 경우 추측은 검사에서 일어날 수 있는 행위이므로 문항추측도 역시 문항 분석의 요소가 된다.

(2) 문항추측도는 총 피험자 중 문항의 답을 알지 못하고 추측하여 문항의 답을 맞힌 피험자 수의 비율을 말한다. 그런데 추측을 한 피험자 수를 알 수가 없으므로 이를 G명이라 할 때, G명 중 정답지를 선택한 피험자 수는 1/답지 수의 비율이 될 것이고, 문항의 답을 맞히지 못한 피험자는 G명 중 오답지 수/답지 수의 비율이 될 것이다. 따라서 추측하여 문항의 답을 맞힌 피험자 수와 답을 맞히지 못한 피험자 수는 다음과 같다.

$$G_R = G \times \frac{1}{Q} = \frac{G_W}{Q-1}$$

$$G_W = G \times \frac{Q-1}{Q}$$

G: 추측한 피험자 수　　Q: 답지 수

G_R: 추측하여 문항의 답을 맞힌 피험자 수

G_W: 추측하여 문항의 답을 맞히지 못한 피험자 수

(3) 추측에 의하여 문항의 답을 맞히지 못한 피험자 수가 실제 검사에서 문항의 답을 틀린 피험자 수가 되므로($G_W = W$) 추측하여 응답한 피험자 수는 다음 공식과 같이 틀린 피험자수를 답지 수로 곱해서 답지 수에서 1을 뺀 수로 나눈 값이 된다.

$$G_W = G \times \frac{Q-1}{Q} = W$$

$$G = \frac{WQ}{Q-1}$$

W: 문항의 답을 맞히지 못한 피험자 수　/　Q: 답지 수

(4) 예를 들어, 500명의 피험자 중 80명이 5지 선다형 문항에 응답하여 답을 맞히지 못하였다면 추측한 피험자의 수는 100명이 된다.

$$G = \frac{80 \times 5}{5-1} = 100$$

(5) 추측에 의하여 문항의 답을 맞힌 피험자 수는 처음에 설명한 문항추측도 개념에 의하여 다음 공식과 같이 계산된다.

$$G_R = G \times \frac{1}{Q} = 100 \times \frac{1}{5} = 20$$

(6) 앞의 예에서 500명의 피험자 중 100명이 추측한 것으로 분석되므로 추측하여 문항의 답을 맞힌 피험자 수는 20명이 된다. 문항추측도는 문항의 답을 모르고 추측으로 문항의 답을 맞힌 비율이 되므로 다음 공식에 의하여 추정된다.

$$P_{G_R} = \frac{G_R}{N} = \frac{20}{500} = .04$$

(7) 앞의 예에서 추측하여 문항의 답을 맞힌 피험자는 20명이므로 문항추측도는 .04가 된다.

(8) 문항이 매우 어려운 경우 문항추측도가 문항난이도보다 높은 모순이 나타나는 경우가 있음을 인지해야 한다.

2-4. 문항 교정난이도

(1) 문항난이도는 총 피험자 중 문항의 답을 맞힌 피험자의 비율이라 하였다. 여기에는 추측하여 문항의 답을 맞힌 피험자의 비율도 포함되어 있으므로 이를 제거하여야 한다. 문항난이도에서 문항의 답을 추측하여 맞힌 피험자의 비율인 문항추측도를 제거한 난이도를 문항 교정난이도라 하며, 다음 공식에 의하여 계산된다.

$$P_C = P - P_{G_R}$$

(2) 500명의 피험자가 5지 선다형 문항에 응답하여 80명의 피험자가 문항의 답을 틀린 앞의 예에서 420명이 문항의 답을 맞혔으므로 문항난이도 P는 .84이고 문항추측도 P_{G_R}는 .04이므로 문항의 교정난이도 P_C는 .80이 된다.

2-5. 오답지 매력도

(1) 선다형의 문항에서 답지 작성은 문항의 질을 좌우할 뿐만 아니라 고등정신능력의 측정에도 영향을 준다. 답지들이 그럴듯하고 매력적일 때 문항이 어려워지며 비교, 분석, 종합 등의 고등정신능력을 측정할 수 있게 된다. 만약 매력이 전혀 없을 경우 답지의 기능을 상실하게 되므로 4지 선다형 문항은 3지 선다형 문항으로 변하게 된다. 따라서 선다형 문항에서 답지에 대한 분석은 문항의 질을 향상시키는 중요한 작업이 된다.

(2) 답지 중 오답지를 선택한 피험자들은 문항의 답을 맞히지 못한 피험자들이고, 이들은 확률적으로 균등하게 오답지를 선택하게 된다. 그러므로 문항의 답을 맞히지 못한 피험자들이 오답지를 선택할 확률은 다음과 같다.

$$P_O = \frac{1-P}{Q-1}$$

P_O: 답지 선택 확률 / P: 문항난이도 / Q: 답지

(3) 각 오답지 매력도는 각 오답지에 대한 응답비율에 의해 결정되는데, 오답지에 대한 응답비율이 오답지 매력도보다 높으면 매력적인 답지, 그 미만이면 매력적이지 않은 답지로 평가한다.

(4) 1,000명의 피험자가 4지 선다형 문항의 각 답지에 응답한 결과와 그에 따른 오답지 매력도 추정의 예는 〈표 3-4〉와 같다.

〈표 3-4〉

답지 \ 내용	응답자	응답비율	비고
ⓐ	100	.1	매력적이지 않은 오답지
ⓑ	400	.4	정답
ⓒ	300	.3	매력적인 오답지
ⓓ	200	.2	매력적인 오답지

(5) 〈표 3-4〉에서 전체 피험자 중 문항난이도 .4에 해당하는 피험자들이 문항의 답을 맞혔다. 이는 피험자 중 .6에 해당하는 비율의 피험자들이 오답을 선택하였음을 의미하며, 4지 선다형 문항에서 오답의 매력이 균등하다면 3개의 각 오답지에 균등하게 응답할 것이므로 각 오답지에 응답한 비율은 .2가 된다.

(6) 오답지의 매력을 판단하는 기준은 앞의 공식에 의해서 .2로서 ⓐ 답지는 매력적이지 않은 답지로 평가된다. 실제 응답자료를 가지고 답지를 분석할 경우 어떤 답지의 응답비율이 너무 낮은 경우를 들 수 있다. 이런 경우 답지를 수정함으로써 선다형 문항의 질을 향상시킬 수 있다. 앞 문항에서 ⓐ 답지의 매력도를 높이면 이 문항을 어려운 문항으로 수정할 수 있고, ⓒ 오답지의 매력도를 낮추면 더 쉬운 문항으로 수정할 수 있다.

3. 고전검사이론의 장단점

(1) 고전검사이론은 19세기 말부터 전개되어 현재까지 사용되고 있는 이론으로서 비교적 간단한 절차에 의해 문항분석과 검사분석을 실시할 수 있다. 문항난이도, 문항변별도, 문항추측도, 신뢰도, 타당도 등의 용어는 고전검사이론에서 연우되었으며, 우리나라 교육현장에서는 추정방법과 계산이 쉬운 고전검사이론을 사용하고 있다.

(2) 고전검사이론에 의한 문항난이도 추정의 문제점은 그 문항에 응답한 피험자 집단의 특성에 의하여 문항특성이 달리 분석된다는 것이다. 즉, 어떤 문항에 응답한 피험자 집단의 능력이 높으면 쉬운 문항으로 분석되고, 피험자 집단의 능력이 낮으면 어려운 문항으로 분석되므로 고전검사이론은 **문항모수의 불변성 개념**을 유지하지 못한다. 고전검사이론에 의한 피험자 능력 추정은 검사의 난이도에 따라 피험자 능력 추정이 변화된다는 문제점이 있다. 다시 말하면, 검사가 쉽게 제작되면 피험자 능력은 과대추정되고, 검사가 어렵게 제작되면 피험자 능력이 과소추정된다. 이를 **피험자 능력의 불변성 개념**을 유지하지 못한다고 한다.

(3) 또한 고전검사이론에서는 총점에 의하여 피험자들의 능력을 비교할 때 만약 두 학생이 맞힌 문항 수가 같으면 두 피험자의 능력은 같다고 해석한다. 그러나 난이도가 각기 다른 문항의 답을 맞혔다면 능력은 달리 추정되어야 한다.

(4) 고전검사이론의 단점은 크게 세 가지로 요약할 수 있다.
첫째, 문항난이도, 문항변별도와 같은 문항의 고유한 특성이 피험자 집단의 특성에 의하여 변화한다.
둘째, 피험자의 능력이 검사도구의 특성에 따라 달리 추정된다.
셋째, 피험자들의 능력을 비교할 때 총점에 근거하므로 정확성이 결여된다.

(5) 이상의 문제점을 해결하기 위하여 문항반응이론이 등장하게 되었다.

3 문항반응이론에 의한 문항분석

(1) 고전검사이론이 관찰점수는 진점수와 오차점수에 의하여 합성되었음을 가정하고 총점에 의하여 문항을 분석하고 피험자 능력을 추정하는 검사이론이라면,

(2) 문항반응이론(Item Response Theory)은 문항 하나하나에 근거하여 분석하는 이론이다.

(3) 문항반응이론은 각 문항마다 고유한 문항특성곡선에 의하여 문항을 분석한다. 문항반응이론은 고전검사이론이 극복하지 못하는 문항 특성의 불변성 개념과 피험자 능력의 불변성 개념을 극복하기 때문에 문항 특성 추정과 피험자 능력 추정에 널리 사용되고 있다.

(4) 문항반응이론은 이론적 모형이나 수리적 배경에서 전개되었다고 하기보다는 경험적 필요에 의하여 전개되었다고 할 수 있다.

(5) Binet와 Simmon(1916)은 지능을 측정하기 위한 문항을 제작한 후 [그림 3-1]과 같이 연령에 따라 문항에 정답한 피험자의 비율을 표시한 점들을 연결하는 곡선을 그려서 연령에 따른 정답률의 변화를 파악하고, 이를 기초로 연령에 적합한 문항을 선택하여 검사를 제작하였다.

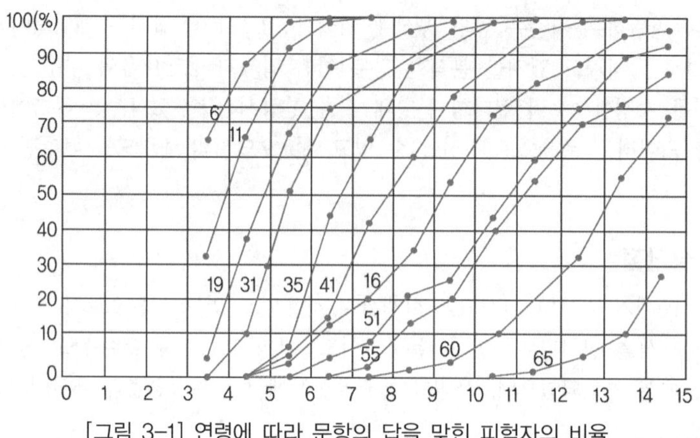

[그림 3-1] 연령에 따라 문항의 답을 맞힌 피험자의 비율

① 6번 문항의 경우 3.5세 아동들의 65%가 문항의 답을 맞혔고, 4.5세 아동들의 88%, 5.5세 아동들의 99%, 6.5세 이상의 아동들은 모두 문항의 답을 맞혔다.

② 41번 문항의 경우 4.5세 이하의 아동들은 문항의 답을 전혀 맞히지 못하였으며, 5.5세 아동들의 5%, 6.5세 아동들의 15%, 7.5세 아동들의 43.5%, 8.5세 아동들의 60%, 9.5세 아동들의 78%, 11.5세 아동들의 97%, 12.5세 아동들의 99.5%, 13.5세 아동들은 모두가 문항의 답을 맞혔다.

③ 6번, 41번 문항의 곡선에서 알 수 있는 것은 나이가 증가하면서 문항의 답을 맞히는 아동들의 비율이 증가함을 알 수 있고, 더욱 중요한 것은 6번, 41번 문항이 나이에 따라 달리 기능함을 알 수 있다.

④ 6번 문항은 3세부터 7세 아동들의 지능을 잘 측정할 수 있는 문항이고, 41번 문항은 5세 이상 13세 이하 아동들의 지능을 측정할 수 있는 문항임을 알 수 있다.

(6) 연령에 적합한 문항을 선정하기 위하여 Binet와 Simon은 피험자 집단의 정답비율이 .75에 해당되는 기준을 설정하여 정답 비율 .75에 해당되는 나이가 그 문항을 실시하기에 적합한 나이로 판정하였다. 그러므로 6번 문항은 4세 아동에게, 41번 문항은 9세와 10세 아동에게 실시할 수 있는 적합한 문항으로서 나이에 따른 지능 검사를 구성하는 문항이 된다.

(7) Richardson(1936)은 고전검사이론에 의한 문항특성 추정과 문항반응이론에 의한 문항특성 추정의 관계를 처음으로 증명하였으며, 이후 Lawley(1943)에 의해서 문항반응이론과 고전검사이론과의 관계가 재정립되고 문항특성을 추정하는 모형과 방법이 제시되었다.

(8) 1980년대에 이르러 컴퓨터를 이용하여 어려운 수리적 계산이 가능하면서 문항반응이론은 교육측정 분야에서 보편화되기 시작했다. 즉, 이론적 발전과 병행하여 개인 컴퓨터의 발달로 문항반응이론의 수학적 모형에 대한 어려움이 극복될 수 있었다. 따라서 문항모수와 피험자 능력을 추정하는 프로그램이 다양하게 제작되고 컴퓨터 프로그램을 통해 문항반응이론에 의한 문항모수치를 추정할 수 있게 함으로써 교육·심리 측정 이론가는 물론 교사도 문항반응이론을 쉽게 이용할 수 있게 되었다.

(9) 문항반응이론을 전개하기 위해서는 다음과 같은 두 개의 가정이 충족되어야 한다.

① 첫째, 일차원성(unidimensionality) 가정이다. 인간의 능력은 여러 종류의 잠재적 특성(latent trait)으로 나타난다. 그러나 이론적, 실제적 제한점 때문에 하나의 검사로 인간의 다차원 특성을 측정하기란 쉽지가 않다. 이에 하나의 검사도구는 인간이 지닌 하나의 특성(single trait)을 측정하여야 함을 전제로 한다.

예 어휘력만을 측정하는 검사는 어휘력을 측정하여야 하며 수리력에는 영향을 주어서는 안 된다는 가정

② 둘째, 지역독립성(local independence) 가정이다. 어떤 능력을 가진 피험자가 보인 하나의 문항에 대한 응답은 다른 문항의 응답에 영향을 주지 않는다는 가정으로서 어떤 문항과 다른 문항의 답을 맞힐 확률은 상호 독립적이라는 뜻이다. 이는 한 문항의 내용이 다른 문항의 정답의 단서가 되지 않아야 한다는 의미도 포함된다.

1. 문항특성곡선

(1) 어떤 문항에 반응하는 각 피험자는 얼마만큼의 기초 능력을 가지고 있으며, 각 피험자는 능력 척도 상에서 어느 위치의 수치를 갖는다고 가정한다. 이때 피험자의 능력을 그리스 문자 θ(theta)로 표기하고, 각 능력 수준에서 그 능력을 가진 피험자가 그 문항에 답을 맞힐 확률은 $P(\theta)$로 표기한다.

(2) 이때 피험자 능력에 따라 문항의 답을 맞힐 확률을 나타내는 곡선을 문항특성곡선(item characteristic curve: ICC)이라 한다. 문항특성곡선이라는 용어는 Tucker(1946)에 의하여 처음 사용되었다. 문항특성곡선은 곡선으로 S자 형태를 지니며 [그림 3-2]와 같다.

(3) 문항특성곡선의 X축은 피험자 능력을 나타내며 θ로 표기하고, 피험자 능력은 평균이 0이고 표준편차가 1인 표준점수척도를 사용하므로 대부분의 피험자 능력은 -3에서 +3에 위치한다. 문항특성곡선의 Y축은 피험자 능력 θ에 따라 문항의 답을 맞힐 확률을 나타내며 $P(\theta)$로 표기한다. 문항특성곡선은 능력수준에 따라 문항의 답을 맞힐 피험자들의 정답비율, 즉 관찰된 정답비율의 점들을 대표하는 곡선이다.

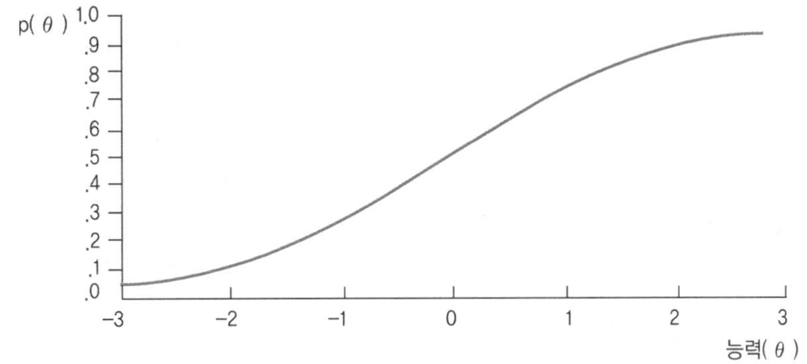

[그림 3-2] 문항특성곡선(Binet & Simon, 1916)

(4) 교육·심리 측정분야에서 처음으로 사용된 문항특성곡선은 Binet와 Simon(1916)이 지능검사에서 좋은 문항을 선택하기 위하여 사용하였다. 각 나이별로 문항에 답을 맞힌 피험자의 비율에 해당하는 점들을 연결하여 곡선을 그렸다.

(5) 나이가 증가함에 따라 문항의 답을 맞힐 확률이 증가하는 증가함수의 원리를 응용하였으며, 곡선이 가파를수록 나이에 따라 문항의 답을 맞힐 확률이 매우 다르기 때문에 그 문항은 근접한 연령집단을 더욱 잘 변별해 줄 수 있다는 사실을 발견하였다. 그러므로 Binet와 Simon이 사용한 문항특성곡선은 나이와 문항의 답을 맞힐 확률과의 함수관계를 나타낸다.

(6) 문항특성곡선이 지니는 공통점은 능력이 낮은 집단에서의 문항의 답을 맞힐 확률은 낮고, 능력이 높은 집단에서 문항의 답을 맞힐 확률은 높은 증가함수(increase function)를 나타낸다. 일반적으로 곡선 S자 형태로 증가하며, 선형적으로 증가하지 않는다. 이와 같은 곡선을 생물학에서는 성장곡선(growth curve)이라 하고 문항반응이론에서는 Tuker(1946)가 문항특성곡선이라 하였다.

(7) 문항특성곡선에서는 능력이 높을수록 문항의 답을 맞힐 확률이 증가하나 직선적으로 증가하지 않는다.

(8) 문항특성곡선은 문항난이도, 문항변별도, 문항추측도에 따라 다양한 곡선이 만들어진다.

2. 문항분석 17 기출

(1) [그림 3-2]에 제시되어 있는 문항특성곡선을 통하여 능력이 -2에 있는 피험자가 문항의 답을 맞힐 확률은 약 .1이고, 능력이 +3에 있는 피험자가 문항의 답을 맞힐 확률은 1.0에 가까움을 알 수 있다. 문항특성곡선은 문항마다 고유한 특성을 지니고 있으므로 각기 다른 형태로 나타난다. 만약 세 문항의 문항특성곡선이 [그림 3-3]과 같다고 하자.

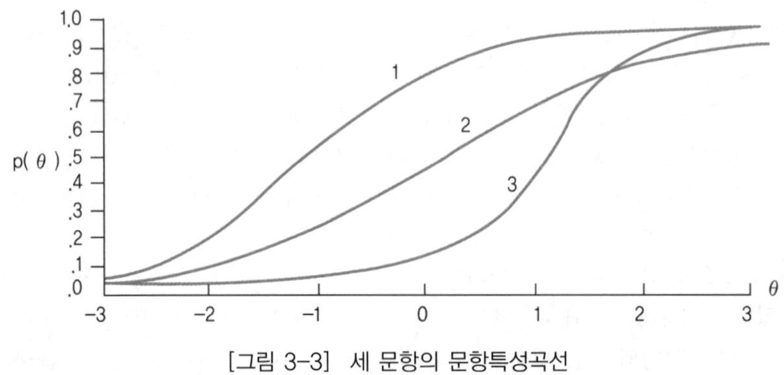

[그림 3-3] 세 문항의 문항특성곡선

(2) 1번, 2번, 3번 문항 모두 다른 형태의 문항특성곡선을 가지고 있으며, 이는 각기 달리 기능함을 의미한다.

① 1번 문항과 3번 문항을 비교할 때, 3번 문항은 1번 문항보다 오른쪽에 위치하여 능력이 높은 피험자들에게 기능하고, 1번 문항은 능력이 낮은 피험자들에게 기능한다. 이를 볼 때 3번 문항이 1번 문항보다 더 어렵다는 것을 알 수 있다.

② 2번 문항과 3번 문항을 비교하면, 피험자 능력이 증가할 때 3번 문항은 2번 문항보다 피험자가 문항의 답을 맞힐 확률의 변화가 심하므로, 즉 확률의 차이가 크므로 피험자의 능력을 더 잘 변별할 수 있다. 그러므로 문항특성곡선에 의하여 그 문항의 어려운 정도, 변별 정도, 추측정도를 분석할 수 있다.

2-1. 문항난이도(item difficulty)

(1) 문항난이도는 문항의 어려운 정도를 나타내는 지수로서 문항반응이론에서는 문항특성곡선이 어디에 위치하여 기능하는가와 연관된다. 어떤 문항은 높은 능력수준의 피험자들에게 기능하고, 어떤 문항은 능력수준이 낮은 피험자들에게서 기능할 수 있다. 문항의 기능이 각기 다른 세 문항의 문항특성곡선이 [그림 3-4]와 같다고 가정하자.

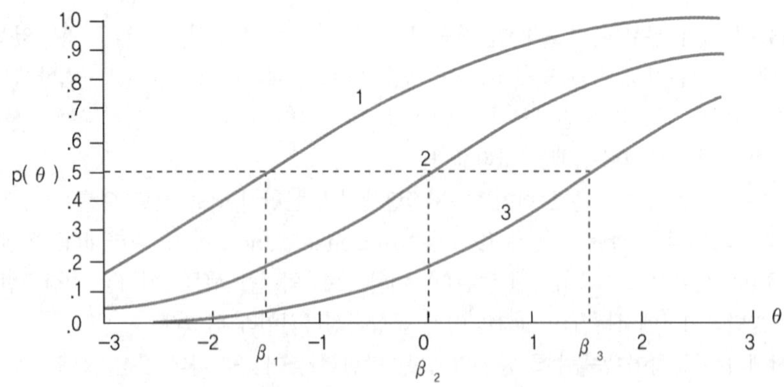

[그림 3-4] 문항난이도가 다른 세 문항의 문항특성곡선

① [그림 3-4]의 세 문항이 기능하는 위치는 전체 능력범위에 걸치나, 1번 문항은 주로 능력수준이 낮은 피험자들에게서 기능하고 3번 문항은 보다 높은 능력수준의 피험자 집단에서 기능함을 알 수 있다. 그러므로 직감적으로 3번 문항이 1번 문항보다 어렵다는 사실을 알 수 있다.

② 1번, 2번, 3번 문항의 문항특선곡선을 보고 설명을 하더라도 능력수준이 0에 있는 피험자가 1번 문항의 답을 맞힐 확률은 .8이며, 2번 문항의 답을 맞힐 확률은 .5, 3번 문항의 답을 맞힐 확률은 .1로서 3번 문항이 가장 어려움을 알 수 있다.

(2) 문항반응이론에서 문항특성곡선이 나타내는 **문항난이도: 문항의 답을 맞힐 확률이 .5**에 해당되는 **능력수준의 점**을 의미한다.

① 즉, 문항난이도란 문항의 답을 맞힐 확률이 .5에 해당되는 능력수준의 점을 말하며, β 혹은 b로 표기한다.

② 문항난이도의 이론적 범위는 $-\infty$에서 $+\infty$에 존재하나 실제적으로는 일반적으로 -2에서 +2사이에 존재하며, 그 값이 클수록 그 문항은 어렵다고 해석된다.

③ 문항반응이론에 의한 문항난이도는 총 응답자 중 정답자의 비율로 정의하는 고전검사이론에 의한 문항난이도와 다름을 알 수 있다.

(3) 문항반응이론에 의한 문항난이도에 따른 언어적 표현은 〈표 3-5〉와 같다. 이와 같은 문항의 난이도에 대한 해석의 기준은 절대적 기준이라기보다는 이해를 돕기 위한 서술적 표현이다.

〈표 3-5〉 문항난이도에 따른 언어적 표현

문항난이도 지수	언어적 표현
-2.0 미만	매우 쉽다
-2.0 이상 ~ -0.5 미만	쉽다
-0.5 이상 ~ +0.5 미만	중간이다
+0.5 이상 ~ +2.0 미만	어렵다
+2.0 이상	매우 어렵다

2-2. 문항변별도(item discrimination)

(1) 문항변별도는 문항난이도를 나타내는 피험자의 능력수준보다 낮은 능력의 피험자와 높은 능력의 피험자를 변별하는 정도를 나타낸다. 즉, 문항이 피험자의 능력수준을 변별하는 정도를 나타낸다. 문항반응이론에 의한 세 개의 문항특성곡선에 의하여 문항변별도를 설명하면 [그림 3-5]와 같다.

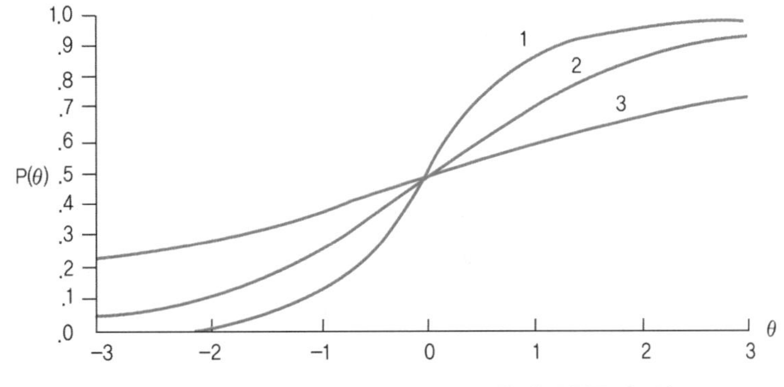

[그림 3-5] 문항변별도가 다른 세 문항의 문항특성곡선

① 1번, 2번, 3번 세 문항의 문항난이도는 같으나 문항특성곡선의 기울기가 다름을 알 수 있다.

② 3번 문항은 피험자의 능력수준이 증가하여도 문항의 답을 맞힐 확률의 변화가 심하지 않은 반면에

③ 1번 문항은 능력수준이 변함에 따라 문항의 답을 맞힐 확률이 심하게 변함을 알 수 있다.

④ 따라서 1번 문항이 3번 문항보다 피험자를 잘 변별하여 준다고 말할 수 있다.

(2) 두 문항특성곡선의 기울기가 다름을 통해 1번 문항의 변별력이 3번 문항의 변별력보다 높다는 사실을 두 문항특성곡선을 볼 때 알 수 있다. 즉, 문항특성곡선의 기울기가 가파를수록 문항변별도가 높은 것이다.

(3) 그렇다면 문항특성곡선의 어느 지점에서의 기울기인가가 문제가 된다.

① 문항특성곡선에서 문항의 기울기가 가장 가파른 부분은 문항난이도를 나타내는 문항특성곡선상의 점이므로 문항변별도는 문항난이도를 나타내는 점에서의 문항특성곡선의 기울기를 말한다.

② 문항변별도는 α 혹은 a로 표기하며, 일반적으로 0에서 +2.0의 범위에 있다.

③ 문항변별도의 언어적 표현에 대응하는 문항변별도 지수의 범위는 〈표 3-6〉과 같다.

〈표 3-6〉 문항변별도의 언어적 표현

문항변별도 지수	언어적 표현
.00	없다
.00 이상 ~ .35 미만	거의 없다
.35 이상 ~ .65 미만	낮다
.65 이상 ~ 1.35 미만	적절하다
1.35 이상 ~ 1.70 미만	높다
1.70 이상	매우 높다
+∞	완벽하다

2-3. 문항추측도

(1) 능력이 전혀 없는 피험자는 문항의 답을 전혀 맞히지 못한다. 그러나 실제 시험에 있어서 능력이 전혀 없는 학생도 추측에 의하여 문항의 답을 맞힐 수 있다. 이를 문항추측도라 하며, 문항특성곡선에 의하면 [그림 3-6]과 같다.

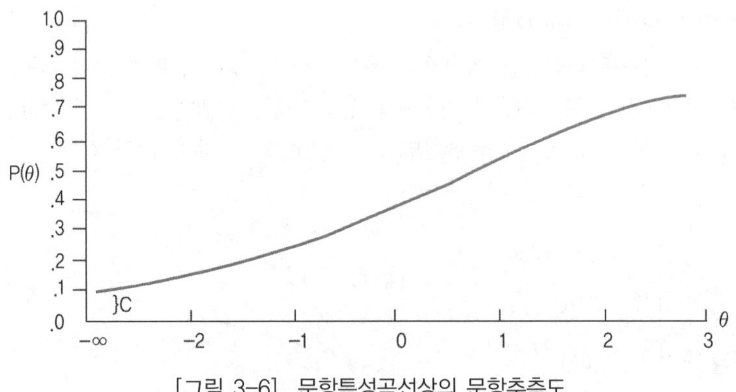

[그림 3-6] 문항특성곡선상의 문항추측도

(2) [그림 3-6]의 문항특성곡선에서 능력이 전혀 없는, −∞에 있는 피험자가 문항의 답을 맞힐 확률은 0이 아니라 .1이다. 문항추측도는 c로 표기하며 4지 선다형 문항에서 일반적으로 문항추측도는 .2를 넘지 않는다.

41 | 2017학년도

8. 다음은 ㅇㅇ중학교의 체육지필고사 결과를 토대로 문항을 분석한 결과의 일부이다. 괄호 안의 ㉠, ㉡에 해당하는 용어를 순서대로 쓰시오. [2점]

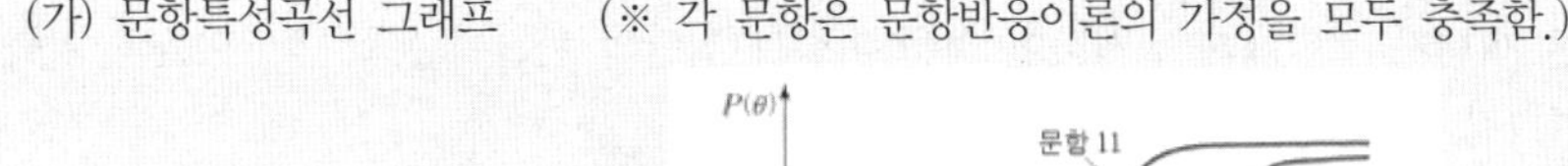

(가) 문항특성곡선 그래프 (※ 각 문항은 문항반응이론의 가정을 모두 충족함.)

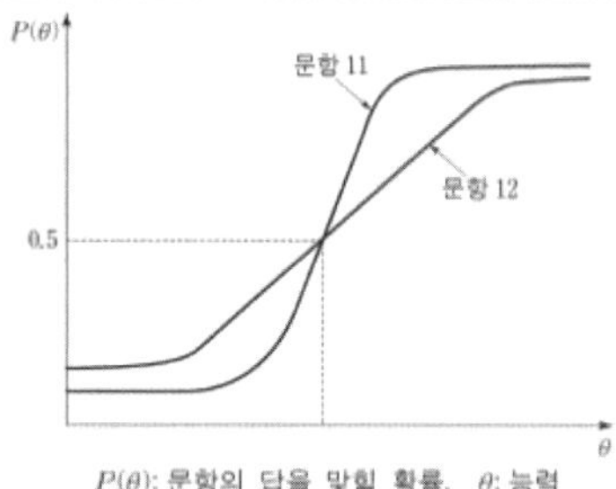

(나) 문항 분석 결과

ㅇ 문항 11번이 문항 12번보다 (㉠)이/가 상대적으로 더 높게 나타남.

ㅇ (㉠) 이외의 문항 모수인 문항난이도와 (㉡)을/를 고려하여 추가 분석할 필요가 있음.

[정답] ㉠ 문항 변별도 [1점] ㉡ 문항 추측도 [1점]

3. 문항반응이론의 장점

(1) 고전검사이론에 의하여 문항난이도, 문항변별도, 문항추측도를 추정하면 동일한 문항일지라도 피험자 집단의 특성에 따라 달리 추정된다. 동일한 문항이라도 어떤 집단에서 검사를 실시하느냐에 따라 쉬운 문항으로 분석되거나 그와 반대로 어려운 문항으로 분석될 수도 있다. 또한 문항변별도도 피험자들의 능력수준이 보다 유사한 경우에는 낮게 추정된다.

(2) 이에 비하여 문항반응이론은 능력이 낮은 피험자 집단에 검사를 실시한 후 그 응답자료를 가지고 문항난이도, 문항변별도, 문항추측도를 추정하고, 능력이 높은 집단에 검사를 실시한 후 문항난이도, 문항변별도, 문항추측도를 추정하였을 때 이들 값은 같다는 것이다. 이를 문항 특성의 불변성 개념이라고 한다.

(3) 능력이 낮은 피험자 집단에게 검사를 실시하여 얻은 피험자 집단의 관찰된 문항 정답비율과 이를 대표하는 문항특성곡선은 [그림 3-7]과 같다.

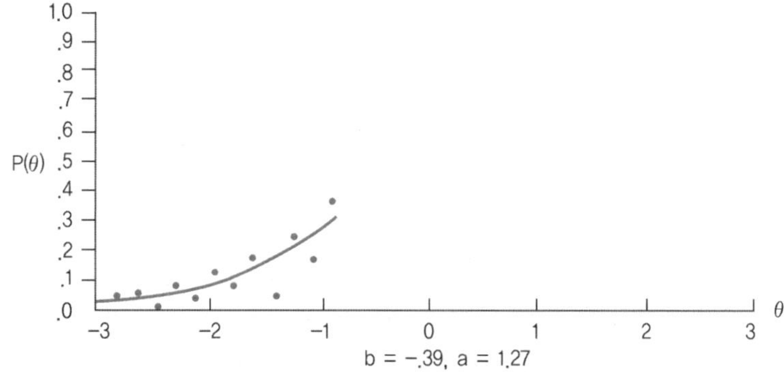

[그림 3-7] 능력이 낮은 피험자 집단의 관찰된 문항 정답비율과 문항특성곡선

(4) 능력수준이 낮기 때문에 능력수준이 -1 이하에서 피험자 능력수준별로 정답비율이 나타나고 그를 대표하는 문항특성곡선을 그리게 된다. 수리적 모형에 의하여 이 문항특성곡선은 능력수준 -1 이상으로도 연속적으로 그려질 수 있다. 능력수준이 낮은 피험자 집단의 응답자료에 의하여 추정된 문항난이도는 -.39이고 문항 변별도는 1.27이다. 고전검사이론에 의하여 문항난이도를 추정하면 문항의 답을 맞힌 확률이 능력수준 -3에서 능력수준 -1까지 낮기 때문에 문항난이도가 .2 정도로 매우 어려운 문항으로 분석된다.

(5) 같은 문항을 능력이 높은 피험자 집단에게 실시하여 얻은 피험자 집단의 관찰된 문항 정답비율과 이를 대표하는 문항특성곡선은 [그림 3-8]과 같다.

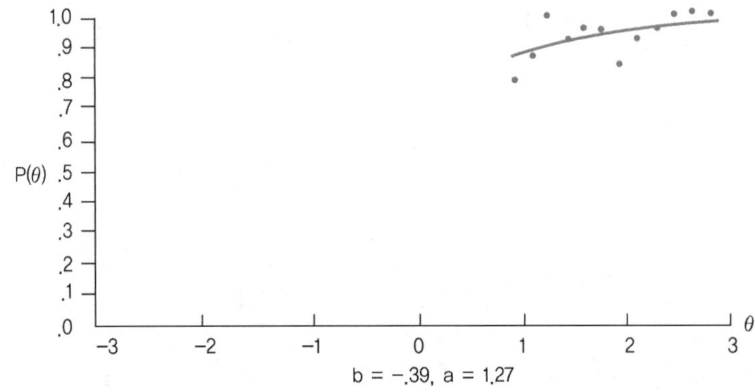

[그림 3-8] 능력이 높은 피험자 집단의 관찰된 문항 정답비율과 문항특성곡선

(6) 능력수준이 높은 피험자 집단에게 검사를 실시하였기 때문에 능력수준이 1.0 이상인 범위에서 피험자의 정답비율이 나타나며, 그 점들을 대표하는 문항특성곡선은 능력수준이 1.0 이상인 범위에서 그려지게 된다. 능력수준이 1.0 이상에서 그려진 문항특성곡선은 수리적 모형에 의하여 능력수준이 1.0 이하로도 연속적으로 그려질 수 있으며, 추정된 문항난이도는 -.39이고 문항변별도는 1.27이 된다. 고전검사이론에 의하여 문항난이도를 분석하면 능력이 1에서부터 3까지인 학생들이 문항의 답을 맞힌 피험자의 비율이 높기 때문에 문항난이도는 .9 정도로 쉬운 문항으로 분석된다.

(7) 그러나 문항반응이론에 의하면 능력수준이 낮은 피험자 집단의 응답 자료로 나타낸 문항특성곡선이나 능력수준이 높은 피험자 집단의 응답자료로 나타낸 문항특성곡선이나 [그림 3-9]와 같이 동일한 문항특성곡선임을 알 수 있다. 그러므로 문항반응이론에 의하여 문항을 분석하였을 때는 피험자 집단의 특성에도 불구하고 문항난이도, 문항변별도, 문항추측도가 일관성 있게 추정된다.

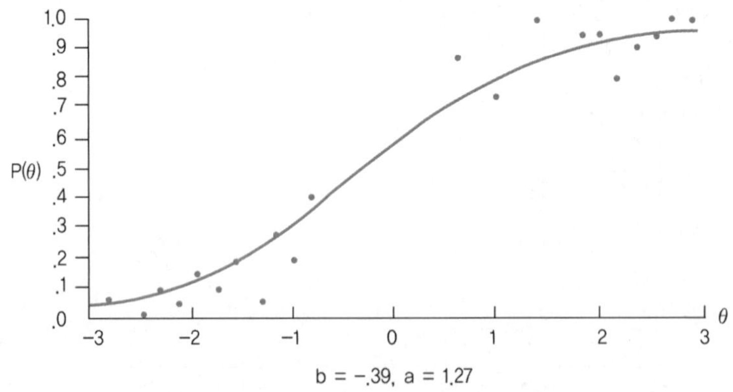

[그림 3-9] 두 피험자 집단의 문항 정답비율에 의한 문항특성곡선

(8) 문항반응이론의 다른 강점으로는 피험자의 능력을 추정할 때 쉬운 검사를 실시하여도 혹은 어려운 검사를 실시하여도 검사의 난이도에 관계없이 일관성 있게 피험자의 능력을 추정한다는 것이다. 예를 들어, 검사를 구성하는 문항들의 평균 문항난이도가 1.0인 어려운 검사를 가지고 어떤 피험자의 능력을 추정하였을 때, 그 피험자의 능력이 1.25이었다면 평균 문항난이도가 -2.0인 쉬운 검사를 가지고 그 피험자의 능력을 추정하여도 1.25가 된다. 이와 같은 강점은 서열에 의하여 당락이 결정되는 경우 피험자 능력 추정의 정확성과 안정성을 확보하므로 매우 바람직하다 할 수 있다.

(9) 피험자 능력을 추정할 때 고전검사이론은 총점에 의하므로 문항의 답을 맞힌 문항 수가 같다면 피험자의 능력은 같다고 판명된다. 그러나 똑같은 문항을 맞히지 못하였다면 엄밀히 능력이 같다고 말할 수 없다. 문항반응이론은 보다 어려운 문항의 답을 맞힌 피험자의 능력을 높게 추정한다.

〈표 3-7〉 고전검사이론과 문항반응이론의 비교

평가이론	고전검사이론	문항반응이론
기본개념 및 분석방법	• 출제된 문항의 양호도를 검증하기 위한 이론으로 시험에 적절한 난이도와 높은 변별도인 문항의 양질의 문항이다. • 피험자가 출제된 문항 중에 몇 문항을 맞추었는지, 출제된 문항에 응답한 사람 중 몇 사람이 정답에 응답을 하였는지를 분석한다.	• 문항의 특성이나 피험자의 능력은 고정되어 있는 것으로 인식하여 문항의 특성과 피험자의 능력을 상황에 구애받지 않는 수치로 산출해 내는 방법이다. • 고도의 수학적인 방법을 이용하여 산출하므로 고전검사의 방법보다 복잡하다.
피험자의 점수	• 문항점수를 합산하거나 조금 정밀한 점수를 위해서는 문항당 가산점을 부여하여 점수를 합산하는 방법을 사용하고 있다. • 검사를 구성하는 문항이 달라질 경우 점수는 변할 수 있다.	• 피험자의 능력은 어느 시점에서 고정되어 있는 것으로 파악하여 그 능력을 점수화하는데 문항반응이론에서는 θ로 표시한다. • 검사를 구성하는 문항이 달라지더라도 능력 점수는 변하지 않는다.
장점 및 단점	[교육평가의 이해, 김석우]	
	〈장점〉 • 산출방법이 간단하고 쉽다. 〈단점〉 • 검사시점에 따라 문항의 난이도가 조절되지 않는다. • 일정한 점수를 획득하면 통과되는 자격증 시험의 경우 시험 응시자는 실시되는 시점에 따라 합격/불합격이 결정될 수도 있다.	〈장점〉 • 정확한 측정이 가능하고 학생들의 변별이 더욱 정밀하다. • 상황에 따라 문항의 특징이나 피험자의 능력 점수가 변하지 않아 자격증시험 등에 적절하다. 〈단점〉 • 고도의 수학적인 방법이 사용되므로 산출방법이 어렵다.
	[교육평가의 기초, 성태제]	
	〈장점〉 • 추정방법과 계산이 쉽다. 〈단점〉 • 문항난이도, 문항변별도와 같은 문항의 고유한 특성이 피험자 집단의 특성에 의하여 변화된다(문항모수의 불변성 개념을 유지하지 못한다.). • 피험자의 능력이 검사도구의 특성에 따라 달리 추정된다(피험자 능력의 불변성 개념을 유지하지 못한다.). • 피험자들의 능력을 비교할 때 총점에 근거하므로 정확성이 결여된다.	〈장점〉 • 능력이 낮은 또는 높은 집단에 검사를 실시한 후 문항난이도, 문항변별도, 문항추측도를 추정하였을 때 이들 값은 같다(문항 특성의 불변성 개념). • 피험자의 능력을 추정할 때 쉬운 검사를 실시하여도 혹은 어려운 검사를 실시하여도 검사의 난이도에 관계없이 일관성 있게 피험자의 능력을 추정한다.

제 4 장 규준지향검사의 타당도와 신뢰도(이기봉)

핵심어

고전진점수이론, 관찰점수, 진점수, 오차점수, 평행검사, 진점수동등검사, 측정오차, 신뢰도, 재검사 신뢰도, 평행검사 신뢰도, 내적일관성 신뢰도, 반분검사 신뢰도, Cronbach α, 급내상관계수, 측정의 표준오차, 객관도, 타당도, 내용타당도, 논리타당도, 준거관련타당도, 구인타당도, 상관계수법, 실험설계법, 집단차이방법, 요인분석

문제

1. 문항내적 일관성 신뢰도 중 대표적인 것으로 설문지 문항의 내적일관성을 추정할 때 주로 사용되는 것은?
2. 상관계수 방법을 적용하여 검사 점수의 객관도를 추정할 때 발생하는 문제점 두 가지를 설명하고, 그 문제점을 해결할 수 있는 방법을 제시하시오.
3. 한 개인의 검사 점수에 대한 정확성을 평가하거나 개인의 점수들을 서로 비교할 때 사용될 수 있는 지수는 무엇이며, 계산 공식은?
4. 체력 요인을 측정하는 검사와 운동기능검사 중에 더 높은 신뢰도 수준이 요구되는 검사는 무엇이며 그 이유는?
5. 과거에 실시한 선행연구에서 제시한 검사도구의 신뢰도를 현재의 연구에서 그대로 인용하여 제시하는 것이 바람직하지 않는 이유를 설명하시오.
6. 중·고등학교에서 실시하는 학업성취도 검사의 내용타당도를 검증하는데 주로 이용되는 것으로 내용 차원과 행동 차원으로 구성된 표를 무엇이라 하는가?
7. 체육 교사가 학교에서 적용할 수 있도록 간편한 검사를 새롭게 개발했을 때, 새로운 검사를 기존에 타당도가 높은 것으로 알려져 있는 검사와 비교하여 타당성을 추정하는 타당도를 무엇이라 하는가?
8. 축구의 기능 검사를 개발할 때, 드리블과 패스, 그리고 슛 등의 기능 간에는 상관이 높아야 하는데, 이러한 개념의 타당도를 무엇이라 하는가?
9. 타당도를 삼분법으로 구분할 때 세 가지 타당도는 무엇이며, 이 중에서 검사장(test battery) 또는 설문지 문항을 구성할 때 확인되어야 하는 타당도로 최근 통합적인 관점으로 타당도를 바라볼 때 중요하게 여기는 타당도는?
10. 예측타당도를 추정할 때 회귀 분석을 이용하게 되는데, 회귀방정식의 정확성을 나타내는 지수를 무엇이라 하며 이 지수는 어떻게 산출되는가?

1 검사도구의 양호도 (검사의 양호도/문항의 양호도)

1. 검사도구의 양호도

(1) 우리는 어떤 목적에 따라 체육과 관련된 자료를 수집하려고 할 때 다양한 검사도구(檢査道具)를 사용하게 된다. 이때 사용되는 검사도구는 평가의 목적·목표가 지향하는 바를 분명하고 명확하게 재어낼 수 있는 것이어야 하며, 또 재어낸 측정치(測定値)를 유용하게 사용하려면 항상 일관성 있는 측정결과만이 재 구실을 할 수 있는 것이다.

(2) 따라서 정확하고 일관성 있는 유용한 자료를 얻기 위해서는 반드시 검사도구의 양호도(良好度)를 검증해야 하는데, 유용한 검사도구의 1차적 기준은 타당도(validity)와 신뢰도(realiability)이다. 이며 2차적 기준은 객관도(objectivity)와 실용도(practicability)이다. 이와 같은 검사도구의 양호도를 검증하는 방법을 간단하게 분류해 보면 다음과 같다.

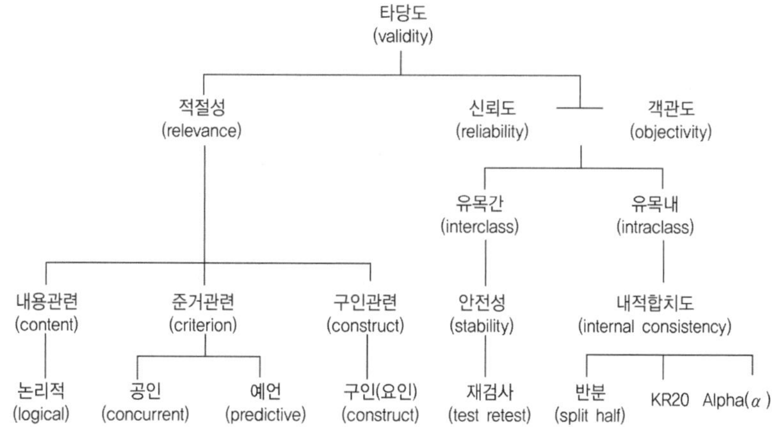

2. 신뢰도의 추정방법

2-1. 유목 간 신뢰도(interclass reliability)

(1) 유목간 신뢰도는 반복 측정 상황에서 동일 집단의 다른 피험자와 비교할 때 개인의 위치에 대한 안정성(安定性)을 말한다. 즉 1차 시행 결과를 점수 순으로 배열하였을 때 2차 시행에서 개인의 위치가 어느 정도 변화하느냐에 의해 추정된다.

(2) 따라서 개인의 시행간 점수 폭에 관계없이 개인의 위치가 동일하면 높은 신뢰도 계수를 보이게 된다. 유목간 신뢰도는 Pearson의 적률상관계수(γ)에 의해 산출된다. 그러나 Pearson의 적률상관계수(積率想觀係數)는 신뢰도를 추정함에 있어서 다음의 세 가지 중요한 약점을 가지고 있다.

① 첫째, 신뢰도의 추정은 단일변인(univariate)인 반면 적률상관계수는 두 변인(bivariate)의 통계치라는 점이다. 즉 신뢰도는 단지 하나의 변인만을 취급하여 동일한 검사를 반복 측정하였을 때 피험자가 어느 정도 일관성 있게 변화하느냐에 관심을 가지고 있는데 비해 적률상관계수는 두 변인 간(턱걸이와 몸무게)의 관계를 기술해 주는 통계치이다.

② 둘째, 상관계수는 두 검사의 결과에 한하여 계산을 하는 제한이 따르나 대부분의 운동과 관련된 검사들은 2회 이상 실시하는 경우가 적지 않고, 또 연구자들이 여러 시행 간의 신뢰도를 추정하려는 경우가 많다는 점이다. 즉 3회 이상 실시하는 검사의 신뢰도를 상관계수에 의해 추정하려고 한다면 3회의 검사를 다시 실시하여 각각의 평균치를 구하고 그 평균치 간의 상관계수를 산출해야 하는 번잡성 등의 문제점들이 야기된다.

③ 셋째, 상관계수는 여러 시행에서 나타나는 변산원(source of variability)을 ANOVA에 의해 산출하는 유목내 상관계수와 같이 충분히 밝혀 내지 못한다는 점이다. 즉 전반 3회 시행의 평균치오 후반 3회 시행의 평균치 간 상관계수를 산출할 경우 3회 시행 내에 존재하는 시행 간 변산(變散)을 밝혀낼 수 없다는 것이다. 이러한 이유에서 유목간 상관계수는 신뢰도를 계산하는 방법으로 적합하지 못하다(강상조, 1994).

2-2. 유목 내 신뢰도(intraclass reliability)

(1) 유목 내 신뢰도는 여러 가지의 방법으로 개체 또는 대상들을 측정할 때 각 방법에 의한 측정치간의 신뢰도를 말한다.

(2) 즉 동일한 측정대상들을 여러 명의 평정자가 측정하였을 경우, 여러 시점에서 재었을 경우, 유사한 여러 가지의 검사도구로 재었을 경우에 나타나는 개인점수의 일관성을 의미한다. 따라서 유목내 신뢰도는 유목내 상관계수에 의해 산출한다.

(3) 유목 내 상관계수는 ANOVA 결과 산출된 변산원의 변량 추정치를 사용하여 추정한다. 이러한 접근방법은 신뢰도를 추정함에 있어서 다음의 세 가지 장점이 있다.

① 첫째, 변산원의 크기가 규명될 수 있다는 점.

② 둘째, 진점수 혹은 오차점수 변량을 어떻게 정의하느냐에 따라 다양한 유목내 상관계수로 추정할 수 있다는 점.

③ 셋째, 개개인으로부터 2회 이상 실시하여 얻은 점수에 대해서도 추정이 가능하다는 점.

(4) 따라서 ANOVA를 이용한 유목내 상관계수는 운동관련검사의 신뢰도를 추정하기 위한 가장 적절한 방법으로 평가되고 있다.

(5) 유목 간 신뢰도와 유목 내 신뢰도의 추정방법을 간단히 비교해 보면 다음과 같이 분류할 수 있다.

유목 간 신뢰도	유목 내 신뢰도
개인 간 변산 안정성 시기(날짜) 변경 Pearson γ	개인 내 변산 일관성 시도 변경 γ, ANOVA
Pearson의 γ에 의한 재검사법	반분법, KR20 Cronbach α 유목 내 상관계수R

(6) 측정평가 분야에서 가장 기초가 되고 중요한 개념이 타당도와 신뢰도이다. 그 이유는 다음과 같이 설명될 수 있다. 교사나 검사자가 알고자 하는 대상의 속성을 검사를 통해서 측정하고, 측정된 자료를 평가하여 유용한 정보를 얻는 것이 측정평가의 과정이다. 그런데, 측정을 통해서 얻어진 자료가 믿을 수 없고, 검사하고자 했던 속성을 제대로 측정하지 못했다면, 아무리 첨단 장비나 시설을 이용하여 대상을 측정했다 하더라도 얻어진 자료는 쓸모없게 될 것이다. 따라서, 체육측정평가 분야에서 가장 핵심적인 내용이 타당도와 신뢰도인 것이다.

(7) 검사 도구의 신뢰도와 타당도는 규준지향검사와 준거지향검사에 따라 추정 방법이 달라진다. 규준지향검사는 비교 집단의 규준(norm)에 비추어 피험자의 상대적인 서열에 관심을 갖는 검사로, 본 장에서는 규준지향검사에서 신뢰도와 타당도에 대해 알아보고자 한다. 이에 앞서 2장에서 잠깐 언급하였던 고전검사이론 또는 고전진점수이론에 대해 설명하겠다. 고전진점수이론은 검사를 개발하고 평가할 때 적용되는 전제이기 때문에 검사점수의 신뢰도와 타당도를 이해하기 위해서는 고전진점수이론에 대한 이해가 선행되어야 한다.

〈타당도와 신뢰도의 통계적 추정의 차이〉(이기봉 저)

타당도

타당한 검사점수 분산	타당하지 않은 검사점수 분산	오차점수 분산

신뢰도

○ 관찰점수 = 진점수 + 오차점수(무선오차 또는 비체계적 오차에 의해 나타남)

○ 관찰점수 분산 = 진점수 분산 + 오차점수 분산

○ 진점수 = 타당한 검사점수 + 타당하지 않은 검사점수

○ 진점수 분산 = 타당한 검사점수 분산 + 타당하지 않은 검사점수 분산

○ 신뢰도 = $\frac{\text{진점수 분산}}{\text{관찰점수 분산}}$ ○ 타당도 = $\frac{\text{타당한 검사점수 분산}}{\text{관찰점수 분산}}$

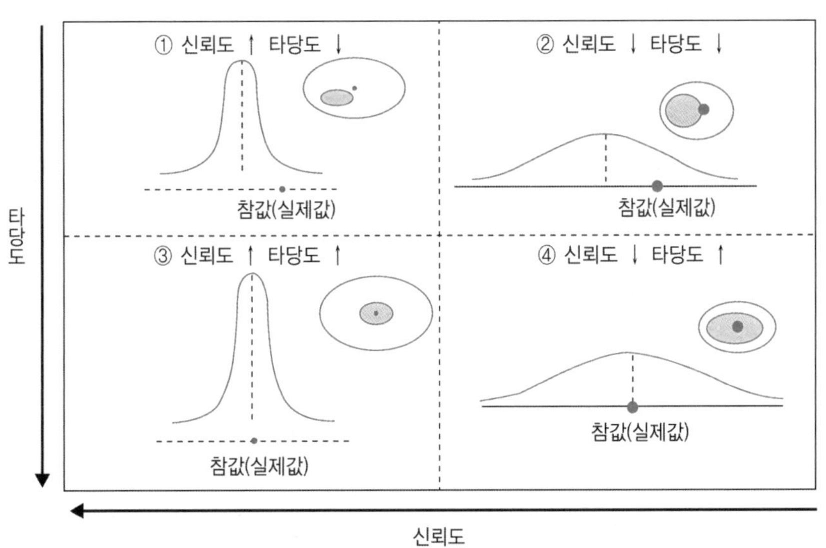

2 신뢰도 02 기출 05 기출 06 기출 15 기출

(1) 신뢰도(reliability)는 안정성(stability), 일관성(consistency), 예측가능성(predictability), 정확성(accuracy), 의존가능성(dependability) 등으로 표현될 수 있다.

(2) 신뢰도는 타당도를 위한 전제 조건으로 신뢰도가 높아야 타당도가 높을 수 있지만, 신뢰도가 높다고 해서 반드시 타당도가 높은 것은 아니다. 이에 검사를 개발하거나 시행하는 교사나 지도자는 신뢰도의 개념을 정확하게 이해하는 것이 중요하다.

참고문제	2016년 지도사 1급 (체육측정평가론)
20. 신뢰도에 대한 설명으로 옳은 것은? **① 안정성, 일관성 등으로 표현되며, 측정치의 오차정도** ② 시설, 도구, 장소, 시간, 경제성 등을 고려한 측정 ③ 객관적인 자료에 근거하지 않고 전문가의 주관에 의해 평가 ④ 정확성으로 표현되며, 검사가 측정하고자 하는 속성을 제대로 측정하는 정도	

1. 신뢰도의 의미

- 일관성: 검사도구가 측정하고자 하는 구인을 일관되게 측정하는 정도
  어떤 검사를 반복 시행하여 측정된 검사점수들의 차이 정도
- 정확성: 검사도구가 측정하고자 하는 구인을 오차 없이 측정하는 정도
  검사점수를 믿을 수 있는 정도

(1) 신뢰도의 개념은 Pearson이 소개한 상관관계의 수학적 모형을 바탕으로 Spearman이 소개하고 발전시켰다.

① Spearman은 신뢰도를 고전검사이론(classical test theory)의 진점수 모형(true-score model)을 통해서 설명하였다.

② 전술한 것처럼 고전진점수이론은 어떤 대상들을 측정하여 얻은 관찰점수는 진점수와 오차점수로 구성되는데, 이때 관찰점수와 진점수와 높은 상관을 가진다면 신뢰도가 높은 것이다.

③ 좀 더 구체적으로 설명하면, 측정의 오차가 전혀 없는 경우 즉, 오차점수가 0이라면 관찰점수와 진점수가 같게 되어 신뢰도가 완벽하게 된다.

(2) 신뢰도 계수는 일반적으로 $\rho_{XX'}$으로 나타내는데, 대부분 진점수를 계산해 내기 어렵고 두 검사가 평행검사라는 것을 증명하기 어려워 다양한 방법으로 신뢰도 계수를 추정하게 된다. 예를 들어, 신뢰도 계수는 두 평행검사에서 관찰점수 간 상관계수($\rho_{XX'}$), 관찰점수 분산에서 진점수 분산이 차지하는 비율(σ_T^2 / σ_X^2), 관찰점수와 진점수 간 상관의 제곱(ρ_{XT}^2) 등 다양한 방법으로 추정된다. 한 가지씩 구체적으로 알아보자.

① 첫 번째, 신뢰도 계수를 나타내는 일반적인 방법인 $\rho_{XX'}$은 두 평행검사 간 상관으로 신뢰도를 추정하는 것이다.

㉠ 왜냐하면, 아래첨자로 표기한 X와 X'이 평행검사를 나타내기 때문이다.

㉡ 즉, 어떤 검사의 신뢰도 계수는 그 검사와 그 검사의 평행검사 간 상관으로 추정한다는 것이다.

㉢ 예를 들어, 평행검사인 검사 A와 B가 있다고 할 때, 검사 A에 대한 모든 대상자들이 관찰점수와 검사 A의 평행검사인 검사 B인 관찰점수가 동일하다면 검사 A의 신뢰도 계수 $\rho_{XX'}$은 1.0으로 완벽하다고 할 수 있다.

② 두 번째, 어떤 검사의 신뢰도 계수는 그 검사의 관찰점수 분산(σ_X^2)에서 진점수 분산(σ_T^2)이 차지하는 비율로 나타낸다.

㉠ 고전진점수이론에 의하면, 관찰검사는 진점수와 오차점수의 합으로 나타낼 수 있고,

㉡ 이를 통해 다음 공식과 같이 관찰점수 분산은 진점수 분산과 오차점수 분산의 합이 됨을 유도할 수 있다.

$$\sigma_X^2 = \sigma_T^2 + \sigma_E^2 \cdots\cdots\cdots\cdots\cdots (3.6)$$

㉢ 공식 (3.6)과 같은 관계에서 신뢰도란 관찰점수 분산에서 진점수 분산이 차지하는 비율로 정의된다. 이를 공식으로 나타내면 다음과 같다.

$$\rho_{XX'} = \frac{\sigma_T^2}{\sigma_X^2} \quad \cdots\cdots\cdots\cdots (3.7)$$

㉣ 이해를 돕기 위해 좀 더 쉽게 설명하면, 공식 (3.7)을 다음과 같이 나타낼 수 있다.

[그림 4-1] 신뢰도: 관찰점수 분산 중 진점수 분산의 비율

㉤ 분산은 차이점수의 제곱으로 계산되는 값이다.
- ⓐ 즉, 분산은 면적으로 나타낼 수 있으므로, 관찰점수 분산은 [그림 4-1]과 같이 나타낼 수 있다.
- ⓑ [그림 4-1]은 어떤 검사의 관찰점수 분산이 원 전체 면적이고, 진점수 분산이 관찰점수 분산의 70%인 경우를 나타낸 것이다.
- ⓒ 상기한 설명에 의하면, 신뢰도 계수는 관찰점수 분산 중 진점수 분산이 차지하는 비율이므로, 이 경우에 신뢰도 계수는 0.7이 될 것이다.
- ⓓ 만약, 어떤 검사의 신뢰도 계수가 1.0이라면, 관찰점수 분산은 진점수 분산이 될 것이다.
- ⓔ 즉, 이 경우에는 측정 대상자들의 관찰점수의 차이가 오직 진점수의 차이만을 나타내는 것으로, 측정이 오차없이 이루어짐을 알 수 있다. 반대로 신뢰도 계수($\rho_{XX'}$)가 '0'이라면, '$\sigma_X^2 = \sigma_E^2$'이 되고, 이 경우에는 모든 관찰점수들이 오차점수만을 반영한 것이 된다.

㉥ 신뢰도 계수는 오차점수 분산의 관점에서 다음과 같이 나타낼 수도 있다.

$$\rho_{XX'} = 1 - \frac{\sigma_E^2}{\sigma_X^2} \quad \cdots\cdots\cdots\cdots (3.8)$$

- ⓐ 공식 (3.8)은 신뢰도 계수가 1에서 관찰점수 분산 중 오차점수 분산이 차지하는 비율을 뺀 값으로 설명하고 있다.
- ⓑ 이미 공식 (3.7)과 [그림 4-1]을 통해 신뢰도 계수가 관찰점수 분산에서 진점수 분산의 비율임을 설명하였고,
- ⓒ 공식 (3.6)에 의하면, 관찰점수 분산(σ_X^2)은 진점수 분산(σ_T^2)과 오차점수 분산(σ_E^2)의 합이므로, 신뢰도 계수는 공식 (3.8)과 같이 오차점수 분산이 관찰점수 분산에서 차지하는 비율을 1에서 뺀 값으로 설명될 수 있다.

㉦ 우리는 공식 (3.8)에서 재미있는 사실을 발견할 수 있다.
- ⓐ 만약, 오차점수 분산이 동일한 경우라면 관찰점수 분산이 클수록 신뢰도 계수는 커진다.
- ⓑ 즉, 동일한 검사를 하더라도 측정 대상자들이 동질적이어서 관찰점수 분산이 작은 집단보다는 관찰점수 분산이 큰 이질적인 집단에서 산출된 신뢰도 계수가 더 크게 나타난다.

ⓒ 예를 들어, 일반학생들과 레슬링 선수 집단에게 윗몸일으키기 검사를 실시한다면, 오차점수 분산이 같다고 할 때 이 검사의 신뢰도 계수는 복근에 있어서 레슬링 선수보다는 이질적인 일반학생 집단에서 더 높게 나타날 것이다.

③ 신뢰도를 나타내는 세 번째 방법은 관찰점수와 진점수 간 상관의 제곱(ρ_{XT}^2)으로 신뢰도를 설명하는 것이다. 이를 공식으로 나타내면 다음과 같다.

$$\rho_{XX'} = \rho_{XT}^2 \quad \cdots\cdots\cdots\cdots\cdots\cdots\cdots\cdots \quad (3.9)$$

㉠ 사실 공식 (3.9)는 공식 (3.7)에 의하면 당연한 결과라 할 수 있다.

㉡ 예를 들어, 모든 측정 대상자들의 관찰점수와 진점수가 동일하다면, 관찰점수 분산은 진점수 분산과 같아져 [그림 4-1]에서 오차점수 분산은 없어지고 진점수 분산이 관찰점수 분산을 나타내는 원의 전체 면적이 될 것이다.

㉢ 이 경우를 관찰점수와 진점수 간 상관으로 해석해 보면, 모든 대상자들의 관찰점수와 진점수가 동일하므로 관찰점수와 진점수 간 상관(ρ_{XT})은 1.0이 되고, 결국 관찰점수와 진점수 간 상관의 제곱(ρ_{XT}^2) 또한 1이 되어 완벽한 신뢰도 계수를 나타낸다. 즉, 공식 (3.7)과 공식 (3.9)는 같은 의미인 것이다.

㉣ 공식 (3.9)를 다른 관점에서 살펴보자. 만약, 어떤 검사의 신뢰도 계수($\rho_{XX'}$)가 0.81이면, 관찰점수와 진점수 간 상관(ρ_{XT})은 0.9가 되고, $\rho_{XX'}$이 0.36이면, ρ_{XT}는 0.6이 될 것이다. 이러한 관계를 표로 나타내면 다음과 같다.

〈표 4-1〉 신뢰도 계수($\rho_{XX'}$)와 관찰점수와 진점수 간 상관(ρ_{XT}) 비교

$\rho_{XX'}$	ρ_{XT}
0.81	0.9
0.49	0.7
0.25	0.5
0.09	0.3

■ 신뢰도 계수
= 81%(=0.81)

■ 관찰점수와 진점수 간 상관
= 0.9

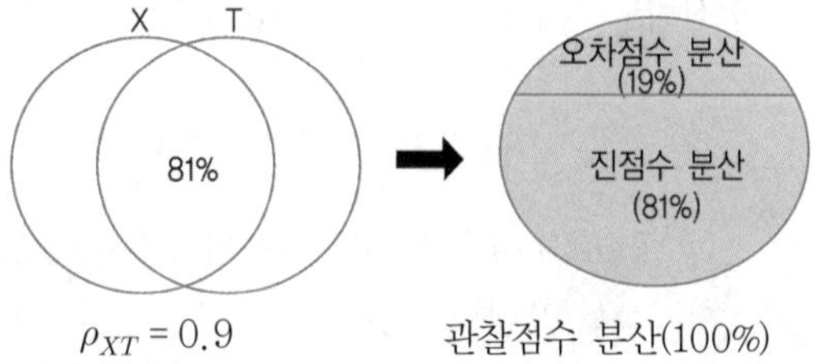

㉤ 〈표 4-1〉과 공식 (3.9)에 의하면, 어떤 검사 A와 평행검사 A'의 상관으로 추정된 신뢰도 계수($\rho_{XX'}$)는 검사 A의 관찰점수와 진점수 간 상관(ρ_{XT})보다 크지 않음을 알 수 있다.

㉥ 이러한 결과는 한 검사 내에서 관찰점수와 진점수 간 상관이 다른 검사와 상관으로 추정하는 신뢰도 계수($\rho_{XX'}$)보다 크기 때문이다.

㉦ 즉, 한 검사와 다른 검사 간 상관의 최대값은 그 검사의 관찰점수와 진점수 간 상관(ρ_{XT})이 된다.

ⓞ 공식 (3.9)에서 밝힌 것처럼, 신뢰도 계수($\rho_{XX'}$)는 [관찰점수]와 [진점수] 간 상관의 제곱(ρ_{XT}^2)이다. 전술한 것처럼, ρ_{XT}^2은 관찰점수 분산 중 진점수 분산 비율(σ_T^2 / σ_X^2)이므로, 신뢰도 계수는 다음과 같이 [관찰점수]와 [오차점수] 간 상관의 관점에서도 표시할 수 있다.

$$\rho_{XX'} = 1 - \rho_{XE}^2 \quad \cdots\cdots\cdots\cdots\cdots\cdots\cdots\cdots \ (3.10)$$

ⓩ 공식 (3.10)은 1에서 관찰점수와 오차점수 간 상관의 제곱을 뺀 값이 신뢰도 계수임을 나타낸다. 공식 (3.10)은 공식 (3.8)과 같은 것으로, 관찰점수와 오차점수 간 상관의 제곱(ρ_{XE}^2)은 관찰점수 분산 중 오차점수 분산의 비율(σ_E^2 / σ_X^2)과 같은 것으로 이해하면 된다.

신뢰도 계수		
정의	식	오차 활용
1. 평행검사 간 상관	신뢰도 계수($\rho_{XX'}$)	
2. 관찰점수 분산에서 진점수 분산의 비율	신뢰도 계수($\rho_{XX'}$)$= \frac{\text{진점수분산}(\sigma_T^2)}{\text{관찰점수분산}(\sigma_X^2)}$ $= \frac{81}{100} = 0.81$	$X = T + E$ $\rightarrow \sigma_X^2 = \sigma_T^2 + \sigma_E^2$ $\rightarrow \rho_{XX'} = 1 - \frac{\sigma_E^2}{\sigma_X^2}$
3. 관찰점수와 진점수 간 상관의 제곱	신뢰도계수($\rho_{XX'}$) = 관찰점수와 진점수 간 상관의 제곱(ρ_{XT}^2) $= (0.9)^2 = 0.81$	$\rho_{XT}^2 = \frac{\sigma_T^2}{\sigma_X^2}$ $\rightarrow \rho_{XX'} = 1 - \rho_{XE}^2$

(3) 지금까지 설명한 신뢰도의 의미를 신뢰도 계수($\rho_{XX'}$)의 크기에 따라 세 가지로 구분하여 요약해 보면 다음과 같다.

① 첫째, 신뢰도 계수가 1인 경우 검사점수가 오차 없이 측정된 것으로 모든 측정 대상자들이 관찰점수는 진점수 같고, 관찰점수 분산은 진점수 분산과 같아 관찰점수의 차이는 진점수의 차이를 반영하는 것이며, [관찰점수]와 [진점수] 간 상관은 1이다.

② 둘째, 신뢰도 계수가 0인 경우는 검사점수가 측정의 오차만을 나타내는 것으로 모든 측정 대상자들의 관찰점수는 오차점수와 같고, 관찰점수 분산은 오차점수 분산과 같아 관찰점수의 차이는 오차점수의 차이만을 반영하는 것이며, 관찰점수와 진점수 간 상관은 0이 되고, 관찰점수와 오차점수 간 상관은 1이 된다.

③ 셋째, 신뢰도 계수가 0과 1사이라면, 관찰점수는 진점수와 오차점수의 합으로 표현되며(X = T + E), 관찰점수 분산은 진점수 분산과 오차점수 분산의 합이 되고($\sigma_X^2 = \sigma_T^2 + \sigma_E^2$), 대상자들의 점수 차이는 진점수와 오차점수의 차이를 모두 반영하는 것이다. 이 경우에 신뢰도 계수는 관찰점분산 중 진점수 분산이 차지하는 비율(σ_T^2 / σ_X^2), 관찰점수와 진점수 간 상관의 제곱(ρ_{XT}^2), 또는 1 − ρ_{XE}^2으로 나타낼 수 있다. 결론적으로 관찰점수로 진점수를 추정할 때, 검사의 신뢰도 계수($\rho_{XX'}$)가 클수록 추정의 정확성은 높아진다.

4. 다음은 두 교사 간의 e-메일 대화 내용이다. 괄호 안의 ㉠, ㉡에 해당하는 용어를 순서대로 쓰고, 밑줄 친 ㉢에 해당하는 이유와 ㉣에 해당하는 단점을 기술하시오. [5점]

[답장] [전체답장] [전달] [X삭제] [스팸신고] 목록 | 위 | 아래	
제목	학생평가와 관련하여 상의를 드립니다.
김 선생님 안녕하세요? 낮에 학교에서 말씀드렸던 대로 학생 평가와 관련하여 두 가지 상의드릴 내용이 있습니다. 첫 번째는 학생들의 체력 평가를 위해 체지방을 측정하는데, 측정할 때마다 값이 달라 당황스럽습니다. 같은 학생을 동일한 방법으로 2회 반복하여 측정하였음에도 두 값에 차이가 있습니다. 제가 무엇을 잘못하고 있는 것인지요? 두 번째는 내년 신입생에게 시행할 수영 실기 평가 방법에 관한 내용입니다. 올해는 자유형 25m 수행에 대한 성취도만을 평가 하였습니다. 수업에 매우 적극적으로 참여하였지만, 과거에 수영을 배워 본 경험이 없었기 때문에 완주하지 못하여 좋은 평가를 받지 못했습니다. 그래서, 내년 신입생부터는 향상도를 평가에 반영하는 것이 어떤지 의견을 드립니다. 올해 발령을 받은 후 처음 시행하는 학생 평가라서 모르는 것이 많습니다. 잘 가르쳐 주십시오.	
ㄴ답장 최 선생님 학교 일들이 재미있지요? 첫 번째, 체지방을 측정할 때마다 다른 값이 나오는 것은 당연한 일입니다. 선생님 잘못이 아니라 측정오차가 원인이지요. 고전검사 이론에 따르면 관찰 점수는 (㉠)와/과 오차 점수의 합이고, 신뢰도는 전체 관찰 점수 분산 중에서 (㉡)이/가 차지하는 비율로 설명할 수 있 수 있습니다. 따라서 측정오차 때문에 측정할 때마다 값이 달라지는 것이지요. 다음 주에 재검사 신뢰도를 확인해 봅시다. 두 번째, 향상도를 반영한 평가는 학생들의 학습 동기를 고취할 수 있다는 점에서 매력적이라고 생각합니다. 그러나 ㉢<u>향상도 평가는 숙련자에게 불리</u> 할 수 있으며, ㉣<u>향상도를 평가에 중요하게 반영한다는 사실을 학생들이 사전에 인지할 경우 단점</u>도 있을 수 있습니다. 계속 의논하면서 더 좋은 학생 평가 방법을 만들어 봅시다.	

[정답] ㉠ 진점수 [1점] ㉡ 진점수 분산 [1점] ㉢ 천장효과(천정효과) 또는 향상 정도의 폭(범위)가 좁다(반드시 들어가야 함) 척도단위의 비동질성이다. [1점]
(사전검사의 점수가 높은 학생은 사전검사 점수가 낮은 학생에 비해 높은 향상도 점수를 동일한 단위로 해석하기 어렵다. 예를 들면, 마라톤 선수가 1,600m 달리기에서 5초 단축된 것은 의미 있는 향상도로 해석할 수 있지만, 초보자가 5초 단축된 것은 실제로 의미 있는 향상도로 해석하기 어렵다.)
㉣ 학생들이 사전검사에서 고의로 낮은 점수를 받으려고 노력할 것이다. [1점]

2. 신뢰도 계수 추정 방법

(1) 일반적으로 신뢰도를 추정하는 방법은 재검사 신뢰도(test-retest reliability), 평행검사 신뢰도(parallel-form reliability), 내적일관성 신뢰도(internal consistency reliability) 등이 있다.

(2) 한 가지 주의할 것은 이러한 방법으로 산출된 신뢰도 계수는 검사의 실제 신뢰도 계수가 아니라 추정된 값이라는 점이다. 구체적으로 한 가지 방법씩 알아보도록 하자.

신뢰도 계수 추정방법		정의
재검사 신뢰도		동일한 검사를 동일한 집단에게 두 번 실시하여 두 검사점수 간 상관으로 신뢰도 추정
평행검사 신뢰도		두 개의 평행검사를 만들어 동일한 집단에게 두 검사를 시행하고 두 검사점수 간 상관계수로 신뢰도를 추정.
내적일관성신뢰도	반분검사 신뢰도	한 번 시행한 검사 점수를 두 개로 나누어 두 검사점수의 상관계수로 신뢰도 추정. $\text{신뢰도}(\rho_{XX'}) = \frac{2*\text{부분검사의 신뢰도 계수}(\rho_{YY'})}{1+\text{부분검사의 신뢰도 계수}(\rho_{YY'})}$ $= \frac{\text{부분검사의 수(N)} \times \text{부분검사의 신뢰도 계수}(\rho_{YY'})}{1+(\text{부분사의 수(N)}-1)\text{부분검사의 신뢰도 계수}(\rho_{YY'})}$
	Cronbach'α	검사를 인위적으로 반분하지 않고 검사를 구성하는 문항의 분산을 이용하여 신뢰도를 추정 $\alpha = \frac{\text{문항수}(n)\text{문항내적상관의 평균}(\rho)}{1+\text{문항내적상관의 평균}(\rho)(\text{문항수}(n)-1)}$
급내상관계수		분산분석을 이용하여 신뢰도를 추정. ① 일원분산분석을 사용하는 경우: 동일한 피험자가 여러 번 검사를 했을 때 나타난 점수들의 차이를 오차로 간주. $\text{신뢰도}(\rho_{XX'}) = \frac{\text{관찰점수분산과 오차점수분산의 차}}{\text{관찰점수 분산}}$ $= \frac{\text{피험자 간 평균 제곱 합} - \text{피험자 내 평균 제곱 합}}{\text{피험자 간 평균 제곱 합}}$ $= \frac{MS_b - MS_w}{MS_b}$ ② 이원분산분석을 사용하는 경우: 피험자와 검사시행 간 상호작용을 오차로 간주. $\text{신뢰도}(\rho_{XX'}) = \frac{\text{관찰점수분산과 오차점수분산의 차}}{\text{관찰점수 분산}}$ $= \frac{\text{피험자 간 평균제곱 합} - \text{상호작용 평균 제곱 합}}{\text{피험자 간 평균제곱 합}}$ $= \frac{MS_b - MS_i}{MS_b}$
SEM(측정의 표준오차)	활용	절대신뢰도(한 개인의 검사점수 신뢰도)
	식	$SEM = s\sqrt{(1-\rho_{XX'})}$ $= \text{표준편차(s)}\sqrt{(1-\text{신뢰도계수})}$

2-1. 재검사 신뢰도 21 기출

(1) 재검사 신뢰도(test-retest reliability)는 동일한 검사를 동일한 집단에게 두 번 실시하여 두 검사 점수 간 상관으로 신뢰도를 추정하는 방법으로 안정성 계수(stability coefficient)라고도 한다.

■ 검사-재검사 신뢰도 구하는 절차 ■

1. 검사 X를 특정 집단에 실시한다.
2. 일정 시간간격을 두고 검사 X를 같은 집단에 다시 실시한다.
3. 2회 실시한 검사 점수 사이의 적률상관계수를 구한다.

(2) 재검사 신뢰도의 두 가지 문제점이 있다.

① 반복수행의 효과(carry-over effect)이다.

신뢰도 추정을 위해 검사를 두 번 시행하는 것은 매우 번거로운 일이며, 반복수행으로 나타나는 ⓐ 기억효과, 연습효과, ⓑ 측정 대상자의 태도 변화, ⓒ 검사의 측정 환경 변화 등이 문제가 된다.

ⓐ 만약, 기억이나 연습효과로 인하여 모든 대상자들의 검사 점수가 두 번째 검사에서 향상된다면, 재검사 신뢰도 방법으로 추정한 신뢰도 계수는 실제 검사의 신뢰도보다 과대추정하게 된다.

ⓑ 또한, 첫 번째 검사와 두 번째 검사의 측정 환경이나 피험자의 검사에 대한 동기 및 태도가 다를 수 있다. 예를 들어, 일부 대상자가 두 번째 검사에 성실하게 응하지 않을 경우, 추정되는 신뢰도 계수는 실제 검사의 신뢰도보다 과소추정(underestimate)하게 된다.

ⓒ 검사를 시행하는 검사자는 두 검사의 측정 환경을 동일하게 만들고 피험자들에게는 두 번의 검사에 성실히 참여하도록 방법을 강구해야 한다.

② 두 검사 간 간격의 문제이다.

ⓐ 검사 간 간격이 짧으면: 기억효과, 연습효과, **피로** 등의 반복수행의 효과가 나타날 수 있다.

ⓑ 검사 간 간격이 길어지면: 성장이나 성숙 요인으로 인해 측정하려는 대상자의 특성이 변화될 수 있고, 두 검사의 측정 환경이 다를 수 있으며, 검사를 실시하는 대상자의 태도도 다를 수 있다.

(3) 반복수행의 효과와 시간 간격의 문제 등으로 인해 재검사 신뢰도는 지식 검사보다는 체육 분야의 실기 검사에 많이 이용된다. 만약, 재검사 신뢰도 방법을 이용하여 체육 분야 실기검사의 신뢰도를 추정하려면, 앞서 진술한 반복수행의 효과와 두 검사 간 간격의 문제를 적절히 고려해야 한다.

피험자	시행 1	시행 2
1	47	51
2	40	38
3	56	52
4	40	40
5	49	51
6	41	40
7	41	45
8	44	45
9	31	40
10	44	44
총계	433	446
평균	43.3	44.6
표준편차	6.6	5.2
변량	43.6	27.2
		$\gamma_{xy} = .83$

① (오래달리기와 같이) 체력 소모가 많은 검사: 검사 간 간격을 2주일 이상으로 하여 대상자의 체력 소모 때문에 두 번째 검사의 기록이 저하되지 않도록 해야 할 것이다.

② 운동기능검사: 검사를 반복함으로써 연습효과가 발생할 수 있으니, 두 번째 검사에서 연습효과가 나타나지 않도록 첫 번째 검사부터 검사의 난이도를 조정할 필요가 있다.

참고문제	2018년 지도사 1급 (체육측정평가론)

17. 〈보기〉에서 설명하는 것은?

〈보 기〉

- 1단계: 새로 개발된 체중계를 이용하여 동일한 대상의 체중을 2회 측정한다.
- 2단계: 1차와 2차 측정값 사이의 상관계수를 산출한다.
- 3단계: 측정도구의 일관성을 검증한다.

① 평가자간 신뢰도 ② 동형검사 신뢰도 ③ 내적일관성 신뢰도 **④ 검사-재검사 신뢰도**

참고문제	2020년 지도사 1급 (체육측정평가론)

8. 다음 표의 검사-재검사 신뢰도 산출 결과에 대한 해석으로 옳은 것은?

구분	A 종목 선수집단	B 종목 선수집단
50m 달리기	.92	.79
제자리멀리뛰기	.75	.90

① 제자리멀리뛰기의 재검사 신뢰도는 A 종목 선수집단이 더 높다.
② 50m 달리기의 의존가능성은 B 종목 선수집단이 더 높다.
③ 제자리멀리뛰기의 안정성은 B 종목 선수집단이 더 높다.
④ 50m 달리기의 일관성은 B 종목 선수집단이 더 높다.

43 | 2021학년도

다음은 ○○고등학교 배드민턴 수행 평가 자료의 일부이다. 〈작성 방법〉에 따라 순서대로 서술하시오. [4점]

• 평가 방법 및 절차

1) 게임 수행 능력 평가

– 평가 도구: 그리핀, 미첼과 오슬린(L. Griffin, S. Mitchell, & J. Oslin)의 게임 수행평가 도구(GPAI)

[게임 수행 능력 평가 결과]

번호	이름	게임 수행 점수	
		㉢ 1차 점수	㉣ 2차 점수
1	강○○	77	83
2	김○○	65	58
⋮	⋮	⋮	⋮
25	한○○	71	75

〈작성 방법〉

ㅇ 밑줄 친 ㉢과 ㉣의 상관을 활용하여 검사 도구의 양호도를 추정하는 방법의 명칭을 쓸 것.

[정답] 양호도를 추정하는 방법은 재검사신뢰도이다. [1점]

44 | 2002학년도

검사도구의 양호도를 나타내는 두 가지 기준은 신뢰도와 타당도이다. 신뢰도의 개념을 설명하고, 체력검사에서 사용할 수 있는 가장 적절한 신뢰도 추정법의 명칭과 그 방법을 설명하시오.

① 신뢰도의 개념: ____________________

② 신뢰도 추정법의 명칭: ____________________

③ 신뢰도 추정법에 대한 설명: ____________________

[정답] ① 신뢰도의 개념: 검사도구가 측정하고자 하는 구인을 일관되게 측정하는 정도

② 신뢰도 추정법의 명칭: 재검사 신뢰도

③ 신뢰도 추정법에 대한 설명: 동일한 검사를 동일한 집단에게 두 번 실시하여 두 검사점수 간 상관으로 신뢰도 추정

2-2. 평행검사 신뢰도(또는 동형검사 신뢰도)

(1) 평행 검사 신뢰도((parallel-form reliability)는 두 개의 평행검사를 만들어 동일한 집단에게 두 검사를 시행하고 두 검사점수 간 상관계수로 신뢰도를 추정하는 방법이다.

① 평행검사는 이미 설명했던 것처럼, 외형적으로 다른 검사이지만 두 검사의 진점수와 오차점수 분산이 같아 측정이론에서 볼 때 동질적이며 동일한 것으로 간주되는 문항들로 구성된 검사를 의미한다.

② 평행검사는 동일한 내용이나 속성을 측정해야 하며, 문항수, 난이도, 그리고 변별도 등 문항의 특성도 동일해야 한다.

> ■ 동형검사 신뢰도 구하는 절차 ■
>
> 1. 검사 X를 특정 집단에 실시한다.
> 2. 같은 집단에 동형검사 X′를 실시한다.
> 3. 2개의 동형검사 점수 사이의 적률상관계수를 구한다.

(2) 이러한 이유로 완벽하게 똑같은 평행검사를 만드는 것이 쉽지 않고, 평행검사를 제작한 검사자의 능력에 따라 신뢰도 계수가 영향을 받는 단점이 있다.

① 평행검사 신뢰도는 재검사 신뢰도 방법과 같이 두 번의 검사 시행에 따른 반복수행의 효과 즉, 두 검사의 측정 환경과 대상자의 검사에 응하는 태도 등이 다를 수 있어 문제가 된다.

② 보통 평행검사 제작이 어려워 대안검사(alternative test)를 만들어 신뢰도 추정에 이용한다.

③ 대안검사란 두 검사가 최대한 평행검사가 되도록 노력하여 만든 검사로, 대안검사를 사용할 경우 두 검사가 완벽한 평행검사가 아니라는 문제점이 있다.

(3) 평행검사 신뢰도 방법 장점: 두 개의 검사를 동일한 집단에게 동시에 시행하므로 시험의 간격이 문제가 되지 않고, 재검사 신뢰도에 비해 간편하게 신뢰도가 추정되며, 기억효과, 연습효과를 줄일 수 있는 장점이 있다. 평행검사 신뢰도는 교육에서 표준화된 검사(예 수능검사)의 신뢰도를 추정하는데 자주 사용된다.

2-3. 내적일관성 신뢰도

(1) 내적일관성 신뢰도(internal consistency reliability)는 단 한 번의 검사로 신뢰도를 추정하기 때문에 검사를 두 번 이상 반복하여 발생하는 문제점이 없는 방법으로, 반분검사 신뢰도(split-half reliability)와 문항 내적일관성신뢰도(KR-20, KR-21, Hoyt 신뢰도, cronbach α 계수)가 있다.

2-3-1. 반분검사 신뢰도

(1) 반분검사 신뢰도란 한 번 시행한 검사 점수를 두 개로 나누어 두 검사 점수의 상관계수로 추정하는 신뢰도로,

① 앞에서 설명한 재검사 신뢰도가 부적당하거나 평행검사 제작이 어려울 때 사용할 수 있는 방법이다.

② 반분검사 신뢰도는 평행검사 신뢰도와 함께 지식검사의 신뢰도 추정에 자주 사용된다.

③ 반분검사 신뢰도는 재검사 신뢰도나 평행검사 신뢰도처럼 검사를 두 번 시행할 필요가 없는 장점이 있지만, 반분하는 방법에 따라 신뢰도가 달라질 수 있기 때문에 두 부분이 동질성을 갖도록 나누어 평행검사가 되도록 해야 한다.

④ 하나의 검사를 두 부분으로 나누는 방법은 다양하지만, 체육 분야의 실기 검사에서는 피로와 연습의 효과를 배제하기 위해 앞쪽 시행과 뒤쪽 시행(전후 반분법)보다는 짝수 시행과 홀수 시행(기운반분법)으로 구분하는 것이 적절하다. 전후 반분법은 전반부가 후반부보다 쉽고, 피험자들이 후반부에 피로해질 가능성이 있기 때문에 그다지 사용되지 않으며 기우반분법을 많이 사용하고 있다.

피험자	홀수	짝수
1	14	15
2	11	13
3	12	10
4	11	8
5	13	10
6	9	12
7	11	11
8	14	12
9	7	6
10	10	9
총계	112	106
평균	11.2	10.6
표준편차	2.2	2.6
변량	4.8	6.7
		$\gamma_{xy} = .639$

■ 반분 신뢰도 구하는 절차 ■

1. 검사 X를 특정 집단에 실시한다.
2. 검사 X를 2개의 동형검사가 되도록 2개의 하위검사로 나눈다.
3. 2개로 구분한 하위검사 점수 간의 적률상관계수를 구한다.
4. 스피어만-브라운(Spearman-Brown)공식으로 상관계수를 교정한다.

(2) 반분검사 신뢰도는 전체검사 신뢰도가 아니라 하나의 검사를 둘로 나눈 부분검사의 신뢰도가 되므로 전체검사 신뢰도를 다시 계산해야 한다.

① 두 부분을 합쳤을 때의 전체 검사의 신뢰도를 계산하기 위해서 다음의 Spearman-Brown 예측 공식을 사용해서 교정한다.

$$\rho_{XX'} = \frac{2\rho_{YY'}}{1+\rho_{YY'}} \quad \cdots\cdots\cdots\cdots\cdots\cdots (3.11)$$

② 공식 (3.11)에서 $\rho_{XX'}$은 전체 검사의 신뢰도이며, $\rho_{YY'}$은 부분검사의 신뢰도 계수 즉, 둘로 나눈 검사 점수들의 상관계수이다.

③ 예를 들어, 축구에서 리프팅 검사를 10회 시행하여 이 검사의 반분검사 신뢰도를 추정해 보자. 홀수 시행과 짝수 시행한 검사 점수의 상관계수를 추정했더니 0.8이었다면, 전체 검사의 신뢰도는 얼마일까? 공식 (3.11)의 $\rho_{YY'}$ 대신 0.8을 대입하여 계산하면, 다음과 같다.

$$\rho_{XX'} = \frac{2(0.8)}{1+0.8} = \frac{1.6}{1.8} = 0.89$$

④ 즉, 10회 시행한 축구 리프팅 검사점수의 신뢰도 계수는 0.89가 된다.

(3) 공식 (3.11)은 검사를 두 개로 나누었을 때에만 해당되는 것으로, 검사를 여러 개로 나누었을 때에도 전체 검사의 신뢰도를 추정할 수 있는 일반화된 Spearman-Brown 예측 공식은 다음과 같다.

$$\rho_{XX'} = \frac{N\rho_{YY'}}{1+(N-1)\rho_{YY'}} \quad \cdots\cdots\cdots\cdots\cdots\cdots (3.12)$$

① 공식 (3.12)에서 $\rho_{XX'}$은 전체 검사의 신뢰도 계수, $\rho_{YY'}$은 부분검사의 신뢰도 계수이며, N은 전체검사를 구분한 부분검사의 수이다.

② 공식 (3.12)를 이용하면, 부분검사의 수가 2 이상인 경우에도 전체검사의 신뢰도 계수를 계산할 수 있다.

(4) 장점: 위의 예에서처럼 반분검사 신뢰도는 비교적 간단하게 추정이 되고, 앞에서 설명한 재검사 신뢰도나 평행검사 신뢰도처럼 검사를 두 번 시행하지 않고 단 한 번의 검사 시행으로 신뢰도를 추정할 수 있는 장점이 있다.

(5) 단점

① 반면, 검사를 양분하는 방법에 따라 신뢰도 계수가 다르게 추정되는 단점이 있다.

② 이러한 단점 외에도 반분검사 신뢰도가 재검사 신뢰도와 함께 문제가 되는 것은, 반분검사 신뢰도를 추정할 때 사용하는 상관계수가 이변량통계치(bivariate statistic)라는 것이다(Baumgartner).

㉠ 이변량통계치란 서로 다른 두 개의 변인 간 관계에서 나타나는 통계치라는 의미로, 반분검사 신뢰도는 하나의 검사 점수를 이용하므로 단변량통계치(univariate statistic)를 이용해야 적절하다.

㉡ 이러한 문제점을 해결할 수 있는 방법이 cronbach α 계수라 할 수 있다.

2-3-2. 문항내적일관성신뢰도: 크론바흐 알파(cronbach α) 계수

○ KR-20: 이분문항(예/아니오)에만 적용

○ KR-21: 다분 문항. 5점리커트척도 등 여러반응. 구할 때 적용

○ Hoyt와 크론바흐 알파는 이분문항부터 다분 문항까지 모두 포함되는데 Hoyt는 분산분석방법을 사용하여 추정방법이 복잡하여 크론바흐 알파를 사용.

(1) 크론바흐 알파(cronbach α)계수는 검사를 인위적으로 반분하지 않고 검사를 구성하는 문항의 분산을 이용하여 신뢰도를 추정하는 방법으로 체육 분야에서는 지필 검사나 설문지 문항의 신뢰도를 추정할 때 주로 사용된다. cronbach α 계수를 추정하는 공식은 다음과 같다.

$$\alpha = \frac{n}{n-1}\left(1 - \frac{\sum S_i^2}{S_X^2}\right) \quad \cdots\cdots\cdots\cdots\cdots\cdots \ (3.13)$$

① 공식 (3.13)에서 S_X^2은 총점의 분산이고, S_i^2은 각 문항의 분산이며, n은 문항수이다.

② 공식 (3.13)을 자세히 살펴보면, 총점의 분산(S_X^2)에 비해 각 문항들의 분산(S_i^2)이 작을수록 α 계수는 큰 값을 나타낸다.

③ 예를 들면, 5점 리커트 척도로 구성된 생활체육 만족에 대한 설문지 검사를 대학생들에게 실시했을 때, 대부분의 대학생들이 1번 문항에는 5번(매우 만족)에 답하고, 2번 문항에는 1번(매우 불만족)에 답하고, 하는 식으로 각 문항에 일관되고 답했다면, 이 설문지 검사의 α 계수는 매우 클 것이다.

④ 왜냐하면, 각 문항들의 분산이 작아져 각 문항들의 분산을 모두 더한 값($\sum S_i^2$)이 작아지고, 결과적으로 α 계수가 커지기 때문이다.

■ 크론바흐 알파(cronbach α) 계수 구하는 절차 ■

1. 검사 X를 특정 집단에 실시한다.
2. 문항수, 문항분산, 검사점수 분산을 구한다.
3. 크론바흐 알파(cronbach α) 계수를 계산한다.

(2) 상기한 공식 (3.13)의 분산을 표준화하면 다음과 같이 나타낼 수 있다.

$$\alpha = \frac{n\rho}{1+\rho(n-1)} \quad \cdots\cdots\cdots\cdots\cdots\cdots \ (3.14)$$

① 공식 (3.14)에서 ρ는 문항 내적 상관의 평균으로 검사에 포함된 모든 문항들의 상관을 평균한 값이고, n은 문항수이다.

② 공식 (3.13)에서 공식 (3.14)로 전환되는 수리적인 절차는 엄한주를 참고하기 바란다.

③ 공식 (3.14)의 의미를 좀 더 살펴보면, 공식 (3.14)에서 ρ가 커지면 α 계수가 커지게 된다.

④ 즉, 각 문항 간 상관이 커서 문항내적 상관의 평균이 커지면 α 계수가 커지게 된다. 문항 간 상관이 크다는 것은 1번 문항에서 높은 점수를 얻는 학생이 2번 문항, 3번 문항에서도 높은 점수를 얻는다는 것으로, 피험자들이 각 문항에 일관되게 답한다는 의미가 된다.

⑤ 이러한 특성 때문에 cronbach α 계수가 문항내적 일관성의 대표적인 지수로 사용되는 것이다.

(3) 공식 (3.14)에서 제시한 표준화된 α 계수 공식은 각 문항들의 분산의 차이를 고려하지 않아, 각 문항의 분산이 동일한 경우를 제외하고는 공식 (3.13)보다 항상 크게 추정된다. 이러한 이유 때문에 공식 (3.14)보다는 공식 (3.13)을 이용하여 α 계수를 추정하는 것이 권장된다.

(4) 반분검사 신뢰도에 비해 cronbach α 는 검사를 둘로 나누지 않아도 되며 각 문항이 나타내는 일관성의 정도에 따라 추정된다. cronbach α 가 다른 신뢰도 지수보다 낮은 신뢰도를 추정하지만, 검사 도구를 신뢰도로 평가할 때 보수적으로 평가하는 것이 바람직하므로, cronbach α 를 신뢰도 지수로 사용하는 것이 권장된다.

참고문제	2019년 지도사 1급 (체육측정평가론)

10. 2020년을 목표로 가칭 [전국 다이빙 대회]를 개최하고자 한다. 대회에서 심판들의 판정 일관성 정도를 측정할 수 있는 지수로 옳은 것은?

① 크론바흐 알파 계수(Cronbach α)
② 피어슨의 상관계수(Pearson correlation coefficient)
③ 동형검사 신뢰도 계수(equivalence reliability)
④ 단순카파계수(simple kappa coefficient)

2-4. 급내상관계수

(1) 급내상관계수(intraclass correlation coefficient)는 분산분석(ANOVA)을 이용하여 신뢰도를 추정하는 방법으로, 반복하여 측정된 측청치의 분산 성분(variance component)을 이용하여 신뢰도를 추정한다. Hoyt(1941)를 시작으로 많은 학자들이 분산분석을 이용하여 신뢰도를 추정하는 방법을 개발하였다.

① 분산 분석을 이용하여 신뢰도를 추정하는 방법에는 일원분산분석(one-way ANOVA)과 이원분산분석(two-way ANOVA)을 사용하는 방법이 있다.

② 분산 분석을 이용하여 신뢰도를 추정하는 논리는 고전진점수이론으로 설명될 수 있다.

(2) 고전진점수이론에 의하면, 신뢰도는 관찰점수분산(σ_X^2) 중 진점수분산(σ_T^2)이 차지하는 비율로 정의된다고 공식 (3.7)에서 이미 설명하였다.

① 진점수란 피험자가 갖고 있는 진짜 능력을 의미하는 이론적인 개념이므로 실제로 측정될 수 없는 점수이다.

② 따라서, 진점수는 관찰점수에서 오차를 뺀 값으로 대신할 수 있고, 진점수 분산(σ_T^2)은 관찰점수 분산(σ_X^2)에서 오차점수 분산(σ_E^2)을 뺀 값으로 대신할 수 있다. 이러한 설명에 따라 신뢰도 계수는 다음과 같이 전개될 수 있다.

$$\rho_{XX'} = \frac{\sigma_T^2}{\sigma_X^2} = \frac{\sigma_X^2 - \sigma_E^2}{\sigma_X^2} \quad \cdots\cdots\cdots\cdots\cdots\cdots \ (3.15)$$

③ 만약, 동일한 검사를 여러 번 시행하였을 때 나타난 점수들로부터 관찰점수 분산과 오차점수 분산을 알 수 있다면, 공식 (3.15)를 이용하여 신뢰도를 계산할 수 있을 것이다.

④ 특히, 분산분석을 이용하여 신뢰도를 추정할 때에는 분산분석의 결과에서 관찰점수 분산과 오차점수 분산에 해당하는 항목을 대입하여 신뢰도를 추정하게 된다.

(3) 일원분산분석을 적용할 경우에 관찰점수 분산은 피험자간 평균제곱합(MS_b; man sum of squares between subject)이며, 오차점수분산은 피험자내 평균제곱합(MS_w; mean sum of squares within subject)이 된다. 따라서, 일원분산분석을 적용하여 추정된 신뢰도는 다음과 같다.

$$\rho_{XX'} = \frac{MS_b - MS_w}{MS_b} \quad \cdots\cdots\cdots\cdots\cdots\cdots \ (3.16)$$

① 공식 (3.16)에서 피험자간 평균제곱합(MS_b)은 검사를 시행한 피험자 점수 간 평균적인 차이이고, 피험자내 평균제곱합(MS_w)은 각 피험자들이 여러 번 시행한 점수 간 평균적인 차이를 의미한다.

② 즉, 일원분산분석을 적용했을 경우에는 동일한 피험자가 여러 번 검사를 시행했을 때 나타난 점수들의 차이를 오차로 간주한다.

(4) 이원분산분석을 적용할 경우에 관찰점수 분산은 피험자간 평균제곱합(MS_b; mean sum of squares between subject)이며, 오차점수 분산은 상호작용 평균제곱합(MS_i; mean sum of squares interaction)이 된다. 따라서 이원분산분석을 적용하여 추정된 신뢰도는 다음과 같다.

$$\rho_{XX'} = \frac{MS_b - MS_i}{MS_b} \quad \cdots\cdots\cdots\cdots\cdots\cdots \ (3.17)$$

① 공식 (3.17)에서 상호작용 평균제곱합(MS_i)은 피험자와 검사시행 간 상호작용(interaction)에 의해 나타나는 차이이다.

② 즉, 이원분산분석을 적용했을 경우에는 피험자와 검시시행 간 상호작용을 오차로 간주한다.

(5) 체육 분야의 실기 검사에서는 동일한 측정 문항을 두 번 이상 반복하여 시행하는 검사들이 많아 분산분석을 적용하여 신뢰도를 추정하는 방법이 널리 이용될 수 있다. 과거에는 분산분석이라는 통계 방법에 정통해야 이 방법을 이용하여 신뢰도 계수를 추정하였으나, 최근에는 SPSS 통계 프로그램의 메뉴에서 '분석 - 척도화 분석 - 신뢰도 분석 - 통계량'을 차례로 선택한 뒤 '급내 상관계수' 항목을 선택하면 쉽게 추정할 수 있다.

2-4-1. 유목내 상관계수 (Intraclass correlation)

(1) 유목내 상관계수는 동일한 측정 대상들을 여러 명의 평정자(評定者)가 측정할 경우, 여러 시점에서 재었을 경우, 유사한 여러 가지의 검사도구로 재었을 경우에 ANOVA(신뢰도 분석 컴퓨터 프로그램에 내장되어 있음)를 이용하여 검사의 신뢰도를 산출하는 방법이다.

(2) 이 방법의 장점은 검사시행간의 차이, 피험자간의 차이, 오차변량(誤差變量)뿐만 아니라 각기 다른 날 검사실시에 기인된 변량이 어느 정도인지를 알 수 있게 한다.

(3) 다시 말해서 이 방법을 사용하면 시행간 혹은 평정자간 체계적으로 발생하는 차이를 검증할 수 있다. 예를 들면 검사의 마지막 시행이 학습이나 피로에 의해 처음 시행과 유의한 차이를 발생할 경우 연구자는 처음이나 마지막 시행을 제외하고 점수를 결정할 수 있다. 표 3.5는 ANOVA를 이용하여 유목내 상관계수(R)를 산출하는 과정을 예시한 것이다.

(4) 여기에서 자승화(SS)와 변량 추정치(MS)의 계산은 ANOVA 공식을 적용한 것이며 R의 계산은 반복 측정 ANOVA 계산과정과 같다. 즉 산출된 전체 자승화는 27.60이고 피험자의 자승화는 14.93이며 시행간 자승화는 7.60이다.

〈표 4-2〉 ANOVA에 의한 신뢰도 추정

피험자	시행1	시행2	시행3
1	5	5	6
2	6	8	8
3	4	5	6
4	3	5	6
5	4	6	4
$\overline{X}$	4.4	5.8	6.0

결과				
변산원	SS	df	MS	F
피험자간(S)	14.93	4	3.73	
시행간(T)	7.60	2	3.80	6.00*
잔차(S×T)	5.06	8	.63	
전체	27.60	14		

(5) 분석결과에 의하면 P〈.05 수준에서 의의있는 차이가 있는 것으로 나타났다.

(6) 유목내 상관계수는 운동수행능력검사(運動修行能力檢査)의 신뢰도를 추정하기 위한 적절한 방법의 하나로 평가되고 있다. 그러나 ANOVA모형을 적용할 경우 시행간의 독립성(獨立性)과 무선성(無選性) 가정이 요구되는 반면에 대부분의 운동수행능력검사는 반복 시행되기 때문에 독립적이지도 무선적이지도 않다는 문제를 내포하고 있다는 비판을 받고 있다.

■ 신뢰도 추정방법의 비교

계수명	검사 횟수	검사 수	측정오차원	절차
검사-재검사 신뢰도 (안정성 계수)	2	1	시간간격(시간경과에 따른 안정성)	한 검사를 같은 집단에 시간간격을 두고 2회 실시한다.
동형검사 신뢰도 (즉시 실시)	1	2	문항차이 (검사의 동형성)	두 동형검사를 같은 집단에 거의 동시에 실시한다.
동형검사 신뢰도 (지연 실시)	2	2	문항차이 및 시간간격	두 동형검사를 같은 집단에 시간간격을 두고 2회 실시한다.
반분 신뢰도	1	1	반분검사의 동형성	검사를 한 집단에 1회 실시한 후, 동형검사가 되도록 반분한다.
문항내적 합치도 (동질성 계수)	1	1	문항들의 동질성	검사를 한 집단에 1회 실시한 후 KR혹은 알파(α)계수를 구한다.
평정자 신뢰도	1	1	평정자의 차이	검사를 1회 실시한 다음, 두 명의 채점자가 각각 채점한다.
분류 일관성 지수	1	2	문항차이	두 동형검사를 같은 집단에 거의 동시에 실시한 다음 분할 점수를 기준으로 학생을 도달 혹은 비달로 분류한다.

2-5. 측정의 표준오차 21 기출

(1) 측정의 표준오차(SEM; Standard Error of Measurement)는 한 개인의 검사 점수에 대해 신뢰도를 평가할 때 사용하는 지수로 절대 신뢰도(absolute estimates of reliability)라고도 한다.

① 측정의 표준오차(SEM)는 이론적인 개념으로 한 사람에게 동일한 검사를 무수히 많이 시행하여 얻어지는 검사 점수의 표준편차를 의미한다.

② 즉, 이 값은 한 사람의 점수에 대한 평균적인 오차를 의미하며, 측정의 표준오차가 작으면 한 학생의 검사 점수가 다시 측정했을 때에도 비슷하게 나올 가능성이 커지는 것이다.

(2) 그런데, 문제는 이러한 절차를 현실적으로 실행하기 어렵다는 것이다. 그래서, SEM은 한 번 측정된 한 집단의 표준편차와 신뢰도를 이용하여 추정하게 된다. 측정의 표전오차(SEM)을 계산하는 공식은 다음과 같다.

$$\text{측정의 표준오차} = \text{표준편차}\sqrt{(1-\text{검사 신뢰도})}$$

$$(SEM) = s\sqrt{(1-\rho_{XX'})} \quad \cdots\cdots\cdots\cdots\cdots\cdots\cdots\cdots \ (3.18)$$

① 공식 (3.18)에서 s는 피험자 집단의 표준편차이고, $P_{XX'}$은 앞에서 설명했던 신뢰도 추정 방법들에 의해 추정된 검사의 신뢰도이다.

② 예를 들어보도록 하자. 만약, 고등학교 3학년 남학생들을 대상으로 실시한 팔굽혀펴기 검사의 표준편차 3개이고 이 검사도구의 신뢰도가 0.84였다면, SEM은 얼마일까? 공식 (3.18)에 표준편차와 신뢰도를 대입하면 다음과 같다.

$$SEM = 3\sqrt{1-0.84} = 3 \times 0.4 = 1.2$$

③ 즉, 고3 남학생을 대상으로 실시한 팔굽혀펴기 검사의 SEM은 1.2개이다.

(3) 그렇다면, 측정의 표준오차(SEM)은 어떻게 해석해야 할까?

① SEM은 검사 점수의 표준편차와 유사한 개념으로 사용될 수 있다.

② 기초통계 부분에서 설명했던 내용들을 상기 시켜보면, 어떤 집단의 검사 점수가 정규분포 했을 때, ±1 표준편차 범위 내에 이 집단의 약 68% 정도의 검사 점수가 있다는 것을 기억할 수 있을 것이다.

(4) SEM에 대한 설명을 종합해 보면, 크게 두 가지로 요약될 수 있다.

① 첫째, SEM은 한 개인의 점수에 대한 신뢰성을 판단하는데 사용될 수 있다.

㉠ 한 학생이 동일한 검사를 무수히 많이 시행한다면, 이 학생의 검사 점수 중 약 68%는 ±1 SEM 범위 내에 있고, 약 95%는 ±2 SEM 범위 내에 있다고 할 수 있다.

㉡ 구체적으로 예를 들어 설명해 보자. 만약, A라는 학생의 왕복달리기 기록이 10초이고 측정의 표준오차가 0.5초라면 이것은 A학생이 왕복달리기 검사를 무수히 많이 시행했을 때, 68%는 9.5초에서 10.5초 사이의 기록이 나올 것이고, 약 95%는 9.0초에서 11.0초 사이의 기록이 나올 것으로 판단할 수 있다.

② 둘째, SEM은 둘 이상의 피험자의 검사 점수를 비교할 때 유용하다.

㉠ 위에서 설명한 ±1 SEM 또는 ±2 SEM 신뢰구간(confidence interval)은 두 피험자의 점수를 비교할 때 매우 유용하다.

㉡ 위의 예에서 A라는 학생의 왕복달리기 기록은 10초이고 B라는 학생의 기록은 11.1초라면, 두 학생의 왕복달리기 능력을 어떻게 비교하여 평가할 수 있을까?

ⓐ 만약, SEM을 모른다면, 섣불리 두 학생의 능력을 비교하는 것은 적절하지 않을 것이다.

ⓑ 하지만, 위의 예에서처럼 SEM이 0.5초라면, 두 학생의 신뢰구간을 비교할 수 있다. 즉, A학생의 ±1 SEM 신뢰구간은 9.5초 ~ 10.5초이고, B학생의 ±1 SEM 신뢰구간은 10.6초 ~ 11.6초가 되어 두 학생의 신뢰구간이 겹치지 않는다.

ⓒ 따라서, 두 학생의 왕복달리기 능력은 68%의 신뢰성을 갖고 '차이가 있다' 또는 'A학생이 B학생보다 왕복달리기를 더 잘한다'라고 주장할 수 있다.

(5) 따라서, SEM을 계산할 때 필요한 피험자 집단의 표준편차와 시행한 검사도구의 신뢰도가 확보된다면, 체육 현장에서 개인의 능력을 평가하거나 비교할 때 SEM은 매우 유용한 신뢰도 계수가 될 것이다.

분류	SEM(측정의 표준오차)	SEE(추정의 표준오차)
활용	절대신뢰도 (한 개인의 검사점수 신뢰도)	예측타당도, 회귀방정식의 정확성
식	$SEM = s\sqrt{(1-\rho_{XX'})}$ $= \text{표준편차(s)}\sqrt{(1-\text{신뢰도계수})}$	$SEE = s\sqrt{1-\gamma_{xy}^2}$ $= \text{표준편차(s)}^* \sqrt{1-(\text{두 검사점수 간 상관계수})^2}$

2-6. 측정의 표준오차의 활용 (일반교육학)

(1) 측정의 표준오차는 ① 진점수의 신뢰구간을 추정하고, ② 점수의 변동범위를 추정하며, ③ 개인이 두 가지 검사에서 얻은 점수들이 차이가 있는가를 판단하고, ④ 같은 검사에서 두 사람이 얻은 점수가 차이가 있는가를 판단하기 위한 용도로 활용된다.

① 진점수의 신뢰구간 추정

㉠ 측정의 표준오차를 알면 개인의 진점수 신뢰구간을 구할 수 있다. 신뢰구간(confidence interval or confidence band)이란 개인의 점수가 포함될 것이라고 기대되는 점수범위를 말한다.

㉡ 정규분포 원리를 이용하면 개인의 진점수가 '점수$\pm 1S_E$'의 범위 내에 존재할 확률은 약 68%, '점수$\pm 1.96S_E$' 이내에 존재할 확률은 약 95%, '점수$\pm 2.58S_E$' 이내에 존재할 확률은 약 99%다. 따라서 개인의 수학시험점수가 80점이고 S_E가 4라고 할 때 진점수의 68% 신뢰구간은 76~84(80±4), 95% 신뢰구간은 72.16~87.84(80±1.96×4), 99% 신뢰구간은 69.68~90.32(80±2.58×4)다.

㉢ 측정의 표준오차와 진점수 신뢰구간은 비례한다는 사실을 알 수 있다. 즉, 측정의 표준오차가 클수록 진점수 신뢰구간이 커지고, 측정의 표준오차가 작을수록 진점수 신뢰구간이 작아진다.

㉣ 측정의 표준오차를 이용하여 신뢰구간을 구하면 점수를 해석하는 데 도움을 준다. 교육현장에서는 시험점수에 측정오차가 전혀 포함되지 않은 것처럼 해석한다.

㉤ 예를 들어, A의 수학시험점수가 80점이라고 할 때 이 점수가 정확하다고 생각한다. 그렇지만 엄밀한 의미에서 볼 때 이 점수에는 측정오차가 어느 정도 포함되어 있다. 그러므로 'A의 점수는 80점이다.'라고 하는 것보다 'A의 점수는 68% 신뢰수준에서 76점에서 84점 사이에 존재한다.'고 하는 것이 더 정확한 표현이다.

측정의 표준오차를 이용한 진점수의 신뢰구간 추정
1. 개인 A에게 검사 X를 반복 실시하여 얻은 점수들은 정규분포를 이루고, 평균은 진점수에 접근한다. 측정의 표준오차(S_E)는 이 분포의 표준편차를 의미한다. 2. 정규분포의 원리에 따르면 전체 점수는 진점수를 중심으로 $\pm 1S_E$이내에 약 68%, $\pm 1.96S_E$ 이내에 약 95%, $\pm 2.58S_E$ 이내에 약 99%가 분포한다. 3. 진점수는 결코 알 수 없지만 측정의 표준오차를 알면 진점수의 신뢰구간을 구할 수 있다. 개인 A의 점수가 80이고 S_E가 4라고 하면, 진점수의 95% 신뢰구간은 72.16~87.84(80±1.96×4)다. 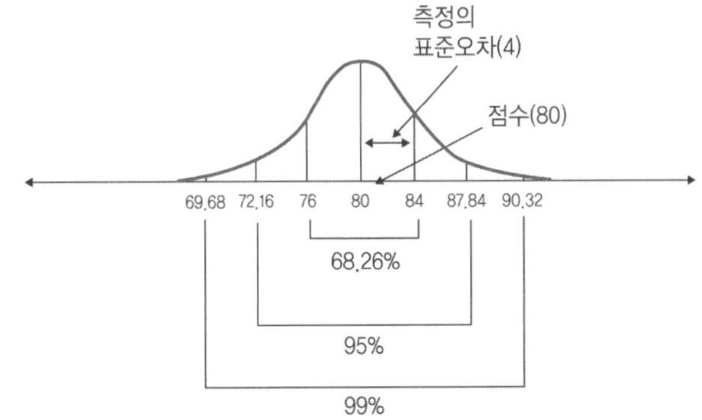 4. S_E가 작을수록(즉, 신뢰도가 높을수록) 신뢰구간이 더 좁아지므로 관찰점수는 진점수에 접근한다.

② 점수의 변동범위 추정

㉠ 측정의 표준오차를 알면 같은 검사를 개인에게 반복해서 실시할 때 점수가 달라지는 범위를 구할 수 있다.

㉡ A의 수학시험점수가 80이고 측정의 표준오차가 4라고 하면 같은 수학시험을 반복 실시할 때 A가 얻을 수 있는 점수들이 80±4 이내에서 변화될 확률은 약 68%, 80±1.96×4 이내에서 변화될 확률은 약 95%다.

㉢ 같은 검사를 반복 실시할 때 점수가 달라지는 변동범위는 측정의 표준오차에 반비례한다.

③ 개인이 두 가지 검사에서 얻은 점수 차이에 관한 해석

㉠ 측정의 표준오차를 알면 개인이 두 가지 검사에서 얻은 점수가 실제 차이가 있는가를 판단할 수 있다.

㉡ A의 수학시험점수가 80점이고 국어시험점수가 82점이라고 할 때, 측정의 표준오차를 이용하면 두 시험의 점수가 실제 차이가 있는지 아니면 차이가 없는지 판단할 수 있다.

㉢ 설명의 편의상 두 시험의 측정의 표준오차가 모두 4라고 가정하자. 이 경우 A의 수학시험 진점수의 68% 신뢰구간은 76~84점이고, 국어시험 진점수의 68% 신뢰구간은 78~86점으로, 수학시험의 진점수 신뢰구간(76~84)은 국어시험의 전점수 신뢰구간(78~86)과 중첩된다. 그러므로 수학시험점수는 국어시험점수와 사실상 다르지 않다고 할 수 있다.

④ 같은 검사에서 두 사람이 얻은 점수 차이에 관한 해석

㉠ 측정의 표준오차 S_E는 같은 검사에서 두 사람이 얻은 점수가 차이가 있는가를 판단하기 위해 활용된다.

㉡ 국어시험에서 B가 73점, C가 84점을 얻었다고 할 때 A의 점수(82)와 차이가 있는가를 살펴보자.

㉢ 앞의 예시에서 국어시험의 측정의 표준오차는 4이므로 68% 신뢰수준에서 B의 진점수 범위는 69~77점(73±4)으로 A의 진점수 범위(78~86)와 중첩되지 않는다. 그러므로 A의 점수는 B의 점수보다 더 높다고 할 수 있다. 반면 68% 신뢰수준에서 C의 진점수 범위는 80~88점으로 A의 진점수 범위(78~86)와 중첩되므로 신뢰수준을 고려하면 C의 점수가 A보다 더 높다고 할 수 없다.

참고문제	2019년 건강운동관리사 (건강·체력평가)

19. 체력측정의 오차에 영향을 주는 요인으로 옳지 않은 것은?

① 측정 대상자의 체력 증진 ② 측정 대상자의 피로도
③ 측정도구(기기)의 정확도 ④ 대상자별로 적용되는 측정 절차의 차이(다양성)

45 | 2021학년도

다음은 팔굽혀펴기 분석 결과에 대해 교사들이 나눈 대화 내용이다. 괄호 안의 ㉠에 해당하는 값과 ㉡에 해당하는 용어를 순서대로 쓰시오. [2점]

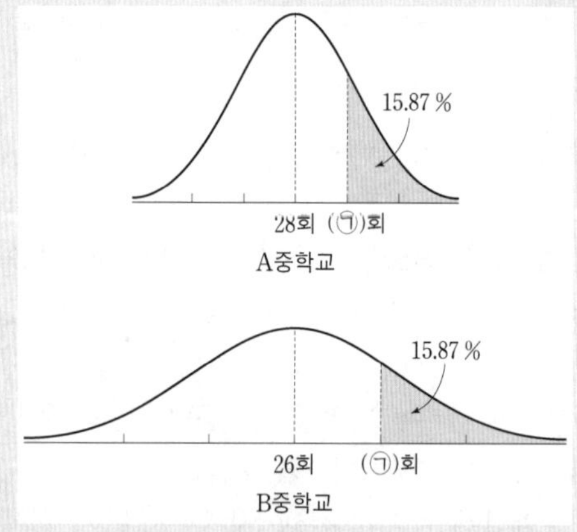

〈A중학교와 B중학교의 팔굽혀펴기 점수 분포 곡선〉

〈가정〉

* 두 학교의 팔굽혀펴기 점수 분포는 정규분포로 가정함.

정 교사: 두 학교의 동일한 학생들에게 1차 측정과 같은 조건에서 팔굽혀펴기 검사를 반복하여 측정해도 동일한 결과가 나올까요?

박 교사: 반복 측정 결과에 따른 검사 점수가 통계적으로 유의한 차이가 있는지는 (㉡)을/를 이용하여 알 수 있습니다. (㉡)은/는 검사 점수의 신뢰도와 표준편차를 이용하여 산출되는데, 이것을 활용한 신뢰 구간으로 학생들의 검사 점수를 비교할 수 있습니다.

[정답] ㉠ 31 [1점] ㉡ 측정의 표준오차(SEM) [1점]

3. 객관도 05 기출 07 기출 08 기출 09 기출 12 기출 23 기출

3-1. 객관도 개념(이기봉)

(1) 객관도는 두 명 이상의 평가자가 낸 점수의 일치 정도로 평가자간 신뢰도(interrater reliability)라고도 한다.

① 평가자의 주관에 의해 평가되는 검사나 선발, 성적 부여를 위한 검사에서 객관도는 매우 중요하게 다루어진다. 왜냐하면 평가자에 따라 동일한 검사라도 점수 부여 방법이 달라질 수 있기 때문에, 입학 시험이나 성적 부여를 위해서는 객관도가 높은 검사 도구를 사용하게 된다.

② 최근 강조 되고 있는 수행평가는 교사의 주관적인 판단에 의해 평가되는 경우가 많아 객관도를 확보한 후에 수행평가를 실시해야 할 것이다.

참고문제	2015년 지도사 1급 (체육측정평가론)

7. 〈보기〉에서 괄호 안에 들어갈 말은?

〈보 기〉

(　　　　)는 평가자 내 혹은 평가자 간의 반복측정 결과에 대한 일치 정도이다.

가. 타당도　　나. 결정도　　**다. 객관도**　　라. 적합도

(2) 객관도를 추정하는 방법은 신뢰도를 추정하는 방법과 동일하다.

① 재검사 신뢰도 계수: 두 명의 평가자에 의해 시행된 검사점수의 객관도를 추정하는 방법

② 급내상관계수(intraclass correlation)

㉠ 세 명 이상의 평가자에 의해 시행된 검사점수의 객관도를 추정할 때 이용하면 된다. 신뢰도를 추정할 때에는 동일한 검사를 여러 번 시행한 검사 점수를 분석하지만, 객관도를 추정할 때에는 여러 명의 평가자에 의해 부여된 검사 점수를 분석하게 된다.

㉡ 유목 내 상관(급내상관 intraclass correlation): 자료가 집단으로 분류되어 있는 경우에 동일 집단에 속한 개체들 사이에 존재하는 변수의 상관이다.

예 학교효과 연구의 경우에 동일학교에 속한 학생들의 행동은 상호 상관이 있으며, 다른 학교 학생들과의 행동은 독립이라면, 동일 학교에 속한 학생들 사이의 상호상관의 정도가 유목 내 상관이다. 유목 내 상관이 크면 집단 내 개체들의 행동은 동질적이며, 집단 간에는 이질성이 크다는 정보를 제공한다. 쌍둥이 연구의 경우에 같은 유전인자를 갖는 쌍둥이들 사이의 상관은 유목 내 상관이다.

(3) 객관도(coefficient of concordance)는 평가자의 신뢰도로써 여러 평가자의 평가결과에 대한 합치정도(일치정도)를 말한다.

(4) 신뢰도가 측정도구의 오차변량에 의해 결정된다면, 객관도는 평가자의 오류나 편견에 의해 결정된다.

(5) 객관도는 두 사람 이상의 검사자가 피험자의 어떤 특성을 측정할 경우 유목내 상관계수로 분석한다. 왜냐하면 한 번의 분석으로도 많은 변산원(검사자 간, 시행간, 날짜간, 피험자간, 오차에 기인된 변량)을 평가하는 것이 가능하기 때문이다.

(6) 일치도 계수

① 서열척도인 등위에 대한 신뢰도를 추정하려고 할 때에는 비모수적 기법인 일치도 계수를 이용할 수도 있다.

② 이 방법은 독립성과 무선성 가정이 불필요하기 때문에 체육·스포츠 상황에서 많이 이용되고 있다.

(7) 체육·스포츠 상황에서 발견할 수 있는 사례는 세 가지의 유형(① ~ ③)이 있으며 객관도의 계산공식은 1.5와 같다. 표 3.8은 배구서브 10회 시행에 대해 등위에 따라 객관도를 산출한 실례이다.

(자료: Measurement & Evalution in Physical Education & Sport, Kang, S. J)

① 검사자간 신뢰도: 학생/선수에게 부여된 등위에 대한 교사/심판간의 일치도 추정

② 검사자내 신뢰도: 동일한 정보를 이용하여 서로 다른 시기에 피험자들의 등위를 결정할 때 심판의 일치도 추정

③ 검사신뢰도: 시행별로 피험자들에게 등위를 부여할 때 일관성 정도 추정

㉧ 서브검사를 10번 시행할 경우, 시행 때마다 여러 피험자의 능력, 기술, 성취도에 대한 등위를 정한 경우 그 등위의 일치도

$$W = \frac{12S}{m^2(n^3-n)} \quad \cdots\cdots\cdots\cdots (1.5)$$

여기에서 W = 등위간의 일치도, m = 심판 혹은 시행수 n = 피험자 수,
S = 합의 평균으로부터 열(심판)의 편차의 자승화 [m(n+1)/2]

〈표 4-3〉 배구서브 10회 시행에 대한 등위

구분		학생수							
		A	B	C	D	E	F	G	H
시행수	1	3	6	2	3	4	4	7	8
	2	4	1	5	6	3	2	7	8
	3	1	3	4	7	1	5	7	6
	4	1	2	6	4	5	3	8	8
	5	2	5	3	6	2	5	7	8
	6	2	3	7	6	1	5	8	7
	7	1	4	3	8	2	7	7	8
	8	3	2	1	4	5	6	7	8
	9	2	2	4	5	3	6	7	8
	10	4	4	5	5	4	8	8	7
Σ등위		23	32	40	54	30	51	73	76

시행수(m) = 10

사례수(n) = 8

합의 평균치 = [10 × (8 + 1) ÷ 2] = 45

표준편차(S) = $(23-45)^2 + (32-45)^2 + \cdots (76-45)^2 = 2765$

$$W = \frac{12S}{m^2(n^3-n)} = \frac{12 \times 2765}{10^2(8^3-8)} = .66$$

3-2. 객관도의 유형

(1) 평가자 간 신뢰도: 동일한 검사에 대한 서로 다른 평가자 간 일치정도
(2) 평가자 내 신뢰도: 동일한 검사결과들에 대한 동일한 평가자의 일치정도

3-3. 평가자 간 신뢰도 추정

(1) 평가자가 두 명일 때: 상관계수 이용하여 신뢰도 추정
(2) 평가자가 세 명 이상일 때: 급내상관계수 이용하여 신뢰도 추정

3-4. 객관도의 추정 방법 및 해석(체육교육과정과 평가 조미혜, 오수학)

(1) 체육평가에서 객관도를 추정하는 데는 **유목내 상관계수**를 이용하는 것이 좋다.
  ① 심동적 영역 검사의 객관도를 추정할 때 다른 통계치들 대신에 유목내 상관계수를 사용하여 얻을 수 있는 장점은 유목내 상관계수는 일변량 통계치라는 것이다.
    ㉠ 피어슨 상관계수: 일반적으로 많이 사용되는 대표적인 이변량 통계치로 알려져 있는데 이변량 통계치의 경우 한 번에 다룰 수 있는 변수는 반드시 2개로 제한되어 있다.
    ㉡ 이러한 이유로 3명 이상의 평가자들의 객관도는 피어슨 상관계수를 이용할 수가 없고 일변량 통계치가 필요하다. 유목내 상관계수는 심동영역 검사에서 활용될 수 있는 일변량 통계치라는 것이다.(Baumgartner & Jackson) 이는 심동영역 검사들은 2회 측정보다는 3회 이상의 측정이 빈번히 일어나므로 이들 자료의 객관도나 신뢰도 추정을 위하여 유목내 상관계수가 적합한 통계치라고 할 수 있다.
(2) 유목내 상관계수는 변량분석의 기법을 적용한 것으로 R 값은 최소 0에서부터 1까지 존재한다.
  ① R값이 0에 가까울수록 객관도나 신뢰도가 낮은 것을 의미하고, 1에 가까울수록 객관도나 신뢰도가 높은 것으로 해석한다.
  ② 일반적으로 R이 0.8이상이 되어야 객관도나 신뢰도를 인정하는 것으로 알려져 있으나 검사의 성격과 신뢰도의 종류에 따라 그 기준이 달라질 수 있다.

3-5. 객관도에 영향을 주는 요인

(1) 채점자의 채점이 어느 정도 일관성이 있느냐의 정도를 밝혀 주는 것으로, 채점자 신뢰도라고도 한다.
  ① 타당도, 신뢰도 다음으로 좋은 테스트를 위한 세 번째 기준은 객관도(objectivity)이다.
(2) 객관도는 테스트의 실행과 관련한 신뢰도의 유형이다. 지시사항, 평가, 그리고 실행자의 행동은 테스트의 신뢰도에 영향을 줄 수 있다.
  ① 만약 테스트가 두 명의 다른 사람에 의해 실행되고 평가된다면 결과는 서로 비슷해야만 한다. 두 테스트 과정의 유일한 다른 조건은 그 테스트를 누가 실행하느냐이다.
  ② 한 집단의 학생들이 체조 물구나무서기 테스트를 두 명의 다른 교사에 의해 테스트 받는다고 가정해보자.
    ㉠ 첫 번째 날, 교사는 학생들의 수행을 돕기 위해 어떤 특정한 기술을 사용하도록 할 것이다.
    ㉡ 두 번째 날, 다른 교사는 이 기술을 하지 않을 수도 있다.
    ㉢ 만약, 첫 번째와 두 번째 시도에서의 점수가 서로 관련이 있다면, 상관도는 그리 높지는 않을 것이다. 이것은 두 테스트 실행자의 객관도가 결핍되었기 때문이다.
  ③ 키, 몸무게, 길이 또는 숫자세기 같은 것을 측정하는 테스트들은 대개 매우 높은 객관도를 가지고 있다.
    ㉠ 정확한 시계가 작동되는 두 개의 타이머가 정확하고 객관적인 방법으로 똑같은 주자에게 측정될 수 있어야만 한다.

㉡ 유사하게 두 실행자가 똑같은 방법으로 높이뛰기, 멀리뛰기 같은 것을 독립적으로 측정한다면, 똑같은 눈금의 측정도구를 가지고 있어야 한다.

④ 테스트가 골프 스윙의 폼와 같이 높은 주관성을 가지고 있을 때에는 객관도 계수가 전형적으로 낮은 편이다. 등급평가가 체육과 운동적 환경에서 자주 사용된다. 마음속에 특정한 기준이 적절하게 구성되어 있지 않다면 이러한 등급평가는 매우 주관적일 수밖에 없다. 이러한 판단은 대개 의도와 다르게 해석과 성향의 차이점에 의해서 나타난다.

⑤ 객관도를 증가시키기 위해 기준측정(criterion measure)이 사용되는데, 이것은 수행될 기술의 세부적인 특징과 판단방법에 기초하고 있다. 교사가 학급에서 운동기술 폼을 평가할 때 평가는 객관도를 증진시키기 위한 기준 목록에 기초해야 한다. 옳고 그름 판단, 연결시키기, 또는 다문항 선택지와 같은 필기 테스트는 주어진 정답이 명백하게 옳거나 그른 것이기 때문에 그것들은 높은 객관적 방법으로 평가될 수 있다.

⑥ 객관도는 또한 지시사항의 명확성에도 의존하고 있다. 테스트 검사자는 테스트를 어떻게 적절하게 실행하는지에 대해서 이해해야 하고, 학생들은 테스트가 어떻게 수행되는지, 그리고 어떻게 평가되는지에 대해서 이해해야만 한다.

3-6. 객관도를 향상시키는 방안 16 기출

(1) 채점기준을 명확히 작성하고 구체화 한다.
(2) 채점을 여러 명이 해도 동일한 결과가 나올 수 있도록 일관성이 있어야 한다.
(3) 사용할 수 있는 채점기준의 사례를 수집하여 보관한다.
(4) 평가내용을 학생들에게 자세히 설명하고 평가 배점을 알려 준다.
(5) 좋은 수행과 나쁜 수행의 예를 보여준다.

참고문제	2016년 지도사 1급 (체육측정평가론)
4. 객관도를 높일 수 있는 방법으로 옳지 않은 것은? ① **정성적 평가** ② 채점 기준의 구체화 ③ 측정 절차의 명료화 ④ 평가 내용의 자세한 설명	

참고문제	2017년 지도사 1급 (체육측정평가론)
14. 동일한 대상자에 대해 두 명 이상의 검사자가 각각 측정한 점수들이 일치하는 정도를 나타내는 것은? ① **객관도** ② 변별도 ③ 변산도 ④ 다양도	

요약정리

1. 평가는 타당하고, 신뢰도가 높고, 객관적이며, 실용적이어야 한다.
   (1) 평가결과가 타당하다는 것은 측정하려고 의도하는 특성을 충실하게 재고 있음을,
   (2) 신뢰도가 높다는 것은 측정결과가 일관성이 있음을 뜻한다.
   (3) 객관도가 높다는 것은 채점자들의 채점결과가 일치함을,
   (4) 실용도가 높다는 것은 검사를 실시하고 채점하며 해석하고 활용하는 데 시간이나 비용이 적게 소요된다는 것을 의미한다.
2. 신뢰도는 검사점수들이 일관성과 안정성이 있는 정도를 뜻한다. 신뢰도는 검사의 속성이 아니라 검사점수의 속성이다. 측정과정에 작용하는 무작위오차는 신뢰도를 약화시키는 요인으로 작용한다.
3. 고전적 검사이론은 관찰점수가 진점수와 오차점수의 합으로 구성되어 있다고 가정하고, 신뢰도를 관찰점수 분산에서 진점수 분산이 차지하는 비로 정의한다. 그러므로 관찰점수 분산에서 진점수 분산이 차지하는 비가 클수록 신뢰도가 높다.
4. 규준지향검사에서 신뢰도 계수는 주로 상관계수로 표시된다. 규준지향검사의 신뢰도 계수를 추정하기 위한 방법은 다음과 같다.
   (1) 검사-재검사 신뢰도는 같은 집단에 같은 검사를 2회 실시하여 얻은 점수 사이의 상관계수로 표시되며, 안정성 계수라고 한다.
   (2) 동형 검사 신뢰도는 두 가지의 동형검사를 같은 집단에 실시하여 얻은 검사점수 사이의 상관계수를 의미하며, 동형성 계수라고 부른다.
   (3) 반분신뢰도는 검사를 동형검사가 되도록 두 부분으로 나누었을 때 두 부분으로 나눈 검사점수 사이의 상관계수를 의미한다.
   (4) 문항내적 합치도는 검사에 포함된 문항들에 대한 반응이 일관성이 있는 정도를 뜻하며, 동질성 계수라고 한다. 문항내적 합치도는 이분적으로 채점되는 문항의 경우 KR로 추정되고, 다분적으로 채점되는 문항의 경우 α계수로 추정된다.
   (5) 평정자 신뢰도(채점자 신뢰도)는 여러 평정자의 평정결과가 일치하는 정도를 말한다.
5. 준거지향평가에서 신뢰도를 추정하는 방식이 규준지향평가와 다른 것은 일관성을 정의하는 방식이 다르기 때문이다. 준거지향검사의 일종인 숙달검사에서 신뢰도는 분류결정의 일관성을 의미한다.
6. 검사결과를 이용하여 중요한 결정을 내리고자 할 경우에는 신뢰도 계수가 높아야 한다.
7. 신뢰도 계수는 (1) 문항곤란도, (2) 문항의 모호성, (3) 문항의 동질성, (4) 점수의 분산, (5) 객관도, (6) 학생집단의 개인차의 영향을 받는다. 또 신뢰도 계수는 신뢰도를 추정하는 방식에 따라 달라진다.
8. 측정의 표준오차는 특정 검사를 개인에게 반복적으로 실시했을 때 얻을 수 있는 점수로 이루어진 분포의 표준편차를 말한다. 측정의 표준오차는 개인의 점수가 진점수에 어느 정도 근접하는지, 같은 검사를 반복 실시할 때 점수들이 어느 정도 변화될 것인지에 관한 정보를 제공한다.

46 | 2007학년도

다음은 박 교사가 상호 평가를 활용하여 작성한 평가 결과표이다.

〈표 1〉 2005년도 탈춤 동작 평가 결과표

상호 평가자 / 평가 대상자	박○○	이○○	오○○	합계 점수	평균 점수
최○○	8	10	6	8 + 10 + 6 = 24	8점
유○○	4	6	8	4 + 6 + 8 = 18	6점
박○○	7	10	10	7 + 10 + 10 = 27	9점
이 하 생 략					

〈표 2〉 2006년도 탈춤 동작 평가 결과표

상호평가자 / 평가대상자	유○○	김○○	오○○	정○○	박○○	합계 점수	평균 점수
홍○○	8	10	8	6	8	8 + 8 + 8 = 24	8점
고○○	4	6	7	8	9	6 + 7 + 8 = 21	7점
송○○	9	6	10	8	10	9 + 10 + 8 = 27	9점
이 하 생 략							

박 교사가 2006년도에 새롭게 도입한 평가 방법(또는 전략)을 2가지 쓰고, 박 교사가 이 방법(또는 전략)을 활용한 이유를 1줄로 설명하시오.

- 평가 방법(전략): ① ______
  ② ______
- 이　유: ______

[정답] 평가방법(전략): ① 평가자수를 3명에서 5명으로 늘렸다.
② 평가자가 내린 최저점과 최고점을 제외한 나머지 점수로 평균을 사용했다.
이유: 평가자의 오차를 줄이고 객관성을 높이기 위해서이다.

47 | 2008학년도

다음은 3명의 교사가 학생들의 한국 무용 능력을 검사한 결과표이다. (단, 교사 3명은 서로 모르는 관계였고, 검사 시행 당일 간단한 평가 지침을 전달받고 검사에 임하였다.)

검사자 / 학생	박 교사	이 교사	최 교사
홍○○	45	35	57
이○○	56	55	43
김○○	35	56	46
⋮	⋮	⋮	⋮
정○○	34	32	54
박 교사와 이 교사의 검사 결과 상관 계수(r) = 0.25			
이 교사와 최 교사의 검사 결과 상관 계수(r) = 0.24			
박 교사와 최 교사의 검사 결과 상관 계수(r) = 0.18			

위의 결과를 토대로 이 검사에서 나타난 문제점을 1줄로 쓰고, 이와 같은 문제를 예방하기 위한 방법을 평가 기준과 검사자 측면에서 각각 1줄로 설명하시오.

- 문제점: ______
- 예방법 ① 평가 기준 측면: ______
- 예방법 ② 검사자 측면: ______

[정답] • 문제점: '검사 시행 당일 간단한 평가 지침을 전달받고 검사에 임하였다.'는 것은 평가자 간 신뢰도인 객관도를 낮추는 요인이다. 평가자가 준비할 기간이 짧고 평가 항목이 간단할수록 주관적으로 판단할 가능성이 높다.

• 예방법 ① 평가 기준 측면: 평가기준을 구체적, 상세하게 세워야 한다.

• 예방법 ② 검사자 측면: 사전에 평가와 관련된 정보를 공유하고 사전평가 회의를 통해 평가항목의 중요성을 서로 공유해야 한다. 평가자의 수를 늘리고 최저점과 최고점을 제외한 평가도 객관성을 높임.

[해설] 객관도는 두 명 이상의 평가자에 의해 부여된 점수의 일치 정도로 평가자 간 신뢰도라고도 한다.

- 객관도를 향상시키는 방안
  (1) 채점기준을 명확히 작성한다. 채점 기준을 구체화 한다.
  (2) 채점을 여러 명이 해도 동일한 결과가 나올 수 있도록 일관성이 있어야 한다.
  (3) 사용할 수 있는 채점기준의 사례를 수집하여 보관한다.
  (4) 평가내용을 학생들에게 자세히 설명한다.
  (5) 좋은 수행과 나쁜 수행의 예를 보여준다.
  (6) 평가배점을 알려준다.
- 객관도를 추정하는 방법은 신뢰도를 추정하는 방법과 동일하다.
  재검사 신뢰도 계수 추정 방법은 두 명의 평가자에 의해 부여된 검사점수 간 상관으로 객관도를 추정할 때 사용될 수 있다.
  만약, 세 명 이상의 평가자에 의해 시행된 검사점수의 객관도를 추정할 때에는 급내상관계수를 이용하면 된다.
  신뢰도를 추정할 때에는 동일한 검사를 여러 번 시행한 검사 점수를 분석하지만, 객관도를 추정할 때에는 여러 명의 평가자에 의해 부여된 검사 점수를 분석하게 된다.

5. 다음은 1학기 창작댄스와 농구 실기 평가에 대한 체육 교사 간의 대화 내용이다. 〈작성 방법〉에 따라 서술하시오. [4점]

> 강 교사: 선생님, 이번에 평가한 창작댄스의 동료 평가 결과를 확인했는데 문제가 많아요.
> 황 교사: 어떻게 평가하셨죠?
> 강 교사: 저는 학생들을 A, B, C의 세 모둠으로 나눠 한 모둠을 다른 두 개의 모둠이 평가하도록 했어요. 예를 들어 A 모둠이 창작댄스를 발표할 때 B 모둠과 C 모둠이 동시에 A 모둠의 작품을 평가하도록 했어요.
> 황 교사: 그런데 평가 결과에 어떤 문제가 있었나요?
> 강 교사: 네. A 모둠에 대한 B 모둠과 C 모둠의 평가가 너무 달라 점수 차이가 컸어요. 학생들은 공정하지 않다며 동료 평가에 대한 불만이 컸어요..
> … (중략) …
> 강 교사: 선생님! 지난번에 실시한 농구 평가도 문제가 있었어요. 선생님은 저와 다르게 농구의 전술 이해도를 슛 성공률로 평가하셨더라고요?
> 황 교사: 슛을 잘하면 전술을 잘 이해하고 있다고 볼 수 있는 거 아닌가요? 저는 전술 이해도를 경기 중에 평가하기 어려워서 슛 성공률로 평가했어요.
> 강 교사: 저는 그렇게 생각하지 않아요. 전술 이해도는 경기 중에 학생들의 의사 결정, 공간 활용, 의사소통 여부를 평가하는 것이 더 적절하다고 보거든요.

〈작성 방법〉

- 대화 내용에 근거하여 신뢰도 측면의 문제점을 찾고 해결 방안을 제시할 것.
- 대화 내용에 근거하여 타당도 측면의 문제점을 찾고 해결 방안을 제시할 것.

[정답] **〈신뢰도 측면의 문제점〉**

A모둠에 대한 B모둠과 C모둠의 평가가 너무 다르다. 따라서 신뢰성이 매우 낮다. [1점]

〈신뢰도 측면의 해결방안〉

구체적인 평가기준을 설정해서 평가를 실시해야 한다. [1점]
채점기준을 명확히 작성한다. 채점 기준을 구체화 한다.
채점을 여러 명이 해도 동일한 결과가 나올 수 있도록 일관성이 있어야 한다.
사용할 수 있는 채점기준의 사례를 수집하여 보관한다.
평가내용을 학생들에게 자세히 설명한다. 좋은 수행과 나쁜 수행의 예를 보여준다. 평가배점을 알려준다.

〈타당도 측면의 문제점〉

전술이해도를 평가하기 위한 평가도구가 잘못되었다. [1점]

〈타당도 측면의 해결방안〉

내용타당도가 부족함. 전술이해도를 평가할 수 있는 게임 중에 실제성 있는 평가도구(GPAI)를 활용해야한다. [1점] (반드시 GPAI만 답이 되는 것은 아님. 실제성 있는/경기 중에 등이 있으면 됨)

[해설] (1) **신뢰도 측면의 문제점을 찾고 해결 방안을 제시할 것.**

동료평가의 문제점은 전문성이 결여될 수 있고 주관적 판단이 크게 작용할 있다. 따라서 신뢰성이 매우 낮다. 해결방안으로 채점기준을 명확히 작성한다. 채점 기준을 구체화 한다. 평가내용을 학생들에게 자세히 설명한다. 좋은 수행과 나쁜 수행의 예를 보여준다. 평가배점을 알려준다.

(2) **타당도 측면의 문제점을 찾고 해결 방안을 제시할 것.**

문제점으로 평가항목 중 하나인 전술이해도에 대한 상이한 해석으로 두 교사의 평가가 다르게 나타났다. 특히 황교사의 내용타당도가 낮다고 할 수 있다. 해결방안으로 충분한 회의를 통해 평가항목의 내용타당성을 높여야한다. 측정하고자 하는 구인이 무엇인지를 이론적, 경험적 배경에 의해 밝히고, 조작적 정의를 내린다.

49 | 2009학년도

그림은 학생들의 성취도에 대한 교사들의 평가 결과이다. 평가 내용, 대상의 조건이 동일한 것으로 가정할 때 이에 대한 해석으로 옳지 않은 것은?

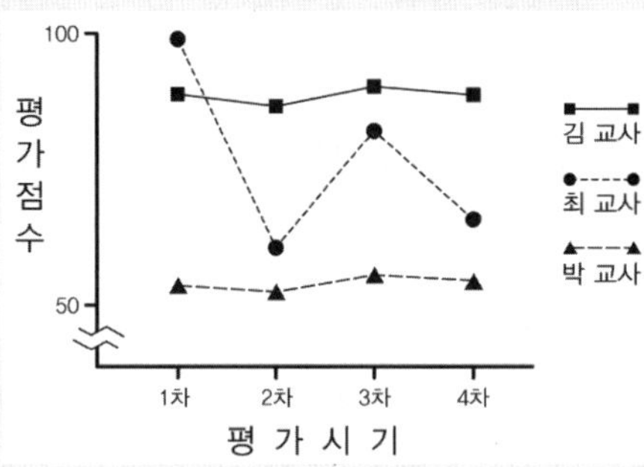

① 최 교사는 편파적 판정을 내릴 가능성이 높다.
② 박 교사는 성적을 낮게 부여하는 경향이 있다.
③ 김 교사와 박 교사는 평가의 일관성을 보여 주고 있다.
④ 김 교사는 비교적 타당도가 높은 평가를 실시하고 있다.
⑤ 김 교사와 박 교사가 동일한 학년을 평가한다면 객관도 문제가 발생할 수 있다.

[정답] ④

[해설] ① 최 교사는 편파적 판정을 내릴 가능성이 높다.(그렇다. 최 교사는 평가 내용, 대상의 조건이 동일한 상황에서 4차에 걸친 평가의 결과는 일관성이 결여되어 있다.)

② 박 교사는 성적을 낮게 부여하는 경향이 있다.(그렇다. 박교사는 다른 평가자들 보다 현저히 낮은 점수로 평가하고 있다.)

③ 김 교사와 박 교사는 평가의 일관성을 보여 주고 있다.(그렇다. 4차에 걸친 평가에서 김 교사와 박 교사는 평가점수가 높든지 낮든지 일관성이 있다.)

④ 김 교사는 비교적 타당도가 높은 평가를 실시하고 있다.(그렇지 않다. 지금 측정은 성취도에 대한 교사들의 평가 결과이지 성취 목적을 정확히 측정하기 위한 내용은 아니다. 이 측정결과는 동일한 조건에서 반복측정에 따른 결과의 해석이다. 따라서 신뢰도에 문제지 타당도의 문제는 아니다. 타당도란 측정하려는 목적에 정확히 측정하는 정도를 말한다.

⑤ 김 교사와 박 교사가 동일한 학년을 평가한다면 객관도 문제가 발생할 수 있다.(그렇다. 김 교사는 대체적으로 높은 점수를 박 교사는 낮은 점수를 주고 있다. 따라서 객관성이 떨어진다.)

4. 신뢰도에 영향을 미치는 요인

4-1. 검사 시행의 간격

(1) 신뢰도 계수의 정도에 영향을 미칠 수 있는 요인 중 하나는 검사 시행의 간격이다.

① 하루에 동일한 검사를 여러 번 실시하여 신뢰도를 추정하는 것이 동일한 검사를 여러 날 동안 시행하여 신뢰도를 추정하는 것보다 높은 신뢰도를 나타낸다.

② 왜냐하면, 하루 동안 검사를 시행하였을 때 얻어진 대상자의 점수가 여러 날 동안 시행되었을 때보다 변동될 수 있는 요인이 적기 때문이다.

③ 즉, 서로 다른 날에 시행되는 검사의 신뢰도는 컨디션이 좋은 날과 나쁜 날에 따라 검사 점수가 달라지는 현상(good day/bad day phenomenon)이 작용하여 하루에 검사를 시행하는 경우보다 일반적으로 낮게 나타난다.

4-2. 신뢰도 추정방법

(1) 분산분석 방법을 사용하여 신뢰도를 추정할 경우에는 어떤 방법을 사용했느냐에 따라 신뢰도의 정도가 달라질 수 있다.

① 그 이유는 앞에서 설명한 것처럼 분산분석의 결과에서 어떤 성분을 오차점수 분산으로 판단했는가에 따라 신뢰도 계수가 달라지기 때문이다.

② 따라서 논문이나 연구보고서에서 검사 점수의 신뢰도를 보고할 때에는 신뢰도 계수 추정 방법(예 일원분산분석, 이원분산분석)을 제시하는 것이 권장된다.

③ 왜냐하면, 검사의 방법에 따라 적절한 신뢰도 계수 추정 방법을 적용하는 것도 중요하지만, 적용한 방법이 무엇인지를 연구보고서나 논문에서 밝히는 것도 독자나 후속 연구 세대를 위해 매우 중요하다.

4-3. 피험자 집단의 동질성

(1) 신뢰도 계수의 정도에 영향을 미칠 수 있는 또 다른 요인은 피험자 집단의 특성이 얼마나 동질적인가 또는 이질적인가 하는 것이다.

① 예를 들어 피험자들의 능력이 큰 차이를 보여 능력의 범위가 넓은 집단에게 검사를 시행하여 얻어진 검사 점수의 신뢰도는 과대 추정될 것이다.

② 만약, 중1부터 중3까지의 학생들에게 공던지기 검사를 시행한 후에 신뢰도를 추정하면, 동일한 학년에게 검사를 시행한 것보다 더 높은 신뢰도가 추정될 것이다.

(2) 피험자 집단이 이질적이라면, 분산분석을 이용하여 신뢰도를 추정할 때 피험자간 평균제곱합(MSb)이 커지게 되는데, 이 경우 피험자내 평균제곱합(MSw)이나 상호작용 평균제곱합(MSi)이 일정하다면 신뢰도 계수는 커지게 된다.

(3) 따라서, 능력 범위가 넓은 집단에게 검사를 시행할 경우에는 동일 학년이나 동일 수준으로 구분하여 검사를 시행하고 신뢰도를 추정해야 인위적으로 신뢰도가 팽창하지 않을 것이다.

4-4. 검사의 특성

(1) 일반적으로 체력 요인을 측정하는 체력검사(physical fitness test)가 운동 기능을 측정하는 운동기능검사(sports skills test)보다 높은 신뢰도를 나타낸다.

① 예를 들어 팔굽혀펴기나 윗몸일으키기와 같은 검사들은 최대한의 힘과 노력을 다할 것이 요구되는 검사이지만, 농구의 자유투 검사나 배드민턴 숏 서비스 검사와 같은 운동기능검사들은 정확성이 요구된다.

② 최대한의 힘과 노력이 요구되는 경우는 피험자가 최선을 다했다면 반복된 검사에서 거의 일관된 결과

를 보이게 되지만, 정확성을 요구하는 검사는 외형적으로 나타나는 피험자의 능력 외에도 피험자가 자신의 심리적인 상태를 어떻게 조절하느냐에 따라 반복된 검사에서 그 결과가 달라질 수 있다.

(2) 검사를 시행하는 방법이 얼마나 간단하고, 복잡한가에 따라 신뢰도 계수는 달라질 수 있다.

① 주로 운동기능검사는 체력검사보다 검사 시행 방법이 복잡하게 구성되는데, 동일한 집단에게 복잡한 검사와 단순한 검사를 시행했을 때 단순한 검사점수의 신뢰도 계수가 더 높게 나타날 것이다.

② 이러한 특성은 검사를 개발할 때 교사나 지도자가 반드시 고려해야 한다.

(3) 상기한 설명 때문에 검사의 특성에 따라 수용될 수 있는 신뢰도 계수의 크기가 달라지기도 한다.

① 일반적으로 체력검사의 경우 최소한 0.80 이상의 신뢰도가 요구되지만, 정확히 요구되는 운동기능검사의 경우 타당도가 확보된다면 0.70 이상이면 받아들일 수 있다.

② 검사의 특성과 관계없이 0.70 이하의 신뢰도를 나타내는 검사도구는 수용하기 어려운 것이 일반적인 견해이다.

4-5. 검사의 길이

(1) 지필 검사나 운동기능 검사는 일반적으로 검사에 포함된 문항의 수가 많을수록 검사의 신뢰도 계수가 커진다.

① 일반적으로 학교 체육 현장에서 학생들의 운동 기능을 평가할 때에는 동일한 검사를 여러 번 실시하게 된다.

② 예를 들어 배구에서 언더핸드패스를 땅에 떨어뜨리지 않고 올려치는 검사가 있다고 하자.

③ 만약, 이 검사를 3회 실시하는 것보다는 10회 실시하여 얻어진 검사점수의 신뢰도 계수가 더 크게 나타날 것이다.

(2) 이와 같이 한 가지 검사를 반복하여 시행하는 체육 분야의 실기점수의 경우, 검사 시행 횟수를 늘릴수록 신뢰가 높아진다.

4-6. 측정대상자의 준비 정도

(1) 연구에서 보고하는 검사의 신뢰도 계수에서 간과할 수 있는 것이 검사를 시행할 때 피험자의 준비 정도와 관련된 것이다.

① 검사를 시행하기 전 피험자는 검사 방법에 대해 충분히 이해하고 있어야 하며, 적어도 하루 전에는 검사에 대한 경험이 있어야 한다.

② 왜냐하면, 피험자가 검사에 대해 충분히 이해하고 있어야 가장 좋은 검사 점수를 얻기 위해 노력할 것이기 때문이다.

③ 또한, 교사나 검사자는 피험자들의 생리적, 심리적으로 검사받을 준비가 되어 있는지를 확인해야 한다. 만성적으로 천식이 있는 학생에게 확인 절차 없이 오래달리기-걷기 검사를 시행한다거나, 충분한 준비 운동을 하지 않고 추운 날씨에 유연성 검사를 하는 것은 검사 점수의 신뢰도를 떨어뜨리는 원인이 된다.

④ 따라서, 검사를 시행하기 전에 교사나 연구자는 모든 피험자들이 검사 받을 준비를 충분히 갖추도록 주변 여건과 개인적인 생태를 파악해야 할 것이다.

(2) 위에서 설명한 다섯 가지 요인 외에도 피험자의 수가 신뢰도의 정도에 영향을 줄 수 있다.

① 만약, 피험자의 수가 너무 적으면 피험자 집단이 너무 동질적이거나 이질적이 될 수 있기 때문에 신뢰도에 영향을 미치게 된다.

② 만약, 피험자 집단이 동질성에 있어서 큰 문제가 되지 않는다면, 신뢰도 계수를 추정하는데 30~50명 정도가 권장된다.

신뢰도 계수에 영향을 미치는 요인(일반교육학)

신뢰도 계수에 영향을 미치는 요인을 이해하는 것은 신뢰도 계수를 정확하게 해석하고, 신뢰도를 높일 수 있는 방안을 찾는데 도움을 준다. 앞에서 살펴본 것처럼 신뢰도는 검사점수들이 일관성과 안정성(반대로 변동성)이 있는 정도를 말한다. 이는 검사점수의 일관성과 변동성에 영향을 미치는 요인들이 신뢰도에 영향을 준다는 것을 시사한다. 일반적으로 신뢰도 계수는 (1) 문항수, (2) 점수의 분산, (3) 문항 곤란도, (4) 문항의 동질성, (5) 객관도, (6) 집단의 개인차에 비례하여 높아지고, 문항이 모호할수록 낮아진다.

(1) 문항수

다른 조건들이 모두 동일하다고 할 때 신뢰도 계수는 문항수에 비례한다. 문항수가 많을수록 점수분산이 커지고, 그 결과 상대 서열의 안정성도 높아지기 때문이다. 반대로 문항수가 적을수록 무작위오차가 작용할 소지가 크므로 신뢰도가 낮아진다. 〈표 4-4〉와 [그림 4-2]는 Spearman-Brown 공식을 이용해서 문항수를 늘렸을 때 신뢰도 계수가 어떻게 변화되는가를 나타내고 있다.

〈표 4-4〉 문항수와 신뢰도

문항수	신뢰도 계수
10	.30
20	.46
40	.63
80	.77
160	.87

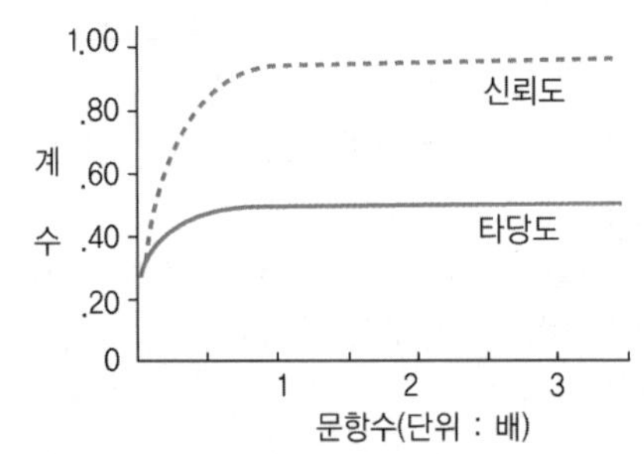

[그림 4-2] 문항수와 신뢰도 및 타당도의 관계

그러나 단순히 문항수를 늘린다고 해서 신뢰도 계수가 저절로 높아지지 않는다. 신뢰도 계수를 높이려면 추가되는 문항이 원래 문항과 동일한 특성을 측정해야 하고, 문항들의 특성이 유사해야 한다. 추가되는 문항이 측정대상과 아무 관련이 없거나 문항이 모호하거나 문항에 결함이 있으면 신뢰도 계수가 오히려 낮아질 수도 있다.

(2) 점수의 분산

신뢰도 계수는 점수의 분산이 클수록 높아진다. 상관계수로 추정되는 신뢰도 계수는 검사를 2회 실시한 결과에 따라 부여한 상대적 위치(서열)가 일치할수록 높아지고, 상대적 위치가 불일치할수록 낮아진다. 점수의 분산이 크면(즉, 점수 차이가 크면) 측정오차가 작용하더라도 개인의 상대적 위치가 바뀔 확률이 낮기 때문에 신뢰도 계수가 높아진다. 반면 점수의 분산이 작으면 측정오차로 인해서 상대적 위치가 바뀔 확률이 높아지므로 신뢰도 계수가 낮아진다.

(3) 문항곤란도

신뢰도는 문항곤란도가 중간 수준일 때 가장 높고, 문항이 너무 쉽거나 어려우면 낮아진다. 문항이 너무 쉬우면 점수의 분산이 줄어들기 때문에 작은 점수 차이로 인해서 개인의 상대적 위치가 변화될 확률이 높아지고, 그 결과 신뢰도 계수가 낮아진다. 문항이 너무 어려워도 신뢰도가 낮아진다. 문항이 너무 어려우면 추측요인이 무작위오차로 작용한다. 무작위 오차가 많이 작용할수록 신뢰도가 낮아진다. 모든 학생이 모든 문항에 정답을 하나 오답을 하는 극단적인 경우 점수의 분산은 0이므로 신뢰도 계수가 0이 된다. 상대적인 측면에서 보면 쉬운 문항으로 구성된 검사는 추측요인이 작용하지 않으므로 어려운 문항으로 구성된 검사보다 신뢰도가 더 높다.

(4) 문항의 동질성

신뢰도 계수는 문항들이 동질적인 특성을 측정할수록 높아진다. 그러므로 매우 한정된 영역을 측정하는 검사는 광범위한 영역을 측정하는 검사에 비해 신뢰도 계수가 더 높다. 예를 들어, 함수에 관한 시험은 수학교과 전반에 관한 시험보다 신뢰도 계수가 더 높고, 수학시험은 모든 교과목의 성취도를 두루 측정하는 시험보다 신뢰도 계수가 더 높다. 또 위계관계가 뚜렷하고 구조화 정도가 높은 교과의 시험이 위계관계가 뚜렷하지 않으면서 다양한 영역을 측정하는 교과의 시험보다 신뢰도 계수가 더 높다. 그러므로 수학시험이나 영어어휘시험은 철학시험이나 사회학시험보다 신뢰도 계수가 더 높다.

(5) 객관도

채점의 객관도는 여러 채점자의 채점결과가 일치하는 정도를 의미한다. 결론적으로 말하자면 채점의 객관도가 높을수록 신뢰도 계수가 높아진다. 논문형 문항이 선택형 문항보다 신뢰도가 낮은 것은 채점의 객관도가 낮기 때문이다.

(6) 집단의 개인차

신뢰도 계수는 집단에 포함된 학생들의 개인차가 클수록 높아진다. 개인차가 클수록 검사를 2회 실시할 때(혹은 두 가지의 동형검사를 실시할 때) 학생들의 순위가 바뀔 확률이 낮으므로 신뢰도 계수가 높아진다. 반면 개인차가 작은 동질집단에서는 검사를 2회 실시할 때 학생들의 순위가 바뀔 확률이 높으므로 신뢰도 계수가 낮아진다. 그 결과 능력수준의 차이가 큰 학생집단에서 구한 신뢰도 계수는 우수반이나 열등반에서 구한 신뢰도 계수보다 더 높다. 또 검사를 여러 학년에 실시하여 구한 신뢰도 계수는 같은 검사를 특정 학년에 실시하여 구한 신뢰도 계수보다 더 높다.

개인차가 신뢰도 계수에 미치는 영향은 상관계수의 성질을 고려하면 쉽게 이해할 수 있다. 개인차가 전혀 없어 모든 학생의 점수가 같을 경우 모든 학생의 점수는 평균과 같고, Z 점수는 0이며, 상관계수도 0이다. 따라서 신뢰도 계수를 높이려면 집단에 포함된 학생들의 개인차가 상당히 커야 한다.

참고문제	2015년 지도사 1급 (체육측정평가론)

9. 신뢰도에 영향을 미치는 요인이 아닌 것은?

가. 검사집단의 동질성 정도　　나. 피험자의 수
다. 피험자의 특성　　**라. 측정자의 판단**

참고문제	2019년 건강운동관리사 (건강·체력평가)

20. 타당한 측정과 평가를 위한 일반적인 체력검사의 실행 방법으로 적절하지 않은 것은?

① 모든 대상자들이 표준적인 절차를 따라 측정되도록 한다.
② 근력·근지구력은 5분 간격으로 2회 측정하여 나중에 측정한 수치를 기록한다.
③ 직전에 실시한 검사로부터 생긴 피로감이 완전히 회복된 후 실시하도록 한다.
④ 측정자들이 많을 경우 측정 절차의 일관성을 위해 교육/협의하는 시간을 갖는다.

신뢰도 계수의 보고

(1) 일반적으로 체육 분야의 연구나 보고서에서는 연구에서 사용한 검사 도구의 신뢰도를 제시할 때 과거에 보고했던 신뢰도 계수를 그대로 제시하는 경우가 많다.

(2) 그러나, 검사도구의 신뢰도란 '검사도구를 이용하여 수집한 자료의 신뢰도'라는 의미이지 '사용한 검사도구 자체의 신뢰도'를 의미하는 것이 아니다(엄한주, 1998).

(3) 동일한 검사도구라고 할지라도 누가, 어떻게, 그리고 어떤 대상에게 검사를 시행하여 자료를 수집하였느냐에 따라 신뢰도 계수는 달라진다.

(4) 따라서, 체육 교사나 연구자가 사용하고자 하는 검사도구의 신뢰도가 선행연구에서 이미 밝혀졌다 하더라도, 과거의 신뢰도 계수를 그대로 보고하는 것 보다는 현재 연구자가 수집한 자료의 신뢰도를 추정하여 보고하는 것이 바람직하다.

50 | 2006학년도

박 교사는 중학교 2학년 농구 단원 평가 항목으로, 교사의 패스에 의한 레이업 슛 검사를 선정하였다. 검사 자체 영역, 검사 환경 영역에서 신뢰도에 영향을 미치는 요인 1가지와 그 이유를 1줄로 쓰시오.

영 역	요 인
수행자(학생)	개인의 능력, 소질, 동기, 검사일 컨디션, 사전경험, 검사에 대한 기억, 피로 등
검사 자체(속성)	( )
검사 환경(조건)	( )
검사자(평가자)	검사에 대한 이해력, 친숙도, 검사 경험, 검사자 수 등

○ 검사 자체(속성)

- 요인: ______________________
- 이유: ______________________

○ 검사 환경(조건)

- 요인: ______________________
- 이유: ______________________

[정답] ○ 검사 자체(속성)

- 요인: 교사의 패스
- 이유: 교사가 수험생에게 주는 패스의 일관성이 부족하다면 레이업 슛에 영향을 준다.

○ 검사 환경(조건)

- 요인: 골대 높이
- 이유: 골대 높이가 일정하지 못 하다면 이 또한 신뢰로운 결과를 얻지 못할 것이다.

[해설] ○ 검사 자체(속성)

- 요인: 교사의 패스의 정확성
- 이유: 선생님의 패스의 정확성이 확보되지 못 한다면 결과가 일정하지 못하여 신뢰성이 떨어진다.

○ 검사 환경(조건)

- 여러 요인: 골대 높이, 날씨변화, 응원 강도, 수험생 수, 수험생의 건강, 준비운동
- 이유: 골대의 높이 차이나 그 날의 날씨 변화 또는 학생들의 응원 강도 차이, 피험자의 검사 전 준비운동이 충분한지, 또한 피험자의 건강상태가 이상 없는지 확인해야한다. 그렇지 않으면 검사 점수를 떨어뜨리는 경우로 신뢰성이 낮아진다. 특히 농구의 자유투 검사나 배드민턴 숏 서비스 검사와 같은 운동기능검사들은 정확성이 요구된다.
  최대한의 힘과 노력이 요구되는 경우는 피험자가 최선을 다했다면 반복된 검사에서 거의 일관된 결과를 보이게 되지만, 정확성을 요구하는 검사는 외형적으로 나타나는 피험자의 능력 외에도 피험자가 자신의 심리적인 상태를 어떻게 조절하느냐에 따라 반복된 검사에서 그 결과가 달라질 수 있다.

51 | 2011학년도

다음은 중학생 2명이 400m 달리기와 10km 마라톤에 참가한 상황이다.

〈상황1〉

ㅇ 박미선 학생은 육상 대회의 400m 달리기 경기에서 전력을 다하여 달렸다. 달리기 직후 근육 피로를 느꼈으며 이틀이 지난 후, 그 통증이 최고조에 도달하였다.

〈상황2〉

ㅇ 강조상 학생은 10km 마라톤 경기에서 최선을 다해 달렸다. 달릴수록 전신 피로감은 높아져 갔으며 완주 후에는 근육 피로와 함께 탈진 상태에 이르렀다. 마라톤 경기를 마친 후에도 근육 통증은 지속되었으며, 이틀이 지난 후, 그 통증이 최고조에 도달하였다.

〈상황3〉

ㅇ 최 교사는 근육 피로가 쌓이면 400m를 달릴 때 무릎을 당기는 순간 무릎 각도가 커질 것으로 생각하고, 박미선 학생의 무릎 각도의 차이가 나타나는 시점 확인을 위해 100m, 150m, 300m 지점의 중간 질주에서 시간 간격을 두고 무릎 각도를 20회 측정하였다.

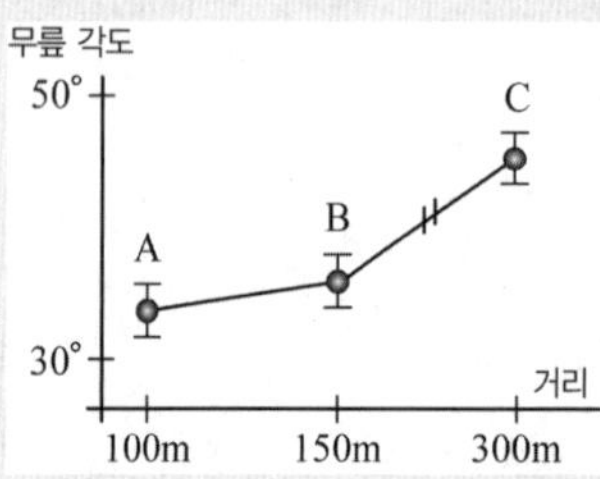

종속 t-검정 결과

무릎 각도 평균 차이	자유도 (df)	t값	p값
B-A	19	1.89	.072
C-B	19	2.79	.012

4-1. 〈상황1〉과 〈상황2〉의 운동에서 동원되는 주에너지 시스템을 비교하여 설명하고, 〈상황1〉과 〈상황2〉에서 경기 종료 이틀 후 공통적으로 나타나는 근통증의 발생과정을 설명하시오. 또한 최대 운동 후 근육 피로에 대한 <u>재검사(test-retest) 신뢰도를 확인하려고 할 때 가장 중요하게 고려해야 할 요인을 〈상황1〉 또는 〈상황2〉와 연관시켜 기술하시오.</u>

[정답] 근육 피로에 대한 재검사(test-retest) 신뢰도를 확인하려고 할 때 상황1인 400m 달리기 보다는 상황2인 10km 마라톤 경기가 더 피로회복의 시간이 필요하므로 체력 소모가 많은 검사의 신뢰도를 재검사 신뢰도 방법으로 추정하려면, 검사 간 간격을 2주일 이상으로 하여 대상자의 체력 소모 때문에 두 번째 검사의 기록이 저하되지 않도록 해야 할 것이다. 따라서 상황1 보다는 상황2에서 더 많은 휴식 기간(약 2주)을 주어야 한다.

3 타당도

1. 타당도의 두 가지 의미

(1) 첫째, 적절성: 타당도란 '검사가 측정하고자 하는 속성(characteristic)을 제대로 측정하는가'의 문제이다.

속성	검사	타당도
심폐기능	VO_2max	매우 높다
순발력	VO_2max	낮다
심폐기능	20m 왕복오래달리기	높다

① 예를 들면, 어떤 대학교 운동생리학 실험실에서 대학생들의 심폐기능을 알아보기 위하여 가스 분석을 통한 최대산소섭취량을 측정하였다고 하자.

② 이 검사는 심폐 기능을 측정하는 정확한 방법으로 알려져 있어 측정하고자 하는 속성을 제대로 측정하고 있는 것으로 판단할 수 있다.

③ 즉, 가스분석을 통한 최대산소섭취량 검사는 심폐기능을 측정하는 검사로 타당한 검사라 할 수 있다. 이렇게 검사가 측정하고자 하는 것을 제대로 측정하고 있다면 타당도가 높은 것으로 말할 수 있다.

(2) 둘째, 변별성: 타당도는 우수한 사람과 우수하지 못한 사람을 검사가 제대로 변별하는 정도이다.

참고문제	2017년 지도사 1급 (체육측정평가론)

13. 측정 도구의 타당도에 대한 개념으로 가장 적절한 것은?

① 측정자 간 점수의 일치도를 의미한다.
② 측정하고자 하는 점수에서 오차가 낮은 정도를 의미한다.
③ 측정하고자 하는 속성(변인)에 대한 변별력을 의미한다.
④ 측정하고자 하는 속성(변인)을 제대로 측정하는 가의 정도를 의미한다.

참고문제	2018년 지도사 1급 (체육측정평가론)

15. 〈보기〉의 ㉠, ㉡에 알맞은 용어는?

〈보 기〉

• (㉠): 검사도구가 측정하고자 하는 어떤 속성이나 능력을 얼마나 정확하게 측정하는가의 정도
• (㉡): 검사도구의 일관성과 안정성

	㉠	㉡		㉠	㉡
①	신뢰도	타당도	**③**	**타당도**	**신뢰도**
②	신뢰도	객관도	④	객관도	타당도

2. 타당도의 특징

(1) 대상에 따라 달라진다.
- 배구 스파이크 검사를 일반 중학생에게 실시하면...
- 배구 스파이크 검사를 고등학교 배구 선수에게 실시하면...

(2) 우연에 의해 검사점수가 달라지면 타당도는 낮다.
- 윗몸일으키기검사 vs. 농구 중거리슛 검사

(3) 운동기능 검사는 해당종목에서 중요한 내용이 빠지면 타당도가 낮다.

(4) 타당도는 학자와 시대에 따라 그 종류와 표현하는 용어가 달랐다. 1950년대부터 타당도에 대한 내용을 정립해오던 미국심리학회(APA; American phychology Association)는 1985년 개정된 Standards for Educational and Psychological Testing(AERA, APA, NCME)에서 내용타당도(content validity), 준거관련타당도(sriterion-related validity), 구인타당도(sonstruct validity)의 세 가지로 검사 도구의 타당성을 검증하는 것이 바람직한 것으로 제안했다.

(5) 최근에는 타당도를 통합적인 관점으로 보아야 한다는 주장들이 있다. 이들은 타당도를 기존의 삼분법적인 관점으로 보는 것보다 구인타당도가 내용타당도와 준거관련타당도를 모두 포함하는 통합적인 개념으로 보아야 한다고 주장한다. 타당도를 바라보는 관점은 위에서 설명한 두 가지로 압축되지만, 본 장에서는 일반적으로 널리 알려진 삼분법적 관점에 대해 설명하겠다.

참고문제	2019년 지도사 1급 (체육측정평가론)

9. 신뢰도 또는 타당도의 개념에 대한 설명으로 옳은 것은?

① 타당도는 신뢰도의 종속개념이다.
② 신뢰도는 '자료를 얼마나 많이 수집했느냐'를 의미한다.
③ 검사의 신뢰도를 높이려 할 때 타당도는 오히려 내려간다.
④ 타당도는 '검사도구가 측정하고자 하는 것을 얼마나 충실히 측정하는가'에 대한 의미이다.

참고문제	2019년 건강운동관리사 (건강·체력평가)

11. 체력 검사 도구를 선택할 때 고려할 사항으로 옳지 않은 것은?

① 똑같은 검사 도구라도 측정 대상에 따라 타당도는 달라지므로 대상자의 특성에 맞는 도구를 선택해야 한다.
② 검사 도구의 신뢰도가 높다고 해서 반드시 타당도가 높은 것은 아니므로 신뢰도와 타당도 모두를 고려한다.
③ 절대평가기준이 있는 검사 도구가 없는 검사 도구에 비해 더 타당하므로 절대평가기준이 있는 도구를 선택한다.
④ 신뢰도가 낮은 검사 도구의 타당도는 높을 수 없으므로 신뢰도가 낮은 도구는 제외한다.

■ 타당도의 주요 측면

타당도	의미	절차
내용타당도	검사문항들이 측정하려고 하는 영역을 대표하는 정도, 문항이 교육목표 혹은 내용과 부합하는 정도	검사문항이 이원분류표와 일치하는지, 검사문항이 목표와 일치하는지에 관한 전문가의 판단
준거타당도	검사점수가 준거를 추정 혹은 예측하는 정도	검사점수와 동시에 수집한 준거의 관계(공인타당도) 혹은 검사 점수와 미래에 수집한 준거의 관계(예언타당도) 분석
구인타당도	검사가 측정하려고 의도하는 심리적 특성을 실제로 측정하는 정도	문항작성, 인지과정 분석, 준거와의 관계분석, 처치효과 분석 등을 통해 의도하는 구인을 측정하는지 확인
영향타당도	평가 결과 활용이 의도한 효과를 미치고 있고, 의도하지 않은 효과를 배제하고 있는 정도	평가 결과 활용이 학생 및 교사에게 미치는 긍정적 및 부정적 효과 검토

신뢰도와 타당도의 관계 (일반교육학)

(1) 결론적으로 말하면 신뢰도는 타당도의 필요조건이다. 그러므로 높은 타당도를 확보하려면 반드시 신뢰도가 높아야 한다. 이는 타당도가 신뢰도보다 더 높을 수 없음을 뜻한다. 신뢰도는 타당도의 상한계가 된다. 평가에서 신뢰도를 중시하는 것은 바로 이 때문이다.

(2) 그러나 신뢰도는 타당도의 충분조건이 아니다. 이것은 신뢰도가 아무리 높아도 타당도는 매우 낮을 수 있음을 뜻한다. 자(尺)로 머리 둘레를 잴 때 일관성(신뢰도)이 아무리 높아도 머리둘레가 성격을 측정하지는 않는다. 실제 몸무게보다 항상 50킬로그램이 더 높게 표시되는 체중계는 신뢰도가 타당도의 충분조건이 아니라는 것을 잘 나타낸다. 이 체중계로 측정한 몸무게는 신뢰도가 매우 높지만 실제 몸무게와 큰 차이가 있으므로 타당도는 낮다. 신뢰도는 매우 높지만 타당도가 낮은 구체적인 예를 들어보자.

(3) 정직성 검사는 "의도적으로 거짓말을 한 적이 있는가?" "시험을 칠 때 부정행위를 한 적이 있는가?" "가게 점원이 거스름돈을 더 많이 주었을 때 모른 체한 적이 있는가?"와 같은 문항들로 구성된다. 이 정직성 검사를 100명의 학생들에게 일주일 간격을 두고 2회 실시한 다음 채점했을 때 학생들의 반응이 완벽하게 일치했다고 하자. 이 경우 첫 번째 정직성 검사의 결과와 두 번째 정직성 검사의 결과 간의 상관계수는 1.0이므로 완벽한 신뢰도를 갖고 있다고 할 수 있다. 그런데 정직성 검사의 신뢰도가 완벽하다고 해서 정직성 검사가 정직성을 충실하게 잰다고 할 수 있을까? 정직성을 잰다고 할 수 없다. 정직하지 않은 상당수 학생들이 두 번 실시한 정직성 검사에서 모두 의도적으로 응답을 왜곡하여 일관성 있게 허위반응을 했을 경우 신뢰도는 높지만 그 검사가 실제로 정직성을 댄다고 볼 수 없으므로 타당도는 낮다.

(4) 신뢰도와 타당도의 관계를 나타내면 [그림 4-3]과 같다.

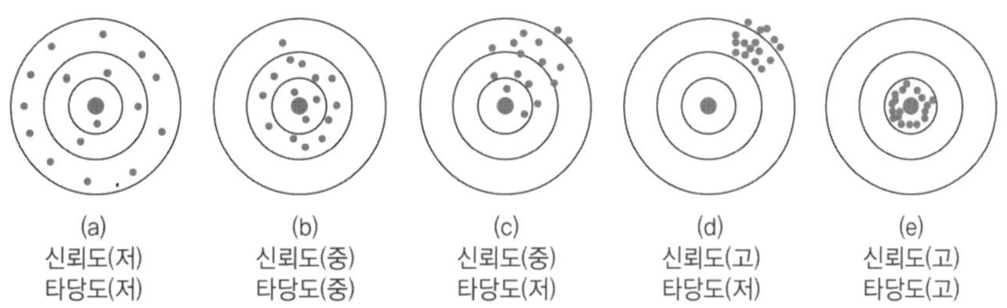

[그림 4-3] 신뢰도와 타당도의 관계

(5) 그림 (e)에 제시되어 있는 것처럼 타당도가 높으려면 반드시 신뢰도가 높아야 한다. 그러나 그림 (d)와 같이 신뢰도는 높아도 타당도는 낮을 수 있다.

(6) 신뢰도와 타당도의 관계를 분산에 비추어 살펴보자. 검사점수 분산(S_X^2)은 진점수 분산과 오차점수 분산의 합으로 구성된다($S_X^2 = S_T^2 + S_E^2$). 진점수 분산(S_T^2)은 검사가 측정하고자 의도하는 특성을 타당하게 측정하는 분산(S_V^2, valid variance)과 검사가 측정하려고 하는 특성과 전혀 관련되지 않은 분산(S_I^2, invalid variance)으로 나눌 수 있다.

$$S_T^2 = S_V^2 + S_I^2$$

(7) 이때 타당도 γ_{XY}는 다음과 같이 검사점수 분산에서 검사가 측정하고자 하는 특성을 타당하게 측정하는 분산(S_V^2)의 비로 정의된다.

$$\gamma_{XY} = \frac{S_V^2}{S_X^2}$$

(8) 그러므로 타당도가 높으려면 일단 검사점수 분산에서 진점수 분산이 차지하는 비가 커야 한다. 검사점수 분산에서 진점수 분산이 차지하는 비가 클수록 검사가 측정하려고 한 것을 충실하게 반영하는 타당한 분산이 증가하므로 타당도가 높아진다.

(9) 한편 검사점수 분산에서 진점수 분산이 차지하는 비가 높더라도 검사가 측정하려고 하는 특성을 타당하게 측정하는 분산이 작으면 타당도가 낮아진다. 그러므로 타당도가 높으려면 일단 진점수 분산이 커야 할 뿐만이 아니라 진점수 분산에서 검사가 측정하려고 의도한 특성을 타당하게 측정하는 분산(S_V^2)이 차지하는 비가 높아야한다. 바꾸어 말하면 검사점수 분산에서 진점수 분산이 크고, 진점수 분산에서 검사가 측정하려는 특성과 관련되지 않은 분산(S_I^2)이 작아야 타당도가 높다. 결국 신뢰도는 타당도의 필요조건이지만 충분조건은 아닌 것이다.

3. 타당도의 종류

종류	정의
1. 내용타당도	객관적인 자료에 근거하지 않고 검사내용 전문가에 의해 주관적으로 판단하는 타당도. 측정하려고 하는 속성인 액면타당도라고도 함. • 장점: 계량화되어 있는 정보를 제공하지 못한다 하여도 전문가들의 판단에 의하여 검사의 타당성을 입증 받게 되므로 검사의 목적에 부합함의 여부를 검증할 수 있다. • 단점: 타당도의 계량화가 어려워 타당성의 정도를 나타낼 수 없다. 전문가에 따라 타당성에 대한 주관적 판단이 다르다.
2. 준거관련 타당도	어떤 검사 도구에 의해 측정된 점수를 준거검사에 의해 측정된 점수와 비교하여 추정한 타당도. • 문제점: 기존에 타당성을 입증 받은 검사가 없다면 공인타당도는 추정될 수 없는 단점이 있다.
2-1. 공인타당도	상기한 것처럼 이미 타당성을 입증 받고 있는 검사에 의해 측정된 준거검사 점수와 교사나 연구자가 새로 개발한 검사 점수의 관련성으로 추정되는 타당도. 공인타당도는 상관 계수를 통해 추정된다. • 장점: 계량화되어 타당도에 대한 객관적인 정보를 제공할 수 있으며, 타당도의 정도를 나타낼 수 있다. • 단점: 기존에 타당성을 입증 받은 검사가 없다면 공인타당도는 추정될 수 없는 단점이 있다. 또한, 준거검사가 있다고 하더라도 공인타당도는 준거검사와의 관계에 의해 검증되므로 기존의 준거검사에 의존할 수밖에 없다.
2-2. 예측타당도	어떤 검사 점수가 미래의 행위를 얼마나 잘 예측하느냐 하는 문제이다. • 장점: 검사도구가 미래의 행위를 예언하여 주기 때문에 예측타당도가 높으면 선발, 채용, 배치 등의 목적을 위하여 검사를 사용할 수 있다. 적성검사를 위한 중요한 타당도가 된다. • 단점: 동시측정이 불가능하므로 검사의 타당성을 검증하기 위하여 시간적 여유가 필요하다는 것이다.
3. 구인타당도	어떤 검사가 측정하고자 하는 이론적 구인이나 특성을 얼마나 제대로 측정하고 있는가 하는 정도라고 정의할 수 있다. 검사점수가 측정하고자 했던 특성을 제대로 측정하는가의 문제로 타당도 본래의 의미와 동일하다. 주관적인 판단보다는 통계적 기법으로 추정한다. • 장점: 구인타당도는 응답자료에 의하여 계량적 방법으로 검증되므로 과학적이고 객관적이라 할 수 있다. 또한 심리적 특성에 부여한 조작적 정의의 타당성을 밝혀주므로 많은 연구의 기초가 될 수 있다. • 단점: 요인분석을 실시할 경우 변수 혹은 문항들 간의 보다 안정적인 상관계수를 얻기 위하여 많은 연구대상이 필요하다는 단점이 있다. 요인분석을 하기 위하여 일반적으로 300명 이상의 응답자가 필요하다.
3-1. 상관계수법	하위 구인들을 검사하는 문항(예 축구 드리블 검사)으로부터 얻은 점수와 측정하고자하는 구인(예 축구 기능)의 총점과의 상관계수에 의해 구인타당도를 검증하는 방법. • 수렴타당도: 동일한 구인을 측정하는 검사들은 높은 상관을 나타내야 한다는 것 • 판별타당도: 서로 다른 구인을 측정하는 검사들은 낮은 상관을 나타내야 한다는 것
3-2. 실험설계법	실험집단과 통계집단으로 학생들을 구분하여 실험집단에는 하위 구인을 처치하고 통제집단에는 처치하지 않아, 두 집단의 검사 점수가 차이가 나타나는지를 측정하여 처치한 구인이 측정하고자하는 특성을 제대로 설명하는 구인인지 아닌지를 판단하는 방법.
3-3. 집단차이방법	집단차이방법은 측정하고자 하는 구인에 있어서 능력 수준이 높은 집단과 낮은 집단을 비교하여 기대하는 점수 차이가 나타난다면 검사가 타당한 것으로 판단하는 방법.
3-4. 요인분석	요인분석이란 여러 변수들 간 상호관계를 분석하여 상관이 높은 변수들을 모아 요인(factor)으로 명명하고 그 요인에 의미를 부여하는 통계 방법.

3-1. 내용타당도 03 기출 07 기출 08 기출 16 기출 21 기출

(1) 내용타당도(content validity)는 객관적인 자료에 근거하지 않고 검사내용 전문가에 의해 주관적으로 판단하는 타당도이다. 내용타당도는 액면타당도(face validity)라고도 하는데, 액면(face)이란 측정하고자 하는 속성을 의미한다.

① 예를 들면 100m 달리기가 초등학생의 스피드 체력 요인을 측정하는 검사로 타당한가를 체력 측정 전문가가 주관적으로 판단하는 것은 내용타당도를 검증하는 것이라 할 수 있다.

② 만약, 전문가가 100m 달리기는 초등학생의 스피드 체력 요인을 측정하는 검사로 타당하다는 판단을 내린다면, 이 검사는 측정하고자 하는 속성인 액면(face)을 적절하게 측정하는 것으로 판단하여 내용타당도가 확보된 것으로 볼 수 있다.

○ 평가도구의 내용이 얼마나 타당한가를 검증하는 방법이다. 즉 실제로 평가하는 내용이 평가하려고 하는 기능을 얼마나 다루고 있는가 하는 것이다.

① 예를 들면 농구기능검사는 농구경기를 하는데 필수적인 기본적 기능이 모두 측정하는 문항으로 구성되어 있어야 내용적으로 타당한 것이다.

② 농구경기의 필수적인 기본적 기능 가운데 패스의 기능 하나만으로 농구경기 기능의 전반적인 것을 모두 평가하려고 한다면 이 검사는 타당한 검사라고 말할 수 없다. 또한 내용타당도가 높다고 하여 반드시 타당한 검사만은 아니다.

③ 따라서 검사도구를 제작할 경우 이원분류표를 만들어서 해당 내용과 목표를 고려한 후 문항제작을 해야 한다. 그리고 제작된 문항이 해당 내용과 목표를 어느 정도 정확하게 측정하고 있는지의 여부를 전문가 5인에게 검증 받도록 해야 한다(그러나 이와 같은 검증방법은 수리적 모형으로 검증할 수 없기 때문에 일반화되지 못하고 있음).

(2) 내용타당도에 의한 검사도구의 타당성 입증은 논란의 여지가 많다.

① 왜냐하면, 위의 예에서 전문가에 따라서는 100m 달리기가 초등학생의 체력 발달 정도에 따라 스피드 체력 요인을 측정하는 검사로 적절치 않은 것으로 판단하여 이 검사의 내용타당도가 결여된 것으로 주장할 수 있기 때문이다.

② 만약, 측정하고자 하는 속성이 명확한 정의를 내리기 어려운 정의적 영역과 같은 내용이라면 전문가마다 다른 판단을 내릴 수 있어 위에서 설명한 문제점을 드러낼 수 있다.

(3) 또한 정량화되어 있지 않기 때문에 타당성의 정도를 나타낼 수 없다는 단점이 있다.

(4) 반면, 내용타당도는 계량화된 정보를 제공하지는 못하여도 전문가에 의한 판단으로 검증되므로, 연구대상의 수가 적거나 관찰에 의한 연구에서 자주 사용된다.

(5) 내용타당도는 단점을 갖고 있지만 가장 기초적인 타당도로, 검사를 개발할 때 가장 먼저 고려되는 타당도이다. 즉, 검사 개발자는 검사의 하위 항목을 개발할 때 각 항목들이 내용타당성을 확보하고 있는지 우선적으로 고려해야 한다.

(6) 논문에서 사용한 검사 도구의 내용 타당도는 지도교수나 논문지도위원에 의해 판단되는 경우가 많다.

(7) 반면, 중·고등학교에서 활용되는 학업성취도 검사의 경우 이원목적분류표에 의하여 검사 문항들이 제대로 제작되었는지를 확인하는 과정을 통하여 내용타당도를 검증하게 된다.

① 예를 들어 어떤 체육 교사가 학생들의 테니스 이론 지식을 평가하기 위해서 〈표 4-5〉와 같은 이원목적분류표에 근거하여 검사를 실시했다고 하자.

〈표 4-5〉 테니스 지식 검사의 이원목적분류표

테니스 지식 검사의 이원목적분류표				
✔내용	✔행동			%
	지식	이해	적용	
경기 방법	1, 6			20.0
경기 구성	2		3	20.0
경기 용어	7	10		20.0
경기 규칙 • 서비스 • 코트 교대 • 실점	 4 8, 9		 5 	40.0
%	70.0	10.0	20.0	100.0

② 〈표 4-5〉에서 내용 차원과 행동 차원이 교차된 셀 내의 숫자들은 검사의 문항 번호이다.

③ 〈표 4-5〉에서 경기 규칙 항목이 전체 검사 문항의 40%로 가장 많아 교사가 가장 중요하게 생각되는 항목으로 판단되며, 나머지 내용인 경기 방법, 경기 구성, 경기 용어의 내용은 각 20%씩 설정되었다.

④ 상기한 이원목적분류표는 실제로 학교 현장에서 사용되고 있는 것으로 교사나 지도자는 검사를 출제하기 전에 이원목적분류포를 먼저 작성하여 내용의 중요성을 결정하는 것이 바람직하다. 이러한 절차는 심동적 영역의 검사에서도 동일하게 적용되어야 할 것이다.

(8) 만약, 학교에서 체육 교사가 검사를 개발하고자 할 때에는 다음과 같은 절차를 통해서 내용타당도를 검증할 수 있다(Safrit & Wood).

① 이원목적분류표를 작성한다.

② 계획한대로 검사 문항을 개발한다.

③ 검사를 일부 학생들에게 시행하고 채점한다.

④ 전체 검사의 25%의 문항을 선택하여 이원목적분류표의 내용과 행동 영역에 각 문항들이 적절하게 위치하였는가를 검토한다. 만약, 선택된 25% 문항들 중에서 5% 이상의 문항들이 내용과 행동 영역에 잘못 위치하였다면, 검사의 나머지 75% 문항들도 모두 검토한다.

⑤ 검사에 포함된 내용과 행동 영역들을 수정해야 하는가를 결정한다. 즉, 추가 또는 삭제하거나, 더욱 강조하거나 덜 강조할 내용과 행동 영역들을 결정한다.

(9) 실제 학교 체육 현장에서는 번거롭다는 이유로 문항을 먼저 개발한 후에 이원목적분류를 작성하는 경우가 많은데, 이러한 경우에는 중요한 내용을 검사에서 빠트리거나 검사 문항들이 한두 가지 내용 영역에만 치우칠 수 있다. 따라서, 이원목적분류표를 작성하고 상대적 중요성에 따라 각 영역들의 문항 수를 결정한 후에 세부 문항을 개발하면 그 검사는 내용타당도가 확보된 검사가 될 것이다.

(10) 검사도구의 내용타당도를 검증하는데 이원목적분류표가 활용될 수 있는 근거를 AERA, APA, NCME의 내용타당도에 대한 정의에서 찾을 수 있다.

① AERA, APA, NCME는 내용타당도가 검사의 문항이나 목적이 측정을 위하여 규정된 내용 영역이나 전체를 대표하는 정도와 관계가 있는 것으로 정의하고 있다.

② 위의 예에서 체육 교사가 출제했던 검사 문항들이 측정하고자 했던 테니스 이론 지식의 전체 내용을 대표하는 정도가 이 검사도구의 내용타당도라고 할 수 있다.

⑾ 내용타당도를 높이기 위한 방안(체육교육과정과 평가, 조미혜·오수학)

① 체육교사들이 학교현장에 개발하는 여러 가지 평가방법이나 도구에 대하여 동료 교사들의 전문가적 판단을 경청할 필요가 있다.

② 즉, 내용타당도를 높이기 위하여 동료 체육교사 간의 전문가회의를 통하여 평가방법이나 도구의 내용타당도를 높일 수 있기 때문이다. 특히 수행평가의 방법이나 도구에 대해서는 내용타당도를 확보하는 노력을 하여야 한다.

52 | 2003학년도

윤 교사는 2원분류표를 이용하여 체계적으로 축구 단원을 평가하고자 한다. 다음과 같이 이원 분류표를 작성할 때 ①, ②에 해당하는 차원의 명칭을 쓰시오.

② / ①		지 식	기 능	태 도
축구	드리블	%	%	%
	패 스	%	%	%
	슛	%	%	%
	경 기	%	%	%

[정답] ① 내용, ② 행동

1. 내용타당도의 의미

내용타당도(內容妥當度, content validity)는 검사문항들이 측정하려고 하는 전체 영역을 대표하고 있는가에 관한 증거와 문항의 적절성에 대한 증거를 말한다.

내용타당도의 기본 관심은 대표성(representativeness), 즉 문항들이 문항전집(問項全集, item universe)을 대표하는가를 분석하는 데 있다. 대표성이 높은 검사는 내용영역의 모든 측면을 골고루 측정하는 문항들로 구성된다. 여기서 내용은 검사가 측정하려고 하는 교과영역(수학의 경우 집합, 함수, 도형 등)과 인지과정(지식, 이해, 적용, 분석, 종합, 평가)을 가리킨다. 결국 내용타당도는 문항들이 측정하려고 하는 교과 영역이나 인지과정을 골고루 반영하는 정도를 말한다.

대표성은 검사가 갖추어야 할 매우 중요한 요건이다. 왜냐하면 검사는 문항전집에서 추출하여 구성한 문항표본으로, 점수에 근거하여 문항전집의 정답률을 추론하는 기능을 하기 때문이다. 예를 들어, 40문항으로 된 검사에서 80%의 문항에 정답을 했다면 문항전집에서도 80%의 정답을 할 것이라고 추론한다([그림 4-4] 참조). 그런데 추론의 정확성은 문항들이 문항전집을 대표하는 정도에 따라 좌우된다. 문항들이 문항전집을 적절하게 대표한다면 검사점수에 근거하여 문항전집의 정답률을 정확하게 추론할 수 있다. 반대로 문항들이 문항전집을 제대로 대표하지 못하면 검사점수에 근거한 추론은 오류를 범하게 된다. 이러한 논리는 여론조사의 논리와 같다. 여론 조사에서는 대략 1,000명 정도의 표본을 대상으로 조사한 결과를 전체 국민의 의견이라고 일반화(추론)한다. 이때 일반화의 정확성은 1,000명으로 구성된 표본이 전체 국민을 적절하게 대표하는가에 따라 좌우된다. 만약 표본이 편향되었다면 표본의 조사결과를 전체 국민의 의견이라고 일반화하는 오류를 범하게 된다.

내용타당도는 검사점수에 근거하여 전체 영역으로 추론 내지 일반화해야 할 상황에서 매우 중시된다. 내용타당도가 높다는 것은 검사문항들이 내용영역이나 인지과정을 대표할 수 있는 표본으로 구성되어 있음을 뜻한다([그림 4-4] 참조). 성취도 검사에서는 검사에 포함된 내용들의 비율이 수업에서 다룬 내용들의 비율에 근접하면 내용타당도가 확보된다.

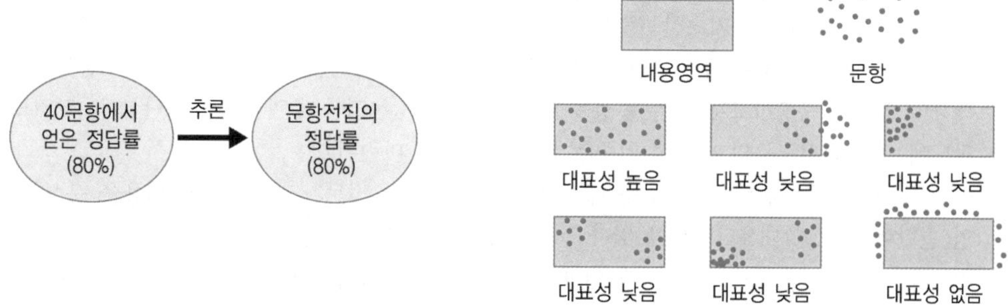

[그림 4-4] 검사점수로부터 전체 영역을 추론하는 과정 / 검사문항이 전체 영역을 대표하는 정도

이상적인 측면에서는 검사는 내용영역의 주요 측면들을 모두 포괄할 수 있도록 문항을 제작해야 한다. 따라서 문항들이 특정 영역에서 집중 출제되면 내용타당도가 낮아진다. 예를 들어, 특정 단원에서 상대적으로 많은 문항을 출제하면 다른 단원에서 출제할 수 있는 문항들이 줄어들기 때문에 대표성이 낮아진다. 또 단순 기억을 측정하는 문항을 80% 이상 출제하면 종합이나 평가와 같이 고차적인 능력을 재는 문항을 출제할 수 없게 되므로 대표성이 낮아진다. 대표성을 평가하면 검사가 전체 내용 영역을 골고루 측정하고 있는지, 특정 측면을 경시하고 있는지를 확인할 수 있다.

문항의 적절성도 내용타당도를 판단하기 위한 중요한 증거가 된다. 문항의 적절성(item relevance)이란 하나하나의 문항이 필수적인 교육목표 혹은 내용과 부합되는 정도를 말한다. 그러므로 문항이 교육목표에 포함된 내용이나 기능을 측정하면 내용타당도를 갖고 있다. 조선시대에 관한 역사시험에서 임진왜란에 관한 문항은 적절하지만, 무신의 난에 관한 문항은 적절하지 않다. 문항의 적절성을 검토하면 문항이 교육목표나 내용을 제대로 측정하고 있는지 확인할 수 있다.

요컨대, 내용타당도의 두 가지 기본적인 물음은 다음과 같다.

1. 검사가 전체 영역을 대표할 수 있는 문항으로 구성되어 있는가?
2. 문항이 측정하려고 하는 교육목표(혹은 내용이나 특성)에 부합하는가?

내용타당도를 판단하기 위한 절차는 다음과 같다.

1. 측정하려고 하는 영역(성취도검사의 경우 교육목표)이나 특성을 정의한다.
2. 내용전문가들을 선정한다.
3. 문항들이 영역(교육목표)이나 특성에 부합하는지를 전문가들이 판단한다.
4. 전문가들이 평정한 결과를 수집 · 요약한다.

⑫ 내용타당도(교과타당도와 교수타당도):(현대 교육평가 성태제) 09 기출 16 기출 21 기출

① 내용타당도(검사내용에 기초한 근거, evidence based on test content)는 논리적 사고에 입각한 분석과정으로 판단하는, 주관적인 타당도로 객관적 자료에 근거하지 않는다. 이는 검사내용 전문가에 의하여 검사가 측정하고자 하는 속성을 제대로 측정하였는지를 주관적으로 판단한다. 그러므로 내용타당도에 의한 검사도구의 타당성 입증은 논란이 따르게 마련이다.

② 예를 들어, 인성검사를 제작하였을 때 성격심리를 전공한 전문가가 문항들의 내용을 분석한 후 주관적인 판단에 의하여 내용타당도가 있다고 판정하였어도, 다른 내용전문가는 성격의 정의에 대하여 다른 견해를 지니고 있으므로 그 검사에 대하여 내용타당도가 결여되어 있다고 주장할 수 있다.

③ 교수·학습과정에서 설정하였던 교육목표의 성취여부를 묻는 학업성취도검사의 타당성 검증을 위해서도 내용타당도가 많이 쓰인다. 그래서 내용타당도를 교과타당도와 교수타당도로 구분하는 의견도 있다.

㉠ 교과타당도(Curriculum validity)란 검사가 교육과정에 있는 내용을 얼마나 잘 포함하고 있느냐 하는 문제

㉡ 교수타당도(instructional validity)란 교수·학습 중에 가르치고 배운 내용이 얼마나 포함되었느냐를 말한다.

참고문제	2018년 지도사 1급 (체육측정평가론)

16. 내용타당도에 대한 설명은?

① **검사내용 전문가가 논리적 판단에 근거하여 주관적으로 결정한다.**
② 검사도구에 의해 측정된 점수를 준거검사로 측정한 점수와 비교한다.
③ 검사점수가 미래의 행위를 얼마나 잘 예측하는지 판단한다.
④ 상관계수에 의해 추정한다.

참고문제	2021년 지도사 1급 (체육측정평가론)

4. 〈보기〉에서 설명하는 타당도는?

〈보 기〉

• 논리적, 주관적 판단에 의해 평가함
• 검사와 측정목적과의 일치 정도를 전문가가 판단함

① **내용타당도** ② 예언타당도 ③ 구인타당도 ④ 공인타당도

53 | 2009학년도

다음은 농구 수업에서 학생들이 게임을 할 때 보여 주는 기술과 전술에 대한 의사 결정 정도를 평가하기 위한 도구이다. 교사가 평가 준거(criterion) 요소를 결정할 때 가장 중요하게 고려해야 할 것은?

평가준거 / 학생	공격		방어		패스		의사결정	
	효과적	비효과적	효과적	비효과적	효과적	비효과적	적절	부적절
철수	✓✓✓	✓	✓✓✓✓	✓	✓✓✓✓	✓	✓✓✓✓	✓
현식	✓		✓✓	✓	✓✓	✓		✓
영철	✓✓✓✓	✓✓	✓✓✓	✓✓	✓✓✓	✓✓	✓✓✓	✓
⋮	⋮	⋮	⋮	⋮	⋮	⋮	⋮	⋮

① 전술게임모형에서 제시하고 있는 준거
② 기존에 개발된 게임수행평가도구(GPAI)
③ 측정의 신뢰도를 높일 수 있는 평가 내용
④ 교사가 수업에서 학생들에게 지도할 내용
⑤ 개인차를 확실히 구분 지을 수 있는 상대평가 내용

[정답] ④

[해설] 평가준거요소를 결정할 때 가장 중요한 요소는 타당도이다. ④는 내용타당도와 관련 있다.

다음은 강 교사가 '협동 학습 모형'을 활용하여 배구 단원을 지도한 후 작성한 단원 평가 결과표이다.

단 원 평 가 결 과 표

○학년 ○반

번호	평가 내용 / 성명	지필 평가	수행평가				합계
		경기 규칙	패스 성공 횟수	스파이크 자세	출석	복장	
1	최○○	15	26	27	8	9	85
2	박○○	20	20	24	7	8	79

협동 학습 모형을 활용한 배구 단원에서 우선으로 고려해야 하는 평가 영역을 블룸(Bloom)의 목표 영역에 근거하여 쓰고, 이 모형과 관련하여 강 교사가 실시한 평가의 문제점을 위의 평가 결과표에서 찾아 2줄 이내로 설명하시오. 그리고 이 문제점과 관련된 타당도의 명칭을 쓰고, 이를 개선하기 위하여 평가 계획 시 작성해야 할 양식의 명칭을 쓰시오.

- 평가 영역: ______
- 강 교사가 실시한 평가의 문제점: ______
- 타당도의 명칭: ______
- 평가 계획 시 작성해야 할 양식의 명칭: ______

[정답] • 평가 영역: 인지적 영역

• 강 교사가 실시한 평가의 문제점: 강 교사는 정의적 영역을 출석과 복장으로만 평가하는 것은 문제가 있다. 또한 인지적영역을 경기규칙 하나로만 본다. 그러나 인지는 역사, 특성 및 효과, 용어, 움직임에 적용되는 과학적 원리, 경기 규칙, 장비, 운동 기능, 전략 등이 골고루 포함되어야 한다.

• 타당도의 명칭: 내용타당도

• 평가 계획 시 작성해야 할 양식의 명칭: 이원목적분류표

[해설] 협동학습 모형에서는 목표에서 정의적 영역은 항상 1순위이며 인지적 영역이 동시에 1순위가 될 수 있다.

블룸(Bloom)은 인지적 영역의 목표가 '복잡성의 원칙'에 따라 위계적 관계를 이루고 있다고 본다. 즉, '지식'은 모든 인지영역의 기초가 되며, '지식+이해력'은 역사, 특성 및 효과, 용어, 움직임에 적용되는 과학적 원리, 경기 규칙, 장비, 운동 기능, 전략 등이 골고루 포함되어야 한다. 검사는 교육 목표와 수업 내용을 대표할 수 있고, 학생들의 교육한 내용을 얼마나 잘 수행하는가를 측정할 수 있어야 한다.

체육 교과에서 인지적영역의 검사는 대개 지필 검사로 시행된다. 심동적 영역의 검사에 비해 체육과 관련된 지식이나 사고의 과정을 측정하는 지필 검사는 시행할 때마다 교사가 구성해야 한다. 지필 검사를 통해서 얻은 자료는 학생들의 요구와 수업 내용을 결정하는 데 많은 도움을 줄 수 있다.

따라서, 체육 교사들은 본 장에서 제시하는 지필 검사구성절차를 숙지해야 할 것이다. 내용타당도를 확인하기 위해서는 이원목적분류표를 작성하여 검사가 모든 수업 내용을 포함하며 특정 영역에 치우치지 않는가를 검사하면 된다. 이원목적분류표에는 검사의 문항 수, 문항의 종류, 문항을 풀어 가는 과정의 종류와 수, 문항의 내용, 문항 난이도, 각 문항의 점수, 정답과 유사정답 등이 포함된다.

55 | 2009학년도

다음은 김 교사가 실시한 체육과 평가의 일부와 평가에 대한 학생들이 문제 제기한 내용이다. 여기에 나타난 학생 평가의 문제점을 쓰시오.

교수 학습 목표	체조의 매트운동 단원에서 회전운동의 과학적 원리를 이해할 수 있다.
교수 학습 활동	• 교사는 체육 교과서에 있는 내용을 요약 및 정리하여 유인물을 제작하고 학생들에게 배포하였다. 요약한 유인물의 내용은 수업시간에 다루지 않았다. • 학생은 교사가 배부한 유인물을 토대로 스스로 공부하여 시험을 준비하였다.
평가	5지 선다형 지필평가
문제 제기 내용	"유인물에 요약되어 있어도 선생님께서 가르쳐주지 않아서 문제를 잘 풀지 못했습니다. 왜 지필평가는 수업시간에 가르쳐 주지 않고 매번 유인물만 외워서 시험을 치러야 하나요? "

① 과제 중심의 수행 평가 방법을 적용하여야 한다.
② 선다형 지필평가로 회전운동의 과학적 원리를 평가하는 것은 타당도가 떨어진다.
③ 이론 수업에서 다루지 않은 내용을 평가하는 것은 평가의 타당도를 저하시킨다.
④ 유인물의 내용을 지필평가에서 다루지 않을 때는 평가의 신뢰도가 저하된다.
⑤ 학교에서 이론수업이 정상적으로 이루어지지 않는 것은 교사의 전문성 결여 때문이다.

[정답] ③

[해설] 내용타당도(검사내용에 기초한 근거, evidence based on test content)는 논리적 사고에 입각한 분석과정으로 판단하는, 주관적인 타당도로 객관적 자료에 근거하지 않는다. 이는 검사내용 전문가에 의하여 검사가 측정하고자 하는 속성을 제대로 측정하였는지를 주관적으로 판단한다. 그러므로 내용타당도에 의한 검사도구의 타당성 입증은 논란이 따르게 마련이다.

예를 들어, 인성검사를 제작하였을 때 성격심리를 전공한 전문가가 문항들의 내용을 분석한 후 주관적인 판단에 의하여 내용타당도가 있다고 판정하였어도, 다른 내용전문가는 성격의 정의에 대하여 다른 견해를 지니고 있으므로 그 검사에 대하여 내용타당도가 결여되어 있다고 주장할 수 있다.

교수·학습과정에서 설정하였던 교육목표의 성취여부를 묻는 학업성취도검사의 타당성 검증을 위해서도 내용타당도가 많이 쓰인다.

그래서 내용타당도를 교과타당도와 교수타당도로 구분하는 의견도 있다.

교과타당도(Curriculum validity)란 검사가 교육과정에 있는 내용을 얼마나 잘 포함하고 있느냐 하는 문제이고, 교수타당도(instructional validity)란 교수·학습 중에 가르치고 배운 내용이 얼마나 포함되었느냐를 말한다.

3-1-1. 논리타당도

(1) 내용타당도와 유사한 개념으로 논리타당도(logical validity)라는 용어가 사용된다.

① 체육 분야의 운동기능검사의 경우, 논리타당도란 '검사가 특정 운동을 수행하는데 필수적이고 가장 중요한 기능 요소를 측정하고 있는 정도'로 정의된다.

② 즉, 어떤 검사가 중요한 운동 기능을 적절하게 측정하고 있다면 그 검사는 논리적으로 타당한 검사라 할 수 있다. 체육 현장에서 많이 사용되는 운동기능검사는 특정 운동 기능을 수행하는데 중요한 요소가 무엇인가를 확인하는 것이 중요하다.

③ 즉, 검사가 논리타당도를 충족시키려면 검사가 해당 운동 기능을 수행하는데 중요한 요소를 모두 포함하고 있어야 한다.

④ 예를 들면, 테니스 스트로크 검사에서 중요한 요소가 스트로크 한 공이 네트에 근접하여 넘어가서, 상대방 코트의 베이스라인 근처에 떨어지는 것이라면, 테니스 스트로크 검사는 상기한 두 가지 내용을 포함해야 논리타당도가 높다고 할 수 있다.

(2) 운동기능검사의 논리 타당도를 평가하는 절차는 다음과 같다(Safrit & Wood).

① 검사가 측정하고자 하는 운동기능 요소들과 검사의 목적에 대한 검사 개발자의 생각을 검토한다. 측정하려는 운동기능 요소들의 목록을 적는다.

② 실제로 검사에서 측정되는 요소들을 기록한다.

③ 두 목록을 비교한다. 검사 개발자에 의해 선택된 요소들이 검사에서 실제로 측정되고 있는가를 확인한다.

④ 검사의 교육적 목적을 확인한다.

ㄱ. 중요하지 않은 운동기능 요소가 검사에 의해 측정되고 있는가?

ㄴ. 중요한 운동기능 요소가 검사에서 생략되었는가?

ㄷ. 검사에서 부적절하게 특정 운동기능 요소가 강조되고 있는가?

(3) 체육측정평가 전공에서 선수들의 경기 능력을 객관적으로 측정하는 것은 큰 관심 분야이다. 선수들의 경기 능력을 측정하기 위한 검사가 논리타당도를 확보하려면 한 가지 검사만으로는 부족할 것이다.

① 왜냐하면, 경기 능력이란 한두 가지 특정 요소만으로 측정되기 어렵기 때문이다.

② 따라서, 경기 능력을 측정하는 검사는 하나의 검사보다는 여러 개의 검사로 구성된 검사장(test battery)을 이용하는 것이 더욱 타당할 것이다.

(4) 일반적으로 검사장의 타당도 검증은 논리 타당도를 이용하는데, 검사장의 논리 타당도 검증 방법은 다음과 같다.

① 먼저, 가장 중요한 기능들이 무엇인지를 확인하여 그러한 기능들을 측정하는 검사들로 검사장이 구성되어 있는가를 확인하고,

② 각 검사들 또한 논리 타당도를 확보할 수 있는 것인가를 확인한다. 이러한 두 가지 조건이 만족된다면, 검사장의 논리타당도는 확보된 것으로 판단할 수 있다.

3-2. 준거관련타당도

(1) 준거관련타당도(criterion-related validity)는 어떤 검사 도구에 의해 측정된 점수를 준거검사에 의해 측정된 점수와 비교하여 추정한 타당도이다.

① 준거검사는 기존에 타당성을 인정받고 있는 검사나 미래의 수행력을 나타내는 검사가 될 수 있다.

② 준거관련타당도는 간단하게 준거타당도(criterion validity)라고도 하며 내용타당도와 다르게 통계적인 방법에 의해 타당도의 정도가 구체적으로 추정될 수 있다.

(2) 준거타당도에는 공인타당도(concurrent validity)와 예측타당도(predictive validity)가 있다.

(3) 준거타당성 검증방법의 특징

- 현장검사의 타당도 검증 시 자주 활용됨
- 타당도의 계량화 가능(예 12분 오래달리기의 타당도 계수 0.9)
- 공인타당성의 경우 준거검사가 없으면 추정하기 어려움(예 운동기능검사, 심리적속성)

1. 준거타당도의 의미

준거타당도(準據妥當度, criterion validity)는 검사점수(X)가 외적 준거(Y)와 관련된 정도, 즉 검사점수가 외적 준거를 추정 혹은 예언할 수 있는 정도에 관한 증거를 말한다. 이를 준거관련타당도(criterion-related validity)라고 하기도 한다. 여기서 준거(準據, criterion)는 검사점수와 관련된 외적 변수 혹은 검사점수로부터 예언하려고 하는 외적 변수를 가리키며, 준거지향검사에서의 '준거'와는 완전히 다른 개념이다. 예를 들어, 대학수능시험의 준거는 대학 재학 중의 성적이고, 입사시험의 준거는 재직 중의 근무성적이다. 대학수능시험성적을 기준으로 신입생을 선발하는 것은 시험성적이 높은 학생이 재학 중 성적이 높을 것이라고 기대하기 때문이고, 입사시험성적을 기준으로 신입사원을 선발하는 것은 시험성적이 높은 사람이 근무성적이 높을 것이라고 기대하기 때문이다.

전술한 것처럼 준거타당도는 다음과 같이 검사점수가 준거를 추정/예언하는 정도에 관한 증거를 뜻한다.

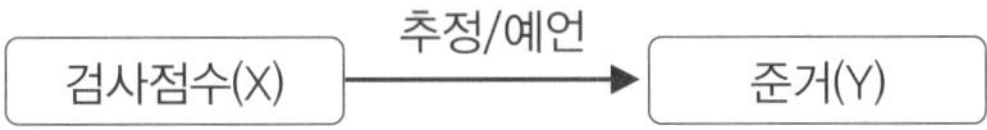

준거타당도의 기본 관심은 검사점수가 준거와 관련이 있는가를 확인하는 데 있다. 준거타당도에서 검사점수에 관심을 갖는 것은 그것이 준거를 추정하거나 예언할 수 있기 때문이다. 그러므로 준거타당도의 일차적인 관심은 준거에 있다. 검사점수는 준거를 잘 추정하거나 예언해야 유용하다. 검사점수가 준거를 효과적으로 추정하거나 예언하면 준거타당도가 확보된다. 대학수능시험이 대학재학 중 성적을 정확하게 예언하면 준거타당도를 갖고 있다고 할 수 있다.

2. 준거타당도에 관한 증거수집 절차

준거타당도는 검사점수에 근거하여 중요한 외적 준거를 추정 혹은 예언해야 할 상황에서 적용된다. 준거타당도에서 외적 준거는 (1) 검사를 실시하는 시점과 거의 동시에 측정하는 준거와 (2) 검사를 실시한 후 상당 기간(수개월 혹은 수년)이 지난 후 측정하는 준거로 구분할 수 있다. 따라서 준거타당도는 준거를 측정하는 시점에 따라 (1) 공인타당도와 (2) 예언타당도로 나뉜다. 준거타당도에 관한 증거를 수집하는 절차는 다음과 같다.

1. 검사(X)를 실시하여 자료를 수집한다.
2. 준거(Y)를 측정한다.
3. 검사점수와 준거점수 사이의 관계를 분석한다.

참고문제	2016년 지도사 1급 (체육측정평가론)

3. 새로운 검사방법 개발 시, 이미 검증된 검사방법과의 관련성을 비교하여 산출되는 타당도는?

① 내용타당도 ② **준거타당도** ③ 구인타당도 ④ 요인타당도

참고문제	2020년 지도사 1급 (체육측정평가론)

9. 준거관련 타당도에 대한 설명으로 옳지 않은 것은?

① 두 검사 점수 간의 상관계수로 타당도를 추정할 수 있다.
② 타당성이 인정되는 검사 점수와 실제 측정치의 일치 정도이다.
③ 검사에서 측정된 점수로 미래의 준거 행동을 예측하는 정도이다.
④ 검사내용을 전문가가 논리적 판단에 근거하여 주관적으로 결정한다.

참고문제	2020년 지도사 1급 (체육측정평가론)

11. 공인타당도 검증을 위한 준거검사와 현장검사가 바르게 연결되지 않은 것은?

① **수중체중법 – 가속도계** ② 윈게이트 검사 - 100m 달리기
③ 운동부하 검사 – 1.6km 달리기 ④ 이중에너지X선 흡수법(DXA) – 생체전기저항법(BIA)

참고문제	2018년 건강운동관리사 (건강·체력검사)

17. 심폐지구력 평가를 위한 오래달리기 검사의 타당도 검증 방법에 대한 설명으로 옳지 않은 것은?

① 준거타당성 검증을 위해서는 먼저 준거검사의 내용타당성을 확인한다.
② **오래달리기 검사와 윗몸일으키기 검사 간 상관으로 수렴의 관계를 확인하여 타당성을 검증한다.**
③ 마라톤 선수 집단과 일반인 집단 간 오래달리기 검사의 차이를 통해 타당성을 검증한다.
④ 준거타당성 검증을 위해 오래달리기 검사와 운동부하검사로 측정된 $\dot{V}O_{2max}$ 간 상관을 분석한다.

3-2-1. 공인타당도 03 기출 12 기출

(1) 상기한 것처럼 이미 타당성을 입증 받고 있는 검사에 의해 측정된 준거검사 점수와 교사나 연구자가 새로 개발한 검사 점수의 관련성으로 추정되는 타당도가 공인타당도(concurrent validity)로, 공인타당도는 상관 계수를 통해 추정된다.

① 일반적으로 체육 분야에서 측정하고자 하는 특성을 타당하게 측정하는 검사들은 대부분 실험실에서 실시되는 검사들이다. 그러나, 실험실 검사는 너무 복잡하고 시간이 많이 걸리며 비용이 많이 들어서 학교와 같은 체육 현장에서는 사용하기 어렵다.

② 따라서, 많은 검사 이용자들은 현장에서 사용하기에 편리하고 간단한 검사가 개발되기를 바라며, 실제로도 학교 체육 현장에서는 현장 검사들이 주로 사용된다. 공인타당도는 이러한 현장 검사의 적합성(suitability)을 평가하고자 할 때 자주 사용된다.

(2) 공인타당도는 체육과 운동능력 측정 분야에서 가장 많이 사용되고 있는 타당도이다.

(3) 체육 분야에서 공인타당도를 추정하는 대표적인 예를 들면, 심폐기능을 측정하기 위해 오래달리기-걷기 검사를 실시하고 이 검사의 타당도를 추정하려면, 심폐 기능의 준거검사로 널리 알려진 최대산소섭취량 검사를 실시하여 얻은 점수와 오래달리기-걷기 검사를 실시하여 얻어진 점수 간 상관계수를 산출하면 된다.

(4) 새롭게 개발한 검사의 공인타당도를 추정하는 절차를 구체적으로 제시하면 다음과 같다(Safrit & Wood).

① 준거검사가 논리적으로 타당한 즉, 기존에 입증 받은 검사인가?

예 트레드밀을 이용한 최대산소섭취량(VO_{2max}) 검사는 심폐 기능을 측정하는 타당한 검사로 널리 알려져 있다.

② 동일한 피험자 집단에게 동일한 시험 상황에서 새롭게 제작된 검사와 준거검사를 실시한다.

③ 새로운 검사 점수와 준거검사 점수 간 상관계수를 추정한다.

예 1,600m 오래달리기-걷기 검사와 트레드밀을 이용한 최대산소섭취량(VO_{2max}) 검사를 통해 측정된 점수 간 상관을 계산한다.

④ ①번에서 준거검사의 논리 타당도가 확인되고, ③번에서 두 검사 점수 간 상관 계수가 0.80 이상으로 확인되면 새로운 검사를 사용해도 되지만, 그렇지 않다면 다른 검사를 고려하는 것이 바람직하다.

(5) 위와 같은 절차를 통해서 추정되는 공인타당도는 상관 계수에 의해 구체적으로 추정되므로 타당성의 정도를 확인할 수 있고, 객관적인 정보를 제공해 줄 수 있다.

(6) 하지만, 기존에 타당성을 입증 받은 검사가 없다면 공인타당도는 추정될 수 없는 단점이 있다.

① 또한, 준거검사가 있다고 하더라도 공인타당도는 준거검사와의 관계에 의해 검증되므로 기존의 준거검사에 의존할 수 밖에 없다.

② 예를 들면, 위의 예에서 오래달리기-걷기 검사의 공인타당도가 0.80으로 추정되었다고 하면, 이 타당도 계수는 준거 검사인 최대산소섭취량 검사와 상관을 의미하는 것일 뿐, 교사나 연구자가 측정하고자 했던 심폐 기능이라는 속성과의 상관은 아니라는 것이다.

③ 따라서, 공인타당도는 준거검사와 측정하고자 했던 속성과의 관계 정도에 따라 달라져, 새로운 검사의 타당성 정도는 공인타당도 계수로 추정된 값보다는 낮아질 수밖에 없다.

(7) 따라서, 공인타당도를 추정할 때에는 위의 추정 절차 중 첫 번째 절차 즉, 준거 검사의 논리타당도를 확인하는 단계가 매우 중요하다.

56 | 2003학년도

운동능력보다는 건강을 강조하는 건강관련체력검사를 개발하고자 한다. 다음 질문에 답하시오.

1-1. 최우선적으로 포함시켜야 할 체력 요인을 1가지만 쓰시오.

1-2. 각 검사항목과 준거검사의 상관계수로 추정하는 타당도의 명칭을 쓰시오.

[정답] 심폐지구력 [1점] 공인타당도 [1점]

[해설] 건강관련체력을 측정하고자 하는 경우 강조되는 체력요인은 심폐지구력이다.
이미 타당성을 입증 받고 있는 검사에 의해 측정된 준거검사 점수와 교사나 연구자가 새로 개발한 검사 점수의 관련성으로 추정되는 타당도. 공인타당도는 상관 계수를 통해 추정된다.
장점: 계량화되어 타당도에 대한 객관적인 정보를 제공할 수 있으며, 타당도의 정도를 나타낼 수 있다.
단점: 기존에 타당성을 입증 받은 검사가 없다면 공인타당도는 추정될 수 없는 단점이 있다. 또한, 준거검사가 있다고 하더라도 공인타당도는 준거검사와의 관계에 의해 검증되므로 기존의 준거검사에 의존할 수 밖에 없다.

참고문제	2019년 건강운동관리사 (건강·체력검사)

12. 오래달리기/걷기 기록과 최대산소섭취량($\dot{V}O_{2max}$)의 상관관계를 검증함으로써 오래달리기/걷기 측정 방법의 타당도를 검증하였다. 이 타당도를 설명하는 것으로 옳은 것은?

① 같은 속성을 반복 측정하고 비교함으로써 오차분산의 크기를 검증한다.
② 두 개 검사가 측정하는 세부 요인들의 내용적 일치도를 검증한다.
③ 능력이 명확히 다르다고 알려진 두 대상자 집단을 비교하여 통계적 차이를 검증한다.
④ 타당도가 높다고 알려진 검사 도구 점수와의 비교를 통해 공유한 분산의 양을 검증한다.

11. 다음은 박 교사가 2종류의 보행수 측정 기기를 사용해 얻은 자료이다. 〈작성 방법〉에 따라 순서대로 서술하시오. [4점]

보행수 측정 분석 자료

(가) 측정 방법

- A 학생이 ㉮형 보행수 측정 기기와 ㉯형 보행수 측정기기를 동시에 착용하고 1주일 동안 매일 1회 보행수를 측정함.
  ※ ㉮형 보행수 측정기기는 준거 기기임.
- 2종류 측정 기기의 신체 착용 위치, 측정시간 등 모든 측정 조건은 동일함.

요일	㉮형 측정 기기의 보행수 (ⓐ)	㉯형 측정 기기의 보행수 (ⓑ)	보행수의 차이 (ⓒ=ⓑ−ⓐ)	㉠ 요일별 보행수(㉯형) −1주일 평균 보행수(㉯형) (ⓔ = ⓑ − ⓓ)
월	5,518	4,435	−1,083	−773
화	4,540	4,309	−231	−899
수	… (중략) …			
목				
금				
토	3,304	3,312	+8	−1,896
일	7,107	8,212	+1,105	+3,004
평균	5,212	ⓓ 5,208	−4	(㉡)

(나) 자료 분석 결과

- 두 기기 간의 보행수 차이(ⓒ)의 방향(+, −)과 크기는 ㉯형 측정 기기의 (㉢)에 대한 판단 근거이다.
- ㉣ ㉮형 측정기기와 ㉯형 측정기기로 측정한 보행수 간의 상관계수는 .87이다.

〈작성 방법〉

- 월요일부터 일요일까지 ㉠에 해당하는 값들의 명칭을 쓸 것.
- 괄호 안의 ㉡에 해당하는 값을 쓰고, ㉡값으로 점수(보행수)의 흩어진 정도를 파악하기 불가능한 이유를 서술할 것.
- 괄호 안의 ㉢에 해당하는 명칭과 밑줄 친 ㉣로 확인할 수 있는 타당도 유형의 명칭을 순서대로 쓸 것.

[정답] ㉠은 편차점수이다. [1점] ㉡은 0 [1점], 편차점수의 합이 '0'이 되기 때문이다. [1점]
㉢은 신뢰도 ㉣은 공인타당도 [1점] ((나) 자료 분석 결과는 신뢰도 측면과 타당도 측면으로 분석해야 한다.)

3-2-2. 예측타당도

(1) 상기한 설명처럼 현장에서 쉽게 사용될 수 있는 간편한 검사들은 공인타당도가 확보된다면 복잡하고 비용이 많이 드는 준거검사 대신 이용할 수 있을 것이다.

(2) 예측타당도(prediction validity)는 어떤 검사 점수가 미래의 행위를 얼마나 잘 예측하느냐 하는 문제이다.
  ① 예를 들면, 대학교 체육과 입시의 실기 검사 점수가 높은 학생이 졸업 실기 검사 점수나 체육교사 임용고사의 실기 검사 점수에서 높은 점수를 받는다면 이 대학교의 체육과 입시 실기 검사는 예측타당도가 높다고 할 수 있다.
  ② 현재 측정한 검사 점수로 미래의 성공적인 행동을 예측하려는 시도(예 꿈나무 선수 선발 검사)는 체육 분야에서 선수 선발을 할 때에 자주 사용된다.
  ③ 이러한 경우에 현재의 검사로 미래의 행동을 예측하는 정도를 예측타당도라 할 수 있다.
  ④ Morgan & Johnson은 대학교 시절 조정 선수들의 심리적 요소들을 측정(예측검사)하여, 올림픽 팀에서 선발(준거검사)되는가를 확인한 결과 약 0.7의 타당도 계수가 추정되어 심리적 요소를 측정한 검사는 올림픽 팀 선수로 선발되는 것을 성공적으로 예측하지 못한 것을 밝혔다.
  ⑤ 이와 같이 예측 타당도는 공인타당도와 같이 상관계수에 의해 추정되어 계량화될 수 있다.

(3) 어떤 검사의 예측 타당도를 추정하는 절차는 다음과 같다.
  ① 타당도를 추정하고자 하는 검사를 피험자들에게 시행한다.
  ② 일정 기간이 지난 다음 검사한 내용과 관계가 있는 행위를 측정한다. 이 때 이미 실시했던 검사와 동일한 검사로 미래의 행위를 측정하는 것이 아니고, 검사의 내용과 관련된 행동을 측정한다.
  ③ ①에서 실시했던 검사 점수와 미래 행위의 측정치와 상관을 추정한다.

(4) 위치 절차를 통해서 어떤 검사의 예측타당도가 높게 추정되었다면, 이 검사는 선발이나 채용을 위한 시험으로 사용될 수 있다. 위의 예에서처럼 어떤 대학교의 체육과 입시의 실기 검사 점수가 미래의 체육교사 임용고사 실기 검사 점수를 예측하는 타당성이 높다고 한다면, 미래의 체육 교사를 육성하는 사범계열 체육학과에서는 매우 유용할 것이다.

(5) 하지만, 어떤 검사의 예측타당도를 검증하기 위해서는 일정 기간 동안의 시간이 필요하다는 단점이 있다. 이러한 문제점 때문에 연구를 위해 개발한 검사의 예측타당도를 검증하는 것은 어려운 경우가 많다. 만약, 지속적인 연구를 수행한다면 연구에서 사용한 검사점수의 예측타당도를 추정할 수 있을 것이다.

(6) 체육 분야에서는 미래의 행위는 아니지만 현장 검사 점수를 통해서 실험실 검사 점수를 예측하는 경우가 있다.
  ① 이 경우에는 실험실 검사 점수가 현재의 준거 행동이라 할 수 있다.
  ② 예를 들면, 오래달리기-걷기 검사(현장 검사)를 통해서 최대산소섭취량(현재의 준거 행동)을 예측하거나, 신체 3~4 부위의 피하지방(현장검사)을 통해서 체지방률(현재의 준거 행동)을 예측하는 경우이다.

(7) 만약, 지금까지 사용했던 검사와 다른 오래달리기-걷기 검사를 개발하여 최대산소섭취량을 예측하고, 이 검사의 예측타당도를 추정하려면 다음과 같은 절차를 통해서 가능하다(Safrit & Wood).
  ① 200명 이상 정도의 충분한 표본 크기로 표본을 무선 표집한다.
  ② 현장검사(예 오래달리기-걷기)와 준거검사(예 VO_{2max})를 실시한다.
  ③ 현장검사의 점수와 준거검사의 점수 간 상관을 산출하고, 그 상관 정도가 높은 것으로 나타나면 다음 단계로 간다. 즉, 두 검사 점수 간에 선형관계가 있다면 다음 단계로 간다.

④ 다음과 같이 교차타당화 절차를 수행한다.

ㄱ. 동일한 표본 크기로 두 집단을 무선 할당(예 200명을 표집하면 100명씩 구분)

ㄴ. 집단 1을 이용하여 회귀방정식을 산출

ㄷ. 산출된 회귀 방정식에 집단 2의 현장 검사(오래달리기-걷기) 점수를 대입하여 준거 검사(VO_{2max}) 점수를 추정

ㄹ. ㄷ에서 추정된 준거검사의 점수와 실제로 측정된 집단 2의 준거검사 점수 간 상관을 산출: 상관이 클수록 오래달리기-걷기 점수로 VO_{2max}를 더 정확하게 예측한다는 의미

ㅁ. 추정의 표준오차 산출: 두 검사 점수 간 상관이 클수록 추정의 표준오차는 작고, 추정의 표준오차가 작을수록 정확한 예측을 의미함

(8) 상기한 교차타당화 절차에 대해 좀 더 자세하게 알아보기로 하자.

① 위에서 설명한 예측타당도를 추정하는 절차 ④번의 ㄴ에서 표기한 회귀방정식은 회귀분석(regression analysis)이란 통계 방법에 의해 산출되는 방정식으로, 한 변인 또는 두 변인 이상으로부터 다른 한 변인을 예측하는 식을 의미한다.

② 만약, 오래달리기-걷기 점수로 최대산소섭취량(VO_{2max})을 예측하기 위해 회귀 분석을 실시하여 다음과 같은 회귀방정식을 구했다고 가정하자.

$$y' = \alpha + \beta\chi \quad \cdots\cdots\cdots\cdots\cdots\cdots\cdots\cdots\cdots \ (3.19)$$

③ 공식 (3.19)에서 y'는 회귀방정식을 통해 예측된 VO_{2max} 값이며, x는 현장 검사 즉, 오래달리기-걷기 검사의 점수이며, α와 β는 회귀분석을 통해서 결정된 방정식의 절편과 기울기 값이다.

④ α와 β는 예측오차의 제곱합 즉, 회귀방정식을 통해서 VO_{2max} 값(y')과 실제 VO_{2max} 값(y)의 차이를 제곱하여 모두 더한 값이 최소가 되도록 하는 값이 된다.

⑤ 회귀분석을 위해서는 두 변인 간 선형관계가 성립되어야 하고, 두 변인은 모두 연속 변인이어야 하며, 측정오차가 없다는 가정이 성립되어야 한다.

⑥ 두 변인 간 선형관계는 두 변인 간 상관으로 확인할 수 있는데, 현장검사 점수와 준거검사 점수 간 상관이 높으면 이 가정이 성립된다고 할 수 있다. 위의 절차에서는 ③번에서 이 가정을 확인하였다.

(9) 교차타당화 세 번째 절차에서 집단 1로부터 산출된 회귀방정식을 집단 2에 적용하는 것은 산출된 회귀방정식이 다른 표본에서도 높은 예측력을 나타내는가를 알아보기 위해서이다. 네 번째 단계에서 집단 2의 예측된 VO_{2max} 값(y')과 실제로 측정된 집단 2의 VO_{2max} 값(y)의 상관이 높게 나타난다면, 위에서 산출된 회귀방정식은 매우 믿을만한 방정식이 될 것이다.

(10) 다섯 번째 단계에서 설명한 추정의 표준오차(SEE; Standard Error of Estimation)는 회귀방정식의 정확성 정도를 나타내는 지수로 다음과 같이 계산된다.

$$SEE = S_y\sqrt{1-\gamma_{xy}^2} \quad \cdots\cdots\cdots\cdots\cdots\cdots\cdots\cdots\cdots \ (3.20)$$

① 공식 (3.20)에서 SEE는 추정의 표준오차이고, x는 현장검사 즉 위의 예에서는 오래달리기-걷기 검사의 점수이며, y는 준거점사의 점수 즉 VO_{2max}값이며, S_y는 준거 검사 점수의 표준편차이며, γ_{xy}^2는 두 검사 점수 간 상관을 제곱한 값이다.

② 만약, 추정의 표준오차가 작다면 산출된 회귀방정식이 믿을만하여 현장에서 준거검사 점수를 예측하는 데 사용해서 무방함을 의미한다.

③ 만약, 스텝 검사를 이용해서 VO_{2max}를 예측한 회귀방정식의 SEE가 오래달리기-걷기 검사를 통해서 VO_{2max}를 예측한 회귀방정식의 SEE보다 작다면 VO_{2max}값을 예측하는 현장검사로 오래달리기-걷기 검사보다 스텝 검사를 사용해야 할 것이다.

분류	SEM(측정의 표준오차)	SEE(추정의 표준오차)
활용	절대신뢰도 (한 개인의 검사점수 신뢰도)	예측타당도, 회귀방정식의 정확성
식	$SEM = s\sqrt{(1-\rho_{XX'})}$ =표준편차(s) $\sqrt{(1-신뢰도계수)}$	$SEE = s\sqrt{1-\gamma_{xy}^2}$ =표준편차(s)* $\sqrt{1-(두검사점수간상관계수)^2}$

참고문제	2017년 건강운동관리사 (건강·체력검사)

14. 피하지방두께를 이용한 체지방률(%body fat) 추정식의 예측타당도(predictive validity)를 검증하는 과정을 순서대로 나열한 것은?

〈보 기〉

㉠ 준거검사의 타당도 확인
㉡ 교차타당도 검증
㉢ 동일한 피검자에게 피하지방두께 측정과 준거 검사 실시
㉣ 체지방률 추정식 산출

① ㉠→㉡→㉢→㉣ ② ㉠→㉢→㉣→㉡ ③ ㉡→㉠→㉢→㉣ ④ ㉢→㉠→㉣→㉡

참고문제	2017년 건강운동관리사 (건강·체력검사)

18. 건강 관련 체력검사의 신뢰도와 타당도에 대한 설명으로 옳지 <u>않은</u> 것은?

① 변별력이 높은 체력검사는 타당도가 높다.
② 여러 번 측정해도 검사 결과가 비슷한 검사는 신뢰도가 높다.
③ 신뢰도가 높은 검사라도 타당도는 낮을 수 있다.
④ 추정표준오차(Standard Error Estimate, SEE)는 준거검사의 신뢰도를 나타낸다.

35. 한국중학교 체육 교과 협의록의 일부이다. (가)와 (나)에 알맞은 검증방법을 〈보기〉와 옳게 연결한 것은? [1.5점]

체육 교과 협의록 참석자 : 김 교사, 이 교사, 박 교사

• 배경
- 학생들의 건강 개선을 위한 신체 활동 기초 자료를 확보하고자 함.
- 보행 계수기(만보기)를 착용시켜 자료를 수집하고자 함.

• 안건
- 보행 계수기 구입건 및 타당도 분석 방법 토의

• 논의 결과
- 보행 계수기의 타당도를 확인한 후, 일괄 구매하기로 결정함.
- 내용 타당도, (가)공인 타당도, (나)예언 타당도 측면에서 검증함.

〈보 기〉

ㄱ. 보행 계수가 새로운 상황에서 적용할 때 일반화할 수 있는 근거를 확보하기 위하여 메타적 분석을 적용함. 측정 조건, 유형, 시기 등에서 도구의 타당도를 확인함.
ㄴ. 관련 분야의 전문가 의견을 구하여 보행 계수기의 측정원리가 중학생들의 신체 활동량을 측정하려는 목적에 적합한지를 검토함.
ㄷ. 동일 시점에서 수집한 보행 계수기 자료와 준거 검사로서 호흡가스 분석기 자료의 상관을 통해 보행 계수기가 신체 활동량을 측정하기에 타당한지를 확인함.
ㄹ. 학생들의 보행수와 신체 활동 에너지 소비량 간의 높은 상관 계수를 바탕으로 보행수 자료를 수집하여 신체 활동에너지 소비량을 추정함.

	(가)	(나)
①	ㄱ	ㄴ
②	ㄱ	ㄹ
③	ㄴ	ㄱ
④	ㄷ	ㄱ
⑤	ㄷ	ㄹ

[정답] ⑤

[해설] ㄱ. 타당도의 일반화

ㄴ. 내용 타당도

※ 타당도의 일반화(validity generalization)

준거타당도에 대해 기술하면서 예언식은 공식을 만드는데 사용된 표본 집단에게만 가장 정확하게 예언할 수 있다는 전집(혹은 상황)의 특수성 문제에 관해 언급하였다. 예를 들어 한 연구자가 젊은 여성의 피하지방 두께를 측정하여 체지방률(%fat)을 예언하는 공식을 만든다고 가정하자. 그런데 이 문제에 관한 문헌들을 살펴보면 많은 연구자들이 이에 대한 연구를 해왔고 피하지방 두께와 체지방률의 준거 간에는 다양한 상관계수가 보고되고 있음을 알게 될 것이다. 한 가지 문제를 제기한다면 피하지방 측정치로부터 체지방률의 예언결과를 어떻게 일반화 시킬 수 있는가이다. 그러한 예언결과는 다양한 연령층에 대해서도 타당하게 적용할 수 있을까? 여자육상선수와 일반 여자의 경우는 어떨까? 남자에 대해 예언할 때는 어떠한 결과를 예상할 수 있을까? 사실 체지방률을 예언하고자 할 때마다 새로운 준거 예언식을 계산할 수는 없을 것이다. 이러한 문제를 해결하기 위해 고안된 통계적인 모델이 타당도의 일반화이다.

타당도의 일반화는 schmidt 등(1976)에 의해 개발되었다. 이것은 동일한 준거와 예언변인을 사용한 많은 연구결과들을 메타분석의 개념을 사용하여 일반화하는 방법이다. 이 방법을 체육분야에 적용한 예는 Patterson(1989)의 연구에서 찾을 수 있다. 그런데 타당도 일반화는 그 가정과 관련하여 논의의 여지를 남기고 있다. 즉, 이 방법의 결점은 적절한 검증력을 갖기 위해서는 아주 많은 수의 연구(표본)들이 필요하다는 점이다. 그럼에도 불구하고 이 방법은 타당도 일반화를 추정하는 가치 있는 도구로 평가받고 있으며 몇몇 검사에서 널리 쓰이고 있다.

3. 준거타당도의 보고 및 해석: 타당도 계수

준거타당도는 검사점수(X)와 준거(Y)의 관계로 표시되는데, 검사점수와 준거의 관계는 다양한 방식으로 나타낼 수 있다. 준거타당도를 보고할 때는 타당도 계수(검사점수와 외적 준거 사이의 상관계수)가 가장 널리 활용된다. 타당도 계수가 적합하지 않은 상황에서는 추정의 표준오차, 기대표 등으로 준거타당도를 나타낼 수 있다. 타당도 계수에 관해 살펴본다.

1) 타당도 계수의 의미

타당도 계수(妥當度 係數, validity coefficient)는 검사점수(X)와 준거점수(Y) 간의 상관계수를 의미한다. 검사점수와 준거점수가 모두 연속변수이고 정규분포를 이룰 경우 타당도 계수는 Pearson의 적률상관계수(r_{XY})로 표시된다(검사점수와 준거점수가 명명척도이거나 서열척도일 경우에는 특수상관계수를 구하면 된다. 제3장 참조). 상관계수로 표시는 타당도 계수는 값이 클수록 검사점수(X)가 준거점수(Y)를 더 정확하게 추정 혹은 예언한다는 것을 의미한다. 타당도 계수를 구하는 절차는 다음과 같다.

1. 검사를 실시한다.　　2. 준거를 측정한다.　　3. 검사점수(X)와 준거점수(Y) 사이의 상관계수를 구한다.

2) 타당도 계수의 종류

타당도 계수는 검사점수(X)와 준거점수(Y)를 수집하는 시점에 따라 공인타당도 계수와 예언타당도 계수로 구분된다. 공인타당도 계수는 거의 동시에 측정한 검사점수(X)와 준거점수(Y) 사이의 상관계수를, 예언타당도 계수는 일반적으로 검사점수(X)와 일정한 시간이 경과한 후 측정한 준거점수(Y) 사이의 상관계수를 말한다.

앞의 그림에 제시되어 있는 것처럼 2015년 10월에 실시한 수학중간고사와 거의 동시에 실시한 수학학력고사 사이의 상관계수는 공인타당도 계수, 수학중간고사와 2년 후 실시한 수능시험(수리) 사이의 상관계수는 예언타당도 계수가 된다. 공인타당도 계수가 높다는 것은 검사점수(X)가 준거점수(Y)와 긴밀하게 관련되어 있음을 나타낸다.

3) 타당도 계수에 영향을 주는 요인

타당도 계수는 상관계수로 표시되기 때문에 상관계수에 영향을 주는 모든 요인이 영향을 미친다. 타당도 계수에 영향을 미치는 요인들을 간단히 소개한다.

검사 자체 요인 검사문항은 교과에 대한 지식이나 인지기능을 측정하려는 것인데, 다음과 같은 검사 혹은 문항의 결함은 타당도를 약화시킨다.

- 불명료한 지시 혹은 지시문
- 복잡하거나 난해한 어휘 및 구문
- 모호한 표현
- 시간제한의 부적절성
- 측정하기 쉬운 내용만 강조하는 문항
- 문항형식의 부적절성
- 문항의 결함
- 문항수의 부적절성
- 문항배열의 부적절성
- 정답의 규칙적 패턴

개인적 특성 학생의 개인적 특성도 검사결과 해석의 타당도를 약화시키는 요인으로 작용할 수 있다. 학생의 정서상태, 시험불안, 동기 등은 검사에 대한 반응에 영향을 미치므로 검사 결과를 왜곡시킬 수 있다.

검사 실시 및 채점 검사 실시조건이나 채점방식도 타당도를 약화시키는 요인으로 작용할 수 있다. 검사시간 부족, 부정행위, 채점의 비일관성, 물리적 및 심리적 조건 등은 타당도를 약화시키는 요인으로 작용한다.

신뢰도 계수 앞에서 말한 것처럼 신뢰도는 타당도의 필요조건이므로 타당도 계수가 높으려면 신뢰도 계수가 높아야 한다. 구체적으로 타당도 계수는 검사점수의 신뢰도 계수는 물론 준거 점수의 신뢰도 계수의 영향을 받는다. 타당도 계수와 신뢰도 계수의 관계를 나타내면 다음과 같다.

$$r_{XY} \leq \sqrt{r_{XX}}\sqrt{r_{YY}}$$

여기서 r_{XY}는 타당도 계수, r_{XX}는 검사점수의 신뢰도 계수, r_{YY}는 준거점수의 신뢰도 계수를 각각 나타낸다. 이 공식은 검사점수와 준거점수의 신뢰도가 모두 높아야 타당도 계수도 높다는 것을 나타낸다.

이것은 검사점수와 준거점수에 작용하는 우연적 오차는 신뢰도에 부정적인 영향을 주고 결국 타당도를 약화시킨다는 것을 뜻한다. 우선 준거점수에 작용하는 우연적 오차는 타당도 계수를 축소시키는(attenuate) 작용을 한다. 즉, 준거점수에 우연적 오차가 포함되어 있으면 그로 인해 신뢰도 계수가 낮아지고, 결과적으로 타당도 계수가 낮아진다. 준거점수에서 우연적 오차를 완전히 제거했을 때(완전한 신뢰도를 갖고 있다고 가정할 경우) 타당도 계수는 통계적으로 다음과 같이 추정된다.

$$r'_{XY} = \frac{r_{XY}}{\sqrt{r_{YY}}}$$

타당도 계수가 .40이고 준거점수의 신뢰도 계수가 .90이라고 할 때 교정 타당도 계수는 다음과 같다.

$$r'_{XY} = \frac{.40}{\sqrt{.80}} = .44$$

검사 점수에도 우연적 오차가 포함되어 있으므로 검사점수와 준거점수에서 우연적 오차의 영향을 모두 제거하면 타당도 계수의 최댓값을 얻을 수 있다. 준거점수와 검사점수에서 우연적 오차를 모두 제거했을 때 타당도 계수는 다음과 같다.

$$r'_{XY} = \frac{r_{XY}}{\sqrt{r_{XX} \times r_{YY}}}$$

이것은 두 변수에 작용하는 측정오차를 모두 제거한 것이기 때문에 타당도 계수의 최댓값이다. 검사점수와 준거점수의 신뢰도 계수가 각각 .70과 .80이고 타당도 계수가 .40이라면 우연적 오차의 영향을 교정한 타당도 계수는 다음과 같다.

$$r'_{XY} = \frac{.40}{\sqrt{.70 \times .80}} = .53$$

이러한 사실은 타당도 계수를 높이려면 신뢰도를 높여야 함을 시사한다. 따라서 타당도 계수를 보고할 때는 교정되지 않은 타당도 계수는 물론, 교정한 타당도 계수도 함께 보고하는 것이 좋다.

집단의 성질 신뢰도 계수와 마찬가지로 타당도 계수는 연령, 성별, 교육수준, 직업과 같은 집단특성의 영향을 받는다. 그 결과 특정 검사가 특정 집단에서는 준거를 잘 예언하지만, 다른 집단에서는 준거를 제대로 예언하지 못하는 경우가 있다. 이는 타당도 계수를 해석할 때 집단의 특성을 감안해야 한다는 것을 시사한다. 집단의 이질성도 타당도 계수에 영향을 미친다. 앞에서 설명한 바와 같이 타당도 계수는 상관계수로 표시되는데, 상관계수는 동질집단에서는 낮아지고 이질집단에서는 높아진다.

3-3. 구인타당도 06 기출 공청회 21 기출

(1) 신장, 체중과 같이 직접 측정할 수 있는 특성 이외에 체육 분야에서는 집중력, 불안 등 심리적 요인과 같이 직접 측정할 수 없는 특성이 존재한다.

① 이러한 특성을 구인(construct)이라 한다. 만약, 어떤 검사가 특정한 구인을 측정하려고 한다면, 그 검사가 측정하고자 하는 구인을 제대로 측정하고 있는 정도가 관심의 대상이 될 것이다.

② 만약 어떤 검사 점수가 측정하고자 하는 구인을 제대로 측정한 점수라면, 이 검사는 구인타당도(construct validity)가 충족되었다고 할 수 있다.

③ 즉, 구인타당도란 어떤 검사가 측정하고자 하는 이론적 구인이나 특성을 얼마나 제대로 측정하고 있는가 하는 정도라고 정의할 수 있다.

(2) 구인타당도를 추정하는 절차는 다음과 같다.

① 측정하고자 하는 구인이 무엇인지를 이론적, 경험적 배경에 의해 밝히고, 조작적 정의를 내린다.

② 이론에 근거하여 구인을 측정하는 검사를 제작한다.

③ 측정 대상에게 검사를 실시하여 자료를 얻는다.

④ 자료를 분석하여 검사가 측정하고자 하는 구인을 제대로 측정하는가를 밝힌다.

⑤ 구인에 대한 조작적 정의와 관계가 없는 검사 문항을 제거한다.

(3) 위의 절차에 따라 새롭게 개발한 축구 기능 검사의 구인타당도를 추정하는 예를 들어 설명하겠다.

① 어떤 체육 교사가 드리블, 슛, 패스, 경기 능력 등 4개의 구인으로 구성된 검사를 개발했다고 가정하자.

② 물론, 축구 기능 검사의 하위 구인들 즉, 드리블, 슛, 패스, 경기능력 검사들은 모두 이론에 근거하여 개발되었고, 각 검사들의 내용타당도가 확보된 것으로 가정되었다.

③ 검사를 학생들에게 시행하여 자료를 얻고 분석한 결과 경기능력 검사가 측정하고자했던 구인인 축구 기능과 거리가 먼 것으로 나타났다면, 다음과 같은 세 가지 경우 중 하나일 것이다.

- 첫째, 경기능력 검사를 잘못 시행했을 경우,
- 둘째, 검사 개발 시 근거한 이론이 잘못된 경우,
- 셋째, 경기 능력 검사가 축구 기능을 제대로 측정하지 못하는 경우이다.

④ 첫 번째 경우는 검사 시행 과정을 면밀히 살펴보고 문제점이 없었는지 확인하고, 두 번째 경우는 이론을 재검토해야 할 것이다.

⑤ 만약, 두 가지 경우에서 문제점이 없었다면, 이 검사는 구인타당도가 확보되지 못한 경우라 판단할 수 있어, 경기 능력 검사를 제거한 후 나머지 세 가지 검사로 학생들의 축구 기능을 평가하는 것이 적절할 것이다.

(4) 이와 같이 구인타당도는 검사점수가 측정하고자 했던 특성을 제대로 측정하는가의 문제로 타당도 본래의 의미와 동일하다. 이에 최근에는 타당도를 삼분법으로 구분하지 않고 타당도는 구인타당도를 의미하는 것으로, 내용타당도와 준거타당도는 구인타당도를 뒷받침하는 하나의 증거로 받아들인다.

(5) 구인타당도는 상관계수법, 실험설계법, 집단차이방법, 요인분석 등의 통계적인 방법으로 검증이 가능하다.

① 첫째, 상관계수법이란 하위 구인들을 검사하는 문항(예 축구 드리블 검사)으로부터 얻은 점수와 측정하고자하는 구인(예 축구 기능)의 총점과의 상관계수에 의해 구인타당도를 검증하는 방법이다. 만약, 위의 예에서 축구 기능 검사의 총점과 드리블, 슛과 같이 하위 구인을 측정하는 검사 간 상관이 낮게 나타났다면, 그 하위 구인은 측정하고자 하는 특성을 제대로 설명하지 못함을 의미한다.

㉠ 상관계수를 이용하여 구인타당도를 검증하는 다른 방법은 수렴타당도(convergent validity)와 판별타당도(discriminant validity)가 있다(Safrit & Wood).

- 수렴타당도란 동일한 구인을 측정하는 검사들은 높은 상관을 나타내야 한다는 것이고,

ㅇ 판별타당도란 서로 다른 구인을 측정하는 검사들은 낮은 상관을 나타내야 한다는 것이다.

ㅇ 예를 들면, 상완의 근지구력을 측정하는 팔굽혀펴기, 턱걸이, 그리고 팔굽혀 매달리기 검사 점수들은 상관이 높아야 동일한 구인을 측정하는 검사로 인정할 수 있을 것이며, 이를 수렴타당도라 한다.

ㅇ 반면, 심폐지구력을 측정하는 오래달리기 검사와 순발력을 측정하는 제자리높이뛰기 검사의 상관이 낮아야 두 검사는 서로 다른 구인을 측정하는 검사라 할 수 있으며, 이를 판별타당도라 한다.

ⓛ 좀 더 구체적인 예를 들어보자. 3~4개의 하위 검사항목으로 구성된 핸드볼기능검사의 타당도를 확인하기 위해 다른 구인을 측정하는 검사들과 관계를 분석한 결과가 다음 그림과 같았다.

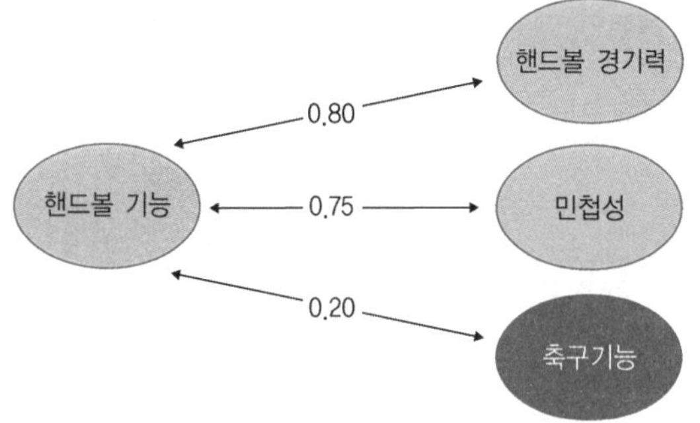

[그림 4-5] 구인타당도 검증 - 상관계수법

ⓒ [그림 4-5]에서 타원형으로 나타낸 것은 각 구인을 측정하는 검사들을 의미하며, 각각의 구인들은 3~4개 정도의 검사 항목들로 구성된 것으로 가정된다.

ⓔ 그림에 의하면, 핸드볼기능을 측정하는 검사는 핸드볼경기력 검사, 민첩성 검사와는 비교적 높은 상관을 나타냈고, 축구기능 검사와는 낮은 상관을 나타냈다.

ⓜ 핸드볼경기력과 민첩성은 핸드볼기능과 이론적, 경험적으로 관련성이 높은 구인이라 할 수 있는데, 예상했던 대로 높은 상관을 나타냈다.

ⓑ 반면, 축구기능은 핸드볼기능과 관련성이 높다고 할 수 없는데, 기대했던 대로 낮은 상관을 나타냈다.

ⓢ 즉, 이러한 결과는 핸드볼기능을 측정하는 검사가 타당하다는 하나의 증거라고 할 수 있다.

② 둘째, 실험설계법이란 실험집단과 통계집단으로 학생들을 구분하여 실험집단에는 하위 구인을 처치하고 통제집단에는 처치하지 않아, 두 집단의 검사 점수가 차이가 나타나는지를 측정하여 처치한 구인이 측정하고자하는 특성을 제대로 설명하는 구인인지 아닌지를 판단하는 방법이다.

㉵ 축구 기능 검사의 하위 검사인 경기 능력에 대해 교육을 받은 집단과 받지 않은 집단 간 점수의 차이가 나타나지 않는다면, 축구기능 검사의 하위 검사로 경기 능력을 측정하는 검사의 축구 기능을 구성하는 검사로 타당하지 않다고 할 수 있다.

59 | 2006학년도

김 교사는 축구 기능 평정 척도(항목별 10점)를 제작하고, 타당도를 확인하기 위해 실험 설계법을 적용하여 다음과 같은 자료를 얻었다.

기능 검사 요인과 항목		실험 집단 (우수군) 합 점수 평균	비교 집단 (일반군) 합 점수 평균	평균의 동일성에 대한 t 검정		
				t	자유도	유의확률
드리블	• 20m 직선 주로 스피드 드리블 • 20m 지그재그 드리블(왼발, 오른발) • 5m 방향 전환 드리블	24.37점	15.37점	12.29	58	.000
패 스	• 1:1 런닝 패스 • 롱킥 패스 • 논스톱 패스	17.97점	17.87점	.11	58	.911
슈 팅	• 20m 슈팅 • 터닝 슛 • 헤딩 슛	23.40점	14.70점	7.03	58	.000

앞의 자료 분석 결과를 설명하고, 평정 척도 평가(분석 결과 해석)와 항목 수정 방향을 각각 2줄 이내로 쓰시오.

• 분석결과: ______

• 평정 척도 평가 (분석 결과 해석): ______

• 항목 수정 방향: ______

[정답] • 분석결과: 두 집단인 우수군과 일반군의 드리블과 슈팅에서 유의미한 차이가 있다. 그러나 패스는 유의한 차이가 없다.

• 평정 척도 평가 (분석 결과 해석): 특히 우수군이 일반군 보다 점수가 높으며 유의미한 결과를 낸 드리블과 슈팅 항목은 타당성을 확보하여 측정평가 도구로 사용가능하다. 그러나 패스는 변별력이 떨어져 타당성이 낮다.

• 항목 수정 방향: 따라서 패스 항목은 제외하거나 수정을 요한다. 수정 시는 난이도를 높여 집단 간 통계적인 차이가 있게 설정한다.

[해설] 분석결과: 두 집단인 실험집단과 비교집단의 검정에서 드리블과 슈팅에서는 유의한 통계적 차이가 있었다. 그러나 패스는 유의한 차이가 없었다.

평정 척도 평가 (분석 결과 해석): 실험집단은 비교집단 보다 평균점수가 높으며 유의미한 결과를 낸 드리블과 슈팅 항목은 타당성이 높아 측정평가 도구로 사용가능하나 패스는 변별력이 떨어져 타당성이 낮다.

60 | 공청회

김교사는 축구 기능 평정 척도(항목별 10점)를 제작하고 척도의 양호도를 확인하기 위해 실험설계법을 적용하여 아래와 같은 정보를 얻었다. 이 분석 결과를 참조하여 내린 축구 기능 평정 척도에 대한 김교사의 판단으로 가장 올바른 것은?

기능검사 요인과 항목		우수집단 합점수 평균	일반집단 합점수 평균	평균의 동일성에 대한 t검정		
				t	자유도	유의확률
드리블	- 20m 직선주로 스피드 드리블 - 20m 지그재그 드리블 - 5m 방향전환 드리블	24.37점	15.37점	12.29	58	.000
패스	- 1:1 러닝패스 - 롱킥 패스 - 논스톱 패스	17.97점	17.87점	.11	58	.911
슈팅	- 20m 슈팅 - 터닝 슛 - 헤딩 슛	23.40점	14.70점	7.03	58	.000

① 모든 기능검사 요인에서 축구기능이 우수한 집단의 평균이 높은 것으로 보아 제작된 축구 기능 평정 척도는 타당하며 축구기능에 대한 학생평가에 사용할 수 있다.
② 우수집단의 평균이 일반집단과 차이가 있기 때문에 제작된 축구 기능 평정 척도는 신뢰롭지 못한 평가도구이다.
③ 제작된 축구 기능 평정 척도는 패스 검사 항목들을 변경, 수정, 보완한다면 현재보다 양호한 평가도구가 될 수 있다.
④ 드리블과 슈팅 검사 항목들이 축구기능이 우수한 학생들에게 유리하게 제작되어 있기 때문에 편파적인 축구 기능 평정 척도라고 할 수 있다.
⑤ 패스 검사의 항목들은 축구기능이 우수한 학생과 우수하지 못한 학생들은 구분해내지 못하고 있으며 이는 객관도가 낮기 때문이다.

[정답] ③

[해설] 패스 검사 항목들을 변경, 수정, 보완한다면 현재보다 타당도가 높은 평가도구가 될 수 있다.

평가도구의 양호도(타당도, 신뢰도, 객관도)를 판단할 수 있는지 여부를 묻는 문제로 제시된 표는 실험설계법과 유사한 집단 차이방법(척도가 축구기능이 우수한 학생과 그렇지 못한 학생을 구분해 내는지를 알아보기 위하여 사전 설계하여 그 차이를 조사하는 기법)을 활용하여 타당도를 추정하는 방법의 일환이다.

패스 기능검사 요인에서는 우수집단과 일반집단의 평균 차이가 없는 것으로 나타났기 때문에 전체 척도가 타당하다고 결론 내리기에는 미흡하다.(평균값의 차이가 의미있는 차이인지 검증하는 것이 t검정이다.)

패스 기능검사 항목에서는 우수집단과 일반집단의 모집단 평균이 차이가 없는 것으로 조사되었고, 나머지 두 기능검사에서 차이를 인정하더라도 이 결과를 토대로 신뢰도를 추정할 수는 없다.

현재의 결과만으로 축구 기능 평정 척도의 편파성을 판단할 수는 없다.

현재의 결과만으로 축구 기능 평정 척도의 객관도를 판단할 수는 없다.

61 | 2021학년도

다음의 (가)는 경기력 검사에 대해 교사들이 나눈 대화 내용이고, (나)는 농구 경기력 검사 점수를 분석한 결과이다. 〈작성 방법〉에 따라 순서대로 서술하시오. [4점]

(가) 교사들의 대화

유 교사: 농구 경기력 검사 도구 개발과 관련하여 경험이 많으신 선생님께 도움을 받고 싶습니다.

이 교사: 네. 좋습니다. 먼저 농구 경기력의 검사 항목을 선정하고, ㉠ 선정된 검사 항목이 경기력을 검사하는 중요한 요소로 구성되었는가를 농구 전문가인 김 교사의 주관적인 의견을 들어 타당도를 확인해야 합니다.

유 교사: 검사의 타당도를 계량적으로 확인하는 방법도 있나요?

이 교사: 검사 총점과 검사 항목의 점수 간 상관으로 타당도를 추정할 수 있습니다. (나)에서 농구 경기력을 타당하게 측정하는 데 기여도가 가장 큰 검사 항목은 (㉡)입니다.

… (중략) …

유 교사: 농구 경기력 검사의 타당도를 추정하는 다른 방법은 없을까요?

이 교사: ㉢ 농구 경기력 수준이 높은 집단과 낮은 집단의 농구 경기력 점수를 비교하여 타당도를 추정할 수 있습니다.

(나) 농구 경기력 검사 총점과 검사 항목별 점수 간 상관 분석 결과

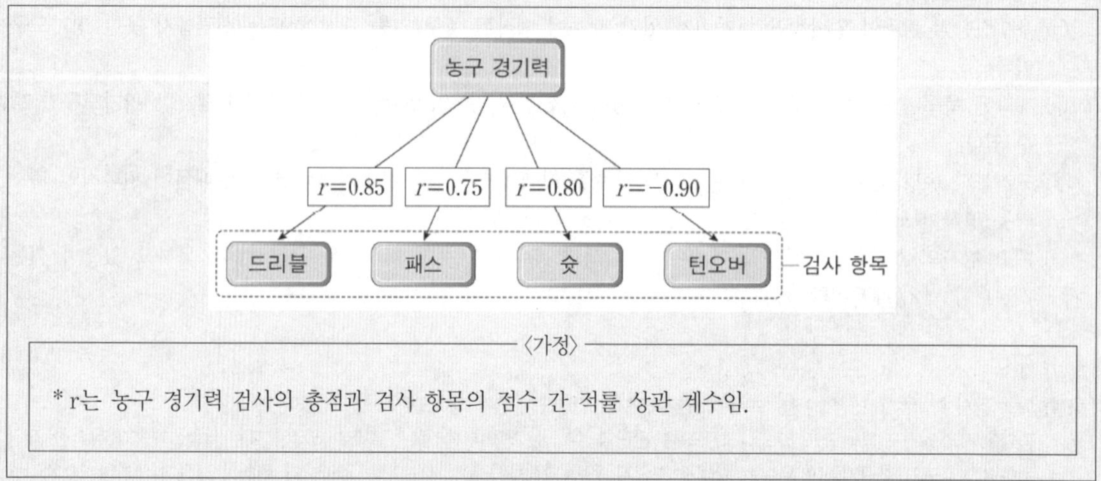

〈가정〉

* r는 농구 경기력 검사의 총점과 검사 항목의 점수 간 적률 상관 계수임.

〈작성 방법〉

- 밑줄 친 ㉠의 방법으로 추정한 타당도 유형의 명칭을 쓸 것.
- 괄호 안의 ㉡에 해당하는 검사 항목의 명칭을 쓰고, 이 항목의 결정 계수를 제시할 것.
- 밑줄 친 ㉢의 방법으로 추정한 타당도 유형의 명칭을 쓸 것.

[정답] ㉠은 논리 타당도(=내용타당도)이다. [1점] ㉡은 턴오버이다. [1점] 결정계수는 0.81이다. [1점]
㉢은 구인타당도이다. [1점]

③ 셋째, 실험설계법과 유사한 방법으로 집단차이방법(group difference method)이 있다(Safrit & Wood). 집단차이방법은 측정하고자 하는 구인에 있어서 능력 수준이 높은 집단과 낮은 집단을 비교하여 기대하는 점수 차이가 나타난다면 검사가 타당한 것으로 판단하는 방법이다.

㉥ 어떤 축구기능검사가 선수와 일반 학생들에게 실시되었을 때, 선수의 검사 점수가 일반 학생의 검사 점수보다 기대했던 만큼 높게 나타났다면, 이러한 결과는 축구기능검사가 타당하다는 하나의 증거라 할 수 있다. 체육 분야에서 집단차이방법은 전통적으로 구인타당도를 추정하는 방법으로, 독립 t검정이나 일원분산분석과 같은 통계방법을 이용해서 검증할 수 있다.

④ 넷째, 요인분석(factor analysis)을 이용하여 구인타당도를 검증하는 방법이다. 요인분석이란 여러 변수들 간 상호관계를 분석하여 상관이 높은 변수들을 모아 요인(factor)으로 명명하고 그 요인에 의미를 부여하는 통계 방법이다. 주로 스포츠심리학, 스포츠사회학, 스포츠경영 등 체육 분야의 사회과학적 연구에서 설문지를 통해서 측정하고자하는 특성을 측정할 때 구인타당도를 검증하는 방법이다. 요인분석에 대한 더욱 자세한 내용은 통계 서적을 참고하기 바란다.

(6) 구인타당도는 검사 기록이나 설문지의 응답 자료를 토대로 통계적인 방법에 의해 검증되므로 과학적이라 할 수 있다. 또한, 현장에서 3~4개의 하위 검사로 구성된 실기검사장을 제작할 때 타당도의 검증 방법으로 유용하며, 심리적인 특성을 질문하는 설문지 문항을 제작할 때에도 유용한 타당도 검증 방법이 될 수 있다.

(7) 이러한 장점 때문에 최근에는 구인타당도를 중요시하고 있으며, 내용타당도와 준거관련타당도가 구인망(network of construct)을 구축하는 증거로 받아들여져야 한다는 주장이 제기되고 있다(Messick). 요인 분석과 같은 통계 방법을 이용하여 구인타당도를 검증할 때 주의할 사항은 측정된 자료가 요구되는 가정(㉥ 다변량정규성 가정)을 만족해야 하고, 적어도 100명 이상의 많은 측정 대상자가 필요하다는 것이다.

참고문제	2015년 지도사 1급 (체육측정평가론)

8. 배구 기능검사 구성면에서 타당성이 가장 낮은 검사는 무엇인가?

가. 발리검사 나. 서브검사 다. 수직 토스 검사 **라. 서비스 스피드 검사**

참고문제	2019년 지도사 1급 (체육측정평가론)

18. 중학교 남자 축구선수들을 대상으로 훈련시간에 기능검사를 실시하고자 한다. 기능검사의 구성 타당성이 낮은 검사는?

① 패싱 검사(passing test) ② 드리블 검사(dribble test)
③ 드로우인 검사(throw-in test) **④ 서브 검사(serve test)**

참고문제	2019년 건강운동관리사 (건강·체력평가)

16. '체력'이라는 복합적 특성을 측정하기 위해서 흔히 여러 개의 세부 항목(종목)으로 구성된 체력 검사장(fitness test battery)을 개발·적용한다. 체력 검사장에 대한 설명으로 옳은 것은?

① 체력 검사장을 구성하는 세부 종목들 간의 상관관계가 높을수록 효율성이 높은 검사장으로, 다양한 요인을 비교적 독립적으로 측정해 낼 수 있다.

② 일반적으로 현장(field)에서 사용되는 항목은 실험실 검사 항목에 비해 타당도가 낮으나 측정의 효율성이 높은 종목들로 구성되어 있다.

③ 타당도가 높은 종목과 낮은 종목들이 혼합되어 체력장 전체의 타당도 계수가 0.5 내외로 유지되도록 해야 한다.

④ 검사의 종목이 많을수록 더 객관적이고 효율적인 측정치를 얻을 수 있으나, 검사의 종목 수가 적을수록 전체 체력장의 신뢰도는 높아진다.

보강

1. 타당도의 적용과 해석

① 현장의 교사나 연구자가 개발한 새로운 검사의 타당도는 어떤 타당도를 이용하여 검증하는 것이 좋은가? 가능한 다양한 방법으로 검사점수의 타당도를 검증하고, 그 결과를 제시하는 것이 바람직하다.

② 검사를 개발하거나 선택할 때 검사의 타당도 계수가 어느 정도 되어야 받아들일 수 있을까? 일반적으로 현장 검사의 공인타당도는 0.90 이상이 권장되며 최소한 0.80 이상은 되어야 사용할 수 있고, 예측을 목적으로 하는 검사의 경우 공인타당도보다는 낮지만 0.60 이상은 되어야 타당도계수가 인정된다.

2. 타당도의 일반화(validity generalization)

준거타당도에 대해 기술하면서 예언식은 공식을 만드는데 사용된 표본 집단에게만 가장 정확하게 예언할 수 있다는 전집(혹은 상황)의 특수성 문제에 관해 언급하였다. 예를 들어 한 연구자가 젊은 여성의 피하지방 두께를 측정하여 체지방률(%fat)을 예언하는 공식을 만든다고 가정하자. 그런데 이 문제에 관한 문헌들을 살펴보면 많은 연구자들이 이에 대한 연구를 해왔고 피하지방 두께와 체지방률의 준거 간에는 다양한 상관계수가 보고되고 있음을 알게 될 것이다. 한 가지 문제를 제기한다면 피하지방 측정치로부터 체지방률의 예언결과를 어떻게 일반화 시킬 수 있는가이다. 그러한 예언결과는 다양한 연령층에 대해서도 타당하게 적용할 수 있을까? 여자육상선수와 일반 여자의 경우는 어떨까? 남자에 대해 예언할 때는 어떠한 결과를 예상할 수 있을까? 사실 체지방률을 예언하고자 할 때마다 새로운 준거 예언식을 계산할 수는 없을 것이다. 이러한 문제를 해결하기 위해 고안된 통계적인 모델이 타당도의 일반화이다.

타당도의 일반화는 schmidt 등(1976)에 의해 개발되었다. 이것은 동일한 준거와 예언변인을 사용한 많은 연구결과들을 메타분석의 개념을 사용하여 일반화하는 방법이다. 이 방법을 체육분야에 적용한 예는 Patterson(1989)의 연구에서 찾을 수 있다. 그런데 타당도 일반화는 그 가정과 관련하여 논의의 여지를 남기고 있다. 즉, 이 방법의 결점은 적절한 검증력을 갖기 위해서는 아주 많은 수의 연구(표본)들이 필요하다는 점이다. 그럼에도 불구하고 이 방법은 타당도 일반화를 추정하는 가치 있는 도구로 평가받고 있으며 몇몇 검사에서 널리 쓰이고 있다.

62 | 2006학년도

체력 검사에서 상체(팔과 어깨 부위)의 근지구력을 측정할 때, 남학생(턱걸이)과 여학생(오래 매달리기)의 검사 항목이 다른 이유를 2줄 이내로 설명하시오.

____

____

[정답] 턱걸이는 강한 상완근지구력을 요한다. 여학생들은 대부분 하나도 못하여 변별력이 낮다. 따라서 성별의 차이를 고려한 종목을 선정하여 타당도를 높여야한다.

63 | 2007학년도

다음은 핸드볼 스탠딩 슛의 정확성을 평가하는 모습이다(단, 공과 목표물의 크기, 평가 횟수는 동일함).

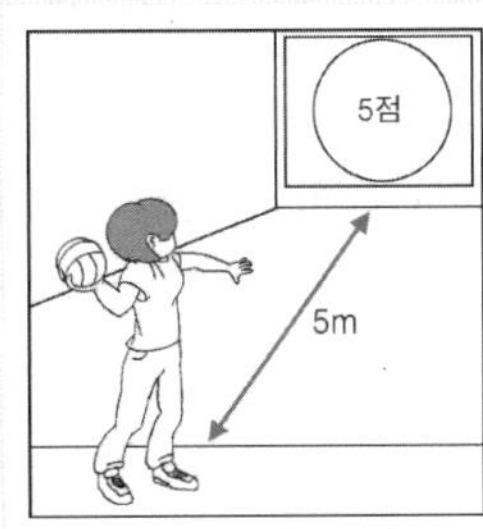

<그림 1> 손 교사의 평가 도구

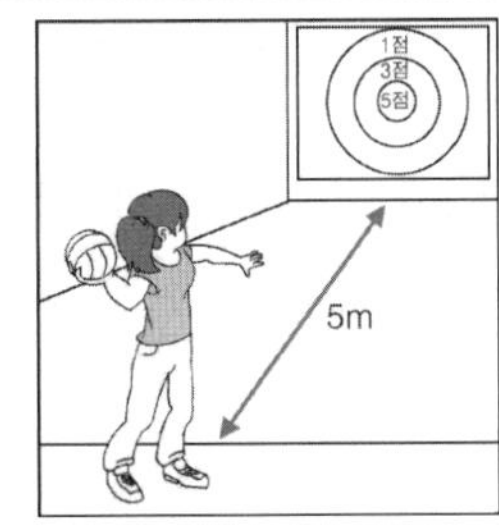

<그림 2> 유 교사의 평가 도구

손 교사와 유 교사가 사용한 평가 도구(목표물)의 차이점을 1줄로 쓰고, 손 교사의 평가 도구와 비교하여 유 교사가 사용한 평가 도구의 장점과 이 장점을 가장 잘 설명하는 평가 도구의 양호도 명칭을 쓰시오.

• 두 평가 도구(목표물)의 차이점: ____________________
• 유 교사가 사용한 평가 도구의 장점: ____________________
• 양호도 명칭: ____________________

[정답] • 차이점: 손 교사는 하나의 점수로 평가하나 유 교사는 여러 평가점수로 변별할 수 있다.
• 장점: 유교사의 평가도구는 목표물의 점수가 세분화되어 있어 슈팅의 정확성을 보다 타당하게 평가할 수 있다.
• 양호도 명칭: 타당도(변별도 정답으로 인정해 줬음)

[해설] 손 교사가 사용한 평가 도구는 하나의 점수로만 되어있어 슈팅의 정확도를 확인하기 어렵다. 그러나 유 교사의 측정도구는 목표점수가 세분되어 슈팅의 정확도를 확인할 수 있어 핸드볼 스탠딩 슛의 정확성을 평가하는 목적이라면 유 교사의 측정도구가 바람직하다.

제 5 장 준거지향검사의 타당도와 신뢰도(이기봉)

핵심어

규준지향검사, 준거지향검사, 준거 행동, 영역관련타당도, 결정타당도, 분류정확확률, 기준점수, 준거검사 방법, 준거 집단 방법, 경계 집단 방법, 합치도 계수, 카파 계수, 자의성, 분류오류

문제

1. 체육 현장에서 사용되는 수행평가가 준거지향검사와 유사한 점을 설명하시오.
2. 규준지향검사의 논리타당도와 유사한 것으로 준거지향검사가 준거 행동을 대표할 수 있도록 구성되어 있는 정도를 의미하는 타당도는?
3. 준거지향검사의 타당도 중 준거집단을 이용하여 결정타당도를 산출하는 방법에 대해 예를 들어 설명하시오.
4. 준거지향검사의 신뢰도 지수인 합치도 계수가 결정타당도 계수와 다른 점이 무엇인지 설명하시오.
5. 준거지향검사의 가장 큰 문제점 두 가지를 설명하시오.

준거(準據 =표준1(標準)(1. 사물의 정도나 성격 따위를 알기 위한 근거나 기준).
準 준할 준, 콧마루 절 1. 준하다(準--: 어떤 본보기에 비추어 그대로 좇다) 2. 의거하다(依據--), 본보기로 삼다 3. 본받다, 표준(標準), 기준(基準), 규격(規格)
據 근거 거 1. 근거(根據) 2. 근원(根源) 3. 증거(證據)

(1) 검사는 성취수준의 평가, 상태의 진단, 선발과 배치 등 다양한 목적을 위해 사용된다는 것은 이미 앞에서 설명하였다. 검사는 사용 목적에 따라 규준지향검사(NRT; Norm-Referenced Test)와 준거지향검사(CRT; Criterion-referenced Test)로 구분되기도 하다.
   ① 전자는 상대평가로 알려져 있는 것으로 규준(norm)에 비추어 피험자의 상대적 서열을 파악하는 데 관심을 두는 검사이며,
   ② 후자는 절대평가로 알려져 있으며 피험자가 측정하고자 하는 특성을 얼마나 알고 있는지 또는 얼마나 할 수 있는지를 평가하는 데 관심을 둔다.
   예 예를 들면, 어떤 중학교 3학년 여학생의 체지방률이 33%라면, 이 검사 점수는 무엇을 의미하는가?
(2) 이 검사 점수는 규준지향과 준거지향의 관점에서 각각 해석될 수 있다.
   ① 먼저, 이 학생의 체지방률이 그 반에서 90백분위(percentile)에 해당하는 점수라면 즉, 규준지향의 관점으로 본다면 이 학생은 그 반에서 매우 비만한 편에 속한다고 할 수 있다.

② 반면, 건강과 관련하여 위험한 체지방률 수준이 30% 이상이라고 사전에 설정되어 있다면, 이 학생은 건강에 비추어 볼 때 체지방률이 위험한 수준에 있다고 판단할 수 있다.

③ 즉, 준거지향의 관점에서 이 여학생의 비만 정도는 '건강에 위험이 있다'고 평가될 수 있다.

(3) 미국에서는 이미 1980년대부터 준거지향검사에 관심을 두고 청소년들의 건강과 체력상을 위한 체력검사들을 개발하여 적용하고 있다. 국내에서는 아직까지도 선발적 교육관에 기초를 두고 있는 규준지향검사에 의존하여 검사를 실시하는 경향이 많다. 하지만, 현대 사회에서는 생활체육이 강조되고 개인의 건강에 관심이 급증하면서 '나는 다른 사람보다 더 건강한가?'라는 규준지향의 관점보다는 '나의 건강은 안전한 수준인가?'라는 준거지향의 관점이 강조되고 있다.

(4) 체육 분야에서 건강과 관련하여 가장 먼저 준거지향의 관점에 갖은 것은 체력 검사이다.

① 1980년대 중반부터 개발되어 1999년까지 세 번에 걸쳐 내용을 수정·보완하면서 청소년들의 건강에 필요한 체력검사와 체력 향상 프로그램을 지시하고 있는 FITNESSGRAM(Institute for Aerobic Research)은 대표적인 준거지향검사이다.

② 아쉽게도 국내에서는 준거지향검사에 기초를 둔 체력검사의 개발이 미진한 실정이다. 하지만, 최근 학교에서는 수업이나 교육 프로그램을 받은 후에 대부분의 학생들이 목표를 달성할 수 있도록 지도하는 숙달 학습(mastery learning)의 개념이 강조되고 있다. 이러한 숙달 학습이 학교 체육 분야에서 강조되어 준거지향검사의 중요성이 더욱 대두되고 있는 실정이다.

(5) 준거지향검사는 교육목표나 건강과 같은 절대적인 준거에 비추어 피험자를 평가하기 때문에 신뢰도보다 타당도가 더 중요하게 여겨진다.

① 또한, 준거지향검사는 설정된 기준에 따라 합격/불합격과 같이 이분법적으로 피험자를 구분하기 때문에 평가 기준을 작성하는 과정이 매우 중요하다.

② 준거지향검사의 평가 기준을 설정하는 방법은 학자에 따라 다양한데 기준을 설정할 때 평가자의 주관적 판단이 개입되는 것이 불가피하여 자의성을 갖게 되고, 이에 따라 피험자를 잘못 분류하는 문제점이 발생한다.

(6) 본 장에서는 준거지향검사의 타당도와 신뢰도를 추정하는 방법을 살펴본다.

1 타당도

1. 영역관련타당도

(1) 준거지향검사는 준거 행동(criterion behavior)에 기초하여 운동수행력을 측정하는 검사라 할 수 있다.

① 준거 행동이란 검사에서 관심 사항이 되는 목표를 의미하며, 준거지향검사에서는 먼저 준거 행동이 정의되어야 한다.

② 예를 들면, 건강관련 체력검사에서 준거 행동은 '건강의 위험에서 벗어날 수 있는 최소 수준'이라 할 수 있다.

③ 이러한 준거 행동의 각 구성 요소가 준거지향검사의 구성 항목에 제대로 포함되어 있다면, 이 검사는 영역관련타당도(domain referenced validity)가 확보된 것이라 할 수 있다.

(2) 즉, 영역관련타당도에서 영역(domain)이란 바로 이러한 준거 행동을 의미하며, 검사에 포함된 항목들이 준거 행동을 대표할 수 있는 항목들로 구성되도록 준거지향검사를 구성해야 할 것이다.

① 예를 들면, 건강이라는 준거 행동을 설정해 놓고, 체지방률을 추정하기 위해 피부두겹 검사를 할 때 어떤 부위를 측정해야 할까?

② 피부두겹을 측정할 수 있는 인체의 모든 부위 중에서 지방이 많아지면 건강에 위험을 알릴 수 있는 이론적으로 가장 적절한 부위를 선정해야 한다.

③ 만약, 이 검사가 적절하게 부위를 선택하였다면 영역관련 타당도가 확보되었다고 판단할 수 있다.

④ 따라서, 영역관련타당도는 준거 행동 즉, 영역에 대한 정의가 매우 중요하며, 통계적인 방법으로 타당도를 추정하는 것처럼 인위적인 과정은 아니지만 매우 체계적이고 논리적인 과정이라 할 수 있다.

64 | 2012학년도

36. 〈보기〉의 대화 내용에 비추어 보고서에 나타난 두 학생의 '(가) 훌륭한 스포츠 행동'에 관한 기록이 서로 다른 이유로 옳은 것은?

모둠 활동 보고서

〈모둠명: 스마트〉 모둠장: 홍○○

모둠 활동 내용

'울트라 모둠'과 '2PM짱 모둠'이 농구 경기를 하는데 기록을 포함한 모든 운영을 우리 모둠에서 맡음.

〈창환이의 기록지〉

이름	득점	반칙	(가) 훌륭한 스포츠 행동
은정	2	0	3회
정남	0	1	1회
혜리	1	0	3회
은혜	0	1	2회

〈재홍이의 기록지〉

이름	득점	반칙	(가) 훌륭한 스포츠 행동
은정	2	0	1회
정남	0	1	1회
혜리	1	0	0회
은혜	0	1	1회

〈보 기〉

창환: 재홍아! 네가 기록한 '훌륭한 스포츠 행동'의 횟수가 나랑 완전히 다르네! 난 정확하게 기록했는데 왜 이럴까?

재홍: 넌 '훌륭한 스포츠 행동'이 뭐라고 생각하니?

창환: 우리 팀, 상대 팀 할 것 없이 모든 선수들을 격려하고 배려하는 행동으로 보고, 그때마다 기록했어.

재홍: 난 경기 중에 넘어진 상대 선수를 일으켜 세워 주는 것과 같이 상대 팀에게 스포츠맨십을 발휘하는 행동으로 봤는데....

① 두 학생이 변인을 질적으로 기록하고 있기 때문이다.
② 두 학생이 서로 다른 리커트 척도를 사용하고 있기 때문이다.
③ 두 학생이 변인을 서로 다르게 정의하고 있기 때문이다.
④ 두 학생이 서로 다른 측정 척도를 사용하고 있기 때문이다.
⑤ 두 학생 간 높은 객관도 수준에서 변인을 기록하고 있기 때문이다.

[정답] ③

[해설] 대화내용은 조작적 정의와 관련된 내용이다. 즉, 훌륭한 스포츠 행동의 정의와 관련된 대화내용이다. 따라서 ③이다. 준거지향검사의 영역관련 타당도에서도 준거 행동에 관한 정의가 되어야 한다.

조작적 정의[operational definition]: 어떤 개념을 과학적으로 정의하는 방식이다. 물리학자 P. W. Bridgman이 1927년에 『현대물리학의 논리』에서 처음으로 사용하였다. 과학적 지식은 관찰할 수 있는 반복적 조작에 의해 객관화되며, 의미도 구체적 사태의 조작에 의해 드러난다고 본다. 그리하여 조작적 정의는 관찰할 수 없는 것을 관찰 가능하도록 한 개념이 관찰되는 사태를 정의의 한 부분으로 포함시키는 정의이다. 예컨대, 온도를 '수은주에 나타난 눈금'으로 정의하는 것은 조작적 정의다. 온도는 육안으로 볼 수 없으나, 조작적으로 정의된 온도개념에 의하면, 누구든지 온도계의 눈금을 보면 오늘 온도가 몇 도인지를 알 수 있다. 그리고 실험과 같은 양적 연구에서 연구가설을 세우거나 실험을 시작할 때 연구목적에 맞게 용어를 정의하는 것도 일종의 조작적 정의이다. 조작적 정의는 자연과학뿐만 아니라 인간과 사회의 개념에도 적용될 수 있다. 가령 행동주의 심리학에서 인간행동을 '자극에 대한 반응'으로 보는 것이라든지, 교육을 '인간행동의 계획적 변화'라고 규정하는 것이 대표적이다. (교육평가용어사전, 2004. 5. 31., 한국교육평가학회)

①과 ② 관련 내용이 2019년도 출제되었다.

변인의 분류에서 속성에 따른 분류: 질적 변인과 양적 변인

(1) 질적 변인(qualitative variable): 분류를 위하여 용어로 정의되는 변인
- 비서열 질적변수(성별, 인종)
- 서열 질적변수(학력, 사회경제적지위)

(2) 양적 변인(quantitative variable): 양의 크기를 나타내기 위하여 수량으로 표시되는 변인
- 연속 변인(continuous variable): 주어진 범위 내에서 어떤 값(소수점 이하)도 가질 수 있는 변인
  예 체중, 키, 100m 달리기 기록
- 비연속 변인(uncontinuous variable): 특정 수치만을 갖는 변인
  예 윗몸일으키기 기록, IQ 점수, 자동차 수, 휴가 일수 등

2. 결정타당도 19 기출

(1) 준거지향검사는 영역관련타당도 즉, 검사가 준거 행동을 대표하는 정도가 중요하지만, 실제로는 피험자를 완수자(master)와 미수자(nonmaster)로 구분하는데 더 큰 관심을 갖게 된다.

(2) 준거지향검사에서 피험자를 구분하기 위해서는 기준이 설정되어야 한다.
  ① 따라서, 준거지향검사에서는 어떻게 기준이 설정되는가에 따라 피험자를 정확하게 분류한 비율이 결정될 것이다.
  ② 이렇게 피험자를 정확하게 분류한 비율과 관련된 것이 결정타당도로 준거지향검사에서 분류의 정확성을 의미한다.
  ③ 만약 사용한 준거지향검사가 학생들을 정확하게 분류하지 못한다면 이 검사는 결정타당도가 낮은 것이다.

(3) 기준을 설정하는 방법은 판단적 접근과 경험적 접근으로 크게 구분하지만 두 가지 방법을 혼용하되 어느 한 가지 방법에 전적으로 의존하는 것은 바람직하지 않다.

(4) Berk는 기준 설정 방법을 판단적(judgmental), 판단-경험적(judgmental-empirical), 경험-판단적(empirical-judgmental) 방법으로 구분하였다.
  ① **판단적 방법**은 **전문가 집단의 경험과 판단을 기초로 준거 행동과 관련하여 기준을 설정하는 방법**으로 설정된 기준의 자의성이 문제가 된다.
  ② 판단-경험적 방법은 전문가의 판단에 주로 의존하되 경험 자료를 참고하는 방법이며, 경험-판단적 방법은 주로 경험 자료에 의존하되 전문가의 판단을 참고하는 방법이다.

③ 경험적 방법으로 결정타당도를 추정하기 위해서는 [그림 5-1]과 같은 유관표(contingency table)를 사용하게 된다. [그림 5-1]에서 상단의 참상태(true state)는 피험자의 실제 상태를 의미하며, 피험자의 실제 상태를 오류 없이 분류할 것으로 가정된다.

ⓐ 좌측의 예측상태(predicted state)는 검사를 통하여 피험자를 분류한 것으로 분류오류가 있음이 인정된다.

ⓑ [그림 5-1]의 유관표에서 진완수자와 진미수자의 비율이 높을수록 결정타당도가 높다고 할 수 있다.

ⓒ 그러나, 이 방법은 피험자의 참상태를 정확하게 분류하기 어렵다는 문제점이 있다.

		참상태	
		완수(mastery)	미완수(nonmastery)
예측상태	완수 (mastery)	진완수자 (true mastery)	오완수자 (false mastery)
	미완수 (nonmastery)	오미수자 (false nonmastery)	진미수자 (true nonmastery)

[그림 5-1] 결정타당도 추정을 위해 작성된 유관표

(5) 피험자의 참상태를 분류하는 방법에는 준거 검사를 활용하는 방법, 준거 집단을 활용하는 방법, 경계집단을 활용하는 방법이 있다.

① 준거 검사를 활용하는 방법은 측정하고자 하는 속성을 완벽하게 측정할 수 있는 준거 검사에 의해 피험자를 분류하는 방법이다.

② 준거 집단을 활용하는 방법은 두 개의 준거 집단을 선정하여 두 집단의 점수분포의 교차점을 기준으로 피험자를 구분하는 방법이다. 예를 들어 학습 전의 집단을 미수자 집단으로 구분하고, 학습 후의 집단을 완수자 집단으로 구분하여 두 집단의 점수 분포에서 교차점을 기준으로 설정할 수 있다.

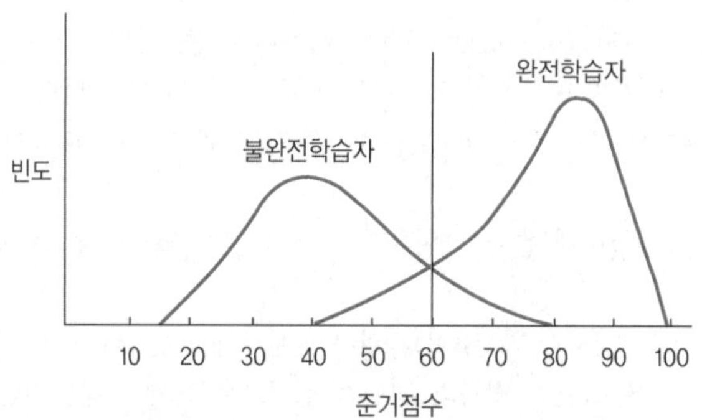

[그림 5-2] 두 집단 비교에 의한 준거점수 설정방법

③ 경계집단을 활용하는 방법은 평가자가 피험자를 주관적으로 두 집단으로 구분하게 했을 때 완수자나 미수자로 분류되지 않는 피험자를 경계 집단으로 구분하고 경계 집단의 중앙값을 기준으로 피험자를 분류하는 것이다.

> 중앙값: 측정된 자료를 크기 순서대로 나열했을 때, 중간에 해당하는 값을 중앙값(Median)이라 하고, Mdn으로 표기한다.
>
> 홀수일 경우 중앙값 : 자료를 서열에 따라 늘어놓았을 때, $\frac{n+1}{2}$ 번째 값이 되지만
>
> 짝수일 경우 중앙값 : $\frac{n}{2}$ 번째 점수와 $\frac{n}{2}$+1번째 점수의 평균이 중앙값이 된다.

㉠ Mills에 의한 경계선 방법: 60점 미만이면 불완전학습자, 80점 이상이면 완전학습자로 분류한다. 60점 이상과 80점 미만의 피험자들은 어느 집단으로도 분류할 수 없으므로 60점 이상과 80점 미만 사이에 있는 피험자들의 점수를 나열한 후 그 가운데 있는 피험자의 점수를 준거로 설정한다. Mills의 경계선 방법은 두 집단으로 구분하여 나타나는 분포의 영향을 받지 않으나 불완전학습자로 분류하는 최고점수와 완전학습자로 분류하는 최저점수에 의하여 준거점수가 변화될 수 있다는 단점을 지닌다.(아래 그림 참고)

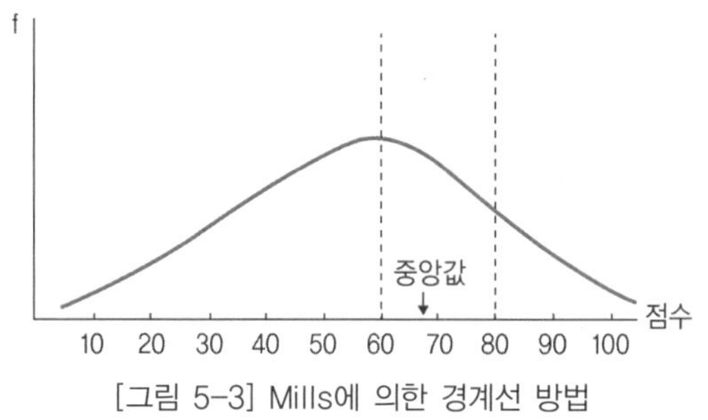

[그림 5-3] Mills에 의한 경계선 방법

(6) 준거 검사와 준거집단을 활용하는 방법의 예를 들면 다음과 같다.

① 비만의 준거 검사로 알려져 있는 체지방률 검사를 통해서 비만 집단과 정상 집단을 구분하고, 현장에서 간단하게 사용할 수 있는 복부둘레검사를 실시하여 얻은 결과를 그래프로 나타내면 [그림 5-4]와 같은 점수 분포 곡선을 얻게 된다.

② 두 개의 점수 분포 곡선이 교차하는 점을 기준으로 결정하고, 비만 상태를 예측하는 복부둘레검사의 준거지향기준으로 이용한다.

③ 만약, [그림 5-4]에서 점수 분포 곡선의 교차점이 100cm라면, 복부 둘레 검사를 실시하여 100cm를 초과하면 비만, 100cm 이하는 정상으로 판정한다.

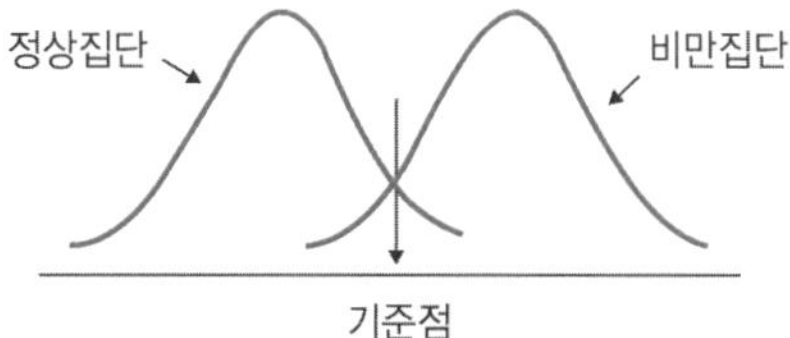

[그림 5-4] 경험적 방법에 의한 비만 검사의 준거지향기준 설정

④ 만약, 준거 검사인 체지방률 검사와 결정 검사인 복부둘레 검사에 의해 피험자들이 [그림 5-5]와 같이 분류되었다면 타당도는 어떻게 계산할 수 있을까?

		준거검사	
		비만	정상
결정검사	비만	80명(42%)	20명(11%)
	정상	15명(8%)	75명(39%)

[그림 5-5] 비만 검사의 유관표

⑤ 준거 검사와 준거 집단을 활용하여 기준을 설정할 경우에 결정타당도는 [그림 5-1]에서 진완수자와 진미수자의 비율을 합한 분류정확확률 값이 된다. [그림 5-5]에서 준거 검사와 결정 검사에서 모두 비만으로 나타난 피험자는 42%이며, 모두 정상으로 나타난 피험자는 39%이므로, 분류정확확률은 81%이고 결정타당도는 0.81이 된다.

(7) 준거지향검사를 제작할 때 분류정확확률을 높이려면 [그림 5-1]에서 진완수자와 진미수자의 비율이 많아지도록 기준점을 설정해야 할 것이다. 피험자가 유관표의 두 셀에 무선적으로 분류될 확률은 0.5(2/4)가 되므로 분류정확확률이 0.50이라는 것은 '타당도가 전혀 없다'라는 의미로 해석되며, 결정타당도 계수는 0.50 ~ 1.0의 범위만의 의미 있는 계수로 해석된다.

(8) 분류정확확률 외에도 결정타당도 계수와 관련된 지수로는 분류오류확률이 있다. 분류오류확률은 [그림 5-1]에서 오완수자와 오미수자의 비율을 합한 값으로, 이 값이 작아야 결정타당도가 높다고 할 수 있다.

8. 다음은 농구 자유투 검사 기준 설정에 대한 두 교사의 대화 내용이다. 괄호 안의 ㉠에 해당하는 용어와 ㉡에 해당하는 수치를 순서대로 쓰시오. [2점]

이 교사: 이번 농구 종목의 수행평가는 학생의 성취기준 도달 여부로 판단하는 (㉠) 평가를 하기로 했습니다. 자유투 10회 시도 시 몇 회 성공을 합격 기준으로 판단하는 것이 타당할까요?

강 교사: (㉠) 평가 합격 기준을 설정하는 방법이 있습니다.
우선 농구 교육을 미수료한 학생 20명과 수료한 학생 20명을 대상으로 자유투를 10회씩 실시하여 다음 표와 그림을 작성합니다.

농구 자유투 성공 수(회)	농구 교육 미수료 학생(명)	농구 교육 수료 학생(명)
0	1	0
1	3	0
2	5	0
3	6	1
4	3	1
5	1	3
6	1	6
7	0	4
8	0	3
9	0	1
10	0	1

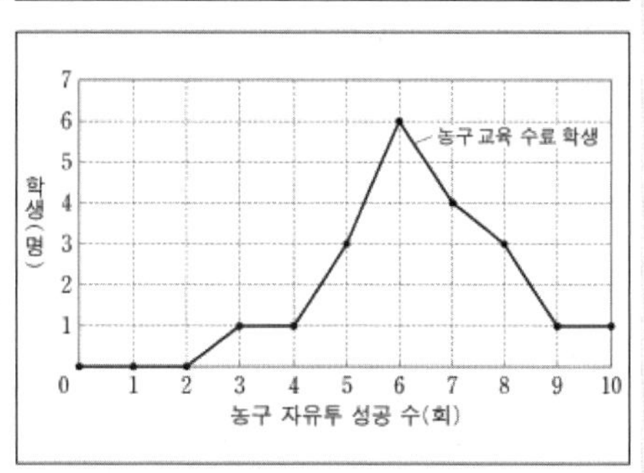

농구 교육 미수료 학생 빈도 분포 곡선까지 완성되면, 수료한 학생 빈도 분포 곡선과 교차하는 지점에서 가까운 자유투 성공 수를 (㉠) 평가 기준으로 가정하고 유관표들을 작성합니다. 이들 중에서 분류정확확률이 상대적으로 가장 높게 나온 자유투 성공 수가 타당한 (㉠) 평가 기준이 되는 것입니다.

이 교사: 분류정확확률을 계산해 보니, 자유투를 10회 시도 할 때 (㉡)회 이상 성공하면 합격으로 판단하는 것이 좋겠습니다.

[정답] ㉠ 준거 [1점] ㉡ 5 [1점]

[해설] 4점과 5점 사이가 학생 빈도가 교차하기 때문에 4점일 때와 5점일 때의 유관표를 작성한다.

4점일 때

	수료	미수료	
합격	A 19	B 5	$P = \frac{19+15}{40} = 0.85$
불합격	C 1	D 15	$N = 19+5+1+15$

5점일 때

	수료	미수료	
합격	A 18	B 2	$P = \frac{18+18}{40} = 0.9$
불합격	C 2	D 18	$N = 18+2+2+18$

3. 준거지향기준 설정방법

(1) **판단적 방법(judgemental approach)**: 판단적 방법은 전문가 집단이 경험과 판단을 기초로 하여 최소한으로 받아들일 수 있는 기준을 설정하는 방법이다. 따라서 이 방법은 건강, 운동관련 체력검사에 대한 준거지향기준(CRS)을 설정하기 위해 일차적으로 사용된 하나의 방법이기는 하지만 지극히 임의적이며 타당성이 결여된 방법이다.

(2) **규준적 방법(normative approach)**: 규준적 방법은 기준점을 설정하기 위해 다른 정보와 함께 규준자료를 사용하는 것이다. 따라서 이 방법은 검사점수와 건강수준 혹은 운동수행능력을 서로 연결시킬 수 있는 과학적 근거 자료가 없을 경우 준거지향기준의 기본적 철학에 위배됨에도 불구하고 특정검사의 준거지향기준을 설정할 때 사용해왔다. 그러나 이 방법은 건강수준 혹은 운동수행능력과 관련된 경험적 증거가 없기 때문에 설정된 기준 역시 지극히 임의적인 것에 불과하다.

(3) **경험적 방법(empirical approach)**: 경험적 방법은 경험적으로 수집된 자료를 근거로 하여 기준을 설정하는 방법이다. 그러나 이 방법은 준거측정치의 수집이 가능하고 기준점이 어느 정도가 되어야 한다는 것을 나타내 줄 수 있는 경험적 자료의 수집이 가능한 경우에만 적용할 수 있다. 따라서 이 방법은 어느 방법보다도 임의성이 가장 적은 것으로 평가되고 있으나 기준점을 결정하기 위해서는 준거(예 VO_{2max})와 검사(예 1마일 달리기) 간의 상관이 상대적으로 높아야 한다는 것이다. 이처럼 수집된 자료에 의해 준거지향기준을 설정하는 방법은 다음의 두 가지 통계적 기법을 이용할 수 있다.

① 첫 번째의 기법은 진짜 준거기준(true criterion standard)이 알려져 있는 경우에 해당되며, 이 기법을 사용하기 위해서는 준거검사(예 VO_{2max})와 결정검사(예 1마일 달리기)를 실시해야 한다. 그리고 여기에서의 준거기준은 다양한 방법에 의해 유도될 수 있다. 그러나 이 기법은 유연성과 근력, 지구력검사에 대해서는 적용하기가 어려운 단점을 가지고 있다. 왜냐하면 결정검사와 상관이 높은 준거검사를 찾기가 어렵기 때문이다. 따라서 이러한 검사에 대해서는 두 번째 기법을 사용하는 것이 효과적이다.

② 두 번째 기법은 두 개의 대조적인 집단으로부터 얻은 점수를 이용하여 기준을 설정하는 방법이다.

㉠ 여기에는 준거집단모형(피험자를 학습여부에 따라 학습집단과 미학습집단으로 구분, Berk, 1976), 대비집단모형(평가자의 판단에 의해 피험자를 성취와 미성취로 구분, Livingston, 1977)이 있으며, 예를 들어 어떤 특성의 학습 혹은 훈련여부에 의해 학습집단과 비학습집단으로 구분하고 두 집단의 점수분포를 도식화한 후 두 집단분포가 서로 교차되는 점수를 준거기준으로 설정하는 것이다.

㉡ 두 집단의 점수분포를 도식화하는 배경에는 피험자를 성취와 미성취로 분류할 때 그 정확성의 정도를 학습집단과 비학습집단의 검사점수 분포 간의 중복량과 함수관계가 있다는 전제에 근거하고 있다.

㉢ 이때 두 집단의 점수분포가 완전히 중복된다거나 혹은 전혀 중복되지 않는다면 그 검사는 분명한 기준점을 갖지 못하기 때문에 성취/미성취 분류를 위해 활용할 가치가 없는 검사로 평가할 수 있다. 이 기법을 이용하려면 적어도 각 집단별 피험자의 수가 100명 이상을 요구한다.

(4) 혼합방법(mixed approach): 혼합방법은 준거설정이 불가능한 상황에서 전문가의 판단자료와 경험적 자료를 함께 사용하는 기준설정방법이다. 이 방법은 건강/운동관련 체력검사에 대한 준거지향기준(CRS)을 설정하기 위한 가장 보편적인 방법이라고는 할 수 있으나 선정기준에 있어서 다소의 임의성을 배제할 수 없기 때문에 앞으로 많은 연구가 있어야 한다.

10. 다음은 윤교사의 왕복오래달리기 검사에 관한 분석 보고서이다. 〈작성 방법〉에 따라 순서대로 서술하시오. [4점]

[분석 보고서]

'왕복오래달리기 검사의 공인 타당도와 준거지향 기준의 신뢰도를 중심으로'

분석2	• 왕복오래달리기 검사의 준거지향 기준 설정 방법에 따른 심폐지구력능력 분류의 일치도(합치도) 비교
해석	• 일치도 비교 결과 (㉢)방법이 (㉣)방법보다 일치도가 높은 것으로 나타남.

〈판단적 방법의 기준에 의한 분류〉

2차 검사 \ 1차 검사	우수	미흡
우수	6명	4명
미흡	5명	5명

〈경험적 방법의 기준에 의한 분류〉

2차 검사 \ 1차 검사	우수	미흡
우수	6명	3명
미흡	4명	7명

※ 준거지향 기준이 학생들의 심폐지구력 능력을 일관성 있게 분류하는지 확인하기 위해 20명의 학생을 대상으로 왕복오래달리기 검사를 2회 반복 측정하였음.

〈작성 방법〉

ㅇ 괄호 안의 ㉢, ㉣에 해당하는 명칭을 순서대로 쓰고, ㉣방법의 준거지향 기준 설정 방법에 대해 서술하시오.

[정답] ㉢ 경험적 ㉣ 판단적 [1점]
판단적 방법은 전문가 집단의 경험과 판단을 기초로 기준을 설정한다. [1점]

4. 준거지향기준 타당도의 검증절차

(1) 준거지향검사의 설정된 기준점의 타당도 결정은
① 첫째, 성취여부(mastery)와 학습여부(instructed) 간의 관계를 기술한 파이(phi: Φ) 계수산출,
② 둘째, 정확한 분류결정을 내린 최대확률(C) 산출,
③ 셋째, 실용도 분석 등 세 가지의 방법이 이용된다.

(2) 실용도 분석에서는 기준점의 타당도를 결정하기 위해 감마계수(gamma: γ)라고 불리우는 다음의 세 가지 상이한 비교를 할 수 있다.
① 즉 첫째, 학습하지 않은 사람이 성취자로 분류되는 것이 바람직하지 않은 경우(γ^a),
② 둘째, 학습한 사람이 미성취자로 분류되는 것이 바람직하지 않은 경우(γ^b)
③ 셋째, 개개인을 성취자와 학습자로 분류할 기회를 극대화하는 것이 바람직한 경우 등의 유형으로 구분한다(Berk, Safrit).

(3) 각각의 감마계수를 계산할 때에는 정확한 결정과 부정확한 분류유형의 상대적 중요성에 따라 상이한 가중치를 부과할 수 있다. 다시 말해서 모든 감마계수를 계산할 때에는 동일한 가중치를 부과하기보다는 분류유형에 따라 상대적 가중치를 부과하는 것이 좋다. 따라서 연구자가 부정확한 분류를 정확한 분류보다 어느 정도 심각하게 보느냐에 따라 가중치를 다르게 부여한다.

가중치의 부과(예)

잘못 판단하여 실패(미성취)에 분류된 경우 -1 잘못 판단하여 성공(성취)에 분류된 경우 -2 정확하게 성공(성취)에 분류된 경우 +2 정확하게 실패(미성취)에 분류된 경우 +1

(4) 이러한 가중치 부여방법은 피험자를 잘못 판단하여 성취에 분류하는 경우와 정확하게 성취에 분류하는 경우를 가장 심각하게 간주하는 방법이다. 파이계수는 상관계수와 동일하게 해석하되 Safrit(1986)는 바람직한 타당도(C계수)의 경우 .60 이상이어야 하고, Berk(1976)는 감마계수가 높은 +값을 보일 때 최상이라고 하였다.

(5) 준거지향검사의 준거지향기준(CRS) 설정과 설정된 준거지향기준의 타당도를 결정하는 방법은 앞에서 언급한 바와 같이 진짜 준거기준을 이용하여 기준을 설정하는 방법과 두 개의 대조적 집단(학습집단과 비학습집단)으로부터 얻은 점수를 이용하여 기준을 설정하는 방법이 있다.

① 그러나 어느 방법을 적용하든 첫째, 준거검사와 결정검사를 동일한 피험자 집단에 실시해야 한다. 그리고 준거검사에서 기준 이상과 기준 이하의 점수(예 VO_2 max 35)를 받은 두 집단을 분류하여 그들이 받은 결정검사를 점수분포를 도식화한 다음 두 점수 분포가 서로 교차하는 검사점수를 기준으로 설정한다. 여기에서 최적을 CRS를 설정하기 위해서는 두 집단의 점수분포가 교차하는 점수와 이에 인접한 점수들을 가능한 분포 기준점으로 선정하는 것이 효과적이다. [그림 5-6]의 자료를 예로 들면 결정검사의 분류기준점은 4, 5, 6으로 설정할 수 있다.

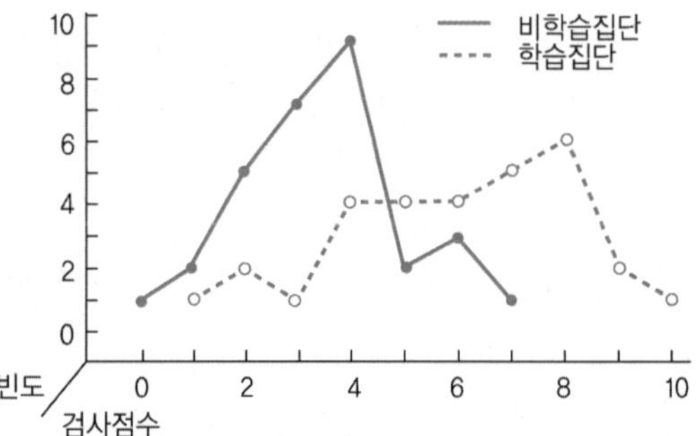

[그림 5-6] 학습집단과 비학습집단의 점수분포

② 둘째, 각 점수별로 진짜 성취자, 진짜 미성취자, 잘못 판단된 성취자, 잘못 판단된 미성취자의 확률을 계산한다. 셋째, 각 분류기준 점수별로 얻은 유관표로부터 파이계수, 정확한 분류결정을 위한 최대확률, 실용도를 산출하여 상호 비교함으로써 정확한 결정을 극대화하고 부정확한 결정을 극소화하는 점수를 분류기준점수로 설정한다. 〈표 5-1〉을 예를 들어 계산해보면 다음과 같다.

〈표 5-1〉 1차 분류 기준점에 대한 유관표

		준거검사 성취			준거검사 미성취		
결정검사	성취	u_1	A (9) .45	a b	d_2	B (4) .20	(13)
결정검사	미성취	d_1	C (3) .15		u_2	D (4) .20	(7)
			(12)			(8)	(20)

여기에서

a = 피험자 수

b = 피험자 비율

A = 진짜 성취자(true masters: TM)

B = 잘못 판단된 성취자(false masters: FM)

C = 잘못 판단된 미성취자(false nonmasters: FN)

D = 진짜 미성취자(true nonmasters: TN)

u_1, u_2, d_1, d_2 = 실용성 분석에 사용될 계수

$$\Phi = \frac{AD - BC}{\sqrt{(A+B)(C+D)(A+C)(B+D)}} = \frac{(9)(4)-(3)(4)}{\sqrt{(13)(7)(12)(8)}} = .257$$

$$C = P(TM) + (TN) = .45 + .25 = .65$$

[실용도분석]

비실용도 (D) = $P(FN)d_1 + P(FN)d_2$

= [(.15)(−1)] + [(.20)(−2)] = −.55

실용도 (U) = $P(TM)u_1 + P(TN)u_2$

= [(.45)(2)] + [(.20)(1)] = 1.10

최대실용도 (γ) = (D+U)N

= (−.55 + 1.10)×20 = 13

여기에서 d_1=−1, d_2=2, u_2=1

〈표 5-2〉 타당도 검증결과의 요약

기준점	계수				
	C	Φ	D	U	γ
4	.65	.257	−.55	1.10	13
5	.80	.583	−.30	1.30	20
6	.90	.792	−.15	1.45	26

여기에서

Φ = 준거검사와 결정검사 간의 관계(상관계수와 동일하게 해석)

C = 정확한 분류결정을 내린 최대확률(.60 이상)

D = 비실용도(예측유해도): 잘못 판단 중 어느 쪽이 심각한가에 의해 결정
U = 실용도(예측유용도): 정확한 판단 중 어느 쪽이 유용한가에 의해 결정
γ = 최대 실용도: 검사의 실용적 가치(높은 +값을 보일 때 최상

[해석]

(1) 준거지향기준(criterion-referenced standard) 설정은 준거검사와 결정검사의 점수분포가 교차하는 지점에서 결정하는 것이 일반적이다. 그러므로 4점과 5점 중에서 기준이 설정되어야 한다.

(2) 그러나 표 5.13과 같이 이들의 기준점수별 정확한 분류결정 최대확률(C)을 보면 4점은 .65, 5점은 .80, 6점은 .90으로서 기준점수가 클수록 C값이 증가하고 있기 때문에 여기에서는 .90을 나타낸 검사점수 6점을 기준점수로 결정한다.

(3) 또한 Safrit(1986)에 의하면 C계수가 .60 이상이어야 하고, Berk(1976)에 의하면 계수가 높은 +값을 보일 때 최상이라고 제안한 것을 근거로 하여 볼 때 이 자료에서의 분류기준점수 6점은 비교적 타당한 점수라고 할 수 있다.

2 신뢰도

(1) 준거지향검사에서 신뢰도는 분류의 일관성(consistency of classification)으로 정의된다.
  ① 즉, 준거지향검사를 두 번 반복하여 실시했을 때 처음 검사에서 완수자로 분류된 피험자가 두 번째 실시한 검사에서도 다시 완수자로 분류된다면 신뢰도가 높은 것이라 할 수 있다.
  ② 따라서, 준거지향검사에서 신뢰도를 추정하기 위해서는 먼저 준거지향검사를 일정 기간에 걸쳐 두 번 실시하고, 1차 검사에서 완수 또는 미수로의 분류가 2차 검사에서도 동일하게 분류되는가를 확인해야 한다.

(2) 준거지향검사에서 신뢰도를 추정하는 방법 중 경계손실 일치도계수(threshold loss agreement indices)는 분류의 일관성을 결정하는 데 적절한 방법이라 할 수 있다.
  ① 경계손실 일치도계수는 기준점수로부터 멀리 떨어져 있는 분류오류와 근접한 분류오류의 심각성이 동일한 것으로 가정하고 신뢰도를 추정한다.
  ② 경계손실 일치도계수에는 일치도, 카파계수, 그리고 수정된 카파계수가 있다.

1. 합치도(일치도) 13 기출 14 기출

(1) 준거지향검사에서 합치도(Proportion of agreement)란 우연적으로 합치되는 경우를 고려하지 않은 상태에서 분류의 합치 비율을 의미한다. 합치도는 합치도 계수(P)에 의해 나타난다.
  ① 합치도 계수는 [그림 5-7]과 같이 두 번 반복하여 측정한 준거지향검사의 유관표에서 A셀과 D셀의 비율을 더한 값으로 계산된다.
  ② 만약, 어떤 검사를 두 번 실시하여 [그림 5-7]과 같은 결과가 나타났다면, 이 검사의 합치도는 다음과 같이 계산될 수 있다.

$$P = 0.45 + 0.35 = 0.80$$

$$P = \frac{A+D}{N} = \frac{45+35}{100} = 0.8$$

$$N = A+B+C+D = 100$$

		2일째 검사	
		Mastery	Nonmastery
1일째 검사	Mastery	A 45(0.45)	B 12(0.12)
	Nonmastery	C 8(0.08)	D 35(0.35)

[그림 5-7] 합치도 계수 추정을 위한 유관표

(2) [그림 5-7]을 자세히 살펴보면, [그림 5-5]와 거의 유사한 것을 알 수 있다.
  ① 즉, 결정타당도 계수는 준거 검사와 결정 검사를 실시하여 유관표를 작성한 것에 비해 합치도 계수를 동일한 검사를 두 번 실시하여 유관표를 작성한 것일 뿐 계산 절차는 동일하다.
  ② 합치도 계수는 기준점수의 위치, 검사의 길이, 점수의 이질성 등에 의해 영향을 받는다.
  ③ 기준점수가 평균에 가까운 것보다는 양극단에 위치할 때 합치도 계수는 높게 나타나며, 검사 항목이 많아지고 피험자의 점수가 큰 범위를 나타낼수록 합치도 계수는 커지게 된다.

(3) 준거지향검사의 합치도 계수(P)는 우연에 의한 영향을 받기 때문에 0.50 이하의 값은 의미가 없다.
  ① 즉, P가 0.50이라는 것은 P가 0.00이라는 의미와 같다.
  ② 합치도 계수(P)는 완수자 또는 미수자가 많은 집단일수록 커지는 경향이 있고, 기준점(cut-off score) 근처에 위치한 학생이 많을수록 낮아지게 된다.

(4) 합치도는 해석과 계산이 간편하고, 표본수가 작은 경우와 큰 경우에 추정한 값이 유사하여 30명 정도의 소표본에서 합치도를 추정하는 것이 가능하다(Subkobiak). 하지만, 합치도 계수는 실제로 완수자인 피험자가 우연히 두 번의 검사에서 모두 미수자로 분류될 수 있는 우연적 합치를 고려하지 못한다. 이러한 우연적 합치의 영향을 고려한 신뢰도 지수가 카파 계수이다.

67 | 2013학년도

다음은 김 교사가 시행한 학생 간 동료 평가의 예비 검사 결과이다. 모둠별 동료 평가 결과 (가)~(라)의 학생 간 평가 일치도가 높은 순서부터 정렬하시오.

학생 간 동료 평가를 위한 예비 검사

- 목적: 축구 슛 동작의 학생 간 동료 평가가 일관성 있게 이루어질 수 있는지를 확인하고자 함.
- 방법:
  1. 각 모둠별 두 명의 학생이 50명의 학생을 대상으로 축구 슛 동작을 '잘함'과 '미흡함'으로 구분하여 평가
  2. 두 학생 간 평가 결과를 2×2 분할표를 이용하여 일치도 산출
- 모둠별 동료 평가 결과:

(가) A모둠 평가 결과

		학생 1의 평가	
		잘함	미흡함
학생 2의 평가	잘함	21	8
	미흡함	2	19

(나) B모둠 평가 결과

		학생 3의 평가	
		잘함	미흡함
학생 4의 평가	잘함	8	15
	미흡함	22	5

(다) C모둠 평가 결과

		학생 5의 평가	
		잘함	미흡함
학생 6의 평가	잘함	11	13
	미흡함	14	12

(라) D모둠 평가 결과

		학생 7의 평가	
		잘함	미흡함
학생 8의 평가	잘함	18	8
	미흡함	10	14

[정답] (가), (라), (다), (나)

[해설] (가) 21 + 19 = 40 〉 (라) 18 + 14 = 32 〉 (다) 11 + 12 = 23 〉 (나) 8 + 5 = 13

68 | 2018학년도

10. 다음은 농구 동아리 경기 기록지의 일부이다. 〈작성 방법〉에 따라 순서대로 서술하시오. [4점]

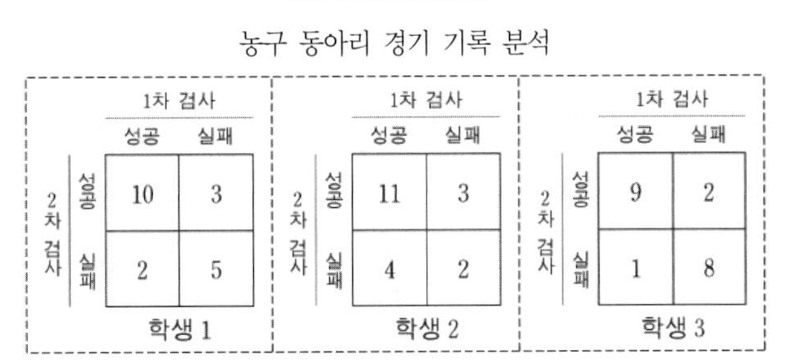

농구 동아리 경기 기록 분석

학생 1

2차 검사 \ 1차 검사	성공	실패
성공	10	3
실패	2	5

학생 2

2차 검사 \ 1차 검사	성공	실패
성공	11	3
실패	4	2

학생 3

2차 검사 \ 1차 검사	성공	실패
성공	9	2
실패	1	8

(나) 학생별 자유투 결과 분석

ㅇ학생별 일치도를 알아보기 위해 자유투 검사를 2회 실시하여 유관표를 작성함.

※ 각 유관표 안의 숫자는 자유투 빈도임.

〈작성 방법〉

ㅇ (나)에 제시된 유관표를 보고, 일치도가 높은 학생부터 순서대로 제시할 것.

[정답] 학생3, 학생1, 학생2

[해설] 학생1(10 + 5 = 15, 15/20 = 0.75), 학생2(11 + 2 = 13, 13/20 = 0.65), 학생3(9 + 8 = 17, 17/20 = 0.85)

10. 다음은 윤교사의 왕복오래달리기 검사에 관한 분석 보고서이다. 〈작성 방법〉에 따라 순서대로 서술하시오. [4점]

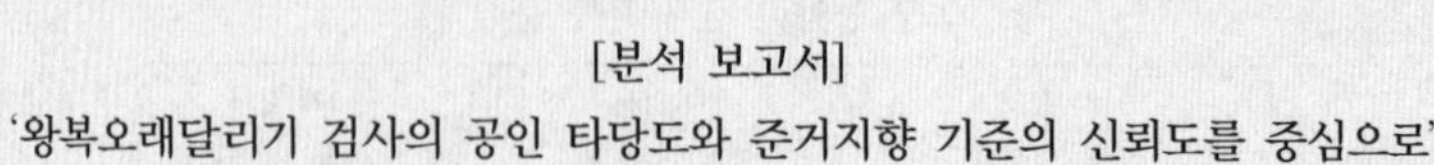

[분석 보고서]

'왕복오래달리기 검사의 공인 타당도와 준거지향 기준의 신뢰도를 중심으로'

분석1

• 왕복오래달리기 검사의 공인타당도: 준거 검사 점수인 최대산소섭취량과의 비교

〈왕복오래달리기 검사 점수와 최대산소섭취량의 관계그래프〉

(n=40명)

r=.90

세로축: 최대산소섭취량(ml·kg⁻¹·min⁻¹) 5, 10, 15, 20, 25, 30, 35, 40, 45, 50

가로축: 왕복오래달리기(회) 15, 20, 25, 30, 35, 40, 45, 50, 55, 60

분석2

• 왕복오래달리기 검사의 준거지향 기준 설정 방법에 따른 심폐지구력능력 분류의 일치도(합치도) 비교

〈판단적 방법의 기준에 의한 분류〉

		1차 검사 우수	1차 검사 미흡
2차 검사	우수	6명	4명
	미흡	5명	5명

〈경험적 방법의 기준에 의한 분류〉

		1차 검사 우수	1차 검사 미흡
2차 검사	우수	6명	3명
	미흡	4명	7명

※ 준거지향 기준이 학생들의 심폐지구력 능력을 일관성 있게 분류하는지 확인하기 위해 20명의 학생을 대상으로 왕복오래달리기 검사를 2회 반복 측정하였음.

해석

• 최대산소섭취량의 총 변화량 중에 왕복오래달리기 검사 점수로 설명되는 변화량의 비율은 (㉠)%임.
• 판단적 방법에 의해 설정된 준거지향 기준은 (㉡)의 일치도 계수(P)를 나타냄.
• 일치도 비교 결과 (㉢)방법이 (㉣)방법보다 일치도가 높은 것으로 나타남.

〈작성 방법〉

o 괄호 안의 ㉠과 ㉡에 해당하는 값을 순서대로 쓸 것.
o 괄호 안의 ㉢, ㉣에 해당하는 명칭을 순서대로 쓰고, ㉣방법의 준거지향 기준 설정 방법에 대해 서술하시오.

[정답] ㉠ 81 [1점] ㉡ 0.55 [1점] ㉢ 경험적 ㉣ 판단적 [1점]
판단적 방법은 전문가 집단의 경험과 판단을 기초로 기준을 설정한다. [1점]

2. 카파 계수(Kappa coefficient)

(1) 카파 계수(Kappa Coefficient)는 우연히 두 번의 검사에서 모두 완수자나 미수자로 분류된 피험자의 영향을 배제한 준거지향검사의 신뢰도 지수로, 주변 비율을 이용한다.

① 주변 비율이란 [그림 5-7]과 같은 유관표에서 각 행의 비율을 합한 것 또는 각 열의 비율을 합한 것으로, 예를 들면 [그림 5-7]에서 A셀과 B셀을 합한 값인 0.57을 주변 비율이라 할 수 있다.

② 이러한 주변 비율을 이용하여 카파 계수(k)를 계산하는 공식은 다음과 같다.

$$k=\frac{P_0-P_c}{1-P_c}\ (P_0\text{: 일치도 계수, } P_c\text{: 우연에 의해 일치된 정도})$$

$$P_c=\sum P_iP_j\ (P_i,\ P_j\text{: 주변비율}) \cdots\cdots\cdots (4.1)$$

③ 공식 (4.1)에서 P_i는 [그림 5-7]과 같은 유관표에서 i 번째 행을 더한 비율이고, P_i는 유관표에서 j 번째 열을 더한 비율이다. 따라서, [그림 5-7]을 예로 카파 계수를 계산한다면, 다음과 같다.

$$P_0 = 0.80$$
$$P_c = (0.57 \times 0.53) + (0.43 \times 0.47)$$
$$= 0.3021 + 0.2021 = 0.5042$$
$$k=\frac{P_0-P_c}{1-P_c}=\frac{0.80-0.5042}{1-0.5042}=0.597$$

$$P_O=\frac{A+D}{N}$$
$$P_C=\left(\frac{A+B}{N}\times\frac{A+C}{N}\right)+\left(\frac{C+D}{N}\times\frac{B+D}{N}\right)$$
$$N=A+B+C+D$$

④ 위의 설명에 의하면, 동일한 유관표에서 계산된 카파 계수(0.60)가 합치도 계수(0.80)에 비해 작게 나타났다.

⑤ 이러한 결과는 카파 계수가 우연히 합치의 영향을 배제한 지수이기 때문이다.

(2) 카파 계수(k)는 -1.00 ~ 1.00의 범위를 갖지만, 해석상 의미가 있는 범위는 0.00 ~ 1.00이다.

① 준거지향검사의 신뢰도는 '어떤 검사가 피험자를 일관되게 분류하는 데 어느 정도 긍정적으로 기여하는가'를 의미하기 때문에 음수의 k는 신뢰도 측면에서 의미가 없다.

② 카파 계수는 합치도 계수처럼 검사 항목의 수가 많아지고 점수의 이질성이 커질수록 증가하지만, 피험자의 점수 분포의 극단에 기준 점수가 위치할수록 카파 계수는 낮게 추정되었다(Berk).

③ 표본수가 작을 때 추정된 카파 계수는 표본수가 많을 때 추정된 카파 계수보다 크게 나타나는 문제점이 있다(Safrit 등). 합치도 계수와 카파 계수 외에도 준거지향검사의 신뢰도에는 수정된 카파 계수가 있다.

3. 파이(Φ)계수(또는 사류상관 계수)

Φ는 두 변인이 비연속적 변인이면서 두 유목으로 양분되었을 때 적용할 수 있는 피어슨 r의 특수한 예이다. 공식은 다음과 같다.

공식1: $\Phi = \dfrac{(BC - AD)}{\sqrt{(A+B)(C+D)(A+C)(B+D)}}$　　공식2: $\Phi = \dfrac{(AD - BC)}{\sqrt{(A+B)(C+D)(A+C)(B+D)}}$

		진실	
		1(학습)	0(비학습)
결정	1(합격)	A	B
	0(불합격)	C	D

		진실	
		0(미학습)	1(학습)
결정	1(합격)	A	B
	0(불합격)	C	D

더 알아보기 **준거지향검사의 문제점**

① 자의성(arbitrariness): 준거지향검사의 기준을 설정하는 방법은 다양하나, 어떤 방법을 사용하더라도 기준설정 과정에 평가자의 자의성이 개입되는 것을 부정하기 어렵다. 우수한 체육교사가 설정한 기준도 오랜 경험에 의해 축적된 지식에 기초했기 때문에, 기준설정의 자의성은 준거지향검사에서 필연적으로 나타나는 문제점이다. 따라서, 체육 교사나 평가자들은 준거지향검사의 기준설정이 가능한 과학적인 방법으로 이루어지도록 노력해야 하며, 충분한 경험과 지식을 갖춘 전문가로 구성된 집단에 의해 기준을 설정한다면 자의성의 문제를 어느 정도 해결할 수 있을 것이다.

② 분류오류(misclassification): 준거지향검사에서는 집단을 구분하는 기준점수가 단 하나 존재하기 때문에 오완수자나 오미수자로 잘못 분류된 피험자가 나타난다. 만약, 분류오류가 대학입시나 인명구조원의 자격과 같이 매우 심각한 결과를 초래하는 경우에는 기준을 설정하는 교사나 연구자는 기준설정에 대한 의사결정이 개인에게 미치게 될 영향을 반드시 고려해야 한다. 분류오류의 가능성을 감소시키는 방안으로는 검사를 반복측정하여 좀 더 정확한 분류를 하는 것과 2개 이상의 기준점수를 설정하여 분류오류가 나타날 가능성을 감소시키는 것이다.

70 | 2014학년도 논술

2. 다음은 '신체 활동 참여 증진 프로그램'을 반영한 ㅇㅇ중학교의 2014학년도 2학년 건강 활동 영역 교육 계획서의 일부이다. 2009 개정 교육과정에 따른 체육과 교육과정의 '평가의 방향' 중 '교육과정과의 연계성', '평가 방법과 도구의 다양성'에 근거하여 'Ⅲ. 평가 방침 및 내용'에서 잘못된 내용을 각각 2가지씩 찾아 쓰고 그 이유를 기술하시오. 또한, 〈참고 자료 1〉에서 밑줄 친 ㉠, ㉡의 내용을 계산된 신뢰도 계수와 성취기준 점수를 포함하여 기술하고, 〈참고 자료 2〉에서 괄호 안의 ㉢, ㉣에 해당하는 평가 방법을 차례대로 쓰시오. [10점]

○○중학교 2학년 건강 활동 영역 교육 계획서

Ⅰ. 교육목표

(1) 신체활동이 건강, 체력에 미치는 영향을 이해할 수 있다.
(2) '신체활동 참여증진 프로그램'을 통해 학생들의 신체 활동량을 증가시킬 수 있다.
(3) 규칙적인 신체활동을 통해 건강체력을 기르고, 자기 주도적 신체 활동습관을 형성할 수 있다.
(4) 다양한 신체활동을 통해 자기 존중의 태도를 함양할 수 있다.

Ⅱ. 교육방침

(1) 건강활동의 '건강과 체력'영역을 선정하고, '신체활동 참여증진 프로그램'을 적극적으로 활용한다.
(2) 체육수업에서 배운 '신체활동 참여증진 프로그램'을 일상생활과 연계하여 실시할 수 있도록 지도한다.
(3) '일주일 5일 이상, 하루 60분 이상 누적하여 중고강도 신체활동참여'의 원칙을 학생들이 지속적으로 실천할 수 있도록 지도한다.
(4) 학생의 신체 활동량 변화정도를 지속적으로 관찰하고 기록한다.

Ⅲ. 평가방침 및 내용

(1) 학생들의 '신체활동 참여증진 프로그램' 실천과정 및 결과를 종합적으로 평가한다.
(진단평가-1주차, 형성평가-6주차, 총괄평가-12주차에 실시함.)
(2) 평가내용·방법 및 도구

평가내용	평가방법 및 도구	비고
신체활동 및 건강과 체력의 이해	• 지필검사	• 진단, 형성, 총괄 평가 비교 • 〈참고자료1〉 참조
신체활동 습관 및 활동량	• 신체활동 실천일지 • 청소년용 신체 활동 질문지 • 보행계수계(만보계) • 체격 검사	• 실천 일지의 횟수와 내용의 수준 • 진단, 형성, 총괄 평가 비교 • 청소년 신체 활동 가이드라인 기준치와 비교 • 청소년 표준 체격 기준과 비교
식습관	• 식사 일지 • 1일 평균 섭취 열량 기록지	• 청소년 권장 열량 기준과 비교
학생건강체력검사(PAPS) 필수요소	• 앉아윗몸앞으로굽히기 • 제자리 멀리뛰기 • 왕복오래달리기 • 윗몸말아올리기 • 눈감고외발서기 • 체질량지수(BMI)	• 학생건강체력검사(PAPS) 평가기준과 비교 • 매 학기 초와 말에 1회씩 실시
자기효능감	• 자신감 검사	• 진단, 형성, 총괄 평가 비교
구급처치	• 심폐소생술(CPR) 실시능력검사	• 실시 절차 준수 여부
◎ 참고: 모든 검사도구는 타당도와 신뢰도 검증 후 사용		

〈참고자료 1〉 '신체 활동 및 건강과 체력'에 대한 이해력 성취 기준 점수의 신뢰도 검증 예시

성취 기준 점수의 신뢰도 검증 결과

신뢰도 검증 절차와 측정결과

- 학생들의 '신체활동 및 건강과 체력'에 대한 이해력을 측정하기 위하여 이해 능력 검사를 활용함.

(총 10문항, 10점 만점)

- 학생들의 능력을 고려하여 성취 기준을 8점으로 설정함.
- 이 성취 기준 점수가 학생들의 능력을 일관성 있게 분류하는지 확인하기 위해 신뢰도 검증을 실시하고자 함.
- 10명의 학생에게 '신체활동 및 건강과 체력'의 이해력 검사를 2차시에 걸쳐 실시함.

〈표 1〉 학생들의 '신체활동 및 건강과 체력'에 대한 이해력 검사 결과

(단위: 점)

구분	소영	문정	솔하	은혜	서진	채은	석중	승준	지민	강태
1차 검사	6	10	5	5	10	6	9	7	9	9
2차 검사	9	8	9	5	10	9	6	9	3	9

- 얻어진 측정값을 이용하여 설정된 성취 기준 점수에 대한 신뢰도(일치도 또는 합치도)계수를 계산함.

결과해석

- ㉠ 문제점: ____________________.
- ㉡ 해결방안: ____________________.

(단, 신뢰도 계수는 0.80이어야 함.)

Ⅳ. 평가결과의 활용

(1) 개인평가결과를 정리하여 학부모에게 통보한다.(〈참고자료 2〉 참조)

(2) 학생이 신체 활동 수행계획을 수립할 수 있도록 지도한다.

〈참고자료 2〉 개인평가 결과지 예시

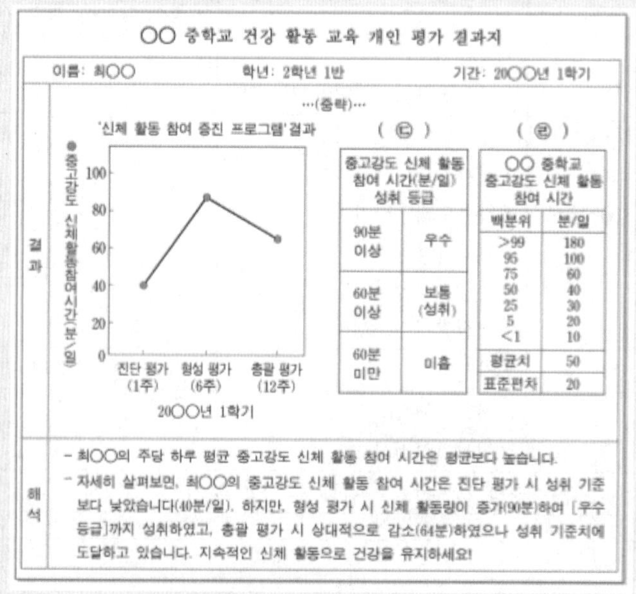

○○ 중학교 건강 활동 교육 개인 평가 결과지

이름: 최○○ 학년: 2학년 1반 기간: 20○○년 1학기

결과

…(중략)…

'신체 활동 참여 증진 프로그램' 결과

(㉢)

중고강도 신체 활동 참여 시간(분/일) 성취 등급	
90분 이상	우수
60분 이상	보통 (성취)
60분 미만	미흡

(㉣)

○○ 중학교 중고강도 신체 활동 참여 시간	
백분위	분/일
>99	180
95	100
75	60
50	40
25	30
5	20
<1	10
평균치	50
표준편차	20

해석

- 최○○의 주당 하루 평균 중고강도 신체 활동 참여 시간은 평균보다 높습니다.
- 자세히 살펴보면, 최○○의 중고강도 신체 활동 참여 시간은 진단 평가 시 성취 기준보다 낮았습니다(40분/일). 하지만, 형성 평가 시 신체 활동량이 증가(90분)하여 [우수 등급]까지 성취하였고, 총괄 평가 시 상대적으로 감소(64분)하였으나 성취 기준치에 도달하고 있습니다. 지속적인 신체 활동으로 건강을 유지하세요!

[정답] ㉠ 합치도 계수가 0.4로 너무 낮다. [2점]
㉡ 성취 기준을 6점으로 조정하면 된다. [1점]
㉢ 절대평가(준거지향평가)이며 학생의 성취도를 절대 준거에 비추어 확인하는 평가이다.
㉣ 상대평가(규준지향평가)이며 다른 학생의 성적과 비교하는 평가이다. [2개 맞아야 1점]
논술체제 [2점] 정답 맞고, 글로 풀어쓰면 2점. 글로 쓰지 않고, 기호를 쓴다든지, 도식으로 쓰면 점수 없음.

[해설] ※ 성취기준 8점 설정 시 합치도 계수 계산 과정

	2일째		
1일째		완수(8점 이상)	미수(8점 미만)
	완수(8점 이상)	3명 문정, 서진, 강태	4명
	미수(8점 미만)	2명	1명 은혜

∴ 합치도 계수 = (3 + 1)/10 = 0.4

※ 성취기준 7점 설정 시 합치도 계수

	2일째		
1일째		완수(6점 이상)	미수(6점 미만)
	완수(7점 이상)	4	
	미수(7점 미만)		1

∴ 합치도 계수 = (4 + 1)/10 = 0.5

※ 성취기준 6점 설정 시 합치도 계수

	2일째		
1일째		완수(6점 이상)	미수(6점 미만)
	완수(6점 이상)	0.7 소영, 문정, 서진, 채은, 석중, 승준, 강태	
	미수(6점 미만)		0.1 은혜

∴ 합치도 계수 = (7 + 1)/10 = 0.8

제 6 장 학교 체육에서 측정과 평가(이기봉)

핵심어

체육 평가의 문제점, 체육 평가의 개선 방안, 학교 교육 목표, 교육과정 목표, 평가 목표, 행동 목표, 성적 부여 방법, 성취 수준의 평가, 향상도 평가, 태도, 스포츠맨십, 성적 부여 기준, 표준편차 방법, 비율 방법, 규준 방법, 계약 방법, 정답 비율 방법

문제

1. 학교 체육 평가의 문제점을 세 가지 이상 제시하고, 각 문제점에 대한 개선방안을 논하시오.
2. 체육 교과에서 행동 목표를 진술할 때 고려해야 할 세 가지 영역은 어떤 것인가?
3. 성적을 부여할 때 확인해야 하는 기준에는 무엇이 있는지 설명하시오.
4. 성적에 이용되는 요소들의 가중치는 어떻게 결정해야 하는가?
5. 운동수행력의 향상도를 성적에 이용할 때 문제가 되는 것은 무엇이며, 이를 해결할 수 있는 방안이 있다면 논하시오.
6. 학교 체육 현장에서 주로 이용되는 정의적 영역의 요소에는 어떤 것이 있으며, 체육 성적에서 차지하는 정의적 영역의 비중은 어느 정도가 좋은가?

(1) 학교 체육은 튼튼한 몸과 건전한 정신을 가진 청소년을 육성하는 데 있으며, 체육은 전인양성에 기여하는 과목이라 할 수 있다. 따라서, 학교 체육의 내용은 운동과 건강에 필요한 지식을 습득하고 학생들이 다양한 운동을 통해 운동 기능을 배워 향상시키고 체력을 길러 규칙적인 운동을 습관화하며 바람직한 사회성을 기르도록 하는 것이다.

(2) 자료 수집과 가치판단으로 요약되는 측정과 평가는 학교에서 체육의 목적을 달성하고 체육이 원활한 기능을 할 수 있도록 돕는다. 본 장에서는 학교 체육에서 측정평가의 문제점과 개선 방안에 대해 알아보고, 측정평가와 관련하여 교육목표를 설정하는 방법과 성적을 부여하는 방법에 대해 알아본다.

1 학교 체육 평가의 실태

(1) 그동안 많은 연구에서 체력의 발달에 비해 체력이 떨어진다는 보고를 하고 있다. 지식 위주 학습의 학교 교육은 지·덕·체를 고루 갖춘 인간을 양성한다는 교육 본래의 목표를 달성하지 못하고 있다. 이러한 때에 학교에서 체육의 역할은 무엇보다 중요하다고 할 수 있다. 하지만, 학교 체육의 평가 부분에서는 학부모와 교육 관련 전문가들에게 만족을 주지 못하고 있는 실정이다.

(2) 이러한 현실은 비단 체육을 담당하고 있는 체육 교사들에게만 책임을 묻기에는 우리의 학교 체육 여건이 너무나도 열악하다는 것을 지적하고 싶다. 체육이 학교 교육에서 그 어느 시기보다 중요한 이 때에 체육 평가의 현 실태를 분석하고 나아갈 방향을 찾는 것은 의미 있는 일이다. 본 장에서 김종택과 권영옥이 제시한 학교 체육 평가의 문제점과 개선 방안을 소개한다.

1. 체육 평가의 문제점

• 학교 체육에서 평가는 실시 검사가 대부분이며, 체육은 교과의 특수성 때문에 교사의 주관적인 판단에 의한 평가가 다른 교과에 비해 많은 과목이다. 이러한 이유로 평가의 신뢰성과 타당성이 결여된다는 지적은 과거부터 계속되어 오는 문제점 중 하나이다. 이러한 문제점을 해결할 수 있는 방안은 체육 교사의 평가에 대한 전문성 신장이라 할 수 있다. 그러나, 학교 체육 평가의 문제점 중

(1) 첫째, 체육 교사의 평가에 대한 전문성과 실천성 부족이다.
  ① 체육 교사는 평가에 앞서 검사, 평가 기준, 평가 방법 등에 대한 지식을 습득하고 새로운 평가 관련 지식에 대해 주의를 기울여야 한다.
  ② 7차 교육과정에서 강조되고 있는 수행평가가 학교 현장에서 제대로 자리를 잡지 못하고 있는 이유 중 하나가 체육 교사의 수행평가에 대한 충분한 이해가 부족한 것이다.
  ③ 이러한 문제점은 체육 교사들이 교육청이나 교원 단체, 그리고 연구회 등에서 정기, 비정기적으로 실시되는 학술발표회나 연수 등을 통해서 개인의 전문성을 신장하도록 노력하면서 해결될 수 있을 것이다.
  ④ 체육 교사의 전문성과 실천성 부족에 앞서 갖춰야 할 것은 교사의 평가에 대한 책무성이라 할 수 있다.

투시그넌트(Tousignant)와 시덴탑(Siedentop)의 체육 교사의 책무성	
㉠ 좋은 행동과 관리자로서의 책임	㉠과 ㉡의 책무성은 주로 교사를 평가할 때 이용된다.
㉡ 노력하는 자세	
㉢ 운동 수행에 대한 평가	㉢의 책무성은 측정 전문가들이 권장하는 항목으로 수업 목표 달성 여부를 판단할 수 있는 중요한 부분이다.

  ⑤ 많은 이유가 있겠지만, 학교 체육 현장에서 평가가 성적 산출을 위한 도구로서만 실시된다는 것은 안타까운 일이다. 학생들이 평가를 통해서 자신의 성취 수준을 파악하고 교사들은 평가의 결과를 활용하여 학생들에게 피드백을 제공하는 데 노력해야 할 것이다.

(2) 둘째, 열악한 체육 환경과 교육과정의 문제를 들 수 있다.
  ① 지역 사회의 체육관이나 체육 시설을 충분히 이용할 수 있는 선진 외국에서는 운동장이 없는 학교에서도 훌륭한 체육 교육을 진행할 수 있다. 최근 학교에도 체육 시설이 많이 확보된 것은 사실이지만, 아직까지 체육관이나 수영장을 찾아보기 힘든 국내 학교 체육 환경에서는 질 높은 체육 교육과 평가가 이루어지는 것은 쉬운 일이 아니다.
  ② 열악한 체육 환경과 함께 학교 체육 여건에 맞지 않는 교육과정의 실행이 지적될 수 있다. 7차 교육과정부터 강조되고 있는 수행평가를 실시하기에는 현재의 학급당 학생 수의 과다, 교사 1인당 수업시수의 과다, 열악한 체육 시설 때문에 어려움이 많다.
  ③ 또한, 전문적인 경기 기능과 같이 일반 학생들이 소화하기 어려운 내용보다는 건강을 유지하고 체력을 증진할 수 있는 흥미로운 내용들로 교육과정이 편성되어야 할 것이다. 이러한 이유 때문에 편의 위주의 학교 체육 평가 방식에 대해 교사에게만 책임을 묻기 어려운 실정이다.

(3) 셋째, 신뢰성과 타당성이 확보된 검사도구나 평가기준이 부족하다. 학교 체육 현장에서는 실용성과 간편성 위주로 평가를 계획하고 실시하는 경우가 많다.

① 하지만, 검사도구의 질에 대한 평가 즉, 타당성과 신뢰성에 대한 제고가 우선되어야 할 것이다. 현장의 체육 교사가 검사를 개발하고 검사도구의 질을 평가하는 것은 쉬운 일이 아니므로, 공인된 검사의 개발이 활발하게 이루어져야 할 것이다.

② 이와 함께 다양한 평가 기준의 개발이 이루어져야 한다. 학교 체육 현장에서 적용될 수 있는 국가적인 수준의 규준(norm)이나 준거지향기준(CRS)이 부족한 실정이다. 국가 수준의 규준은 현재 연령의 학생들의 체력이나 운동 기준에 비추어 비교할 때 유용하다. 건강의 강조와 함께 최근에는 건강을 기준으로 한 준거지향기준(CRS)이 강조되고 있다.

③ 그러나, 공인된 준거지향기준이 설정되어 있지 않아 학교 현장에서 적용되지 못하고 있다. 최근에는 인터넷 발달로 다양한 검사도구와 평가기준을 쉽게 얻을 수 있지만, 검사도구와 평가기준의 질을 제대로 평가할 수 있는 안목이 없다면 검사의 간편성과 실용성만으로 현장에 적용하는 것은 제고되어야 한다.

(4) 넷째, 평가 결과의 교육적 활용이 부족하다는 지적이다. 평가를 통해서 학생들은 학생 자신을 스스로 평가해 볼 수 있고, 교사는 자신의 지도법이나 프로그램 등을 반성하고 개선하여 더 질 높은 교육을 실시할 수 있다. 성적 산출이나 보고를 위해 평가가 이루어지면 양질의 검사와 평가가 이루어지지 않아 평가결과의 타당성과 신뢰성이 의문시된다. 성적 산출을 위해 객관적이고 단순한 검사를 실시하거나, 매년 형식적으로 학생체력 검사를 실시하는 경우는 검사결과의 타당성과 신뢰성에 문제가 나타나는 것의 좋은 예이다.

2. 체육 평가의 개선 방안

• 상기한 학교 체육 평가의 문제점을 토대로 개선 방안을 제시하면 다음과 같다.

(1) 첫째, 학교 체육 평가에 대한 전문성에 앞서 철학적 입장을 정립해야 한다.

① '어떻게 측정하고 평가하는가'보다는 '무엇을 측정하고 평가해야 하는가'에 대해 더 많은 고민을 해야 할 것이다. 최근 상소되고 있는 수행평가도 기존의 평가에 비해 무엇을 측정해야 하는가에 대한 답을 주고 있다.

② 즉, 기존의 평가가 평가의 내용보다는 성적 산출을 위한 공정하고 객관적인 평가에 치중했다면, 앞으로는 학생들이 학습하는 과정 속에서 평가가 포함되어 운동 기능이나 체력의 향상을 도모해야 한다는 것이다.

③ 상대평가보다는 절대평가가 강조되고 진단평가와 형성평가의 가치가 높아진 시대적 요구를 직시하고 미래지향적 관점에서 발전 방안을 찾을 수 있는 철학적 정립이 이루어져야 할 것이다.

(2) 둘째, 체육목표와 교과과정에 부응하는 평가가 이루어져야 한다. 1999년 7차 체육교육과정이 현장에 적용되면서부터 성적 산출만을 위한 평가 방식이 학생들에게 피드백을 제공하는 데 평가가 활용되는 방식으로 많이 전환되었다. 이러한 노력은 심신이 건강한 인간을 육성한다는 체육의 목표를 달성하는 데 큰 도움을 줄 것이다. 또한 학교 체육의 평가는 교육과정의 전반적인 영역을 대표할 수 있도록 구성되어야 하고, 인지적, 정의적, 심동적 영역에서 균형을 갖추어야 한다.

(3) 셋째, 교사의 평가에 대한 전문성 배양이다. 교육의 성패는 교사에 의해서 좌우된다고 해도 과언이 아니다. 학교 체육의 평가는 체육 교사의 전문성에 의해 그 질이 좌우된다고 할 수 있다.

① 체육 교사는 어떠한 목적으로 검사를 실시하고 어떤 내용을 어떤 방법으로 실시하며, 측정을 통해 얻어진 자료는 어떻게 처리하는가 등에 대한 평가의 전반적인 지식을 갖추어야 한다. 검사도구의 타당도와 신뢰도, 검사 점수의 분석을 위한 통계적 지식과 컴퓨터 활용 능력, 평가 기준의 작성 방법, 종합점수 산출 등에 대한 전문적인 지식이 질 높은 체육 평가를 위한 선행 요건이라 할 수 있다.

② 특히, 체육 교사는 동일한 연령대의 학생들을 5년 또는 10년 이상 오랫동안 지도하기 때문에, 평가를 통해 얻은 자료를 축적하고 축적된 자료로부터 유용한 정보를 도출하는 능력이 체육 교사에게 요구된다.

(4) 넷째, 절대평가 기준의 설정이다. 절대평가는 수업에 성실하게 참여한 학생이라면 누구나 학습목표를 달성할 수 있다는 교육적 신념에 기초한 평가 방법이다. 따라서, 교육적으로 매우 바람직하고 학교 교육에서 상대평가보다 더 많이 강조되고 있다.

① 학교 체육에서 강조되고 있는 건강과 체력, 운동기능에 대한 절대평가 기준을 설정하는 것이 시급하다. 이러한 노력은 현장의 체육 교사와 함께 국가적인 차원에서도 수행되어야 한다. 예를 들면, 매년 실시되는 학생체력검사의 종목별 평가 기준은 백분위점수에 근거하여 등급을 구분하였을 뿐, 건강이나 학습목표 등을 기준으로 한 절대평가 기준은 없는 실정이다.

② 이기봉은 학교 체육에서 학습목표 달성을 기준으로 구기 종목에 대한 절대평가 기준을 설정하는 연구를 수행하였다. 이러한 노력은 체육 교사 개인이나 국가적인 차원으로 확대되어 교육의 목표와 시대적 요구에 부응하는 덕목에 대해 다양한 방법으로 절대평가 기준들이 마련되어야 할 것이다.

(5) 다섯째, 평가 결과의 다양한 활용이다. 수업 목표와 수업 내용에 근거하여 평가가 이루어지고 평가의 결과는 다시 학습동기를 유발하고 수업개선 방안으로 적용되어야 평가의 효율성이 높아진다. 대개 각 급 학교에서는 한 번 시행했던 평가 결과를 성적 산출을 위해서만 정리하는 실정이다. 다양한 노력을 통해서 얻은 평가의 결과를 사장시키는 것은 안타까운 일이다. 각 학교의 체육과 협의회에서는 평가의 결과를 체계적이고 과학적으로 정리하고 축적하여 보다 의미 있는 정보를 도출하고 차후에 계속 활용할 수 있어야 한다. 또한 학교의 홈페이지를 통해서 평가의 과정과 결과를 학생과 학부모에게 공개하여 학생 스스로 피드백을 받게 하고 학부모에게 체육 평가에 대한 신뢰를 갖도록 해야 한다.

(6) 상기한 체육 평가의 문제점을 개선하기 위한 노력이 많지는 않지만 체육 교사 개인적으로 또는 공공기관을 통해서 진행되고 있다. 대표적인 예로 한국교육과정평가원의 교수학습센터 홈페이지(http://classroom.kice.re.kr)에서는 체육 교사의 전문성을 신장하기 위해 다양한 종목의 평가 방법과 평가 기준을 예로 제시하고 있다. 이러한 노력을 통해서 학교 체육 평가의 내실화는 가속화될 것이다. 체육 교사와 체육 평가 전문가, 그리고 국가 기관의 평가 방법 및 평가 기준 개발과 평가에 대한 끊임없는 연구 노력이 내일의 밝은 학교 체육의 평가를 보장할 수 있을 것이다.

2 체육과 교육 목표의 설정

1. 교육 목표의 단계

(1) 체육 교과에서 평가 프로그램을 계획할 때에는

① 첫 번째 수준의 목표는 학교에서 공통적으로 인식하는 교육목표를 먼저 확인해야 한다. 왜냐하면, 체육교육 프로그램은 학교의 교육 목표와 연계하여 계획되고 실시되어 학교의 교육목표를 달성하는 데 기여할 수 있어야 하기 때문이다. 학교의 교육 목표는 장기적이고 일반적인 목표로 최상위 수준의 목표라 할 수 있다.

② 두 번째 수준의 목표는 교육과정 목표(Curriculum objectives)로 한 학기 수업이 종료된 후에 학생들이 성공적으로 나타낼 수 있는 수행력을 반영하는 구체적인 목표이다.

③ 세 번째 수준의 목표는 평가 목표(Evaluation objectives)로 교육 과정 목표에서 도출된 목표로 학생이 목표를 달성했을 때 나타나는 수행력의 기준을 구체적으로 제시한 목표이다. 평가 목표는 각 학교의 체육과 협의를 통해서 결정되며, 체육 교사는 두 가지 상위 수준의 목표들을 확인한 후에 자신의 특정 영역에 대한 평가 목표를 설정해야 할 것이다. 즉, 평가 목표는 상위 두 가지 목표와 연계되어 작성되어야 하며, 체육 교사는 평가를 통해서 상위 목표들이 달성될 수 있도록 해야 한다.

2. 행동 목표 작성

(1) 교육 목표는 학습자의 발전된 방향으로의 변화에 대해 진술하는 것으로 대개 행동 목표로 진술하게 된다. 행동 목표는 학생이 교육 목표를 성공적으로 달성했을 때 나타낼 수 있는 행동이나 수행력을 진술한 것이다(Safrit & Wood). 교육 목표를 달성하기 위해서는 철저하게 계획된 교수-학습이 이루어져야 할 것이다.

(2) 행동 목표를 진술하는 방법에는 교사의 기대되는 행동에 대해 서술하는 방법과 학생의 기대되는 행동에 대해 서술하는 방법이 있다.

① 교육에서 주된 관심은 학생들의 성취에 있기 때문에 학생의 기대되는 행동에 대해 목표를 서술하는 것에 더 많은 관심을 갖게 된다.

② 행동 목표를 진술할 때 가장 중요한 점은 학생들이 교육 목표를 성공적으로 달성했을 때 나타낼 수 있는 행동 수준으로 목표를 진술하는 것이다.

③ 예를 들면, 농구의 레이업 슛에 대한 행동 목표로 '트레블링을 하지 않고 드리블하여 레이업 슛을 성공시킬 수 있다'라고 진술할 수 있을 것이다. 학생의 관점과 평가적 관점에서 행동 목표로 수업 목표를 진술하면 교사는 학생들의 수행력을 평가하는 데 많은 도움을 받을 수 있다.

(3) 체육 교과의 행동 목표는 학교 교육 목표를 모두 포함할 수 없으므로 실현 가능한 수준에서 체육과 교육의 목표를 학교 교육 목표 내에서 선택해야 한다.

① 체육 교과의 교육 목표는 체육 교육의 바람직한 철학적 방향, 학교의 철학, 운동학습의 원리 등에 입각해서 목표를 설정해야 할 것이다.

② 만약, 다른 교사나 체육과 협의회에서 설정한 수업 목표가 자신이 생각하는 수업에 적절하다면, 기존에 설정된 수업 목표를 그대로 적용해도 무방하다.

③ 단, 자신의 수업 내용을 달성하기 위해서 수정이 필요하다면, 기존의 목표를 수정해서 사용하는 것이 바람직하다.

(4) 행동 목표를 설정할 때 행동 영역을 분류하는 경우가 대부분이다. 행동 목표를 설정할 때 행동 영역에 대해 분류하는 것이 비판되기도 하지만, 수업 목표가 실제로 학생들이 해야 할 행동을 구체적으로 분류하여 나타낼 때 교수-학습은 재검토되고 개선될 수 있다. 체육 교과에서 행동 영역은 크게 인지적, 정의적, 심동적 영역으로 분류된다.

① 인지적 영역은 운동의 과학적 원리, 역사, 경기 규칙 등 체육에서 지식 검사를 개발하는 데 사용될 수 있는 부분이다. 체육 교사는 수업 시간에 달성되어야 하는 지식 행동의 수준을 결정하고, 각 수준별로 목표를 설정하게 된다.

② 정의적 영역은 정서적 행동, 흥미, 태도, 개인적 특성 등이 포함되는 부분으로, 교사의 권위 때문에 수용적인 태도를 나타내는 낮은 수준과 학생 자신의 신념에 근거하여 행동을 나타내는 높은 수준이 있다. 높은 정의적 행동 수준을 나타내는 학생들은 바람직한 행동들(예 복장, 스포츠맨십)을 교사의 관찰 여부와 관계없이 일관성 있게 나타낼 것이다.

③ 심동적 영역은 체육 수업 시간에 가장 많이 관찰될 수 있는 신체 활동 부분으로 기본적인 움직임 유형을 나타내는 낮은 수준과 특정 스포츠나 무용, 신체 활동 등에서 창조적인 움직임을 나타내는 높은 수준이 있다. 만약, 높은 행동 수준을 나타내는 학생이 대부분임에도 불구하고 기초적인 행동 수준이 수업 목표로 설정되었다면 수업 내용은 검토되고 개선되어야 할 것이다.

(5) 수업 목표를 설정한 후에 체육 교사들은 학생들의 수준을 분명하게 파악하기 위해서 수행력의 기준을 설정하게 된다. 설정된 기준의 적절성을 판단하는 것은 평가에서 필요한 부분을 파악하는 것이므로 매우 중요한 과정이다. 수행력의 기준에 대한 적절성을 판단하는 방법은 설정된 수업 목표에 대해 학기 초에 학

생들을 평가하여 학생들의 수준을 목표 수준과 비교해 보는 것이다. 만약, 학생들의 수준이 목표 수준과 비슷하거나 더 뛰어나다면, 수업 목표는 더 높은 수준으로 다시 설정되어야 할 것이다.

3 성적 부여 방법

(1) 성적은 학생들에게 평생 동안 남는 기록이므로 교사들은 가장 공정하고 정확하게 성적을 부여하려고 노력해야 한다. 그러나, 공정하고 확실하고 완벽한 성적 부여 프로그램은 아직까지 개발되지 않았다. 각 성적 프로그램은 그마다 장점과 단점을 갖고 있다.

(2) 성적을 부여할 때에는 다음과 같은 몇 가지 사항에 주의해야 한다.

① 먼저, 성적이 의미하는 것이 무엇인지가 중요하다. 예를 들면, 성적이 학생의 성취 수준을 의미하는 것인지, 아니면 학생들의 향상도를 의미하는 것인지를 분명하게 해야 한다. 만약, 성적의 의미가 불분명하다면 많은 학생과 학부모들로부터 항의를 받을 수 있다.

② 두 번째로는 성적 부여방법이 무엇인가가 중요하다. 즉, 학생들의 상대적인 서열에 관심을 갖는 규준지향의 관점인지, 준거 행동에 근거하여 학생들을 합격과 불합격으로 구분하는 준거지향의 관점인지를 교사는 사전에 결정해야 한다. 건강을 기준으로 한 준거지향검사가 최근에 더욱 강조되므로 체력과 같이 건강과 관련이 깊은 요소들을 평가할 때에는 준거지향의 관점에서 성적을 부여하는 것이 바람직하다.

③ 이외에도 성적을 부여할 때 중요한 사항은 성적의 등급을 부여하는 방법과 성적이 수업 목표를 반영하고 있는가에 관한 문제이다.

㉠ 교사의 주관적 평가(예 체조의 자세 평가)에 의한 성적을 부여할 때 등급 간 점수 차이를 너무 크게 한다면 학생들은 많은 불만을 표시할 것이다. 따라서 등급을 부여할 때에는 수업 내용의 중요도에 따라 등급 간 점수 차이를 조정해야 할 것이다.

㉡ 성적은 수업 목표와 연계된 평가에 의해 부여되는 것이므로, 성적은 반드시 수업 목표를 반영해야 한다. 따라서, 체육 교사는 수업 초기에 설정한 수업 목표를 성적을 부여할 때 어느 정도 달성할 것인지를 알아야 한다.

(3) 성적을 부여하는 것은 검사의 목적 중 하나이다. 그런데, 많은 학생과 학부모들이 검사는 성적 산출을 위해서만 시행하는 것으로 생각한다. 이러한 인식은 체육 수업 시간에 교사가 학생들에게 올바르게 인지시켜야 하며, 교사도 검사가 다양하게 사용될 수 있도록 노력해야 할 것이다.

1. 성적의 활용

(1) 첫째, 학교에서 성적은 학생들에게 학생 자신의 상태에 대해 정보를 제공한다. 특히, 학기 말 성적은 학생들에게 자신의 성취 수준(예 체력, 운동수행력, 운동 기능의 수준 등)에 대해 요약된 정보를 제공한다.

① 성적은 반영구적으로 남는 것이므로 학생들에게는 매우 중요한 의미를 갖는다.

② 따라서, 학생들의 능력을 평가한 내용 중 일부분만을 성적으로 이용하면 학생들에게 불공평할 수 있고 장기적으로 부정적인 영향을 줄 수 있다.

③ 어떤 학생들은 수업 목표를 달성하는 것보다는 좋은 성적을 올리는 것에만 매달리는 경우가 있다. 이러한 경우에는 학생들을 잘 유도하여 수업 목표 달성에 노력하도록 만드는 것이 중요하다.

④ 즉, 성적을 부여하는 과정은 학생들에게 바람직한 방향으로 학습할 수 있도록 유도되어야 한다.

(2) 둘째, 성적은 학교와 부모 간에 의사소통을 위한 좋은 방법으로 학부모들에게 자녀들의 성취 수준이나 발전의 정도를 알려주는 통로라 할 수 있다.

① 따라서, 학교에서는 학부모들에게 성적을 포함하여 가능한 한 많은 정보가 학부모에게 전달되도록 노력해야 한다.
② 성적이 좋지 않은 학부모들은 자신의 자녀가 왜 성적이 나쁜지에 대해 교사들에게 질문할 것이다.
③ 이에 대해서 교사가 학습 목표나 평가 기준 등을 학생의 성적과 함께 제시한다면, 모든 부모들이 만족하지는 않겠지만 적어도 교사의 입장을 이해할 수는 있을 것이다.
④ 이러한 문제점을 예방하기 위해서는 학기 초에 체육과의 교육 목표와 성적에 대한 교사의 철학 등을 가정에 알리는 것이 좋다. 최근에는 각 학교마다 홈페이지가 있어 체육과의 성적평가기준 등을 홈페이지에 공지하면 이러한 문제가 간단하게 해결될 것이다.
⑤ 성적과 함께 다양한 정보를 학부모에게 제공하는 대표적인 예가 미국의 FITNESSGRAM (Institute for Aerobic Research)이다. FITNESSGRAM은 청소년들의 건강관련체력을 측정하는 검사장으로 주기적으로 프로그램을 개정하여 제시하고 있다. 특히, 이 프로그램에서는 학생들의 체력검사 점수가 건강체력범위(Healthy Fitness Zone)에 들어가는지 여부와 개선이 요구되는 학생을 위한 간단한 운동 처방을 가정에 알려준다.
⑥ 최근 학교에서 실시하고 있는 학생건강체력평가(PAPS)에서도 학생들의 체력 수준을 진단하여 운동처방 정도를 제공하고 있지만, 운동수행력에 대해서는 각 학교에서 자체적으로 평가프로그램을 개발하여 피드백을 제공하는 노력이 필요할 것이다.

(3) 셋째, 성적은 학생들의 상태에 대해 교사에게 정보를 제공한다.
① 교사들은 학생들의 성적을 통해서 교사가 사용한 수업 프로그램의 효율성에 대한 평가를 내릴 수 있다.
② 만약 많은 학생들의 성적이 저조하다면 교사의 지도법이나 프로그램을 검토하고 수정해야 할 것이다.
③ 이외에도 성적을 통해서 수업 내용이나 교육과정 전반에 대한 평가를 내릴 수도 있다. 즉, 교사가 학생들의 성취 수준에 대해 더욱 총체적으로 판단할 수 있어 향후 교수법이나 수업 내용에 대한 피드백을 제공받게 된다. 새로운 학기가 시작될 때에는 과거 학생들의 성적을 참고하여 학생들의 능력별로 분류할 수 있다.
④ 즉, 새 학기의 수업 내용을 계획하는 데 과거의 성적을 참고할 수 있다.
⑤ 그러나, 과거의 성적에 전적으로 의존하여 새 학기의 수업 내용을 계획하거나 학생들을 분류하는 것은 바람직하지 않다.
⑥ 왜냐하면, 과거에 성적을 부여했던 체육 교사의 평가 철학에 대해 정통하지 못할 경우에는 잘못된 정보가 될 수 있기 때문이다. 즉, 과거의 성적을 이용하려면 과거 학생들을 측정할 때의 조건이나 과거 체육교사의 평가 철학, 그리고 평가의 엄격성 등을 면밀하게 파악해야 한다.

(4) 넷째, 성적은 학교의 관리자 즉, 교감이나 교장에게 학생들의 상태에 대한 정보를 제공한다. 학교의 관리자들은 성적을 통해서 학교의 교육 목표를 달성했는가를 판단하게 되고, 진급, 졸업, 상, 선수 선발, 대학 입학 등의 목적으로 사용될 수 있다. 특히 성적은 대학 입학이나 취업 등에 영향을 미칠 수 있는 자료이므로 반영구적으로 학교에서 보관하게 된다.

2. 성적의 결정 15 기출

- 성적을 결정할 때에는 심동적, 인지적, 정의적 영역의 요소들을 이용하게 된다.
- 체육과 성적에 이용되는 요소로는 심동적 영역에서의 운동수행력의 성취 수준과 향상도, 그리고 인지적 영역, 정의적 영역 등이다. 실제로 국내 학교 현장에서는 약 60~70% 이상 심동적 영역이 성적으로 이용되고 있는 실정이다. 세 영역을 성적으로 이용하는 비율은 정해진 것은 없지만, 성적에 이용되는 각 영역의 비율은 각 학교의 사정에 맞게 적절한 비율로 구성되어야 할 것이다.

2-1. 심동적 영역

(1) 심동적 영역에서 성적의 결정에 이용되는 요소로는 첫째, 운동 수행력의 성취 수준이다.

① 일반적으로 학생들의 성취 수준은 교사가 성적을 부여할 때 가장 중요하게 생각하는 요소이다.

㉠ 보통 학기 말에 학생들의 운동 기능의 성취 수준을 측정하여 성적을 주게 되므로, 교사가 수업의 최종 목표를 어떻게 결정하느냐가 중요하다.

㉡ 학생들의 운동 기능이 초보 수준일 때에는 기능의 발전에 강조를 두지만, 중급 이상의 수준일 때에는 기능의 발전과 함께 경기 능력의 향상에도 강조를 두어 수업 목표를 설정하게 된다.

㉢ 실제로는 운동 기능이 뛰어난 학생과 저조한 학생이 함께 있으므로, 교사는 적절한 선을 결정해야 한다.

② 체육 교과에서는 운동 기능과 함께 체력의 성취 수준이 평가되어 성적에 포함되어야 한다.

㉠ 호주, 미국 등의 선진국에서는 교육과정에서 건강관련체력의 향상이 주된 목표로 설정되어 있고, 한국의 7차 교육과정에서도 건강체력의 발달은 심동적 영역의 목표로 설정되어 있다.

㉡ 그러나, 체력 운동은 성적에서는 중요한 가중치를 두지 않는 것이 실제 학교 현장의 경향이다.

㉢ 체력의 성취 수준은 근력이나 근지구력(예 팔굽혀펴기, 매달리기, 윗몸일으키기 등), 심폐지구력(예 오래달리기-걷기), 유연성(예 앉아 윗몸앞으로굽히기), 신체조성(예 피부두겹에 의한 체지방률) 등 건강관련체력을 위주로 측정하여 성적을 부여한다.

③ 운동수행력의 성취 수준을 평가할 때 가장 어려운 내용이 경기 기능의 평가이다.

㉠ 경기 기능의 평가는 주관적으로 이루어지는 경우가 대부분이어서 실제로 학교 현장에서 경기 기능을 평가하여 성적으로 부여하는 경우는 드물다.

㉡ 따라서, 단체 운동의 경우 토너먼트 경기의 실적으로 성적을 부여하는 경우가 많다.

㉢ 하지만, 박동균, 이기봉 등 몇몇 연구자들에 의해 다양한 종목의 수행평가 방법과 기준, 학습 자료가 개발되어 이를 활용하면 경기 기능의 평가도 성적으로 활용할 수 있을 것이다.

(2) 심동적 영역에서 성적으로 활용할 수 있는 또 다른 요소는 둘째, 운동수행력의 향상도라 할 수 있다. 대개 교사들은 학생들의 운동수행력이 향상되기를 바란다. 따라서 운동수행력의 향상된 정도를 성적으로 이용하는 것은 매우 바람직한 것처럼 생각된다.

① 그러나, 운동수행력의 향상도를 성적으로 이용할 때에는 ㉠~㉣과 같은 문제점이 발생한다.

㉠ **향상도 점수의 비신뢰성이다.** 대개 향상도 점수는 사후 점수에서 사전점수를 뺀 점수를 이용하게 되는데, 사전검사에서 학생들이 최선을 다하지 않을 가능성이 커서 신뢰성이 낮은 향상도 점수가 나타날 가능성이 있다.

㉡ **척도 단위의 비동질성이다.** 사전검사의 점수가 높은 학생은 사전검사 점수가 낮은 학생에 비해 높은 향상도 점수를 동일한 단위로 해석하기 어렵다.

ⓐ 예를 들면, 마라톤 선수가 1,600m 달리기에서 5초 단축된 것은 의미 있는 향상도로 해석할 수 있지만, 초보자가 5초 단축된 것은 실제로 의미 있는 향상도로 해석하기 어렵다. 또한, 성장기에 있는 아동들에게서는 사전검사와 사후검사 기간 동안 신체적으로 성장하여 연습의 효과가 아닌 자연적인 성장에 의한 향상도가 나타날 수 있다.

ⓑ Hale과 Hale Index는 낮은 수준의 학생의 향상도 점수에는 가중치를 낮게 주고 높은 수준의 학생의 향상도 점수에는 가중치를 높게 주어 전환된 점수를 이용하여 향상도 점수의 척도를 동일하게 만든 지수이다. 그러나, 이 지수도 변환 점수를 만든 지수 공식의 과학적인 증거를 제시하지 못하였고, 세계신기록을 기준으로 하였다는 문제점들 때문에 대중화되지 못하였다.

㉢ **사전검사를 할 때 학생들의 동기화가 어렵다.**

ⓐ 예를 들면, 향상도 점수를 성적으로 부여한다고 예고한다면, 학생들은 사전검사에서 고의로 낮은 점수를 받으려고 노력할 것이다. 이러한 문제를 해결하기 위한 방법으로 향상도 점수가 성적에 포함될 것을 사전검사를 하기 전에 알려주지 않고 충분한 연습 시간을 주는 것이 있다.

㉣ **향상도 점수로 학생들의 성취 수준을 평가하기는 어려운 문제점이 있다.** 매우 높은 향상도 점수를 나타낸 학생일지라도 수업 목표를 성공적으로 달성했다고 할 수 없기 때문에 향상도 점수만으로는 학생들의 성취 수준을 평가하기는 어렵다.

② 상기한 문제점들로 인해 향상도 점수를 성적으로 이용하는 것은 매우 위험한 일이다. 따라서 향상도 점수의 문제를 해결할 수 있는 방법이 개발되기 전까지는 향상도 점수를 성적 부여 방법으로 사용할 때 세심한 주의가 필요하며 최소한으로 사용해야 할 것이다.

③ 만약, 운동수행력의 향상도 점수를 성적으로 이용하려면, 기능의 향상을 나타내기에 충분한 연습 기간을 주고, 성숙 요인에 의해 운동수행력이 향상될 정도로 너무 많은 연습기간을 주는 것도 고려해야 한다.

71 | 2015학년도 서술

4. 다음은 두 교사 간의 e-메일 대화 내용이다. 밑줄 친 ㉢에 해당하는 이유와 ㉣에 해당하는 단점을 기술하시오. [5점]

답장 전체답장 전달 X삭제 스팸신고	목록 ∣ 위 ∣ 아래
제목	학생평가와 관련하여 상의를 드립니다.

김 선생님 안녕하세요?
낮에 학교에서 말씀드렸던 대로 학생 평가와 관련하여 두 가지 상의드릴 내용이 있습니다.
첫 번째는 학생들의 체력 평가를 위해 체지방을 측정하는데, 측정할 때마다 값이 달라 당황스럽습니다. 같은 학생을 동일한 방법으로 2회 반복하여 측정하였음에도 두 값에 차이가 있습니다. 제가 무엇을 잘못하고 있는 것인지요?
두 번째는 내년 신입생에게 시행할 수영 실기 평가 방법에 관한 내용입니다. 올해는 자유형 25m 수행에 대한 성취도만을 평가하였습니다. 수업에 매우 적극적으로 참여하였지만, 과거에 수영을 배워 본 경험이 없었기 때문에 완주하지 못하여 좋은 평가를 받지 못했습니다. 그래서, 내년 신입생부터는 향상도를 평가에 반영하는 것이 어떤지 의견을 드립니다.
올해 발령을 받은 후 처음 시행하는 학생 평가라서 모르는 것이 많습니다. 잘 가르쳐 주십시오.

ㄴ답장
최 선생님 학교 일들이 재미있지요?
첫 번째, 체지방을 측정할 때마다 다른 값이 나오는 것은 당연한 일입니다. 선생님 잘못이 아니라 측정오차가 원인이지요.
두 번째, 향상도를 반영한 평가는 학생들의 학습 동기를 고취할 수 있다는 점에서 매력적이라고 생각합니다. 그러나 ㉢<u>향상도 평가는 숙련자에게 불리</u>할 수 있으며, ㉣<u>향상도를 평가에 중요하게 반영한다는 사실을 학생들이 사전에 인지할 경우 단점</u>도 있을 수 있습니다. 계속 의논하면서 더 좋은 학생 평가 방법을 만들어 봅시다.

[정답] ㉢ 천장효과(천정효과) 또는 향상 정도의 폭(범위)이 좁다 [반드시 들어가야 함] 척도단위의 비동질성이다. [1점]
(사전검사의 점수가 높은 학생은 사전검사 점수가 낮은 학생에 비해 높은 향상도 점수를 동일한 단위로 해석하기 어렵다. 예를 들면, 마라톤 선수가 1,600m 달리기에서 5초 단축된 것은 의미 있는 향상도로 해석할 수 있지만, 초보자가 5초 단축된 것은 실제로 의미 있는 향상도로 해석하기 어렵다.)
㉣ 학생들이 사전검사에서 고의로 낮은 점수를 받으려고 노력할 것이다. [1점]

2-2. 인지적, 정의적 영역

(1) 인지적 영역을 학교체육 현장에서 평가하여 성적에 포함시키는 것은 당연한 것으로 받아들여지고 있다. 일반적으로 성적 부여에 포함시켜야 할 인지적 능력은 움직임의 과학적 원리, 신체 활동에 적용되는 과학적 원리, 경기 방법 및 규칙, 각 종목의 전략, 안전 요인, 각 종목의 역사 등이다.

(2) 정의적 영역에서 성적으로 부여되는 항목은 대개 태도, 출석과 참여도, 스포츠맨십, 노력, 복장 등이다.

① 정의적 요소를 측정할 때에는 교사가 주관적으로 판단하는 경우가 대부분이다. 따라서, 정의적 요소를 객관적으로 측정할 수 있는 평가 기준표를 만들어 제시하는 것이 좋다.

② 정의적 영역을 너무 강조하면 학생들이 운동수행력의 향상과 지식적인 면에 대해 소홀해질 수 있어, 일반적으로 심동적, 인지적 영역에 비해 성적에 포함되는 비율이 상대적으로 낮다.

③ 태도가 좋은 학생의 운동수행력이 반드시 향상되고 인지적 능력이 좋아진다고 할 수는 없지만, 바람직한 인성을 가진 인간을 육성하는 것도 체육의 중요한 목적이므로 적은 비율이라도 정의적 영역을 성적에 반드시 포함시켜야 할 것이다.

④ 정의적 영역의 평가 항목 중에서 태도나 노력의 정도는 객관적으로 평가하기 어렵다. 일반적으로 기능이 떨어지는 학생은 많이 노력하게 되고, 기능이 높은 학생은 많은 노력을 기울이지 않아도 된다. 만약, 기능이 뛰어난 학생이 많은 노력을 기울이지 않는다고 해서 벌점을 줄 수는 없을 것이다. 만약, 태도나 노력 요인을 평가하여 성적에 넣고 싶다면, 이 요인을 공정하게 평가할 수 있는 방법을 먼저 강구해야 할 것이다.

⑤ 학생들은 경기의 승자나 패자로서 올바른 스포츠맨십을 발휘해야 한다. 스포츠맨십을 성적에 이용할 때에는 잘못된 행동에 대한 감점을 주는 것이 바람직하다. 출석과 관련된 평가는 학교에서 규정된 기준에 의해서 처리되어야 한다. 참여도는 교사가 수업의 내용을 얼마나 흥미롭게 구성하느냐에 따라 달라지므로 이에 대한 교사의 노력도 필요하다. 정의적 영역을 객관적으로 평가하기는 매우 어렵기 때문에 정의적 영역을 성적에 포함시키려면 객관적이고 체계적인 성적 부여 방법이 동반되어야 할 것이다.

3. 성적 부여 기준

• 배로우(Barrow)와 맥기(McGee)는 성적을 부여할 때 기준으로 다음과 같은 6가지를 제시하였다.

(1) 첫째, 성적은 교육목표와 관련이 있어야 한다. 교육 목표와 관련이 없는 요인이 평가 항목에 포함되어 성적을 부여하는 것은 적절하지 않다. 교육 목표는 수업 내용과 연계되어야 하고, 평가 항목은 수업 내용의 일부가 되어야 한다. 만약, 수업 내용에 포함되지 않는 것이 성적을 부여하기 위한 평가 항목에 포함되어서는 안 될 것이다.

(2) 둘째, 성적은 충분한 타당도, 신뢰도, 객관도가 확보되어야 한다.

① 성적이 교육 목표와 관련이 없다면 그 성적 부여 방법은 타당도가 낮다고 할 수 있다. 따라서, 성적 부여 방법이 타당도를 확보하기 위해서는 교육 목표와 관련하여 평가가 이루어져야 한다.

② 신뢰도 측면에서 성적 부여 방법은 일관성이 있어야 한다. 즉, 동일한 수행력을 나타내면 시행 시기에 관계없이 동일한 성적이 부여되도록 해야 한다.

③ 객관도 측면에서 체조의 자세 평가와 같이 주관적으로 부여되는 성적 요인이 있다면, 성적 부여 방법은 가능한 한 객관적이어야 한다. 태도 평가나 서술형 평정 척도에 의한 운동 기능 평가는 주관적일 수밖에 없지만, 나름대로 신뢰도와 객관도를 확보해야 한다. 이를 위해서는 교사 간에 사전 검사 점수를 비교한다거나 체육 교과 협의회를 통해 의견을 조율하는 등의 노력이 필요하다.

(3) 셋째, 성적을 부여하는 요인들의 가중치는 수업 시간에 강조했던 정도와 관련이 있어야 한다. 배구 종목을 가르치는 체육 수업 시간에 경기 기능을 강조하였다면, 기초 기능보다는 경기 기능과 관련된 내용 평가에 가중치를 크게 두어 성적을 부여해야 할 것이다.

(4) 넷째, 최종적으로 성적을 부여하는 방법과 각 요인의 가중치는 학부모와 학생이 이해할 수 있어야 한다. 성적 부여 방법은 학생과 학부모에게 비밀이어서는 안 되고, 쉽게 계산할 수 있어야 한다. 그래서, 최종 성적표를 받기 전에 학생은 자신의 점수를 미리 알 수 있어야 한다.

(5) 다섯째, 규준지향검사나 준거지향검사에 관계없이 성적은 우수한 학생과 저조한 학생을 구별할 수 있어야 한다. 지필검사에서 문항이나 검사의 변별도가 낮다면 검사의 가치가 떨어지는 것처럼, 성적을 통해서 능력의 차이를 구분하지 못한다면 그 성적은 제대로 역할을 하지 못할 것이다.

(6) 여섯째, 성적은 시행함에 있어서 경제성이 있어야 한다. 상기한 조건들을 모두 만족하는 성적 부여 방법도 시간, 비용, 인력적인 면에서 비경제적이라면 고려되어야 한다. 최근에 많은 발전을 하고 있는 컴퓨터를 활용한다면 경제적인 면에서 많은 도움을 받을 것이다.

4. 성적 부여 방법

4-1. 규준지향검사의 성적 부여 방법

- 규준지향검사에서 성적을 부여하는 방법에는 표준편차를 이용하는 방법, 학생들의 비율을 이용하는 방법, 규준에 비추어 성적을 주는 방법이 있다.

(1) 첫째, 표준편차 방법(Standard Deviation Method)은 검사 점수가 정규 분포할 때 검사 점수의 평균과 표준편차를 이용하여 성적을 부여하는 방법이다.

① 먼저, 검사 점수 분포의 평균과 표준편차를 먼저 계산하고, 〈표 6-1〉과 같이 분포를 몇 개의 범위로 구분한다.

〈표 6-1〉 표준편차 방법에 의한 성적 부여

등급	표준편차 범위	비율
A	평균 +1.5s 이상	7%
B	평균 +0.5s ~ 평균 +1.5s	24%
C	평균 −0.5s ~ 평균 +0.5s	38%
D	평균 −1.5s ~ 평균 −0.5s	24%
E	평균 −1.5s 이하	7%

② 만약, 중학교 3학년 남학생의 윗몸일으키기 검사의 점수분포의 평균이 30개이고 표준편차가 8개일 때 〈표 6-1〉에 의하여 성적을 부여한다면, 윗몸일으키기를 42개 이상 시행한 학생은 A를 받게 된다.

③ 표준편차 방법이 소집단에 사용될 경우에는 〈표 6-1〉에서 나타낸 각 등급의 비율처럼 상위집단과 하위집단의 비율이 동일하게 나타나기 어렵다.

④ 따라서 표준편차 방법은 최소한 4~5개 학급이나 2년 이상의 자료 수집이 가능할 때 사용하는 것이 바람직하다.

(2) 둘째, 비율 방법(Percentage Method)은 교사가 각 등급에 몇 %의 학생들이 포함될 것인지를 사전에 결정하여 해당 비율의 인원만큼씩 성적을 주는 방법이다.

① 비율 방법으로 성적을 부여하는 절차는

㉠ 첫째, 각 등급에 포함될 비율을 교사가 결정하고,

㉡ 둘째, 모든 학생의 점수를 높은 점수부터 순서대로 나열하며,

㉢ 셋째, 해당 비율만큼의 인원수를 계산하고,

㉣ 넷째, 결정된 인원수대로 상위 성적부터 부여한다.

② 비율 방법에서는 계산된 인원수와 실제 인원수가 일치하지 않을 때 인위적으로 특정 등급의 인원수를 많게 또는 적게 조정해야 한다는 문제점이 있다.

③ 그리고, 동일한 점수를 받은 학생의 경우에 낮은 능력의 학급에 소속된 학생들이 높은 능력의 학급에 소속된 학생들보다 더 좋은 점수를 받게 된다.

④ 또한, 학급 구성원의 능력 수준이 다른 학급에 비해 동질적인 경우에 이 학급 내에서 비슷한 점수를 받더라도 성적은 크게 차이가 날 수 있다.

⑤ 만약, 비율 방법을 학생 수가 적은 집단에 적용하면 일관성이 떨어지게 되므로, 비율 방법은 가능하면 많은 학생 수에 적용하는 것이 바람직하다.

(3) 셋째, 규준 방법(Norm Method)은 미리 개발된 전국적인 수준의 규준(norm)에 비추어 성적을 주는 방법이다.

① 규준 방법은 표준편차 방법이나 비율 방법에 비해 검사받는 학생 집단의 특성에 크게 좌우되지 않으며 일관성을 갖는다는 장점이 있다.

② 그러나, 이 방법은 규준이 미리 개발되어 있지 않을 경우에는 사용할 수 없다. 현실적으로 국내에서는 몇몇 체력 검사 종목을 제외하고는 운동수행력 검사의 규준을 제시한 경우가 거의 없다. 운동기능 검사의 규준은 Safrit과 Wood를 참고하기 바란다.

4-2. 준거지향검사의 성적 부여 방법

준거지향검사에서 성적을 부여할 때에는 각 수준별로 기준이 미리 작성되어 있거나 합격, 불합격의 준거가 사전에 설정되어야 한다. 준거지향검사에서 성적을 부여하는 방법에는 계약 방법과 정답 비율 방법이 있다.

(1) 첫째, 계약 방법(Contract Method)은 학생들이 일정 수준 이상의 능력을 발휘하였을 때 합격을 판정할 것임을 사전에 약속하는 것이다.

① 실제로 학교 현장에서는 하나의 기준보다는 3~5개 정도의 등급이 사용되므로 3~5개 등급을 구분하는 경계선을 사전에 결정해야 한다.

② 계약 방법에는 모든 학생들에게 사전에 결정된 기준을 동일하게 적용하는 경우와 학생에 따라 기준을 다르게 적용하는 경우가 있다.

③ 후자의 경우에는 능력 수준의 차이에 따라 기준을 달리함으로써, 모든 학생이 우수한 성적을 받을 수도 있다.

④ 그러나, 이 방법은 학습의 질보다는 학습의 양을 강조한다는 문제점이 존재하고, 모든 학생에게 공정하지 못하여 현실적으로 사용하기는 쉽지 않다.

(2) 둘째, 정답 비율 방법(Percentage-Correct Method)은 주어진 검사 문항에서 일정 비율 이상에 정답했을 때 해당하는 등급을 부여하는 것이다. 〈표 6-2〉는 정답 비율 방법의 예이다.

〈표 6-2〉 정답 비율 방법의 예

등급	정답 비율
A	90 - 100
B	80 - 89
C	70 - 79
D	70 미만

① 〈표 6-2〉를 적용하여 성적을 부여할 경우, 자유투 10회 시행 검사에서 9회 이상 성공한 학생의 성적은 정답 비율이 90%가 되므로 A가 된다.

② 정답 비율 방법을 사용할 경우에 기준은 교사가 인위적으로 설정하지 말고, 과거의 성적을 기준으로 작성하는 것이 바람직하다.

③ 왜냐하면, 현재의 학생들에 대해서 잘 모를 경우에는 과거 학생들의 수준으로부터 현재 학생들의 수준을 간단하게 추정할 수 있기 때문이다.

④ 또한, 정답 비율 방법을 사용할 경우에는 서로 다른 검사 간의 비교가 어렵다.

⑤ 왜냐하면, 검사들마다 난이도가 다르기 때문에, 한 검사에서 85점이 다른 검사에서 85점보다 더 좋거나 나쁜 점수가 될 수 있기 때문이다.

⑥ 하지만, 이 방법은 학생들이 특정한 점수 이상을 받아야 좋은 점수를 얻을 수 있다는 것을 미리 알기 때문에 검사 이후에 곧바로 학생들이 자신의 성적을 계산할 수 있는 장점이 있다.

(3) 위에서 다양한 성적 부여 방법에 대해 설명하였다. 그렇다면, 상기한 방법 중 체육 교사가 어떤 방법을 선택하여 사용해야 할까?

① 성적 부여를 위한 방법들은 제각기 장·단점을 갖고 있다. 교사가 성적을 부여할 때 가장 중요한 결정은 준거지향과 규준지향 중 어떤 관점으로 성적을 부여할 것인지 결정해야 한다.

② 따라서, 교사들은 두 가지 성적 부여 관점에 대해 모두 준비를 하고, 학생과 교사의 요구에 가장 적합한 방법을 선택하면 될 것이다. 만약, 교사가 직접 성적을 부여하는 방법을 개발하고 싶다면, 위에서 설명했던 성적 부여 기준에 적합한 방법을 개발해야 할 것이다.

5. 성취평가제(일반교육학)

(1) 현재 중학교와 고등학교에서는 성취평가제가 실시되고 있다. 상대평가(내신 9등급제)의 문제점을 해결하기 위해 도입된 성취평가제는 성취기준에 도달한 정도에 비추어 성적을 평가하는 준거지향평가를 가리킨다.

(2) 성취평가제의 가장 중요한 특징은 성적을 정의하는 방식과 성적표기방식이 전면적으로 바뀌었다는 점이다. 과거에는 성적을 상대적 위치에 따라 스테나인을 이용하여 9단계로 평가했으나, 성취평가제에서는 성적을 성취기준에 도달한 정도 혹은 성취율에 비추어 절대적으로 정의하고, 성적을 A, B, C, D, E, F로 표기하고 있다.

(3) 성취평가제의 절차는 (1) 평가계획 수립, (2) 성취기준 및 성취수준 설정, (3) 이원분류표 작성, (4) 평가도구 제작, (5) 평가실시 및 결과처리 단계로 나뉜다. 이 중에서 성취기준 및 성취수준과 성적표기방식을 소개한다(한국교육과정평가원, 2012).

5-1. 성취기준

(1) 성취기준이란 각 교과목에서 학생들이 성취해야 할 지식, 기능, 태도를 진술한 것을 말한다. 그러므로 성취기준은 사실상 교육목표와 같다. 성취기준을 예시하면 다음과 같다.

- 집합의 개념을 이해한다.
- 어조나 억양을 통해 화자의 심정을 파악한다.
- 물질의 상태에 따른 분자배열의 차이를 비교한다.
- 후기 문화의 새로운 변화를 사례 중심으로 파악한다.

(2) 성취기준은 국가수준에서 제공하는 성취기준을 참고하여 설정해야 하며, 국가수준에서 제공하는 성취기준을 활용할 수 없는 경우 교육과정의 교과목별 목표 및 내용을 토대로 개발해야 한다.

5-2. 성취수준

(1) 성취수준이란 학생들이 성취기준에 도달한 정도를 몇 개 수준으로 구분한 다음, 각 수준별 지식 ㅁ 기능 ㅁ 태도의 특성을 설명한 것이다. 성취수준은 성적을 판정하는 잣대가 된다. 성취평가제는 학생이 성취기준에 도달한 정도에 따라 성적을 A, B, C, D, E, F로 표기하는데, 각 수준의 정의는 다음과 같다.

〈표 6-3〉 성취평가제의 성취수준에 관한 정의

성취수준	정의	성취율(점수)
A	내용영역에 대한 지식습득과 이해가 매우 우수한 수준이며 새로운 상황에 일반화할 수 있음	90% 이상
B	내용영역에 대한 지식습득과 이해가 우수한 수준이며 새로운 상황에 대부분 일반화할 수 있음	90% 미만 ~ 80% 이상
C	내용영역에 대한 지식습득과 이해가 만족할 만한 수준이며 새로운 상황에 어느 정도 일반화할 수 있음	80% 미만 ~ 70% 이상
D	내용영역에 대한 지식습득과 이해가 다소 미흡한 수준이며 새로운 상황에 제한적으로 일반화할 수 있음	70% 미만 ~ 60% 이상
E	내용영역에 대한 지식습득과 이해가 미흡한 수준이며 새로운 상황에 거의 일반화할 수 없음	60% 미만 ~ 40% 이상
F	내용영역에 대한 지식습득과 이해가 최소 학업성취 수준에 미달하여 별도의 보정 교육 없이는 다음 단계의 교수-학습 활동을 정상적으로 수행하기 어려움	40% 미만

5-3. 성적표기방식

(1) 중학교의 경우 성적은 A, B, C, D, E, F로 표기하고 원점수/과목평균(표준편차)을 병기한다. 석차는 기재하지 않는다. 체육·예술교과는 성적만 A, B, C로 기재한다. 고등학교에서는 성적을 A, B, C, D, E, (F)로 기재하고 원점수/과목평균(표준편차)을 병기한다. 단, 교양교과 및 기초교과의 기본과목은 단위수와 이수여부만 기재하고, 체육·예술교과는 성적만 A, B, C로 기재한다.

제 7 장 수행평가

핵심어

수행평가, 등장 배경, 구성주의, 실제성평가, 수행 규정하기, 수행과제 구안하기, 수행 실천하기, 평정 및 채점하기, 교수 타당화, 구인 타당화, 내적 타당화, 서술형 검사, 논술형 검사, 구술시험, 실기시험, 포트폴리오, 경기수행력 평가, 게임수행평가도구(GPAI), 게임중심실제성평가(GOAA), 복합기능검사

문제

1. 기존의 성적 산출만을 위한 성취 수준의 평가 방식의 문제점으로 인해 대두된 수행평가가 기존의 평가 방식과 다른 점에 대해 논하시오.
2. 국내 학교 체육 현장에서 수행평가가 원활하게 이루어지기 위한 방안을 논하시오.
3. 수행평가의 타당도는 교수 타당화, 구인 타당화, 내적 타당화의 관점에서 고려되어야 한다. 세 가지 관점이 무엇을 의미하는지 설명하시오.
4. 표준화된 규준지향검사를 이용하여 수행평가의 타당도를 검증하는 방법을 설명하시오.
5. 체육과의 실기 부분에서 실제평가라는 용어가 사용된다. 실제성평가의 의미는 무엇이며, 실제성평가의 실제 예를 들어보시오.
6. 학교와 스포츠 현장에서 많이 활용되는 종목을 선정하여 복합기능검사를 개발하고, 개발된 복합기능검사의 타당도를 검증하는 방법을 설명하시오.
7. 학교와 스포츠 현장에서 많이 활용되는 종목을 선정하여 경기 상황에서의 경기수행력을 측정하는 검사도구를 개발하고, 전문가의 평가 점수와 개발된 검사도구로 측정된 점수를 비교하여 타당도를 검증하시오.

1 수행평가의 이해

1. 등장 배경

(1) 수행평가(Performance based Evaluation)는 1999년부터 실시되고 있는 제7차 교육과정의 핵심 중 하나이다. 흔히 체육 교과에서 자주 사용하는 실기평가가 모두 수행평가로 인식되어, 체육 교사들은 과거부터 수행평가를 사용해 온 것으로 혼동하곤 한다. 그러나, 수행평가는 이론 과목에서 발생되었다는 점에서 현장의 체육 교사나 예비 체육 교사들은 주의해야 한다. 우선 수행평가가 등장하게 된 배경을 통해서 수행평가의 개념을 정립하는 것이 선행되어야 할 것이다.

(2) 수행평가가 등장하게 된 배경으로 배호순(2000)은 기존 교육평가의 문제점 및 부작용, 교육계 내부의 변화대응 노력, 새로운 학습이론의 등장, 교육프로그램 평가 분야의 변화, 교육심리측정 분야에서의 변화,

사회적 요구에 대한 부응 등을 들었다. 상기한 내용을 구체적으로 설명한다면 다음과 같다.

① 첫째, 교육평가의 문제점 및 부작용에 대한 대안을 강구하는 노력이다.

ⓐ 이론 과목의 경우 지난 30여 년 동안 사용해온 선택형 학력검사는 하나의 정답만을 선택하여 고차적인 정신기능을 측정하기 어렵고 학습의 결과만을 중시하며 정답을 선택하도록 강요하고 열악한 교육환경의 학생에게는 불리한 문제점을 나타냈다.

ⓑ 선택형 학력검사는 교사의 평가활동 범위를 제한하였고 교사들의 교수활동과 관련된 평가활동의 다양성을 크게 제한하였다. 이러한 문제점들은 학자들의 다양한 대안을 강구하는 바탕이 되었고, 수행평가는 그러한 대안 중 핵심적인 것으로 대두되었다.

ⓒ 수행평가는 신뢰성과 객관성을 지나치게 강조하던 기존의 평가 방법을 벗어나 평가의 타당성을 제고시키고 교육 효과를 증대시킬 수 있는 평가라 할 수 있다.

② 둘째, 기존 교육평가의 문제점을 보완하고 평가의 기능을 정상화시키기 위한 교육계의 반응도 수행평가의 중요한 등장 배경이다.

ⓐ 즉, 기존의 평가 방법을 통해서 고차적인 정신 기능을 평가하기 어렵다는 판단하에 수행중심의 평가가 대두된 것이다.

ⓑ 사실 수행평가는 최근에 대두된 새로운 방법은 아니다. 20세기 초까지 수행중심의 평가가 진행되어 오다가 학생수의 증가, 교사의 책무성에 대한 요구, 교육활동의 효율성 증대 요구등으로 인해 객관성과 신뢰성을 중시하는 평가로 전환되었다.

ⓒ 그러다가 객관성과 신뢰성만을 중시하는 기존의 평가 방법에 문제점이 대두되어 1980년대 이후부터 평가의 타당성을 중시하는 수행중심의 평가가 다시 주목받기 시작한 것이다.

③ 셋째, 새로운 학습이론의 등장으로 인해 수행평가가 대두되었다.

ⓐ 기존의 평가에서는 검사를 실시하는 가장 일반적인 이유인 성취 수준의 평가가 대부분이었고, 학생들이 수동적으로 평가 활동에 참여하였으며, 학습의 과정보다는 결과만을 강조하였다.

ⓑ 그러나, 학습자가 지식을 구성하는 방법에 관심을 갖는 구성주의 학습이론이 등장하면서 학생들의 학습활동이 평가활동과 동시에 이루어지도록 요구하게 되었다. 수행평가는 이러한 요구에 부응하면서 자연스럽게 등장하게 되었다.

④ 넷째, 교육 프로그램 평가와 교육심리측정 분야의 변화이다.

ⓐ 최근 학교 교육과정이나 프로그램에 대한 평가에 관심이 증대되면서 교사들의 책무성을 더욱 강조하게 되었고, 이러한 맥락에서 학생들에게 의미 있는 학습활동을 보장하도록 다양한 평가 방법의 개선이 요구되었다.

ⓑ 이러한 요구에 기존의 평가 방법은 부응하기 어려웠고 대신 수행중심의 평가가 중심적인 역할을 하게 되었다.

ⓒ 최근 심리측정 분야에서도 표준화 검사의 문제점이 대두되면서 심리측정의 본질을 측정하려는 움직임이 일어났고, 이러한 움직임은 교육평가 분야에서 수준 높은 평가 방법에 대한 연구를 가속화시켰다.

⑤ 마지막으로 사회적 요구에 대한 부응이다.

ⓐ 최근 교육의 질 개선에 대한 사회적인 요구로 인해 실제 학습 활동과 구분되어 이루어지던 기존의 평가 방식에서 교수-학습 활동과 연계되어 시행되는 수행중심의 평가 방식이 사회적인 공감을 얻게 되었다.

ⓑ 또한 교사의 책무성에 대한 사회적인 요구는 교육의 효과를 수행중심의 평가 방법으로 바꾸는 데 영향을 미쳤다고 할 수 있다.

2. 수행평가의 개념

(1) 전통적인 평가 방법들(선다형 표준화검사, 체력검사 등)은 학습활동을 전개하는 과정과 학습활동을 통해 나타나는 수행의 결과를 파악하기 어려웠다. 이러한 문제점을 해결하는 데 수행평가는 매우 적합하다.

① 수행평가에서 '수행'은 학습활동,

② 학습활동을 수행하는 과정,

③ 학습활동을 통해 산출된 결과 등을 포함하는 의미이다.

ㅇ 이러한 설명에 의하면 수행평가는 상기한 세 가지 내용을 중시하여 평가의 목적을 달성하려는 평가이다.

(2) 수행평가에 대한 정의는 다음과 같이 학자들에 따라 매우 다양하다.

- "학생이 수행과정에서 보여주는 기능 및 능력을 관찰하고 판단하는 평가"(McMillan)
- "교사가 학생이 학습과제를 수행하는 과정이나 그 결과를 보고, 그 학생의 기능이나 태도 등에 대해 전문적으로 판단하는 평가방식"
- "학생으로 하여금 학습과제를 수행하도록 요구하고 그 과정과 결과를 통하여 보여주는 지식, 기능, 태도를 관찰하고 판단하는 평가방식"

① 상기한 학자들의 의견을 종합해 보면, 수행평가는 학생들에게 주어진 실제적이고 진솔한 과제를 학생들이 수행하고, 그러한 과정을 통해서 나타나는 지식, 기능, 태도에 대해 학습과정에서 수집한 자료에 근거하여 전문가적인 견해로 판단하는 평가방식이라 요약할 수 있다.

(3) 상기한 수행평가의 개념에 대한 설명은 모두 이론 과목을 전제한 것이기 때문에 체육과에 적합한 수행평가의 개념을 이해하는 것이 필요하다.

① 체육 영역에서 실기평가는 모두 수행평가인 것으로 이해하고 있는 경우가 많다. 그러나 이것은 잘못된 생각이다.

② 왜냐하면 기존의 중·고등학교 체육 시간에 주로 사용했던 실기평가를 통해서 학습활동의 과정과 결과를 모두 확인할 수 있는 것은 아니기 때문이다.

③ 예를 들어 배구 언더핸드패스 능력을 평가하기 위해 배구공을 언더핸드패스로 땅에 떨어뜨리지 않고 공중으로 쳐올린 횟수를 측정했다고 가정하자.

④ 이 검사를 통해서 학생들이 수업 시간에 연습했던 과정과 그러한 과정의 결과를 전반적으로 파악하기는 어려울 것이다.

(4) 그렇다면 체육과의 실기평가를 어떻게 운영해야 수행평가라 할 수 있을까? 만약, 배구 언더핸드패스 능력을 평가하기 위해서 수업 시간마다 학생들의 언더핸드패스 횟수를 측정하고 학생들 스스로 미리 준비된 용지에 기록하게 하여 피드백을 제공했다면, 매우 훌륭한 수행평가가 될 것이다.

(5) 체육과에서는 학생들의 학습과정과 결과를 동시에 평가하는 의미의 수행중심의 평가와 함께 실제 상황과 연계된 평가가 강조된다.

① Wiggin(1993)은 체육과 실기 평가에서 수행평가를 할 때 실제 상황과 관련되어 설계되어야 한다고 주장했고, Hensley 등은 객관화된 운동수행력 검사들이 경기 상황과 관련되어질 때 타당도가 낮아지므로 실제 상황에 맞는 타당한 수행평가의 필요성을 강조했다. 이러한 요구를 충족할 수 있는 평가를 실제성평가(authentic assessment)라 할 수 있다.

② 예를 들어 교사가 학생들을 두 팀으로 나누어 배구 경기를 진행하게 하고, 경기 상황에서 학생들의 언더핸드패스 능력을 평가했다면 실제성평가를 실시한 것이라 할 수 있다.

(6) 실제성평가는 수행평가와 다른 종류의 평가 방법으로 인식될 수 있으나, 수행평가에서 추구하고자 하는 특성을 잘 나타내는 평가 방법이므로 동일하게 간주하는 경우도 있다.

① 그러나, 본서에서는 체육 분야의 평가를 다루므로 학습활동의 과정과 결과에서 얻어지는 자료들을 통해서 학생의 성취 수준뿐만 아니라 향상도와 발달 과정 등을 판단하는 수행평가와 실제 상황 즉, 경기 상황에서 학생들의 수행력을 평가하는 실제성평가를 구분하겠다.

(7) 수행평가의 특징은 정규적이고 진행적이라는 것이다.

① 과정을 중요하게 여기는 수행평가는 학생들의 수행력을 향상시키는 데 많은 도움을 줄 수 있는 형성평가의 개념이다.

② 수행평가는 한 학기 동안 특정 종목의 특정 기능을 연습한 후에 학기 말에 평가를 하는 성취 수준의 측정만을 위한 평가가 아니다.

③ 수행평가에서는 수업 시간마다 교사에 의해 수업 목표가 설정되고 학생들은 설정된 수업 목표를 달성하기 위해 노력해야 한다.

④ 학생들이 노력하는 과정을 평가하여 피드백을 제공하는 데 실제성평가의 주된 목적이 있는 것이다.

⑤ 이 외에도 수행평가는 실생활에서 즐길 수 있는 다양한 신체활동과 함께 학생들의 노력, 향상도, 참여도 등을 포함한다는 특징이 있다. 따라서 수행평가는 단순히 한 가지 운동 기능만을 평가하는 것보다는 학생들의 다양한 측면을 평가하는 기법이라 할 수 있다.

3. 수행평가의 절차

- 수행평가의 절차에 대해서는 학자들마다 견해가 다르지만, 배호순(2000)은 이러한 견해들을 종합하여 수행평가의 절차를 수행을 규정하기, 수행과제를 구안하기, 수행을 실천하기, 평정 및 채점하기 등 4단계로 구분하였다.

(1) 1단계, 수행을 규정하기 단계

어떤 학습목표를 평가할 것인가, 수행과제는 어떤 내용과 고등 정신기능에 초점을 맞추었는가, 수행으로 정해진 학습목표가 과정과 결과 중에서 어떤 것을 평가하는 것인가, 그리고 어떤 기준에 의해 평가할 것인가 등을 고려해야 한다.

(2) 2단계, 수행과제를 구안하기 단계

수행과제가 학습목표와 관련된 것으로 학생들의 학습활동과 관련하여 의미 있는 것이어야 한다.

① 즉, 학생들에게 너무 어렵거나 생소하여 많은 시간을 소요하지 않도록 해야 하며, 실제 상황에 근거한 과제를 선정하도록 노력할 필요가 있다.

② 체육의 경우 실제 경기 상황과 유사한 상황을 과제로 선정하는 노력이 필요하며, 사회성, 자신감, 인내심 등 정의적 영역 부분을 발달시킬 수 있는 수행과제를 설정하는 것이 바람직하다.

(3) 3단계, 수행을 실천하기 단계

구안된 수행과제를 교수·학습 활동 과정에서 시행하는 단계이다.

① 이 단계에서는 수행과제의 시행을 통하여 학습목표와 평가목표가 달성되고 있는가와 수행과제에서 의도하는 바가 제대로 수행되고 있는가에 관심을 가져야 한다.

② 교사는 이 단계에서 평가의 목적을 달성하기 위해 적절한 조치를 취해야 하며 수업목표와 관련된 내용을 충분히 다루도록 노력해야 한다.

(4) 4단계, 평정 및 채점하기 단계

수행과제를 실천하는 단계에서 수집된 자료에 근거하여 평가하는 단계이다. 이를 위해서는 수행과제를 실천할 때 중요한 내용과 학습의 과정에 초점을 맞춘 전반적인 평가기준 체계를 고안해야 한다. 평가를 마친 후에는 평가 결과를 통해서 학생들에게 바람직한 방향으로 피드백을 제공하는 것이 중요하다.

4. 문제점 및 해결 방안

(1) 수행평가는 기존의 지필검사 위주의 평가 방식이나 실기검사에서 성취 수준을 평가하는 전통적인 방식에 비해 본질적으로 안고 있는 문제점이 많다.

① 수행평가는 수업목표를 적절히 포함하는 수행과제를 고안하기 어려워 타당성의 문제가 대두되며,

② 수치 등으로 객관화된 평가 기준을 마련하기 어려워 객관성과 신뢰성에 의문을 가지게 된다.

③ 또한, 수행평가를 제대로 시행하기 위해서는 교사들이 많은 시간과 노력을 할애해야 하며 학생들이 수행과제를 시행하면서 수업목표를 달성하는 데 많은 시간과 노력이 요구된다.

(2) 상기한 문제점을 해결하기 위해서는

① 학생의 개인차를 인정하고 개별적인 지도가 가능하도록 학급 내 학생수를 조절해야 하며,

② 수행평가 준비를 위한 교사의 근무여건의 적정화 등이 우선되어야 한다. 체육의 경우 바람직한 수행평가를 지원할 수 있는 시설 및 교구의 확충이 필수적이라 하겠다.

③ 또한, 학부모와 교사들이 수행평가의 중요성을 정확하게 인식하고 긍정적으로 받아들여야 하며, 이를 위해 학교 및 교육청 차원에서 체계적인 지원을 해야 한다.

㉎ 수행평가로 인해 늘어난 부담을 줄이기 위해 교사들의 업무 부담을 줄이는 체계적인 노력이 선행되어야 할 것이다.

④ 이 외에도 어려운 여건 속에서 수행평가를 통한 교육목표 달성이라는 책무성과 교사의 전문성을 함양해야 하며,

⑤ 교사 개인과 교과 내에서 평가활동에 대한 자율적인 관리 체계가 확립되어야 할 것이다.

(3) 수행평가를 통해서 교사가 의도하는 바를 달성하기 위해서는 다음과 같은 노력이 요구된다.

① 첫째로 교사는 학생들이 학습활동을 하는 과정에서 즐거움을 느낄 수 있도록 학생 중심으로 수업과 평가가 이루어지도록 해야 한다.

② 둘째, 교사는 학생 개개인의 학습방법, 성격, 과거의 성취수준 등을 고려해서 개별화 학습이 이루어지도록 평가활동을 계획해야 한다.

③ 셋째, 교사는 수행평가 본래의 취지를 달성하기 위해서 학습활동과 평가활동이 동시에 이루어지도록 평가를 계획하고 실천해야 한다.

④ 넷째, 교사는 학습활동 중에 평가된 결과가 다음 학습활동에 긍정적인 피드백으로 작용되도록 평가활동을 계획해야 한다. 상기한 내용들을 만족시키려면 교사의 전문성 신장과 함께 수행평가의 목적을 달성하려는 교사의 굳은 의지가 있어야 할 것이다.

5. 수행평가의 양호도

(1) 수행평가의 타당도란 수행과제를 통해 달성하고자 하는 수업목표를 수업 중에 얼마나 잘 이행할 수 있는가의 문제로 교수 타당화, 구인 타당화, 내적 타당화의 관점에서 고려되어야 한다.

① 교수 타당화란 교사가 설계한 수업 및 수업목표를 충실히 수행했는가의 정도로 교사가 계획한 대로 수업을 진행하고 수업목표를 달성했다면 교수 타당화가 보장되었다고 할 수 있다.

② 구인 타당화의 관점은 실제로 수업에서 교사가 의도했던 바를 수행과제를 통하여 얼마나 달성하였는가의 문제이다. 고등학교 체육 교사가 농구 수업 시간에 패스를 적절하게 구사하는 것을 목표로 했을 때, 실제 경기에서 학생들이 적절한 패스를 구사했다면 구인 타당화가 만족되었다고 할 수 있다.

③ 내적 타당화의 관점은 계획된 수행과제를 통해서 의도한 정신기능을 발달시켰다면 내적 타당화가 만족된 것이다.

(2) 따라서, 수행평가의 타당도는 객관화된 검사를 이용하기보다는 수업 중 진행되는 교수·학습활동의 일환으로 전개되므로, 전문가에 의한 내용 타당도로 파악하는 것이 적절할 것이다. 이 외에도 표준화된 규준 지향검사 중 적절한 검사를 실시하여 얻은 검사점수와 수행평가를 통해서 얻은 검사점수를 비교함으로써 수행평가의 타당도를 추정할 수 있을 것이다(Burger & Burger, 1994).

(3) 수행평가는 타당도와 함께 신뢰도를 확보하는 데 어려움이 많은 평가 방법이다.

① 특히 수행평가의 신뢰도는 검사자 간 일치 정도인 객관도로 확인할 수 있다(Linn & Burton, 1994). 실제로 학교 체육 현장에서 수행평가의 큰 문제점 중 하나는 검사자 간 평가가 일치되지 않는다는 점이다.

② 이 문제를 해결하기 위해서는 수행평가의 범위 내에서 평정척도의 객관성을 최대한 확보하고 체육 교사 간 평가 기준에 대한 협의가 사전에 충분히 이루어져야 할 것이다.

2 수행평가의 종류

(1) 기존의 평가방식과 달리 수행평가는 다양한 평가방법을 적용한다는 점에서 큰 차이가 있다. 수행평가의 방법은 수행과제의 성격과 교사가 수업을 통해서 의도하는 바에 따라 적절한 방법을 선택해야 한다.

(2) 수행평가의 방법에 대해서는 학자들에 따라 약간씩 차이를 보이고 있다(백순근, 1998; Marsh와 Wills, 1999; Nitko, 1996).

(3) 본서에서는 체육 교육에서 수행평가의 기법을 구분한 Lund의 주장을 토대로 설명하겠다.

(4) 그의 주장에 의하면 수행평가는 서술형, 논술형, 구술시험, 실기시험, 포트폴리오 등 5개의 유형으로 구분되었다.

72 | 2000학년도

수행평가는 체육교사로 하여금 학생들의 학습과정과 결과를 다양한 방식으로 파악하고 이해하도록 함으로써 반성적 수업을 하도록 요청한다. 체육과에서 활용할 수 있는 일반적 수행평가 방법을 5가지 제시하시오.

[정답] 서술형, 논술형, 포트폴리오, 관찰법, 보고서 등

1. 서술형 검사

(1) 서술형 검사는 주로 지필 검사에서 많이 사용되는 방법으로 학생들의 창의성, 고등사고 기능을 묻는 것으로 주관식 검사라 할 수 있다.

(2) 기존의 체육과 지필평가에서 많이 사용했던 선택형 검사처럼 문제에 대해 답을 선택하는 것이 아니라 학생들이 문제를 읽고 직접 서술하는 방식의 검사이다.

(3) 기존에 많이 사용하던 선택형이나 단답형 검사는 학생들의 단편적인 지식에 대해 묻는 방법이나,

(4) 서술형 검사는 여러 정보를 종합하여 문제를 분석하는 능력을 평가할 수 있다.

(5) 이러한 특징 때문에 학교 평가에서 서술형 검사의 비중은 점점 더 커질 것이다.

(6) 반면, 서술형 검사는 채점하는 데 시간이 많이 걸리고 출제 범위가 좁다는 단점이 있다.

고등학교 학생들을 대상으로 한 서술형 검사의 예는 다음과 같다.

〈서술형 검사의 예〉

■ 문제) 체지방률이 35%인 고2 여학생에게 필요한 운동 유형과 운동 방법에 대해 서술하시오.

■ 평가 기준)

1) 규준과 준거에 의한 비만 판정 방법에 대해 바르게 설명한다.
2) 비만 감소를 위한 운동 유형을 안다.
3) 유산소성 운동 방법에 대해 설명할 수 있다.

■ 채점기준)

구분	우수함	보통	미흡함
기준	세 가지 평가기준에 대해 모두 정확하게 설명한다.	세 가지 평가기준 중에서 두 가지만 정확하게 설명한다.	세 가지 평가기준 중 세 가지 모두 또는 한 가지만 정확하게 설명한다.

■ 모범답안 예) 일반적으로 체지방률이 30% 이상인 여성은 건강이 위험한 것으로 알려져 있고, 고2 여학생의 체지방률이 35%라는 것은 아마도 국내 여고생들의 50백분위수를 훨씬 넘는 수치이다. 따라서 이 여학생은 체지방률을 낮출 수 있는 유산소성 운동을 실시해야 한다. 줄넘기, 수영, 등산, 오래달리기 등의 운동 방법을 선택하는 것이 좋다.

2. 논술형 검사

(1) 논술형 검사도 일종의 서술형 검사라 할 수 있는데,

① 학생들 자신의 생각을 창의적이고 논리적으로 작성한다는 점에서 서술형과 차이가 있다.

② 논술형 검사에서는 학생들이 작성한 내용뿐만 아니라 글의 구성 능력까지도 동시에 평가하게 된다.

③ 특히, 논술형 검사에서는 선택형 문항에서는 평가하기 어려운 사고력, 창의력, 분석력, 비판력, 추리력 등의 고차원적인 기능까지 측정할 수 있다는 장점이 있다.

(2) 그러나, 논술형 검사는 학생들로부터 다양한 답이 나올 수 있어 공정한 채점이 어려워 모범답안이나 문제 출제에 있어서 교사가 많은 시간과 노력을 쏟아야 한다.

(3) 체육과의 경우

① 학생들이 논술형 검사에서 서술한 글의 논리성이나 표현력보다는 내용과 태도 면을 더욱 강조해서 평가해야 할 것이다.

② 논술형 검사를 하기 위해서는 가능한 모든 경우의 모범답안을 작성하여 채점의 객관성이나 신뢰성을 확보해야 한다.

③ 채점 기준표를 작성할 때에는 평가 요소의 비중에 따라 가중치를 달리하여 작성한다.

초등학생을 대상으로 한 논술형 검사의 예를 들면 다음과 같다.

〈논술형 검사의 예〉

- 문제) '98 프랑스 월드컵 축구 경기 한국과 멕시코 전에서 전반전에 한 골을 넣은 후 반칙을 당하여 퇴장당한 하석주 선수의 행위에 대해 찬·반 입장 중 하나를 선택하여 자신의 견해를 논하시오.
- 채점기준

평가척도	우수함	보통	미흡함
내용면	축구에 대한 관심이 많고, 관전 태도가 적극적이며, 축구 전략에 대해 잘 알고 있다.	축구에 대한 관심은 있으나 관전에 있어서 소극적이고 축구 전략에 있어서 부분적으로 이해한다.	축가에 대한 관심이 없고 전략도 잘 모르며 관전하려 하지 않는다.
논리성	적절한 근거를 들어 주장하였다.	적절한 근거를 부분적으로 들어 주장하였다.	근거 제시가 부족하다.
표현면	연결어의 사용이나 어휘 사용이 정확하여 문장 막힘이 없고 매끄럽다.	연결어나 어휘사용에 있어서 문법에 어긋난 부분이 약간 있다.	연결어나 어휘 사용에 있어서 문법에 어긋난 부분이 많아 문장이 매우 어색하다.

3. 구술시험

(1) 구술시험은

① 필기시험으로 평가하기 어려운 내용을 평가할 때,

② 문항 출제와 채점 시간을 줄여야 할 때,

③ 즉각적인 피드백을 주어야 할 때 사용할 수 있다.

(2) 그러나, 구술시험은 필기시험에 대해 객관성과 신뢰성이 문제가 되어 자주 사용하기는 어렵다.

(3) 구술시험은 학생들에게 자신이 알고 있는 지식이나 능력을 증명할 기회를 준다는 점에서 바람직하다.

(4) 학생들에게 운동 경기 비디오를 보여주고 경기에서 사용된 전략에 대해 교사가 학생들과 함께 토론을 하면서 학생들의 경기 전략에 대한 이해 정도를 평가하는 것은 체육과에서 구술시험의 좋은 예라 할 수 있다.

4. 실기시험

(1) 실기시험은 학교 체육 현장에서 가장 많이 사용되는 수행평가의 방법이다.

(2) 실기시험을 위해서 교사들은 사전에 서술식 채점기준표를 만들어 학생과 학부모에게 공개해야 한다. 가정통신문이나 학교의 홈페이지 등을 이용하여 채점기준표를 학생과 학부모에게 제공하여 교사가 무엇을 평가하고 평가의 목적이 무엇인지를 알도록 해야 한다.

(3) 만약 평가의 목적이 진단이나 형성에 있다면, 평가자는 학생 자신이나 동료, 학부모, 관리자 등 다양하게 선택될 수 있다.

① 하지만, 평가의 목적이 학생들의 성취 수준을 측정하여 성적을 부여하는 것일 때에는 대개 평가자가 교사가 될 것이다.

② 만약, 교사가 지정한 학생이 평가자가 될 때에는 모든 학생이 공감할 수 있는 평가자로서의 자격을 갖춘 학생을 선정해야 할 것이다.

(4) 수행평가로서 실기시험의 유형은 매우 다양하지만, 평가자에 따른 구분이 일반적이다.

① 실기시험은 평가자가 누구냐에 따라 교사평가, 동료평가, 자기평가로 구분할 수 있다.

② 교사평가, 동료평가, 자기평가에 대한 개념과 예는 교육과정평가원의 교수학습센터에 체육과방 홈페이지를 참조하기 바란다.

(5) 기존의 체육과 실기시험은 대부분 학생들의 수행력을 수치로 측정하는 경우가 많았지만, 수행평가에서는 학생이 열심히 수업에 임하는 자세나 학습활동 과정에서 동료들과 협력하는 태도 등도 반영된다.
① 따라서, 시험을 치르는 상황이 통제된 상황이 아니라 자연스럽게 진행되는 상황이 된다.
② 종목에 따라 차이는 있으나 교사의 관점에 따라서 기록과 자세 등의 평가요소에 가중치를 달리해야 한다.

(6) 다음은 본 저자가 실제 중학교 3학년을 대상으로 제작한 장애물달리기의 실기시험 예이다.
〈실기시험의 예〉
■ 평가항목) 장애물달리기(허들)
■ 평가방법) 출발선으로부터 13m 거리에 첫 번째 허들을 설치하고 허들과 허들 사이의 거리를 9.14m (여; 8.50)로 하여 3개의 허들을 설치하며, 남학생의 마지막 허들에서 10m의 거리에 결승선을 그려 놓는다. 남학생과 여학생의 허들 높이는 각각 75cm와 60cm이다.
■ 실기평가표)
평가일시: 　　년 　　월 　　일 　　교시 　　학년 　　반

번호	평가요소(자세 및 태도)					기록
	달리는 속도를 최대한 유지하면서 허들을 넘는다.	차올린 다리의 무릎을 펴서 허들과 수평이 되도록 한다.	차올린 다리의 반대쪽 팔을 앞으로 뻗으면서 상체를 숙인다.	허들과 허들 사이는 착지 후 5보 이내로 달린다.	허들을 넘을 때 두려워하지 않고 자신있게 넘는다.	
1		O	O		O	8.32
2	O			O	O	8.55
3			O			9.60
…						
40						

– 잘되면 O로 표시함 　　– 스타트 방법은 스탠딩 스타트로 함
① 상기한 실기평가 방법은 실제 경기장을 고려하여 고안되었다.
② 실제로 장애물달리기 경기 중 허들 경기는 남자 110mH, 여자 100mH 경기가 있고, 출발선에서 첫 번째 장애물과의 거리는 13m이며, 마지막 장애물에서 결승선까지의 거리는 10m이고, 허들과 허들 사이의 거리는 남자가 9.14m, 여자가 8.50m이다.
③ 따라서, 실제 경기장과 거의 동일하게 평가를 실시하려고 노력했다. 단, 중학교 학생들에게 적용되는 것이므로 허들의 높이는 실제 높이(남; 91.4cm, 여: 76.2cm)보다 약 16cm 낮은 75cm와 60cm 높이를 적용하였으며, 허들의 개수도 실제 경기에서는 10개이지만 평가에서는 3개로 줄였다.

(7) 상기한 실기평가표는 학생들이 수업 중 장애물달리기의 자세와 기록 향상을 위해서 사용되는 것이 적절하며, 교사는 반드시 평가결과를 학생들에게 알려 피드백이 될 수 있도록 한다.
① 예를 들어 상기한 실기평가표의 예에서 3번 학생은 자세와 태도의 평가요소 중 세 번째 항목을 제외하고 제대로 이루어지지 않았고, 기록 또한 다음에 제시할 기록의 평가기준표에 의하면 매우 저조한 것을 알 수 있다.
② 따라서, 교사는 3번 학생에게 적절한 연습 방법을 제시하면서 학생에게 자신감을 심어주는 방향으로 피드백을 제공해야 할 것이다.

(8) 최종적으로 학생들의 성취수준을 평가하기 위한 평가기준표는 아래에 소개하였다.

① 자세 및 태도에 대한 평가기준에서는 5개 항목에 대해 동일한 가중치를 부여했으나,

② 학습 목표나 교사의 의도에 따라 각 평가요소의 가중치는 달라질 수 있다.

③ 자세 및 태도의 평가기준에서 점수부여 단계나 배점도 교사에 따라 달라질 수 있다.

④ 장애물 경기에서 허들을 뛰어넘는 자세가 매우 중요하므로 허들링 자세를 나타낸 교과서의 그림을 확대 복사하여 수업 시간에 벽에 붙여 놓아 학생들이 그림을 보면서 정확한 자세 연습이 될 수 있도록 유도하는 것도 바람직하다.

■ 평가기준; 자세 및 태도) 학생 1인당 2회의 연습을 실시한 후 1회 실시하여 아래의 평가 기준에 따라 자세를 평가한다.

구 분	평가 기준	비 고
항목	- 달리는 속도를 최대한 유지하면서 허들을 넘는다. - 차올린 다리의 무릎을 펴서 허들과 수평이 되도록 한다. - 차올린 다리의 반대쪽 팔을 앞으로 뻗으면서 상체를 숙인다. - 허들과 허들 사이는 착지 후 5보 이내로 달린다. - 허들을 넘을 때 두려워하지 않고 자신있게 넘는다.	
A	5개 항목이 모두 잘 된다.	25점
B	5개 항목 중 4개 항목이 잘 된다.	23점
C	5개 항목 중 3개 항목이 잘 된다.	21점
D	5개 항목 중 1-2개 항목이 잘 된다.	19점
E	5개 항목이 모두 안 된다.	17점

■ 평가기준; 기록) 학생 1인당 2회의 연습을 실시한 후 1회 실시하여 기록을 측정하며, 기록은 소수점 둘째 자리까지 측정한다.

점 수	평가 기준	
	남 자	여 자
25점	8.00초 이하	10.00초 이하
24점	8.01초 ~ 8.50초	10.01초 ~ 10.50초
23점	8.51초 ~ 9.00초	10.51초 ~ 11.00초
22점	9.01초 ~ 9.50초	11.01초 ~ 11.50초
21점	9.51초 ~ 10.00초	11.51초 ~ 12.0초
20점	10.01초 ~ 10.50초	12.01초 ~ 12.50초
19점	10.51초 이상	12.51초 이상

(9) 기록에 대한 평가기준은 교사의 임의대로 설정되는 것보다는 과거의 경험과 규준 자료를 활용하고, 학습 목표 수준을 함께 고려하여 설정되는 것이 바람직하다.

① 학생들에게 목표달성이 가능한 기준을 제시하여 학생들이 수업 시간에 최선을 다하고 성취감도 느낄 수 있도록 유도되어야 할 것이다.

② 상기한 실기시험의 예 이외에도 경기 기능 평가 등 수행평가의 다양한 실험시험 예는 수행평가 관련 서적과 웹사이트를 참고하기 바란다(http://classroom.kice.re.kr).

5. 포트폴리오

(1) 많은 교육학자들이 대표적인 수행평가 기법으로 포트폴리오를 들고 있다.

① 왜냐하면, 포트폴리오는 학생들의 발달과정을 지속적으로 평가할 수 있도록 모아놓은 모음집으로 학생의 목표, 반성적 진술, 교사와 학생의 의견이 포함되기 때문이다.

② 포트폴리오를 통해 개별 학습의 효과, 책임감과 활동적인 학습 강조, 피드백과 연속적인 평가, 자기 반성적 사고, 학습 성과의 증명 등이 이루어진다.

③ 포트폴리오는 학생의 학습과정을 가장 타당하고 융통성 있게 평가할 수 있으며, 학생의 성과물에 대해 전 과정을 평가할 수 있다.

④ 그러나, 포트폴리오를 학교 현장에서 이용하려면 종전의 방법보다 많은 시간과 교사의 노력이 요구된다.

(2) 조한무(1999)는 포트폴리오 제작물을 구안하는 절차를 다음과 같이 설명하고 있다.

① 첫째, 교과목표를 근거로 학년의 세부목표를 설정하고,

② 둘째, 학년의 세부목표를 각 단원에 배정한다.

③ 셋째, 세부목표를 근거로 제작물 개발을 위한 수업설계표를 작성한다.

④ 넷째, 수업설계표에 따라 제작물을 구안하고,

⑤ 마지막으로, 구안된 증거자료를 수집하여 평가를 실시하고 객관적이고 타당한 성적을 산출하고 서술식 평가 자료로 활용한다.

(3) 포트폴리오 제작물은 수행형, 시험형, 관찰형 등 교사의 의도에 따라 다양하게 구안될 수 있다.

① 수행형은 교사평가, 동료평가, 자기평가 등 다양한 평가자에 의해 측정하고자 하는 항목을 평가하는 것으로 상기한 장애물달리기 실기평가표의 예와 같은 방법이다.

② 시험형은 서술형이나 논술형 등으로 평가항목에 대해 질문하고 학생들이 자신의 의견과 느낌을 진술하게 기록하는 것이다.

③ 관찰형은 평가항목에 대해 학생들이 수행하는 과정을 교사가 신속하게 관찰하여 미리 준비된 체크리스트에 기록하며, 교사와 동료, 그리고 자기 자신의 평가와 반성 의견을 기록하여 향후 목표를 설정하는 데 도움을 받는다.

(4) 축구의 킥과 경기 기능에 대한 수행평가를 위해 제작된 포트폴리오 제작물의 예는 다음과 같다.

〈포트폴리오의 예〉

■ 축구의 킥 포트폴리오 제작물: 수행형-자기평가

____학년 ___반 ___번 이름:______

일시	활동 내용	평가			반성
		잘됨	보통	부족	
3/29	인프런트 킥				발의 안쪽에 공을 정확하게 맞추지 못한다.
	인사이드 킥				
	인스텝 킥				
	아웃프런트 킥				의도한 방향으로 공을 보내지 못한다.
/					

제 7 장

해커스임용 이채문 전공체육 **체육측정평가**

■ 축구의 킥 포트폴리오 제작물; 시험형

____학년 ___반 ___번 이름:______

* 다음 축구의 킥이 경기 중 어떤 경우에 사용되며, 킥을 하는 요령에 대해 간단하게 설명하시오. 1. 인프런트 킥: 2. 인사이드 킥: 3. 인스텝 킥: 4. 아웃프런트 킥:

① 상기한 수행형 포트폴리오 제작물은 수업 시간에 2인 1조가 되어 축구의 킥을 연습하고 네 가지 킥에 대해 스스로 평가해 보는 것이다.
② 학생들은 잘 안 된 부분을 반성하고 내용을 스스로 기록하며,
③ 교사는 평가 결과와 반성 내용을 보고 학생들의 부족한 점에 대해 지도해 준다.
④ 상기한 축구의 킥 시험형 포트폴리오는 실내외에서 모두 가능한 평가 자료로 학생들이 킥의 종류에 따른 용도와 요령을 정확하게 이해하고 있는가를 평가하기 위한 자료이다.

(5) 상기한 수행형, 서술형, 관찰형 이외에도 교사의 의도에 따라 다양한 포트폴리오 제작물을 구안할 수 있다. 단, 상기한 제작물은 모두 교사가 수집하여 평가체계에 따라 평가하고 학생들의 운동수행력과 정의적, 인지적 영역의 발달 과정을 돕는 데 활용해야 할 것이다.

3 체육과 실제성평가

(1) 수행평가의 개념에서 밝힌 것처럼 체육과의 수행평가는 실제 상황과 연계되는 것이 바람직하다. 그렇다면 체육과에서 실제적인 상황은 무엇으로 정의되어야 할까? 이에 대한 답은 전문가나 체육교사들마다 다를 것이지만, 체육 분야의 많은 전문가들이 경기 또는 경기와 유사한 상황을 만들어 평가하는 것으로 정의하고자 한다.

(2) 이에 본 장에서는 체육과 수행평가 중에서도 경기수행력 평가의 필요성과 경기 또는 경기와 유사한 상황에서 학생들의 수행력을 평가할 수 있는 기존의 평가도구에 대해 알아보고자 한다.

참고문제	2020년 지도사 2급

3. 멕티게(J. McTighe)가 제시한 개념으로 학습자가 배운 내용을 경기상황에서 구현하는 정도를 평가하는 방법은?

① **실제평가(authentic assessment)** ② 총괄평가(summative assessment)
③ 규준지향평가(norm-referenced assessment) ④ 준거지향평가(criterion-referenced assessment)

1. 경기수행력 평가의 필요성

(1) 전통적으로 중·고등학교 체육 시간에 학생들의 수행력을 평가할 때에는 단편으로 한 가지 기능에 대해서만 평가하는 단순기능평가 방법[7]을 주로 사용하였다.

① 중등학교 체육과 구기종목의 평가 실태를 파악한 이기봉에 의하면, 서울시에서 지역별 균형을 고려하여 표집된 22개 중학교와 8개 고등학교의 구기종목 평가유형은 단순기능평가가 중학교 74%, 고등학교 76%, 복합기능평가가 중학교 16%, 고등학교 20%, 실제 경기 상황에서 이루어진 '경기기능평가'가 중학교 10%, 고등학교 4%로 나타났다.

② 물론, 이러한 결과가 전국 단위의 조사에 의한 것은 아니므로 전국적으로 확대 해석하기는 어렵지만, 학교 체육현장에서는 타당도가 높을 것으로 예상되는 경기 상황에서의 평가보다는 단순기능 검사를 더 선호한다는 것을 알 수 있다.

(2) 체육교사들이 단순기능검사를 선호하는 이유는 측정이 간편하고, 검사도구의 신뢰도를 확보할 수 있어 학생이나 학부모로부터 항의를 받을 가능성이 낮기 때문일 것이다.

① 하지만, 단순기능검사는 경기와 같은 실제적 상황에서의 평가로 보기에 어려움이 있어, 타당도에 문제가 발생할 수 있다.

② 단순기능검사는 동일한 평가 상황에서 학생들이 나타낸 수행력을 숫자로 측정하는 표준화운동기능검사를 주로 이용하게 되는데, 이러한 경우에는 평가점수의 타당도를 확보하기가 어렵다(Oslin et al., 1998).

③ 중학생들에게 농구 자유투 10회 중 득점에 성공한 횟수로 농구 슈팅 능력을 평가하는 경우나, 배구의 언더핸드패스로 바닥에 공을 떨어뜨리지 않고 연속한 횟수로 배구의 패스 능력을 검사하는 경우가 좋은 예이다.

④ 이러한 표준화검사 점수는 실제 경기에서 나타나는 농구 슈팅 능력이나 배구 패스 능력과의 상관이 매우 높다고 확신할 수 없기 때문에 타당도를 확보하는 것이 쉽지 않다.

(3) 상기한 관점에서 볼 때 경기나 경기와 유사한 상황을 설정하고, 이러한 상황에서 학생들이 나타내는 수행력을 평가하는 것이 실제성 평가의 본질을 잘 반영하는 것이며, 검사점수의 타당도를 확보할 수 있는 좋은 방법인 것이다.

① 물론, 경기 상황에서 학생들의 수행력을 평가하는 것은 교사의 충분한 준비, 학생의 수행력에 대한 교사의 자의적 판단, 신뢰도 감소 등 다양한 문제를 수반하여 위에서 밝힌 것처럼 학교 현장에서는 잘 활용되지 못하고 있다.

② 하지만, 경기수행력 평가를 통해서 실제 경기 상황에서 나타나는 학생의 수행력을 제대로 평가함으로써, 학생 개인에게 개별적으로 피드백을 제공해 줄 수 있고, 향후 수업이나 연습에 동기부여를 줄 수 있어 학교 체육현장에 더욱 확대되어야 할 것이다.

(4) 다음 장에서는 학교 현장에서 적용이 가능한 기존의 경기 상황에서의 평가도구들을 예로 제시함으로써, 체육 교사와 지도자들에게 도움을 주고자 한다.

---

7) 이기봉은 구기종목 평가 실태를 파악하면서, 학생이 한 가지 기능을 수행하는 결과를 평가하는 방법을 '단순기능평가', 두 가지 이상의 기능을 혼합하여 구성한 상황을 학생이 수행한 결과를 평가하는 방법을 '복합기능평가', 실제로 경기하는 상황에서 학생들의 수행력을 평가하는 '경기기능평가'로 구분하여 정의하였다.

2. 경기와 유사한 상황에서의 평가 – 농구 복합기능검사(예)

(1) 경기수행력 평가가 실제적인 상황에서 학생들의 수행력을 평가함으로써 검사 점수의 타당도를 확보하는 데 좋은 방법이지만, 실제 경기 상황에서 학생의 수행력을 정확하고 안정적으로 측정해내는 일은 쉽지 않다. 따라서, 학교 현장에서는 경기와 유사한 상황을 설정하여 이러한 상황에서 학생들이 정해진 기능들을 수행하는 것을 평가하는 방법이 가능하다.

(2) 이기봉과 이영석은 남자 중학생의 농구 기능 평가를 위한 복합기능검사를 개발하여 제시하였다.

① 이 검사에서 학생들은 두 가지 이상의 농구 기능을 연결하여 수행하도록 하고, 이러한 수행력을 미리 정해진 측정 과정을 통해 측정한 다음 점수화하여 평가하는 방법이다.

② 이 검사는 농구 기능을 평가하는 데 중요한 요소로 선정된 골밑슛, 레이업슛, 중거리슛, 드리블, 패스 중에서 골밑슛, 드리블, 레이업슛 세 항목으로 구성하였다.

(가) 농구 복합기능검사 방법

- 이 연구에서 개발한 구체적인 농구 복합기능검사 방법은 [그림 7-1]과 같다.

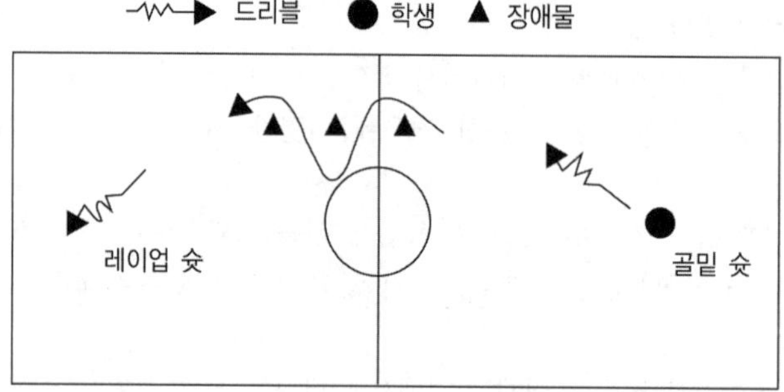

[그림 7-1] 농구 복합기능검사 방법

그림에서 제시한 농구 복합기능검사를 구체적으로 설명하면,

① 먼저 검사를 실시하는 학생은 골밑에 위치해 있다가

② 교사의 시작 신호에 따라 먼저 골밑슛을 5회 실시하고,

③ 반대편 골대 쪽으로 드리블하여 가면서, 미리 설치된 장애물 콘을 그림과 같이 지그재그로 통과한 후,

④ 레이업슛을 한다.

⑤ 학생이 설정된 상황을 수행하는 동안 교사는 미리 정해놓은 학생을 통해 준비해 놓은 기록지에 측정항목을 기록하게 한다.

(나) 농구 복합기능검사 측정 항목 – 이 검사에서 측정해야 할 항목은 다음과 같다.

▻ 골밑슛 5회 중 성공횟수

▻ 레이업슛 성공 여부와 자세

▻ 검사에 걸린 시간

▻ 더블드리블과 트레블링 바이얼레이션 위반 횟수

(다) 농구 복합기능 검사 측정항목별 평가 기준

이 검사에서 측정된 항목별 평가 기준은 각각 다음과 같다.

▻ 골밑슛 평가기준

성공횟수	5	4	3	2	1	0
점 수	5점	4점	3점	2점	1점	0

▻ 레이업슛 평가기준

항목	점수	수행 내용
자세*	A(3점)	달려가면서 위로 점프하여 공을 잡은 팔을 쭉 뻗어 공을 백보드에 올려놓듯이 슛한다.
	B(2점)	달려가면서 위로 점프하지 못하고 팔을 죽 뻗지 않은 상태에서 공을 백보드에 던져서 슛한다.
	C(1점)	달려가다가 골대 앞에 멈추어 서서 슛한다.
성공률	1/0	레이업슛을 성공하면 1점, 성공하지 못하면 0점

* 교사가 주관적으로 평가함.

▻ 검사시간* 평가기준

백분위점수	점수
33.3 이하	3점
33.4 ~ 66.6	2점
66.7 이상	1점

* 검사시간: 시작 신호가 울린 때부터 레이업슛을 할 때 공이 손에서 떨어진 순간까지의 시간임

▻ 바이얼레이션 평가 기준: 더블드리블과 트레블링 바이얼레이션을 할 때마다 1점씩 감점

㈑ 농구 복합기능검사의 타당화

이 검사의 타당도는 내용 타당성과 기준 타당성을 통해 검증되었다. 이기봉과 이영석에 의하면, 농구 복합기능검사의 내용 타당성 평가와 기준 타당성 평가는 모두 양호한 것으로 나타났다.

① 첫째로, 내용 타당성은 복합기능검사의 측정항목 구성의 적절성을 전문가의 평가에 의해 검증하였다.

㉠ 그 결과 전문가들은 농구에서 중요한 기능인 패스가 이 검사에 포함되지 않은 것을 지적하였지만, 골밑슛, 드리블, 레이업슛이 일련의 연속된 동작으로 구성된 복합기능검사의 상황은 실제 경기에서 자주 일어날 수 있고 반드시 필요한 기능들로 구성된 것으로 평가하였다.

㉡ 또한, 복합기능검사의 측정항목별 점수들과 전문가가 학생들의 농구 경기 장면을 보고 주관적으로 평가한 점수 간 상관으로 내용 타당성을 평가하였다.

㉢ 그 결과 레이업슛 자세 점수와 전문가들의 점수 간 상관은 0.67~0.73으로 비교적 높았고, 골밑슛 점수, 검사시간 점수와 전문가들 점수 간 상관은 0.41~0.62로 상관이 있는 정도로 나타났다.

㉣ 이러한 결과들에 근거하여 농구 복합기능검사의 항목들이 타당한 것으로 판단되었다.

㉤ 이 외에도 측정항목별 점수와 총점 간 상관으로 검사의 타당성을 추정하였는데, 세 개의 측정항목들은 총점과 0.60~0.83으로 높은 상관관계를 나타내 이 검사의 측정항목들이 농구 기능을 평가하는 데 타당한 것으로 판단되었다.

㉥ 레이업슛 성공여부와 바이얼레이션 위반 항목에 대한 타당성도 검증되었다.

ⓢ 레이업슛을 성공한 학생들이 실패한 학생들보다 전문가들의 평균점수가 통계적으로 유의하게 높게 나타나 레이업슛 성공 여부를 검사에 포함시키는 것이 적절한 것으로 판단되었다.

ⓞ 트레블링 바이얼레이션을 위반한 학생들이 위반하지 않은 학생들보다 전문가들의 평균점수가 1점 정도 낮게 나타나 트레블링 바이얼레이션 위반 여부를 검사에 포함시키는 것은 타당한 것으로 판단되었다.

ⓩ 더블드리블 바이얼레이션을 위반한 학생이 없어 검사에 포함시키는 것이 고려되어야 하겠지만, 이 항목을 포함시키지 않을 경우 위반한 학생에 대한 평가가 어려워 포함시키는 것이 타당하리라 판단된다.

② 둘째로, 기준 타당성은 검사점수와 전문가들 점수의 상관관계를 분석하여 추정하였다.

㉠ 그 결과 농구 복합기능검사 총점과 전문가들 점수의 상관은 대부분 0.70 이상으로 나타나 일반적으로 수용 가능한 운동기능검사의 타당도 계수를 만족하는 것으로 나타났다(Safrit & Wood). 특히, 전문가들의 점수 간 상관이 0.81~0.91로 나타나 경기와 유사한 상황을 설정하여 농구 기능을 평가하는 것이 타당할 것이다.

㉡ 또한, 전문가 간 상관이 높게 나타난 것은 레이업슛 자세와 같이 주관적인 평가에서 문제가 되는 객관도가 높게 나타난 것이므로, 이 검사의 레이업슛 평가기준과 같이 누구나 쉽게 이해할 수 있고 명확한 평정 척도를 사전에 만든다면, 경기 상황에서 학생들의 수행력을 주관적으로 평가하는 것도 타당도를 확보할 수 있을 것이다.

3. 경기수행력 평가도구

3-1. 게임수행력평가도구(GPAI) 21 기출

(1) 전통적으로 중·고등학교 체육 시간에 학생들의 수행력을 평가할 때에는 단편적인 운동 기능검사를 활용해 왔다.

① 주로 수치로 측정되는 단일 운동기능검사는 실제적인 상황보다는 측정 과정이 간단하고 측정점수의 신뢰도는 높지만, 타당도는 낮은 경우가 많다.

② 최근에는 정식 스포츠 경기뿐만 아니라 뉴스포츠나 변형경기를 수업 시간에 지도하는 경우가 많아지고 있다. 이러한 추세에 경기를 지도하고 경기 중 나타나는 경기수행력을 평가하는 것은 매우 중요하다.

(2) Mitchell, Griffink & Oslin은 이러한 과점에서 게임수행력평가도구(GPAI: Game Performance Assessment Instrument)를 제안하였다.

① GPAI는 Bunker & Thorpe에 의해 제안된 '이해를 위한 게임 지도(TGfU: Teaching Games for Understanding)' 모형에 기초하여 개발되었다.

② TGfU 모형에서는 높은 운동기능 수준을 갖추지 못했더라도 전술적인 이해를 하게 되면 경기 중에 우수한 수행력을 나타낼 것이라고 전제하고 있다.

③ TGfU 모형을 지지하는 GPAI에서는 경기수행력을 측정할 때 공을 소유하고 있는 학생의 기능과 판단뿐만 아니라, 공을 소유하고 있지 않을 때의 움직임을 포함한다.

④ 왜냐하면, 단체운동 경기에서는 공을 갖고 있지 않을 때의 움직임과 의사결정이 팀 승리에 크게 영향을 미치기 때문이다.

(3) 이러한 주장은 Turner & Martinek의 연구 결과에서도 그 당위성을 찾을 수 있다.

① 경기수행력을 측정하는 도구를 개발했던 Turner & Martinek이 그들의 평가도구에 공을 소유한 학생의 경기수행력과 판단력만을 포함하였는데, 이 평가도구를 사용하여 기능중심 지도 방식과 전술중심 지도 방식의 효과에 차이가 있는가를 검증하였지만 그 차이를 확인하지 못하였다.

② 즉, TGfU 모형에 근거하여 학생들에게 경기를 지도할 때에는 학생들이 경기 상황에서 펼쳐지는 전술을 이해하도록 하며 경기 중에는 공을 가지고 있을 때뿐만 아니라 공을 가지고 있지 않을 때의 움직임이 중요하다는 것을 지도하고 평가해야 한다.

(4) Oslin, Michell & Griffin에 의하면, 학생들에게 게임을 지도하는 가장 중요한 목적이 경기수행력의 향상이며, 경기에서 수행되는 중요한 운동기능과 능력의 평가는 필수적인 것이다.

① 이러한 주장에 기초하여 개발된 GPAI는 경기 중 나타나는 학생들의 수행력을 관찰하고 기록하는 방법으로, 학생들이 경기 중에 전술적인 문제를 어떻게 해결해 나가는지를 평가하는 방법이다(Oslin).

② GPAI는 체육현장의 교사와 지도자들에게 측정이 용이한 경기수행력 요소들을 확인시켜주는 작업을 통해서 발전하였고, 전문가조사 및 협의를 통해서 4개의 게임유형(침략형, 네트형, 필드형, 타겟형)에 모두 적용될 수 있는 7개의 경기수행력 요소를 결정하였다.

③ GPAI에서 제시한 경기수행력 요소는 다음과 같다.

〈표 7-1〉 GPAI의 경기수행력 요소

평가요소	내용
기본 움직임(기본위치) (Base)	운동 기능을 시도한 후 원래 포지션으로 적절히 되돌아오기
조정하기(Adjust)	공격과 수비에서 경기의 흐름에 따라 적절히 움직이기
의사결정 (Decisions made)	공을 가지고 있을 때 어떻게 해야 하는가(예 슛)에 대해 적절히 선택하기
기능수행 (Skill execution)	선택한 기능을 효율적으로 수행하기
보조하기(Support)	공을 받거나 패스하기 위해 적절한 위치로 움직이기
도와주기(보완하기) (Cover)	공을 가진 선수가 원활하게 움직이거나, 공을 받으러 움직이거나, 슛을 하는 데 적절히 도와주기
수비하기(방어하기) (Guard/mark)	공을 가진 상대방이나 공을 갖지 않은 상대방을 적절히 수비하기

73 | 2021학년도

다음은 ○○고등학교 배드민턴 수행 평가 자료의 일부이다. 〈작성 방법〉에 따라 순서대로 서술하시오. [4점]

• 평가 방법 및 절차

1) 게임 수행 능력 평가

– 평가 도구: 그리핀, 미첼과 오슬린(L. Griffin, S. Mitchell, & J. Oslin)의 게임 수행평가 도구(GPAI)

[배드민턴 GPAI의 구성 요소와 준거]

구성 요소	준거
(㉠)	상대 코트 엔드라인 쪽으로 클리어샷을 한다. 서비스 라인 가까운 곳으로 드롭샷을 한다. 상대 선수를 코트 전후로 움직이게 한다.
의사 결정	샷의 종류와 위치를 적절하게 결정한다.
기초(BASE)	(㉡)

– 대진표에 따라 같은 상대와 1, 2차 게임을 실시한다.

– GPAI를 활용하여 게임 수행 점수를 산출하고 평가한다.

〈작성 방법〉

○ 괄호 안의 ㉠에 해당하는 구성 요소를 쓰고, 괄호 안의 ㉡에 해당하는 준거를 서술할 것.

[정답] ㉠ 기술 실행 ㉡ 배드민턴 기술 수행 후 (홈포지션)으로 돌아오기

(5) 실제로 학교에서 구기종목 팀 스포츠의 경기수행력을 평가하기 위해 GPAI를 현장에 적용하려면,

① 7개 경기수행력 요소 중 체육 교사나 전문가가 해당 종목에서 중요하다고 판단되는 요소를 먼저 결정해야 한다.

② 〈표 7-1〉에서 제시한 GPAI의 7개 요소가 모든 스포츠 종목에 적합한 것은 아니므로, 7개 요소 중 체육 교사가 수업 시간에 중점적으로 가르치는 해당 종목의 내용과 그 종목의 중요한 경기수행력 요소들을 결정하면 된다.

③ 경기수행력 요소가 결정되면, 각 요소에 대해 세부적으로 측정할 항목을 결정하고,

④ 결정된 세부 항목에 대해 적절성과 효율성의 측면에서 적절/부적절, 효율/비효율의 방법으로 측정하면 된다.

⑤ GPAI를 실제로 적용한 연구의 예를 들면, 풋살 경기수행력 평가를 위해 '적절한 시기에 슛을 시도하기'라는 항목을 만들어 미리 준비된 기록지에 적절한 수행력을 나타낸 경우와 그렇지 않은 경우를 학생별로 체크하였다. 이러한 방식으로 측정된 빈도는 다음에 제시된 항목들로 다시 계산되어 학생 개개인의 경기수행력을 평가하게 된다.

► 경기참여(Game involvement) = (적절한 수행의 총횟수) + (효율적인 기능시행 횟수) + (부적절한 또는 비효율적인 수행 총횟수)

► 의사결정지수(DMI) = (적절한 의사결정 횟수) ÷ (적절한 의사결정 횟수+부적절한 의사결정 횟수)

► 기능수행지수(SEI) = (효율적인 기능시행 횟수) ÷ (효율적인 기능시행 횟수+비효율적인 기능시행 횟수)

► 보조지수(SI) = (적절한 보조움직임 횟수) ÷ (적절한 보조움직임 횟수+부적절한 보조움직임 횟수)

► 경기수행력(Game performance) = (DMI + SEI + SI) ÷ 3

(6) 경기참여 항목은 적절한 수행과 부적절한 수행의 횟수를 모두 더한 것으로, 학생 개개인이 경기에 참여한 정도를 나타내는 지수이다. 경기참여 항목은 경기에 얼마나 적극적으로 참여했는가에 의미를 부여할 수 있지만, 적절한 수행의 정도로 해석되기는 어려울 것이다.

(7) GPAI를 통해서 궁극적으로 평가하고자 하는 경기수행력 항목은 세 가지 요소 즉,

① 의사결정,

② 기능수행,

③ 보조하기 지수들의 평균으로 산출된다.

(8) 결과적으로 GPAI에 의해 산출된 경기수행력 점수는 경기 중 부적절한 수행에 비교하여 적절한 수행을 많이 나타낸 학생이 높게 산출된다. 이러한 점에서 GPAI는 경기에서 전술적으로 긍정적인 수행을 늘리고 실수는 줄여야 한다는 게임의 법칙을 경기 활동을 통해서 가르치게 된다.

3-2. 게임중심실제성평가(GOAA)

(1) GPAI 외에도 기존에 개발된 경기수행력 평가도구로 게임중심실제성평가(GOAA; Game-Oriented Authentic Assessment)가 있다.

① Grehaigne, Godbout & Bouthier가 제안한 GOAA는 GPAI와 동일하게 경기 중에 학생들의 수행력을 측정하여 경기 중에 발휘되는 학생들의 능력을 평가하는 방법이다.

② GOAA에서는 다음 표와 같이 경기수행력 요소를 공을 소유하는 두 가지 방법과 공을 처리하는 네 가지 방법으로 구분하였다(Grehaigne).

〈표 7-2〉 GOAA에서 공의 소유방법과 처리방법

* 출처: Grehaigne 등(1997)

구분	평가요소	내용
공 소유 방법	공을 빼앗는 것 (CB; Conquering the Ball)	상대방의 공을 가로챌 경우 슛한 공이 튀어나왔을 때 잡은 경우 패스나 슛한 공이 상대방 근처에 있을 때 잡은 경우
	공을 받는 것 (RB; Receiving the Ball)	동료로부터 패스된 공을 받아 곧바로 상대방에게 뺏기지 않을 경우
공 처리 방법	중립 상태의 패스 (NB; playing a Neutral Ball)	상대방에게 위협적이지는 않지만, 동료에게 안정적으로 전달되는 전형적인 패스를 할 경우
	공을 뺏기는 것 (LB; Losing the Ball)	상대방에게 공을 빼앗기는 경우
	공격적인 패스 (OB; playing an Offensive Ball)	상대방에게 압박을 가하는 패스나 골을 이끌어내는 패스를 할 경우
	성공적인 슛 (SS; executing a Successful Shot)	득점을 한 경우나 슛을 한 후에도 동료가 공을 가지게 되는 경우

(2) GPAI에서는 구체적인 경기수행력 요소를 교사나 지도자들이 결정하였지만, GOAA는 위의 표에 나타낸 것과 같이 구체적인 경기수행력 요소를 여섯 가지로 구분하였다.

① 따라서, 현장의 교사나 지도자들은 [그림 7-2]에 제시한 기록지를 이용하여 경기 중 나타나는 선수들의 수행력을 쉽게 측정할 수 있다.

② GOAA에서는 [그림 7-2]에서 제시한 기록지에 의해 측정된 경기수행력 요소들을 다음에 제시한 항목들로 다시 계산하여 학생 개개인의 경기수행력을 평가하게 된다.

- ► 공격적 활동횟수(AB; the number of Attack Balls) = OB + SS
- ► 경기활동량(PB; the vilime of play) = CB + RB
- ► 효율성지수(efficiencyindex) = (CB+AB)/(10+LB) 또는 (CB+OB+SS)/(10+LB)
- ► 수행력점수(performance score) = (효율성지수×10) + (경기활동량/2)

관찰자: ________ 선수번호: ________

CB	RB	NB	LB	OB	SS
	X	X			
	X				X
	X		X		
X		X			
	X				X
	X	X			
X					
			X		

CB: 공을 빼앗는 것, RB: 공을 받는 것, NB: 중립패스,
LB: 공을 뺏기는 것, OB: 공격적인 패스, SS: 성공적인 슛

[그림 7-2] GOAA 측정기록지의 예

(3) 상기한 지수 중 공격적 활동횟수는 공격적인 패스와 성공적인 슛 횟수를 합한 것으로 공격에 대한 공헌도를 나타내며, 경기활동량은 선수가 공을 소유하는 횟수로 선수가 팀의 공격 효율성에 기여하는 정도를 나타낸다.

(4) 그리고 효율성지수는 공을 빼앗긴 횟수에 비해 공격적인 활동과 패스를 얼마나 많이 수행했는지에 대한 비율을 의미한다.

(5) 마지막으로 효율성지수와 경기활동량을 합하여 수행력 점수를 산출하고, 이를 경기수행력 평가의 최종 점수로 이용하게 된다. 경기수행력 점수는 0부터 30까지 나타내도록 고안되었다.

3-3. 문제점과 대안

(1) 앞에서 설명한 GPAI와 GOAA는 모두 학생들이 경기를 하는 동안 경기수행력을 측정하도록 고안되어 실제성평가의 관점에서는 매우 우수한 평가 방법이라 할 수 있다. 하지만, 실제 학교 체육 현장에 적용하려면 몇 가지 문제점이 있다. 그러한 문제점으로

① 첫째, GPAI는 체육교사가 평가해야 할 요소를 결정하고 실제로 측정할 때 적절/부적절로 판단해야 하는데, 이러한 작업은 해당 종목의 전문성을 갖추지 않는다면 쉽지 않다는 것이다.

ⓐ GOAA에서도 평가 요소는 이미 결정하여 제시하였지만, 측정 순간 교사가 주관적으로 해당 요소에 적합한 것인가를 판단해야 하는 문제가 있다.

ⓑ 이러한 문제는 체육 수업 시간에 경기가 진행되는 동안 함께 이루어져야 한다는 시간적인 문제를 동반하게 된다. 학급당 학생 수와 수업 시수가 많은 현실에서 체육교사들이 상기한 평가도구를 이용하여 경기수행력을 평가하기에는 상당한 노력과 시간이 요구된다는 문제점이 있다.

② 둘째로, 평가도구의 내용적인 측면에서 두 평가도구가 모든 팀 스포츠에 적용할 수 있도록 고안된 장점이 있지만, 이러한 장점은 해당 종목의 특수성을 평가도구에 반영하지 못한다는 문제가 있다.

(2) 이러한 GPAI와 GOAA의 문제점을 해결하기 위해서는 체육 시설 확충과 체육교사의 업무 여건 개선 등이 우선 해결되어야 하겠지만, 종목의 특성을 반영하고 현장에서 사용하기 간편한 평가도구들이 제작되어야 할 것이다.

(3) 상기한 GPAI와 GOAA의 문제점을 해결하면서 학생들의 경기수행력을 평가할 수 있는 평가도구의 예로 농구 경기수행력 평가도구를 소개하겠다.

① 박일혁 등은 경기 상황에서 나타나는 학생들의 농구 경기수행력 평가 요소를 〈표 7-3〉과 같이 직접 측정할 수 있는 요소와 주관적으로 판단해야 하는 요소를 구분하였다.

② 〈표 7-3〉에서 직접측정요소는 기록측정과 유사하게 경기가 진행되는 동안 현장에서 간단하게 측정할 수 있는 요소이고,

③ 주관평가요소는 교사나 전문가가 주관적으로 판단하여 평가해야 할 요소이다.

④ 〈표 7-3〉에서 나타낸 평가요소의 가중치는 한 예이고, 교사나 전문가가 판단하여 변경될 수 있다.

(4) 〈표 7-3〉에 제시한 평가요소를 실제로 학생들이 경기하는 현장에서 측정하는 것은 쉬운 일이 아니다.

① 만약, 〈표 7-3〉에 나타낸 직접측정요소는 수업 중 충분히 훈련된 기록자를 이용하면 학생들이 경기하는 동안 측정할 수 있다.

② 하지만, 실제로 경기가 진행되는 동안 교사는 전체적인 경기 진행이나 심판의 역할을 주로 하게 되므로, 기록자가 측정요소를 잘못 기록하거나 빠트리는 일이 발생할 수 있다.

③ 따라서, 경기 중 경기수행력 평가 요소를 빠짐없이 수집하기 위해서는 평가에 포함되는 경기를 비디오로 촬영하는 것이 좋다.

④ 경기가 끝난 후 촬영된 장면을 보고 직접측정요소나 주관적평가요소를 모두 수집할 수 있다. 훈련된 기록자를 이용한다면, 평가 시간을 크게 줄일 수 있을 것이다. [그림 7-3]은 실제로 중학교 현장에서 활용했던 농구 경기수행력 평가 기록지이다.

〈표 7-3〉 농구 경기수행력 평가 요소

구분	항목명	정의
직접측정 요소	슛시도(1)	골을 넣기 위한 슛을 시도하는 행위
	슛성공(2)	성공된 슛
	캐치(1)	같은 팀의 패스를 성공적으로 받은 경우
	리바운드(1)	골 밑에서 성공되지 못한 슛의 공을 받는 경우
	어시스트(1)	성공된 슛 직전의 패스
	스틸(1)	상대 팀이 패스하거나 소유한 볼을 빼앗은 경우
	파울(-0.5)	파울
	턴오버(-1)	상대 팀에게 공격권을 넘겨주는 행위(반칙행위 포함)
	블록슛(1)	상대 팀의 슛을 블록한 경우
주관평가 요소	좋은수비(0.5)	상대방의 득점 기회를 무산시키는 수비 효과적인 협력 수비
	좋은패스(0.5)	어시스트를 돕는 패스 빠른 공격전환을 돕는 아웃렛 패스
	좋은드리블(0.5)	드리블로 상대수비를 제치고 돌파하여 패스나 슛을 시도한 경우(너무 무리하는 경우 제외) 공격지역에서 공을 갖고 있지 않은 학생의 효과적인 움직임(예 득점을 위한 빈 공간으로 움직임, 스크린, 컷인 등)

농구 경기 기록지

(학교) 월 일 요일 (팀: 팀) 경기결과(:) 심판: 기록자:

팀	선수			P	R	AS	ST	TO	BS	GD	GP	GM
	조끼 번호	학급 번호	이름									

P: 득점, R: 리바운드, AS: 어시스트, ST: 스틸, TO: 턴오버, BS: 블록슛,
GD: 굳디펜스, GP: 좋은패스, GM: 좋은움직임

[그림 7-3] 농구 경기 기록지의 예

□ 수업 계획 및 진행: 실제로 경기수행력을 평가하기 위해서는 수업 계획이 철저하게 이루어져야 한다. 농구 경기수행력 평가를 위한 수업 계획을 예로 제시하면 다음과 같다.

- 수업 목표: 실제 농구 경기에서 상황에 적절한 농구기능을 발휘할 수 있다.
- 준비물: 경기 기록지, 조끼(등번호가 있는 두 색깔), 캠코더 등

차시	수업 내용
1차시	수업진행 및 경기수행력 평가에 대한 안내
2-5차시	농구의 기초기능 연습
6-10차시	간이 경기(2:2, 3:3)를 통한 경기기능 연습
11-12차시	단순기능평가 및 조편성(한 학급당 3모둠 편성)
13-18차시	조별 연습경기를 통한 경기기능 연습
19-24차시	조별 경기 진행 및 경기수행력 평가(전·후반 각 10분씩)
25차시	정리

4 2015 개정 체육과 교육과정 관련 평가 내용

1. 새로운 체육 수업 평가 도구 개발을 위한 지침

(1) 평가의 패러다임이 변하면 구체적인 평가를 위한 도구 역시 보조를 맞춰 변하는 것이 당연하다. 물론 기존의 평가 도구가 모두 쓸모없음을 의미하는 것은 아니지만 타당성이 부족함은 부인할 수 없다.

(2) 그래서 새로운 평가 패러다임에 맞는 평가 방법을 고안할 필요가 있다. 과거에 실시해 오던 전통적인 평가 패러다임에 바탕을 둔 평가 도구로는 비체계적인 교사의 육안 관찰, 표준화된 기능 검사, 체력측정검사, 이론지필검사, 체크리스트 등을 들 수 있다.

(3) 물론 현재까지도 일부는 체육수업에서 학생 평가에 부분적으로 사용되고 있는 것이 사실이다. 그러나 과거처럼 당연시하는 시대는 아님에 분명하다. 교사들 스스로 새로운 변화에 맞춰 평가 도구에 대한 안목을 높이고 보다 체계적인 방법으로 평가를 하고자 하는 노력을 경주해가고 있기 때문이다.

(4) 다음은 교사가 새로운 평가 도구를 고안하는 데 도움이 될만한 지침에 대한 내용이다.

① **첫째, 학생들의 성장과 발전에 의미 있고 적절한 도움이 되도록 고안되어야 한다.** 아무리 좋은 평가 방법이라 할지라도 학생들의 연령, 성, 체력 수준, 정서 등을 고려하지 않으면 도움이 되지 못하는 평가가 된다.

② **둘째, 학생들이 올바른 문제 해결을 위하여 다양한 수준의 사고 기능을 할 수 있도록 고안되어야 한다.** 하나의 문제 해결 방법만을 고집하는 평가보다는 다양한 수준에서 문제 해결 방법에 접근할 수 있는 평가가 도움이 된다.

③ **셋째, 학생들이 세분화된 서술적 평가 규정(rubrics)을 통해 평가 기준을 명확히 알고 자신의 수행 진보를 스스로 자기평가할 수 있도록 고안되어야 한다.** 평가를 하는 교사뿐만 아니라 평가를 받는 학생 역시도 자신이 평가를 통해 어떤 성취에 도달했는지를 알 수 있도록 구체적으로 기술된 평가지를 활용해야 한다.

④ **넷째, 학생들이 교사가 실제로 가르친 내용과 관련해서 평가를 받고 있다고 느낄 수 있도록 고안되어야 한다.** 때로는 교사의 지나친 과욕이 학생들에게 좌절감을 주고 교사에 대한 불신으로 남을 수도 있다. 교사는 평가 내용과 관련해서 학생들과 지속적으로 상호작용을 하고 평가에 대한 전반적인 의견을 수렴할 수 있어야 한다.

⑤ **다섯째, 학생들에게 교사는 편안한 협력자, 지지자 혹은 응원자로서의 역할을 할 수 있도록 평가가 고안되어야 한다.** 평가를 상대적인 성적이나 등급으로 서열화하기보다는 학생 모두가 평가를 통해 개인별 성취 목표에 도달할 수 있어야 한다. 이때 교사는 학생들 모두의 도전에 열정을 가지고 응원한다.

(5) 이러한 지침에 근거해서 활용할 수 있는 새로운 체육수업 평가 유형을 제시하면 다음의 [그림 7-4]와 같다. [그림 7-4]에서 확인할 수 있는 바와 같이 모든 새로운 평가로 활용할 수 있는 유형의 것들은 정형화되어 있는 세부적인 평가 항목이나 준거라는 것이 없다. 따라서 교사는 각 평가 유형을 적용하는 데 있어서 항목과 준거를 마련해야 하고 또 마련된 항목과 준거는 학생들과 공유해야 한다. 그것이 바로 루브릭(rubrics)이다.

체육에서 새로운 평가 유형			
• 그룹 프로젝트(조별 과제) • 멀티미디어를 활용한 발표 • 활동 일지 • 개인 소감문 • 역할극 • 구두 시험	• 보고 말하기 • 면담 • 체크리스트(교사, 동료, 학생) • 포트폴리오 • 수행평가	⇨	루브릭 (rubrics) 세부적으로 상세히 기술

[그림 7-4] 체육에서 새로운 평가 유형

(6) 다음은 초등학교 체육수업에서 티볼 타격에 대한 수행평가로 활용하기 위해 제작한 3단계 루브릭의 한 사례이다〈표 7-4〉.

〈표 7-4〉 티볼 타격에 대한 3단계 수행평가 루브릭(rubrics; 서술적 평가 규정)

평가 단계	서술적 평가 항목 및 준거
매우 우수함	• 상대 수비의 움직임에 따라 방향을 바꿔 가면서 강하게 타격할 수 있음 • 공을 부드러운 자세와 힘으로 타격해서 멀리 보낼 수 있음 • 배트를 휘두를 때 몸 전체(다리, 몸통, 팔)의 움직임을 충분히 활용함 • 공을 정확히 맞춰서 보내고자 하는 곳으로 보낼 수 있음
만족할 만함	• 공을 강하게 타격할 수 있음 • 배트를 휘두를 때 몸 전체(다리, 몸통, 팔)의 움직임을 부분적으로 활용함 • 공을 정확히 맞출 수 있는데 보내고자 하는 곳으로는 보내지 못함
진보가 필요함	• 팔로만 배트를 휘두름 • 공을 잘 맞추지 못함

(7) 루브릭의 구성은 일반적으로 3단계를 기본으로 해서 평가 영역이나 내용에 따라 5단계, 7단계로 보다 세밀하게 제작하여 활용할 수 있다. 단, 진보 정도에 대한 평가 단계를 얼마나 계열성 있게 구성할 수 있느냐가 관건이다.

2. 체육에서의 과정중심평가: 수행평가의 의미와 방법

(1) 과정중심평가란 교육과정의 성취기준에 기반한 평가계획에 따라 교수ㅁ학습 과정에서 학생의 변화와 성장에 대한 자료를 다각도로 수집하여 적절한 피드백을 제공하는 평가이다(교육부, 2017).

(2) 과정중심평가의 철학을 담은 대표적인 평가 방법이 바로 수행평가이다. 수행평가는 대안평가, 실제평가, 과정평가, 직접평가의 의미를 모두 포괄하는 평가 방식을 지칭한다. 학생들이 가지고 있는 지식, 기능, 태도 등을 직접 수행으로 나타내 보이도록 하고 이를 관찰하고 판단하여 평가하는 방식이라고 할 수 있다. 이와 같이 수행평가는 학생의 학습 과정 평가를 통해 궁극적으로 학생의 성장과 발달을 중요시하기 때문에 과정중심평가의 방향성을 지향한다.

(3) 수행평가에서 구체적으로 평가에 활용할 수 있는 방법은 논술, 구술, 토의와 토론, 과제 프로젝트, 실험과 실습, 포트폴리오, 관찰, 면담, 자기평가, 동료평가, 상호평가, 실제 게임 참여, 역할 학습 등으로 많다. 중요한 것은 이 중에서 각 학습 주제와 목표에 맞는 것을 선택하는 문제이다.

(4) 특히 체육수업에서 교사는 영역별(건강, 도전, 경쟁, 표현, 안전) 단원과 주제를 충분히 고려해서 수행평가 방법을 활용할 수 있어야 한다. 이때 수행평가 방법의 선택 기준으로 학생이 중심이 되어야 함은 당연하다. 어떠한 방법이 가장 학생들의 학습에 도움이 될 것인지, 학생들의 학습 참여에 기여를 할 것인지, 학생 대다수가 즐겁게 참여할 수 있을 것인지, 그리고 체육 활동다운 평가 방법은 어떤 것인지 등이 고려되어야 한다.

5 2015 개정 체육과 교육과정을 단원계획에 적용한 사례

다 단원 개요

영역	경쟁		
단원	영역형 경쟁	신체 활동	축구

성취기준그룹	교과 역량 중요도
[9체03-01] 영역형 경쟁 스포츠의 역사와 특성을 이해하고, 경기 유형, 인물, 기록, 사건 등을 감상하고 분석한다.	
[9체03-02] 영역 경쟁 스포츠에서 활용되는 유형별 경기 기능과 과학적 원리를 이해하고 운동 수행에 적용하며, 운동 수행 과정에서 나타나는 문제점을 분석하고 해결한다.	
[9체03-03] 영역형 경쟁 스포츠의 경기 방법과 전략을 이해하고 경기에 활용할 수 있으며, 경기상황에 맞게 전략을 진단하여 창의적으로 적용한다.	
[9체03-04] 영역형 경쟁 스포츠에 참여하면서 경기 규칙을 준수하고, 상대방을 존중하며, 정정당당하게 경기한다.	건강관리능력 / 신체수련능력 / 경기수행능력 / 신체표현능력
[9체05-01] 스포츠 활동에서 안전의 중요성을 이해하고 여러 가지 스포츠 유형에 따른 안전 수칙을 설명한다.	

내용요소	역사와 특성	경기 기능과 과학적 원리	경기 방법과 전략	페어플레이
학습주제	• 축구와의 만남 • 축구 역사를 통해 알아보는 과거, 현재, 그리고 미래 • 축구로 꿈꾸는 나의 미래 • 활동 정리 및 평가	• 패스! 배려와 소통의 기술 • 드리블! 노력으로 만드는 기술 • 슈팅! 목표(goal)를 향한 선택과 집중 • 축구와 과학의 일촌 맺기 • 축구기능 활용 체력 운동 프로그램 만들기 1 • 축구기능 활용 체력 운동 프로그램 만들기 2	• 변형게임 1 • 변형게임 2 • 창의 쑥쑥 경기장 만들기 • 창의 쑥쑥 경기장 공략 전술 세우기	• 페어플레이를 배우는 Cheer-up 풋살 게임 • 축구 규칙 카드 제작하기 • 상대를 존중하는 리스펙트 캠페인 활동 • 모두가 주인공! 함께 만드는 축구 축제~
수업전략	• 협동학습식 • 토의/토론식 • 탐구식 • ICT 활용학습	• 동료교수식 • 과제식 • 탐구식 • 프로젝트학습	• 전술게임식 • 프로젝트학습	• 전술게임식 • 협동식 • 경기지도식
역량평가	• 모둠보고서 • 지필형 평가(서술형, 논술형평가) • 프로젝트 평가 • 경기감상문 평가	• 운동기능 평가 • 모둠보고서 • 프로젝트 평가	• 체크리스트 • 모둠보고서 • 경기수행능력 평가	• 체크리스트 • 프로젝트 평가 • 경기수행능력 평가

기능	상호작용하기( )	분석하기( )	경기하기( )	협력하기( )
활동	2차시-3 3차시-3 4차시-1 5차시-1 7차시-1 9차시-2 11차시-1 13차시-1 15차시-1 24차시-3 25차시-2	1차시-1 2차시-1 5차시-3 6차시-1 8차시-1 10차시-3 11차시-3 12차시-3 15차시-2 16차시-1 23차시-2 25차시-1	1차시-3 3차시-2 4차시-2 5차시-2 6차시-3 7차시-2 8차시-2 9차시-1 10차시-2 11차시-2 12차시-2 13차시-2 14차시-2 16차시-2 16차시-3 17차시-1 23차시-1	1차시-2 2차시-2 3차시-1 4차시-3 6차시-2 7차시-3 9차시-3 10차시-1 12차시-1 14차시-1 15차시-3 22차시-2

3) 과정평가

경기수행능력 평가 예시

[평가 개요]

평가 내용	축구기능과 연계한 체력운동(패스 운동기능평가)
교과 역량	경기수행능력, 신체수련능력
평가 도구	운동기능검사
평가 시기	상시 연습 및 측정을 통해 실시함
평가 유의 사항	– 일회적 기록, 등급에 의한 판정보다 성장의 정도를 반영하는 성장참조형 평가로 활용 – 학습동기유발 및 자발적 참여와 노력이 이루어지도록 활용

[평가 도구 : 패스 운동기능 평가]

<table>
<tr><td rowspan="2">목표</td><td>인사이드 패스 (매회 10개 실시)</td></tr>
<tr><td>◆ 목표 기록: 9</td></tr>
<tr><td>성장 기록</td><td>

▸ 기록 변화

도전 횟수	1	2	3	4	5	6	7	...	평균
나의 기록 (개)	6	7	6	7	8	8	9	...	8

▸ 기록 수준

구분	우수	보통	미흡
남학생	평균 8개 이상	평균 4~7개	평균 3개 이하
여학생	평균 6개 이상	평균 3~5개	평균 2개 이하

※ 학생들의 수준에 따라 기록 수준을 조정할 수 있습니다.

</td></tr>
</table>

※ 패스 기능 향상을 위한 자가 점검표

<table>
<tr><td>V</td><td>V</td><td>V</td><td>V</td><td>V</td><td></td><td></td><td></td><td></td><td></td><td rowspan="2">■ 몸의 중심을 안정적으로 유지할 수 있다.</td></tr>
<tr><td>V</td><td>V</td><td>V</td><td>V</td><td></td><td></td><td></td><td></td><td></td><td></td></tr>
<tr><td>V</td><td>V</td><td>V</td><td>V</td><td>V</td><td>V</td><td>V</td><td></td><td></td><td></td><td rowspan="2">■ 볼을 의도한 곳으로 컨트롤 할 수 있다.</td></tr>
<tr><td>V</td><td>V</td><td>V</td><td>V</td><td>V</td><td>V</td><td></td><td></td><td></td><td></td></tr>
<tr><td>V</td><td>V</td><td>V</td><td>V</td><td>V</td><td>V</td><td>V</td><td>V</td><td></td><td></td><td rowspan="2">■ 볼 터치가 부드럽고 강약 조절이 가능하다.</td></tr>
<tr><td>V</td><td>V</td><td>V</td><td>V</td><td>V</td><td>V</td><td>V</td><td></td><td></td><td></td></tr>
<tr><td>V</td><td>V</td><td>V</td><td>V</td><td>V</td><td>V</td><td>V</td><td></td><td></td><td></td><td rowspan="2">■ 발 안쪽과 바깥쪽을 적절하게 이용한다.</td></tr>
<tr><td>V</td><td>V</td><td>V</td><td>V</td><td>V</td><td>V</td><td></td><td></td><td></td><td></td></tr>
<tr><td>V</td><td>V</td><td>V</td><td>V</td><td></td><td></td><td></td><td></td><td></td><td></td><td rowspan="2">■ 오른발과 왼발 모두 자연스럽게 사용할 수 있다.</td></tr>
<tr><td>V</td><td>V</td><td>V</td><td></td><td></td><td></td><td></td><td></td><td></td><td></td></tr>
</table>

평가 자료 ❷ 관찰 평가 예시

◆ 자기평가		◆ 동료평가	V	◆ 교사평가	

역량	• OO이가 패스 연습을 할 때 내 자세에 대해 하나하나 정확하게 조언해주던 모습이 기억에 남음. OO의 조언 덕분에 우리 모둠원들 패스의 정확도가 한층 높아짐. • OO는 패스 게임을 할 때 우리 모둠원이 실수하더라도 항상 긍정적으로 격려해주었으며, OO의 격려 덕분에 우리 모둠은 지고 있던 경기를 뒤집어 승리할 수 있었음.
인성	• OO는 패스 연습할 때 실수를 해도 항상 파이팅을 해주었음. 실수를 해서 미안하고 민망한 기분이 들었지만, OO의 파이팅 덕분에 조금은 마음이 편해짐. • OO는 친구들과 다른 의견이 있을 때 자신의 의견을 강조하는 경향이 있음. 너무 강하게 얘기해서 같이 대화하는 데에 다소 불편함을 느꼈음. • OO는 수업이 끝나면 항상 먼저 나서서 기구를 정리함. 친구가 먼저 솔선수범을 하니 모두 가만히 있을 수가 없었음.
진로	• OO는 작전을 구상할 때 친구들의 특성을 잘 파악해서 선수들을 구성하는 데에 앞장섬. OO의 리더십이 부럽기도 하고, 나도 그러한 리더십을 가졌으면 좋겠다고 생각했음. OO는 그동안의 모습으로 보아 감독이나, 코치 같은 리더십이 필요한 진로가 어울리는 것 같음.

3) 과정평가

경기수행능력 평가 예시

[평가 개요]

평가 내용	전술적 움직임, 공격/수비 전략의 실행 정도
교과 역량	경기수행능력
평가 도구	경기수행능력 평가
평가 시기	경기장별 게임 활동 시 평가
평가 유의 사항	평가 항목 수를 적정 범위 내에서 조정, 세심한 관찰과 기록이 이루어지도록 유의

[평가 도구 : 게임수행능력 평가]

축구 경기수행능력 평가지						
모둠명		상대모둠		일 시		
이름	합계	공격공헌도		수비공헌도		반칙 (의도된 파울, −1)
		득점 (+2)	도움 (어시스트 +1)	상대방 공막기 (가로막기, 컷 +1)	상대방 공잡기 (가로채기, 스틸 +1)	

항목			내용	점수
① 축구 경기 수행능력 평가	공격 공헌도	득점	시합 중 득점을 올린 경우에 득점을 한 사람에게 부여	2점
		도움	시합 중 득점을 올린 사람에게 패스를 한 사람에게 부여	1점
	수비 공헌도	상대 공막기	시합 중 상대방의 공을 건드려서 다른 곳으로 보낸 사람에게 부여	1점
		상대 공잡기	시합 중 상대방의 공을 빼앗아 소유한 사람에게 부여	1점
	반칙		시합 중 의도된 파울을 한 사람에게 부여	−1점
② 합계			위의 점수를 모두 합친 점수. 상대팀과의 승부를 나눌 때 사용됨	

관찰 평가 예시

◆ 자기평가	V	◆ 동료평가		◆ 교사평가	

역량	• 평소 알고 있던 축구의 전략 및 전술을 활용하여 친구들과의 토의를 주도적으로 이끎. • 알고 있는 것을 시합에서 해보려 했으나, 수비수가 있어 뜻대로 되지 못한 모습을 보임. • 우리가 준비한 전략 및 전술을 연습할 시간이 부족하여 그랬던 것이라 판단됨. 전략 및 전술에 따른 움직임을 위해 계획수립뿐만 아니라 연습의 중요성을 재확인함.
인성	• 경기장 공략 전술을 세울 때 친구들의 의견을 잘 경청함. 의견이 맞지 않을 때에도 목소리를 높이기보다 더 나은 개선점을 찾기 위해 노력했다 생각됨. • 게임 시 경기가 생각대로 풀리지 않아 친구들에게 짜증을 냄. 시합 중 나도 실수를 했는데 친구들이 '괜찮다'고 격려해줘 부끄러운 마음이 들었음. • 축구는 혼자가 아닌 팀이 하는 경기이니만큼 가장 먼저 팀워크를 다지는 일이 중요하다는 것을 배우게 됨.
진로	• 경기장을 만든 의도를 파악하며, 상대 모둠의 장·단점을 분석하는 일이 무척 재밌었음. • 평상 시 통계라든지, 어떤 현상에 대한 분석을 하는 것에 흥미를 느꼈었는데 그러한 계통의 진로가 나에게 잘 맞을 것 같다 생각함. • 선수들의 심리 분석을 통해 최상의 경기력을 유지하기 위해 상담을 하는 심리분석가가 되고 싶다고 생각함.

다 단원개요

영역	표현		
단원	현대 표현	신체 활동	라인 댄스

성취기준그룹	교과 역량 중요도
[9체04-09] 현대 표현의 역사와 특성을 이해하고, 표현 유형, 인물, 기록, 사건 등을 감상하고 분석한다.	
[9체04-10] 현대 표현의 동작과 원리를 이해하고 심미적으로 표현한다.	
[9체04-11] 현대 표현의 특성과 원리가 반영된 작품을 발표하며, 작품에 나타난 표현 요소와 방법을 감상하고 평가한다.	
[9체04-12] 현대 표현 활동에 참여하면서 다양한 표현 문화의 의미와 가치를 비교하고 평가한다.	
[9체05-01] 스포츠 활동에서 안전의 중요성을 이해하고 여러 가지 스포츠 유형에 따른 안전 수칙을 설명한다.	건강 관리 능력 / 신체 수련 능력 / 경기 수행 능력 / 신체 표현 능력

내용요소	역사와 특성	표현 동작과 원리	표현의 수행과 창작	비판적 사고
학습주제	• 라인댄스와의 만남 • 라인댄스의 역사 속으로 • 현대 표현과 진로 • 활동 정리 및 평가	• 기초스텝! 성실함으로 Skill up • 기본동작! 인내함으로 Skill up • 기초, 기본 동작 속의 과학원리 찾기	• 기본 작품 익히기 1 • 기본 작품 익히기 2 • 함께 배우며 즐기는 팀 프로젝트 • 행복한 라인댄스 축제 준비	• 행복한 라인댄스 축제
수업전략	• 협동학습식 • 토론식 • 탐구식 프로젝트 • 발표식	• 동료교수식 • 협동학습식 • 탐구식	• 과제식 • 팀 프로젝트	• 발표식
역량평가	• 수업일기 • 모둠보고서 • 산출물 평가 • 소감문	• 개인-모둠별 표현능력검사 • 체크리스트 • 개인보고서	• 모둠별 표현능력검사 • 창작보고서	• 감상문

기능	탐구하기(탐구)	신체표현하기(신체)	감상하기(감상)	의사소통하기(의사)
활동	1차시-1 2차시-2 3차시-3 5차시-3 8~9차시-2 4차시-3 14~15차시-3 16~17차시-4 10~13차시-3	2차시-3 3차시-2 4차시-1 5차시-1 6차시-1 7차시-1 8~9차시-1 10~13차시-1 18차시-1	2차시-1 4차시-2 5차시-2 6차시-2 7차시-2 14~15차시-1 14~15차시-2 16~17차시-2	1차시-2 1차시-3 3차시-1 10~13차시-2 16~17차시-1 16~17차시-3 18차시-2

라 차시별교수·학습과정안

차시	핵심 개념	내용 요소	학습주제	교수·학습활동		평가	기능	교과 역량
				내용	방법			
1	표현 의미	역사와 특성	라인댄스와의 만남	1. 현대 표현 종목 이해하기 2. 모둠 구성, 모둠 정체성 정하기 3. 수업 규칙, 안전수칙 만들기	• 협동 학습식	• 수업일기	탐구 의사소통 의사소통	경기수행능력 건강관리능력
2	표현 의미	역사와 특성	라인댄스의 역사 속으로	1. 댄스의 다양한 세계 맛보기 2. 라인댄스의 유래와 역사 및 발달과정 탐구하기 3. 라인댄스의 세계로 빠져보기	• 토론식	• 모둠 보고서	감상 탐구 신체표현	신체표현능력
3	표현 양식	표현 동작과 원리	기초스텝! 성실함으로 Skill up	1. 기초스텝 익히기 2. 기초스텝을 활용한 작품 창작하기 3. 성실하게 표현하기	• 동료 교수식	• 개인-모둠별 표현능력검사	의사소통 신체표현 탐구	신체표현능력 건강관리능력
4	표현 양식	표현 동작과 원리	기본동작! 인내함으로 Skill up	1. 기본동작 익히기 2. 기본동작을 활용한 작품 창작하기 3. 인내하며 표현하기	• 협동 학습식	• 체크 리스트	신체표현 감상 탐구	신체표현능력 신체수련능력
5	표현 양식	표현 동작과 원리	기초, 기본 동작 속의 과학원리 찾기	1. 기초, 기본 동작 익히기 2. 기초, 기본 동작을 활용한 작품 창작하기 3. 표현 속 과학 원리 찾기	• 탐구식	• 개인 보고서	신체표현 감상 탐구	신체표현능력 경기수행능력
6	표현 양식	표현의 수행과 창작	기본 작품 익히기 1	1. Chiki cha cha 동작 익히기 2 기본 작품 뽐내기 1	• 과제식	• 모둠별 표현능력검사	신체표현 감상	신체표현능력 경기수행능력
7	표현 양식	표현의 수행과 창작	기본 작품 익히기 2	1. Country walkin 동작 익히기 2. 기본 작품 뽐내기 2	• 과제식	• 모둠별 표현능력검사	신체표현 감상	신체표현능력 경기수행능력
8~9	표현 창작	표현의 수행과 창작	함께 배우며 즐기는 팀 프로젝트	1. 라인댄스 창작 표현 대회 준비하기 2. 안전하게 댄스하기	• 팀 프로젝트	• 창작 보고서	신체표현 탐구	신체표현능력 신체수련능력
10~13	감상 비평	표현의 수행과 창작	행복한 라인댄스 축제 준비	1. 라인댄스 창작 표현 대회 작품 연습하기 2. 라인댄스 창작 표현 대회 포스터 만들기 3. 창의의 세계로 입문하기	• 팀 프로젝트	• 창작 보고서	신체표현 의사소통 탐구	신체표현능력 건강관리능력

차시	핵심 개념	내용 요소	학습주제	교수·학습활동		평가	기능	교과 역량
				내용	방법			
14~15	감상 비평	비판적 사고	행복한 라인댄스 축제	1. 라인댄스 창작표현 뽐내기(축제)	• 발표식	• 감상문		신체표현능력 경기수행능력
				2. 감상문 작성하기				
				3. 라인댄스 시화 작성하기				
16~17	표현 창작	역사와 특성	현대 표현과 진로	1. 표현 관련 진로/직업세계 탐색하기	• 탐구식 프로젝트	• 프로젝트 산출물 평가		신체표현능력
				2. 댄스와 관련된 다양한 진로 체험하기				
				3. 우리 함께 행복하기				
				4. My Dream 이력서 만들기				
18	표현 의미	역사와 특성	활동 정리 및 평가	1. 프로젝트, 축제 소감문 작성하기	• 발표식	• 소감문		신체표현능력
				2. 사랑의 편지쓰기				

3) 과정평가

평가자료 ❶ 개인-모둠별 표현능력검사

[평가 개요]

평가 내용	라인댄스 기본 작품에 대해 창의성, 표현력, 숙련성, 일치성에 대해 개인·모둠별 평가
교과 역량	신체표현능력, 경기수행능력
평가 도구	개인-모둠별 표현능력검사
평가 시기	라인댄스의 기본 작품을 동작별로 2회 평가한 후 기본 작품평가
평가 유의 사항	개인-모둠별 표현능력검사가 학습자에게 익숙하지 않으므로 학습 초기에 충분한 설명이 이루어져야 하며, 특히 검사의 특징(개인은 각자 자신의 시험점수를 받고, 자신의 이전 시험의 평균점수를 초과한 점수만큼 소집단 점수에 기여)에 대해 예를 들어 자세히 설명해야 함.

[평가 도구: 개인-모둠별 표현능력검사]

[1차 평가] (기본작품 개인 형성평가 2회)

역량(기능)	세부적 관찰항목	평가 포인트	상	중	하
창의적 표현력	창의성	독특한 창의성이 발휘되었는가?	25	20	15
	표현력	작품의 성격과 동작을 잘 표현하는가?	25	20	15
인내심	숙련성	능숙하게 작품을 잘 소화해서 실시하는가?	25	20	15
	일치성	동작의 순서가 정확하게 일치하는가?	25	20	15

예 김OO 형성평가 1차 점수: 100, 2차 점수 90, 3차 점수 90, 4차 점수 80, (100+90+90+80)/4=90점

[2차 평가]

평가	팀원				향상점수총점	팀 점수	팀 보상
	김OO	이OO	박OO	최OO			
2회 형성평가 평균점수	90	70	50	30	80	20 (팀원 향상점수 평균)	Great Team
Now 평가점수	80	80	70	30			
형성평가 평균점수-Now 평가점수	−10	+10	+20	0			
향상점수	10	20	30	20			

기준 점수	향상점수
만점 혹은 20점 이상 상승	30
기본점수와 동점 혹은 19점 이내 상승	20
기본점수에서 19점 이내 하락	10
기본점수에서 20점 이상 하락	0

준거(팀 점수)	팀 명칭 부여
0~19점	Good Team
20~24점	Great Team
25점 이상	Super Team

출처: 소집단 및 팀 기반 교수-학습 모형을 활용한 상대 평가 기법(남창우. 성신여대 교수법 워크숍 PPT)

관찰 평가 예시

◆ 자기평가		◆ 동료평가	V	◆ 교사평가	

역량	• 00는 리듬에 맞춰 기초스텝을 잘 표현해 내는 모습을 보여줌. 처음 배우는 동작임에도 이미 오랫동안 배워온 사람처럼 능숙한 모습을 보임. • 00는 박자가 항상 조금씩 늦는 모습을 보임. 박자에 대한 느낌이 조금 부족한 듯이 보였지만, 끝까지 열심히 하려는 모습이 인상적이었음. • 계속된 연습에 힘들 것이라 생각했는데도, 00는 지치지 않고 계속 해나가는 모습을 보임. 나중에 물어보니 평상시에도 부모님과 함께 운동을 즐겨해서 체력이 다른 사람보다 좋은 것 같다고 함.
인성	• 00는 친구들에게 항상 친절하게 대함. 가르쳐 줄 때도 짜증을 내기보다 항상 긍정적인 언어로 얘기해줘서 친구들이 고마움을 느낌. • 기초스텝을 통해서 작품을 만들 때 모두들 자신의 의견만을 내세우는 경향이 있었는데, 00가 중간에서 조율을 잘 해서 모두 큰 불만 없이 활동이 마무리할 수 있었음. • 창작 작품 연습에서 서로 동작이 맞지 않아 조금 짜증이 나 있었는데, 00가 다른 친구들에게 '다시 한번 해보자.'라며 계속해서 격려해 주는 모습이 인상적이었음.
진로	• 오늘 기초스텝 연습은 친구들이 서로 돌아가며 동작을 봐주었는데, 00가 항상 친절하고 자세하게 친구들에게 얘기해주는 모습을 보여줌. 00는 나중에 누군가를 가르치는 진로를 선택하면 좋을 것 같다고 생각함. • 나는 아직 기초스텝을 제대로 익히지도 못했는데, 00는 그것을 연결해서 어떤 동작을 만들어 볼 것인가를 고민하는 모습을 보였음. 박자나 리듬에 대한 감각이 뛰어난 걸 보니 댄서나 가수 등의 진로가 어울릴 것 같다고 생각함.

74 | 2003학년도

정 교사는 실제성(authenticity)을 강조하는 수행평가를 통해 학생들의 농구경기능력을 평가하고자 한다. 정 교사가 실시하고자 하는 14-1 ~ 14-4번 평가의 실제성을 AAHPERD 종합농구기능검사와 비교하여 '높다', '낮다'로 답하시오.

AAHPERD 종합농구기능검사
슈팅검사, 패스검사, 드리블검사, 방어능력검사 등으로 구성된 종합농구기능검사

1-1. 10회 자유투 성공률을 평가한다.

1-2. 교사가 농구시합 중의 경기능력을 평가한다.

1-3. 동료 학생이 농구시합 중의 경기능력을 평가한다.

1-4. 12미터 떨어진 벽의 표적지를 향해 농구공을 던지는 과제를 이용하여 패스의 정확성을 평가한다.

[정답] 1-1. 낮다. 1-2. 높다. 1-3. 높다. 1-4. 낮다.

75 | 2005학년도

김 교사는 수행평가를 적용하기 위하여 전통적인 배드민턴 쇼트서브 검사방법 (가)에 새로운 절차를 추가하여 검사방법 (나)를 개발하였다. (나)에 반영된 절차 ⓐ, ⓑ의 의미를 각각 1줄 이내로 설명하고, 이 의미들이 공통적으로 가지는 수행평가적 특징을 2가지만 2줄 이내로 기술 하시오.

(가) 전통적인 배드민턴 쇼트서브 검사

- A서브 구역에서 B서브 구역으로 5회 쇼트서브를 실시한다.
- 서브가 네트를 넘지 못하면 0점으로 처리한다.
- 셔틀콕이 떨어진 지점에 해당하는 점수를 합산하여 배드민턴 기능 점수로 활용한다.

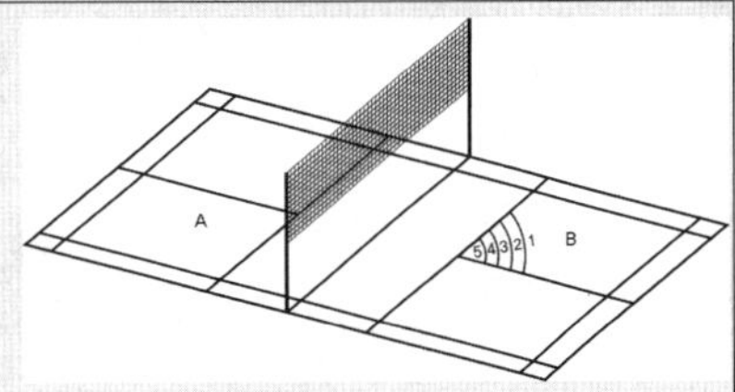

(나) 새로운 배드민턴 쇼트서브 검사

- A서브 구역에서 B서브 구역으로 5회 쇼트서브를 실시한다.
- 서브가 네트를 넘지 못하면 0점으로 처리한다.

ⓐ 보조선(네트에서 50cm)과 네트 사이로 통과한 서브만 유효한 것으로 간주하고 보조선에 닿거나 위로 넘어가면 0점으로 처리한다.

ⓑ 5점 지역에 가까운 미스지역(C지역)은 실패일지라도 1점을 부여한다.

- 셔틀콕이 떨어진 지점에 해당하는 점수를 합산하여 배드민턴 기능 점수로 활용한다.

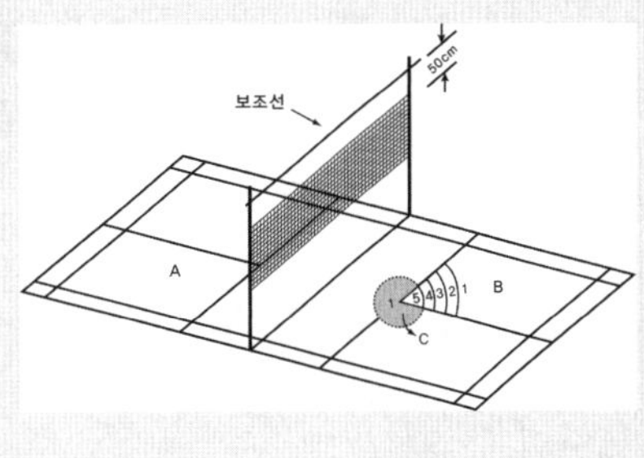

- ⓐ의 의미: ______________________ • ⓑ의 의미: ______________________
- 수행평가적 특징: ______________________

[정답] • a의 의미: 실제 경기 상황에서 쇼트 서브의 적절한 높이에 대한 타당한 기준을 제시하였다.

• b의 의미: 실제 경기 상황에서 C지역은 수비자를 현혹하여 득점과 연결되는 지역으로 점수를 부여하는 것이 타당하다.

• 수행평가적 특징: 실제성과 (논리)타당도를 높였다.

76 | 2007학년도

다음은 김 교사가 2005년도와 2006년도에 실행한 농구 실기 평가이다.

〈표 1〉 2005년도 실기 평가

실기 평가 종목	평가 날짜	세부 평가 내용
농구	7 / 10	농구 자유투 성공 횟수

〈표 2〉 2006년도 실기 평가

실기 평가 종목	평가 날짜	세부 평가 내용
농구	6 / 5	체스트 패스와 바운드 패스의 동작과 정확도 1차 평가
	6 / 13	체스트 패스와 바운드 패스의 동작과 정확도 2차 평가
	6 / 20	자유투와 레이업 슛 동작과 성공 횟수 1차 평가
	6 / 27	자유투와 레이업 슛 동작과 성공 횟수 2차 평가
	7 / 3	농구 간이 게임에서의 패스와 슛 능력 평가
	7 / 10	농구 경기 수행 능력 평가

2005년도의 실기 평가와 비교하여 김 교사가 2006년도에 실행한 실기 평가의 특징과 장점을 각각 2가지씩 쓰시오.

- 특징

  ① ______________________ ② ______________________

- 장점

  ① ______________________ ② ______________________

[정답] • 특징

① 평가 횟수가 늘어났다. ② 평가 내용이 늘어났다.

• 장점

① 지속적인 평가로 학습과정을 평가할 수 있다.

② 여러 기능의 종합 능력과 실제 상황에서 평가할 수 있다.

77 | 2009학년도

11. 정 교사는 중학교 2학년 높이뛰기 수업을 설계하고자 한다. 정 교사의 교수·학습과 평가 계획이 지향하는 의도에 대한 설명으로 옳지 않은 것은? [2.5점]

교수·학습 목표	
• 높이뛰기의 과학적 원리 이해 및 적용	• 학생 자신에게 적합한 수준 설정과 도전

⇓

차시	교수·학습 활동	평가(준비자료)
1	높이뛰기의 과학적 원리 조사·탐색	(영상자료)
2	수준별 그룹편성 및 공중동작 연습	진단평가(평가기록지)
3	도움닫기-수직점프, 공중동작의 과학적 원리 적용	(과제활동지)
4	수준별 학습과 자기점검	자기평가(평가기록지)
5	평가 및 수준별 그룹 재편성	동료평가(평가기록지)
--------〈중 략〉--------		
10	총괄평가	지필평가, 포트폴리오평가, 기록평가

① 학생의 성취도를 높이뛰기 기록 위주로 평가하려고 한다.
② 학생에게 높이뛰기의 수행 과정에 대한 피드백을 제공하려고 한다.
③ 교수·학습 목표, 교수·학습 활동, 평가를 일관성 있게 유지하려고 한다.
④ 수업 중 수시 평가를 통해 학생의 학습 과정에 대한 평가를 시도하고 있다.
⑤ 높이뛰기의 수준별 수업에 따른 평가를 시도하여 교수타당도를 높이려고 한다.

[정답] ①
[해설] 심동적 영역인 높이뛰기 기록 위주를 평가하기보다는 과학적 원리에 대한 이해와 적용 등 다양한 평가를 실시하고 있다.

78 | 2011학년도

다음은 배구 수업에서 평가를 받은 학생들의 대화이다. 대화를 토대로 철수의 선생님이 실시한 평가의 문제점을 바르게 지적한 것은?

> 영희: 난 이번 체육 시험에서 생각보다 높은 점수를 받아서 기분이 좋아. 선생님이 3월에 나누어 주신 평가 기준 봤지? 배구 경기에 대한 이해, 기본 기능, 경기 능력이 평가 내용에 포함되었더라.
> 철수: 그 기준은 나도 알지. 그런데 난 수업 중 시합을 할 때는 패스와 서브를 모두 성공했는데, 지난 월요일과 수요일 수업 중 시험에서는 서브 15개 중에 8개만 성공했어. 15개가 최고 점수 기준인데 공이 정해진 구역을 7번이나 벗어나 버렸어. 그래서 점수가 낮아.
> 영희: 저런, 속상했겠다. 넌 경기를 참 잘하는데 시험 때는 실력 발휘를 제대로 못했구나.
> 철수: 응. 실수를 많이 했어. 어제 수업 시간 중 시합에서도 패스와 서브 실력을 제대로 발휘했는데 점수에 반영 되지 않아 아쉬워. 다음 수업 중 시험에서는 서브를 꼭 최소한 13개 이상 성공해서 높은 점수를 받고 싶어.

① 형성평가를 실시하지 않고 총괄 평가를 실시하였다.
② 양적 평가를 실시하지 않고 질적 평가를 실시하였다.
③ 평가 계획표를 미리 작성하지 않고 실기평가를 실시하였다.
④ 준거 지향 평가를 실시하지 않고 규준 지향 평가를 실시하였다.
⑤ 실기 수행능력의 실제성을 고려하지 않고 평가를 실시하였다.

[정답] ⑤

[해설] 2015 개정 체육과 교육과정

나. 평가

(1) 평가의 방향

(가) 교육과정과의 연계성

(나) 평가 내용의 균형성

(다) 평가 방법과 평가 도구의 다양성

- 평가는 학습의 결과뿐만 아니라 학습의 과정을 포함하여 실시한다.
- 단편적 기능 또는 일회성 기록 측정 위주의 평가를 지양하고, 수업 목표와 교수·학습 내용에 따라 다양한 평가 요소를 제시하고 충분한 시간을 확보하여 평가한다.
- 평가의 타당도와 신뢰도를 높이기 위해 평가 목표와 내용, 방법이 밀접하게 관련되도록 점검하고, 다양한 유형의 방법을 활용하여 평가한다.
- 양적 평가와 질적 평가를 병행하고, 실제성과 종합성이 확보되고 핵심역량의 성취 정도를 파악할 수 있는 평가를 비중 있게 실시한다.
- 교사에 의한 평가뿐만 아니라 상호 평가, 자기 평가 등 학생이 주체가 된 평가를 병행하여 실시할 수 있다.

79 | 2021학년도

다음은 ○○고등학교 배드민턴 수행 평가 자료의 일부이다. 〈작성 방법〉에 따라 순서대로 서술하시오. [4점]

• 평가 방법 및 절차

1) 게임 수행 능력 평가

- 평가 도구: 그리핀, 미첼과 오슬린(L. Griffin, S. Mitchell, & J. Oslin)의 게임 수행평가 도구(GPAI)

[배드민턴 GPAI의 구성 요소와 준거]

구성 요소	준거
(㉠)	상대 코트 엔드라인 쪽으로 클리어샷을 한다. 서비스 라인 가까운 곳으로 드롭샷을 한다. 상대 선수를 코트 전후로 움직이게 한다.
의사 결정	샷의 종류와 위치를 적절하게 결정한다.
기초(BASE)	(㉡)

- 대진표에 따라 같은 상대와 1, 2차 게임을 실시한다.
- GPAI를 활용하여 게임 수행 점수를 산출하고 평가한다.

[게임 수행 능력 평가 결과]

번호	이름	게임 수행 점수	
		㉢ 1차 점수	㉣ 2차 점수
1	강○○	77	83
2	김○○	65	58
⋮	⋮	⋮	⋮
25	한○○	71	75

… (중략) …

2) 배드민턴 개인 기능(하이클리어) 수행평가

- 관찰자는 수행자의 하이클리어에 대한 내용 요소를 평가한다.

내용요소 \ 수행기준	상	중	하	평가
기본자세	신체의 중심을 낮추고 체중을 발 앞쪽에 실리도록하며, 시선을 상대에게 둔다.	신체의 중심을 낮추고 체중을 발 앞쪽에 실리도록 하지만, 시선을 상대에게 두지 못한다.	신체의 중심이 높고 체중이 발 앞쪽에 실리지 못하고, 시선을 상대에게 두지 못한다.	( )
그립	⋮	⋮	⋮	( )
백스윙	⋮	⋮	⋮	( )

(가)

〈작성 방법〉

○ 괄호 안의 ㉠에 해당하는 구성 요소를 쓰고, 괄호 안의 ㉡에 해당하는 준거를 서술할 것.
○ 밑줄 친 ㉢과 ㉣의 상관을 활용하여 검사 도구의 양호도를 추정하는 방법의 명칭을 쓸 것.
○ (가)에 해당하는 평가 도구의 명칭을 쓸 것.

[정답] ㉠ 기술실행[1점] ㉡ 배드민턴 기술실행 후 (홈포지션)으로 돌아오기[1점]
재검사 신뢰도[1점]
루브릭[1점]

제 8 장 검사구성의 원리

핵심어

인지적 영역, 정의적 영역, 심동적 영역, 신체적 요소, 체격 요소, 운동 요소, 체력 요소, 검사구성절차, 측정 항목 정의, 측정 항목 분석, 문헌 고찰, 검사 개발, 검사의 검토, 소집단에 검사 시행, 검사의 양호도, 규준 개발, 서술형 평정 척도, 검사장 개발, 운동기능검사구성, Speed Spot Shooting 검사

문제

1. AAHPERD의 Speed Spot Shooting 검사는 심동적 영역에서 어떤 요소를 측정하는 검사라 할 수 있는가?
2. 학교 체육 현장에서 서술형 평정 척도는 어떻게 제작되어야 하는지 설명하시오.
3. 검사장을 구성할 때 주의해야 할 사항에 대해 설명하시오.
4. 지필 검사에서 문항난이도와 문항변별도를 계산하는 공식을 쓰고 설명하시오.
5. 지필 검사의 종류를 모두 쓰고 각각에 대해 예를 드시오.

(1) 체육과의 평가는 일반적으로 인지적, 정의적, 심동적 영역으로 구분하여 실시된다.
  ① 인지적 영역은 운동을 수행하는데 적용되는 과학적 원리, 경기 방법 및 규칙, 전술 및 전략 등에 관한 것이며,
  ② 정의적 영역은 태도, 스포츠맨십, 심리적 요인 등이며,
  ③ 심동적 영역은 체력이나 운동수행력 등이 포함된다.

(2) '세 가지 영역 중 어느 영역이 중요하고 어느 영역은 중요하지 않다'라고 표현하는 것은 적절치 않으며, 교육 목표나 교사와 지도자의 철학에 따라 그 중요도는 달라질 수 있다. 본 장에서는 심동적 영역과 인지적 영역의 검사를 구성하는 방법에 대해 알아본다. 정의적 영역에 포함되는 심리적 요인의 검사에 관심을 갖는 독자는 스포츠심리학 관련 서적을 참고하기 바란다.

1. 심동적 영역 검사의 구성

(1) 심동적 영역의 검사는 학교 현장에서 체육 교사들이 가장 즐겨 사용하는 내용으로 실제로 성적을 부여할 때 가장 큰 비율을 차지한다. 서울 시내의 중·고등학교의 경우 대부분 심동적 영역이 성적의 60~70%를 차지하고 있다. 즉, 체육 교사들이 검사를 구성할 때 가장 많이 고려하는 부분이 바로 심동적 영역인 것이다.

(2) 젠스마(Jansma)는 심동적 영역을 크게 4가지로 분류하고 있다.

① 첫째, 신체적(physical) 요소는 한 개인의 해부학적, 구조적 상태, 즉 체격 요소이며,

② 둘째, 운동(motor) 요소는 얼마나 운동을 잘 하는가, 즉 운동의 질적 요소이고,

③ 셋째, 체력(fitness) 요소는 양적 움직임과 관련된 것으로, 얼마나 많은 움직임이 유지되는가에 관한 것이며,

④ 넷째, 경기(play) 요소는 심동 영역의 최고 수준으로 좋은 경기자가 되기 위한 신체적, 운동, 체력 요소들을 모두 의미한다. 체육 교사들은 심동적 영역의 검사를 개발할 때 상기한 요소들을 모두 포함시킬 수 있다.

1-1. 검사 구성 절차

- 심동적 영역의 검사를 개발하기 위해서는 검사가 갖추어야 할 조건(타당도, 신뢰도, 객관도, 실현 가능성 등)을 갖추고 있는가를 확인해야 한다. 이러한 조건들을 확인하는 것 외에도 심동적 영역의 검사를 개발할 때에는 다음과 같은 절차를 밟는 것이 바람직하다.

(1) 첫째, 측정할 항목에 대해 정의한다.

① 가장 먼저 측정하고자 하는 항목을 정확하게 정의하고, 새롭게 개발하려는 검사의 목표를 진술한다. 만약 근력을 측정하려면 어떤 부위의 근력을 측정하려는 것인지가 먼저 확인되어야 한다. 테니스 서브 기능을 측정하려고 한다면, 서브의 정확성만을 측정하는 것인지, 아니면 서브의 강도도 함께 측정하려는 것인지가 결정되어야 할 것이다.

② 측정 항목에 대한 정의가 이루어지면 검사 대상(예 성, 학년 등)을 구체적으로 결정해야 할 것이다.

③ 상기한 내용에 대한 정의가 끝나면, 항목이 수업 내용에 포함되었는지의 여부, 측정 항목이 객관적으로 측정될 수 있는지의 여부, 검사자의 목적을 달성할 수 있는 검사가 존재하는지의 여부를 확인해야 한다.

(2) 둘째, 측정할 항목에 대해 분석한다.

① 만약, 어떤 체육 교사가 배드민턴 수업을 실시한 후에 운동 기능 검사를 개발하려면, 먼저 배드민턴에서 요구되는 모든 기능 요소들 중에서 측정할 항목을 결정해야 할 것이다.

② 만약, 하이클리어 기능을 측정하려면 교사는 다시 하이클리어 기능을 세부적으로 분류한다.

③ 예를 들면, 하이클리어 기능을 수행하는데 요구되는 풋워크, 준비자세, 임팩트, 플로 스루 등으로 분류하고 분류된 세부 항목에 대해 성공적인 수행을 위해 요구되는 내용을 확인해야 한다.

(3) 셋째, 문헌을 고찰한다.

① 검사자가 개발하고자 하는 항목과 동일한 검사나 관련이 있는 검사들에 대해서 문헌을 고찰해야 한다. 문헌 고찰 단계는 대개 현장의 교사나 지도자들이 간과하고 넘어가는데, 문헌 고찰을 통해서 검사 개발자들은 해당 항목에 대해 정통하게 되고, 유용한 아이디어도 얻을 수 있다.

② 또한, 과거에 개발되었던 검사들 중 어떤 항목들은 새롭게 개발하려는 검사에 포함시킬 수도 있으며, 과거에 개발된 검사들 중에 타당도가 높은 검사들을 확인함으로써 개발하려를 검사의 타당도를 높이는 데 도움을 줄 수 있다.

(4) 넷째, 검사를 개발한다. 문헌 고찰 단계를 밟은 후에는 다음과 같은 내용들을 검토해가면서 검사를 ①~⑤와 같이 개발한다.

① 가능한 검사를 실제적으로 만든다. 예를 들면, 운동 기능을 측정할 때에는 경기 상황과 유사한 상태에서 학생들의 운동 기능을 측정해야 할 것이다.

② 검사는 간단해야 한다. 만약, 검사가 복잡하면 검사의 타당도와 신뢰도에 좋지 않은 영향을 미치게 된다.

③ 비용이 적게 들면서 짧은 시간에 끝낼 수 있는 검사를 만든다.

④ 검사 시행 순서를 미리 결정한다.

⑤ 점수 부여 방법을 간단하게 한다. 점수 부여 방법이 복잡해지면, 검사의 객관도가 떨어지고 학생들을 교육하는 시간이 길어지며 학생들이 쉽게 이해하지 못하게 된다.

(5) 다섯째, 동료에게 검토를 부탁한다.

① 검사를 개발한 체육 교사에게는 분명하고 확실한 것이 다른 사람에게는 이해하기 어려운 경우가 있다. 따라서, 동료 체육 교사에게 개발된 검사에 대해 검토를 부탁하는 것이 바람직하다.

② 검사를 검토한 동료가 제시하는 비판적인 의견을 모두 수용할 필요가 없지만, 가능하면 수용하는 것이 검사를 성공적으로 개발하는데 도움을 준다.

(6) 여섯째, 소집단에게 검사를 시행한다.

① 개발된 검사를 시행할 때 발생할 수 있는 문제점들을 파악하기 위해서 소집단(예 한 학급)을 대상으로 검사를 실시하는 것이 좋다. 단, 표집된 집단은 검사 대상을 대표할 수 있어야 한다.

② 소집단에게 검사를 시행한 후에는 문제가 되는 측정 문항들을 삭제하고 최종적으로 측정 문항을 결정한다.

(7) 일곱째, 개발된 검사의 타당도, 신뢰도, 객관도를 확인한다.(검사의 양호도 확인)

① 이를 위해서는 3장과 4장에서 설명한 타당도, 신뢰도, 객관도 추정 방법을 이용하면 된다.

㉠ 운동 기능 검사의 경우 검사 결과와 토너먼트 경기 성적의 상관을 이용하여 타당도를 추정할 수 있을 것이다.

㉡ 만약, 개발한 검사와 유사한 과거의 검사가 존재하고 기존에 개발되었던 검사의 타당도가 높으면 두 검사 점수 간 상관으로 타당도를 추정할 수도 있다.

㉢ 만약, 검사자가 주관적으로 평가하는 검사의 경우 전문가의 평가와 상관을 통해서 개발된 검사의 타당도를 확인할 수 있다. 이 경우에는 개발된 검사의 평정 척도(taring scale)를 이용해야 한다.

② 현재 중·고등학교에서 많이 사용하는 서술형 평정 척도는 다음과 같은 절차를 통해서 개발된다.

㉠ 먼저, 평가받는 기능을 성공적으로 수행하기 위한 요소를 결정하고, 측정할 기능의 능력 수준(예 5점 척도)을 결정한 후에 각 능력 수준에 대한 정의를 관찰 가능한 행동으로 정의하면 된다.

㉡ 각 능력 수준에 대한 서술형 정의는 학생들이 나타낼 수 있는 모든 경우를 포함해야 하며 교사가 기능을 관찰한 후에는 즉각적으로 기록할 수 있도록 객관적이어야 한다.

③ 검사자가 평정 척도를 이용할 때에는 검사자가 과거의 기억을 가지고 평정하는 것보다 3~4명의 평가자가 검사에 참여하여 평가자들의 점수를 평균하는 것이 좋다(Hensley, Marrow & East).

㉠ 그러나 3~4명의 평가자가 동일한 학생들을 평가하는 것은 현실적으로 힘들다.

㉡ 학교 현장에서는 미리 각 수준별 인원수를 결정해 놓고 각 학급의 성적 격차를 줄이는 방법을 사용하는데, 이것은 바람직하지 않다.

㉢ 왜냐하면, 운동 능력이 뛰어난 학생들이 많은 학급은 상대적으로 피해를 보기 때문이다.

㉣ 따라서, 평정 척도에 대한 체육 교사들 간 충분한 논의가 있어야 하며, 평정척도와 관련하여 발생될 수 있는 오차를 최소화시키는 노력이 필요하다.

㉤ 개발된 검사의 신뢰도와 객관도는 재검법을 이용하면 쉽게 추정할 수 있을 것이다. 신뢰도와 객관도 추정 방법은 3장과 4장을 참고하기 바란다.

(8) 여덟째, 규준(norm)을 개발한다.

① 상기한 단계를 모두 거쳐 개발된 검사가 좋은 검사라고 판단되면 개발된 검사의 규준을 만들어 놓는 것이 좋다. 규준이 이미 개발되어 있는 검사는 다른 교사나 지도자들이 학생들을 검사한 후에 검사 점수를 개발된 규준에 비추어 학생들의 수준을 비교, 해석하는 데 매우 유용하다.

② 규준으로 이용될 수 있는 지수들은 z-score나 백분위수(percentiles)가 있다. 규준을 만들기 위해서는 많은 피험자의 점수가 요구되므로 한 학교에서 모집된 인원으로 규준을 만드는 것은 실제로 어려움이 많다. 이러한 이유 때문에 학교 현장에서 개발된 검사들의 규준은 제작되어 있는 경우가 거의 없는 실정이다. 만약, 한 학교에서 많은 수의 피험자 모집이 불가능하다는 2~3년 동안 동일한 검사를 시행하여 검사 결과를 축적하여 규준을 개발하는 것도 좋은 방법이다.

보강

검사장(test battery) 개발

2~3개 이상의 검사로 구성된 검사장(예 체력장)의 경우 모든 검사 문항들과 설정된 준거(예 체력, 축구 능력 등)의 상관은 높아야 하지만, 검사 문항 간에는 너무 높은 상관을 갖는 것은 바람직하지 않다. 왜냐하면, 하위 검사 문항 간 상관이 높다는 것은 두 검사가 동일한 구인을 측정한다는 의미이기 때문이다. 이러한 경우에는 준거와 상관이 더 높은 문항은 남기고 나머지 문항은 삭제하는 것이 적절하다.

1-2. 운동기능검사의 구성

• 운동기능검사는 학교 체육 현장에서 체력 검사와 함께 가장 많이 사용하는 심동적 영역의 검사라 할 수 있다. 심동적 영역의 검사 중에서 운동 요소를 측정하는 운동기능검사를 개발할 때에는 다음과 같은 사항을 지키는 것이 중요하다.

(1) 첫째, 한 가지 운동기능검사는 해당 종목의 한 가지 영역만을 측정하는 것이어야 한다.

① 예를 들면 축구의 드리블 기능을 측정하는 검사가 지구력 요소까지 포함하여 측정하는 검사로 구성되어 있다면 운동기능검사로 제 기능을 하기 어려울 것이다.

② 또 한 가지 주의해야 할 사항은 하나의 검사만으로 한 종목(예 축구, 농구 등)에 대한 전반적인 능력을 파악하기 어렵다는 것이다.

③ 따라서, 한 종목에 대한 운동기능검사는 종목의 특성에 따라서 가장 중요하고 필수적인 3~4가지 정도를 측정하는 검사(예 농구에서 드리블, 패스, 슛을 측정하는 세 가지 검사로 농구기능검사를 구성)로 구성되는 것이 적절할 것이다.

(2) 둘째, 측정의 일관성이 유지되어야 한다.

① 하나의 검사를 동일한 학생들에게 여러 번 실시해도 대략 동일한 결과가 나오도록 구성되어야 한다.

② 예를 들면, 여학생에게 단 한 번의 축구 리프팅 검사를 실시한다면 그 검사 점수가 학생들의 리프팅 기능을 정확하게 측정했다고 믿기 어려울 것이다. 이러한 경우에는 3~4회의 기회를 주어 평균 점수를 취하거나 가장 잘 한 점수를 부여하는 것이 적절할 것이다.

(3) 셋째, 검사자가 바뀌어도 대략 동일한 결과가 나오도록 구성되어야 할 것이다.

① 농구에서 자유투 성공 횟수와 같이 수치로 측정되는 운동기능검사는 검사자가 바뀌어도 결과가 크게 바뀌지 않으나, 배구의 패스 동작을 평가할 때 서술형 평가 기준을 사용하는 경우에는 검사자의 엄격성에 따라 측정 결과가 많이 달라질 수 있다.

② 따라서 이러한 경우에는 서술형 평가 기준을 누구나 이해하기 쉬운 문구로 작성하고, 2명 이상의 교사가 점수를 부여한 후에 평균된 점수를 적용하는 등의 노력이 필요하다.

(4) 넷째, 시설이나 도구, 시험 장소, 시간, 경제성 등을 고려하여 검사를 실시한다. 평가의 목적(진단, 성적 부여 등)을 달성할 수 있으면서도 제한된 시간과 장소에 실시할 수 있는 검사로 구성되는 것이 필요하다. 현장에서 체육 교사나 지도자가 운동기능검사를 구성할 때 상기한 네 가지 요소를 유념한다면 교사의 의도를 반영하는 운동기능검사를 개발할 수 있을 것이다.

1-3. 심동적 영역의 검사의 예

• 최근에는 인터넷의 발달과 각 지역 교육청이나 교원 단체에서 자율적으로 학습 자료를 개발하여 제공하고 있어 현장의 교사나 지도자들이 쉽게 학습 자료를 얻을 수 있다. 따라서, 여기서는 저자가 학교 체육 현장에서 사용했었던 육상, 체조, 개인 및 단체 운동 종목에 대한 심동적 영역의 검사를 예로 들어 설명하겠다.

(1) 육상

– 이어 달리기

㉠ 학생들에게 배턴 터치 요령을 수업하고 실제 경기를 통해서 이어달리기 능력을 평가한다. 학급 내에서 50m 달리기 순위를 이용하여 아래와 같이 4모둠을 편성하고, 3회의 이어달리기 경기를 실시한다.

1모둠	2모둠	3모둠	4모둠
1위	2위	3위	4위
8위	7위	6위	5위
9위	10위	11위	12위
16위	15위	14위	13위
17위	18위	19위	20위
24위	23위	22위	21위
25위	26위	27위	28위
32위	31위	30위	29위
33위	34위	35위	36위
40위	39위	38위	37위

㉡ 배턴 터치는 미리 설치된 배턴 터치 존 내에서만 이루어져야 하며, 이 규정을 어긴 팀은 최하위로 기록한다. 매 경기마다 1위부터 4위까지 각각 4점, 3점, 2점, 1점을 부여하고, 3회의 경기가 모두 끝나면 각 경기의 배점을 합하여 최종 순위를 결정한다.

〈종합 순위에 따른 성적 부여 기준〉

3회의 경기 결과의 점수를 통해서 산출된 종합 순위에 따라 아래와 같이 평가한다. 종합 순위 결과, 동점인 모둠이 나오면 순위가 결정될 때까지 동점인 모둠끼리 재경기를 실시한다.

순 위	평 가	점 수
1위 모둠	A	
2위 모둠	B	
3위 모둠	C	
4위 모둠	D	

- 높이뛰기

〈자세 평가〉

2회의 연습을 한 후 1회 실시하여 아래의 평가 기준에 따라 자세를 평가한다.

구분	평가 기준	점 수
	- 점점 빠르게 달려 발구르기를 할 때 최고 속도가 된다. - 상체를 뒤로 젖힌 상태에서 정확하고 강하게 발구르기 한다. - 발구르기 한 후 바를 안 듯이 타넘는다. - 양 팔과 차올린 발이 동시에 매트에 닿으면서 착지한다.	
A	4가지 항목이 모두 잘 된다.	
B	4가지 항목 중 3가지 항목이 잘 된다.	
C	4가지 항목 중 2가지 항목이 잘 된다.	
D	4가지 항목 중 1가지 항목만 잘 된다.	
E	4가지 항목이 모두 안된다.	

〈기록 평가〉

남자는 100cm, 여자는 85cm부터 시작하여 2회씩의 기회를 주고 통과하면 5cm씩 높이를 올려서 측정한다. 아래 기준은 중2 학생을 대상으로 설정한 기준이므로 이 기준을 참고할 때에는 대상 학년을 고려하여 적용해야 할 것이다.

점 수	평가기준(단위: cm)	
	남 자	여 자
	115 통과	95 통과
	110 통과	90 통과
	105 통과	85 통과
	100 통과	80 통과
	100 미만	80 미만

(2) 체조

- 매트운동(손짚고옆돌기): 시험을 실시하기 전에 충분한 연습 시간을 부여한 후, 3회의 시험 시기를 부여하고 그 중에서 가장 좋은 점수로 평가한다.

구분	평가기준	배점
A	몸을 곧게 펴고 손짚고 옆돌기를 하며 매트에 닿는 팔과 발이 일직선상에 위치한다.	
B	몸을 곧게 펴고 손짚고 옆돌기를 하지만, 매트에 닿는 팔과 발이 일직선상에 위치하지 않는다.	
C	다리를 위로 차지 못해서 상체와 하체의 각도가 90도 이상은 되지만 완전히 펴지 않은 채 손짚고 옆돌기를 한다.	
D	다리를 위로 차지 못해서 상체와 하체의 각도가 90도 이하인 상태에서 손짚고 옆돌기를 한다.	

(3) 개인 및 단체운동

- 배드민턴(하이클리어): 교사는 학생들의 파트너가 되어 포핸드 스트로크로 하이클리어를 주고받으면서 학생들을 평가한다. 학생들이 2인 1모둠이 되어 평가를 하는 경우가 많으나, 이러한 경우에는 학생들의 불만이 있을 수 있고, 공정하게 평가가 이루어지기 어려우니 주의해야 한다.

구분	평가 기준	점수
	- 포핸드로 돌아서서 셔틀콕이 날아오는 지점으로 이동한다. - 가능한 높은 위치에서 셔틀콕을 스트로크한다. - 셔틀콕을 높고 길게 스트로크한다. - 스트로크하는 순간 손목의 스냅을 이용한다.	
A	4가지 항목이 모두 잘 된다.	
B	4가지 항목 중 3가지 항목이 잘 된다.	
C	4가지 항목 중 2가지 항목이 잘 된다.	
D	4가지 항목 중 1가지 항목만 잘 된다.	
E	4가지 항목이 모두 안된다.	

- 축구(드리블): 남학생은 15m 거리에서 3m 간격으로 5개의 장애물을 설치하고, 여학생은 12m 거리에서 3m 간격으로 4개의 장애물을 설치하여 지그재그로 장애물을 통과한 시간을 측정한다. 기록은 공을 드리블하면서 몸이 결승선을 통과한 시간을 기준으로 하고, 공에 손을 대면 1초씩 더하여 평가한다. 모두 3회의 기회를 주되, 처음 1회는 연습 시기로 하고, 나머지 2회의 평균 기록을 아래 배점 기준에 따라 점수로 부여한다. 아래 기준은 중3 학생을 대상으로 설정한 기준으로 이 기준을 참고할 때에는 대상 학년을 고려하여 적용해야 할 것이다.

점수	평가 기준(단위: 초)	
	남자	여자
30	18.0 이하	23.0 이하
29	18.1 ~ 19.0	23.1 ~ 24.0
28	19.1 ~ 20.0	24.1 ~ 25.0
27	20.1 ~ 21.0	25.1 ~ 26.0
26	21.1 ~ 22.0	26.1 ~ 27.0
25	22.1 ~ 23.0	27.1 ~ 28.0
24	23.1 ~ 24.0	28.1 ~ 29.0
23	24.1 이상	29.1 이상

- 농구(드리블, 슛): 다음은 미국 AAHPERD에서 개발하여 보급한 농구기능검사를 소개하겠다.

〈명칭〉 Speed Spot Shooting 검사

〈측정 방법〉

① 아래 그림과 같이 백보드의 중앙에서 15피트(약 4.6m)의 거리에 해당하는 다섯 지점을 표시를 한다.

② 학생들은 A, B, C, D, E 어느 곳에도 출발해도 상관이 없고 교사의 출발 신호에 의해서 슛을 한 후에 튀어나오는 공을 잡아 드리블하여 다음 지점에서 다시 슛을 한다.

③ 레이어 슛을 해도 좋지만 2회 연속 할 수 없고, 60초 동안 3회까지의 레이업 슛만 허용된다.

④ 학생들은 반드시 다섯 지점에서 한 번씩은 슛을 해야 한다.

⑤ 60초 동안 실시하며, 처음 1회는 연습으로 주어지고 2회와 3회의 시기를 측정한다.

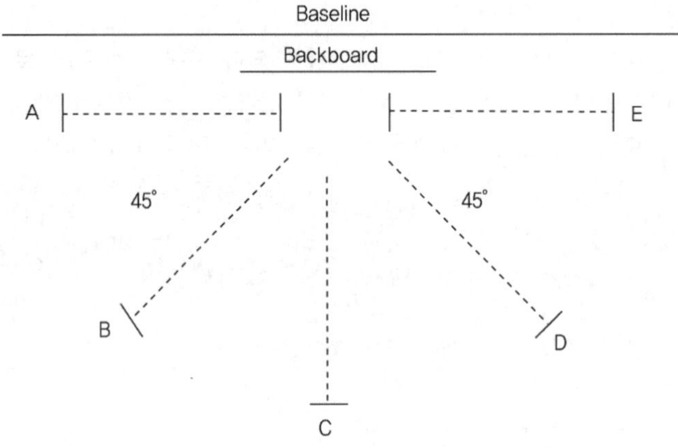

AAHPERD의 농구 Speed Spot Shooting 검사장

〈점수 부여 방법〉

① 검사자는 다음과 같은 검사지를 이용하여 슛을 한 지점과 레이어 슛을 한 횟수를 표시하도록 한다. 예를 들어 검사를 받는 학생이 A 지점에서 슛을 했다면 검사지의 A에 사선을 그어서 표시하고 레이어슛을 1회 실시했다면 검사지의 숫자 1에 사선을 그어서 표시한다.

A B C D E	1 2 3 4

② 슛이 성공하면 2점을 주고 슛이 실패하면 1점을 준다.

③ 1회와 2회의 시기에서 얻은 점수의 합이 개인의 점수가 된다.

〈벌점 부여 방법〉

① 트레블링이나 더블드리블을 하여 드리블한 경우의 슛이 성공되면 0점으로 한다.

② 2회 연속 레이업슛을 했을 때 두 번째 레이업슛은 0점으로 한다.

③ 4회 이상 레이업슛을 했을 때 네 번째 이상은 모두 0점으로 한다.

④ 다섯 지점에서 모두 슛하지 못하고 동일한 지점에서 반복하여 슛할 때에는 0점으로 한다.

- 상기한 종목별 평가 방법과 기준은 중·고등학교에서 흔히 사용되는 예이다. 상기한 예 중에서 기록으로 측정되는 측정 방법의 평가 기준을 설정할 때에는 과거 동일한 연령과 성의 학생들이 수행한 결과에 근거하고 교사가 의도하는 수업 목표를 고려해야 한다. 가급적이면 학생들이 달성할 수 있는 수준으로 평가 기준을 설정하는 것이 바람직하다.

2. 인지적 영역 검사의 구성

- 체육 교과에서 인지적 영역의 검사는 대개 지필 검사로 시행된다. 심동적 영역의 검사에 비해 체육과 관련된 지식이나 사고의 과정을 측정하는 지필 검사는 시행할 때마다 교사가 구성해야 한다. 지필 검사를 통해서 얻은 자료는 학생들의 요구와 수업 내용을 결정하는데 많은 도움을 줄 수 있다. 따라서, 체육 교사들은 본 장에서 제시하는 지필 검사 구성 절차를 숙지해야 할 것이다.

2-1. 검사 구성 절차

지필 검사는 검사 계획, 검사문항 구성, 검사의 시행, 문항 분석, 문항 수정의 절차에 따라 구성된다.

2-1-1. 검사 계획

(1) 검사 계획 단계에서는 검사의 내용타당도가 충분히 고려되어야 한다.

① 즉, 검사는 교육 목표와 수업 내용을 대표할 수 있고, 학생들의 교육한 내용을 얼마나 잘 수행하는가를 측정할 수 있어야 한다.

② 내용타당도를 확인하기 위해서는 이원목적분류표를 작성하여 검사가 모든 수업 내용을 포함하며 특정 영역에 치우치지 않는가를 검사하면 된다. 이원목적분류표에는 검사의 문항 수, 문항의 종류, 문항을 풀어 가는 과정의 종류와 수, 문항의 내용, 문항 난이도, 각 문항의 점수, 정답과 유사정답 등이 포함된다.

(2) 검사 문항의 수는 대부분의 학생들이 주어진 시간 내에서 모든 문항에 답할 수 있는 문항수가 적절하다.

① 문항에 가장 늦게 답하는 학생은 대개 선다형의 경우 1분에 1문항, 진위형은 1분에 2문항으로 판단한다. 검사 문항의 종류에는 선다형, 진위형, 연결형, 완성형, 서답형 등이 있다.

② 문항을 풀어 가는 사고의 과정에는 지식, 이해, 적용 등으로 각 문항에서 선택하여 결정한다.

③ 검사 구성 시간이 부족할 경우에는 지식 유형의 문항이 대부분 구성되겠지만, 좋은 검사를 만들기 위해서는 다양한 사고 과정의 문항들로 구성해야 한다.

(3) 각 문항의 내용은 수업 시간에 다루었던 내용들이 포함되어야 하고, 일반적으로 특정종목에 대한 지필 검사의 내용은 역사, 특성 및 효과, 용어, 움직임에 적용되는 과학적 원리, 경기 규칙, 장비, 운동 기능, 전략 등이 골고루 포함되어야 한다.

(4) 문항 난이도는 문항에 정답 한 학생들의 비율로 나타내고, 검사의 목표와 관련하여 결정한다. 문항 난이도는 검사를 시행한 후에 결정되는 것이어서 경험이 많은 교사들에게 문항을 검토하고 자문을 구하는 것이 좋다.

2-1-2. 검사문항의 구성

(1) 이원목적분류표에서 내용 영역과 문항의 종류와 수, 문항 난이도 등이 결정되면 실제로 검사 문항을 구성하게 된다. 검사 문항을 구성할 때에는 다음과 같은 항목들을 점검한다.

- 검사 문항을 완성하는데 충분한 시간을 가진다. 최초에 2~3시간에 걸쳐서 검사를 구성하고 1~2일 이후에 다시 문항을 검토하여 검사를 완성한다.
- 중요한 사실, 개념, 원칙, 기능에 관한 내용을 문항에 포함시키고, 다음과 같은 점을 고한다.
  - 학생들이 이 문항을 왜 알아야 하는가?
  - 이 문항의 가치는 무엇인가?
  - 이 문항은 미래에 학생들에게 어떤 영향을 미치는가?
- 문항들은 서로 독립적이어야 한다. 한 문항에서 정답을 맞히고 다른 문항에서도 정답할 가능성이 없어야 한다.
- 문항은 간단하고 분명하게 작성해야 한다. 답이 뻔하거나 애매하거나 의미가 없는 용어들은 사용하지 말고, 교과서의 글을 그대로 인용하는 것은 바람직하지 않다.
- 문항의 종류를 다양하게 구성한다. 특정한 종류의 문항만을 해결하는 능력이 뛰어난 학생이 있을 수 있으므로, 학생들의 다양한 사고의 과정을 파악하기 위해서는 문항의 종류를 다양하게 구성해야 한다.

- 쉬운 문항부터 제시한다. 만약 어려운 문항이 검사지의 서두에 제시되면, 학생들이 나머지 문항에 집중하기 어렵게 된다.
- 문항에서 분명하고 간결하고 완전한 방향을 제시한다. 문항에 응답하는 방법이 애매하지 않도록 구성한다.
- 다른 교사에게 문항을 보여주고 검토한다. 만약 다른 교사가 문항에서 문제점을 발견한다면, 학생들 또한 문항에 답하는데 어려움이 생길 것이므로, 동료에게 충분한 검토를 받는 것이 바람직하다.

2-1-3. 검사의 시행

(1) 상기한 두 절차를 밟아 검사를 구성한 후에는 소집단 학생들을 표집하여 검사를 시행한다. 시험지는 컴퓨터용 원드프로그램을 이용하여 작성한 후에 프린트하여 제공한다.
(2) 검사를 시행할 때 검사의 시종 시간은 모든 학생들에게 동일하게 적용되어야 하고, 검사의 난이도와 상관없이 정해진 시간과 조건에서 정상적으로 검사를 시행한다.
(3) 특히, 검사를 시행하기 전에 학생들에게 검사의 방향에 대해서 알려주어 학생들이 검사의 전반적인 내용에 대해 예측할 수 있도록 해야 한다.

2-1-4. 문항 분석

• 문항 분석의 절차는 어떤 문항이 너무 쉽거나 어려운지에 대한 정보를 제공하고, 효과적으로 기능하지 못하는 문항에 대한 정보를 제공하며, 검사를 구성하는 검사자의 능력을 개선하는 데 도움이 된다. 문항 분석에서 다루는 내용은 문항 난이도, 문항 변별도, 반응 수준 등이다.

(1) 첫째, 문항 난이도란 문항에 정확하게 응답한 학생의 비율로 아래와 같이 계산한다. 공식 (7.1)에서 p는 문항 난이도이다. 공식 (7.1)에 의하면 문항이 어려울 때 문항에 정확하게 응답한 학생의 수가 적을 것이므로 문항 난이도는 낮고, 문항이 쉬우면 문항 난이도는 높게 나타난다.

$$p = \frac{\text{문항에 정확하게 응답한 학생수}}{\text{문항에 응답한 총학생수}} \quad \cdots\cdots\cdots\cdots (7.1)$$

① 대개 규준지향검사의 문항 난이도는 약 50% 정도가 적절하며, 준거지향검사의 경우 100% 모두 통과하면 좋지만 비현실적이므로 최소한 80~85% 정도가 통과하면 적절하다.
② 문항 난이도가 쉽다면 문항이 쉽게 구성되었거나 학생들이 그 문항의 내용에 대해서 충분히 학습한 경우이고, 문항이 어렵게 구성되었거나 학생들이 그 문항의 내용을 학습하지 않은 경우이다.
③ 따라서, 문항 난이도를 통해서 그 문항이 학생들에게 제시될 것인지 아닌지를 고려하여 검사에 각 문항을 포함시킬 것인지를 결정해야 한다.

(2) 둘째, **문항 변별도는 문항이 우수한 학생과 우수하지 못한 학생을 구별하는 정도로**
① 문항변별력이 높은 문항은 높은 점수를 받은 학생이 낮은 점수를 받은 학생보다 더 많이 그 문항에 정확하게 응답할 것이다. 문항 변별도는 아래 공식과 같이 계산된다.

$$D = \frac{\text{UG에서 문항에 정확하게 응답한 학생수} - \text{LG에서 문항에 정확하게 응답한 학생수}}{\text{한 집단의 학생수}}$$

(D : 문항 변별도, UG : 상위집단, LG:하위집단) ⋯⋯⋯⋯ (7.2)

② 문항 변별도를 계산하기 위해서는 상위 집단과 하위 집단을 구분하게 되는데, 대개 검사자가 상, 하위 집단을 25% 정도씩으로 구분한다.
③ 변별도는 -1.00에서 +1.00까지의 범위를 갖는데, 음의 변별도 값은 하위 집단에 속한 학생이 상위 집단에 속한 학생보다 문항에 정확하게 응답한 수가 많은 경우이다.
④ 규준지향검사에서 0.40 이상의 변별도가 높은 변별력을 나타내는 것으로 판단된다.

⑤ 준거지향검사에서는 대개 변별도를 사용하지 않지만, 교육을 하기 전과 후에 동일한 검사를 실시하여 사전 검사에서 문항에 정확하게 응답한 학생의 비율과 사후 검사에서 문항에 정확하게 응답한 학생의 비율이 많은 차이를 보일수록 변별력이 높은 것으로 판단한다.

(3) 셋째, 반응 수준은 선다형 검사에서 답으로 선택하는 것으로 난이도, 변별도와 함께 각 문항에서 각각의 답지를 선택한 학생 수를 기록하는 것은 매우 중요하다.

① 선다형 문항을 구성할 때 반드시 고려해야 할 사항은 어떤 답지도 검사 받은 학생들 중에서 최소한 2~3% 정도는 선택하도록 해야 한다.

② 왜냐하면, 한 명도 선택하지 않은 답지는 그 문항에 대해 기여도가 없는 것이기 때문이다. 특히, 상위 집단과 하위 집단의 부적절한 반응 패턴을 고려해야 한다. 만약, 하위 집단보다 상위 집단에서 잘못된 반응을 보인 학생이 많았다면, 그 문항은 교정되어야 한다.

2-1-5. 문항 수정

(1) 문항 분석이 이루어지면, 반드시 문항 수정의 절차가 뒤따라야 한다. 문항 수정의 종류에는 문항을 버리거나 문항의 내용 또는 글을 수정하거나 선다형답지를 바꾸거나 문항의 종류를 바꾸는 방법 등이 있다.

(2) 실제로 학교 현장에서는 선다형 문항과 단답형 문항으로 지필 검사를 구성하는 것이 일반적인데, 좀 더 다양한 종류의 문항을 구성하는 것이 바람직하다.

(3) 또한, 문항 분석에 의한 문항 수정 절차를 밟아 검사를 구성하여 학생들이 다양한 사고의 과정을 거쳐서 문항을 풀어갈 수 있도록 해야 할 것이다.

(4) 만약, 문항 수정의 절차가 끝난 검사를 최초에 시행했던 집단과 유사한 집단에 다시 한 번 시행하여 재차 문항 분석과 수정의 절차를 가진다면 매우 좋은 검사를 구성할 수 있을 것이다.

2-1-6. 지필 검사의 종류

지필 검사에는 진위형, 선다형, 단답형, 완성형, 연결형, 서답형 등이 있다.

(1) 진위형 문항

① 문항의 내용이 맞는 것인지 틀린 것인지를 판단하는 문항으로 질문에 대한 답으로 O 또는 X로 답하는 문항이다.

㉠ 사실적 내용을 확인할 때 주로 사용되지만,

㉡ 원리나 적용의 문제를 파악할 때에도 사용할 수 있다.

㉢ 아래의 문제 1)은 사전 이해의 정도를 측정하는 문항이고, 문제 2)는 상황을 설명한 후 그 상황을 묻는 문항이다.

문제 1) 테니스 점수가 15-30이라면, 서버가 앞서고 있다( )

문제 2) 농구에서 상대방 팀에 훌륭한 슈터가 1명 있고 나머지 선수들은 평범하다면 트라이앵글 투 수비 방법을 적용하는 것이 적절하다( )

② 진위형 문항은 광범위한 내용이 한 번의 시험에서 측정될 수 있고, 점수화 방법이 간단하며, 문항 구성이 쉽다.

③ 하지만, 추측에 의해 정답이 될 확률이 50%이므로 학생들이 노력하지 않을 수 있고, 문항의 신뢰도는 낮다.

④ 또한, 정답이 한 단어에 의해 결정되는 경우가 있다. 따라서, 진위형 문항은 대개 다른 유형의 문항보다 낮은 점수를 준다.

⑤ 진위형 문항을 구성할 때 다음과 같은 내용에 주의해야 한다.

- 결정적인 단서를 질문에서 제공하지 않는다.
- 맞는 문항과 틀린 문항의 수를 같게 한다.
- 교과서의 글을 직접 인용하지 않는다.
- 속이는 문항을 만들지 않는다.
- 부정사나 이중 부정사를 사용하지 않는다. 왜냐하면 학생을 혼동시키고 학생의 능력을 정확하게 측정하지 못하기 때문이며, 만약 사용해야 한다면 부정사에 밑줄을 그어주는 것이 좋다.
- 애매한 문장은 피한다.
- 모든 문항의 길이를 비슷하게 만든다.
- 한 문항에서 한 가지 개념만을 측정한다.

(2) 선다형 문항

① 선다형 문항은 질문과 3~5개 정도의 답지로 구성되는데, 질문은 직접적인 물음이나 불완전한 문항으로 구성되고, 학생들이 질문에 답하기에 충분한 설명을 해야 한다. 선다형 문항은 학생들이 어떤 항목에 대해 이해하고 있는 정도나 능력을 거의 모두 측정할 수 있다. 그러나, 실제로는 기계적인 암기력에 대해서만 사용되는 경우가 대부분이다.

② 선다형 문항은 진위형에 대해 추측에 의해 정답을 맞힐 확률이 적고, 쉽게 점수화 될 수 있으나, 다른 객관식 검사보다 구성하기 어렵고, 개념의 이해보다는 사실의 암기를 측정하는데 치중하게 된다. 진위형 문항보다는 문항의 수를 많게 할 수 없으므로, 많은 범위의 내용을 포함할 수 없고, 제작하는데 시간도 많이 걸린다.

③ 다음은 중학교 3학년을 대상으로 테니스 경기 규칙에 대해 묻는 선다형 문항의 예이다.

문제) 다음 중 테니스에서 실점을 하게 되는 경우가 아닌 것은?

① 2개의 서비스를 모두 실패했을 때
② 받아친 공이 상대 코트의 라인 밖으로 나갔을 때
③ 베이스 라인 밖에서 스트로크 하였을 때
④ 스트로크한 공이 네트를 넘지 못했을 때
⑤ 공이 네트에 넘어오기 전에 발리 했을 때

④ 선다형 문항을 구성할 때 주의해야 할 사항들을 다음과 같다.

- 질문은 간결하고, 읽고 이해하기 쉬우며, 묻고자 하는 중심 내용이 포함되어야 한다.
- 항상, 절대로, 모두 등 결정적인 단어를 사용하지 않는다.
- 부정적인 단어를 피하고 긍정적인 문장을 만든다. 부정적인 단어가 필요하다면 밑줄을 그어준다.
- 학생들의 의견을 묻는 질문은 피한다.
- 모든 답지가 그럴 듯해야 하지만, 정답은 하나이어야만 한다.
- 최소한 4~5개의 답지를 구성한다.
- 모든 답지는 문법적으로 문제가 없고, 내용이 동일해야 하며, 길이가 대충 같도록 한다. 특히, 틀린 답지가 맞는 답지보다 길게 구성되지 않도록 한다.
- 문항이 번호라면, 답지는 가, 나, 다, 라, 마로 구성하고 가능하다면 답지는 좌우로 늘어뜨리는 것보다는 세로로 제시하는 것이 좋다.
- 맞는 답지를 무선적으로 배치한다. 가, 나, 다, 라, 마의 정답지 비율이 대략 동일하게 구성된다.
- '모두 맞다' 또는 '모두 틀리다'라는 답지는 주의하여 사용한다.
- 답지는 가능하다면 논리적으로나 축차적으로 순서대로 제시하라.

(3) 단답형과 완성형 문항

① 단답형은 하나의 단어나 문장을 답으로 요구하는 문항이고,

② 완성형은 문항에서 1~2개의 단어를 생략하여 완성하게 만드는 문항 형태이다.

③ 단답형과 완성형 문항은 진위형이나 선택형에 비해 추측 요인의 영향을 적게 받으며, 구성하기 쉽다.

④ 그러나, 채점 시간이 오래 걸리고, 문항 구성에 주의를 기울이지 않으면, 정답이 여러 개가 될 수 있다. 이러한 경우의 단답형과 완성형 문항의 예이다.

문제 1) 테니스에서 스트로크를 할 때 공을 임팩트 한 이후에 라켓을 보내고자 하는 방향으로 계속 뻗어주는 동작을 무엇이라 하는가?

문제 2) 다음은 테니스의 경기 구성에 대한 설명이다. ( )안에 들어갈 말을 순서대로 적으시오.

> 테니스 경기는 포인트, (㉠), 세트, 매치의 4단계로 구성되며, 듀스가 아닌 경우에는 (㉡) 포인트를 먼저 얻으면 한 (㉠)을 이기게 된다.

⑤ 단답형과 완성형 문항을 구성할 때에는 다음과 같은 사항에 주의해야 한다.

- 특정 단어, 문장, 숫자 등으로 답할 수 있는 문항을 만든다.
- 한 가지로 답할 수 있어야 한다.
- 학생들이 요구되는 응답의 형태를 정확하게 알도록 문제를 구성한다(예 소수점 둘째 자리까지 적으시오).
- 완성형에서는 괄호를 문장의 끝 쪽에 위치하도록 만든다.
- 한 문항에 세 가지 이상의 괄호를 만들지 않는다.
- 교과서의 문장을 그대로 인용하지 않는다.
- 괄호의 길이를 실제 응답할 내용의 길이와 동일하게 만든다.

(4) 연결형 문항

① 연결형 문항은 두 개의 열을 만들고 한 쪽 열에는 질문, 다른 쪽 열에는 질문에 적절한 응답을 배열하여 학생들이 양쪽을 적절하게 연결하는 형태이다.

② 연결형 문항은 구성과 채점이 쉽고, 많은 문항을 제한된 쪽수와 시간에 포함시킬 수 있다.

③ 그러나, 연결형 문항은 문항 구성에 시간이 많이 걸리고, 여러 가지 사실을 관련지어서 생각하는 능력을 측정하기 어려운 단점이 있다.

④ 연결형 문항을 구성할 때 주의해야 할 사항은 다음과 같다.

- 한 문항은 한가지 영역에서 구성되어야 한다.
- 양쪽 열의 내용들은 분명하게 만들어져야 한다.
- 한 문항 모둠은 약 5~10개 정도로 비교적 짧은 것이 좋다.
- 한 문항 모둠은 같은 페이지 내에 있어야 한다.
- 좌측에는 질문, 우측에는 응답을 배치한다.
- 좌측의 배열을 알파벳이나 논리적인 순서대로 하라.
- 추측 요인을 줄이기 위해서 좌측의 질문보다 우측의 응답의 수를 많게 한다.

(5) 서답형 문항

① 상기한 네 가지 형태의 문항들은 모두 객관형 검사 문항이라고 부른다. 객관형 검사 문항은 일반적으로 단순 이해, 암기 등을 통해 정답을 맞힐 수 있는 검사 문항으로 구성되고, 다양한 사고 과정을 측정하는데 이용되는 경우는 많지 않다.

② 반면, 서답형 문항은 이해, 분석, 적용의 사고 과정을 측정하는데 이용되는 주관적인 평가 방법이다. 서답형 문항은 질문에 대한 학생들의 생각을 논리적으로 전개하여 주어진 지면에 적어 나가는 것이다.

③ 다음은 대학교 교양 체육 농구 수업에 참가한 학생들을 대상으로 실시한 서답형 문항의 예이다.

문제 1) 농구 경기를 할 때 상대방 선수 중 2명의 뛰어난 슈터를 가진 팀을 방어하는데 적절한 전술과 그러한 전술을 사용해야 하는 이유를 설명하시오.

- 상기한 문제는 농구의 방어 전술 중에서 트라이앵글 투 전술에 대한 질문으로 실제 경기에서 적용될 수 있는 방어 전술에 대해 서술형으로 질문한 예이다.
- 서답형 문항은 쉽게 만들 수 있고, 추측 요인이 적으며, 복잡한 개념, 사고 과정, 문제 해결 능력 등을 측정할 수 있어 학생들이 자신의 아이디어를 효과적으로 표현하고 종합하는 방법을 공부하도록 한다.
- 그러나, 서답형 문항은 채점하는데 시간이 많이 걸리고, 채점할 때 채점자들의 의사 결정이 필요하기 때문에 신뢰도가 감소된다.
- 또한, 답하는데 시간이 많이 걸리므로 한 시험에서 서답형 문항을 많이 포함할 수 없다.

④ 서답형 문항을 구성하고 채점할 때 다음과 같은 내용에 주의해야 한다.

- 한 가지 응답만이 정답으로 요구되어야 한다.
- 요구하는 응답의 방향을 명확하게 제시해야 한다. 애매한 질문은 응답의 변동성을 크게 하여 채점하는데 어려움을 준다.
- 모든 학생들이 동일한 질문 내용에 응답하도록 질문을 구성한다.
- 각 문항에 응답하는데 걸리는 시간과 점수를 시험지에 제시한다.
- 오랜 시간동안 응답해야 할 서답형 문항 한 문제보다는 짧은 서답형 문항 여러 개를 제시하는 것이 좋다.
- 질문에 대한 모범 답안을 작성해 놓는다.
- 채점 방법을 사전에 결정해 놓아야 한다.
- 한 문항을 채점할 때, 다음 문항으로 넘어가기 전에 그 문항에 응답한 모든 학생들의 답지를 채점하면 채점의 일관성을 유지하는데 도움을 준다.
- 학생들의 이름을 보지 않고 채점한다.

제 9 장 체력검사장(이기봉)

핵심어

체력검사장, 건강관련 체력검사장, 운동관련 체력검사장, physical Best Program, chrysler Fund-AAU physical Fitness Program, Fit Youth Program, FITNESSGRAM, National children and Youth Fitness Studies Ⅰ·Ⅱ, Presidential physical Fitness Program, AAHPER Youth Fitness Test, 학생건강체력평가(PAPS), 국민체력 실태조사

문제

1. 국내의 학생건강체력평가는 건강관련 체력검사와 운동관련 체력검사 중 어떤 쪽에 속하는가?
2. 일반적으로 건강관련 체력검사에 포함시키는 체력 요소를 네 가지 이상 쓰고, 각 요소별로 측정 종목 및 방법을 쓰시오.
3. 운동관련 체력검사에 많이 포함되는 체력 요소를 쓰고, 그 체력 요소의 측정 종목 및 방법을 설명하시오.
4. 학생건강체력평가의 종목을 모두 쓰고 각 종목은 어떠한 체력 요소를 측정하기 위한 것인지 쓰시오.
5. 비만을 측정하기 위해 자주 사용하는 방법으로 국민체력 실태조사에서 사용하는 비만의 측정 방법에 대해 설명하시오.
6. 운동수행력 검사를 시행하는 횟수를 결정할 때 가장 중요한 요인은 무엇이며, 검사 시행 횟수를 어떻게 결정해야 하는지 설명하시오.
7. 학생들의 안정적인 운동수행력 검사 점수를 얻기 위해서 체육 교사가 연습효과를 제거하려고 한다. 이용할 수 있는 방법을 쓰고 설명하시오.

(1) 체력은 여러 학자들로부터 다양하게 정의되어 왔으나, 일반적으로 인간이 일상생활을 영위해 나가는데 필요한 신체적 능력으로 정의된다. 즉, 운동을 하는데 필요한 신체적 능력 외에도 건강을 위협하는 여러 상황에 대한 저항력이 포함된다. 그러나, 본서에서는 저항력의 의미는 제외하고, 신체활동과 운동을 하는데 필요한 체력에 대해서만 논하기로 하겠다.

(2) 19세기 초부터 요인분석(factor analysis)을 이용하여 체력의 요인을 분류하려는 노력이 전개되었다.

① Cureton은 요인분석을 통해서 체력을 근력, 지구력, 순발력, 민첩성, 평형성, 유연성 등 여섯 가지 요인으로 분류하였다.

② Clarke는 Cureton의 분류에서 지구력을 근지구력과 전신지구력으로 분류하고 스피드 요인을 추가하여 체력을 여덟 가지 요인으로 분류하였다. 상기한 체력 요인들에 대한 측정 방법은 국내 체육측정평가 서적을 참고하기 바란다.

(3) 체력검사장(Fitness Test Battery)은 체력을 측정하는 3~4개 이상의 단일 검사들로 구성된 검사장을 의미한다. 국내에서는 오래전부터 실시되어 온 학생체력검사가 대표적이며, 국가적인 차원에서 3년마다 실시하고 있는 국민체력실태조사도 체력검사장이라 할 수 있다. 그러나, 이러한 검사장들은 검사장을 구성할 때 연구자의 의도보다는 기존에 시행되었던 단일 검사들을 큰 의미를 두지 않고 합쳐 놓아 어떤 특성의 체력 요인에 강조점을 두었는가 알 수 없다. 그저 과거와 동일한 검사 종목을 실시하여 변화 추이를 해석하는데 도움을 얻었을 뿐이다.

(4) 그렇다면 체력검사장은 어떤 관점에서 구성되어야 할까?

① 검사자나 연구자가 의도하는 특성(예 건강관련체력, 운동관련체력 등)을 충분히 측정할 수 있는 3~4개 이상의 단일 검사들로 구성되는 것이 바람직하다.

② 이 책의 서두에서 밝힌 것처럼 1990년대 이후부터 건강에 대한 관심이 급증되면서 건강관련체력이 강조되었고, 이미 선진국에서는 건강 관련 체력검사장이 개발되었다. 그러나, 국내에서는 아직까지 공인된 건강관련 체력검사장이 없어 아쉬움을 남긴다.

(5) 건강관련체력과 다른 체력 요소가 요구되는 경우도 있다.

① 예를 들어 체육과 대학생을 선발하는데 건강관련체력검사장을 이용한다면 적절하지 않을 것이다.

② 이러한 경우에는 일반 학생보다 건강관련체력이 우수하면서도 운동을 배우고 습득하는데 필요한 체력 요인을 균형 있게 갖춘 학생이 선발되어야 할 것이다.

③ 따라서, 체육과 대학생을 선발할 때의 체력 검사장을 구성한다면 운동관련 체력검사장이 적절할 것이다.

(6) 본 장에서는 건강관련체력의 배경과 건강관련 체력검사장의 예, 운동관련 체력의 배경과 운동관련 체력검사장의 예, 국내외 체력검사장의 배경과 측정 종목 및 방법, 그리고 체력검사장이 시행될 때 고려해야 할 사항들에 대해서 설명하였다.

1. 건강관련 체력검사장

1-1. 개관

(1) '체력 향상이 건강한 생활을 유지하는데 어느 정도 기여하는가?'라는 질문에 대해 확실한 답을 찾기는 어렵지만, 체력이 적절한 건강 상태를 유지하는데 어느 정도 도움을 주는 것으로 알려져 있다.

① 일반적으로 건강과 관련이 깊은 체력 요소를 건강관련체력이라고 부르고,

② 건강관련체력은 운동관련체력에 비해 건강을 유지하는데 관련이 더 깊다.

(2) 건강관련체력과 운동관련체력을 구분할 때 "이 체력요인은 건강관련체력이고 저 체력요인은 운동관련체력이다"라는 이분법적인 생각은 적절하지 못하다.

① 심폐지구력은 건강관련체력, 순발력은 운동관련체력 등으로 구분하는 것은 적절하지 않다.

② 건강관련체력과 운동관련체력의 구분은 어디까지나 '강조점이 어느 체력요인에 있는가'하는 문제이며, 건강관련체력은 단일 체력요인보다는 체력장을 구분할 때 사용된다는 점이다. 그러므로 한 체력요인이 두 가지 경우 모두에 포함될 수도 있다.

③ 건강관련체력을 측정하고자 하는 경우 강조되는 체력요인은 체지방률, 심폐지구력, 근지구력 등이고, 운동관련체력을 측정하고자 하는 경우 강조되는 체력요인은 순발력, 민첩성 등이 될 수 있다.

④ 즉, 체력을 측정하는 목적에 따라 강조되는 체력요인의 구성비가 달라질 것이다.

⑤ 실례로 미국의 FITNESS-GRAM은 대표적인 건강관련체력검사이지만, 우리나라 초·중·고등학교에서 실시하고 있는 학생건강체력평가는 두 가지가 혼합되어 있다고 할 수 있다.

(3) 체력은 사람들이 일상생활을 활력적으로 보낼 수 있는 신체적 상태로, 운동이 부족하면 건강의 위험 문제를 감소시킬 수 있고, 다양한 신체활동에 참여함으로써 체력을 향상시킬 수 있다(McSwegin).

① 즉, 체력은 건강과 떼어놓고 생각할 수 없는 요소이다.

② 체력이 건강의 측면에서 정의될 때 체력은 건강과 관련된 요소 즉, 근력과 근지구력, 유연성, 심폐기능, 신체구성 등으로 구성될 수 있다.

(4) 최근 운동부족은 비만을 유발하게 되고 비만은 여러 성인병의 원인일 뿐만 아니라 청소년들의 성장·발달에도 저해가 되는 것으로 알려져 있다. 문화체육관광부의 조사에 의하면, 과거에 비해 청소년의 운동부족이 급증한 것으로 알려졌고, 청소년 체력 발달의 문제점은 계속해서 나타날 것으로 전망된다. 이러한 현상을 해결하기 위한 방법으로 성인뿐만 아니라 성장기 청소년들도 규칙적인 유산소 운동을 실시할 것을 전문가들은 권장하고 있다.

1-2. 배경

(1) 일반적으로 건강관련체력은 실험실 검사를 통해서 비교적 정확하게 측정할 수 있다.

① 그러나, 실험실 검사는 고가의 장비와 전문 검사자 등이 필요하므로 학교 체육 현장이나 스포츠 센터 등에서 널리 이용되지 못하고 있다.

② 반면, 현장 검사는 수용 가능한 타당도가 확보된다면, 다양한 상황에서 적용이 가능할 것이다.

③ 본 서에서는 과거에 개발된 건강관련체력검사들에 대한 소개에 앞서 Safrit과 Wood의 저서에서 소개한 건강관련체력의 중요성이 대두되었던 역사적 배경에 대해 간단하게 소개하고자 한다.

(2) 건강관련체력의 중요성을 가장 먼저 주장하였던 나라는 미국이었다.

① 아이젠하워 대통령은 제1,2차 세계대전 기간 동안 미국 청년들의 체력 향상이 필요함을 느껴 제2차 세계대전 이후 체력 향상을 강력하게 주장하였다. 아이젠하워 대통령의 주장을 일깨워 주었던 것은 Kraus-Weber 검사였다.

② 미국과 유럽 어린이들에게 동시에 윗몸일으키기와 윗몸뒤로젖히기 등의 검사를 실시한 결과 미국 어린이들은 유럽 어린이들에 비해 저조한 검사 결과를 나타냈다. Kraus-Weber 검사 결과에 의해서 체력을 비교한다는 것은 적절치 않았지만, 검사 결과에 대해 아이젠하워 대통령은 불만을 표시했고 미국 어린이들의 체력 향상을 강력하게 주장하였다.

③ 1950년대부터 미국의 여러 체육 관련 단체에서는 체력 측정을 위한 검사를 개발하고 표준화하여 규준을 개발하는 노력을 전개하였다.

④ 미국건강체력레크리에이션협회(AAHPER)에서 개발한 AAHPER 청소년체력검사(AAHPER)는 기구가 거의 필요 없는 현장검사로 남·여학생에게 모두 적용이 가능하며, 학생 스스로 검사할 수 있도록 개발되었고, 검사 종목은 제자리멀리뛰기, 50야드 달리기 등으로 구성되었다.

⑤ 그러나, 이 검사는 건강관련 체력검사보다는 운동관련 체력검사에 가깝다.

(3) 1980년 AAHPERD에서는 건강관련체력검사(Health-Related physical Fitness Test; HRPFT)를 개발하여 보급하였다.

① AAHPERD의 HRPET는 건강에 위험이 있다고 판단되는 수준에서 높은 체력 수준까지를 모두 측정할 수 있고, 적절한 신체활동을 통해서 개선될 수 있는 체력 수준을 측정하고, 학생들의 체력 수준을 제대로 반영할 수 있는 체력검사를 선택하여 검사장을 개발하였다.

② 이 검사에서는 심혈관계 기능, 신체 구성, 그리고 복근, 등근육, 햄스트링의 근골격 기능 등 세 가지 체력 요인이 측정되었다.

③ 비록 이 검사에서 상완의 근력과 근지구력 요인은 측정에서 제외되었으나 1980년대 이후 개발된 대부분의 건강체력검사에서는 상완의 근력과 근지구력 요인을 포함하였다.

1-3. 건강관련 체력검사의 예

(1) AAHPERD Physical Best Program(McSwegin)

- 체력의 정의: 일상생활을 활기차게 보낼 수 있는 신체적 상태로 체력이 좋은 사람은 운동 부족으로 인한 건강의 위험을 줄일 수 있고, 다양한 신체활동에 참여할 수 있는 기초적인 능력을 갖춘 것으로 본다.
- 유산소성 능력: 대근육과 인체가 강하고 오랜 시간동안의 운동을 수행할 수 있는 능력
  - 유산소성 능력: 대근육과 인체가 강하고 오랜 시간동안의 운동을 수행할 수 있는 능력
  - 신체구성: 신체를 구성하는 요소를 지방 체중과 제지방 체중으로 구분한 것
  - 유연성: 근육과 관절이 움직일 수 있는 범위
  - 근력: 짧은 시간에 근육이 높은 강도의 힘을 발휘하는 능력
  - 근지구력: 오랜 시간동안 근육이 적당한 강도의 힘을 반복하여 지속하는 능력
- 특징: 모든 검사 종목에 준거지향기준이 적용되어 있음

(2) Chrysler Fund-AAU Physical Fitness Program(Chrysler Fund-AAU)

- 목적: 체력 향상에 목적을 둔 검사로, 학생들이 자신의 체력이 향상되는 것을 경험하면서 체력의 이론적 지식을 배우는 것이 강조된다.
- 판정 기준
  - 우수(outstanding) 수준: 80백분위점수 이상
  - 획득(attainment) 수준: 45백분위점수 ~ 79백분위점수
  - 참여(participation) 수준: 45백분위점수 미만
- 검사 종목
  - 심폐지구력: 오래달리기
  - 복근의 근지구력: 윗몸일으키기
  - 햄스트링의 유연성: 앉아윗몸앞으로 굽히기
  - 상체의 근지구력: 턱걸이(남), 팔굽혀매달리기(여)
- 특징: 매뉴얼, 비디오, 컴퓨터 소프트웨어를 활용할 수 있도록 제작함

(3) Fit Youth Today(FYT) Program(American Health and Fitness Foundation)

- 체력 요소에 대한 정의
  - 심폐지구력: 근육 활동이 증가함에 따라 요구되는 산소와 에너지를 효율적으로 공급할 수 있는 심혈관계의 능력
  - 근력: 일상생활을 정상적으로 할 수 있고 비상시 적절하게 대처할 수 있는 근력의 수준
  - 근지구력: 근육이 오랜 시간동안 수축하여 지속할 수 있는 능력
  - 유연성: 인체의 각 관절이 움직일 수 있는 범위
  - 신체구성
- 검사 종목
  - 심폐지구력: 20분 오래달리기
  - 윗몸일으키기: 근력 및 근지구력
  - 앉아윗몸앞으로굽히기: 유연성
  - 피부두겹(삼두박근과 장단지): 신체 구성
- 판정 기준
  - All-star: 네 검사의 준거지향기준을 모두 통과한 경우
  - FYT Star: 심폐지구력과 다른 한 가지 체력 요소에서 준거지향기준을 통과한 경우

• FYT: 참여한 학생의 체력이 향상되도록 개인적인 목표를 설정하여 제시하는 경우

– 특징: 준거지향기준을 설정하여 적용함

〈표 9-1〉 FYT 준거지향기준의 예(20분 오래달리기 검사)

학 년	남 자	여 자
4	2,900미터	2,570미터
5	3,220미터	2,900미터
6	3,540미터	3,220미터
7-12	3,860미터	3,540미터

(4) FITNESSGRAM(Institute for Aerobic Research)

– 목적: 건강관련체력과 신체활동을 평가하여 청소년들에게 즐겁고 규칙적인 신체활동 유도

– 검사 종목

• 유산소 능력: 1,600m 오래달리기-걷기

• 복근의 근력 및 근지구력: 윗몸일으키기, 팔굽혀펴기

• 유연성: 앉아윗몸앞으로굽히기

• 신체구성: 체지방률

– 특징: 적절한 수준의 체력과 신체활동에 대한 준거지향기준으로 건강체력범위(Healthy Fitness Zone)를 제시하였고, 특수한 집단(예 장애인)에 대한 체력검사 방법 및 기준, 그리고 체력향상프로그램을 함께 지시하였으며, 주기적으로 체력검사를 수정·보완하여 개발함

(5) National Children and Youth Fitness Studies Ⅰ, Ⅱ(Ross & Gilbert)

– 목적: 어린이와 청소년들의 현재 상태의 체력과 신체 활동 유형을 알아보고 신체 활동 유형과 체력 간의 관계를 평가하는 것

– 검사 종목

• 심폐지구력: 1,600m 오래달리기-걷기

• 상체 근력 및 근지구력: 변형턱걸이

• 복부 근력 및 근지구력: 윗몸일으키기

• 등 부위의 유연성: 앉아윗몸앞으로굽히기

• 체지방률: 피부두겹(삼두박근, 견갑하부, 장단지)

– 특징: 대단위 표본을 이용하여 6세에서 17세까지의 규준을 제시하여 미국의 1980년대 청소년의 체력을 대표하는 자료로 사용됨

(6) Presidential Physical Fitness Program(Reiff)

– 검사 종목

• 심폐 지구력: 1,600m 오래달리기

• 상체의 근력 및 근지구력: 턱걸이

• 복부의 근력 및 근지구력: 윗몸일으키기

• 등 부위의 유연성: V자뻗기와 앉아윗몸앞으로 굽히기 중 택일

• 민첩성, 다리 근력, 순발력: 왕복달리기

– 특징: 대통령 체력과 스포츠 위원회(President's Council on Physical Fitness and Sports; PCPFS)의 지원을 받아 개발되었고, 규준지향기준에 근거한 준거(규준의 85백분위수 수준) 제시

2. 운동관련 체력검사장

2-1. 개관

(1) 스포츠 종목에 참여할 때에는 건강을 유지하는 정도의 체력보다 강한 정도의 체력 수준과 함께 해당 종목별로 요구되는 체력 요인이 있는데, 이러한 체력 요인을 운동관련체력이라고 할 수 있다. 일반적으로 대부분의 운동에서는 건강관련체력과 운동관련체력이 조화를 이루어 수행된다.

① 가장 대표적인 운동관련체력 요인은 민첩성이라 할 수 있다.

② 민첩성은 스피드를 적절히 유지하면서 한 지점에서 다른 지점으로 체중을 원활하게 이동시키는 능력이라 할 수 있다.

③ 민첩성은 건강을 유지하는 체력 요인과는 큰 관련이 없지만, 빠른 스피드와 방향전환이 요구되는 축구, 농구, 핸드볼, 배드민턴 등의 종목에서는 필수적으로 요구되는 체력 요인이다.

④ 즉, 운동관련체력은 건강을 유지하는 것보다는 특정 운동을 수행하는데 요구되는 특수한 체력 요인이라 할 수 있다.

(2) 만약, 어떤 학생이 건강관련체력검사를 통해 상완의 근력 및 근지구력이 건강한 학생으로 판정 받았다면, 이 학생이 체조 동작을 수행하기 위해 충분한 근력과 근지구력을 발휘할 수 있다고 말할 수 있을까?

① 이 질문에 대한 답으로 '그렇다'라고 말하기 어려울 것이다.

② 왜냐하면 일반적으로 체조에서는 매우 강한 근력과 근지구력이 요구되는 종목이므로 체조 종목에서 동작을 수행하는데 필요한 정도의 근력과 근지구력을 갖추었는가를 운동관련 체력검사를 통해서 확인해야 할 것이다.

③ 또한, 특정 종목의 운동 수행을 위해 일반 학생에게 요구되는 수준과 선수에게 요구되는 체력 수준은 다르기 때문에 특정 종목의 선수에게 실시하는 운동관련 체력검사의 기준은 다르게 설정되어야 할 것이다.

(3) 학교나 스포츠센터에서 운동관련 체력검사를 시행하기 전에는 반드시 의학적으로 이상이 없는가를 먼저 체크해야 한다.

① 이 내용은 건강관련체력검사에서도 동일하게 적용되어야 한다.

② 예를 들어 순발력, 스피드, 민첩성, 심폐지구력 등의 체력 요소를 측정할 때에는 교사나 지도자가 먼저 학생들의 건강 상태를 확인한 후에 측정이 이루어지도록 한다.

③ 특히, 학교에서는 학기 초에 작성된 요양호자 이외에도 학기 중에 추가된 요양호 학생들을 파악해야 할 것이며, 검사 중에 발생할 수 있는 상황에도 대비해야 한다.

2-2. 배경

(1) 1950년대 들어서 AAHPER Youth Fitness Test라는 운동관련 체력검사를 개발하였다. 이 검사에서는 7개의 검사가 포함되었으며 연령에 따른 규준을 제시하기도 하였다.

① 그 이후에는 Hunsicker과 Reiff에 의해 규준이 개정되었으며, 1976년에는 검사 내용과 방법 등에서 개정이 이루어지고 연령별로 개정된 규준이 제시되어 미국의 체육분야에 큰 발전이 이루어졌다.

② 이 검사에서 학생들은 자기의 체력 수준을 전국적인 규준에 비추어 확인할 수 있어서 체력 향상을 위한 동기 부여가 자발적으로 이루어졌다.

③ 하지만, 이 검사에서는 전문가의 주관적인 의견 외에는 체력검사장의 하위 검사에 대한 신뢰도와 타당도가 제시되지 않았다.

(2) 최근 건강체력으로 관심이 집중되고 있으나, 국내에서는 아직도 운동관련체력의 검사도 많이 사용되고 있다. 특히, 학교 현장에서는 학생들에게 체력 향상을 위한 동기를 부여할 수 있어서 과거부터 많이 사용되어 오던 검사들은 계속 이용되는 것이 바람직하다.

2-3. 운동관련 체력검사의 예

AAHPER Youth Fitness Test(AAHPER)

- 상체 근력과 근지구력 측정: 턱걸이(남), 팔굽혀매달리기(여)
  - 특징: 신뢰도는 높은 편이지만 타당도가 낮은 것으로 알려져 있으며, 실제 학교 현장에서는 변별력이 매우 떨어져 사용하는데 문제점이 지적된다.
  - 유사 검사 방법: 상기한 문제점을 해결하기 위해서는 Baumgartner가 개발한 변형턱걸이를 이용할 수 있다. 변형턱걸이는 약 45도의 경사가 있는 벤치위에서 팔을 뻗어 위쪽에 설치된 철봉을 잡고 몸을 끌어 올려 턱걸이를 하는 것으로 턱걸이보다 변별력이 높고, 여학생이나 어린이들도 수행할 수 있도록 개발되었다. Cotten과 Marwitz는 변형팔굽혀매달리기를 개발하였는데, 이 검사는 팔꿈치의 각도가 90° 이하로 떨어질 때까지의 시간으로 측정한다. 이 검사는 팔굽혀매달리기보다 상완의 근력과 근지구력 측정 검사로 더 타당한 것으로 알려져 있다.
- 민첩성 측정: 왕복달리기
  - 검사 방법: 30피트(약 9m) 거리에 떨어져 있는 나무토막 2개를 옮겨놓는 시간으로 측정하며, 이 검사는 충분한 연습 기회를 주고 실시하는 것이 바람직함
- 순발력 측정: 제자리 멀리뛰기
  - 검사 방법: 두 발로 동시에 점프하고 발끝이 출발선을 넘어서지 않도록 지도해야 하며, 적당한 연습 시간을 부여한 후에 측정함
  - 특징: 신뢰도가 높은 검사
- 스피드 측정: 50야드(약 45m)달리기
  - 특징: 피험자들이 마지막까지 최선을 다한다면 비교적 타당도와 신뢰도가 높은 검사이므로 피험자들이 결승점에 도달할 때 속도가 줄어들지 않도록 사전 교육을 철저히 해야 함
- 심폐지구력 측정: 600야드(약 550m)달리기
  - 문제점: 심폐지구력을 측정하는데 달리는 거리가 너무 짧아 심폐지구력을 더욱 타당하게 측정하기 위해서는 1마일(약 1,600m)달리기와 같이 더 먼거리를 달리는 검사를 이용해야 함

3. 국내 체력검사장

3-1. 학생건강체력평가 14 기출

3-1-1. 배경

(1) 기존에 실시했던 우리나라의 대표적인 체력검사장은 학생체력검사라 할 수 있다.

① 학생체력검사는 1951년 문교부령에 의해 실시된 체능검사가 시대적인 요구와 사회적 상황에 따라 수차례 바뀐 것으로, 초기에는 던지기, 왕복달리기, 악력, 100m달리기 등 건강보다는 운동과 관련된 체력 요인을 측정하는 종목이 더 많았다.

② 청소년의 건강 증진에 대한 관심이 고조되면서 학생체력검사도 1993년 학생체력검사 개선 연구를 통해 50m달리기, 제자리멀리뛰기, 팔굽혀펴기(남), 팔굽혀매달리기(여), 앉아윗몸앞으로굽히기, 윗몸일으키기, 오래달리기-걷기 종목으로 변경되었다.

③ 하지만, 개선된 학생체력검사에서는 체지방률 측정이 현장에서 측정하기 어렵다는 이유로 제외되었고, 제자리멀리뛰기, 50m달리기와 같이 건강보다는 운동과 관련이 깊은 체력 요인의 측정이 포함되어 있다.

(2) 상기한 것처럼 학생체력검사는 건강관련체력을 모두 측정하고 있으며, 건강관련체력의 주요 요인인 체지방률이 포함되지 않았다. 이에 건강관련 체력 위주로 측정 요소를 변경하고 체력평가 결과를 활용하여 신체활동을 맞춤형으로 처방할 수 있도록 '맞춤형 학생건강체력평가시스템(PAPS) 구축연구'를 통해 '학생건강체력평가'의 종목을 변경하여 선정하고 평가기준을 개발하였다.

3-1-2. 체력요인 및 측정 종목

(1) 학생건강체력평가에서 측정하는 체력요인은

① 전통적으로 건강관련체력으로 분류하는 심폐지구력, 근력-근지구력, 유연성, 체지방률에 기존에 실시하던 학생체력검사와의 연계성과 지속성을 유지하기 위하여 순발력을 포함시켰다.

② 순발력 요소를 측정하는 종목으로 50미터달리기와 제자리멀리뛰기가 포함되어 있지만, 학생건강체력평가는 심폐지구력, 근력-근지구력, 유연성, 체지방 등 건강과 관련이 깊은 체력 요소들로 구성되어 있어 건강 유지를 위한 신체활동 처방에 유용하다.

③ 특히, 체력 요인별로 2~3개의 선택 체력 종목에 제공되어 각 학교의 상황에 따라 종목을 선택하여 체력검사를 할 수 있다.

(2) 학생건강체력평가의 체력요인별 검사종목과 검사방법 및 대상은 다음과 같다. 〈표 9-2〉에 제시한 종목은 필수평가 검사이며, 선택평가 검사로 심폐지구력 정밀평가, 비만평가, 자기신체평가, 학생자세평가 등을 함께 제시하고 있다.

〈표 9-2〉 학생건강체력평가 체력요인별 검사종목과 검사방법 및 대상(필수평가)

* 출처: 오수학 등(2007), 서울시교육청(2010), 교육과학기술부(2008)

체력요인	검사종목	검사방법 및 대상
심폐 지구력	1. 왕복 오래달리기	가. 거리 1) 초등학교 학생: 남녀의 구분없이 15미터 2) 중·고등학교 학생: 남녀의 구분없이 20미터 나. 측정 1) 일정한 거리를 시간간격이 정해진 신호음에 맞추어 왕복하여 달리기를 반복 실시 2) 오디오 테이프의 신호음이 울리기 전까지 검사대상자의 양발이 20m(15m) 선을 완전히 통과할 것 3) 검사대상자가 맞은편으로 이동 중일 때 신호음이 울린 경우, 그 지점에서 신속히 뒤로돌아 뛰도록하며 기록횟수에 '△' 표시 4) 3)의 규칙은 처음 한 번만 적용되며 신호가 울리기 전에 1회 이동을 마치지 못한 횟수가 두 번째인 경우 측정을 종료하며 기록 횟수에 'X'표시를 하고 'X'표시의 직전횟수를 측정 횟수로 기록
	2. 오래 달리기 걷기	가. 거리 1) 초등학교 5~6학년 학생: 남·녀의 구분없이 1,000미터 2) 중·고등학교 학생: 여학생은 1,200미터, 남학생은 1,600미터 나. 측정 1) 정해진 트랙을 벗어나지 않도록 정해진 거리를 완주 2) 달리는 도중에 걷는 것도 허용 3) 잘못된 주행이 확인되면 매 회마다 파울로 기록 4) 분·초 단위까지 기록하되, 0.1초단위에서 버림으로 계산 (단, 파울 1회당 5초씩 추가하여 기록)

체력요인	검사종목	검사방법 및 대상
심폐 지구력	3. 스텝 검사	가. 스텝박스 높이 1) 초등학교 5~6학년 학생: 20.3센티미터 2) 중학교 남·여 학생, 고등학교 여학생: 45.7센티미터 3) 고등학교 남학생: 50.8센티미터 나. 반복횟수 1) 초등학교 5~6학년, 중학교 남·여 학생, 고등학교 여학생: 24회/분 다. 측정 1) 시간 간격이 정해진 신호음에 맞추어 스텝박스를 올라갔다 다시 내려오는 동작을 3분 동안 반복 실시한 후 안정시 심박수를 3회 측정 – 촉진법으로 측정시: 1회(1분~1분30초), 2회(2분~2분 30초), 3회(3분~3분 30초) – 심박수측정장비를 활용시: 1회(1분), 2회(2회분), 3회(3분) 2) 심폐효율지수(PEI)공식에 대입하여 계산하여 0.1점 단위까지 기록하되, 0.01점 단위에서 올림하여 기록 – 초등학생, 중학생, 고등학생(여)의 경우 PEI = D/ (2 × P) × 100 D: 스텝운동 지속시간(초) P: 1회(1분~1분30초) 심박수 + 2회(2분~2분 30초) 심박수 + 3회(3분~3분 30초) 심박수 – 고등학생(남)의 경우 PEI = D × 100/ {5.5 × p} + {0.22 × (300–D)} D: 스텝운동 지속시간(초) P: 1회(1분~1분30초) 심박수 3) 심박수측정장비(심폐지구력정밀평가용)를 사용하면 보다 정확하고 자세한 정보를 얻을 수 있음
유연성	4. 앉아 윗몸 앞으로굽히 기	가. 대상: 초등 남/여학생(5, 6학년만), 중·고 남/여학생 나. 자세 1) 신발을 벗고 실시자의 양발 사이가 5센티미터를 넘지 않게 두 발바닥이 측정기 전면에 완전히 닿도록 무릎을 펴고 앉을 것 2) 한 손을 다른 한 손 위에 올려 양손이 겹치게 하고 윗몸을 앞으로 굽히면서 고개를 숙이고 측정기 위의 눈금 쪽으로 뻗을 것 다. 측정 1) 검사대상자가 무릎이 올라오지 않게 굽힌 자세를 2초 이상 유지할 것 2) 손가락 끝이 멈춘 지점의 측정기 눈금을 0.1센티미터 단위까지 기록 3) 2회 측정하여 더 높은 수치를 기록
	5. 종합 유연성검사	가. 대상: 초·중·고 남/여학생 나. 측정: 어깨, 몸통, 옆구리, 하체 4부분으로 나누어 검사 1) 어깨: 몸 뒤쪽으로 한손은 어깨 위에서 아래 방향으로 다른 한 손은 아래에서 위 방향으로 하여 닿을 수 있는가를 검사 2) 몸통: 상체를 좌우로 회전시켜 발뒤꿈치에 위치한 숫자카드를 읽을 수 있는지 검사 3) 옆구리: 바르게 선 자세에서 척추가 좌우로 충분히 굽혀져서 손이 무릎 뒤 오금에 닿는가를 검사 4) 하체: 앉은 자세에서 좌우 한 발씩 곧게 뻗고 한손바닥을 다른 쪽 손의 손등에 나란히 올려놓은 상태에서 양손이 발 끝에 닿을 수 있는가를 검사 다. 점수부여: 오른쪽과 왼쪽 한 번씩 시행하게 되며, 오른쪽 왼쪽 모두 성공하면 2점, 한쪽만 성공하면 1점, 모두 실패하면 0점을 얻게 되며 측정된 점수를 모두 합산하여 기록

체력요인	검사종목	검사방법 및 대상
근력/ 근지구력	6. 팔굽혀펴기 (남)	가. 대상: 중·고 남학생 나. 팔굽혀펴기 봉 높이 및 넓이 1) 높이: 30센티미터 2) 넓이: 110센티미터 이상 다. 자세 양발은 모으고 양손을 어깨너비로 벌린 후 30센티미터 높이의 봉을 잡고 몸은 머리에서부터 어깨, 등, 허리, 발끝까지는 일직선으로 할 것 라. 측정 1) 팔을 굽혀 몸이 내려가 있는 동작에서는 가슴과 봉 사이의 거리가 10센티미터 이하이어야 하며 팔꿈치의 각도는 90도가 되도록 할 것 2) 더 이상 반복하지 못할 때까지의 횟수를 측정
	7. 무릎대고 팔굽혀펴기 (여)	가. 대상: 중·고 여학생 나. 자세 1) 무릎을 꿇고 양손을 어깨너비로 벌려 엎드린 상태에서, 상체는 반듯하게 유지하고 발끝은 세워 발등이 지면에 닿지 않도록 할 것 2) 어깨너비의 손 위치를 손 하나 크기의 간격으로 앞으로 옮기고, 다시 손 하나 크기의 간격을 바깥 방향으로 2번 옮겨 양팔의 간격을 넓힐 것 다. 측정 1) 팔을 굽혀 몸이 내려가 있는 동작에서는 가슴과 지면 사이의 거리가 15센티미터 이하이어야 하며 팔꿈치의 각도는 90도가 되도록 할 것 2) 더 이상 반복하지 못 할 때까지의 횟수를 측정
	8. 윗몸 말아 올리기	가. 대상: 초·중·고 남/여학생 나. 자세 1) 매트 위에 머리와 등을 대고 누운 자세에서 무릎을 90도 정도의 각도가 이루어지도록 굽혀 세울 것 2) 발바닥은 바닥에 평평하게 되도록 붙이고 발과 무릎 사이가 주먹하나 크기의 간격으로 띄어 놓을 것 3) 팔은 곧게 뻗고 손바닥을 넓적다리 위에 올려놓을 것 다. 측정 1) 3초에 1번씩 울리는 신호음에 맞추어 손이 넓적다리 위를 타고 올라가 손바닥으로 무릎을 감쌀 수 있도록 상체를 말아 올릴 것 2) 손바닥으로 무릎을 감싼 후 바로 준비자세로 돌아올 것 3) 1회/3초 실시간격을 지키지 못할 때는 처음 한 번은 계수만 하지 않고 측정은 계속하되, 두 번째 지키지 못하면 계수를 종료하고 실시자의 총 횟수를 기록
	9. 악력	가. 대상: 초·중·고 남/여학생 나. 측정도구: 악력계 다. 자세 1) 편안한 자세로 발을 바닥에 편평하게 붙이고 양 다리는 어깨너비만큼 벌려서 직립자세를 취할 것 2) 검사대상자는 악력계를 자신의 손에 맞도록 폭을 조절하고, 손가락 제2관절이 직각이 되도록 악력계를 잡을 것 라. 측정 1) 오른쪽, 왼쪽 각각 2회 측정하고 기록지에 기록 2) 평가는 오른쪽, 왼쪽 각각 높은 점수에 대한 평균점수로 하고 0.1킬로그램 단위까지 기록하되, 0.01킬로그램 단위에서 올림하여 기록

체력요인	검사종목	검사방법 및 대상
순발력	10. 50미터 달리기	가. 대상: 초·중·고 남/여학생 나. 거리: 50미터 다. 측정 1) 코스는 반드시 직선주로가 되어야 하며, 부정출발을 한 경우 주의를 주고 다시 출발할 것 2) 0.01초 단위까지 기록
	11. 제자리멀리 뛰기	가. 대상: 초·중·고 남/여학생 나. 자세 1) 구름판이 설치된 모래터 위에 출발선을 밟지 않고 올라설 것 2) 발을 한번만 굴러서 공중자세는 자유로이 하여 뛸 것 다. 측정 1) 도약하는 순간 두 발 중 한쪽 발이라도 구름판을 넘어서지 말아야 하며 반드시 모둠발로 뛸 것 2) 평가는 2회 실시하여 더 멀리 뛴 거리로 하며, 0.1센티미터 단위까지 기록
체지방	12. 체질량지수 (BMI)	가. 측정 1) 장비가 없는 경우: 체질량 지수는(BMI, Body Mass Index: kg/m^2) 키와 체중 값으로 계산 2) 0.1kg/m^{2}단위까지 기록하되, 0.01kg/m^{2}단위에서 올림하여 기록 3) 장비가 있는 경우: 체지방률과 함께 자동으로 측정됨
	13. 체지방률	가. 측정도구: 체지방측정기 나. 자세 1) 공복상태를 유지하고 신체에 금속성 물질을 제거할 것 2) 양말을 벗고 체지방 측정기의 양발과 양손의 측정 위치에 맞게 정확히 위치시킬 것 (체지방측정기의 사용지침을 따름) 다. 측정 1) 체지방률이 측정되는 동안 최대한 몸을 움직이지 않고 전방을 주시할 것 2) 체지방률은 장비를 통해 자동으로 측정되어 진 값을 기록(% FAT)

(3) 학교 현장에서 유연하게 적용할 수 있도록, 학생건강체력평가에서는 표준형, 전통형, 체육관형, 운동장형, 첨단장비형 등 유형별로 종목을 제시하고 있다.

① 표준형은 체육수업과 연계하기 좋은 종목들로 구성되어 있어 연구진이 권장하는 최신형이다.

② 전통형은 기존에 실시하던 학생체력검사의 종목이 많이 반영되어 연계성과 지속성을 유지할 수 있고, 측정장비 구입이 어려운 학교에 적용하기 좋다.

③ 첨단장비형은 학교에서 정밀평가가 가능한 장비(예 심박수측정기)가 있는 학교에 적용할 수 있다.

(4) 유형별 체력요인과 종목은 다음과 같다.

〈표 9-3〉 학생건강체력평가 유형별 체력요인과 종목

* 출처: 오수학 등(2007). p.4

유형	건강체력 평가요인				
	심폐지구력	근력-근지구력	유연성	순발력	체지방
표준형	페이서	윗몸말아올리기	종합유연성검사	제자리멀리뛰기	체질량지수
전통형	오래달리기-걷기	(무릎대고) 팔굽혀펴기	앉아윗몸앞으로 굽히기	50m달리기	체질량지수
체육관형	페이서	윗몸말아올리기	종합유연성검사	제자리멀리뛰기	체질량지수
운동장형	페이서	악력	종합유연성검사	50m달리기	체질량지수
첨단 장비형	페이서	악력	종합유연성검사	50m달리기	체지방률, 허리엉덩이비율

3-1-3. 기준

(1) 학생건강체력평가의 기준은 전문가 패널의 평정에 의한 절대기준과 실제로 학생들에게 수행된 결과자료에 의한 상대기준을 결합한 방법으로 설정되었다.

① 기존에 실시했던 학생체력검사가 규준에 의한 상대기준만을 제공한 것과 달리 절대기준 설정방법 중 하나인 확장된 Angoff 방법과 전문가 패널의 판단을 근거로 절대기준을 설정한 것은 의미있는 일이다.

② 왜냐하면, 학생건강체력평가의 기준에서는 연령별 규준을 제공함으로써 체력요인별로 학생들이 자신의 현재 상태를 상대적으로 파악할 수 있을 뿐만 아니라, 학생들이 유지해야 할 최소건강기준과 최대기준(이상일 경우 스포츠 잠재 학생으로 구분)을 제시함으로써 진단적인 정보를 제공해 주기 때문이다.

③ 좀 더 자세한 평가기준 설정 절차 및 방법은 오수학 등을 참고하기 바란다.

(2) 학생건강체력평가의 평가기준 등급은 5등급으로 기준표는 다음과 같다. [그림 9-1]에 의하면, 학생건강체력평가의 평가기준 등급은 학생들이 획득한 점수(총점 20점)을 기초로 등급을 구분한다.

등급	5등급				4등급				3등급				2등급				1등급				
점수 (점)	0	1	2	3	4	5	6	7	8	9	10	11	12	13	14	15	16	17	18	19	20
		← 최소범위																	최대범위 →		

[그림 9-1] 학생건강체력평가 등급 및 점수기준표

① 1등급은 16-20점, 2등급은 12-15점, 3등급은 8-11점, 4등급은 4-7점, 5등급은 3점 이하로 구분한다.

② 절대기준에 의하여, 8점 이상을 양호구간, 8점 미만은 우려구간으로 구분하여, 학생들이 최소한의 건강을 유지하기 위한 기준으로 8점을 설정하였다.

③ 체질량지수(BMI)와 체지방률은 정상등급이 20점에 해당하고, 마름, 과체중, 경도비만, 고도비만 등급은 낮은 점수가 부여되고, 허리엉덩이 비율은 정상과 복부비만으로 구분된다.

④ 각각 20점 만점인 5개 요인의 점수를 합하여 100점 만점인 종합체력점수를 산출하게 된다. 구체적인 학생건강체력평가의 평가등급 및 점수 구성, 평가기준에 대해서는 오수학 등을 참고하기 바란다.

3-2. 국민체력 실태조사

3-2-1. 배경

(1) 국민체력실태조사는 학생건강체력평가와 달리 국민의 거의 모든 연령대에 실시되는 체력검사장이라 할 수 있다.

(2) 1988년부터 정부 차원에서 실시되고 있는 국민체력실태조사는 3년마다 국민의 체력 변화 추이를 분석하고 현재의 국민 체력 상태를 진단하는 체력검사장으로,

(3) 운동관련체력과 건강관련체력이 모두 포함되어 있다.

3-2-2. 검사종목

(1) 국민체력실태조사(한국스포츠정책과학원; http://www.sports.re.kr)의 체력요인별 검사항목은 〈표 9-4〉와 같다. 〈표 9-4〉에 제시한 검사항목의 대부분 학생건강체력평가를 참고하기 바란다.

〈표 9-4〉 국민체력실태조사의 체력요인별 검사항목

구분	요인	검사 항목
체격	신장 체중 신체구성	신장 체중 BMI 피부두겹검사 체지방률
체력	전신지구력 순발력 근력/근지구력 유연성	1,200m 달리기 50m 달리기 제자리멀리뛰기 팔굽혀펴기 윗몸일으키기 윗몸앞으로굽히기

3-2-3. 기준

(1) 상기한 국민체력실태조사의 종목별 기준은 규준에 근거한 준거지향기준이라 할 수 있다(문화체육관광부). 즉, 100명 이상의 대단위 표본을 선정하여 각 종목별 측정 기록을 백분위점수로 나타낸 후에 5단계로 기준을 설정한 것이다. 국민체력실태조사의 등급별 백분위점수는 다음과 같다.

〈표 9-5〉 국민체력실태조사의 등급별 백분위수

구 분	백분위수
1등급	91백분위수 이상
2등급	69-90백분위수
3등급	33-68백분위수
4등급	11-32백분위수
5등급	10백분위수 이하

(2) 상기한 〈표 9-5〉에 의하면, 어떤 성인 남자의 팔굽혀펴기 기록이 30개이고 국민체력 실태조사에서 팔굽혀펴기 항목의 90백분위수가 28개라면 이 남자는 팔굽혀펴기 능력이 1등급에 속한다고 할 수 있다.

① 즉, 국민체력실태조사의 기준은 표본에서 측정된 자료를 근거하여 만들어진 규준을 바탕으로 제작된 것이다.

(3) 하지만, 학생건강체력평가와 같이 건강을 기준으로 한 준거가 설정되는 것이 바람직하다.

① 예를 들어, 30대 성인 남자가 최소한의 건강을 유지하려면 팔굽혀펴기를 최소한 35개 이상은 해야 한다는 준거가 설정되어 있다면, 일반인들이 쉽게 자신의 건강 정도를 체크해 볼 수 있을 것이다.

② 따라서, 기존의 규준에 기초한 기준과 함께 건강 측면에서 준거를 설정할 필요가 있다.

(4) 국민체력실태조사의 구체적인 기준은 한국스포츠정책과학원; http://www.sports.re.kr)의 체육통계정보 사이트를 참고하기 바란다.

80 | 2014학년도 논술

2. 다음은 '신체 활동 참여 증진 프로그램'을 반영한 ○○중학교의 2014학년도 2학년 건강 활동 영역 교육 계획서의 일부이다. 2009 개정 교육과정에 따른 체육과 교육과정의 '평가의 방향' 중 '교육과정과의 연계성', '평가 방법과 도구의 다양성'에 근거하여 'Ⅲ. 평가 방침 및 내용'에서 잘못된 내용을 각각 2가지씩 찾아 쓰고 그 이유를 기술하시오. [10점]

○○중학교 2학년 건강 활동 영역 교육 계획서

Ⅲ. 평가방침 및 내용

(1) 학생들의 '신체활동 참여증진 프로그램' 실천과정 및 결과를 종합적으로 평가한다.
(진단평가–1주차, 형성평가–6주차, 총괄평가–12주차에 실시함.)

(2) 평가내용·방법 및 도구

평가내용	평가방법 및 도구	비고
신체활동 및 건강과 체력의 이해	• 지필검사	• 진단, 형성, 총괄 평가 비교 • 〈참고자료1〉 참조
신체활동 습관 및 활동량	• 신체활동 실천일지 • 청소년용 신체 활동 질문지 • 보행계수계(만보계) • 체격 검사	• 실천 일지의 횟수와 내용의 수준 • 진단, 형성, 총괄 평가 비교 • 청소년 신체 활동 가이드라인 기준치와 비교 • 청소년 표준 체격 기준과 비교
식습관	• 식사 일지 • 1일 평균 섭취 열량 기록지	• 청소년 권장 열량 기준과 비교
학생건강체력검사(PAPS) 필수요소	• 앉아윗몸앞으로굽히기 • 제자리 멀리뛰기 • 왕복오래달리기 • 윗몸말아올리기 • 눈감고외발서기 • 체질량지수(BMI)	• 학생건강체력검사(PAPS) 평가기준과 비교 • 매 학기 초와 말에 1회씩 실시
자기효능감	• 자신감 검사	• 진단, 형성, 총괄 평가 비교
구급처치	• 심폐소생술(CPR) 실시능력검사	• 실시 절차 준수 여부
◎ 참고: 모든 검사도구는 타당도와 신뢰도 검증 후 사용		

[정답] 눈감고 외발서기, 체격검사 (반드시 2개) 수정되어야 한다. [1점]

4. 체력검사장의 시행

4-1. 준비

(1) 체력의 종류에 관계없이 학생들이 검사에 대한 사전 준비가 없다면, 학생들의 체력은 정확하게 측정되기 어렵다. 따라서, 체육 교사나 스포츠 지도자들은 체력검사를 하기 전에 충분한 시간을 가지고 학생들에게 검사 방법에 대해 이해시켜야 한다. 이외에도 선택된 체력검사 종목은 타당도와 신뢰도 등의 조건을 만족해야 한다. 왜냐하면, 학교 체육 현장이나 스포츠 센터 등에서는 한 가지 체력 요소를 측정하기 위해 보통 하나의 검사만을 선택하여 사용하기 때문에, 선택된 하나의 검사가 측정하려는 체력 요소를 비교적 정확하게 즉, 타당하고 믿을 수 있게 측정해야 하기 때문이다.

① 첫째, 신체활동을 하는데 적합한 복장이다. 운동할 수 있는 복장을 체육 시간에 준비해오는 중·고등학교에서는 큰 문제가 되지 않지만, 초등학교에서는 체력 검사를 실시하는 날 신체활동에 적절한 복장을 사전에 준비시켜야 할 것이다.

② 둘째, 검사 종목에 적합한 운동화이다. 체육관과 운동장에 따라 적절한 운동화를 준비시켜야 최고의 수행력을 발휘할 수 있다. 예를 들면, 체육관에서 실시하는 왕복달리기 검사의 경우 실내에서만 신는 운동화가 좋은 기록을 달성하는데 도움이 된다. 종종 맨발로 검사에 참여하는 학생이 있는데 이것은 방향전환을 할 때 부상의 위험이 있어서 좋지 않다.

③ 셋째, 충분한 시간을 가지고 시행할 검사에 대한 교육을 받은 보조 검사자가 필요하다. 매년 검사에 참여하는 보조 검사자라 할지라도 반드시 검사에 대한 사전교육이 실시되어야 한다. 특히, 스포츠센터와 같이 학교가 아닌 경우에나 주기적으로 검사를 실시하는 경우에도 보조 검사자에 대한 교육은 철저하게 실행되어야 한다.

④ 넷째, 검사 종목에 맞는 시설과 적절한 시기에 설치된 기구가 필요하다. 기구는 검사를 시행하기 전에 적절한 위치에 설치되어야 한다. 시설을 점검하고 기구를 설치할 때에는 충분한 시간을 갖고 세심하게 진행되어야 한다. 만약 실내에서 테이프를 벽이나 바닥에 부착하여 시행하는 검사가 있다면, 학생들이 검사를 시행하는데 방해되지 않고, 검사 기간 동안 닳거나 손상되지 않도록 설치해야 하며, 만약의 경우를 대비해서 교체 할 수 있는 기구를 사전에 준비해야 할 것이다.

4-2. 검사 자료의 분석

(1) 기존 학생체력검사의 자료들은 대부분의 학교에서 자료 입력 이외의 분석과정을 거치지 않았다.

① 체력검사 결과에서 얻어진 자료를 입력한 후에는 적절한 분석이 이루어지는 것이 필요하다.

② 왜냐하면, 검사 결과를 분석하지 않는다면, 검사를 시행하는 큰 의미가 없기 때문이다. 본서의 1장에서 밝혔듯이 학생들에게 동기를 부여하고 피드백을 제공하는 것은 검사의 중요한 목적이므로, 측정에서 얻어진 자료를 입력의 절차만으로 끝내버리는 것을 매우 어리석은 일이다.

③ 이에 교사나 지도자는 지도하는 학생들의 체력의 현재 상태나 체력 부진의 원인 등을 찾기 위한 측정 자료의 분석 노력이 필요하다.

(2) 대단위 자료를 처리하는데 가장 좋은 방법은 컴퓨터를 이용하는 것이다.

① 왜냐하면, 컴퓨터에 저장된 자료는 언제든지 전문가 집단에 의해 분석될 수 있고,

② 학교에서는 분석된 자료를 이용하여 학생들에게 피드백을 제공할 수 있기 때문이다.

③ 미국에서는 체력검사 자료의 해석과 규준 결정을 위해 다양한 컴퓨터 프로그램들이 개발되어 있다. 대표적인 예로 FITNESSGRAM과 Chrysler Fund-AAU Physical Fitness Program이다. 국내의 학생건강체력평가의 경우 학생들의 측정 자료를 통해 운동처방을 제공하는 프로그램을 구축하여 시행하고 있다.

4-3. 검사 시행 수의 결정

(1) 체력이나 운동수행력을 측정하는 검사를 개발할 때에는 검사 시행 수를 미리 결정해야 한다. 지필 검사의 경우 기억 효과 때문에 동일한 검사를 여러 번 시행하는 경우는 거의 없다. 하지만, 체력이나 운동수행력 검사에서는 기억 효과가 없기 때문에 검사를 여러 번 시행해도 체력을 크게 향상시키지 않으므로 큰 무리가 없다. 체력이나 운동수행력 검사를 할 때에는 신뢰로운 운동수행력을 보일 때까지 시행하는 것이 바람직하다.

(2) 그렇다면 체력이나 운동수행력 검사의 측정치를 믿을 수 있는 시행 수는 어떻게 결정해야 할까?

① 만약, 어떤 검사를 개발할 때 사전에 표본 집단에 검사를 10회 시행하여 신뢰도가 0.92이라면, 스피어만-브라운 공식에 의해 5회 시행했을 때 신뢰도는 0.82라는 것을 알 수 있다.

② 일반적으로 0.80 이상의 신뢰도가 받아들여지므로 이 검사는 5회만 시행해도 충분한 신뢰도가 확보된다. 즉, 신뢰도 확보를 위해서 연구자가 임의로 검사 시행 횟수를 결정하지 않아도 된다.

③ 만약, 기존의 검사를 개발한 사람이 권장하는 시행 횟수가 있다면 가능한 그것을 따르는 것이 좋고,

④ 시행 횟수를 줄이려면 공식에 의해 충분한 신뢰도가 확보되는지를 확인한 후에 검사 시행 횟수를 줄여야 할 것이다.

(3) 학생들의 안정된 측정치를 확보하기 위해서는 연습 및 학습 효과를 제거해야 한다.

① 이를 위해서는 검사 전에 학생들에게 적절한 연습 시간을 주어야 한다.

② 만약 개발된 검사를 반복 측정하였을 때, 4회까지 측정한 점수가 일정한 점수만큼씩 체계적으로 증가하다가 5회와 6회 측정 점수는 4회와 유사하게 나타났다면, 검사를 6회 실시하여 검사 점수가 안정적인 4회, 5회, 6회의 점수에 대한 평균을 검사 점수로 선택하는 것이 타당할 것이다.

(4) 검사 시행 횟수를 결정할 때 검사자는 연습 효과 이외에도 피로의 효과를 고려해야 한다.

① 만약 검사 시행 짐수가 3회까지 측정한 점수가 유사하게 나타나고 4회부터 6회까지 측정 점수가 일정하게 감소하였다면, 검사개발자가 권장하는 검사 시행 횟수만큼 검사를 실시한 후에 처음 3회의 검사 점수를 평균하여 검사 점수로 선택하는 것이 적절하다.

② 왜냐하면, 반복 시행에서 검사 점수의 체계적 감소는 피로의 효과를 나타낸 것이기 때문이다.

(5) 물론, 심폐지구력이나 근지구력 등 여러 번 실시하기 어려운 체력검사의 경우는 위에서 설명한 방법을 시행하기 어렵다. 이 경우는 단 한 번의 검사 시행으로 대상자의 능력을 정확하게 측정해야 하므로, 대상자들이 자신의 능력을 충분히 발휘할 수 있도록 검사 환경이나 대상자의 충분한 준비가 될 수 있도록 배려해야 한다.

4-4. 규준의 이용

(1) 체육 교사가 검사를 개발하고, 개발된 검사의 규준을 만든다면, 현장에서 교사들이 교육 프로그램의 효과를 확인할 때 매우 유용하게 사용할 수 있을 것이다.

① 규준이 연령과 성에 따라 만들어져 있으면 자신의 점수를 다른 규준과 비교하여 백분위수를 확인하여 판단할 수 있으므로 학생들에게 체력 향상을 위한 동기를 유발하는데 효과적으로 사용할 수 있다.

② AAHPER Youth Fitness Test는 체력검사의 규준에 제시한 대표적인 예이다.

(2) 규준표는 개인의 백분위 검사 점수를 결정할 때에만 사용되어야 한다.

① 예를 들면, 한 학교의 체육 교사가 그 학교 학생들의 집단검사 점수들 즉, 평균과 표준편차 등을 규준에 비추어 '우리 학교 학생들의 윗몸일으키기 능력은 국내 학생들의 70백분위수에 해당 한다'라고 해석하는 것은 부적절하다.

② 왜냐하면 규준은 개인 점수에 기초하여 만들어 진 것이기 때문이다.

(3) 개인 점수에 기초한 규준표를 이용하여 집단의 점수를 해석하기 위해서 국가 수준의 규준의 50백분위수 이상의 점수를 받은 학생의 비율을 이용할 수 있다.

① 이 방법은 체육 교육프로그램의 효과를 평가하는데 유용하게 사용될 수 있다.

② 예를 들어 어떤 중학교 3학년 남학생의 체력검사 점수가 〈표 9-6〉과 같다고 하자.

〈표 9-6〉 집단 점수 해석을 위한 규준표의 이용

종 목	국가 규준의 50백분위수 기록	50백분위수 이상의 학생 비율
윗몸일으키기	35개	80%
제자리멀리뛰기	270cm	65%
50m달리기	8.0초	50%
팔굽혀펴기	15개	35%

③ 〈표 9-6〉에 의하면, 윗몸일으키기 35개가 중학교 3학년 남학생 전국 규모의 규준에서 50백분위수에 해당하는 기록이며, 35개 이상인 학생은 전국 규준에 비추어 볼 때 50백분위수 즉, 평균 이상의 능력을 가진 학생으로 판단할 수 있다.

④ 또한, 이 학교 3학년 남학생의 50m 달리기 능력은 전국 남자 중3 학생의 50m 달리기 평균 능력과 유사하며,

⑤ 팔굽혀펴기 능력은 전국의 남자 중3 학생들에 비해 떨어진다고 판단할 수 있다.

⑥ 상기한 결과에서 이 학교의 상완근지구력 향상을 위한 체육 프로그램이 수정되어야 한다는 판단을 내릴 수 있다. 국가 수준의 규준은 이렇게 학교 체육 현장에서 가치 있게 사용될 수 있어 다양한 체력검사 종목의 규준이 주기적으로 작성되어야 한다.

내가 꿈을 이루면 나는 누군가의 꿈이 된다.
오늘은 최선! 내일은 최고!

해커스임용 이채문 전공체육 체육측정평가

부록
추리통계

제1장 추리통계 개관

- 만일 연구자가 중학생의 신장에 관한 특성을 기술하려고 할 때 일반적으로 취하는 방법은 전체 혹은 일부의 중학생으로부터 얻은 신장의 평균치(μ 혹은 $\overline{X}$)와 표준편차(σ 혹은 s)를 계산하려고 할 것이다. 여기에서 우리는 전집으로부터 얻은 측정치를 모수치(母數値: parameter)라고 부르며, 전집으로부터 일부를 표집하여 얻은 측정치를 통계치(statistics)라고 부른다.

1 전집(모집단)과 표집

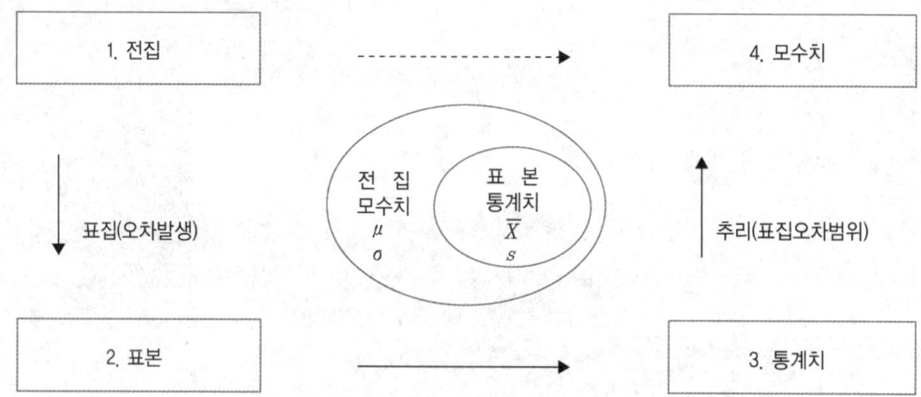

1. 추리통계 방법

(1) 모수치를 가진 전집으로부터 무선표집 방법에 의해 표본을 선정

(2) 표본집단의 통계치를 산출

(3) 확률과 통계치의 표집분포를 이용하여 산출된 통계치에 의해 모수치를 추정

(4) 모수치는 실제 계산이 가능한 경우가 있으나 조사를 위해 많은 시간과 비용을 투자해야 하기 때문에 비능률적이다. 추리통계는 바로 위의 (1)~(3)의 과정을 통하여 이러한 능률적이지 못한 문제를 제거하여 준다.

2. 추리통계와 오차

(1) 표집 결과 얻은 통계치는 표집오차 때문에 전집의 모수치와는 반드시 일치하지 않는다. 다시 말하면 표본으로부터 얻은 평균치는 전집의 평균치와 유사하다고 할 수는 있으나 정확하게 일치한다고는 할 수 없다. 표본 통계치가 전집의 모수치를 대표한다고 하기 위해서는 단서가 필요한데, 여기에서 단서란 표집오차의 범위를 말한다.

(2) 연구자는 표집오차의 범위 내에서 표본 통계치에 의해 전집의 모수치를 추론할 수 있는데, 이를 추리통계라 한다.

3. 전집(모집단)(population)

(1) 한국의 중학생의 신장이 얼마나 되는지 알고자 할 경우 관심의 대상이 되는 한국 중학생의 전체가 전집이 되며 여기서 얻은 측정치를 모수치라고 부른다.

(2) 그러나, 한국 중학교 3학년 전체를 대상으로 연구를 한다는 것은 불가능하다.

(3) 따라서 모집단을 대표할 수 있는 집단을 뽑아서 연구하게 된다.

(4) 표본은 모집단을 대표해서 선정된 구성단위를 말하며, 표본으로부터 얻어진 표본의 특성치로부터 모집단의 특성치를 추정하게 된다.

4. 표집(Sampling)

(1) 표집은 모집단을 대표하는 표본을 선정하는 과정이라 하며, 전집으로부터 일부를 표집하여 얻은 측정치를 통계치라고 부른다.

(2) 표본 조사의 목적은 모집단 전체를 조사하는 전수조사가 비효율적이거나 불가능할 때, 표본을 추출하여 표본 자료가 가진 추정치를 통하여 모집단의 모수치를 추정하는 것이다.

(3) 따라서 모수에 대한 추정이 정확하게 이루어지려면, 충분한 수의 표본이 수집되거나 모집단의 특성을 잘 대표할 수 있는 표본이 선정되어야 한다.

(4) 표집 방법

① 확률적 표집은 표본추출에서 전집의 모든 사례가 동일한 확률을 가지고 있음을 전제로 한다. 추출한 표본이 모집단을 대표할 확률이 높으며 연구결과를 일반화시킬 수 있다.

② 비확률적 표집 방법: 집단 내 각 표집단위의 뽑혀질 확률은 고려하지 않고 연구자의 주관적 판단에 의하여 임의로 표본을 추출하는 방법으로서 전집으로부터 개별의 요소들이 추출될 확률을 객관적으로 결정할 수 없는 부득이한 경우에 사용된다. 연구 결과를 일반화시키기 어렵다.

(5) 확률적 표집 방법

① 단순무선표집

전집의 모든 사례가 표본으로 추출될 확률이 동일하며 전집으로부터 어느 사례를 추출하든 추출결과는 다른 사례의 표집에 영향을 미치지 않는다.

㉧ 전집이 5,000명인 운동선수 집단으로부터 100명을 표집할 경우 각각의 사례가 뽑힐 확률이 1/50이 되도록 표집하는 것이다. 이를 위해서는 5,000명의 이름(혹은 번호)을 적어 통속에 넣고 고르게 섞어 100명을 뽑는 것이다.

㉧ 난수표(random table) 이용(가장 신뢰롭고 많이 쓰임)

난수표를 이용하여 5,000명 중 100명을 뽑기 위해서는 먼저 5,000명에게 1번부터 5,000번까지 번호를 부여해야 한다. 몰론 번호는 어떠한 순서로 붙여도 좋다. 여기에서 100명을 뽑게 되는데, 1번부터 5,000번까지의 사례에서 뽑게 되므로 최소한 4자리수가 대상이 된다. 수표에는 5자리수가 나열되어 있는데 눈을 감고 수표 중 어느 한 부분을 손가락(혹은 연필)으로 짚고 어느 순서(가로 혹은 세로)로 뽑아갈 것인가를 결정한 후 수표 중에서 5,000번 이하에 해당하는 수를 100개 뽑아내면 된다. 난수표를 읽을 때 주의해야 할 점은 차례로 읽어야 한다는 것이다.

② 체계적 표집

전집의 전체 사례에 일련번호를 부여한 후 일정한 표본추출간격에 따라 표본을 추출하는 방법

㉧ 전집 10,000명 중에서 100명을 뽑는다면 표본분수는 100/10,000 혹은 1/100이 되며, 따라서 전집 100명당 1명, 다시 말해서 매 100번째에 해당하는 사람을 뽑는다. 즉, 전집의 크기(10,000명)를 표본의 크기(100명)로 나눈 값(소수가 나오면 버림)인 100을 간격으로 설정한 후 1번부터 100번 사이에서 어느 한 사례를 무선적으로 표집한다. 이때 표집된 사례가 35라면 35, 135, 235, 335…등과 같이 체계적으로 표본의 크기(100명)만큼 뽑는 것이다.

③ 유층표집

전집을 동질적인 일련의 하위집단으로 나누고, 각 하위집단에서 적절한 수의 표본을 뽑아내는 방법이다. 비례 유층 표집방법, 비 비례 유층 표집방법이 있다.

㉧ 지역별, 성별, 연령별 등의 각 부분집단에서 무선적으로 표집하여 이런 요인들의 각 부분집단이 골고루 표집되도록 하는 것이다. 부분집단 내에서는 표본의 크기를 전집의 구성비율과 동일하게 표집하는 것이 보통인데, 이를 비율적 유층표집(proportional stratified sampling)이라고 한다.

④ 군집표집

전집을 이질적 속성을 지닌 몇 개의 군집(또는 집락)으로 나눈 다음에 이들 각 군집으로부터 표본을 무선 추출하는 방법을 말한다. 표집의 단위가 전집의 구성원 개개인이 아니라 집단이 된다.

㉧ 학생들을 표집하기 위하여 어느 학교 학급을 무선적으로 선정하고 선정된 학교 혹은 학급 학생들을 모두 표집대상으로 삼는다든가, 농촌 사람의 체력수준을 파악하기 위해 어느 부락을 무선적으로 선정하고 부락민 전체를 표집하는 방법이다. 이 방법은 전집의 명단을 작성하는 데 필요한 시간과 비용을 절감해주며, 자료수집도 몇 개 지역 혹은 학교에만 가서 아주 쉽게 수행할 수 있다. 그러나 집단구성원의 성격이 매우 유사하기 때문에 통계치를 과대 혹은 과소 평가할 가능성이 크고 따라서 표집오차도 크다.

⑤ 다단계표집

- 표본추출단위가 최소한 둘 또는 그 이상이 요구될 때 각 단계별로 무선추출법의 어떤 한 형태를 사용하여 표본을 추출하는 방법이다. 가령, 군집추출 후 그 군집 내에서 다시 단순무선표집으로 추출하는 방법이다.
- 다단계표집(multi-stage sampling)은 군집표집과 밀접한 관계가 있다. 이 방법은 여러 단계의 표집단위를 거쳐 최종적으로 개인을 표집하는 방법으로서 유층표집, 군집표집, 무선표집이 모두 동원되는 경우가 많다.

㉧ 전국 고등학교 남학생들의 기초체력을 조사한다고 할 때 제1단계 표집단위로서 학생 수에 비례하여 무선적으로 한 도를 선정하고, 제2단계 표집단위로서 선정된 도 내에서 다시 학생 수에 비례하여 무선적으로 시·군 내에서 고등학교를 같은 방법으로 선정하고, 다시 최종 단위인 제4단계 표집단위로서 선정된 학교 내에서 무선적으로 학생을 표집하는 방법이다.

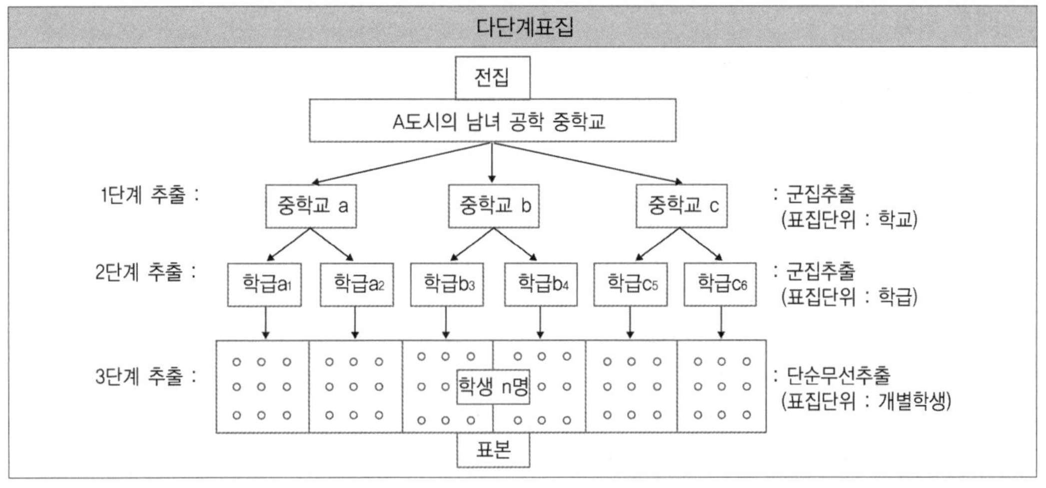

(6) 비확률적 표집 방법

① 우연적 표집: 조사자가 어떤 특별한 표본추출 계획도 없이 우연히 입수한 자료 또는 대상들을 표본으로 사용하는 방법이다.

② 할당 표집: 전집의 여러 속성을 대표할 수 있는 몇 개의 유목으로 분류한 뒤에 각 유목별로 표본사례수를 할당하여 이에 해당하는 표본 사례수 만큼 임의로 추출하는 방법이다.

③ 의도적 표집: 연구자의 주관적 판단에 의하여 전집을 대표할 수 있다고 여겨지는 사례들을 전집에서 선정하여 이를 표본의 사례로 삼는 방법을 말한다.

5. 배정 방법

5-1. 단순무선배정

- 단순무선배정(simple random assignment)은 많은 수의 피험자를 몇 개 집단에 무선배정하고자 할 때 적절하게 이용할 수 있는 방법이다. 피험자를 집단에 무선배정하기 위해서는 다음과 같은 몇 가지 방법(동전 던지기, 난수표, 카드, 무선 배정표)를 이용할 수 있는데, 이 중에서 어느 방법을 이용할 것인가는 무선배정이 요구되는 상황을 고려해야 한다.

(1) 동전 던지기: 첫째 방법은 동전 던지기를 이용하여 피험자를 두 집단(혹은 실험 처치조건)에 배정하는 것이다. 예를 들면 앞면이면 A집단(혹은 실험집단), 뒷면이면 B집단(혹은 비교집단)으로 배정한다는 원칙을 세우고 동전을 던져 피험자를 두 집단에 배정하면 된다. 그러나 동전 던지기 방법은 배정해야 할 집단의 수가 세 집단 이상인 경우 적절한 방법이 못 된다. 또한 두 집단이라 할지라도 피험자수가 적을 때 동전을 던져 앞면과 뒷면의 수가 동일하게(혹은 비슷하게)나타나는 경우가 흔치 않기 때문에 두 집단 피험자 수의 차이를 가져올 수 있다.

(2) 난수표 이용: 난수표를 이용하여 피험자를 집단에 배정하기 위해서는 먼저 배정하고자 하는 피험자에게 일련번호를 부여한다. 피험자를 집단에 배정하는 절차는 앞의 난수표를 이용한 표집절차와 동일하다. 예를 들어 배정집단수가 3일 경우 수표에서 나타난 수 중 1은 집단 1, 2는 집단 2, 3은 집단 3으로 배정한다는 원칙을 세우고 처음 출발숫자를 결정하기 위해 수표 중 어느 한 부분을 손가락(혹은 연필)으로 짚는다. 이때 손에 짚인 수가 '1'이고 그 이하 제시된 수표가 (100, 91478, 38921)로 나열되어 있다면 1, 2, 3 이외의 수는 해당이 안 되므로 다음과 같이 제외한다(1009 1 4 7 8 9 2 1). 이 자료를 근거로 첫 번째 피험자는 집단 1에 두 번째 피험자도 집단 1, 세 번째 피험자는 집단 3, 네 번째 피험자는 집단 2, 그리고 다섯 번째 피험자는 집단 1에 배정하면 된다. 이와 같은 절차를 이용하여 피험자 전체를 3집단에 배정한다. 난수표를 이용한 방법은 어느 상황에도 적절하게 사용할 수 있으나 실제 적용할 때 다소 시간을 많이 요하는 단점을 가지고 있다.

(3) 카드 이용: 카드를 이용한 집단배정은 가장 편리하게 이용할 수 있는 방법 중의 하나이다. 피험자를 집단에 배정할 때 피험자 수는 100명 이내가 대부분이기 때문에 연구자는 1번부터 100번까지 명시된 트럼프 크기의 카드를 만들면 편리하게 사용할 수 있다.

(4) 무선배정표의 이용: 무선배정표를 이용한 집단 배정은 앞에 제시된 연구자가 만든 카드에 의한 배정방법과 함께 가장 많이 활용되고 있는 방법이다. 여기에서 무선배정표는 선정된 피험자를 배정하고자 하는 수만큼의 집단에 무선배정방법에 의해 미리 배정해 놓은 표를 의미한다.

5-2. 무선구획배정

(1) 구획(block)

① 실험연구에서 연구자의 관심은 독립변인이 종속변인에 미치는 순수한 영향을 밝혀내는 것이다. 그런데 실제 연구과정에서 보면 독립변인 이외에도 종속변인에 영향을 미칠 수 있는 요인은 적지 않다. 이러한 요인을 외적변인(extraneous variable)이라고 부른다. 실험설계의 목적은 바로 이러한 외적변인을 의도적으로 통제하거나 그렇게 할 수 없을 경우 이러한 요인을 실험조건에 무선배정함으로써 실험결과에 일정하게 작용하도록 하는 데 있다. 앞에 소개된 여러 가지 무선배정 방법은 바로 이러한 외적변인의 영향을 배제하기 위해 사용되고 있는 것들이다.

② 무선구획은 연구결과에 중요한 영향을 미칠 수 있다고 판단되는 외적변인에 구획(block)을 설정하여 독립변인과 같이 취급함으로써 외적변인을 통제하는 방법이다. 일원 ANOVA(변량분석)에서는 종속변인의 전체변량 중 독립변인이 차지하는 비중 이외에는 모두 오차변량이 된다. 그러나 종속변인에 영향을 줄 수 있다고 판단되는 외적변인을 또 하나의 독립변인과 같이 취급하여 분석하면 종속변인의 전체변량 중 외적변인이 차지하는 변량이 일원 ANOVA일 때의 오차변량에서 제외되기 때문에 이원 ANOVA에서의 오차변량은 상대적으로 작아지게 된다. 오차변량이 작아지면 독립변인의 영향을 상대적으로 정확하게 찾아내고 통계적 검증력도 커지게 된다.

(2) 구획설정의 절차: 구획설정 방법은 무선배정 방법보다 조금 복잡하다. 여기에서는 구획을 설정하는 절차를 예로 들어 제시하고자 한다.

① 첫째, 먼저 구획을 설정하고자 하는 외적변인(예를 들면 성별, 체중, 신장, 지능, 운동기능 등)을 결정한다. 이러한 외적변인은 만일 두 집단(실험집단과 비교집단)에 속한 피험자들의 수준이 동등하지 않을 때 실험결과에 영향을 미칠 수 있는 것이어야 한다. 예를 들어 '새로운 훈련방법이 근력에 미치는 영향'을 분석하려고 한다 하자. 실험실시에 앞서 두 집단(실험집단과 비교집단) 피험자들의 근력 수준은 동등해야 하기 때문에 이를 위한 방법으로 무선구획 방법을 적용할 수 있을 것이다. 구획설정을 위한 외적변인은 한 변인에 국한된 것은 아니며 경우에 따라서는 여러 변인을 동시에 구획변인으로 설정할 수도 있다. 이를 위해서는 충분한 수의 피험자를 확보할 수 있어야 한다.

② 둘째, 설정된 구획변인(외적변인)을 측정할 수 있는 검사를 선정한 후 이를 피험자에게 실시한다. 검사 결과 얻은 측정치는 구획설정을 위한 기초자료가 된다. 다시 말해서 '새로운 훈련방법이 근력에 미치는 영향'에 관한 연구를 수행하고자 할 때 두 집단의 근력수준을 동등화시키려 한다면 구획설정을 위한 기초자료로서 악력(혹은 배근력) 검사점수 혹은 종합근력 점수를 이용하면 될 것이다. 또한 체중 수준이 두 집단 간에 동등화되기를 원하면 체중측정 결과를 이용하면 된다.

③ 셋째, 구획설정을 위해 선정된 검사를 실시한 후 피험자를 점수 순으로 배열한다. 그리고 몇 개의 구획을 설정할 것인지를 결정한다. 구획수를 결정하기 위해서는 구획변인의 특성을 고려해야 한다. 예를 들어 성(sex)변인은 남자 아니면 여자의 단 두 개 유목으로 분류할 수 있기 때문에 구획 수는 둘이 된다. 그러나 악력 등은 '상. 중. 하' 혹은 '상, 중상, 중, 중하, 하' 등과 같이 구획을 셋 혹은 그 이상으로 설정할 수 있다. 만약 구획변인이 신장, 체중, 사회경제적 지위, 경쟁불안 등과 같은 연속적인 변인(continuous variable)일 경우에는 구획수를 몇 개로 할 것인지를 결정해야 한다. 일반적으로 구획수를 3 혹은 4보다 크지 않은 것이 좋다. 그리고 구획수를 결정한 후 전체 피험자가 각 구획에 비슷하게 배당될 수 있도록 기준점(cutoff score)을 산정한다. 만일 구획변인의 점수범위가 비교적 크다면 구획수를 3 혹은 4 정도로 결정하는 것이 바람직하다.

④ 넷째, 산정된 기준점을 근거로 전체 피험자를 해당 구획에 배당한다. 그리고 각 구획별로 배당된 피험자들은 다시 단순무선배정 방법에 의해 실험처치 조건(예 실험집단과 비교집단)에 배정한다.

(3) 배쌍(matchde pairs)

① 배쌍방법(matchde pairs)은 종속변인에 크게 영향을 미치는 유기체 변인과 관련하여 실험집단과 비교집단에 피험자를 짝지어 배치하는 방법이다. 예를 들어 '4가지 훈련방법이 근력에 미치는 영향'을 분석하기 위한 실험을 한다고 하자. 이때 연구자는 체중이 근력에 영향을 미친다는 사실을 확인하고 체중(유기체변인)을 통제하기 위한 방법으로 배쌍방법을 적용할 수 있다. 좀 더 구체적으로 예를 들면 먼저 피험자들을 선정한 후 이들의 체중을 조사하고 체중이 무거운 사람 순으로 배열한 다음 배정하고자 하는 집단 수(위의 예에 의하면 4집단)만큼 피험자들을 4명씩 짝지어 놓는다. 위의 경우는 집단수가 4개이므로 피험자를 체중이 무거운 사람부터 4명씩 짝을 지어놓게 된다. 그리고 짝지어 놓은 4명 피험자들은 4개의 집단에 무선적으로 배정한다.

② 배쌍방법은 실험기간이 상대적으로 짧거나 규모가 작은 실험연구를 수행하고자 할 때 유용하게 사용할 수 있다. 실험기간이 짧고 규모가 작은 연구에서는 종속변인에 대한 실험집단과 비교집단의 차이가 적게 나타날 가능성이 크다. 배쌍방법은 실험처치를 가하기 전에 두 집단의 수준이 동등하게 되도록 피험자를 안배함으로써 강력한 실험설계의 하나로 꼽히고 있다. 배쌍방법을 사용했을 때 두 집단 간의 차이검증은 종속표본에 대한 t검증방법이 적용된다. 이 방법은 피험자를 무선적으로 배정할 수 있을 경우에 사용하는 것이 바람직하다.

③ 그러나 이 방법은 실험기간이 장기간 소요되는 연구(예 1년)에 사용하는 데는 약점이 있다. 그 이유는 실험기간 중 피험자의 장기 결석이나 중도탈락 때문이다. 배쌍방법을 이용하여 실험연구를 하였을 경우 그 결과에 대한 통계적 분석은 실험에 끝까지 참여한 쌍을 대상으로 하게 된다. 즉, 쌍으로 배정된 피험자 중 어느 한 사람이라도 탈락되었을 경우 그 쌍은 통계분석 대상에서 제외되어야 한다. 배쌍방법이 장기간을 소요하는 실험연구에서 적합하지 못한 이유가 바로 여기에 있다. 다시 말하면 장기간 동안의 실험연구에서는 피험자의 탈락 가능성이 크고 피험자의 탈락으로 인해 실험에 끝까지 참여한 해당 짝이 분석대상에서 제외되어 결국 절대 피험자수가 줄어들게 되기 때문에 실험의 내적 타당도를 크게 낮추는 결과를 초래하게 된다.

④ 이외에도 배쌍방법을 사용하는 이유는 실험집단과 비교집단 간에 얻은 작은 평균치 차이라 할지라도 이로부터 통계적으로 유의한 차를 얻을 가능성이 크기 때문이다. 즉, 통계적 검증력이 높은 방법이기 때문이다. 따라서 실험기간이 6개월 이상 요구되는 연구일 경우 피험자 수는 탈락률을 고려하여 상대적으로 크게 잡을 필요가 있다. 다음은 피험자를 배쌍 시키는 절차를 예시한 것이다.

⑤ 한편 배쌍방법에 의해 배정된 각 집단의 피험자는 배쌍 시키는 데 사용한 유기체 변인(앞의 예에 의하면 근력 혹은 체중)에 관한 한 집단 간에 동질적이 된다. 그러나 이 방법을 적용하는 과정에서 연구자는 다음과 같은 점에 유의할 필요가 있다. 첫째, 여기에서 집단 간에 동질적이라는 것은 배쌍시키는 데 사용된 변인에 한정되어 있을 뿐 다른 변인에 대해서는 보장이 없다는 점과 둘째, 필요한 비교집단에 짝지을 수 없는 피험자는 제외시켜야 한다.

5-3. 공변인 무선조정배정

(1) 위에서 소개된 무선구획배정 방법과 배쌍방법은 피험자를 처치집단에 배정하기 전에 모든 피험자의 특성(예 성별, 신장, 체중, BMI, 연령 등)을 알아야만 사용할 수 있다. 그러나 실험연구에서 사전에 모든 피험자의 특성을 안다는 것은 현실적으로 불가능하다. 한 번에 한두 명씩의 피험자가 실험에 투입될 경우에는 위의 두 가지 방법들을 사용할 수 없으며 다른 대안이 필요하다. 공변인 무선조정배정(convariate adaptive randomization) 방법은 새로 투입될 피험자를 이미 배정된 피험자뿐만 아니라 외적변인(공변인)을 고려하여 순차적으로 특정한 실험처치 조건(예 실험집단과 비교집단)에 배정하는 방법이다.

(2) 공변인 무선조정배정 방법은 피험자를 배정할 때 이미 배정된 피험자들의 공변인 값들을 고려해서 처치집단 간에 균형을 유지하도록 하는 데 사용될 수 있다. 잘 알려진 공변인 무선조정배정 방법으로는 Taves 방법, Pocock과 Simon 방법, Frane 방법 등이 있다. Traves 방법, Pocock과 Simon 방법은 공변인이 범주변인일 때만 적용이 가능한 반면 Frane 방법은 공변인이 연속적인 변인일 때도 적용이 가능하다.

(3) Frane 방법은 p값을 이용해서 선정된 공변인이 처치집단 간에 어느 정도 불균형이 있는지를 확인한다. Frane 방법으로 피험자를 처치집단에 배정하는 절차를 살펴보면 다음과 같다. 우선, 10번째 피험자가 실험에 투입되는 경우라고 생각하자. 처치집단의 수는 실험집단과 비교집단 두 개로 한정하고 외적변인(공변인)은 성별(두 개 범주: 남, 여)과 BMI(3개 범주: 저체중, 정상, 과체중)라고 가정한다.

① 첫째, 10번째 피험자(저체중인 남자)를 두 개의 처치집단 각각에 순차적으로 잠정 배정한다.
② 둘째, 각각의 공변인에서 p값을 산출한다. 이때 공변인이 연속적인 변인일 때는 t검증과 ANOVA를 사용하고 범주변인일 때는 x^2 적합도 검증을 사용한다. 여기서는 두 개의 공변인이 모두 범주변인이기 때문에 x^2 적합도 검증만 사용해서 전체 4개의 p값을 산출한다(처치집단(2)×공변인(2)).
③ 셋째, 처치집단(실험집단과 비교집단)별로 심각한 불균형을 나타내고 있는 p값(최소 p값)을 찾아낸다.
④ 넷째, 10번째 피험자를 최적의 균형을 이루는 처치집단(즉, p값이 상대적으로 최대인 처치집단)에 배정한다.

(4) 공변인 무선조정배정 방법은 기존의 무선배정 방법들과 비교해서 공변인의 처치집단 간 불균형을 최소화시킬 수 있다. 무선구획배정 방법 또한 상대적으로 적용하기 쉽다는 장점 때문에 많이 사용되어지고 있기는 하지만 구획의 수가 표본수의 반을 넘으면 처치집단 간에 공변인의 차이를 유발한다는 선행연구의 결과를 무시할 수 없다. 따라서 표본수가 적거나 통제해야할 외적변인(공변인)의 수가 적지 않을 때 공변인 무선조정배정 방법은 매우 유용하다.

6. 표본의 크기

- 표본수를 결정하는 방법은 조사연구와 실험연구인 경우로 대별된다. 그리고 조사연구의 표본수 결정은 다시 평균치를 산출하는 경우와 비율을 산출하는 경우로 구분된다. 각각의 경우에 대한 표본수 산출 공식은 체육통계를 참고하기 바란다.
- 제시된 공식을 적용하여 우리는 최소한의 표본수(사례수)로 최대한의 연구효과를 얻을 수 있다. 그러나 이러한 표본수 측정방법을 적용하기 위해서는 사전에 몇 가지 모수(parameter)에 대한 측정치를 알고 있어야 한다. 만일 이러한 정보가 없을 때는 적용이 불가능한 제한점이 있다. 흔히 선행연구에서 얻은 측정치를 모수치로 이용하고는 있으나 그러나 측정치가 어느 정도 타당한지에 대해서는 의문의 여지가 있다. 한편 표본수 결정에 필요한 어떠한 측정치도 이용이 불가능할 경우에는 다음과 같은 정보를 고려하면 표본의 크기 결정에 도움이 될 것이다.

(1) 첫째, 통제되지 않은 많은 잡다한 변인들이 예측할 수 없을 정도로 상호작용한다는 생각이 들 때는 표본수를 크게 하는 것이 좋다. 왜냐하면 다양한 상황으로부터 표본을 추출하게 되면 그 잡다한 변인들이 각기 독립적으로 작용하지 못하고 상호 상쇄되어 버릴 가능성이 크기 때문이다. 예를 들어 두 훈련방법을 비교하는 연구에서 2명의 코치보다는 20명의 코치를 표본으로 선정하는 것이 효과적이다. 이렇게 함으로써 우리는 나타난 연구결과가 특정한 코치의 자질이나 혹은 그 코치와 훈련방법 간에 상호작용효과 때문이라는 비판으로부터 벗어나 순수하게 훈련방법의 차이에 기인한 것으로 확신할 수 있기 때문이다.
(2) 둘째, 전집이 다시 소전집으로 분할되고 연구자는 그 소전집 간의 비교에 관심을 갖게 될 때는 표본수를 크게 하는 것이 좋다. 왜냐하면 실제로 표본의 오차를 결정하는 요인은 전집의 사례 수가 아니라 소전집의 사례수이기 때문이다. 따라서 가령 두 훈련방법의 효과가 연령, 학년, 성별, 사회경제적 지위 혹은 체력, 지능지수에 따라 분할된 마지막의 소전집의 사례수는 상호 비교될 수 있을 만큼 충분히 많아야 한다.
(3) 셋째, 조사연구에서 전집이 다양한 변인과 특성을 포함하고 있을 경우에 적은 규모의 표집은 전집의 그러한 차이를 빠뜨리거나 대표하지 못할 가능성이 있다. 따라서 가령 어떤 지역의 특징을 결정하기 위해서 인구조사를 실시하려면 충분한 표본을 추출해야 한다.
(4) 넷째, 연구자가 규명하려는 어떤 특정한 변인의 효과가 적으리라는 예상이 들기는 하지만, 가급적 그 효과를 검증하는 데 작용하는 오차의 범위를 줄여 좀 더 정밀하게 검사하고 싶을 때 대표집을 쓰는 것이 좋다. 그러나 연구자가 충분히 많은 피험자를 연구에 포함시키면 조그마한 효과도 통계적으로 매우 유의한 것으로 판명될 가능성이 높아진다.

81 | 2013학년도

다음은 김 교사와 류 교사가 ○○중학교 '학교 스포츠클럽의 교육적 효과'를 검증하기 위해 나눈 대화이다. (가)~(마)에 대한 설명 중에서 문제점을 쓰시오.

김 교사: 학교 스포츠 클럽이 활성화되니 학생들 얼굴이 밝아보여서 좋아요

류 교사: 그럼요, 학교는 학생들이 신체 활동을 할 수 있는 좋은 공간이잖아요.

김 교사: 체육 활동이 성적뿐만 아니라 인성에도 좋은 영향을 미친다는데 우리 학교도 확인해 보면 좋을 것 같아요.

류 교사: 좋은 생각이네요. 우선 (가) 현재 학교 스포츠클럽에 참가하는 학생들과 참가하지 않는 학생들을 두 집단으로 구분하여 자료를 수집하는 것이 어떨까요?

김 교사: 한 집단에 30명씩 배정하도록 하죠. 인성은 어떻게 측정할 수 있죠?

류 교사: (나) 5점 리커트(Likert) 척도로 구성되어 있는 인성 검사 도구가 저에게 있어요.

〈보 기〉

ㄱ. (가)는 단순 무선 배정을 계획하고 있다.

ㄴ. (나)는 비율 척도이므로 가감승제가 가능하다.

[정답] ㄱ. (가) 무선구획배정을 하고 있다.

ㄴ. (나) 리커트 척도(주관적 감정을 숫자라는 간주하여)는 서열척도이지만 통계적 활용을 높이기 위해 등간척도로 간주하여 t검정에 사용한다. 절대 0점이 없기에 승(곱하기)이나 제(나누기)가 불가능하다.

2 가설 검증

1. 가설

(1) 의사결정, 즉 판단의 과정을 통하여 연구자는 판단의 오류를 범하게 된다.

(2) 진리인 사실을 지지 혹은 거부하는 것이 통계적 검정의 절차이다. 즉 어떤 사실을 잠정적으로 진리로 놓고, 그 잠정적 진리에 대한 지지 혹은 거부를 하게 된다. 이와 같이 연구를 유도하는 잠정적 진술을 가설(Hypothesis)이라 한다.

① 커크(Kirk,1982)는 가설이란 어떤 사실을 설명하기 위하여 잠정적으로 적용되며 다른 연구를 유도하므로 검정 가능한 상상적 추측이라 하였다.

② 굿(good, 1959) 역시 가설이란 연구를 이끄는 개념으로 잠정적 설명이거나 혹은 가능성을 설명한 것이라 하였다.

2. 가설 검정

(1) t-test와 ANOVA는 모두 가설 검정을 위한 통계적 방법이므로 가설 검정에 대한 이해가 선행되어야 할 것이다.

① 가설 검정(hypothesis test)은 표본의 정보를 기초로 가설의 옳고 그름을 검증하는 것으로, 연구자가 밝히려고 하는 가설을 대립 가설(alternative hypothesis)이라 하고 보통 H_1으로 표기하며, 대립 가설과 반대되는 가설을 영가설(null hypothesis)이라 하고 H_o로 표기한다.

② 일반적으로 영가설은 '유의한 차이가 없다'로 표현되며, 실제로 검증할 수 없거나 검증하기 곤란한 가설은 영가설로 설정하지 않는 것이 좋다. 만약, 실증적인 자료에 의해 영가설을 기각(reject) 즉, '영가설이 옳지 않음'이 밝혀지면 대립 가설을 채택하게 된다.

③ 예를 들어 'A 교사가 사용한 교수법이 B 교사의 교수법보다 우수하다'는 것을 검증하려면, 두 교수법 간에는 차이가 없다는 것을 영가설(H_o: $\mu_a = \mu_b$)로 설정하고, 실증적 자료로 영가설을 기각하여 두 교수법 간에는 차이가 있다는 대립 가설(H_1: $\mu_a \neq \mu_b$)을 채택하여 두 교수법 간에는 차이가 있다고 주장하면 된다.

④ 상기한 방법으로 대립 가설을 검증하는 것을 양방 검정이라 한다.

(2) 상기한 예에서 A 교사가 사용한 교수법이 B 교사가 사용한 교수법보다 우수하다는 것을 증명하는 다른 방법은 'B 교수법이 A 교수법보다 우수하거나 비슷하다'로 영가설(H_o: $\mu_a \leq \mu_b$)을 설정하고, 실증적 자료로 영가설을 기각하여 최초의 연구 가설인 대립 가설(H_1: $\mu_a > \mu_b$)을 주장하는 것이다.

① 이와 같이 한 집단의 평균이 다른 집단보다 '높다' 또는 '작다'는 것을 검증하는 방법을 일방 검정이라 한다.

② 양방 검정과 일방 검정은 연구자가 미리 설정하는데, 방법에 따라 영가설을 기각하는 범위가 달라지므로 과거의 연구들에서 사용되는 방법을 참고하는 것이 바람직하다.

3. 영가설, 대립가설

(1) 가설이 연구를 유도하는 잠정적 진술이라 규명될 때, 진리라고 생각되는 어떠한 잠정적 진술이 가설이 된다.

(2) 그렇다면 각 연구에서 두 개의 진리인 사실을 가설이라 하며, 이 두 개의 진리인 사실을 영가설, 대립가설로 설정한다.

(3) 연구에 익숙한 대학원생일 경우 영가설은 부정하고자 하는 사실을, 그리고 대립가설은 연구에서 주장하고 있는 사실이라고 알고 있을 것이다.

(4) 그러나 이보다 개념적으로 더욱 중요한 것은 오판의 심각성에 따라 영가설과 대립가설이 설정된다는 것이다.

3-1. 영가설(null hypothesis = H_0 = 귀무가설)

(1) 연구에서 일어나는 심각한 판단의 착오를 범할 때 진리인 내용이 되며 연구에서 (이미, 전통적으로) 검정 받은 사실을 말한다.

(2) 즉, 연구자는 두 가지의 판단착오 중 심각한 판단의 오류를 극소화하여야 하므로 그 심각한 오판을 범할 때 검정을 받은 잠정적 진리를 영가설이라 한다.

(3) 영가설은 귀무가설이라고도 한다. 재판의 경우 살인을 하지 않았는데 유죄판결을 내리는 것이 심각한 오판이므로 이 심각한 오판의 진리인 '기소자는 살인하지 않았다.'가 영가설이된다. 즉, 결백하다는 사실이 영가설이 된다.

(4) 수질연구에서도 물이 오염되어 있어 식수가 불가능한데 식수가 가능하다고 내리는 판단이 심각한 오판이 되므로 수질연구를 위한 영가설은 '물이 오염되어 있다.'이다. 즉, '식수가 불가능하다.'가 된다.

(5) 교수법 연구에서는 '두 교수법의 차이가 없다.'가 영가설이 된다. 일반적으로 영가설은 H_0로 표기한다.

3-2. 대립가설(alternative hypothesis = H_A)

(1) 영가설이 부정되었을 때 진리로 남는 잠정적 진술을 말하며, 일반적으로 연구자가 연구에서 주장하고자 하는 내용이 담긴 가설이라 말할 수 있다.

(2) 연구자가 주장하고자 하는 가설을 대립가설로 설정하고 이를 연구가설이라 한다면, 연구자의 입장에 따라서 연구가설, 즉 대립가설이 다를 수 있다.

(3) 심각한 오판에서의 사실인 내용이 영가설로 설정되고 그와 반대되는, 즉 영가설이 부정되었을 때 진리로 남는 사실이 대립가설이 되므로 재판, 수질연구, 체육 교수법의 연구에서 영가설과 대립가설은 다음과 같다.

	재판	수질검사	체육 교수법 연구
예시	살인을 하지 않았다.	물이 오염되었다.	두 교수법의 차이가 없다.
영가설(H_0)	살인을 하지 않았다.	물이 오염되었다	두 교수법에 차이가 없다.
대립가설(H_A)	살인을 하였다.	물이 오염되지 않았다.	두 교수법에 차이가 있다.

4. 연구가설, 통계적 가설

4-1. 연구가설

(1) 연구가설은 연구문제에 대하여 기대되어지는 해답이다. 그리고 연구가설은 변수들 간의 관계로 진술되어야 한다.

예 일반 대학생과 비교할 때 체육과 학생들의 일주일간 운동수행시간이 일반 대학생들보다 많을 것이다.

4-2. 통계가설 검증/검정

(1) 통계분석을 위하여 통계적 가설검증이 반드시 필요한 것은 아니다.

① 기술통계: 데이터의 요약이나 정리의 목적으로 실시하며 통계적 가설검증의 절차가 필요 없다.

② 추리(론)통계: 통계적 가설검증을 필요로 하는 통계분석이다.

(2) 추리통계의 기본기법은 표본의 통계치를 토대로 하여 전집의 모수치를 추리하는 방법이다.

① 통계적 가설검증을 위하여 사용되는 가설이다. 통계에서 모집단의 현상을 표본을 통하여 조사한 뒤 작성된 두 가설 중에서 하나를 선택하게 되는 것이다. 그러므로 통계방법에 따라 수 많은 가설이 존재한다.

② 여기에는 영가설(귀무가설)과 대립가설이 있다.

(3) 통계가설 검증이란 과거의 연구결과나 어떤 이론적 근거에 의하여 전집의 모수치가 어떤 값을 가졌다고 가정하였을 때 이렇게 가정된 전집에서 얻은 표본 집단의 통계치를 얻을 가능성이 얼마나 있는지, 그리고 가정된 전집치와 표집치 간의 차이가 단순히 표집오차에 기인한 우연적인 결과라고 볼 수 있는지 없는지를 따지는 과정을 의미하는데 이러한 과정을 통계적 검정 또는 유의도 검정이라고 한다.

(4) 통계적 가설검정의 원리는 영가설이 사실이라고 전제를 한 뒤, 모집단으로부터 뽑아진 표본 집단의 데이터를 분석한 결과가 영가설이 사실이라는 증거를 확보하지 못하면 영가설을 버린다. 즉, 대립가설을 받아들이게 된다. 두 집단의 평균에 차이가 있는가를 알아보는 t-검정도 통계적 가설검정의 원리를 따른다.

5. 서술적 가설, 통계적 가설

(1) 다른 분류기준에 의하면 가설을 서술적 가설과 통계적 가설로 분류한다.

(2) 서술적 가설은 연구자가 검정하고자 하는 영가설이나 대립가설 모두를 언어에 의하여 표현한 것을 말한다. 통계적 가설(statistical hypothesis)은 서술적 가설을 어떤 기호나 수에 의하여 표현한 가설을 말한다.

5-1. 등가설 = 양방적 검정(two-tailed test)

(1) 예를 들면, 교수법 효과 연구에서 영가설과 대립가설의 통계적 가설은 다음과 같다.

H_0: $\mu_{전} = \mu_{새}$

H_A: $\mu_{전} \neq \mu_{새}$

(2) 통계적 가설의 형태로 영가설과 대립가설을 표기할 때 이는 모집단의 분포나 모수치에 대한 잠정적 진술이므로 모수치에 대하여 표기하여야 한다. 가설검정은 모집단의 속성을 추리하는 것이다.

(3) 등가설은 부등호(〉, 〈)가 없는 가설이다. 한 교수법이 다른 교수법보다 효과가 높은지 낮은지 여부를 판명하지 않고, 서로 다른지 여부를 검증하므로 등가설에 의하여 가설이 검정되는데, 이와 같은 검정절차를 양방적 검정(two-tailed test)이라 한다.

5-2. 부등가설(≥, 〈) = 일방적 검정(one-tailed test)

(1) 만약 연구자가 새로운 교수법이 전통적인 교수법보다 학습효과가 있음을 주장하고자 연구를 한다면 영가설과 대립가설의 통계적 가설은 다음과 같다.

H_0: $\mu_{전} \geq \mu_{새}$

H_A: $\mu_{전} < \mu_{새}$

(2) 이 가설에서는 영가설과 대립가설에 부등호가 있음을 볼 수 있으며, 새로운 교수법은 전통적 교수법보다 학습효과가 같거나 낮음을 말해 주는 영가설과 새로운 교수법은 전통적 교수법보다 학습효과가 높음을 가정하는 대립가설로 되어 있다. 이러한 가설을 부등가설이라 한다.

(3) 주의할 점은 부등가설에 의하여 영가설과 대립가설을 설정할 때 등호(=: ≤≥)는 영가설에 항상 포함됨을 명심하여야 한다.

(4) 이론적 배경이 강할 때 일방적 검정을 실시하게 되고 일방적 검정이 보다 강력한(powerful) 연구가 된다고 할 수 있다.

6. 제1종 오류, 제2종 오류, 검정력

연구자가 범할 수 있는 판단의 착오, 즉 오판은 두 가지 종류가 있는데 심각성은 각기 다르다.

6-1. 제1종 오류(type Ⅰ error = α = 유의수준)

(1) 제1종 오류의 수준을 유의수준(significant level)이라 하고, α로 표기한다.

(2) 연구자가 취할 태도는 제1종 오류의 수준을 결정하는 판단을 내리는 것이다.

(3) 이는 심각한 오판을 허용하는 수준을 의미한다.

(4) 유의수준을 결정하는 것은 연구에서 오판의 심각성에 의하여 결정된다. 심각한 오판을 저지를 확률인 유의수준은 0에 가까워야 한다.

유의수준	적용
.01	판사의 판결에서의 오판의 심각성은 수질연구에서의 오판의 심각성보다 덜하므로 제1종 오류를 범할 수 있는 유의수준을 수질검사보다 다소 높게 설정할 수 있으나, 이 또한 다수의 생명 못지 않은 개인의 인권과 결부된 문제이므로 유의수준은 극히 낮아야 한다.
.05	체육 교수법 연구에서의 제1종 오류의 심각성은 앞의 두 연구보다는 오판의 심각성이 덜하므로 유의수준을 높게 설정할 수 있다.

(5) 일반적으로 경험사회과학에서 유의수준은 .05 혹은 .01로 설정하고 있다.

(6) 물론 연구자가 이론적 배경이 강하면 유의수준을 낮출 수 있다. 유의수준의 설정은 연구가 시작되기 전 연구자에 의하여 결정되어야 한다. 왜냐하면 의사결정의 기준이 되기 때문이다.

6-2. 유의확률

(1) 자료분석 결과에 따라 유의수준을 변경하거나 유의수준을 %로 나타내는 것은 잘못된 것이다.

(2) 특히 컴퓨터가 찍어낸 결과 유의확률(p)값을 그대로 유의수준으로 옮겨 적는 것 또한 유의수준을 이해하지 못한 것이다.

(3) 유의확률(p) 값이란 그와 같은 통계값이 나올 확률을 의미하는 것이지 어떤 판단의 실수를 허용하는 기준이 되지 않는다.

(4) 유의수준이란 영가설이 진일 때 진이 아니라고 오판하는 즉 실수할 확률을 말한다.

유의확률(p)	유의수준
통계값이 나올 확률	영가설이 진일 때 진이 아니라고 오판하는 확률, 즉 실수할 확률 어떤 판단의 실수를 허용하는 기준

6-3. 제2종 오류(type II error = β)

- 영가설이 거짓일 때, 즉 대립가설이 진일 때 영가설을 기각하지 않고 채택하는 오판을 말하며 이를 허용하는 확률을 β로 표기한다.

(1) 제1종 오류

① (진실)은 구속된 자가 살인을 하지 않고 결백한데 (의사결정)은 살인을 했다는 오판. 따라서 죄가 없는 결백한 사람은 살인자가 됨 → 죄 없는 사람이 무기징역 또는 사형이라는 생명을 잃을 수 있는 심각한 결과

② (진실)은 오염이 되어 식수가 불가능한데 (의사결정)은 마셔도 된다는 오판. 따라서 많은 사람들이 오염된 식수를 마시는 결과를 초래 → 많은 생명을 위협하는 심각한 결과

③ (진실)은 전통적 교수법과 새로운 교수법이 운동효과의 차이가 없는데 (의사결정)은 효과의 차이가 있다고 오판. 따라서 많은 사람들이 전통적 교수법을 버리고 새로운 교수법을 채택 → 효과가 없는 새로운 교수법을 배워야하기 때문에 자원과 시간 낭비

(2) 제2종 오류

① (진실)은 구속된 자가 살인을 하였는데 (의사결정)은 살인을 하지 않았다고 오판. 따라서 죄가 있는 사람을 죄가 있다고 결론내리지 않음

② (진실)은 식수로 가능하지만 (의사결정)은 마시지 말라는 판정을 내리는 오판 → 많은 사람들은 식수로 가능한 물을 마시지 않는다. → 생명의 위협은 없다.

③ (진실)은 전통적 교수법과 새로운 교수법이 운동효과의 차이가 있는데 (의사결정)은 효과의 차이가 없다고 오판. 따라서 전통적 교수법을 유지하기에 자원과 시간낭비는 없다.

- (1)은 (2)보다 심각한 오판이다. 따라서 제1종 오류 또는 제1종 착오라고 하며 유의수준이 된다.

6-4. 검정력

(1) 영가설이 진이 아닐 때 영가설을 기각하는 확률을 말하며 $1-\beta$ 로 표기한다. 즉, 대립가설이 진일 때 대립가설을 채택하는 확률이다.

(2) 제1종 오류와 제2종 오류, 그리고 검정력을 설명하면 다음과 같다.

- 제1종 오류, 제2종 오류, 그리고 검정력을 볼 때 연구자가 취해야 할 기본적 자세는 오류를 줄이고 검정력은 높이는 것이다.
- 두 가지의 오류 중 특히 제1종 오류를 극소화하는 연구가 바람직한 연구라고 볼 수 있다.

		진리	
		영가설(H_0)	대립가설(H_A)
의사결정	영가설(H_0)	$1-\alpha$ ↑	제2종 오류(β) ↓
	대립가설(H_A)	제1종 오류(α) ↓ =유의수준	검정력($1-\beta$) ↑

6-5. Z검정의 유의수준과 가설검정

(1) 유의수준과 가설 설정의 논리를 이해하기 위해서 예를 들어 보겠다.

① 어떤 학급의 팔굽혀펴기 점수가 정규 분포하고, 평균이 25개, 표준편차가 5라고 했을 때, 36개의 팔굽혀펴기를 기록한 학생은 이 학급의 학생이라 할 수 있을까? 이 질문에 대한 답은 [부록 그림 1-1]을 보면 쉽게 이해할 수 있을 것이다.

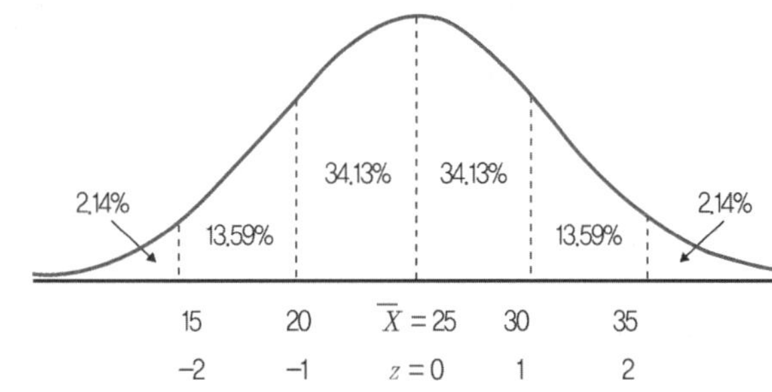

[부록 그림 1-1] 팔굽혀펴기 점수의 분포(평균 25, 표준편차 5)

② [부록 그림 1-1]에 의하면, 평균보다 2s(표준편차의 두 배) 이상의 점수를 기록한 사례 수는 그 집단의 2.14%보다 작을 것이다. 따라서, 36개를 기록한 학생은 이 학급의 학생일 가능성이 2.14%보다 작을 것이다.

③ 따라서, 36개를 기록한 학생은 이 학급의 학생이 아니라고 주장한다면, 2.14% 정도의 오차는 감수해야 한다. 이와 같이 오차의 정도를 사전에 결정해서 이 값에 따라 영가설을 기각하게 되는데, 이러한 오차의 정도를 유의수준이라 한다.

④ 만약, 연구자가 사전에 유의수준을 0.05로 설정했다면, 5%의 오차를 감수하고 영가설을 기각하겠다는 의도이다.

⑤ 양방 검증을 한다면 상위 2.5%와 하위 2.5%에 속하는 z값을 나타내는 경우에는 영가설을 기각하게 되며, 정규 분포 곡선에서 상위 2.5%에 해당하는 z값은 −1.96과 1.96이다. 즉, 상기한 예에서 36의 Z점수는 2보다 크기 때문에 이 집단의 점수 분포에 포함될 확률이 2.5%보다 작고 이 학생이 이 학급의 학생이라는 영가설을 기각하여 이 학생이 이 학급에 속하지 않는다고 주장할 수 있는 것이다.

⑥ 만약, 일방 검증을 하게 된다면, 상위 5%에 속하는 z값을 나타내는 경우에만 영가설을 기각하게 되며, 정규 분포에서 상위 5%에 해당하는 Z점수는 1.64이다. 따라서 어떤 학생의 팔굽혀펴기 Z점수가 1.64보다 크면 유의수준 0.05에서 이 학급의 학생이 아니라고 주장할 수 있게 된다.

(2) 상기한 예와 유사한 방법으로 두 집단의 평균이 통계적으로 유의한 차이가 있는가를 검정할 수 있다. 두 집단의 평균 차이에 관한 가설 검정은 체육 분야에서 자주 사용되는 통계 방법으로, 두 모집단의 분산을 알고 사례 수가 충분히 많으면(약 100명 이상) z분포를 이용한 z검정을 이용하면 된다.

(3) 그러나, 실제로 두 모집단의 분산을 알기 어렵고, 사례수가 30명 이하일 경우에는 평균 차이의 표본 분포가 z분포보다는 t분포를 따르기 때문에, t분포를 이용한 t검정을 이용해야 한다.

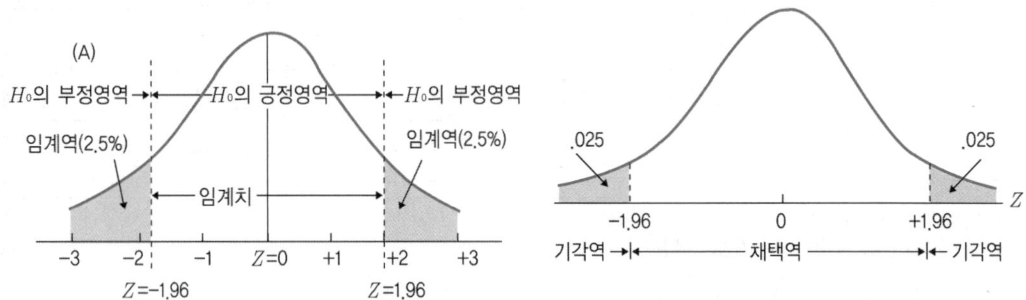

[부록 그림 1-2] Z분포에 의한 기각역과 채택역, Z통계값의 위치

유의수준(α)과 Z검정에서 양방적 검정/일방적 검정에 의한 기각값(임계치)

α / 검정방법	.10(10%)	.05(5%)	.01(1%)
양방저 검정	±1.645	±1.96	±2.576
일방적 검정	+1.28 혹은 -1.28	+1.645 혹은 -1.645	+2.33 혹은 -2.33

6-6. Z검정의 유의수준과 유의확률

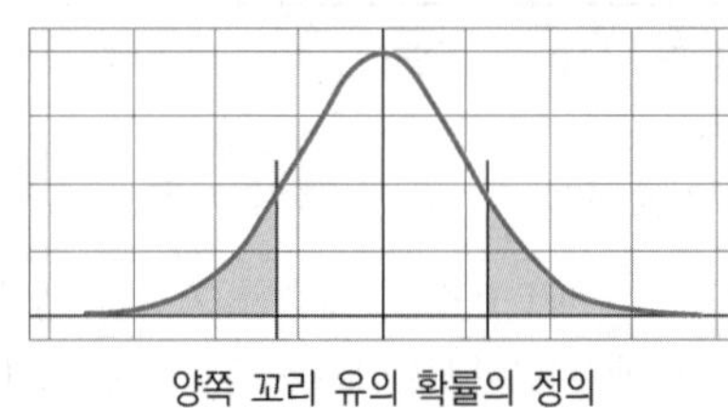

양쪽 꼬리 유의 확률의 정의

오른쪽 꼬리 유의 확률의 정의

(1) 가설 검증에서의 오류

① 제1종 오류(α): 영가설(유의한 차이가 없다)이 참인데도 이를 거짓으로 기각하여 생기는 오류이다.

② 제2종 오류(β): 영가설이 기각되었는데도 이를 수용하여 생기는 오류이다.

(2) 유의수준(α): 오차의 정도를 의미한다.

① 유의수준이 0.05(5%)일 경우

㉠ Z점수가 상위 2.5%와 하위 2.5% 밖에 있을 때($p < 0.05$): 영가설 기각한다.

㉡ Z점수가 상위 2.5%와 하위 2.5% 안에 있을 때($p > 0.05$): 영가설 수용한다.

② 유의수준이 0.01(1%)일 경우

㉠ Z점수가 상위 0.5%와 하위 0.5% 밖에 있을 때($p < 0.01$): 영가설 기각한다.

㉡ Z점수가 상위 0.5%와 하위 0.5% 안에 있을 때($p > 0.01$): 영가설 수용한다.

3 모수적 검정과 비모수적 검정

	추리통계 방법
비모수 검정	교차분석(χ^2, 카이자승법)
모수 검정	t 검증, 일원변량분석(ANOVA), 이원변량분석(ANOVA)

1. 모수적 검증(정) 11 기출

(1) Z분포나 t분포 F분포에서는 전집이 어떤 이론적인 확률분포를 이룬다는 가정하에서 매우 역량있는 검정법으로 사용되어 왔으나 우리가 얻을 수 있는 실제의 자료에서는 이러한 전제를 충족시키기 어려운 것들이 많이 있기 때문에 이러한 경우에 사용될 수 있는 또 다른 통계적 기법이 필요하다.

(2) Z검정법 t검정법, 변량분석, 공변량분석등 일련의 가설검정법을 모수적 검정법이라 부르는데 이들은 어떤 일정한 이론적 분포를 가정하고 자료로부터 수집된 내용을 이 분포에 비추어 결론을 내리는 통계법이기 때문에 분포 가정의 통계법이라고 한다.

2. 비모수적 검증(정)

(1) 표본의 사례수가 너무 적거나 또는 집단들의 사례수가 많이 다를 때는 t분포나 F분포에서 전제되고 있는 동변량성을 충족시키기가 어려울 뿐만 아니라 변인이 명명척도나 서열척도인 자료에서는 이론적 분포를 가정하는 모수적 검정은 적절하지 못하다.

(2) 이러한 경우에 편리하게 사용할 수 있는 통계법이 바로 비모수적 검정법인데 이는 분포와 무관하기 때문에 비분포가정의 통계법이라고도 하며 교차분석(χ^2, 카이자승법)이 대표적이다.

(3) 다시 말해서 비모수적 검정법은 전집의 이론적 분포에 대한 전제가 불필요하며 표본의 자료를 가지고 모수치를 추정하지 않은 검정법으로서 모수적 검정법이 요구하는 모든 가정을 비모수적 기법은 요구하지 않는다.

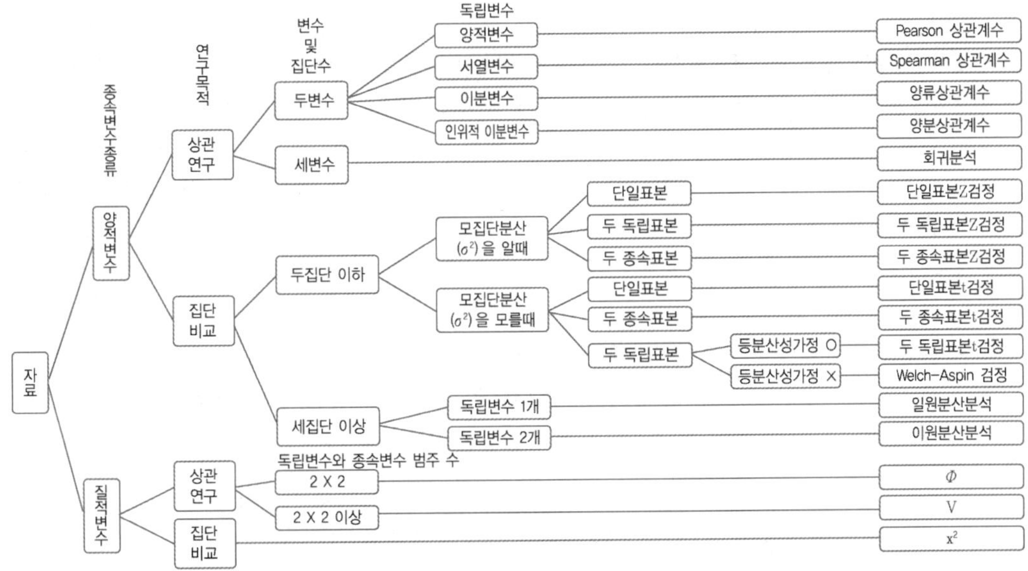

제 2 장 추리통계

1 t검정

(1) 앞에서 설명한 것처럼 t검정은 두 집단의 평균 차이를 검증하는 방법으로 두 모집단의 분산을 모르거나 사례수가 30명 이하일 경우에 사용하는 통계 기법이다.

① 정확하게 말하면, 두 집단이 독립이라고 가정되기 때문에 독립 t검정이라고 한다. 독립 t검정의 절차는

첫째, 영가설과 대립가설을 세우고,

둘째, 유의수준을 설정하며,

셋째, 검정통계치인 t값을 계산한 후에,

넷째, t 통계표에서 기각치를 찾아 계산된 t값과 기각치를 비교하여,

다섯째, 결론을 내리면 된다.

② 앞의 예와 같이 z검정을 할 경우 계산된 z값을 절대값이 기각치보다 더 커야 두 집단의 평균 차이가 유의한 것으로 결론 내릴 수 있는데, 이 때 사용되는 기준치로 유의수준 0.05에서 기각치는 1.96과 -1.96이 된다.

③ 이러한 기각치는 기초통계 책의 부록에 나와 있어 쉽게 참고할 수 있고, 분포의 종류 즉, z분포, t분포, F분포 등에 따라 기각치는 달라진다.

(2) t-검정에는 독립 t-검정과 종속(또는 대응표본) t-검정의 두 가지 경우가 있다. 평균차이라 하면 최소 2개 이상 평균들이 나타내는 차이를 말한다.

예 남자턱걸이 점수 평균 - 여자턱걸이 점수 평균

✔ 독립 t-검정	✔ 두 개의 다른 집단 간의 평균차이를 검정하는 것
종속(또는 대응표본) t-검정	같은 집단의 데이터를 두 번 수집하여 평균차이를 검정하는 방법이다.

(3) 표집분포

① 어떤 전집에서 n사례의 표본을 무선적으로 뽑아 $\overline{X}$를 계산하고, 또 n사례를 뽑아 $\overline{X}$를 계산하는 과정을 반복적으로 100회 한다면 우리는 같은 전집에서 100개의 평균치를 얻을 수 있다. 이렇게 하여 얻은 100개의 평균치들은 분포로 나타낼 수 있는데, 이 분포를 표집분포라고 한다. 평균치들의 분포, 즉 표집분포에서도 우리는 평균치나 표준편차를 구할 수 있다. 또한 평균치들의 표집분포뿐만 아니라, 표준편차, 상관계수 등의 표집분포도 작성할 수 있다.

② 그리고 전집의 분포가 정상적인 분포에서 n사례를 무선적으로 계속 표집하였을 때, 평균치들의 표집분포 평균치($\overline{X_{\overline{X}}}$)는 전집의 평균치($\mu$)와 같고 그 표준편차($\sigma_{\overline{X}}$)는 전집의 표준편차(σ)를 $\sqrt{n}$으로 나눈 것과 같다. 표집분포의 표준편차를 우리는 표준오차라고 부른다. 그리고 이 표집분포는 정상분포가 된다.

$$\overline{X_{\overline{X}}}=\mu \ , \ \sigma_{\overline{X}} = \frac{\sigma}{\sqrt{n}}$$

③ Z분포의 $Z=\frac{\overline{X}-\mu}{\sigma_{\overline{X}}}$에서 표준오차($\sigma_{\overline{X}}$)는 전집의 σ 를 알고 있으면 사례 수와는 관계없이 $\frac{\sigma}{\sqrt{n}}$에서 정확히 계산할 수 있으나 비록 대표본이라 하더라도 전집의 σ 를 모를 경우에는 평균치의 표준오차가 정확하게 $\sigma_{\overline{X}}$되기는 어렵다. 그러므로 소표본에서는 별도의 표준오차를 추정한 다음에 이것을 이용하여 가설검정을 하는 방법을 모색해야 한다.

④ 따라서 평균치의 표준오차는 표집분포에서 계산해 내지 않고 $\frac{\hat{\sigma}}{\sqrt{n}}$으로 계산한다. $\hat{\sigma}$(시그마 햇 이라고 읽는다)는 전집 표준편차의 추정치를 의미하는데, 이 또한 실제로는 알 수 없기 때문에 표본에서 얻은 표준편차(s)를 σ추정치로 사용하게 된다.

⑤ 전집 표준편차의 추정치($\hat{\sigma}$)대신 표본에서 얻은 표준편차(s)를 사용할 때 우리는 다음과 같은 두 가지 사실에 주목할 필요가 있다.

㉠ 첫째, $\hat{\sigma}$은 일종의 가상적인 불변치로 볼 수 있으나 s는 표집에 따라 변동하기 때문에 표집 사례수가 적을수록 변동의 폭은 크다는 점이다.

㉡ 둘째는 표집 사례수가 적을수록 s는 $\hat{\sigma}$보다 적을 가능성이 크기 때문에 표집 사례수가 적을 때에는 $\hat{\sigma}$대신 s를 그대로 사용하는 것은 위험하다는 점이다.

㉢ 이러한 문제를 해결하기 위해 표본수가 30명보다 적을 때는 자유도를 고려한 s/ $\sqrt{n-1}$을 평균치의 표준오차로 사용한다.

⑥ 사실 대표본과 소표본의 한계가 절대적인 것은 아니다. 소표본의 한계는 사람에 따라 다르게 잡는 경우도 있으나 보통 다음에 다루게 될 자유도, 즉 df=n-1=30을 기준으로 하여 그 이하를 소표본으로 잡는다. t분포의 모양은 정상분포곡선과 흡사하지만 같지는 않다. Z분포의 단위정상분포곡선을 평균이 "0", 표준편차가 "1"인데 비하여 t분포곡선은 평균이 "0"이지만 표준편차는 "1"보다 커서 분포의 양 끝이 위로 뜨게 된다. 이러한 경향은 사례 수가 작으면 작을수록 더욱 뚜렷해진다.

⑦ 이러한 경향이 바로 사례 수가 적을 때 Z비 대신에 t비를 쓰는 이유가 된다.

1. 독립 t검정

(1) Z검정은 표본의 사례수(n)가 비교적 커서 정상분포를 가정할 수 있는 자료에 적용되지만 표본의 사례 수가 적으면 정상분포로 가정할 수 없기 때문에 정상분포곡선의 원리를 이용하여 가설검정을 할 수가 없게 된다.

(2) 즉 William S. Gosset(1876-1936)는 정상분포를 표집분포로 사용한 전통적인 통계절차를 소표본에서는 적합지 않으나 사례 수가 증가함에 따라 점차 정상분포에 가까워진다는 사실을 밝혀 내었다.

(3) 따라서 t검증은 t분포에 바탕을 둔 검정법으로서 전집의 σ 를 모르는 소표본에서 적용되나 사례 수가 증가하여 df=120이 되면 거의 정상분포와 일치하며 df=30만 되어도 중앙집중한계정리에 의하여 정상분포를 이용할 수 있기 때문에 최근에는 특수한 경우를 제외하고는 Z검정을 거의 사용하지 않고 주로 t검정법을 많이 사용한다.

중앙집중한계정리는 전집으로부터 무선적으로 표집하여 얻은 평균치들의 표집분포로서 정상분포곡선의 수표를 이용할 수 있는 수학적 기초를 제공하고 있다. 이정리는 다음과 같은 성질을 가지고 있다.
- 평균치의 표집분포는 정상적으로 분포되어야 한다.
- 표집분포의 평균치는 전집의 평균치와 같다.
- 표집분포의 표준편차(표준오차)는 $\sigma/\sqrt{n}$과 같다.
- 표집분포의 변령은 σ^2/n과 동일하다.

1-1. t검정을 위한 가정

(1) t검정을 위한 기본 가정은 Z검정과 같다. 다만, t검정은 모집단의 표준편차 혹은 분산을 알지 못할 때 사용된다. 기본 가정을 설명하면,

① 종속변수가 양적변수이어야 한다.

② 모집단의 분산, 표준편차를 알지 못할 때 사용한다.

③ 모집단 분포가 정규분포이어야 한다.

④ 등분산 가정이 충족되어야 한다.

• 표본을 표집한 모집단은 정상분포를 이루어야 한다. • 전집으로부터의 표집은 무선표집이 되어야 한다. • 두 표본의 분산은 동일하여야 한다. • 자료는 등간척도 혹은 비율척도로서 연속자료로 간주할 수 있어야 한다.

1-2. 독립 t-검정 대상(범주형 변수, 연속형 변수)

▪ 시나리오
50명의 고등학생을 두 집단으로 나누고 집단마다 서로 다른 공던지기 훈련방법을 적용하였다. 어떤 훈련방법에 의한 결과가 더 뛰어났는지를 알아보기 위하여 두 집단의 평균차이에 대하여 t-검정을 실시하시오.

(1) 독립 t-검정을 실시하기 위해서 SPSS(데이터 편집기)에 2개의 변수가 입력되어야 한다. 그 중 한 변수는 범주형 변수(여기에서는 '집단')이어야 하고 다른 한 변수는 연속형 변수(여기에서는 '공던지기 검정')이어야 한다.

① 범주형 변수(명명척도변수, 서열척도변수): 독립변수(집단)

② 연속형 변수(동간척도변수, 비율척도변수): 종속변수(공던지기 기록)

(2) 독립 t-검정을 실시하는 목적은 독립변수가 종속변수에 영향을 미치는가를 분석하기 위함이다.

① 즉, 두 가지의 다른 훈련방법이 공던지기 기록에 영향을 미치는가를 분석하는 것이다.

② 연구자는 훈련방법에 따라 공던지기 기록이 다르게 나타나기를 기대할 것이다.(대립가설)

1-3. t검정의 실재

구체적인 절차에 대해 살펴보기로 하자.

(1) 첫 번째 단계인 영가설과 대립가설을 세우는 것은 이미 앞에서 설명하였다.

① 두 집단의 평균 차이를 검정하기 위한 영가설은 '두 집단의 평균은 차이가 없다'로 설정하면 될 것이다. 유의수준은 연구자가 판단하여 설정하는데, 보통 0.05나 0.01을 사용한다. 검정통계치를 계산하는 단계에서 t통계치는 Z점수를 계산하는 공식과 매우 유사하며, 다음과 같이 계산된다.

$$t = \frac{\overline{X_1} - \overline{X_2}}{\sigma_{\overline{X_1} - \overline{X_2}}} \quad \cdots\cdots\cdots\cdots\cdots\cdots (1.15)$$

② 공식 (1.15)에서 $\sigma_{\overline{X_1} - \overline{X_2}}$는 두 모집단의 평균 차이에 대한 표준오차(standard error)이다. 표준오차는 Z점수를 계산할 때 분모에 들어가는 표준편차와 유사한 것으로, 다음과 같이 계산된다.

$$\sigma_{\overline{X_1} - \overline{X_2}} = \sqrt{S_p^2\left(\frac{1}{n_1} + \frac{1}{n_2}\right)} \quad \cdots\cdots\cdots\cdots\cdots\cdots (1.16)$$

③ 공식 (1.16)에서 $s_p{}^2$은 두 집단의 분산을 통합하여 계산한 분산으로 다음과 같이 계산된다.

$$s_{p^2} = \frac{(n_1-1)s_{1^2}+(n_2-1)s_{2^2}}{(n_1-1)+(n_2-1)} \quad \cdots\cdots\cdots\cdots\cdots\cdots\cdots\cdots \text{(1.17)}$$

$$\therefore\ t = \frac{\overline{X_1}-\overline{X_2}}{\sqrt{(\frac{(n_1-1)s_1^2+(n_2-1)s_2^2}{n_1+n_2-2})(\frac{1}{n_1}+\frac{1}{n_2})}} \quad \cdots\cdots\cdots\cdots\cdots\cdots\cdots\cdots \text{(1.18)}$$

④ 상기한 공식에서 통합 분산을 사용하는 이유는 표준오차를 계산하기 위하여 두 표본 집단의 분산을 이용해야 하는데, 두 표본 집단의 분산을 대표하는 통합 분산을 사용하는 것이다.

⑤ 실제로 t값은 통계프로그램을 이용하여 쉽게 산출되므로, 상기한 계산식을 반드시 암기할 필요는 없지만, t통계치가 두 표본 집단의 평균 차이를 표준오차로 나누어 준 값이라는 것을 이해하는 것이 필요하다.

(2) <u>다음 단계</u>로 t통계표에서 기각치를 찾아야 하는데, 이를 위해서는 유의수준과 자유도를 알아야 한다. 유의수준은 이미 연구자가 설정했으므로 알고 있는 것인데, 자유도는 어떻게 산출될까?

① 자유도는 보통 사례 수에서 1을 뺀 숫자로, 두 표본 집단의 자유도는 공식 (1.17)에서 통합 분산을 계산할 때 분모에 들어가는 수이다.

② 즉, 각 집단의 사례 수에서 1을 뺀 후 더한 값이 된다. 자유도에 대한 더욱 자세한 설명은 기초통계 책을 참고하기 바란다.

(3) <u>마지막 단계</u>로 계산된 t값과 t 통계표에서 찾은 기각치를 비교하여 결론을 내리면 된다. 만약, 계산된 t값의 절대값이 기각치보다 크다면 두 집단의 평균 차이는 통계적으로 유의하게 큰 차이라고 주장할 수 있다.

(4) 그렇다면, 이렇게 복잡한 절차를 거쳐 결론을 내려야 하는 이유는 무엇일까? 단순하게 두 집단의 평균이 5점 차이가 나는데, 이러한 차이는 전공의 입장에서 볼 때 매우 큰 차이이므로 두 집단의 평균은 의미 있게 큰 차이를 나타낸다고 주장하면 안 되는 것인가? 물론, 전문가의 입장에서 주관적으로 판단하는 것도 인정될 수 있겠지만, 통계 방법을 통해서 의미 있는 평균 차이를 찾아내는 것이 더욱 과학적이기 때문에 복잡한 절차를 이해하고 사용하는 것이다.

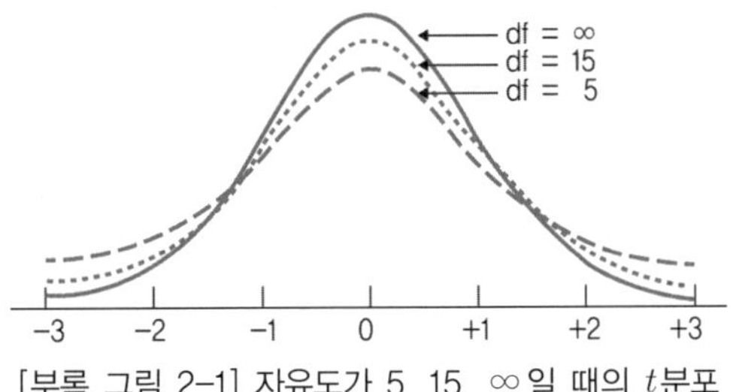

[부록 그림 2-1] 자유도가 5, 15, ∞일 때의 t분포

(5) 만약, 어떤 체육 교사가 학기 초에 학생들의 체력을 측정하고, 일정 기간 체력 운동 수업을 진행한 다음 동일한 검사를 이용하여 체력을 측정하여, 두 측정치 간 차이가 있는가를 알아보기 위해서는 어떤 방법을 사용할 수 있을까? 이러한 경우에는 종속 t검정을 사용할 수 있다. 종속 t검정은 독립 t검정과 자유도와 표준오차를 계산하는 방법이 다를 뿐 가설 검정 절차는 동일하다.

수표 t분포

df	일반검증인 경우의 유의도 수준					
	.10	.05	.025	.01	.005	.0005
	쌍방검증인 경우의 유의도 수준					
	.02	.01	.05	.02	.01	.001
1	3.078	6.314	12.706	31.821	63.657	636.619
2	1.886	2.920	4.303	6.965	9.925	31.598
3	1.638	2.353	3.182	4.541	5.841	12.941
4	1.533	2.132	2.776	3.747	4.604	8.610
5	1.476	2.015	2.571	3.365	4.032	6.859
6	1.440	1.943	2.447	3.143	3.707	5.959
7	1.415	1.895	2.365	2.998	3.499	5.405
8	1.397	1.860	2.306	2.896	3.355	5.041
9	1.383	1.833	2.262	2.821	3.250	4.781
10	1.372	1.812	2.228	2.764	3.169	4.587
11	1.363	1.796	2.201	2.718	3.106	4.437
12	1.356	1.782	2.179	2.681	3.055	4.318
13	1.350	1.771	2.160	2.650	3.012	4.221
14	1.345	1.761	2.145	2.624	2.977	4.140
15	1.341	1.753	2.131	2.602	2.947	4.073
16	1.337	1.746	2.120	2.583	2.921	4.015
17	1.333	1.740	2.110	2.567	2.898	3.965
18	1.330	1.734	2.101	2.552	2.878	3.922
19	1.328	1.729	2.093	2.539	2.861	3.883
20	1.325	1.725	2.086	2.528	2.845	3.850
60	1.296	1.671	2.000	2.390	2.660	3.460
∞	1.282	1.645	1.960	2.326	2.576	3.291

1-3-1. 자유도(degree of freedom: df)

(1) 먼저 자유도란 어떤 통계치의 계산에 있어서 자유롭게 변할 수 있는 성분의 수를 말한다. 즉 표본조사에서 표집(sampling)시에는 첫 번째 표집이 다음번의 표집에 어떠한 영향도 미쳐서는 안된다. 따라서 매 표집은 전혀 상호 독립적이어야 하는데 사례수가 n일 경우 독립적일 수 있는 사례수는 n-1(자유도)과 같다.

(2) 예를 들어 3개의 점수 5, 7, 9로 구성된 표본을 생각해보자.

① 이들의 평균은 $\overline{X}$=7이고 평균을 중심으로 한 각 편차의 합은 언제나 0이 되어야 한다.

② 이러한 조건을 충족시키면서 3개의 점수 중에서 동시에 변할 수 있는 것은 2개만이 가능하다.

③ 즉 21cm길이의 끈이 있을 때 먼저 5cm의 길이와 7cm의 길이로 잘라냈다면 나머지 토막은 자동적으로 9cm가 될 수밖에 없다. 이 경우에 먼저 두 번은 임의로 길이를 선택하여 자를 수 있지만 남은 9cm는 임의로 선택되는 것이 아니다.

(3) 이 경우에 임의로 자를 수 있는 두 번의 경우를 자유도라 하고 일반적으로 n-1로 표시하지만 반드시 그런 것은 아니다. 자유도는 통계치 하나를 계산할 때마다 표본은 자유도를 하나씩 상실하게 된다. 즉 사례수 n의 표본에서 평균치만을 계산한다면 df=n-1이다.

1-4. SPSS 분석결과

■ 시나리오
50명의 고등학생을 두 집단으로 나누고 집단마다 서로 다른 공던지기 훈련방법을 적용하였다. 어떤 훈련방법에 의한 결과가 더 뛰어 났는지를 알아보기 위하여 두 집단의 평균차이에 대하여 t-검정을 실시하시오.

(1) SPSS 분석결과 독립변수의 값에 따른 평균과 표준오차의 기술통계값이 제시되어 있다.

① '훈련방법 A'의 평균은 27.36m로 나타났고 '훈련방법 B'의 평균은 31.8m인 것으로 나타나, '훈련방법 B '의 평균이 높은 것으로 조사되었다.

② 그러나 기술통계값은 표본집단에 대한 것이므로 이러한 결과가 모집단에서도 일어나는지 여부를 검정해 실시해 보아야 한다. 즉, t-검정을 실시해 보아야 한다.

집단		N	평균	표준편차	평균의 표준오차
공던지기	훈련방법 A	25	27.36	10.2911	2.0582
	훈련방법 B	25	31.80	10.3158	2.0632

(2) t검정 결과표에서 처음 두 칸에 제시된 내용은 ✔'르빈의 등분산' 검정 결과인데 이것은 두 표본 집단의 분산이 같은지 또는 다른지를 알려준다. 이 결과에 따라 t-검정에서 사용되는 공식이 달라지므로 여기에서의 영가설은 "분산이 동일하다"이다.

① 유의수준 .05를 하였을 때 유의확률 .811이 유의수준보다 크므로 영가설을 채택한다.

② 통계적으로 결론내리면 "두 집단의 분산은 동일하다."라고 할 수 있다. 즉, "등분산이 가정된다."라는 의미이다.

	르빈의 등분산 검정	
	F	유의확률
공던지기 등분산이 가정됨. 등분산이 가정되지 않음	.058	.811

(3) 등분산이 가정되었으므로 t-검정 결과표에서 하단에 제시된 값들은 무시하여야 한다. 즉, '등분산이 가정되지 않음' 칸에 해당하는 통계분석 결과들은 해석해서는 안 된다는 것이다.

	르빈의 등분산 검정		평균의 동일성에 대한 t-검정					
	F	유의 확률	t	자유도	유의확률 (양쪽)	평균차	표준 오차	95% 신뢰구간
등분산가정 o 등분산가정 x	.058	.811	-1.54 -1.54	48 48	.134 .134	-4.44 -4.44	2.9 2.9	

1-5. 독립 t-검정 5단계과정

(1) 영가설 "두 집단 평균이 같다"이다.

(2) 유의수준 .05로 설정한다.

(3) SPSS로 계산된 통계값 t=1.54(음수양수는 두 평균을 뺄대 순서에 따라 달라지므로 고려하지 않아도 됨)을 산출한다.

(4) 유의수준 .05 〈 유의확률 .134 따라서 유의확률이 크므로 영가설 채택한다.

(5) 따라서 "공던지기에 대한 두 훈련방법에 의한 평균값은 통계적으로 유의한 차이가 없었다"고 진술한다.

82 | 2010학년도

다음은 중학교 남자 선수와 일반 학생을 무선 표집하여 높이뛰기 도약 시 신체 중심의 가속도를 비교한 자료이다. (가)는 두 집단의 차이를 알아보기 위해 유의수준 5%에서 t-검정을 한 결과이며, (나)는 가속도와 시간의 관계를 나타낸 것이다. 이에 대한 설명으로 옳지 않은 것은? (단, 두 집단의 신장과 몸의 질량은 동일하다고 가정함)

(가)

집단	평균	표준편차	t값	p
선수(n=10)	48.0	2.49	7.963	0.001
일반 학생(n=10)	29.2	10.92		

(나)

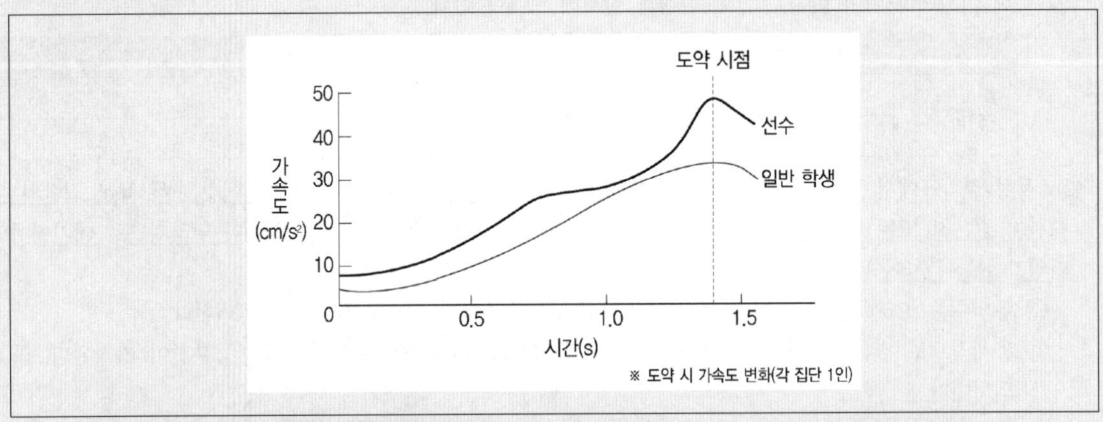

※ 도약 시 가속도 변화(각 집단 1인)

① 두 집단의 가속도는 통계적으로 유의한 차이가 있다.

② 가속도가 증가하면 파워도 증가한다.

③ 두 집단 간 t-검정은 동분산 가정의 성립 여부에 따라 t값이 달라질 수 있다.

④ 가속도에 대한 양측검정의 대립가설은 "두 집단의 가속도는 차이가 있다"이다.

⑤ (가)의 결과를 얻기 위한 올바른 통계 기법은 대응표본 t-검정(paired t-test)이다.

[정답] ⑤

[해설] (가)의 두 집단의 비교는 독립 t검증이다. 대응표본 t-검증은 동일 표본에서 측정된 두 변수 간의 평균 차이를 검증하기 위하여 사용되는 방법으로, 실험집단의 사전사후 검사의 차이를 분석할 때 사용된다.

83 | 2021학년도

다음의 (가)는 체육 수업 모형의 효과성에 대한 메츨러(M. Metzler)의 주장이고, (나)는 차 교사의 연구 결과이며, (다)는 교사들이 나눈 대화 내용이다. 〈작성 방법〉에 따라 순서대로 서술하시오. [4점]

(가) 라이크먼과 그레이샤(S. Reichmann & A. Grasha) 연구에 근거한 메츨러의 주장

> "참여적 학생에게는 (㉠) 모형, 동료 교수 모형, 탐구 수업 모형이 효과적이고, 회피적 학생에게는 (㉡) 모형, 직접교수 모형, 전술 게임 모형이 효과적이다."

(나) 차 교사의 실험 연구 결과

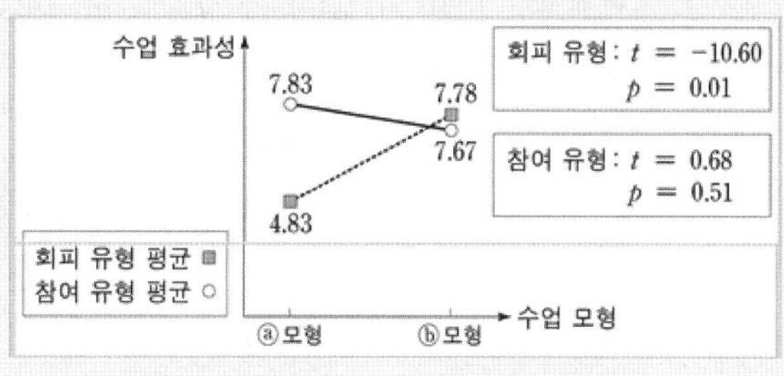

〈학습 태도에 따른 수업 모형의 수업 효과성 분석 결과〉

〈가정〉

* 수업 효과성은 10점 만점으로 측정되었음.
* t-검정의 모든 기본 가정을 만족하였음.
* p는 유의 확률이고, 통계적인 유의 수준은 0.05로 설정함

(다) 차 교사의 연구 결과에 대한 교사들의 대화

차 교사: 학습 태도의 유형(회피, 참여)에 따라 2가지 수업 모형을 적용한 후, 학생들의 수업 효과성이 차이가 있는지를 알아보았습니다.

전 교사: 수고하셨네요. (나)의 분석 결과를 보니 학습 태도가 (㉢) 유형인 경우에는 ㉣<u>수업 모형에 따라 수업 효과성이 통계적으로 유의하게 차이가 있군요.</u>

차 교사: 맞습니다. (나)에서 학습 태도의 유형에 따라 수업 모형별 수업 효과성의 차이가 다르기 때문에 학습 태도는 (㉤) 변인입니다.

〈작성 방법〉

- 괄호 안의 ㉠, ㉡에 해당하는 체육 수업 모형의 명칭을 순서대로 쓸 것(단, 개인적·사회적 책임감 모형, 스포츠 교육 모형은 제외할 것).
- 괄호 안의 ㉢의 명칭을 쓰고, 밑줄 친 ㉣의 근거를 서술할 것.
- 괄호 안의 ㉤에 해당하는 명칭을 쓸 것(단, 독립 변인은 제외할 것).

[정답] ㉠은 협동학습이다. [1점] ㉡은 개별화지도이다. [1점]
㉢은 회피이며 ㉣은 유의 확률이 유의수준보다 작기 때문이다. [1점]
㉤은 중재(=조절)이다. [1점]

2. 종속(또는 대응표본) t검정 11 기출 22 기출

2-1. 종속(또는 대응표본) t-검정 대상(연속형 변수, 연속형 변수)

■ 시나리오
44명의 여자 대학생들이 동일한 유연성 검사를 일정기간의 간격 두고 2회 실시하였다. 2회의 측정 간에 평균이 차이가 있는지 종속 t-검정을 실시하시오.

(1) 종속 t-검정에서는 한 피험자가 두 번에 걸쳐 반복적으로 수행한 결과(데이터)를 검정한다. 그러므로 여기에서는 집단이 하나이다. 두 변수 모두 연속형 변수로 이루어지며 독립t-검정에서와 같이 범주형 변수(명명척도변수, 서열척도변수)인 독립변수가 존재하지 않는다.

(2) SPSS 분석결과, 두 표본의 기술통계값이 먼저 제시된다. 평균을 보면 2회에 걸친 유연성 검사 시행 간 평균은 49.95cm와 49.34cm로 거의 비슷하게 나타났다.

대응표본 통계량

	평균	N	표준편차	평균의 표준오차
유연성a	49.95	44	21.14	3.19
유연성b	49.34	44	20.27	3.06

(3) 종속 t-검정 결과표를 보면 독립 t-검정에서의 '르빈의 등분산'검정 결과 절차를 거치지 않는다. 이것은 동일한 집단이 두 번의 측정을 하였기 때문에 등분산을 검정하지 않아도 분산이 같은 것으로 인정되기 때문이다. 다시 말하면, 종속 t-검정에는 '등분산 검정' 절차를 거치지 않는다.

대응 표본 t-검정

	대응차					t	자유도	유의확률(양쪽)
	평균	표준편차	평균의 표준오차	95%신뢰구간				
				하한	상한			
대응(유연성a-유연성b)	0.61	3.34	0.50	-0.4	1.63	1.22	43	0.229

(4) '대응차' 항목에 제시된 모든 값들은 두 측정값의 차이에 관한 통계값임을 유의해야 한다. 영가설은 "두 평균의 차이가 없다."이다. 유의수준은 .05로 결정하였다. 계산된 검정통계값 t=1.220으로 자유도는 43, 유의확률은 .229인 것으로 나타났다. 유의확률이 유의수준보다 크므로 영가설을 채택한다. 그러므로 "2회의 유연성 측정 결과 두 평균은 통계적으로 유의한 차이가 없다."라고 통계적 결론을 내린다.

2-2. 종속 t-검정 절차

(1) 영가설은 '두 평균의 차이가 없다'이다.

(2) 유의수준은 0.05로 결정하였다.

(3) SPSS로 계산된 검정통계값 t=1.22, 자유도는 43, 유의확률은 0.229인 것으로 나타났다.

(4) 유의확률 0.229 〉 유의수준 0.05, 유의확률이 유의수준보다 크므로 영가설을 채택한다.

(5) 따라서 "2회의 유연성 측정결과 두 평균은 통계적으로 유의한 차이가 없다"라고 통계적 결론을 내린다.

3. 단일표본 t검정(one simple t-test) (참고용)

(1) 대부분의 교육연구에서 연구자들은 두 집단의 평균이 서로 통계적으로 유의한가를 알아보기 위해 비교를 한다. 때때로 연구자들은 어떤 자료의 평균이 특정 모집단 평균과 같은가 다른가 알고 싶을 때가 있다.

(2) 예를 들어, 어느 중학교의 1학년 한 학급 60명 학생의 지능을 조사한다고 가정하자. 다음은 A중학교 한 학급의 성취도 평가 점수가 26.53이 나왔다. 이 학급의 평균이 전국 중학교 모집단 평균 30과 같을 것인가 알고 싶다. 우리는 이 차이가(26.53-30) 통계적으로 유의한지 아닌지 알기 위해 독립 평균에 대한 t검정을 사용할 수 있다.

(3) 다음 〈부록 표 2-1〉은 단일표본 t검정의 예를 나타낸 것이다.

〈부록 표 2-1〉 성취도 점수 차이 검정

	사례수	평균	표준편차	t	유의확률
성취도 점수	40	26.53	3.71	-5.92	.00

(4) 위의 〈부록 표 2-1〉을 보면 t값이 -5.92로 나와 위 학급의 성취도 점수 평균은 전국 모집단의 평균과 유의한 차이가 있음을 알 수 있다.

단일표본 t검정	• 두 집단의 평균이 서로 통계적으로 유의한가를 알아보기 위해 비교 • 어떤 자료의 평균이 특정 모집단 평균과 같은지 다른지 알고 싶을 때 사용

〈부록 표 2-2〉 성취도 점수 차이 검정

	사례수	평균	표준편차	t	유의확률
성취도 점수	40	26.53	3.71	-5.92	.00

⇒ t값이 -5.92로 나와 학급의 성취도 점수 평균은 전국 모집단의 평균과 유의한 차이가 있음.

다음은 김 교사와 류 교사가 OO 중학교 '학교 스포츠클럽의 교육적 효과'를 검증하기 위해 나눈 대화이다. (가)~(마)에 대한 설명 중에서 문제점을 쓰시오.

김 교사: 학교 스포츠 클럽이 활성화되니 학생들 얼굴이 밝아보여서 좋아요
류 교사: 그럼요, 학교는 학생들이 신체 활동을 할 수 있는 좋은 공간이잖아요.
김 교사: 체육 활동이 성적뿐만 아니라 인성에도 좋은 영향을 미친다는데 우리 학교도 확인해 보면 좋을 것 같아요.
류 교사: 좋은 생각이네요. 우선 (가) 현재 학교 스포츠클럽에 참가하는 학생들과 참가하지 않는 학생들을 두 집단으로 구분하여 자료를 수집하는 것이 어떨까요?
김 교사: 한 집단에 30명씩 배정하도록 하죠. 인성은 어떻게 측정할 수 있죠?
류 교사: (나) 5점 리커트(Likert) 척도로 구성되어 있는 인성 검사 도구가 저에게 있어요.
김 교사: 그럼 (다) 연구 가설은 '학교 스포츠클럽의 참가 여부에 따라 인성은 차이가 있을 것이다'로 하면 되겠네요.
류 교사: (라) 유의도 수준은 5%로 설정하여 검증하면 될 것 같아요. 분석 방법은 어떻게 할까요?
김 교사: (마) 두 집단 간 인성 차이를 분석할 수 있는 방법을 적용하면 될 듯합니다. 좋은 프로젝트가 되겠군요.

〈보 기〉

ㄱ. (가)는 단순 무선 배정을 계획하고 있다.
ㄴ. (나)는 비율 척도이므로 가감승제가 가능하다.
ㄷ. (다)는 양방 검증의 가설을 수립하고 있다.
ㄹ. (라)는 제 1종 오류 수준을 의미한다.
ㅁ. (마)는 종속(또는 대응) 표본(paired sample) t-검정을 적용하여 분석한다.

[정답] ㄱ. (가) 무선구획배정을 하고 있다.
ㄴ. (나) 리커트 척도(주관적 감정을 숫자라는 간주하여)는 서열척도이지만 통계적 활용을 높이기 위해 등간척도로 간주하여 t검정에 사용 한다. 절대 0점이 없기에 승(곱하기)이나 제(나누기)가 불가능하다.
ㅁ. (마) 서로 다른 두 집단에 독립 t 검정에 해당된다.

85 | 2011학년도 논술

다음은 중학생 2명이 400m 달리기와 10km 마라톤에 참가한 상황이다.

〈상황 1〉

• 박미선 학생은 육상 대회의 400m 달리기 경기에서 전력을 다하여 달렸다. 달리기 직후 근육 피로를 느꼈으며 이틀이 지난 후, 그 통증이 최고조에 도달하였다.

〈상황 2〉

• 강조상 학생은 10km 마라톤 경기에서 최선을 다해 달렸다. 달릴수록 전신 피로감은 높아져 갔으며 완주 후에는 근육 피로와 함께 탈진 상태에 이르렀다. 마라톤 경기를 마친 후에도 근육 통증은 지속되었으며, 이틀이 지난 후, 그 통증이 최고조에 도달하였다.

〈상황 3〉

• 최 교사는 근육 피로가 쌓이면 400m를 달릴 때 무릎을 당기는 순간 무릎 각도가 커질 것으로 생각하고, 박미선 학생의 무릎 각도의 차이가 나타나는 시점 확인을 위해 100m, 150m, 300m 지점의 중간 질주에서 시간 간격을 두고 무릎 각도를 20회 측정하였다.

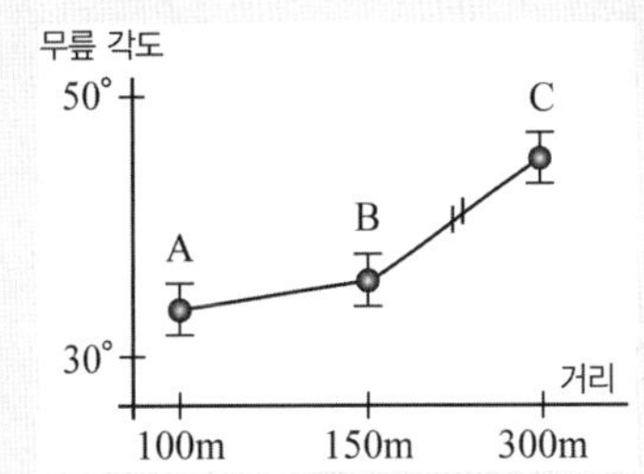

종속 t- 검정 결과

무릎 각도 평균 차이	자유도 (df)	t 값	p 값
B–A	19	1.89	.072
C–B	19	2.79	.012

4-1. 〈상황 1〉과 〈상황 2〉의 운동에서 동원되는 주에너지 시스템을 비교하여 설명하고, 〈상황 1〉과 〈상황 2〉에서 경기 종료 이틀 후 공통적으로 나타나는 근통증의 발생과정을 설명하시오. 또한 최대 운동 후 근육 피로에 대한 재검사(test-retest) 신뢰도를 확인하려고 할 때 가장 중요하게 고려해야 할 요인을 〈상황 1〉 또는 〈상황 2〉와 연관시켜 기술하시오.

4-2. 〈상황 1〉과 〈상황 2〉의 중간 질주에서 무릎을 당기는 순간의 다리 동작을 비교할 때, 〈상황 1〉에서 무릎 관절의 각도를 더 좁혀야 하는 이유를 운동 역학적 원리로 설명하시오. 그리고 〈상황 3〉에서 '100m와 150m 지점의 중간 질주에서 무릎 각도의 차이'가 통계적으로 유의미한지를 확인하기 위한 영가설, 대립가설, 유의도 수준을 설정하고 t-검정 결과를 해석하시오.

[정답] 영가설은 '100m와 150m 지점의 중간 질주에서 무릎 각도 평균의 차이가 없다'이다.
대립가설은 '100m와 150m 지점의 중간 질주에서 무릎 각도 평균의 차이가 있다'이다.
유의도 수준은 0.05로 결정하였다.
유의확률 p값 0.072는 유의수준 0.05보다 크다. 따라서 영가설을 채택한다.
t-검정 결과 '20회의 100m와 150m 지점의 중간 질주에서 무릎 각도 측정결과 두 평균은 통계적으로 유의한 차이가 없다' 라고 통계적 결론을 내린다.

10. 다음은 농구 동아리 경기 기록지의 일부이다. 〈작성 방법〉에 따라 순서대로 서술하시오. [4점]

농구 동아리 경기 기록 분석 **○○ 고등학교**

(가) A 팀과 B 팀 간의 농구 기록 차이 분석

경기력 변인	팀	학생수	평균	표준편차	t값	유의 확률
2점슛 성공 횟수	A팀	5	5.4	0.55	-3.536	0.008
	B팀	5	7.4	1.14		
3점슛 성공 횟수	A팀	5	2.2	0.84	-2.714	0.027
	B팀	5	34.0	1.22		
자유투 성공 횟수	A팀	5	3.0	1.22	1.206	0.262
	B팀	5	2.2	0.84		
수비 리바운드 성공 횟수	A팀	5	7.0	1.00	3.773	0.005
	B팀	5	4.8	0.84		
공격 리바운드 성공 횟수	A팀	5	5.0	0.70	-5.715	0.001
	B팀	5	7.8	0.84		
가로채기 성공 횟수	A팀	5	3.2	0.83	0.959	0.367
	B팀	5	2.4	1.67		

※ t검정 방법의 모든 기본 가정을 만족하였음.

〈작성 방법〉

- (가)에서 사용한 t검정 방법의 명칭을 쓰고, A팀이 B팀에 비해 부족한 경기력 변인부터 순서대로 쓸 것 (단, 유의수준 5%에서 통계적으로 유의한 경기력 변인에 근거하여 판단함).

[정답] 독립 t-test
공격리바운드 성공횟수, 2점슛 성공횟수, 3점슛 성공횟수
(수비리바운드 성공횟수 쓰면 틀림. 부족한 경기력이 아닌 매우 잘하는 경기력임)

87 | 2022학년도

5. 다음의 (가)는 김교사의 교사 전문성 신념에 관한 내용이고, (나)는 현장 개선 연구 보고서의 일부이다. 〈작성방법〉에 따라 순서대로 서술하시오.[4점]

(가) 김 교사의 교사 전문성 신념

> (㉠)적 실천주의
> • 지식은 실제 속에 있으며, 이론과 실천은 분리되지 않는다.
> • 교사의 역할을 이론의 적용자로 규정한 기능적 합리주의와 달리, 교사는 지식의 소비자이자 생산자이다.

(나) 현장 개선 연구 보고서

○ 주제: 건강체력교실 프로그램 개선

○ 문제파악

• 운영기간: 2021년 1학기

• 평가 항목 및 종목: 학생건강체력평가 항목 중 왕복오래달리기, 앉아윗몸앞으로 굽히기, 악력, 제자리 멀리뛰기

평가 항목	종목	단위
심폐지구력	왕복오래달리기	회
유연성	앉아윗몸앞으로굽히기	cm
근력 및 근지구력	악력	kg
순발력	제자리멀리뛰기	cm

• 분석 및 결과

- 분석: 최근 10년간 학생건강체력평가의 측정 결과(4개 항목)를 전집으로 가정하여 단일 표본 t-검정을 실시함.
- 결과: 여학생의 체력 수준이 모든 항목에서 전집 평균치보다 낮게 나타남.

○ 프로그램 개선 계획

• 여학생 신체활동 특성을 반영한 건강체력교실 프로그램 개발 … (중략) …

○ 실행 • 운영 기간: 2021년 2학기 … (중략) …

○ 실행 결과

• 평가 시기와 목적

구분	시기	목적
진단평가	프로그램 실행전 (8월 말)	학생의 현재 수준 파악
(㉡)	프로그램 실행후 (11월 중순)	학생의 성취도, 프로그램 효과성등의 종합적 판단

• 결과

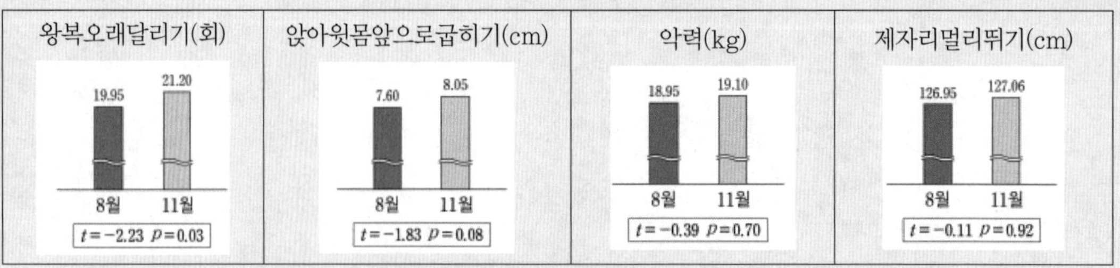

〈 ㉢ 학생건강체력평가 항목별 반복 측정 결과 〉

〈가정〉

• t-검정의 모든 가정을 만족하였음.
• ㉣ p는 유의 확률이고, 통계적은 유의 수준은 0.05로 설정함.

〈작성 방법〉

○ 괄호 안의 ㉡에 해당하는 평가의 명칭을 쓸 것.
○ 밑줄 친 ㉢에서 적용한 t-검정 유형의 명칭을 쓰고, ㉢에서 통계적으로 유의한 차이를 나타낸 측정 항목을 밑줄 친 ㉣에 근거하여 서술할 것.

[정답] ㉠ 반성 [1점]
㉡ 총괄평가(또는 종합평가) [1점]
㉢ 종속t검정(대응t검정) [1점]
㉣ 왕복오래달리기, 유의수준 0.05보다 유의확률이 작기 때문에 통계적으로 차이가 있다. [1점]

2 χ^2 분포 17 기출

(1) χ^2검정은 명명척도로 측정된 자료에서 적용할 수 있는 비모수적 검정의 한 방법에 속하나 그 기법이 간단하면서도 매우 활용도가 높기 때문에 본장에서 다루어 보기로 한다.

(2) χ^2분포(Chi-square distribution)는 1876년 독일의 F. R. Helmert에 의하여 창안되었다고 전하고 있으나 그 후 1900년 Karl Pearson에 의해서 규정된 수리적 분포로서 또하나의 새로운 분포에 근거하고 있는 χ^2검정법은 χ^2분포를 이용하여 관찰결과 얻어진 획득빈도(obtained frequency)와 기대빈도(expected frequency)를 비교하는 것으로 흔히 카이자승법(Chi-square)으로 불리우고 있다.

(3) 카이자승을 정의하여 보면 "획득빈도와 기대빈도와 차의 자승평균의 합"이라고 할 수 있다. 따라서 χ^2검정법은 비율(proportion)이나 확률(probability)까지도 취급이 가능할 뿐만 아니라 기법이 가능하여 여러 가지 통계치를 병합할 수가 있다. 그러나 t분포에서의 자유도는 사례수(n)에 의하여 결정되지만 χ^2분포에서의 자유도는 유목의 수에 의하여 결정된다.

(4) χ^2분포의 분포곡선에 대하여 알아보자.

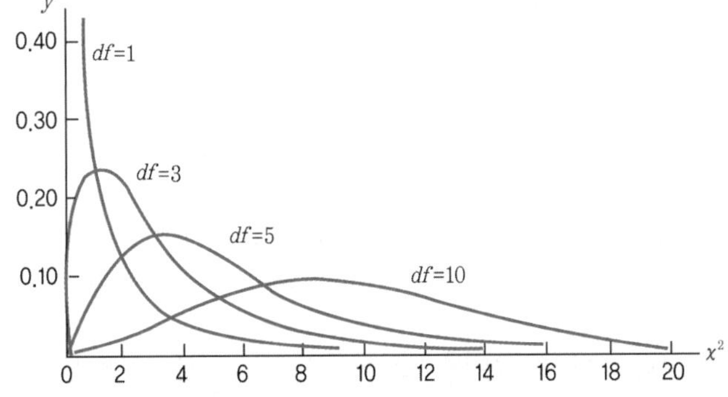

① 위의 그림에 나타난 χ^2분포의 성질을 보면 앞서 언급한 바와 같이 t분포와 마찬가지로 자유도라는 한 개의 모수치에 의하여 결정되는 표본 크기의 함수임을 알 수 있다.

② 그러나 χ^2분포에서는 t분포와는 달리 사례수가 적어질수록 왼쪽으로 크게 편포가 되지만 사례수가 증가함에 따라 이러한 편포현상은 차차 감소되어 df=30 이상이 되면 좌우대칭의 정상분포곡선의 모양을 이루게 된다.

③ 예를 들어 df=10일 때 α=.05 수준에서 χ^2값을 찾아보면 18.3070이 되는데 이것을 $\chi^2_{.05}$=18.3070으로 표기한다. 즉 유의수준 α에서의 χ^2의 위치는 아래와 같다.

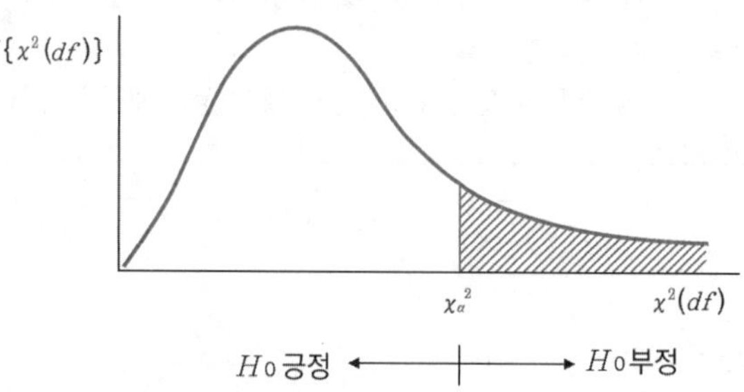

H_0긍정 ←——|——→ H_0부정

(5) Karl Pearson이 제시한 공식은 다음과 같다.

$$\chi^2 = \sum_{i=1}^{k} \frac{(O_i - E_i)^2}{E_i}$$

O: 실제로 나와 있는 획득빈도, E: 이론빈도 또는 기대빈도

① 위의 χ^2은 k개의 유목이 있는 경우에 (k−1)의 자유도를 가진 χ^2분포를 나타낸다.

② 즉 공식은 df≥2일 때 쓰이지만 df=1일 때는 두 유목이 빈도는 서로 독립적이 아니다.

(6) 또 유목이 여러 개가 있을 경우, 자유도는 (k−1)×(l−1)이 되는데 이때의 k는 가로의 유목수이고, l은 세로의 유목수를 나타낸다.

1. χ^2 검정의 목적 및 영가설/대립가설

1-1. 동질성 연구

(1) 목적: 여러 모집단으로부터 각각의 표본을 추출하여 각 모집단의 속성이 유사한가를 검정하는 데 목적이 있다.

(2) 영가설: 집단 간 차이가 없다.

① 영가설은 집단 간의 차이가 없다. 즉 이집단이나 저집단이나 같은 것으로 집단의 특색이 없다는 말이며 집단에 따른 경향성이 없다는 것을 말한다.

② 성별에 따라 체육수업 만족도의 (비율)차이가 없다.

(3) 대립가설: 집단 간 차이가 있다.

① 두 집단 간의 차이가 크다면 어떤 집단(남)은 어떤 경향(찬성, 만족)을 갖는 데 반해 다른 집단은 다른 성향(반대, 불만족)을 갖는다는 것을 말한다.

② 성별에 따라 체육수업 만족도의 (비율)차이가 있다.

1-2. 상관성 연구

(1) 목적: 한 모집단으로부터 하나의 표본이 추출되어 표본의 각 사례에서 두 변수를 관찰하여 두 변수가 서로 관계가 있는지를 검정하는 방법이다.

(2) 영가설: 두 변수 간에 관계가 없다.

① 성별에 따라 체육수업 만족도는 전혀 관계가 없다.

(3) 대립가설: 두 변수 간에 관계가 있다.

① 성별에 따라 체육수업 만족도는 전혀 관계가 있다.

(4) 2×2 분할표에 의한 상관연구: 파이 계수 검정

구분	남학생	여학생
찬성		
반대		
계		

(5) 2×2 이상 분할표에 의한 상관연구: Cramer의 V

구분	남학생	여학생
찬성		
반대		
기권		
계		

2. χ^2 검정의 실제

2-1. 단일변인(단일표본)에 관한 검정: 적합성 검증

(예제) 3명이 입후보한 동호회 회장선거에서 120명이 투표한 결과는 다음과 같았다. 이때 유권자들은 3명의 입후보자를 균등하게 좋아한다고 볼 수 있는가?
α =.01 수준에서 검정해보자.

입후보자	가	나	다	계
득표수	59	34	27	120

(해설) ① 유권자들은 3명의 입후보자를 균등하게 좋아한다는 가설을 세운다.

H_0: 획득빈도 = 이론빈도 H_A: 획득빈도≠이론빈도

② 이론적 빈도는 120÷3=40이므로 공식을 이용하여 χ^2의 값을 구한다.

$$\chi^2 = \sum_{i=1}^{k} \frac{(O_i - E_i)^2}{E_i} = \frac{(59-40)^2}{40} + \frac{(34-40)^2}{40} + \frac{(27-40)^2}{40} = 14.1$$

③ 자유도 df=k-1=3-1=2 가 된다.

④ χ^2분포표에서 df=2일 때 α =.01 수준에서 χ^2의 값은 9.21이므로 H0를 부정하기 위해서는 χ^2 〉 9.21이어야 한다. 따라서 ②에서 구한 χ^2은 14.1로서 9.21보다 크므로 H0를 부정하게 된다. 즉, 유권자들은 3명의 입후보자를 균등하게 좋아한다고 볼 수가 없다는 것이다.

[χ^2분포표]

df	.10	.05	.025	.01
1	2.71	3.84	5.02	6.63
2	4.61	5.99	7.38	9.21
3	6.25	7.81	9.35	11.34
4	7.78	9.49	11.14	15.08

수표 x^2분포

df	.99	.98	.95	.90	.80	.70	.50	.30	.20	.10	.05	.02	.01	.001
1	$.0^3157$	$.0^3628$	.00393	.0158	.0642	.148	.455	.1.074	1.642	2.706	3.841	5.412	6.635	10.827
2	.0201	.0404	.103	.211	.446	.713	1.386	2.408	3.219	4.605	5.991	7.824	9.210	13.815
3	.115	.185	.352	.584	1.005	1.424	2.366	3.665	4.642	6.251	7.8715	9.837	11.345	16.266
4	.297	.429	.711	1.064	1.649	2.195	3.357	4.878	5.989	7.779	9.488	11.668	13.277	18.467
5	.557	.752	1.145	1.610	2.343	3.000	4.351	6.064	7.289	9.236	11.070	13.388	15.086	20.515
6	.872	1.134	1.635	2.204	3.070	3.828	5.348	7.231	8.558	10.645	12.592	15.033	16.812	22.457
7	1.239	1.564	2.167	2.833	3.822	4.671	6.346	8.383	9.803	12.017	14.067	16.622	18.475	24.322
8	1.646	2.032	2.733	3.490	4.594	5.527	7.344	9.524	11.030	13.362	15.5.7	18.168	20.090	26.125
9	2.088	2.532	3.325	4.168	5.380	6.393	8.343	10.656	12.242	14.684	16.919	19.679	21.666	27.877
10	2.558	3.059	3.940	4.865	6.179	7.267	9.342	11.781	13.442	15.987	18.307	21.161	23.209	29.588
11	3.053	3.609	4.575	5.578	6.989	8.148	10.341	12.899	14.631	17.275	19.675	22.618	24.725	31.264
12	3.571	4.178	5.226	6.304	7.807	9.034	11.340	14.011	15.812	18.549	21.026	24.054	26.217	32.909
13	4.107	4.765	5.892	7.042	8.634	9.926	12.340	15.119	16.985	19.812	22.362	25.472	24.688	34.528
14	4.660	5.368	6.571	7.790	9.467	10.821	13.339	16.222	18.151	21.064	23.685	26.873	29.141	36.123
15	5.229	5.985	7.261	8.547	10.307	11.721	14.339	17.322	19.311	22.307	24.996	28.259	30.578	37.697
16	5.812	6.614	7.362	9.312	11.152	12.624	15.338	18.418	20.465	23.542	26.296	29.3633	32.000	39.3252
17	634.8	7.255	8.672	10.085	12.022	13.531	16.338	19.511	21.615	24.769	27.587	30.995	33.409	40.790
18	⋮	⋮	⋮	⋮	⋮	⋮	⋮	⋮	⋮	⋮	⋮	⋮	⋮	⋮
19	⋮	⋮	⋮	⋮	⋮	⋮	⋮	⋮	⋮	⋮	⋮	⋮	⋮	⋮
20	⋮	⋮	⋮	⋮	⋮	⋮	⋮	⋮	⋮	⋮	⋮	⋮	⋮	⋮

2-2. 두 독립변인(두 독립표본)에 관한 검정: 독립성 검증

(1) 이는 두 개의 독립변인이 있고 이들 각각은 두 개의 유목을 가지는 경우이다. 앞의 예제에서는 한 변인을 몇 개의 유목으로 분류하였을 때 χ^2검정법에 대하여 살펴보겠다.

(예제) A아파트 단지내 공원조성 여부와 성별과의 관계를 알아보기 위해 주민 300명을 무선표집하여 조사한 결과 남자는 응답자 208명 중 123명이 찬성하였고 여자는 92명중 32명만이 찬성하였다. 이때 남녀 간에 어떤 유의한 차이가 있는지 α =.05 수준에서 검정해보자.

(해설) 남녀 간의 찬성 155명을 남녀 간의 표본비율 208 : 92로 나누어진다면 성별에 따른 찬성 여부와는 관계가 없다는 것을 나타낸다.

① 남녀 성별과 찬반 여부와는 관계가 없다는 가설을 세운다.

H_0: 획득빈도=이론빈도　　H_A: 획득빈도≠이론빈도

② 먼저 성별과 찬성 여부와 관계가 없다고 생각할 때 기대되는 이론빈도(E)를 구하여 표와 같이 알기 쉽게 정리한다. 이론빈도(E)를 구하는 공식은 다음과 같다.

$$E = \frac{n_i \times n_j}{n}$$

n_i: 가로 유목별 빈도의 계　　n_j: 세로 유목별 빈도의 계

남-찬성에 대한 E: $\frac{155 \times 208}{300} = 107.466$　　여-찬성에 대한 E: $\frac{155 \times 92}{300} = 47.533$

남-반대에 대한 E: $\frac{145 \times 208}{300} = 100.533$　　여-반대에 대한 E: $\frac{145 \times 92}{300} = 44.466$

구분	남학생	여학생	계
찬성	123(107.466)	32(47.533)	155(n1)
반대	85(100.533)	60(44.466)	145(n2)
계	208(n1)	92(n2)	300(n)

③ 위 표의 값을 χ^2 값을 구하면,

$$\chi^2 = \sum_{i=1}^{k} \frac{(O_i - E_i)^2}{E_i}$$

$$= \frac{(123-107.466)^2}{107.466} + \frac{(32-47.533)^2}{47.533} + \frac{(85-100.533)^2}{100.533} + \frac{(60-44.466)^2}{44.466}$$

④ 자유도 df = (k − 1)(l − 1) = (2 − 1)(2 − 1) = 1이 된다.

⑤ χ^2분포표에서 df = 1일 때 α =.05 수준에서 차에 유의성이 있기 위해서는 $\chi^2 > 3.84$ 이어야 한다. 따라서 ③에서 구한 χ^2의 값 15.148은 이보다 크므로 H_0를 부정하게 되어 A아파트 단지내 공원조성 여부에 관한 찬반 의견에서 남녀 간에는 5% 수준에서 유의한 차이가 있다고 볼 수 있다.

(해설) 다음에는 위의 문제에서 기대빈도를 계산하지 않고 획득빈도에서 바로 χ^2을 계산할 수도 있는데, 이 때는 아래와 같은 유관표를 만들고 공식에 적응시켜 구한다.

구분	남학생	여학생	계
찬성	123(a)	32(b)	a+b=155
반대	85(c)	60(d)	c+d=145
계	a+c=208	b+d=92	n=300

$$\chi^2 = \frac{n(ad-bc)^2}{(a+b)(c+d)(a+c)(b+d)}$$

표의 수치를 공식에 대입하면

$\chi^2 = \frac{300 \times (123 \times 60 - 32 \times 85)^2}{155 \times 145 \times 208 \times 92} = 15.148$이 되어 위와 같은 값이 나온다.

2. 다음의 (가)는 체육 교사가 남녀 학생 간 체육수업 만족도의 차이를 조사한 결과이고, (나)는 χ^2 분포표의 일부이다. 〈작성 방법〉에 따라 순서대로 서술하시오. [4점]

(가) 성별에 따른 체육수업 만족도

성별 / 만족 여부	남학생	여학생	전체
만족	75명	60명	135명
불만족	25명	40명	65명
전체	100명	100명	200명
χ^2(chi-spuare)값 = 5.13 자유도(df: degree of freedom) =1			

(나) χ^2분포표

유의수준(α) / 자유도(df)	α=0.10	α=0.05	α=0.01
1	2.71	3.84	6.63
2	4.61	5.99	9.21
3	6.25	7.81	11.34
⋮	⋮	⋮	⋮

※ 각 셀에 들어 있는 값은 유의수준(α)에 해당하는 χ^2값을 나타냄.

〈작성 방법〉

- 유의수준 1%에서 검정통계량과 임계값을 제시하고, 이에 근거하여 통계적 의사결정을 기술할 것.
- 유의수준 5%에서 검정통계량과 임계값을 제시하고, 이에 근거하여 통계적 의사결정을 기술할 것.

[정답] 검정통계량 5.13은 임계값 6.63보다 작으므로, 영가설을 채택한다. 성별에 따라 체육수업 만족도의 (비율)차이가 없다. (대립가설을 부정한다.)

검정통계량 5.13은 임계값 3.84보다 크므로, 대립가설을 채택한다. (영가설을 부정한다.) 성별에 따라 체육수업 만족도의 (비율)차이가 있다.

3 분산 분석

(1) 분산 분석(Analysis of variance; ANOVA)은 세 집단 이상의 평균 차이를 검증하는 데 사용되는 통계 방법으로 변량 분석이라고도 한다.

① A, B, C 세 가지 트레이닝 방법을 적용한 후 세 집단에게 각각 동일한 체력 검사를 실시하여, 세 집단의 평균 간 차이가 있는가를 검증한다고 하자.

② 세 집단의 평균 차이가 트레이닝 방법의 차이 때문인지, 아니면 단순히 세 집단을 표집할 때 발생하는 오차 때문인지를 분산 분석에 의해 밝힐 수 있다.

③ 세 집단 이상의 평균 차이를 검증하기 위해서는 집단 간의 변화량과 집단 내의 변화량을 분석할 수 있는 F분포를 이용해야 한다.

(2) 그렇다면, 세 집단의 평균 차이를 검증하기 위해서 t검정을 사용하면 안 되는 것일까? 결론부터 말하면 바람직하지 않다. 세 집단의 평균 차이를 각각 두 집단씩 비교하면 모두 세 번의 t검정을 실시해야 하는데, t검정을 여러 번 실시하면 유의수준이 증가하여 기각할 수 있는 영역이 넓어지게 된다.

(3) 따라서, 실제로는 영가설이 참인데도 불구하고 영가설을 기각하는 오류가 커지게 되는 것이다. 이에 대한 추가적인 설명은 김종택을 참고하기 바란다.

(4) 독립 변인이 한 개인 경우에만 적용될 수 있는 일원분산분석(one-way ANOVA)의 경우, 독립 변인이란 측정치 즉, 종속 변인에 영향을 미치는 변인으로 상기한 예에서는 교수법이 될 것이다. 만약, 교수법과 성별에 다른 체력의 차이를 검증하기 위해서는 독립 변인이 두 개가 되어 이원분산분석(two-way ANOVA)을 실시해야 한다. 상기한 설명 외에도 분산 분석에 대한 내용은 매우 많지만, 본서에서는 분산 분석의 논리만 간단하게 설명한다.

(5) 분산 분석에 의한 가설 검정도 앞에서 설명한 t검정과 절차상으로 크게 다르지 않다. 단, t검정에서 계산한 t값 대신 F값을 계산하게 된다. 일원변량분석에서 전체변량은 집단내 변량과 집단간 변량으로 분할된다. 집단 내 변량은 같은 집단 내에 속한 피험자들의 개인차에 기인한 변량으로서 표집오차 때문에 생기며 오차변량이라고 부른다. 집단 간 변량은 집단평균치간의 차이에 기인한 변량으로서 실험처치 효과가 있을 때 생기며 체계적 변량이라고 부른다.

예 처치효과의 예: A/B 교수법

→ 분자인 집단 간 분산이 크다는 것은 A/B 교수법에 의한 효과가 크다는 것을 의미

$$\mathrm{F} = \frac{\text{집단간변량}}{\text{집단내변량}} = \frac{MS_B}{MS_W} = \frac{\text{오차변량} + \text{처치효과변량}}{\text{오차변량}} \quad \cdots\cdots (1.18)$$

① 공식 (1.18)에서 분자인 MS_B은 집단 간 분산을 의미하고, 분모인 MS_W은 집단 내 분산을 의미한다. 따라서, F값의 의미는 분모인 각 집단의 분산에 비해 분자인 세 집단 간 분산 즉, 세 집단의 평균 차이가 얼마나 큰가를 의미하고 있다.

② 따라서, 분모인 집단내 분산이 작고 분자인 집단간 분산이 클수록 F값은 커진다. t검정과 유사하게, F값이 커지면 영가설을 기각하게 되어 세 집단 간 평균 차이가 유의한 것으로 주장할 수 있다.

(6) 그렇다면, 공식 (1.18)의 분모와 분자에 나타낸 집단 내 분산과 집단 간 분산은 구체적으로 무엇을 뜻하는 것일까?

① 변량분석은 앞에서 기술한 바와 같이 전체변량을 집단 내 변량과 집단 간 변량으로 나누는 과정이라고 하였다.

② 그러나, 실제로는 각 점수(X_{ij})들이 전체평균($\overline{X}$)으로부터 떨어져 있는 거리의 자승화(sum of squares, $\sum(X_{ij}-\overline{X})^2$)즉, 전체자승화(total sum of squares, SS_t)를

③ 집단 간의 차에 기인한 간자승화(between group sum of squares, SS_b)와 집단 내의 차에 기인한 내자승화(within group sum of squares, SS_w)로 분할하는 과정에서부터 시작한다.

"전체자승화 = 내자승화 + 간자승화"

④ 예를 들어 설명해보자. 처치집단의 수(J)가 2이고 각 집단별로 2명의 사례수(n)를 대상으로 얻은 자료가 다음과 같다고 가정해보자.

사례\집단	Ⅰ	Ⅱ	
1	4	2	
2	6	4	
평균	$\overline{X_1}$=5	$\overline{X_2}$=3	$\overline{X}$=4

$\overline{X_1}$=집단 Ⅰ의 표본 평균치
$\overline{X_2}$=집단 Ⅱ의 표본 평균치
$\overline{X}$=전체집단의 표본 평균치

전체자승화

먼저 개개인의 점수(X_{ij})를 전체평균($\overline{X}$)에서 빼면

Ⅰ	Ⅱ
4-4=0	2-4=-2
6-4=2	4-4=0

빼서 얻은 값을 자승하여 전부 합하면
$0+(2)^2+(-2)^2+0=8$ 이 된다.
이 값을 전체자승화(SS_t)라고 부른다.

내자승화

각 집단에 속한 개개인의 점수(X_{ij})를 해당집단의 평균($\overline{X_j}$)에서 빼면

Ⅰ	Ⅱ
4-5=-1	2-3=-1
6-5=1	4-3=1

빼서 얻은 값을 자승하여 전부 합하면
$(-1)^2+(1)^2+(-1)^2+(1)^2=4$ 가 된다.
이 값을 내자승화(SS_w)라고 부른다.

간자승화

각 집단에 속한 개개인의 점수를 해당집단의 평균($\overline{X_j}$)으로 대치하고, 해당집단의 평균을 전체평균($\overline{X}$)에서 빼면,

Ⅰ	Ⅱ
5-4=1	3-4=-1
5-4=1	3-4=-1

빼서 얻은 값을 자승하여 전부 합하면
$(1)^2+(1)^2+(-1)^2+(-1)^2=4$ 가 된다.
이 값을 간자승화(SS_b)라고 부른다.

이를 종합하면, "전체자승화=내자승화+간자승화"이므로,
8(전체자승화) = 4(내자승화) + 4(간자승화)

∵ 전체자승화(SS_t), 내자승화(SS_w), 간자승화(SS_b)을 구하는 공식

$$SS_t=\sum_j\sum_i(X_{ij}-\overline{X})^2 \text{ 또는 } SS_t=\sum_j\sum_i X_{ij}^2-\frac{(\sum_j\sum_i X_{ij}^2)}{N}$$

$$SS_w=\sum_j\sum_i(X_{ij}-\overline{X_j})^2 \text{ 또는 } SS_w=\sum_j\sum_i X_{ij}^2-\sum_j\frac{(\sum_i X_{ij})^2}{n_i}$$

$$SS_b=\sum_j n_j(\overline{X_j}-\overline{X})^2 \text{ 또는 } SS_b=\sum_j\frac{(\sum_i X_{ij})^2}{n_j}-\frac{(\sum_j\sum_i X_{ij})^2}{N}$$

⑤ 변량분석에서 영가설은 두 변량추정치(mean square)의 비 [집단 간 변량/집단 내 변량]에 의해 검증한다. 그런데 지금까지 우리는 간자승화(SS_b)와 내자승화(SS_w)만을 알고 있다. 집단 간 변량추정치(MS_b)와 집단 내 변량추정치(MS_w)는 SS_b와 SS_w을 자유도로 나눔으로서 계산할 수 있다.

$$MS_b=\frac{SS_b}{J-1}=\frac{\text{집단 간 자승화}}{\text{집단수}-1},\quad MS_w=\frac{SS_w}{N-J}=\frac{\text{집단 간 자승화}}{\text{전체사례수}-\text{집단수}},$$

$$MS_t=\frac{SS_t}{N-1}=\frac{\text{전체자승화}}{\text{전체사례수}-1}$$

⑥ 앞에서 변량분석에 영가설은 두 변량추정치의 비에 의해 검증한다고 하였다. 즉, 집단간 변량추정치(MS_b)를 집단내 변량추정치(MS_w)로 나눈 값(이 값을 F값이라고 한다)을 계산한 후 산출된 F값이 통계적으로 유의한 지의 여부를 부록의 〈수표 7〉 F분포 표에서 찾아 확인한다.

⑦ 만일 산출된 F값이 통계적으로 유의하게 크다면 영가설($H_0 = \mu_1 = \mu_2 = \cdots \mu_j$ 즉, J개 전집평균치 간에는 차가 없다)을 부정하고 상대가설($H_A : \mu_i \neq \mu_j$ 혹은 H_0는 사실이 아니다)을 받아들임으로서 최소한 둘 혹은 그 이상의 전집의 평균치 간에는 유의한 차가 있다는 결론을 내릴 수 있다.

⑧ 즉, 분자인 집단 간 분산이 크다는 것은 상기한 예에서 교수법에 의한 효과가 크다는 것을 의미하고, 실험 연구에서는 집단 간 분산을 처치 효과로 간주한다.

⑨ 또한, 분모인 집단 내 분산은 연구자가 알 수 없는 집단 내에서 발생하는 분산이므로 오차라 할 수 있다. 실험 연구에서 각 집단을 무선으로 할당했음에도 불구하고 집단내 분산이 크게 나타났다면, 이것은 처치에 의한 효과와 관계없이 알 수 없는 오차가 크다는 것을 의미한다. 따라서 F값을 계산할 때 분모에 오차항으로 MS_W이 들어가는 것이다.

(7) 지금까지 설명한 가설 검정의 논리는 연구를 하는 학생들에게는 필수적인 부분이며, 체육측정평가 분야에서도 신뢰도나 타당도를 추정하거나 측정 이론을 이해하는데 활용도가 크다. 지면의 부족으로 평균 차이 검정에 대한 기초적인 부분만 설명하였으므로, 좀 더 심화된 부분에 관심이 있는 독자들은 기초통계 서적을 참고하기 바란다.

각 집단 피험자수(n) 25명, 전체 75명,	
세 집단(A, B, C)의 변량평균과 전체집단 변량 서로 유사하거나 동일한 경우, 통계적 차이가 없다. 영가설 수용	세 집단 변량 평균과 전체집단 변량 간에 차이가 있다. 통계적으로 유의한 차이가 있다. 영가설 기각(=부정), 대립가설 채택.

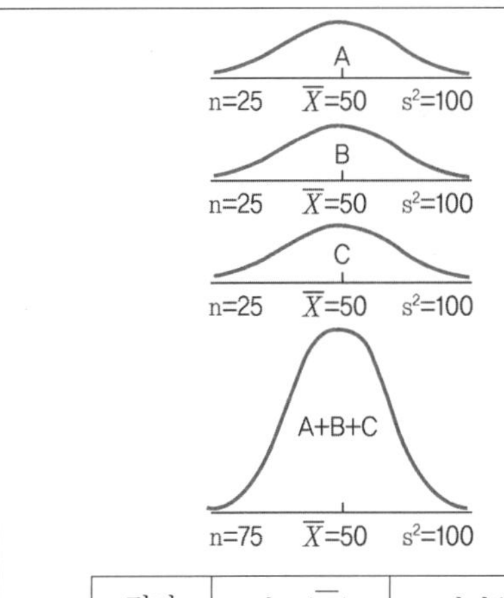

집단	평균($\overline{X}$)	변량(s^2)
A	50	100
B	50	100
C	50	100
전체	50	100

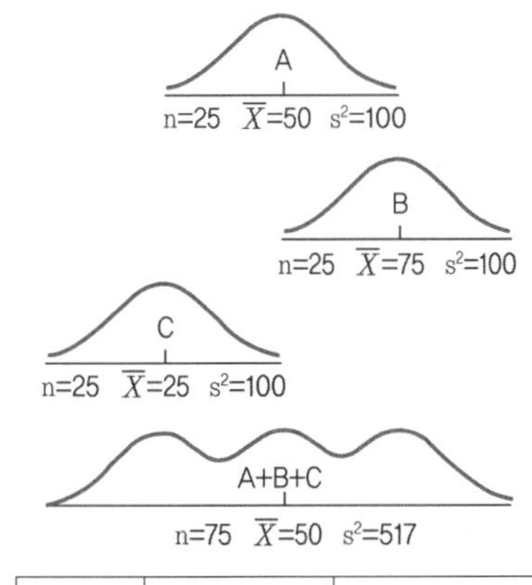

집단	평균($\overline{X}$)	변량(s^2)
A	50	100
B	75	100
C	25	100
전체	50	517

1. 일원변량분석(one-way ANOVA)

(1) t-검정이 두 개의 집단 간 평균차이를 검정하는 방법이었다면 one-way ANOVA는 세 개 이상 집단 간의 평균차이를 검정하는 방법이다. 그러므로 t-검정은 one-way ANOVA의 특별한 형태라고 할 수 있다. one-way라는 의미는 '다루는 차원이 하나이다'는 뜻이다. 즉, 요인이 하나라는 것이다. ANOVA는 분산분석을 의미한다.

(2) one-way ANOVA는 여러 가지 별도의 분석이 가능하므로 단계별 분석 절차에 유의해야 한다.

1-1. 변량분석 사용을 위한 가정

(1) 변량분석을 사용하기 위해서는 다음과 같은 전제조건이 요구된다. 이러한 전제 조건을 통계적 가정이라 하며 통계적 가정이 만족되어야 분산분석의 결과를 타당한 것으로 받아들일 수 있는 것이다.

(2) 따라서 연구자는 다음과 같은 분산분석 사용을 위한 통계적 가정을 숙지하고 표본의 선정에 주의를 기울여야 한다.

- 표본은 전집으로부터 각각 독립적이고 무선적으로 표집되어야 한다.
- 자료는 등간척도 혹은 비율척도로서 연속자료로 간주할 수 있어야 한다.
- 표본을 추출한 각 모집단은 정상분포를 이루고 있어야 한다.
- 각 표본의 전집 분산은 같아야 한다.

1-2. 일원변량분석의 예

■ 시나리오 1
세 가지 다른 훈련방법(A, B, C)이 선수들의 양궁기록에 어떤 영향을 미치는지를 분석하기 위해 각 집단별로 3명씩을 무선 표집하여 조사된 자료이다. 세 가지 훈련방법이 양궁선수의 기록에 영향을 미치는지 통계적으로 검증하여라.

〈훈련방법 별(A, B, C) 양궁기록〉

대상	A	B	C	
1	2	9	3	
2	4	7	5	
3	6	5	4	
$\overline{X}_j$	4	7	4	$\overline{X}=5$

① 먼저 자승화를 정의에 의해 계산하면 다음과 같다.

$$SS_t = \sum\sum(X_{ij}-\overline{X})^2$$
$$=(2-5)^2+(4-5)^2+(6-5)^2+(9-5)^2+(7-5)^2+(5-5)^2+(3-5)^2+(5-5)^2+(4-5)^2$$
$$=9+1+1+16+4+0+4+0+1=36$$
$$SS_b = \sum n_j(X_j-\overline{X})^2$$
$$=3(4-5)^2+3(7-5)^2+3(4-5)^2=(3)(1)+(3)(4)+(3)(1)=3+12+3=18$$
$$SS_w = \sum\sum(X_{ij}-\overline{X})^2$$
$$=(2-4)^2+(4-4)^2+(6-4)^2+(9-7)^2+(7-7)^2+(5-7)^2+(3-4)^2+(5-4)^2+(4-4)^2$$
$$=4+0+4+4+0+4+1+1+0=18$$

② 집단 간(MS_b), 집단 내(MS_w) 변량추정치를 계산하기 위해서는 자유도를 확인하는 것이 필요하다. 앞에서 산출된 집단 내, 집단 간, 전체 변산원별 자유도와 변량추정치는 다음과 같다.

집단 간: $df_b = J-1 = 3-1 = 2$,

집단 내: $df_w = N-J = 9-3 = 6$,

전체: $df_t = N-1 = 9-1 = 8$ 따라서,

$$MS_b = \frac{SS_b}{J-1} = \frac{18}{2} = 9.00,$$

$$MS_w = \frac{SS_w}{N-J} = \frac{18}{6} = 3.00,$$

$$F = \frac{MS_b}{MS_w} = \frac{9.00}{3.00} = 3.00$$

③ 위의 계산결과를 변량분석표로 요약하면 다음과 같다. 이 표는 변량분석을 했을 때 일반적으로 제시하는 형식이다.

변산원	자승화	자유도	변량추정치	F
집단 간	18	2	9.00	3.00
집단 내	18	6	3.00	
전체	36	8		

위의 ANOVA 분석결과를 가설검증 절차를 이용하여 검증해보자.

❶ 검증하려는 가설

$H_0 : \mu_A = \mu_B = \mu_C$, $H_A : \mu_i \neq \mu_j$ (i, j는 어느 두 전집집단)

❷ 유의도 수준: α=.05

❸ 통계적 검증

검증통계치(F)는 $F = \frac{MS_b}{MS_w} = \frac{9.00}{3.00} = 3.00$ 이 된다.

❹ 가설부정의 기준치

부록의 F검증에 관한 수표에 의하면 분자의 자유도 즉, 집단 간의 자유도(df)=2이고, 분모의 자유도 즉, 집단 내의 자유도(df) = 6일 때 α=.05 수준에서 영가설(H_0)을 부정하기 위한 기준치(critical value)는 5.14이다(만일 α를 .01로 설정하였다면 가설부정을 위한 기준치는 10.92가 된다.)

❺ 결론

α=.05 수준에서 실제 검증결과 얻은 $F_{2,6} = 3$은 가설부정을 위한 기준치(F_{cv})보다 훨씬 적으므로 H_0를 부정할 수 없다. 위의 결과에 의하면 세 가지 훈련방법은 양궁선수의 기록에 영향을 미치지 못한다는 결론을 내릴 수 있다.

▪ 시나리오 2
야영훈련에 참가한 서울시내 네 개 고등학교 학생 중에서 무선표집하여 턱걸이 능력을 측정한 결과가 다음과 같았다면 α=.05 수준에서 볼 때 네 개 고등학교 학생들의 턱걸이 능력의 평균은 차이가 있다고 볼 수 있는지를 분석해 보자.

〈고등학교별 턱걸이 측정표〉

고교1	고교2	고교3	고교4
16	17	22	28
14	15	30	26
16	18	13	14
9	18	19	21
16	13	23	19
8	14	27	17
10	27	11	24
$\sum X_{i1}=89$	11	13	20
	25	20	18
	16	$\sum X_{i3}=178$	23
	15		26
	$\sum X_{i2}=189$		18
			16
			$\sum X_{i4}=270$
$n_1=7$	$n_2=11$	$n_3=9$	$n_4=13$
$\overline{X}=12.71$	$\overline{X}=17.18$	$\overline{X}=19.78$	$\overline{X}=20.77$

① 먼저 자승화를 정의에 의해 계산하면 다음과 같다.

$$SS_t=\sum_j\sum_i X_{ij}^2-\frac{(\sum_j\sum_i X_{ij}^2)}{N}=14386-13176.9=1209.1$$

$$SS_b=\sum_j\frac{(\sum_i X_{ij})^2}{n_j}-\frac{(\sum_j\sum_i X_{ij})^2}{N}=13507.07-13176.9=330.17$$

$$SS_w=SS_t-SS_b=1209.1-330.17=878.93$$

② 집단 간(MS_b), 집단 내(MS_w) 변량추정치를 계산하기 위해서는 자유도를 확인하는 것이 필요하다. 앞에서 산출된 집단 내, 집단 간, 전체 변산원별 자유도와 변량추정치는 다음과 같다.

집단 간: $df_b = J-1 = 4-1 = 3$,

집단 내: $df_w = N-J = 40-4 = 36$,

전체: $df_t = N-1 = 40-1 = 39$ 따라서,

$$MS_b = \frac{SS_b}{J-1} = \frac{330.17}{3} = 110.057, \ MS_w = \frac{SS_w}{N-J} = \frac{878.93}{36} = 24.415,$$

$$F = \frac{MS_b}{MS_w} = \frac{110.057}{24.415} = 4.5078$$

③ 위의 계산결과를 변량분석표로 요약하면 다음과 같다. 이 표는 변량분석을 했을 때 일반적으로 제시하는 형식이다.

변산원	자승화	자유도	변량추정치	F
집단 간	330.17	3	110.057	4.5078
집단 내	878.93	36	24.415	
전체	1209.1	39	–	–

위의 ANOVA 분석결과를 가설검증 절차를 이용하여 검증해보자.

❶ 검증하려는 가설

$H_0 : \mu_1 = \mu_2 = \mu_3 = \mu_4$, $H_A : \mu_i \neq \mu_j$ (H_0는 사실이 아니다.)

❷ 유의도 수준: $\alpha = .05$

❸ 통계적 검증

검증통계치(F)는 $F = \frac{MS_b}{MS_w} = \frac{110.057}{24.415} = 4.5078$ 이 된다.

❹ 가설부정의 기준치

부록의 F검증에 관한 수표에 의하면 분자의 자유도 즉, 집단간의 자유도(df)=3이고, 분모의 자유도 즉, 집단 내의 자유도(df) = 36일 때 $\alpha = .05$ 수준에서 영가설(H_0)을 부정하기 위한 기준치(critical value)는 2.86이다(만일 α를 .01로 설정하였다면 가설부정을 위한 기준치는 4.33이 된다.)

❺ 결론

$\alpha = .05$ 수준에서 실제 검증결과 얻은 $F_{3,36} = 4.5078$은 가설부정을 위한 기준치(F_{cv})보다 훨씬 크므로 H_0를 부정할 수 있다. 위의 결과에 의하면 네 개 고등하교 학생들의 턱걸이 능력의 학교 간 평균치에는 유의한 차이가 있다는 결론을 얻게 된다.

■ 독립표집이면서 양방검증인 경우 두 평균치 간의 차이를 검증할 때 ANOVA와 t검증은 동일한 결과를 나타낸다. 즉 가설부정을 위한 기준치가 $t^2 = F$, $t_{cv}^2 = F_{cv}$의 관계를 가진다.

(1) 예를 들어보자. 골프의 스윙동작을 학습하는데 전습법과 분습법의 두 학습방법 간에 차이가 있는가를 알아보기 위해 20명의 학생을 두 집단에 10명씩 무선배정한 후 실험 결과 다음과 같은 자료를 얻었다. 이 자료를 $\alpha = .05$ 수준에서 ANOVA와 t 검증방법에 의해 검증하면 다음과 같다.

〈ANOVA와 t 검증의 관계 예시자료〉

	전습법	분습법	
	2	4	
	6	6	
	3	4	
	2	2	
	4	12	
	0	16	
	2	4	
	15	10	
	1	0	
	0	5	
n	10	10	N = 20
$\sum X$	35	63	$\sum\sum X = 98$
$\sum X^2$	299	613	$\frac{(\sum\sum X)^2}{n} = 480.2$
$\frac{(\sum X)^2}{n_j}$	122.5	396.9	$(\sum\sum X)^2 = 912$ $\overline{X} = 4.9$
S^2	19.61	24.01	$\sum\frac{(\sum X)^2}{n_j} = 519.4$

① 먼저 t 검증을 하면 다음과 같다. 즉, 위의 자료는 두 집단의 사례수가 같고($n_1 = n_2$) 전집변량이 같은 경우($\sigma_1^2 = \sigma_2^2$)에 해당하므로

$$t = \frac{\overline{X_1} - \overline{X_2}}{\sqrt{\left(\frac{(n_1-1)s_1^2 + (n_2-1)s_2^2}{n_1+n_2-2}\right)\left(\frac{1}{n_1}+\frac{1}{n_2}\right)}}$$

$$= \frac{3.50 - 6.30}{\sqrt{\left(\frac{(10-1)(19.61)+(10-1)(24.01)}{10+10-2}\right)\left(\frac{1}{10}+\frac{1}{10}\right)}}$$

$$= \frac{-2.80}{\sqrt{4.36}} = \frac{-2.80}{2.09} = -1.34$$

$$df = (n_1 + n_2 - 2) = (10 + 10 - 2) = 18$$

② 자유도가 18인 t분포에서 $\alpha = .05$이고 양방검증인 경우 가설부정의 기준치(t_{cv})는 ±2.101이다. 따라서 위에서 계산된 검증통계치(-1.32)는 기준치(±2.101)를 초과하지 못하고 있기 때문에 영가설(H_0)은 긍정이 된다.

③ 위의 자료를 ANOVA하기 위해 각각 자승화를 계산하면 다음과 같다.

$$SS_t = \sum_j \sum_i X_{ij}^2 - \frac{(\sum_j \sum_i X_{ij}^2)}{N} = 912 - \frac{(98)^2}{20} = 912 - 480.20 = 431.80$$

$$SS_w = \sum_j \sum_i X_{ij}^2 - \sum_j \frac{(\sum_i X_{ij})^2}{n_i} = 912 - 519.40 = 392.60$$

$$SS_b = \sum_j \frac{(\sum_i X_{ij})^2}{n_j} - \frac{(\sum_j \sum_i X_{ij})^2}{N} = [\frac{(35)^2}{10} + \frac{(63)^2}{10}] - \frac{(98)^2}{20} = 519.40 - 480.20 = 39.20$$

④ 위의 계산결과를 변량분석표로 요약하면 다음과 같다.

변산원	자승화	자유도(df)	변량추정치	F
집단 간	39.2	1	39.20	1.797
집단 내	392.6	18	21.81	
전체	431.8	19	–	–

⑤ 수표에서 집단 간 $df=1$, 집단 내 $df=18$일 때 $\alpha=.05$ 수준에서 영가설을 부정하기 위한 기준치 (F_{cv})는 4.41이다. 이제 두 방법에 의한 검증결과를 요약하면 다음과 같다.

- 검증통계치: $t^2 = F \rightarrow -1.34^2 = 1.797$
- 가설부정의 기준치: $t_{cv}^2 = F_{cv} \rightarrow 2.101^2 = 4.41$

수표 F 분포

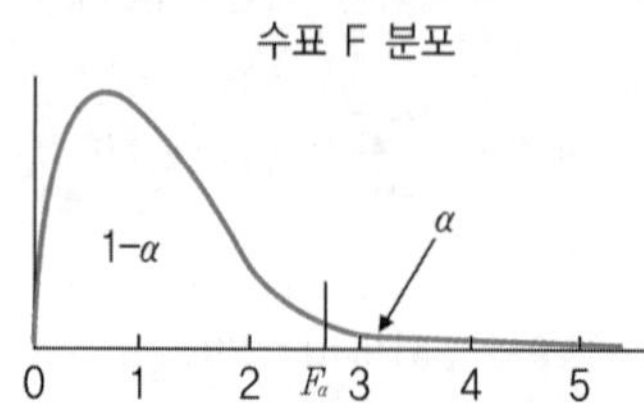

분모의 자유도(df)	α	분자의 자유도(df)											
		1	2	3	4	5	6	7	8	9	10	11	⋯
1	.25	5.83	7.50	8.20	8.58	8.82	8.98	9.10	9.19	9.26	9.32	⋯	⋯
	.10	39.9	49.5	53.6	55.8	57.2	58.2	58.9	59.4	59.9	60.2	⋯	⋯
	.05	161	200	216	225	230	234	237	239	241	242	⋯	⋯
2	.25	2.57	3.00	3.15	3.23	3.28	3.31	3.34	3.35	3.37	3.38	⋯	⋯
	.10	8.53	9.00	9.16	9.24	9.29	9.33	9.35	9.37	9.38	9.39	⋯	⋯
	.05	18.5	19.0	19.2	19.2	19.3	19.3	19.4	19.4	19.4	19.4	⋯	⋯
	.01	98.5	99.0	99.2	99.2	99.3	99.3	99.4	99.4	99.4	99.4	⋯	⋯
3	.25	2.02	2.28	2.36	239	2.41	2.42	2.43	2.44	2.44	2.44	⋯	⋯
	.10	5.54	5.46	5.39	5.34	5.31	5.28	5.27	5.25	5.24	5.23	⋯	⋯
	.05	10.1	9.55	9.28	9.12	9.01	8.94	8.89	8.85	8.81	8.79	⋯	⋯
	.01	34.1	30.8	29.5	28.7	28.2	27.9	27.7	27.5	27.3	27.2	⋯	⋯
4	.25	1.81	2.00	2.05	2.06	2.07	2.08	2.08	2.08	2.08	2.08	⋯	⋯
	.10	4.54	4.32	4.19	4.11	4.05	4.01	3.98	3.95	3.94	3.92	⋯	⋯
	.05	7.714	6.94	6.59	6.39	6.26	6.16	6.09	6.04	6.00	5.96	⋯	⋯
	.01	21.2	18.0	16.7	16.0	15.5	15.2	15.0	14.8	14.7	14.5	⋯	⋯
5	.25	1.69	1.85	1.88	1.89	1.89	1.89	1.89	1.89	1.89	1.89	⋯	⋯
	.10	4.06	3.78	3.62	3.52	3.45	3.40	3.37	3.34	3.32	3.30	⋯	⋯
	.05	6.61	5.79	5.41	5.19	5.05	4.95	4.88	4.82	4.77	4.72	⋯	⋯
	.01	16.3	13.3	12.1	11.4	11.0	10.7	10.5	10.3	10.2	10.1	⋯	⋯
6	.25	1.62	1.76	1.78	1.79	1.79	1.78	1.78	1.78	1.77	1.77	⋯	⋯
	.10	3.78	3.46	3.29	3.18	3.11	3.05	3.01	2.98	2.96	2.94	⋯	⋯
	.05	5.99	5.14	4.76	4.53	4.39	4.28	4.21	4.15	4.10	4.06	⋯	⋯
	.01	13.7	10.9	9.78	9.15	8.75	8.47	8.26	8.10	7.98	7.87	⋯	⋯
7	.25	1.57	1.70	1.72	1.72	1.71	1.71	1.70	1.70	1.69	1.69	⋯	⋯
	.10	3.59	3.26	3.07	2.96	2.88	2.83	2.78	2.75	2.72	2.70	⋯	⋯
	.05	5.59	4.74	4.35	4.12	3.97	3.87	3.78	3.75	3.68	3.64	⋯	⋯
	.01	12.2	9.55	8.45	7.85	7.46	7.19	6.99	6.84	6.72	6.62	⋯	⋯
8	.25	1.54	1.66	1.67	1.66	1.66	1.65	1.64	1.64	1.63	1.63	⋯	⋯
	.10	3.46	3.11	2.92	2.81	2.73	2.67	2.62	2.59	2.56	2.54	⋯	⋯
	.05	5.32	4.46	4.07	3.84	3.69	3.58	3.50	3.44	3.39	3.35	⋯	⋯
	.01	11.3	8.65	7.59	7.01	6.63	6.37	6.18	6.03	5.91	5.81	⋯	⋯
9	.25	1.51	1.62	1.63	1.63	1.62	1.61	1.60	1.60	1.59	1.59	⋯	⋯
	.10	3.36	3.01	2.81	2.69	2.61	2.55	2.51	2.47	2.44	2.42	⋯	⋯
	.05	5.12	4.26	3.86	3.63	3.48	3.37	3.29	3.23	3.18	3.14	⋯	⋯
	.01	10.6	8.02	6.99	6.42	6.06	5.80	5.61	5.47	5.35	5.26	⋯	⋯
10	.25	1.49	1.60	1.59	1.59	1.58	1.57	1.56	1.56	1.55	1.55	⋯	⋯
	.10	3.29	2.92	2.73	2.61	2.52	2.46	2.41	2.38	2.35	2.32	⋯	⋯
	.05	⋯	⋯	⋯	⋯	⋯	⋯	⋯	⋯	⋯	⋯	⋯	⋯
	.01	⋯	⋯	⋯	⋯	⋯	⋯	⋯	⋯	⋯	⋯	⋯	⋯

2. 이원변량분석(two-way ANOVA)

2-1. 이원변량분석의 의의

(1) 앞에서는 독립변인이 1개인 일원변량분석(one-way ANOVA)에 대해서 언급하였다. 이번 단원에서 다루게 될 이원변량분석(two-way ANOVA)은 앞서의 일원변량분석에 독립변인이 1개가 추가된 것 이외에는 별로 다른 것이 없으나 이원변량분석에서는 독립변인이 2개이므로 독립변인과 종속변인과의 관계를 규명하는데 상호작용효과(interaction effect)라는 새로운 개념이 도입된다.

■ 상호작용효과: 두 독립변인의 동시적인 작용에 의한 효과, 즉 한 독립변인의 효과가 다른 독립변인의 실험조건 혹은 실험수준에 따라 그 효과의 정도가 달라지는 경우를 의미한다.

(2) 예를 들어 '훈련방법'과 '성별'이라는 2개의 독립변인이 '체력'이라는 종속변인에 미치는 영향을 연구하려할 때 '훈련방법과 체력' 또는 '성별과 체력'의 관계처럼 독립변인과 종속변인을 1:1 의 관계로 분석한다면 일원변량분석이 되지만 '훈련방법' 및 '성별'과 '체력'을 2:1의 관계로 동시에 분석한다면 이원변량분석의 문제가 된다.

(3) 위의 예에서 독립변인 중 훈련방법은 강·중·약 3개의 수준으로 나누고 성별은 남·여 2개의 수준으로 나눈 다음 실험대상으로 180명을 무선표집하여 〈부록 표 2-3〉과 같이 6개의 집단에 각각 25명씩 무선배정하였다면 이원변량분석을 통하여 다음과 같은 사실을 규명할 수가 있다.

〈부록 표 2-3〉 2×3 요인설계

		훈련방법		
		강	중	약
성별	남	25	25	25
	여	25	25	25

첫째, 성별은 체력에 어떠한 영향을 미치는가?
둘째, 훈련방법은 체력에 어떠한 영향을 미치는가?
셋째, 성별과 훈련방법의 상호작용의 효과는 체력에 어떠한 영향을 미치는가?
즉 성별에 따른 훈련방법의 효과는 어떻게 나타나는가?

(4) 이처럼 이원변량분석은 일원변량분석에 비하여 경제적일 뿐만 아니라 1개의 독립변인을 통제할 수 있고 상호작용효과에 대한 정보를 얻을 수 있는 장점이 있다.

2-2. 변산의 분할

(1) 간단히 말해서 이원변량분석의 논리는 일원변량분석의 근거가 되는 논리의 직접적인 확장이라고 볼 수 있다. 그러므로 이원변량분석은 2요인변량분석이라고도 하는데 이는 두 개의 독립변인이 종속변인에 미치는 영향을 동시에 분석하는 검정법으로 다원변량분석의 한 부분으로 동일한 피험자를 사용하여 상이한 두 개의 다른 실험효과를 측정하는 두 개의 일원변량분석으로 나누어 생각할 수 있다.

(2) 일원변량분석에서는 점수들의 전체의 변산은 집단간과 집단내의 두 부분으로 분할되었는데 기호로 나타내면 다음과 같다.

$$SS_t = SS_b + SS_w$$

(3) 그러나 이원변량분석에서 전체자승합은 네 가지 성분으로 분할된다. 네 가지 변량추정치들을 평균자승합(mean squares: MS)이라 부르고 만일 영가설이 참이면 그것들은 모두 동일한 전집변량을 추정한다.

(4) 〈부록 표 2-4〉와 같이 요인 A와 요인 B를 각각 두 부분으로 분할시킨다면 집단은 4개가 된다. 결국 이원변량분석에서 전체자승합은 행간자승합과 열간자승합, 상호자승합, 그리고 집단내자승합으로 분할되는데 이것을 기호로 표시하면 다음과 같다.

$$SS_t = SS_A + SS_B + SS_{AB} + SS_w$$

〈부록 표 2-4-A〉 2x2 요인설계

		요인 B	
		흑	백
요인 A	찬	Ⅰ 10 5 9	Ⅱ 5 2 8
	반	Ⅲ 7 11 12	Ⅳ 2 4 6

〈부록 표 2-4-B〉 2x2 요인설계의 내용

집단			
Ⅰ	Ⅱ	Ⅲ	Ⅳ
찬	찬	반	반
흑	백	흑	백
5	2	7	2
9	5	11	4
10	8	12	6
$\overline{X}_{Ⅰ}=8$	$\overline{X}_{Ⅱ}=5$	$\overline{X}_{Ⅲ}=10$	$\overline{X}_{Ⅳ}=4$

① 자승합

㉠ 변산은 편차들을 제곱한 값을 모든 피험자들에 대해서 합한 것, 즉 자승합으로 표시된다.

㉡ 전체자승합(SS_t)은 $\sum_i \sum_j \sum_k (X_{ijk} - \overline{X})^2$이 되는데 X_{ijk}는 요인 A의 j번째 수준과 요인 B의 k번째 수준에 있는 i번째 개인을 말한다.

㉢ 예를 들어 〈부록 표 2-4-A〉에서 X_{312}는 요인 A의 첫 번째인 찬과 요인 B의 두 번째인 백이 만나는 Ⅱ집단의 세 번째 점수인 "8"을 나타낸다.

② 자유도

㉠ 전체자승합(SS_t)은 전체평균치로부터 각 점수들의 편차를 제곱한 값을 포함하기 때문에 모든 집단들 내에 있는 전체의 사례수보다 1이 적을 것이다. 따라서 행으로 J개, 열로 K개의 집단이 있고 각 집단마다 n개의 사례수가 있다면 전체의 사례수는 nJK개가 되고 이를 N으로 나타내면 $df_t = nJK - 1 = N - 1$이 된다.

㉡ 요인 A의 자승합(SS_A)은 요인 A에 있는 집단에 대한 평균치들의 전체평균치로부터의 편차를 제곱한 값을 포함하기 때문에 J개의 평균이 들어 있으므로 요인 A의 변량추정치에 대한 자유도는 다음과 같다.

$$df_A = J - 1$$

㉢ 마찬가지로 요인 B는 K개의 집단을 가지므로 SS_B의 자유도는 다음과 같다.

$$df_B = K - 1$$

㉣ 상호자승합(SS_{AB})에 대한 자유도는 요인 A의 집단수와 요인 B의 집단수에서 각각 1을 뺀 것의 곱으로 나타난다.

$$df_{AB} = (J-1)(K-1)$$

㉤ 집단 내 자승합(SS_w)은 집단의 평균치에 대한 점수들의 제곱한 값을 포함하는데 하나의 집단 내에서의 자유도는 $n-1$이고 집단의 수가 JK개이므로 자유도는 다음과 같다.

$$df_w = JK(n-1) = nJK - JK = N - JK$$

㉥ 전체에 대한 자유도는 변산의 성분근원에 대한 자유도의 합과 같으므로 다음과 같이 된다.

$$df_t = df_A + df_B + df_{AB} + df_w$$

③ 평균자승합

㉠ 여러 가지 성분근원에 대한 평균자승합은 각각의 자유도로 나누어 얻는다.

$$MS_A = \frac{SS_A}{df_A},\ MS_B = \frac{SS_B}{df_B},\ MS_{AB} = \frac{SS_{AB}}{df_{AB}},\ MS_w = \frac{SS_w}{df_w}$$

④ 평균자승합

㉠ 마지막으로 유의성 검증을 위한 F비는 다음과 같이 구할 수 있다.

$$F_A = \frac{MS_A}{MS_w},\ F_B = \frac{MS_B}{MS_w},\ F_{AB} = \frac{MS_{AB}}{MS_w}$$

2-3. 상호작용 효과

(1) 이원변량분석에 있어서 두 개의 독립변인 각각의 종속변인에 대한 독립적인 효과를 주효과(main effects)라 하고 두 개의 독립변인이 동시적으로 작용하여 종속변인에 미치는 영향을 상호작용효과(interaction effects)라고 한다.

(2) 예를 들면, 체력훈련을 함에 있어서 A, B 두 가지의 다른 훈련방법이 성별에 따라 어떻게 훈련효과가 나타나는지를 알아보려고 실험한 결과 아래와 같은 결과를 각각 얻었다고 하자.

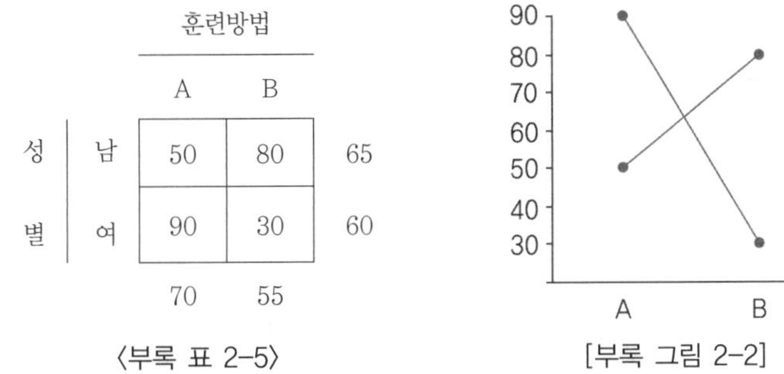

		훈련방법 A	훈련방법 B	
성별	남	50	80	65
	여	90	30	60
		70	55	

〈부록 표 2-5〉 [부록 그림 2-2]

① 〈부록 표 2-5〉에서 훈련방법의 주 효과는 성별에 관계없이 70과 55가 된다. 한편 성별에 따른 주효과는 훈련방법에 관계없이 65와 60을 나타낸다. 이처럼 이원변량분석에서 두 개의 주효과에 관한 F검정이란 표집의 오차를 고려할 때 결국 두 가지의 훈련방법을 대표하는 A, B의 두 전집의 평균치에는 차이가 있느냐 하는 것과 다른 독립변인인 성별에 따라 남, 여의 두 전집의 평균치에는 차이가 있느냐를 검정하는 것이 된다.

② 〈부록 표 2-5〉에서 두 가지의 체력훈련방법 A, B 중 어느 것이 더 효과적인가를 결정하는 데 있어서 성별을 고려하지 않는다면 A방법이 B방법보다 평균적으로 우수하다고 볼 수 있으나 만약 그 대상이 남자인 경우에는 오히려 A방법보다는 B방법이 더 효과적이라는 것을 알 수 있다.

③ 이와 같이 한 독립변인의 효과가 다른 독립변인의 실험수준(유목)에 따라 그 효과의 정도가 달라지는 경우에는 상호작용효과가 있다는 것을 의미한다.

(3) 만약 통계적으로 상호작용효과가 있다는 결론을 얻었을 경우에는 상호작용의 실제적 의의(practical significance)를 검토해야 하는데 그 방법은 다음과 같이 두 가지 방법이 있다.

① 첫 번째 방법은 그림을 그려보는 방법이다.

[부록 그림 2-2]는 〈부록 표 2-5〉를 그림으로 나타낸 것인데 이처럼 각 칸의 점수의 평균을 나타내는 점을 이은 선이 서로 만나거나 교차하게 되면 실제적인 상호작용 효과가 있다는 것을 의미한다.

② 두 번째 방법은 종렬변인인 훈련방법 A, B에 대해서 횡렬변인의 유목인 남, 여의 평균의 차를 내어 비교하는 방법이다.

즉, 〈부록 표 2-5〉에서 A방법에 대한 남녀 평균의 차는 50 - 90 = -40이고 B방법의 경우는 80 - 30 = 50이어서 그 부호가 반대이므로 실제적인 상호작용의 효과가 있음을 보여주고 있는데 만약 부호가 같은 경우에는 일단 상호작용효과가 없다고 볼 수 있다.

(4) 여기서 한 가지 더 예를 들어보기로 한다. 남녀별 세 가지 프로그램에 의한 훈련결과 유연성검사 성적이 [부록 그림 2-3]과 같다고 하자.

① A는 상호작용선이 거의 평행선을 이루고 있으므로 상호작용효과가 없음을 나타낸다. 즉 세 가지 프로그램은 남녀 간에 똑같은 효과를 나타내고 있음을 뜻한다.

② B는 남녀 두 집단이 직선적인 관계는 아니지만 세 가지 프로그램에 똑같은 경향의 효과를 보여주므로 역시 상호작용효과가 없다고 할 수 있다.

③ C, D는 상호작용효과를 가정할 수 있는 경우로서 C는 선이 서로 만나지는 않지만 남자의 경우와 여자의 경우에 따라 방법 간의 평균치의 차에 대한 정보를 제공해 주므로 상호작용효과가 있다고 볼 수 있다. 따라서 F검정 결과 상호작용의 효과가 있다고 할 때 이를 어떻게 해석할 것인지는 그리 간단한 문제가 아니다.

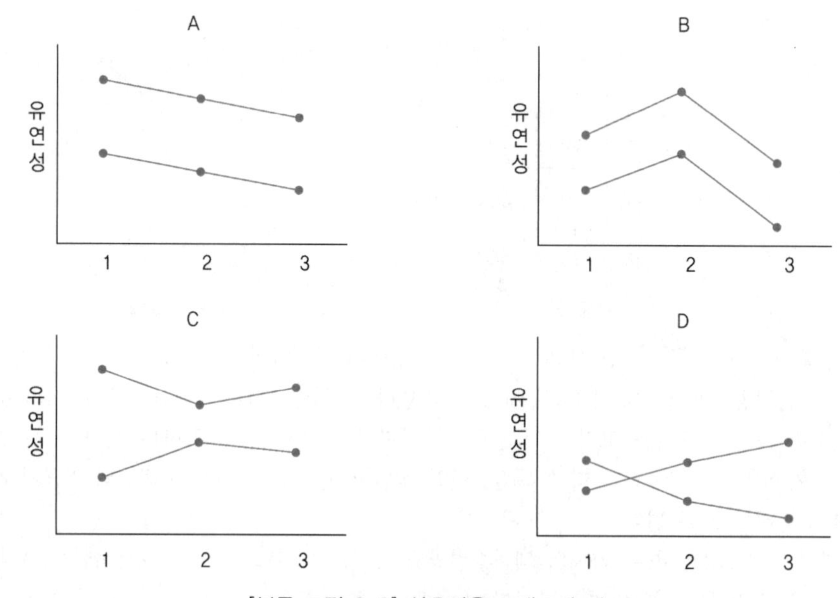

[부록 그림 2-3] 상호작용 그래프의 예

(5) 그러나 가설검정의 경우 두 개의 독립변인 A, B가 각각의 종속변인에 대한 순수한 영향 유무(주효과)는 독립변인 A와 B의 상호작용효과가 통계적으로나 실제적으로나 의의가 없다는 전제하에서만 검정이 가능한 것이다.

(6) 만일 통계적으로 유의한 상호작용효과가 나타났다면 일단 주 효과의 검정결과에 대한 해석을 유보하고 실제적인 의의가 있는지의 여부를 다시 검정하여야 한다. 그 결과 통계적으로 상호작용효과가 나타났다 할지라도 실제적인 의의가 없을 경우에는 주효과에 대한 검정이 가능하므로 유보되었던 주효과에 대한 해석이 의미를 갖게 된다.

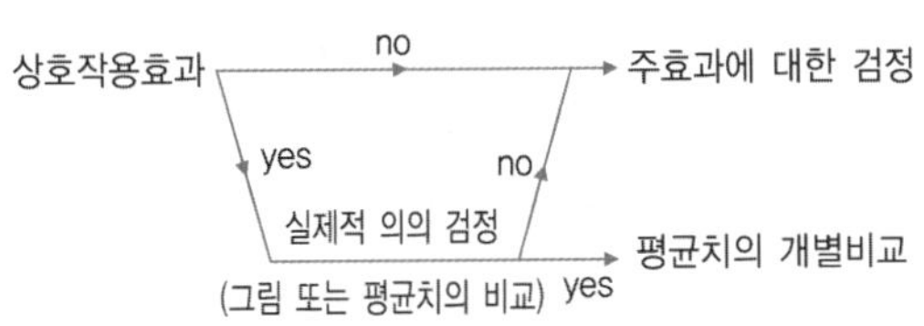

[부록 그림 2-4] 상호작용효과의 검정절차

(7) 그러나 실제적인 상호작용효과 역시 있는 것으로 나타났다면 독립변인의 주효과에 대한 검정은 무의미해지므로 연구자가 설정한 가설에 따라 평균치의 개별비교방법을 적용해야 한다.

2-4. 이원변량분석의 예

(1) 훈련 프로그램의 실시기간이 남·여 대학생의 유연성에 미치는 효과를 검증하기 위해 남·여 대학생 각각 24명을 무선표집하여 세 수준의 훈련기간(1주, 2주, 3주)에 무선배정 하였다고 가정하자.

(2) 이 연구에서 두 개의 독립변인은 훈련기간과 피험자 성별이며 종속변인은 유연성검사 점수이다. 유연성은 윗몸앞으로굽히기검사(Sit & Reach)에 의해 측정하였다. 그리고 영가설 검증을 위한 유의도 수준(α)은 .05에 설정하였다. 실험결과 얻은 자료는 다음과 같다.

〈이원변량분석 결과의 요약〉

변산원 (SV)	자승화 (SS)	자유도 (df)	변량추정치 (MS)	F	F_{cv}^{α}
주효과					
성별(R)	330.75	1	330.75	22.36**	4.07
훈련기간(C)	1065.50	2	532.75	36.02**	3.22
상호작용효과	350.00	2	175.00	11.83**	3.22
집단 내	621.00	42	14.79		
전체	2367.25	47			

(3) 이상의 계산결과를 ANOVA 표로 요약하면 위와 같다. 세 가지 영가설을 검증하기 위해 산출된 검증통계치는 각각 $F_r = 22.36$, $F_c = 36.02$, $F_{rc} = 11.83$ 으로 나타났다.

① 성별 간(횡렬 간) 검증통계치(F_r)의 표집분포는 자유도가 1과 42인 F분포이다.
F분포 표에서 분자 $df = 1$, 분모 $df = 42$이고 $\alpha = .05$일 때 영가설 부정을 위한 기준치는 4.07이다. 따라서 $\alpha = .05$수준에서 실제 검증 결과 얻은 $F_{1,42} = 22.36$은 가설부정을 위한 기준치(F_{cv}) 4.07보다 훨씬 크므로 H_0를 부정하고 남·여 간의 유연성 검사 전집평균치는 다르다는 결론을 내릴 수 있다.

② 훈련기간 간(종렬 간) 검증통계치의 표집분포는 자유도가 2와 42인 F분포이다.
$\alpha = .05$수준에서 실제 검증결과 얻은 $F_{2,42} = 36.02$는 가설부정을 위한 기준치(F_{cv}) 3.22보다 훨씬 크므로 H_0를 부정하고 훈련기간 간의 유연성검사 전집평균치는 서로 다르다는 결론을 내릴 수 있다.

■ **이상의 두 가지(①성별 간, ②훈련기간 간) 가설검증을 우리는 앞에서 주효과(main effect) 검증이라고 하였다. 그렇다면 주효과 검증결과 통계적으로 유효한 차가 있다는 것은 무엇을 의미하는가?**

㉠ 먼저 성별 간에 통계적으로 유의한 차가 있다는 것은 훈련기간에 관계없이 여자의 유연성검사 평균($\overline{X}$=31.0)과 남자의 유연성검사 평균($\overline{X}$=25.75) 간에는 단순히 표집오차로 볼 수 있는 차보다 훨씬 큰 차를 보이고 있다는 것을 뜻한다. 따라서 [영가설(H_0):μ 남자=μ 여자]을 부정하고 남·여 간의 유연성검사 평균치는 서로 다르다는 결론을 내리게 된다.

㉡ 마찬가지로 훈련기간 간에 통계적으로 유의한 차가 있다는 것은 성별(남·여)에 관계없이 각 훈련기간별 유연성검사 평균($\overline{X_1}=23.25, \overline{X_2}=27.25, \overline{X_3}=34.63$)간에는 표집오차로 볼 수 있는 차보다는 훨씬 큰 차를 보이고 있다는 것을 뜻한다. 따라서 [영가설(H_0):μ 1=μ 2=μ 3]을 부정하고 훈련기간 간의 유연성검사 평균치는 서로 다르다는 결론을 내리게 된다.

③ 성별과 훈련기간 간의 상호작용효과를 검증하는 검증통계치(F_{rc})의 표집분포는 자유도가 2와 42인 F 분포이다. $\alpha=.05$수준에서 실제 검증결과 얻은 $F_{2,42}=11.83$은 가설부정을 위한 기준치(F_{cv}) 3.22보다 크므로 H_0을 부정하고 성별과 훈련기간 간에는 상호작용효과가 있다는 결론을 내릴 수 있다.

(4) 위의 통계적인 분석결과를 근거로 내릴 수 있는 일반적인 결론은 다음과 같다.

① 성별에 따라 유연성 정도는 차이가 있다.

② 훈련기간에 따라 유연성 정도는 차이가 있다.

③ 훈련기간의 효과는 성별에 따라 다르게 나타나고 있다.

이러한 결론은 성별과 훈련기간 간에는 상호작용효과가 있기 때문이다.

■ **그렇다면 상호작용효과가 있다는 것은 무엇을 의미하는가? 상호작용효과가 구체적으로 어떻게 나타나고 있는가를 알기 위해서는 하위 집단별 유연성검사의 평균치를 가지고 그림표를 작성해보면 아래 내용과 같다.**

〈자료의 하위집단별 유연성검사 $\overline{X}$〉

	1주	2주	3주	전체
여자	24.63	27.38	41.00	31.00
남자	21.88	27.13	28.25	25.75
전체	23.25	27.25	34.63	28.38

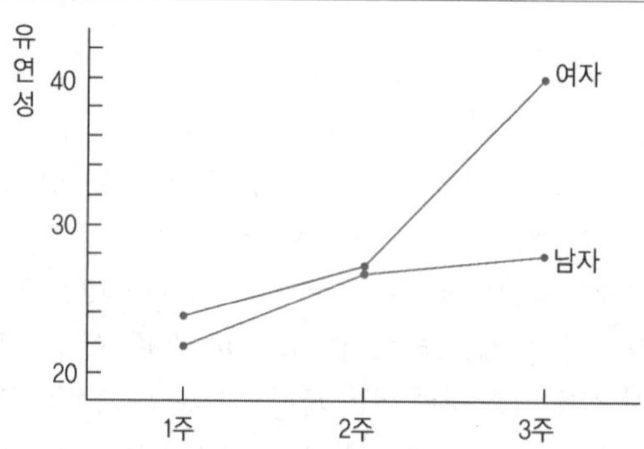

[부록 그림 2-5] 훈련기간과 성별 간의 상호작용 검토

① [부록 그림 2-5]는 종속변인(유연성검사 결과)을 Y축으로 하고 두 독립변인 중 훈련기간을 X축으로 한 것이다. 만일 두 독립변인 간에 상호작용효과가 없다면 하위집단의 평균치를 이은 선은 평행이거나 평행에 가까워야 한다. 그런데 위의 그림은 평행하지 않다.

② 여자집단의 종속변인 점수는 1주보다 2주에서 약간 증가하였고 3주에는 훨씬 많은 증가를 보이고 있다. 남자집단은 2주와 3주 각각에서 약간의 증가를 보이고 있다.

③ 즉, 이 자료는 훈련기간의 효과는 남·여 집단에 따라 다르게 나타나고 있음을 보이고 있다. 만일 두 독립변인 간에 상호작용효과가 없다면 훈련기간의 효과는 남·여 집단에 각각 동일하게 나타나야 한다.

사후비교(Post hoc comparison)는 사전에 설정한 α수준을 그대로 유지한 채 여러 평균치 간의 차를 검증하는 방법이다.

89 | 2011학년도

다음은 김 교사가 36명을 무선(random)으로 선정한 후 제자리 멀리뛰기를 실시하여 얻은 결과이다. 성별과 운동 참여 여부가 기록에 미치는 영향을 알아보기 위하여 실시하는 통계분석에 대한 설명으로 옳은 것은?

	운동 참여 (단위: cm)	운동 비참여 (단위: cm)
남학생	230, 205, 240 220, 198, 260 235, 238, 215	201, 198, 176 185, 192, 220, 195, 198, 190
여학생	180, 169, 202 178, 182, 185 185, 178, 190	160, 172, 154 168, 172, 152 164, 158, 162

① 독립변인의 요인(Factor)은 4개이다.
② 종속변인의 척도 수준은 서열척도이다.
③ 분석을 위하여 모수(parametic) 통계기법을 이용한다.
④ 평균 차이 검증을 위하여 기술통계(descriptive statistics)를 실시한다.
⑤ 독립변인의 상호작용 효과를 일원변량분석(one-way ANOVA)으로 검증한다.

[정답] ③

[해설] ① 독립변인의 요인(Factor)은 성별과 운동참여 2개이다.
② 거리는 크기, 등간격, 절대영점이 있기에 비율척도에 해당된다.
④ 기술통계는(전집 → 요약) 수집된 각종 정보와 자료를 알기 쉽게 요약하기 위한 방법으로 집중경향(평균치, 중앙치, 최빈치)이나 변산도(범위, 사분편차, 평균편차)등을 구하는 것은 기술통계학이다. 반면, 추리통계는(소수자료 → 전집추리): 소집단의 표집자료를 통해 대집단(전집)의 전집의 속성(모수치)을 추리하여 일반화하기 위한 것이다. Z검정, F검정, t검정 등이 있다.
⑤ '성별'과 '운동참여부'라는 2요인에 대한 상호작용 효과는 이원변량분석(two-way ANOVA)으로 검증한다.

참고문헌

- 체육측정평가, 이기봉
- 체육통계, 강상조
- 현대 기초통계학, 성태제